漳州年鉴

YEARBOOK OF ZHANGZHOU

2018

福建省漳州市人民政府 主办
漳州市地方志编纂委员会 编

方志出版社
Publishing House of Local Records

图书在版编目（CIP）数据

漳州年鉴. 2018 / 漳州市地方志编纂委员会编. -- 北京 ：方志出版社，2019.1
ISBN 978-7-5144-3562-7

Ⅰ. ①漳… Ⅱ. ①漳… Ⅲ. ①漳州－2018－年鉴 Ⅳ. ①Z525.73

中国版本图书馆CIP数据核字（2019）第071421号

漳州年鉴（2018）

编　　者： 漳州市地方志编纂委员会
责任编辑： 王　娜

出 版 人： 冀祥德
出 版 者： 方志出版社
地址　北京市朝阳区潘家园东里9号（国家方志馆4层）
邮编　100021
网址　http://www.fzph.org
发　　行： 方志出版社图书经销中心
电话（010）67110500
经　　销： 各地新华书店
印　　刷： 福州远榕印刷有限公司

开　　本： 889×1194　　1/16
印　　张： 30.5
字　　数： 952千字
版　　次： 2019年1月第1版　　2019年1月第1次印刷
印　　数： 001～700册

ISBN　978-7-5144-3562-7　　定价：280.00元

· 版权所有　翻印必究 ·

《漳州年鉴》编纂委员会

顾　　问　檀云坤　刘　远

主任委员　兰万安

副主任委员　康元泰

委　　员　余　溪　沈茂欣　洪耀中　李扬真
严国梁　沈龙石　陈群霞　刘南辉
苏孝道　郭福泉　黄江辉　陈艺章
康溪顺　陈　彪　沈永祥　李辉煌
陈　华　蔡兴州　傅佳学　曾建新
李明清　许鹃君　李耀华　林进忠
杨亚文　蔡春枝

《漳州年鉴》编辑部

主　　编　康元泰

副 主 编　蔡春枝

执行主编　郑美华

编　　辑　林　倩　蔡钰臻　张永忠　徐耀雄
简定安　黄大林　许初鸣　张日庆

编辑说明

一、《漳州年鉴》是由中共漳州市委领导、漳州市人民政府主持，漳州市地方志编纂委员会承编的大型综合性工具书。

二、《漳州年鉴（2018）》以马克思列宁主义、毛泽东思想、邓小平理论、“三个代表”重要思想、科学发展观、习近平新时代中国特色社会主义思想为指导，坚持辨证唯物主义和历史唯物主义的立场、观点和方法，力求全面、客观地记载2017年漳州市政治、经济、社会、文化发展等方面的基本情况，反映各行各业新成就、新事物、新经验、新问题、新趋势。

三、《漳州年鉴（2018）》采用类目体结构，分30个类目。类目之间力求均衡，重点、特点突出，归类合理。特载类选载2017年的重要文章。人物类选录当年逝世的著名人物，受国家级表彰、社会影响较大或多次受省部级表彰的突出人物，先进集体、先进个人名单，当年评审确认的正高级专业技术人员名单。

四、《漳州年鉴（2018）》采用规范的语体文记述，力求言简意赅、通俗流畅。计量单位以法定计量单位为准。反映全市及各县（市、区）基本情况的数据以统计局公布的为准，统计范围以外的数据，由各部门提供。

五、《漳州年鉴（2018）》由市直各委、办、局和各县（市、区）人民政府及有关单位参加编写并提供照片资料，所提供资料由编写单位领导审定。本年鉴由于内容广泛，疏漏和错误之处在所难免，敬请广大读者批评指正。

漳州市地图

图例
设区市行政中心
县级行政中心
街道办事处 乡、镇
村委会
省级行政区域界
设区市行政区域界
县级行政区域界
高速公路
在建高速公路
铁路
在建铁路
国道及编号
在建国道
省道及编号
在建省道
一般道路
机场
山峰
河流及水库
盐田
审图号：闽S〔2019〕53号
福建省制图院 编制
比例尺1：790 000
资料截至2017年12月
注：本图界线为权宜画法，不作划界依据。
漳州市
龙岩市
泉州市
厦门市
广东省
芗城区
龙文区
龙海市
长泰县（武安镇）
华安县（华丰镇）
南靖县（山城镇）
平和县（小溪镇）
漳浦县（绥安镇）
云霄县（云陵镇）
诏安县（南诏镇）
东山县
台湾海峡
厦门高崎国际机场

2017年，漳州市在中心城区加快碧湖、西湖、西院湖、九十九湾湖、南湖，荔枝海、香蕉海、水仙花海、四季花海（即“五湖四海”）项目建设；实施“南山水岸”“芗江水岸、龙江观竹”、圆山林下生态园、九龙江畔绿化工程，在九龙江西溪、北溪河道两岸种植大树和开花乔木，形成百花齐放、百树成荫的沿江景观，初步形成“一城花海半城湖”独特风光，带动各地县城建设一批片林、花海、湖塘，做到城中有林、城中有花、城中有湖，为群众打造优美生态环境。

2017年6月，漳州市通过国家卫生城市第二次复审，再度荣膺“国家卫生城市”称号；东山县被命名为“国家卫生县城”，东山县铜陵镇被命名为“国家卫生乡镇”。

2017年11月14日，漳州市入选中央文明办第五届全国文明城市名单，蝉联“全国文明城市”称号。

人民广场四季花海 （刘群力 摄）

水仙花海——水仙花公园 （洪世廉 摄）

南湖公园七孔桥 （毛豫娜 摄）

英桥花海 （游斐渊 摄）

①	②
③	

① 龙江文化生态园（龙海市政府 提供）
② 南湖生态文化园航拍图（游斐渊 摄）
③ 西院湖生态公园（吴飞龙 摄）

2017年，完成漳州市区第一批17处历史建筑公布及定线落图工作。组织新华东路（岳口段）历史文化街区申报第三批省级历史文化街区。闽南文化生态走廊示范段项目漳州古城保护建设（一期）项目荣获住建部公布的“2017年中国人居环境范例奖”。

①	②
	③

① 漳州古城街景　（漳州城投集团 提供）
② 漳州古城夜景　（庄宏 摄）
③ 漳州古城孔庙夜景（李淑芬 摄）

千色秀

漳州台商投资区花田美事

漳州博物馆、艺术馆、规划展示馆

（游斐渊 摄）

生态美丽乡村——长泰县后坊村 （长泰县方志委 提供）

（市委办 提供）

漳州南山桥夜景 （林进川 摄）

3月1日，省长于伟国（左三）到漳州检查全面从严治党主体责任落实情况　（林忠 摄）

1月17日，省委常委、常务副省长张志南（前排左一）参加福厦高铁开工仪式　（杨奕　摄）

6月26—28日，省委常委、省纪委书记刘学新（右二）到漳州市调研县乡纪检组织建设（市纪委 提供）

11月8日，全国政协港澳台侨委员会副主任梁绮萍（前排右三）、副省长黄琪玉（前排左三）、中科院院士滕吉文（前排右二）、市委书记檀云坤（前排左二）等领导、嘉宾出席第九届海峡两岸现代农业博览会、第十九届海峡两岸花卉博览会开幕式 （市政协办 提供）

7月18日，副省长、省公安厅厅长王惠敏（左三）到龙海浯屿岛检查指导重大活动工作

（陈晓艺 供稿）

6月29日，省政协副主席刘可清（前排左二）率省政协重点提案督办调研组到漳州调研农村污水治理工作

（市政协办 提供）

5月4日，省政协副主席陈荣凯（前排中）到漳州调研“提升水产品食品安全保障水平”工作

（市政协办 提供）

12月7日，省政协副主席陈绍军（正面左六）到漳州参加全省政协教科文卫体委员会工作座谈会

（市政协办 提供）

4月27日，省政协副主席薛卫民（正面右四）率省政协重点提案督办调研组到漳州古雷开发区调研两岸产业合作发展工作 （市政协办 提供）

11月29日，省政协副主席陈义兴（前排左一）、副主席陈荣凯（前排左二）到漳州参加“走进基层·走进漳州”采风活动，实地考察“五湖四海”项目建设成效 （市政协办 提供）

省政协副主席、省科协主席、中科院院士郑兰荪（右）向副市长兰万安（左）颁发第32届福建省青少年科技创新大赛承办纪念杯 （市科协 提供）

3月21日，市委书记檀云坤（右）、市长刘远（左）为漳州市河长制办公室揭牌 （市水利局 提供）

10月13日，厦门会晤服务保障工作漳州市总结会召开 （市政法委 提供）

4月27日，市委书记檀云坤（右二）、市长刘远（左一）陪同国务院安全生产巡查组检查古雷安全生产工作 （市安监局 提供）

厦漳同城大道 （游斐渊 摄）

龙江大桥 （龙海市政府 提供）

11月15日，福厦（漳）铁路客运专线在台商投资区先行开工 （九龙江集团 提供）

10月底，沿海大通道佛昙湾特大桥竣工通车 （市交通局 提供）

诏安县中兴大道夜景 （林进川 摄）

月港古镇夜景（龙海市政府 提供）

东山县生态旅游环岛公路苏峰山段 （刘汉添 摄）

11月29日，市政府与人保财险福建省分公司签定战略合作框架协议　（漳投集团 提供）

7月29日，市委书记檀云坤（左二）陪同全国政协委员调研市八宝印泥厂　（市二轻联社 提供）

12月19日，市长刘远（中）出席第三届中国“蓝光杯”钟表设计大赛签约仪式

（市二轻联社 提供）

农行福建漳州分行以“担保基金增信贷款+青梅产业”模式，实施产业金融扶贫，发放贷款扶持当地青梅产业链发展 （简银蕉 摄）

2017 中国 · 诏安
海峡硒都青梅产业推介会暨赏梅周
梅香墨韵
青梅 富硒产业推介
硒都诏安
韵 硒 都 诏 安

① 平和县霞寨镇高峰生态谷之“采茶风光”（刘国强 摄）
② 长泰县雪美洋生态农业产业园 （林景文 摄）
③ 海峡硒都青梅产业推介会暨赏梅周开幕式 （诏安县政府 提供）
④ 高峰生态谷集装箱酒店——集集小筑 （九龙江集团 提供）

① ②
③ ④

5月25日，“心手相连 我梦最美”第七届闽台残疾人文化周暨“与爱同行 共奔小康”漳州市残疾人艺术团走基层公益巡演　　（市残联 提供）

3月，闽台青少年科技教育论坛在漳州举行　（市科协 提供）

12月28日，漳投集团与闽师大商学院举行应用型人才培养基地签约授牌仪式（漳投集团 提供）

9月19日，全省档案系统学习肖招鸿同志先进事迹报告会，图为市档案局局长肖招鸿在报告会现场 （市档案局 提供）

10月13日，第四届全国书画篆刻展开幕式 （游斐渊 摄）

4月26日，省政协重点提案督办调研组到漳州开展“引导社会资本参与养老服务业发展”专题调研，到正兴养护院实地考察

（市政协办 提供）

10月31日，漳州市第十三届运动会开幕式 （廖述丽 摄）

4月26日，市委书记檀云坤（左三）、市长刘远（右二）参加国务院安全生产巡查汇报会

（市安监局 提供）

1月9日，漳州市委、市政府举行2017年度党政领导综治（平安建设）责任书签订（下达）仪式

（市政法委 提供）

7月19—20日，全省精神文明建设经验交流会在漳州市召开，图为与会人员参观考察龙海市“龙江精神”主题展示馆

（市文明办 提供）

8月18日，市政府举行漳州市“12345”便民服务平台（升级版）暨“芗里芗亲”APP启动揭牌仪式　（市公安局 提供）

11月26日，市公安局举行国务院命名“漳州110”荣誉称号20周年授旗仪式　（市公安局 提供）

12月14日，省综治调研督导组一行到漳州“12345”便民服务平台中心调研

（市电信公司 提供）

5月31日，海峡两岸关系协会副会长孙亚夫（右二）参观闽南师范大学侨乡文化展示馆（闽南师大 提供）

12月27日，海峡两岸首个“两岸一家亲论坛”在闽南师范大学举办　（闽南师大 提供）

6月10日，第二十六届海峡两岸关帝文化旅游节开幕（市委台工办 提供）

11月9日，第七届海峡两岸曲艺欢乐汇优秀曲艺作品展演在东山县举行 （林华艺 摄）

6月24日，第十届海峡两岸中华武术大家练在龙文区举行 （市委台工办 提供）

8月9-11日，漳州市政府代表团参加首届澳门漳州同乡会总会成立庆典 （市侨联 提供）

目录

特载

漳州市概况

中国共产党漳州市委员会

漳州市人民代表大会

漳州市人民政府

政协漳州市委员会

中共漳州市纪律检查委员会

民主党派

人民团体和社会团体

法 治

军 事

农村工作·农业经济

工业和国有资产管理运营

国内贸易

城乡建设

交通运输 邮电

金融 保险

财政 税务

经济管理

科技 教育

文化 新闻

卫生计生　体育

社会生活

开发区

县（市、区）概况

人 物

大事记

索 引

Features

Overview of Zhangzhou City

Zhangzhou Municipal Committee of the CPC

People' s Congress of Zhangzhou City

People’s Government of Zhangzhou City

CPPCC of Zhangzhou Municipal Committee

Zhangzhou Municipal Discipline Inspection Committee of the CPC

Democratic Parties

Mass Organization and Social Organization

Rule by Law

Military

Rural Work Agricultural Economy

Industry and State-owned Properties Management

Domestic Trade

Economy and Trade towards Foreign, Hong Kong, Macao and Taiwan

Overseas Chinese Affairs and Hong Kong, Macao and Taiwan Affairs

Harbor and Coastal Defense Management

Urban and Rural Construction

Transportation Posts and Telecommunications

Finance Insurance

Finance Taxation

Economic Management

Science and Technology Education

Culture News

Health and Family Planning Sports

Social Life

Development Zone

Overview of County (City and District)

People

Chronicle of Events

Index

政府工作报告（节选）

——2018 年 1 月 6 日在漳州市第十六届人民代表大会第二次会议上

漳州市人民政府市长　刘 远

一、2017 年工作回顾

过去的一年，在以习近平同志为核心的党中央坚强领导下，在习近平新时代中国特色社会主义思想的科学指引下，我市各级政府认真做好迎接和学习宣传贯彻党的十九大各项工作，深入贯彻落实习近平总书记系列重要讲话精神和对福建工作的重要批示指示精神，坚决执行中央、省和市委的各项决策部署，坚持稳中求进工作总基调，坚持新发展理念，坚持以供给侧结构性改革为主线，扎实开展“三抓三比、十项竞赛”，全面推行“生态＋”模式，富美新漳州建设取得新成效，市第十六届人大一次会议确定的各项目标任务全面完成。

全市完成地区生产总值 3563.48 亿元，增长 9.1%；一般公共预算总收入 318.08 亿元，增长 10.6%，地方一般公共预算收入 204.04 亿元，增长 8.7%；规模工业增加值 1621.31 亿元，增长 8.7%；固定资产投资 3328.1 亿元，增长 17.7%；外贸出口 512.6 亿元，增长 7.1%；实际利用外资 82.26 亿美元，增长 10.3%；社会消费品零售总额 982.43 亿元，增长 12.2%；居民消费价格总水平上涨 1.1%；城镇居民人均可支配收入 33359 元，增长 8.6%；农村居民人均可支配收入 16676 元，增长 8.9%；城镇登记失业率 2.23%；人口自然增长率 12.2‰。年度节能减排降碳任务全面完成。主要工作和成效是：

（一）竞赛促比拼，经济保持较快增长。以迎接党的十九大召开为动力，认真开展“三抓三比、十项竞赛”，推动经济保持稳中有进、提质提效的良好态势，GDP 增幅连续四年保持全省第一，规模工业增加值增速位居全省第一。突出项目带动，全年落实“五个一批”项目 2625 个，新开工亿元以上项目 260 个、建成或部分建成 150 个，金龙汽车、中海油 LNG、古雷石化炼化一体化等重大项目相继落地开工。腾龙翔鹭项目重组方案获省委省政府批准，PTA 项目整改修复工程有序有效推进，古雷石化园区获评“中国化工潜力园区十强”。坚持“一把手”抓招商，全市签约项目 362 个，计划总投资 1507 亿元，已落地 175 个。加强基础设施建设，福厦（漳）高铁、云平高速、漳武高速（南靖段）正式开工，沿海大通道（漳浦段）建成通车，完成交通基础设施投资 190 亿元，创历史新高。县域经济实力得到增强，龙海入选全省县域经济实力“十强”县（市），云霄、诏安、长泰、东山入选全省县域经济发展“十佳”县（市）。

（二）发力供给侧，转型升级步伐加快。深化“追问题、解难题、促发展”和“政策不睡觉、落地见成效”活动，推动产业加快转型升级。明确重视工业的发展导向，坚持一季一主题抓工业生产调度，出台系列政策措施，全力扶持实体经济渡难关、促生产，发放工业企业扶持资金 1.3 亿元，为 155 家工业企业补办不动产权登记证；新增、新上规模工业企业 166 家、高新技术企业 20 家、科技小巨人 50 家，完成技改投资 680 亿元，3 项成果获省科技进步一等奖。推动现代服务业提速发展，三产增速连续三年位居全省第一；新增 6 个省级现代服务业集聚区，占全省 1/3；设立中小企业贷款风险补偿基金，金融机构各项贷款余额增长 14.6%，新增上市企业 2 家，实现民企 A 股主板上市“零”的突破；入选中国“电子商务百佳城市”，诏安、平和入选国家级电子商务进农村综合示范县；全力打造全域旅游，成功举办“花样漳州”十佳系列活动，南靖土楼荣获“中国最佳乡村旅游项目奖”，片仔癀中药工业园荣获首批“国家工业旅游示范基地”称号，旅游业接待游客人数、旅游收入分别增长22.9%和30.9%。现代农业加快发展，获批国家农业可持续发展试验示范区、农业绿色发展试点先行区，新增设施农业2.8万亩，新建现代化粮食储备仓容35万吨，11个产品入选全国名优新农产品名录。龙海荣获“中国休闲食品名城”称号。

（三）践行“生态＋”，美丽漳州魅力彰显。实施中心城区“五湖四海”、南山水岸、“双百”绿化工程、圆山林下生态园等一批“生态＋”先行示范项目，“一城花海半城湖”独特风光初步形成，从“生态佳”迈向“生态＋”赢得广泛认可。实施规划提升工程，提请市人大常委会作出决定，将5290亩土地列为中心城区重要生态空间保护范围；编制完成5个城市设计（覆盖面积60平方公里）、6项专项规划、2个省级“多规合一”试点。开展新一批市政线网“六千工程”，建成城区停车楼（场）38个。基本建成博物馆、艺术馆、规划展示馆，圆山文化中心基本形成。配合市人大制定并颁布实施首部实体性法规《市容和环境卫生“门前三包”责任区管理若干规定》，市区生活垃圾清洁直运全面开展。完成拆违面积超700万平方米。加快厦漳同城化先行示范区建设，65个同城化项目进展顺利。建立生态文明指标考核体系，开展“三铁治污、提升三质”整治行动、城乡生态环境提升行动、大气污染整治百日攻坚，全面落实“河长制”，全力整改中央、省环保督察反馈问题，“三质”水平持续好转。完成国土绿化20万亩、水土流失综合治理30.2万亩。蝉联第五届全国文明城市称号，漳州古城保护建设（一期）项目荣获“2017年中国人居环境范例奖”。

（四）强力推改革，机制创新富有成效。持续深化简政放权，年度各项改革任务如期完成，构建开放型经济新体制综合试点试验工作取得突破。“会审制”改革、商务110、国地税联合办税、“即报即放”出口食品检验检疫方式等经验做法在全国推广。在全国首创食品农产品检验检疫“四检合一”，台商投资区保税物流中心（B型）正式获批设立。成立供给侧改革服务中心、台胞台商服务中心，营商环境持续优化，荣获“2017中国十佳最具投资营商价值城市”称号。对台对外合作成效彰显，实际利用台资34亿元；与东盟贸易额达80亿元。

（五）全力补短板，群众获得感持续提升。20项为民办实事项目基本完成，“四难一差”问题逐步缓解，“十大惠民特色工程包”完成投资190亿元。开展精准脱贫攻坚竞赛，推广平和“养鸡生蛋”工程，实现低保线与扶贫线“两线合一”，2.28万人、79个贫困村实现脱贫，完成造福工程搬迁3642户、1.2万人。启动“安得广”惠民安居工程，新建保障性安居工程1.5万套。出台城市既有住宅增设电梯指导意见和补助政策；解决历史遗留办证难问题，补办房地产不动产权证4814份。拓宽就业渠道，新增城镇就业4.83万人。加快医疗卫生事业改革发展，公立医院综合改革成效显现，新增床位1031张、卫技人员1089名。教育事业不断进步，新建57所公办幼儿园，新增幼儿园学位1.34万个、中小学学位6989个。体育事业发展加快，成功举办第十三届市运会、第十届老健会，新增3个国家高水平体育后备人才基地。文化事业繁荣发展，《漳州文库》编撰进展顺利，长篇报告文学《谷文昌》获评中宣部“五个一工程奖”。深化平安漳州、法治漳州建设，开展“护航金砖、共筑平安”四项行动、维稳“六大专项行动”，社会保持安定稳定。推进安全生产大排查大整治百日行动，全面做好国务院、省政府安委会安全生产巡查问题整改。深入开展“食品安全放心市”创建工作。建成全省唯一的全国示范数字档案馆。外事侨务、民族宗教、苏区老区、山海协作、防震减灾、援藏援疆援宁等工作稳步开展。

（六）扎实改作风，自身建设不断加强。坚定不移推进全面从严治党，牢固树立“四个意识”，严格执行《准则》、《条例》，扎实推进“两学一做”学习教育常态化制度化。认真落实中央八项规定及实施细则，坚决反对“四风”，加强机关效能建设，大力整治“庸懒散拖”，政风行风持续改善。市本级“三公”经费支出下降35.4%。在市委“一线考察干部工作法”引导下，干部干事创业精气神明显提升。认真执行人大决定决议，自觉接受人大、政协和社会监督，办理人大代表建议198件、政协委员提案287件，办复率100%。各民主党派参政议政、民主监督富有成效。政务“五公开”持续推进，行政监察、审计监督继续加强，党风廉政建设和反腐败工作有效推进。

各位代表，成绩的取得来之不易，这是党中央、国务院和省委省政府、市委坚强领导的结果，是全市人民齐心协力、团结奋斗和各方面大力支持的结果。在此，我代表市人民政府，向全市人民，向人大代表、政协委员、各民主党派、工商联、各人民团体、离退休老同志和各界人士，向驻漳省部属单位、驻漳部队、武警官兵，企业界人士和来漳创业务工人员，向关心支持漳州发展的港澳台同胞、海外乡亲和国际友人，表示衷心的感谢！

同时，我们也清醒地认识到发展中还存在不少困难和问题，主要是：经济总量仍然较小，人均水平偏低，产业发展水平不高、结构不优，创新能力不足；城乡区域发展不均衡，城镇化率偏低，生态环境保护压力较大；优质教育、医疗、养老资源不足，基本公共服务存在不少短板；体制机制创新和政府职能转变还不到位，发展环境仍需优化等等。我们必须直面问题，创新举措，立项挂牌督办，切实加以解决。

漳州市概况

·基本情况·

【人口、行政区划】

2017 年漳州市常住人口 510 万人，户籍人口 514.41 万人。漳州市辖 2 个区、1 个县级市、8 个县，详见表 1。

2017 年漳州市行政区划情况表

表 1

县（市、区）名称	乡、村单位数（个）						乡级行政单位名称	
	乡、镇、街道				社区、居委会、村		镇人民政府及街道办事处	乡人民政府
		镇人民政府	街道办事处	乡人民政府	社区、居委会	村民居委会		
总　计	122	89	10	23	318	1637		
芗城区	10	4	6		83	82	东铺头、南坑、西桥、新桥、巷口、通北办事处；天宝、浦南、石亭、芝山	
龙文区	6	3	3		36	33	东岳、步文、碧湖办事处；蓝田、郭坑、朝阳	
龙海市	14	11	1	2	26	208	石码办事处；海澄、角美、白水、程溪、浮宫、港尾、紫泥、榜山、东园、九湖、颜厝	隆教（畲）、东泗
#漳州开发区					5			
#台商投资区					10	31		
云霄县	9	6		3	25	158	云陵、陈岱、莆美、列屿、东厦、火田	下河、马铺、和平
#常山开发区					2	4		
漳浦县	21	17		4	48	271	绥安、佛昙、旧镇、赤湖、杜浔、官浔、霞美、前亭、深土、长桥、盘陀、六鳌、古雷、马坪、石榴、沙西、大南坂	南浦、赤土、湖西（畲）、赤岭（畲）
#古雷开发区								

续表

县（市、区）名称	乡、村单位数（个）						乡级行政单位名称	
	乡、镇、街道				社区、居委会、村			
		镇人民政府	街道办事处	乡人民政府	社区、居委会	村民居委会	镇人民政府及街道办事处	乡人民政府
诏安县	15	10		5	16	217	南诏、四都、官陂、梅岭、霞葛、桥东、秀篆、深桥、太平、西潭	白洋、红星、金星、建设、梅州
长泰县	5	4		1	12	58	武安、岩溪、枋洋、陈巷	坂里
东山县	7	7			16	61	西埔、铜陵、陈城、杏陈、樟塘、康美、前楼	
南靖县	11	11			17	183	山城、靖城、船场、龙山、和溪、奎洋、南坑、金山、丰田、梅林、书洋	
平和县	15	10		5	16	240	小溪、九峰、山格、南胜、文峰、霞寨、芦溪、大溪、坂仔、安厚	长乐、秀峰、崎岭、国强、五寨
华安县	9	6		3	6	91	华丰、高安、新圩、沙建、仙都、丰山	湖林、高车、马坑

·水资源·

【降水量】2017年，全市平均降水量为1357.4毫米，折合水量为174.39亿立方米，比上年少46.3%，比多年平均值少17.9%，属偏枯水年份。行政分区中，年降水量最大的是常山开发区为1554毫米；最小的是台商投资区为948毫米。与多年平均值相比，各县（市、区）偏少9%—29.7%。

2017年漳州市行政分区年降水量情况表

表2

分区名称	芗城	龙文	龙海	漳浦	云霄	东山	诏安	平和
年降水量（毫米）	1284.00	1211.00	1106.00	1107.00	1524.00	1080.00	1497.00	1441.00
折合水量（亿立方米）	3.38	1.50	12.09	22.05	14.29	2.80	19.07	33.34
与上年比较（±%）	-43.70	-43.80	-52.50	-50.00	-42.6	-35.90	-42.50	-45.50
与多年平均比较（%）	-18.70	-17.80	-24.40	-26.80	-9.6	-10.80	-10.00	-21.20
分区名称	南靖	长泰	华安	台商投资区	漳州开发区	常山开发区	古雷开发区	全市
年降水量（毫米）	1534.00	1394.00	1422.00	948.00	963.00	1554.00	1074.00	1357.40
折合水量（亿立方米）	29.91	12.55	18.14	1.54	0.54	1.79	1.40	1357.40
与上年比较（±%）	-45.30	-47.40	-47.30	-56.80	-54.30	-36.30	-44.10	-46.30
与多年平均比较（%）	-14.50	-15.70	-14.90	-29.70	-26.30	-9.00	-23.90	17.90

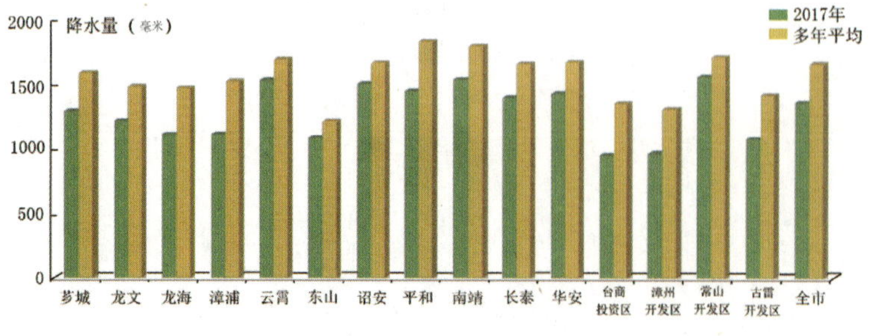

图1　2017年漳州行政分区年降水量与多年平均值比较图

全市主要江河中，北溪（境内）、西溪（境内）、南溪、鹿溪、漳江、东溪、梅潭河年降水量分别为1342毫米、1448毫米、1340毫米、1288毫米、1594毫米、1507毫米、1404毫米，与多年平均值相比，偏少7.8—19.6%。

2017 年漳州市主要江河（境内）降水量与多年平均值比较表

表 3

流域名称	北溪	西溪	南溪	鹿溪	漳江	东溪	梅潭河
年降水量（毫米）	1342.00	1448.00	1340.00	1288.00	1594.00	1507.00	1404.00
多年平均降水量（毫米）	1666.00	1769.00	1565.00	1601.00	1729.00	1676.00	1698.00
与多年平均比较（%）	-19.40	-18.10	-14.40	-19.60	-7.80	-10.10	-17.30

2017 年全市气温正常，降水量偏少，降水时空分布不均匀。从全市降水量等值线图看：年降水量大于 2000 毫米的高值区主要分布在乌山山脉的东南麓；年降水量小于 800 毫米的低值区主要分布在漳浦县的东部沿海。全市最大点降水量为云霄县白水礤 2028.5 毫米，最小点降水量为漳浦县六鳌 717 毫米。

用全市主要江河代表站的华安、平和、长桥、旧镇、上河、诏安、崎岭站的实测月降水量分析，漳州市降水年内分配不均，各代表站汛期降水量占全年降水量的比值在 78%—88% 之间，最大连续 4 个月降水量占全年降水量的比值在 61%—73% 之间。

【地表水资源量】

2017 年，全市境内地表水资源量为 95.45 亿立方米，折合径流深为 743 毫米，比上年少 56.2%，比多年平均值少 23.7%。与多年平均值相比，各县（市、区）偏少 10.1—47.2%。行政分区中，平和县的地表水资源量最多，为 19.4 亿立方米，占全市境内地表水资源量的 20.3%；漳州开发区最少，为 0.2 亿立方米，仅占全市境内地表水资源量的 0.2%。

2017 年漳州市行政分区地表水资源量与多年平均值比较情况表

表 4

分区名称	芗城	龙文	龙海	漳浦	云霄	东山	诏安	平和
地表水资源量（亿立方米）	1.77	0.75	5.32	9.59	8.43	1.19	11.06	19.40
多年平均（亿立方米）	2.39	1.00	8.47	16.21	9.41	1.35	12.50	26.66
与多年平均比较（%）	-25.90	-25.00	-37.20	-40.80	-10.40	-11.90	-11.50	-27.20
分区名称	南靖	长泰	华安	台商投资区	漳州开发区	常山开发区	古雷开发区	全市
地表水资源量（亿立方米）	18.16	7.02	10.34	0.57	0.20	1.07	0.58	95.45
多年平均（亿立方米）	21.87	8.86	12.78	1.08	0.34	1.19	0.94	125.05
与多年平均比较（%）	-17.00	-20.80	-19.10	-47.20	-41.20	-10.10	-38.30	-23.70

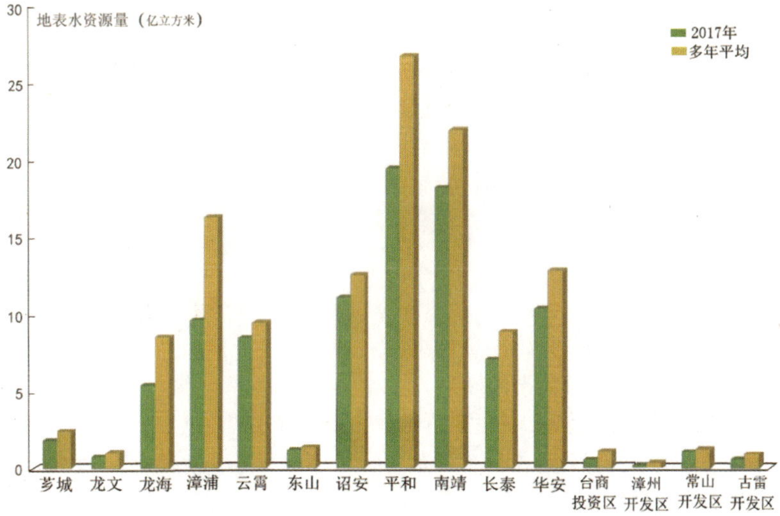

图 2　2017 年漳州市行政分区地表水资源量与多年平均值比较图

【水资源总量】

2017 年，全市主要江河北溪、西溪、南溪、鹿溪、漳江、东溪、梅潭河的地表水资源量分别为 23.67 亿立方米、31.80 亿立方米、4.75 亿立方米、4.37 亿立方米、10.31 亿立方米、10.18 亿立方米、7.07 亿立方米。全市主要江河的地表水资源量比多年平均值少 7.0—26.6%。

2017 年主要江河（境内）地表水资源量与多年平均值比较情况表

表 5

流域名称	北溪	西溪	南溪	鹿溪	漳江	东溪	梅潭河
地表水资源量（亿立方米）	23.67	31.80	4.75	4.37	10.31	10.18	7.07
多年平均（亿立方米）	31.83	41.61	5.76	5.95	11.09	11.31	9.00
与多年平均比较（%）	-25.60	-23.60	-17.50	-26.60	-7.00	-10.00	-21.40

【境内水资源总量】

2017 年，全市境内水资源总量 95.90 亿立方米。其中：地表水资源量 95.45 亿立方米，地下水资源量为 28.01 亿立方米。地下水和地表水不重复计算量 0.45 亿立方米。全市平均产水系数为 0.55，平均产水模数为 74.6 万米 / 平方公里。

2017 年漳州市行政分区水资源总量表

表 6

分区名称	芗城	龙文	龙海	漳浦	云霄	东山	诏安	平和
地表水资源量（亿立方米）	1.77	0.75	5.32	9.59	8.43	1.19	11.06	19.40
地下水资源量（亿立方米）	0.48	0.21	1.75	3.48	2.21	0.40	2.96	5.53
地下水与地表水不重复量（亿立方米）	0.09	0.05	0.06	0.07	0.05	0.04	0.03	—
水资源总量（亿立方米）	1.86	0.80	5.38	9.66	8.48	1.23	11.09	19.40
分区名称	南靖	长泰	华安	台商投资区	漳州开发区	常山开发区	古雷开发区	全市
地表水资源量（亿立方米）	18.16	7.02	10.34	0.57	0.20	1.07	0.58	95.45
地下水资源量（亿立方米）	5.09	2.07	3.00	0.24	0.08	0.29	0.22	28.01
地下水与地表水不重复量（亿立方米）	—	—	—	0.02	0.01	0.01	0.02	0.45
水资源总量（亿立方米）	18.16	7.02	10.34	0.59	0.21	1.08	0.60	95.90

【出入境水资源量】

2017 年，由于九龙江流域来水量偏少，漳州市入境地表水资源量为 64.71 亿立方米，比上年少 54.15 亿立方米。入境地表水资源大部分来自龙岩市，小部分来自泉州市。入境水量均流入九龙江，占九龙江水资源量的 51%。

2017 年漳州市出境地表水资源量为 155.68 亿立方米。其中，入海水量为 144.86 亿立方米，境外引水量为 3.75 亿立方米（厦门引水），梅潭河流入广东省的出境水量为 7.07 亿立方米。

【大中型水库蓄水动态】

全市共有水库 533 座，总库容 12.5 亿立方米。其中，大型水库 2 座，中型水库 22 座。大中型水库 2017 年末蓄水总量 2.65 亿立方米，比上年末蓄水总量少 1.94 亿立方米，其中，大型水库 2017 年末蓄水总量 0.90 亿立方米，比上年末少 1.51 亿立方米；中型水库 2017 年末蓄水总量 1.75 亿立方米，比上年末少 0.43 亿立方米。

【江河水质】

2017 年，全市主要江河总体水质状况同 2016 年相比略有好转。通过对境内九龙江北溪、九龙江西溪、九龙江南溪、闽南诸小河（东溪、漳江、鹿溪）及梅潭河 71 个断面的水质监测，评价河长 1249.8 公里。水质符合和优于Ⅲ类水的河长 1083.5 公里，占评价河长的 86.7%，污染（Ⅳ、Ⅴ类、和劣Ⅴ类）河长 166.3 公里，占 13.3%，与 2016 年相比减少 27.7%。水体主要超标项目为氨氮、溶解氧、高锰酸盐指数、5 日生化需氧量、总磷、硝酸盐氮和锰。

·气象·

【概　况】

2017 年，全市年平均气温 22.4℃，比 2016 年高 0.3℃。年平均日照时数 1985.8 小时，比 2016

年偏多373.6小时。年平均降水量1390.29毫米，比2016年偏少41.3%。对漳州市有影响的台风共7个，与常年相比属偏多，无登陆台风，台风影响程度总体偏弱。全年灾害性天气频发，以暴雨、台风为典型的灾害性天气导致全市普遍受灾，无人员伤亡，但造成较明显的经济财产损失，给农业、渔业、水利、交通等行业带来不同程度的负面影响。综合评价：2017年漳州市气候属正常偏差年景。

1. 降　水

年降水量1146.4毫米（龙海）至1699.9毫米（云霄），其中漳浦、平和、南靖、长泰、云霄5个县在1400毫米以上，最多为云霄县1699.9毫米；东部沿海一带较少，最少为龙海市1146.4毫米。

与常年相比，全市年降水量除龙海偏少外，其他各县（市、区）年降水量属正常。全市年降水量距平百分率在-26%（龙海）至-4%（长泰）之间。

全市年平均降水量1390.29毫米，比2016年偏少41.3%。

2. 气　温

年平均气温21.8℃（华安）至23.1℃（漳州），呈以市区、云霄为高中心，向沿海和西北山区逐渐降低分布，其中漳州23.1℃为最高；华安21.8℃为最低。

与常年相比，诏安年平均气温属正常，平和、漳浦属偏高，东山属显著偏高，其他各县（市、区）属异常偏高。

全市各地年极端最低气温2.4℃（华安）至8.9℃（东山），华安、平和、南靖、诏安极端最低气温出现在12月21日，东山极端最低气温出现在2月10日，其他各县（市、区）均出现在2月12日。2017年全市极端最低气温高于2016年（2016年全市极端最低气温于1月25日出现在华安，为-2.1℃）。

年极端最高气温34.6℃（东山）—39.9℃（龙海），主要集中出现在9月26—27日的高温过程中，其中日极端最高气温全市最高值为39.9℃，出现在龙海市（9月27日），高于2016年的全市最高气温（7月28日，平和县与南靖县、39.3℃）。

全市年平均气温22.4℃，比2016年高0.3℃。

3. 日　照

各地年日照时数1757.1小时（漳州）至2355.5小时（东山），东部和南部沿海县市多，中部、西部和北部少。其中长泰、诏安、龙海、东山等4个县（市）在2000小时以上，东山县最多，达2355.5小时，漳州市区最少，仅1757.1小时。

与常年相比，东山、平和年日照时数属偏多，其他各县（市、区）年日照时数属正常。

全市年平均日照时数1985.8小时，比2016年偏多373.6小时。

4. 各县（市、区）气候环境情况

2017年漳州市各县（市、区）气候环境情况表

表7

	年平均气温（℃）	年极端最高气温（℃）	年极端最低气温（℃）	年平均相对湿度（%）	全年日照时数（小时）	全年降水量（毫米）
漳州市	23.1	39.1	6.5	71.0	1757.1	1324.1
芗城区	23.1	39.1	6.5	71.0	1757.1	1324.1
龙文区	23.1	39.1	6.5	71.0	1757.1	1324.1
龙海市	22.8	39.9	6.5	74.0	2150.7	1146.4
云霄县	22.9	37.3	6.7	75.0	1934.1	1699.9
漳浦县	21.9	37.6	4.5	78.0	1895.1	1401.5
诏安县	22.2	37.3	4.7	80.0	2049.5	1394.5
长泰县	22.8	38.4	6.2	74.0	2030.3	1534.0
东山县	22.0	34.6	8.9	81.0	2355.5	1150.4
南靖县	22.2	39.1	3.9	79.0	1871.4	1482.7
平和县	22.0	38.8	3.3	78.0	1917.1	1443.5
华安县	21.8	39.5	2.4	77.0	1896.7	1325.9

【主要天气气候事件与气象灾害及其影响】

低温霜冻　2017年，全市共受8次较明显冷空气天气过程影响，冷空气影响程度总体偏弱。

受强冷空气影响，12月20—22日，漳州市出现低温霜冻天气。12月21日全市出现过程极端最低气温，西北部县出现霜冻和结冰。全市有

68 个自动站最低气温低于 4℃，3 个乡镇低于 0℃，以南靖奎洋镇霞峰村的 -1.8℃为最低。

2017 年国家级气象观测站测到的极端最低气温：华安 2.4℃，平和 3.3℃，漳浦 4.5℃，南靖 3.9℃，诏安 4.7℃，长泰 6.2℃，龙海 6.5℃，市区 6.5℃，云霄 6.7℃，东山 8.9℃。

干　旱　2017 年 1 月 1 日至 10 月 31 日，全市平均降水量 1326.9 毫米，偏少 1—2 成。其中，10 月 1 至 10 月 31 日，全市平均降水量 35.7 毫米，偏少 1—2 成。各县（市、区）月降水量在 7.7 毫米（华安）至 52.4 毫米（诏安）之间，降水量主要集中在漳州市西部和南部。与常年同期相比，平和、云霄和南靖属正常，其余县（市、区）降水属偏少到异常偏少。

由于持续少雨，气象干旱发展；依据 MCI 气象干旱综合指数监测结果显示，至 11 月 12 日，气象干旱达到过程最强，华安北部达到气象重旱，华安南部、南靖和长泰的部分乡镇达到中旱，沿海县市达到轻旱。

高　温　2017 年，漳州市日最高气温≥ 35℃的日数从 0 天（东山）至 68 天（华安、市区）。全市除东山外的县（市、区）年极端最高气温出现在 9 月 27 日，东山的年极端最高气温出现在 9 月 26 日。2017 年国家气象观测站测到的极端最高气温分别为：龙海 39.9℃，华安 39.5℃，南靖 39.1℃，市区 39.1℃，平和 38.8℃，长泰 38.4℃，漳浦 37.6℃，云霄 37.3℃，诏安 37.3℃，东山 34.6℃。

暴　雨　全年共出现 16 场暴雨，其中全市性暴雨（≥ 6 个站）1 场，发生在 7 月 31 日至 8 月 1 日；部分性暴雨（≥ 3 个站，＜ 6 个站）7 场，发生在 2 月 22 日、4 月 19 日、5 月 16 日、6 月 2—3 日、6 月 12 － 18 日、7 月 17 日、8 月 27 日；局部性暴雨（≤ 2 个站）8 场。全市日极端最强降水为云霄的 217.6 毫米（8 月 1 日）。

受高空槽和低涡切变影响，5 月 15 日出现全市性暴雨到大暴雨天气，统计 5 月 15 日 8 时至 16 日 8 时累积雨量，共有 164 个雨量站超过 50 毫米，其中长泰、华安、南靖、平和 4 个县的 11 个雨量站超过 100 毫米，以长泰坂里乡 132.5 毫米为最大。整个过程 1 小时最大雨强达到 36.3 毫米（长泰坂里乡）。

受低涡切变和西南急流影响，6 月 2 日出现全市性暴雨到大暴雨天气，统计 6 月 2 日 8 时至 4 日 8 时累积雨量，共有 155 个雨量站超过 50 毫米，其中平和、龙文、南靖、龙海、芗城、诏安、云霄、东山、漳浦县的 58 个雨量站超过 100 毫米，以平和山格镇 181.6 毫米为最大。整个过程 1 小时最大雨强达到 67.3 毫米（东山西港盐场），极大风速 25.7 米 / 秒（龙文区孚美水闸）。

受台风“苗柏”、低涡切变和西南急流共同影响，6 月 12—21 日，漳州市出现全市性大范围强降水天气。

台　风　2017 年，对漳州市有影响的台风共 7 个，与常年相比属偏多，无登陆台风，台风影响程度总体偏弱，分别是 1702 号台风“苗柏”（强热带风暴级）、1709 号台风“纳沙”（强台风级）、1710 号台风“海棠”（热带风暴级）、1713 号台风“天鸽”（强台风级）、1714 号台风“帕卡”（台风级）和 1716 号台风“玛娃”（强热带风暴级）、1720 号台风“卡努”（强台风级）。

1.1702 号台风“苗柏”

台风概况　2017 年第 2 号台风“苗柏”于 6 月 12 日晚在广东省深圳市大鹏半岛沿海登陆，登陆时为热带风暴级，中心附近最大风力有 9 级（23 米 / 秒），中心最低气压 990 百帕。

影响情况　统计 6 月 12 日 08 时至 21 日 15 时累积雨量，共有 200 个雨量站超过 100 毫米，全市共有 123 个雨量站超过 250 毫米，以云霄和平乡棪树村 526.1 毫米为最大。整个过程 1 小时最大雨强达到 52.2 毫米（华安高车乡），极大风速 22.7 米 / 秒（东山前楼镇西埔湾）。

6 月 12—17 日，全市芗城、诏安、南靖、华安、长泰 5 个县 35 个乡镇 5138 人受灾，转移人口 2903 人；全市直接经济总损失 2971.22 万元，其中：农作物受灾面积 496.2 公顷，农林牧渔业经济损失 461.5 万元；华安县出现供电中断 2 条次，通信中断 1 次，华安、长泰 2 县乡村道路挡墙坍塌、路基塌方，边坡溜方严重，工业交通运输业直接经济损失 1725.72 万元；损坏护岸 4 处、灌溉设施 47 处，1 座水电站受损，水利设施直接经济损失 610 万元。

6 月 18—20 日，全市云霄、东山、诏安、南靖和华安 5 个县 41 个乡镇 3956 人受灾，倒塌房屋 37 间，转移人口 2792 人，全市直接经济总损失 2349.68 万元，其中农作物受灾面积 2978 公顷，主要是东山、诏安县受灾较重（数据已和农业部门核对），农林牧渔业经济损失 1580.8 万元；东山县停产工矿企业 9 个（主要为盐场），华安县出现供电中断 1 条次，通信中断 1 次，华安、南靖 2 县乡村道路挡墙坍塌、路基塌方，边坡溜方严重，工业交通运输业直接经济损失 300.98 万元；损坏堤防 3 处 75 米，护岸 3 处，水闸 3 处、灌溉设施 7 处，水利设施直接经济损失 321.3 万元。

2. 双台风 1709 号台风“纳沙”和 1710 号台风“海棠”

台风概况　2017 年第 9 号台风“纳沙”于 7 月 29 日 19 时 40 分登陆台湾宜兰，30 日 6 时再次登陆福清沿海，登陆时中心附近最大风力 12 级（33 米 / 秒，台风级），最低气压 975 百帕，30 日下午在福建境内减弱消失。第 10 号台风“海棠”于 7 月 30 日 17 时 30 分登陆台湾屏东沿海，31 日 2 时 50 分再次登陆福清沿海，登陆时中心附近最大风力 8

级（18 米 / 秒，热带风暴级），最低气压 990 百帕，31 日下午经我省进入江西境内。“纳沙”和“海棠”21 小时之内先后登陆福清，历史未见；且间隔时间之短刷新 1997 年 8 月 29—30 日登陆福建双台风 22 小时的间隔纪录。

影响情况　受“纳沙”、“海棠”影响，7 月 29 日至 8 月 2 日我市出现了全市性大范围强降水天气，统计 7 月 29 日 8 时至 8 月 3 日 8 时累积雨量，共有 133 个雨量站超过 100 毫米，全市共有 7 个雨量站超过 250 毫米，以云霄和平乡 335.4 毫米为最大。整个过程 1 小时最大雨强达到 100.6 毫米（云霄和平乡），极大风速 24.5 米 / 秒（漳浦深土镇竹屿盐场）。

受“纳沙”“海棠”影响，截至 8 月 2 日 10 时，全市芗城、龙文、龙海、漳浦、云霄、诏安、南靖、华安和长泰 9 个县 78 个乡镇 9815 人受灾，倒塌房屋 15 间，转移人口 30589 人，全市直接经济总损失 8662 万元，其中农作物受灾面积 4947 公顷，主要是漳浦、云霄县受灾较重，农林牧渔业经济损失 6322.7 万元；公路中断 6 条次供电中断 5 条次，通信中断 2 条次，工业交通运输业直接经济损失 344 万元；损坏堤防 5 处 1.15 千米（诏安、南靖，已核），护岸 4 处，冲毁塘坝 2 座（诏安深桥镇上寨村和云霄下河新坡各 1 座，都为 200 立方左右的小山塘，主要为部分坍塌，没大的影响），灌溉设施 48 处，水利设施直接经济损失 1286 万元。

3.1713 号台风“天鸽”

台风概况　2017 年第 13 号台风“天鸽”8 月 20 日 02 时在台湾东南洋面生成，23 日 12 时 50 分前后在广东珠海南部沿海登陆，登陆时中心附近最大风力有 14 级（45 米 / 秒），中心最低气压 950 百帕。登陆减弱后的热带低压移入云南境内后，强度持续减弱，24 日 20 时停编。

影响情况　受“天鸽”影响，8 月 21—24 日，漳州市出现全市性大范围强降水天气，统计 8 月 21 日 8 时至 8 月 24 日 8 时累积雨量，共有 16 个雨量站超过 100 毫米，以平和大溪镇大溪镇下村 199.9 毫米为最大。整个过程 1 小时最大雨强达到 100.6 毫米（平和大溪镇大溪镇下村），极大风速 23.6 米 / 秒（平和九峰镇大芹山）。

此次台风暴雨集中雨量较急，主要受灾县为平和县，对农作物（蜜柚）造成较大损失。漳州市直接经济总损失 993.17 万元，其中农作物受灾面积 790.5 公顷，农林牧渔业直接经济损失 474.28 万元；公路中断 2 条次（其中安厚高速公路施工桥被冲垮），工业交通运输业直接经济损失 92.10 万元；损坏灌溉设施 38 处，水文测报系统 1 处，水利设施直接经济损失 426.79 万元。

【气象防灾减灾】

面对 16 场暴雨、7 次台风影响过程和夏秋冬气象干旱，强化监测预报预警服务，做到灾害性天气过程不漏报、气象服务无失误。6 月 12—21 日云霄和平乡创历史的连续性暴雨（过程雨量 526.1 毫米）服务过程中，提前预报预警、周密部署、与多部门联防联动，成效明显。预测到 11 月 12—13 日将出现有利人工增雨天气过程，漳州市气象部门在长泰、龙海、云霄 3 个县市开展人工增雨作业 10 场次，发射人工增雨火箭弹 36 枚，燃烧增雨烟条 3 条。人工增雨作业后，全市范围普降中雨，部分大雨。统计 11 月 12 日 20 时至 13 日 8 时雨量，全市有 158 个自动站雨量超过 10 毫米，其中 42 个自动站雨量超过 25 毫米，以东山站的 39.8 毫米为最大。此次人工增雨作业效果显著，有效缓解全市旱情。与旅游部门合作开展常山经济开发区旅游气象服务。与环保部门联合制作“城市空气质量等级”预报产品并对外发布。与海事局联合建设内河水域监测和预警预报系统。与漳州市交警支队、青岛海信集团联合开展漳州市交通气象精细化预警预报项目建设。完成长泰吴田山、漳浦玳瑁山人影烟炉点建设，优化平和烟炉点。实施人工影响天气作业 24 场，发射火箭弹 90 枚，火焰作业 8 场，燃烧烟条 19 根，增加有效降水，改善空气质量。

【气象现代化建设】

优化观测站网，强化质控，加快海上监测点布设和优化区域自动站。提高台风、暴雨和强对流天气的监测以及数据的分析应用能力，东山新一代天气雷达和平和风廓线雷达投入业务运用，安装诏安风廓线雷达，气象防灾中心建设全面推进。漳州地面气象观测无人值守业务改革试点工作取得成效，全市所有一般站 9 月 1 日进入无人值守业务运行，质量稳定得到中国局观测司和省局肯定为可复制、可推广。升级改造全市信息网络，经网安部门和有资质单位评估达到二级等保要求。强化对网格气象预报业务产品试用，加强省市县一体化短临预报预警服务系统应用和反馈。完善本地开发的气象信息监控报警系统和灾害性天气短信预警系统，提高短时临近天气的监控和预警信息发布率。依托“短时强降水预报预警技术保障”创新团队，结合漳州气候和地形地貌特点，提炼短临预报本地化指标，逐步构建本地化短时强天气预报模型，提高短临预报预警能力，规范突发性、局地性强对流天气短临预警。市县两级政府均成立预警信息发布中心，充分利用媒体、网站、各种网络平台发布预警信息，提高覆盖面，“漳州气象”、“漳州农业气象”等微信公众号得到有效应用推广。已建成70%乡镇、社区智慧网格化平台，实现预警信息5分钟内迅速传播到服务终端。

【气象科技创新】

拓宽干部培养锻炼渠道，制定3项针对性强的人才管理制度。选派业务骨干到省局直属单位挂职、交流，引进省局直属单位业务骨干到市局挂职交流，实现省市业务、管理扬长避短。完成技术援疆工作。新增省局确认的业务科技骨干人才1名，业务科技一线优秀专门人才2名，续聘5人。重点推进与高校的科研项目合作，提升科研创新能力。与南京信息工程大学合作《漳州市大气颗粒物现状、来源与减排方案研究》及业务应用研究。与闽南师范大学数统学院联合申报漳州气象大数据应用研究获省发改委批复《数字福建气象大数据研究所》。主持省局科研项目3项，市局立项19项。《闽南区域现代农业气象业务服务平台开发研究》获得2017年度省气象局科学技术成果奖二等奖。

【气象改革与管理】

落实《国务院关于优化建设工程防雷许可的决定》，“开展防雷安全等重点行业领域专项治理相关工作”首次被列入市对县级政府安全生产目标考核。6个县市局防雷行政审批委托技术服务和社会管理经费列入财政预算。防雷体制改革工作得到驻部纪检组和中国局法规司调研组一行的肯定。出台《漳州市人民政府关于加强施放气球安全管理的通告》及《漳州市人民政府关于对空飘物采取临时性行政措施的通告》，进一步加强施放气球安全管理，明确各级人民政府及其所属工作部门要落实属地监管和部门联合监管责任，加强对升放气球活动的安全管控。

【气象法治建设】

下发漳州市气象部门法治宣传教育第七个“五年计划”，组织开展专题学习。推进《漳州市气象局社会管理综合信息平台》应用，组建由53人专兼职组成的安全监管队伍，开展双随机和市县联合检查。严格落实部门监管责任，对纳入防雷安全监管对象库的586家单位和检测机构开展防雷专项检查，发现隐患130处，发出责令改正通知书68份并督促整改。督促开展涉及安全的项目气候可行性论证工作，全市气象行政审批均在承诺期限内按时办结。气象依法治理得到全面加强。

·防震减灾·

【概况】

据福建数字遥测地震台网测定，2017年，漳州市及其沿海地区共发生ML ≥ 1.0级地震52次，地震主要分布在北部及近海地区（如图1、表1）。其中1.9 ≥ ML ≥ 1.0地震46次，ML ≥ 2.0地震6次，显著地震为7月11日发生在南靖县北部地区的2.9级地震。

漳州地区2017年ML ≥ 2.0级地震目录情况表

表8

发震日期	发震时间	北　纬	东　经	震级	参考震中
02－02	17：24	24°　26′	118°　12′	2.2级	龙海市近海地区
04－08	18：35	24°　26′	118°　12′	2.2级	龙海市近海地区
06－19	02：40	23°　41′	118°　21′	2.1级	漳浦县近海地区
07－11	09：58	24°　58′	117°　16′	2.9级	南靖县北部地区
07－16	04：19	23°　27′	117°　38′	2.3级	东山县近海地区
09－06	03：37	23°　49′	117°　37′	2.1级	漳浦县南部地区

【各级领导高度重视防震减灾工作】

市委常委扩大会议专题学习习总书记关于防灾减灾救灾重要指示精神，市长刘远、副市长兰万安分别就加强“金砖会晤”地震安全保障工作作出批示。兰万安副市长3月3日主持召开全市防震减灾工作会议，召集市抗震救灾指挥部成员单位、各县（市、区）人民政府、各开发区（投资区）分管领导及地震办负责人，对2017年全市防震减灾工作进行规划部署。市地震局稳步推进地震监测、震害防御、应急救援三大体系建设，被评为2017年度全省市县防震减灾工作考核先进单位、获得2017年度全省地震系统应急救援工作评比三等奖。

【制定十三五防震减灾规划】

2017年10月，市政府办公室正式印发《漳州市“十三五”防震减灾专项规划》（以下简称“规划”）。规划从监测预报、震害防御、应急

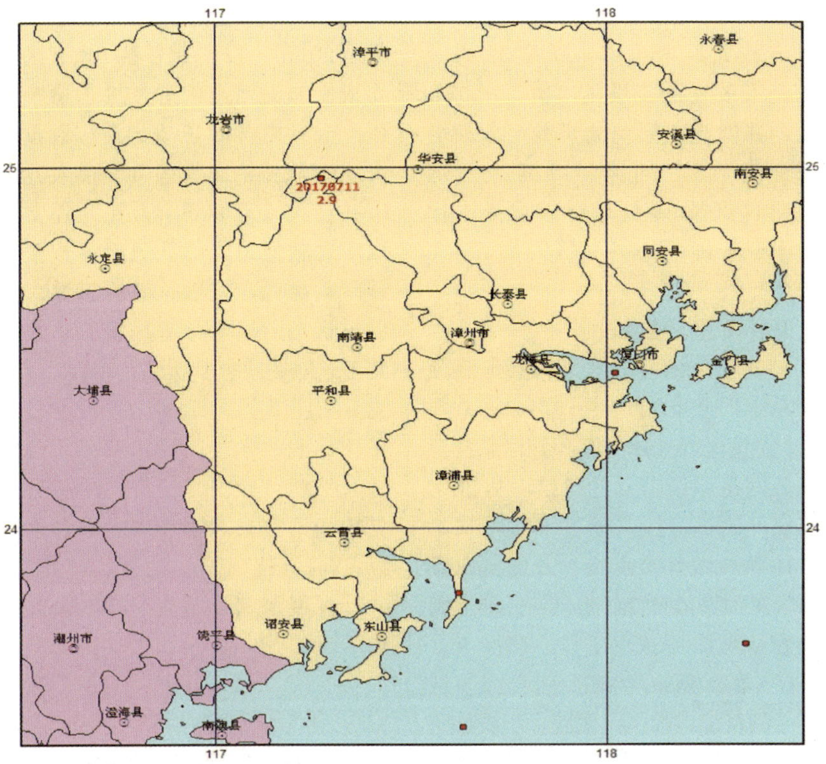

图 3　　漳州地区 2017 年度地震震中分布情况图

处置、宣传教育、科技创新等六个方面回顾总结“十二五”时期防震减灾主要成就，全面分析全市防震减灾工作的发展现状，制定“提升地震监测预报和预警能力、提升地震灾害预防能力、提升地震应急救援能力、提升科技创新支撑能力、推进防震减灾工作与经济社会融合发展”5 项主要任务，确立“应急指挥中心升级改造、应急通讯保障、预警系统建设、监测体系建设、安全示范建设等支撑防震减灾事业发展的 8 个重点建设项目，提出了“加强组织领导、健全政策法规、完善投入机制、注重队伍建设、推进科技创新”五项保障措施。规划是依据“十三五”国家、省防震减灾规划和漳州市国民经济和社会发展规划，按照“融合发展、目标导向、预防为主、统筹协调”的原则进行编制的，是引领全市防震减灾事业发展、安排防震减灾重大项目和资金投入的重要依据。

【金砖会晤地震安全保障工作】

2017 金砖国家领导人第九次会晤（以下简称“金砖会晤”）于 2017 年 9 月 3—5 日在厦门举行，漳州市做好会晤期间的地震安全保障工作。市长刘远及分管副市长兰万安在《“金砖”国家领导人会晤专题震情会商会议纪要》分别作批示，要求做好“金砖会晤”期间应急预案工作。市抗震指挥部及时制定《漳州市 2017 年金砖会晤期间地震应急保障预案》，细化成员单位责任分工，全力护航金砖会晤。成立“金砖会晤”期间震情保障工作领导小组，参加闽台地区震情趋势研判专题会商会和金砖会晤期间震情保障厦门指挥部工作部署会。制定《2017 年金砖会晤地震安全保障工作方案》，做好震情监视会商和突发事件应对工作，开展厦漳泉地震联防。全面巡查全市 54 个监测台点、16 处地震预警节点、36 处地震宏观点，确保监测仪器运转正常，数据真实可靠；在重点目标、人员密集场所等地点新增 5 个流动强震仪，提高地震预警能力。

【开展农村民居抗震设防专题调研】

2017 年 8 月 2—4 日，由市人大牵头，市地震局、住建局、规划局、国土局、财政局和部分市人大代表联合开展农村民居抗震设防情况先期调研。调研内容主要包括乡镇和村庄规划符合抗震设防要求情况、农村住房以及配套设施抗震设防措施落实情况、农村民居自建住房获取抗震设防技术支持和技术服务情况、农村防震抗震知识普及情况和存在的问题及下一步工作建议五个部分。调研期间调研组赴平和县、漳浦县、芗城区三地听取当地政府关于此项工作的汇报并实地考察当地农村民居抗震设防情况。调研后，形成《关于漳州市农村民居抗震设防情况的调研报告》提交市人大审定。

【地震安全示范社区建设持续推进】

市委、市政府高度重视，把创建地震安全示范社区创建工作列入市对县（市、区）绩效考评，同时也作为民生工程的一项重要工作来抓，市、县地震部门多次实地考察，科学选点，充分发挥全社会参与防震减灾的积极性，努力把社区建设得更加安全。2017 年初，市政府办印发《漳州市人民政府办公室关于做好 2017 年地震应急避难场所建设和地震安全示范社区创建工作的通知》，明确创建要求和措施，进一步加强地震安全示范社区创建工作，全市地震安全示范社区创建工作成效显著。2017 年新增 15 个国家地震安全示范社区，至年底，全市累计创建 45 个国家地震安全示范社区。

【强化防震宣传演练】

完成地震应急预案的修订印发，开展第五代《中国地震动参数区划图》宣传贯彻工作。漳州市地震系统在漳浦县乌山成功开展应急通讯联动演练。与漳州开发区联合开展地震应急救援综合演练在厦门大学嘉庚学院举办，演练经费总投入近20万元。组织开展2017年度全国地震应急响应演练活动。市地震局组织各地地震部门、地震台站科技人员和“三网一员”等地震科普志愿者，进家庭、进机关、进学校、进企业、进社区、进农村，开展科普宣传服务。充分利用门户网站和微博、微信等重要平台和新媒体，多渠道宣传公众关注的防震减灾知识，并及时报道各地防震减灾宣传教育和演练活动等情况，强化各级各部门防震减灾的责任意识，增强群众对地震灾害的认知深度，营造社会良好舆论氛围。2017年，全市地震系统共发放宣传材料25万多份、群发短信22万条，组织演练800多场次，举办讲座400多场次，《闽南日报》专栏报道68篇，被国家、省地震局采用信息100多条。

【监测预报工作不断推进】

建成测震波形适时监控系统、地震快速定位系统、远程视频会议系统、前兆数据采集系统、城乡快速评估系统。投入220万元建设地震监测信息数字化集成系统，实现观测资料实时反馈及可视化管理。制定《2017年度震情跟踪工作方案》，推进市县地震部门震情会商制度改革，快速应对1月19日汕头市南澳县海域3.1级地震及7月11日南靖县2.9级地震。对8月9日汰内水氡高值异常及10月12日龙文浦头港鱼群聚集现象及时反应，排除地震前兆异常，消除民众恐慌心理。召开2017下半年度地震趋势会商会、2018年度地震趋势会商会，对闽台地区地震趋势进行研判。加强群测群防工作，2017年，“三网一员”（三网：地震宏观测报网、地震灾情速报网、地震知识宣传网；一员：防震减灾助理员。）新增32人，地震宏观观测点新增2处、调整4处，并创建宏观观测资料汇总和培训交流平台，对漳州市54个固定监测台点及39处地震宏观点进行全面巡查。

【开展预警工程建设】

建设全省互联互通市县地震预警系统。全市11个县（市、区）及5个开发区均完成地震预警信息社会服务网络系统节点的安装，从2016年底开始试运行，并由省地震局、市地震局做好节点维护，为实现发布大震预警信息打好基础。开展地震预警信息服务试点工作，在每个县（区）的1所中学和1所小学及芗城区中闽百汇、漳州市医院、华安县龙翔实业有限公司共部署25套预警终端，为全市地震系统人员安装“福建地震信息”手机预警APP，共计62人。加强地震预警交流培训，3月2日邀请省地震局王青平博士作地震预警系统建设及信息发布培训，11月1日组织全市地震系统业务人员前往泉州参加由省地震局组织的地震预警信息节点运行维护管理培训班。

【建设避难场所与救援队伍】

印发关于《加快我市乡镇地震应急避难场所建设》的通知，扎实推进地震应急避难场所向乡镇（街道）延伸建设与创建，各级政府高度重视，相关部门通力协作，将应急避难场所建设纳入对县（市、区）的绩效考核，2017年共新建地震应急避难场所52处。各县（市、区）成立多支地震应急救援志愿者队伍，芗城区、龙文区和南靖县依托市龙江救援协会成立各区县地震应急救援志愿者队伍，云霄县、漳州县及平和县依托蓝天救援志愿协会成立各县蓝天地震救援协会，龙海市地震办公室联合共青团龙海市委会成立青年地震应急救援志愿者队伍。截至2017年12月，各县（市、区）均成立一支地震应急救援志愿者队伍，全市共成立13支地震应急救援志愿者队伍，志愿者500余人。全市共计投入近500余万元为各支地震应急救援志愿者队伍配备救援服装、救援包、帐篷、破拆工具、卫星电话、无线电台等地震应急救援装备。地震应急救援队伍培训工作，先后在住漳空军部，南靖县委党校，平和县职业学校，漳州城市职业学院，平和、华安、云霄、漳浦县委党校和诏安县四都镇政府举办地震应急救援培训工作，截至2017年底，共计开展培训9场次，1500余人参加培训。

·国土资源管理·

【概　况】

2017年，在市委、市政府和省国土资源厅的领导和指导下，市国土资源局围绕“三抓三比、十项竞赛”（抓招商比项目招资、抓生态比城乡环境、抓作风比营商环境；十项竞赛：工业园区建设、创新转型项目、现代服务业项目、特色现代农业项目、重点民生项目、生态与水系项目、特色小镇项目、精准脱贫攻坚、交通先行工程、公共配套项目竞赛）活动，努力为漳州经济社会发展做好要素保障。全市系统有9项工作列全省第一，6项工作列全省第二，2项工作列全省第三，4项工作获市委市政府和省厅主要领导批示肯定，被市政府记集体三等功1次。

全面从严治党。认真学习贯彻落实习近平新时代中国特色社会主义思想和中共十九大精神，认真抓好党建工作，扎实推进“两学一做”学习教育常态化制度化，积极开展“学习廖俊波、争做合格党员”主

1月24日，福建省国土资源会议在漳州召开 （贾峰 摄）

题实践活动。严格落实中央八项规定及其实施细则，对照省委“五抓五看”和市委“五个严抓”要求，以思想到位、行动对标，推动全面从严治党主体责任落实。

开展扶贫领域“1＋X”专项督查。委托第三方对扶贫领域涉土资金进行审计。做好综治平安单位、文明单位建设，开展创卫，落实“门前三包”，做好挂钩帮扶工作。

【土地管理】

持续保障用地，重点环节压缩时限强服务，成立重点项目用地报批服务工作小组，由一个科室统一指挥协调市区储备地的报批工作，压缩审查时限10个工作日，农转报批实现“短、平、快”。全市获批用地1993.3公顷；全年办理供地548宗2420公顷。组织编制《漳州市建设用地总量控制和减量化管理方案》，由市政府印发实施。着力盘活存量土地，处置1999—2015年批而未供土地746.7公顷；处置省委巡视和国家土地督察上海局移交闲置土地154宗587.6公顷。重要政策抓好落实减压力，按照“占优补优、占水田补水田”要求，采取自己产、市内调、省厅借、外地买等措施，落实补充耕地指标1075.8公顷，有效缓解占补压力。严格保护耕地，划定永久基本农田保护区，全市划定15.84万公顷，6月通过省验收。加快开发建设，通过土地开发、土地整理、旧村复垦开展补充耕地和高标准农田建设，完成补充耕地726.7公顷，完成高标准农田建设1.28万公顷，分别完成省政府下达任务的125.6%和100.4%。组织编制《漳州市高标准农田建设规划（2016—2020年）》。严查违法用地，2016年度卫片执法违法用地283.58公顷，全部立案或非立案查处；拆“两违”腾出土地664公顷。经营城区土地，采取“多批次、快节奏、大容量”加大土地供应量，市区出让房地产用地8宗、41.72公顷，采取“限地价、控房价、竞配建”方式出让土地，并在全省率先推出“限地价、控房价、竞自持”的调控政策，规范市区土地出让市场。深化国土资源改革，梳理国土资源所权责清单164项，逐一明确行政权力、公共服务和其他有关事项以及应承担的相应责任，接受社会监督；取消行政审批事项2项，取消前置审批5项，取消审批提交材料8项，调整和取消中介服务事项10项。

【矿产管理】

2017年，共拍卖出让采矿权5宗，征收采矿权价款974.4万元。颁发采矿许可证新立9个，延续1个，变更2个，退出50个，保留4个。全市持证矿山98个，按矿种分类：铜矿3个，地热11个，矿泉水3个，天然石英砂6个，长石2个，高岭土6个，叶蜡石3个，华安玉3个，脉石英1个，饰面石材24个，建筑石料36个。开展第三轮矿产资源规划编制工作，划定探矿权设置区块

3月7日，福建省国土资源厅到漳州开展“三比一看”现场办公（贾峰 摄）

33个，采矿权设置区块200个，全市1部市级、14部县级规划均已进入审批阶段。开展各类保护区内矿业权清理工作，矿业权与各类保护区重叠的有44个，其中采矿权25个，探矿权19个，采取公告废止、扣减避让、整体注销等措施进行整改；与基本农田重叠13处，其中7家正在办理采矿许可证变更手续。重点行业合理调控抓保障，牵头开展全市重点项目砂石原料保障工作，全市矿山第三季度共扩大生产规模61.4万立方米／年，基本缓解重点项目砂石原料紧张问题。完成矿山生态环境恢复治理面积159万平方米，20处“五沿”青山挂白治理任务全部完成植树种草，通过3年努力，111处“五沿”范围内青山挂白治理工作圆满收官。开展安全生产大检查和打击非法违法采矿专项行动，立案查处60起，罚没款132.34万元。全市没有发生国土资源安全生产事故。

【测绘管理】

推进农村地籍和房屋调查，至2017年底，已完成招投标行政村829个，占总行政村总数的50%；已开展调查的行政村597个，已完成调查行政村数482个。漳州市2017年农村地籍调查和房屋调查工作总体开展情况计划完成率全省第一。组织开展中心城区697平方公里1∶2000地形图测绘工作，组织中心城区697平方公里1∶500航摄工作。漳州城市地图集编制项目获国家局批准。

【不动产登记】

开通不动产登记“外网申请，内网审理”网上办事平台，全市共办理不动产权证121301本，不动产登记证明112233份。以保障群众住房所有权为出发点，着力解决市区房地产项目不动产权证办理历史遗留问题。市政府成立市区房地产项目不动产权证办理历史遗留问题集中处置协调领导小组，共解决8个项目4814套。

【地灾防治】

以保护群众生命安全为最高准则，严防全市407处地质灾害点、1945处高陡边坡，落实各项防灾措施，做好地灾点搬迁和工程治理，成为全省唯一自2007年以来连续11年汛期地灾“零伤亡”的设区市。

·环境保护·

【概　况】

水环境状况：全市水环境质量总体保持良好，基本符合漳州市环境功能区划要求。九龙江流域、漳江、诏安东溪等主要流域Ⅰ－Ⅲ类水质达标率100%。重点开展马铺溪、火田溪、竹溪等10条小流域整治，全年市、县两级饮用水源水质达标率均为100%。

大气环境状况：漳州市市区环境空气质量符合国家二级空气质量标准，AQI指数年均值为60，空气质量状况：良。全年环境空气达到或优于二级的天数357天。AQI首要污染物统计，按大小顺序排序依次为：可吸入颗粒物、细颗粒物、臭氧、二氧化氮，影响漳州市大气环境质量的主要污染因子为：可吸入颗粒物。

声环境状况：市区声环境质量为一般水平；区域噪声平均等效声级昼间59.1分贝；交通噪声平均等效声级68.7分贝。影响市区声环境质量的要声源为社会生活噪声，占市区总人口的36.2%，生活在昼间间等效声级超60分贝高噪声环境中。

【生态建设】

2017年，全市共实施生态建设项目522个，计划投资380.40亿元，累计完成投资672.23亿元，占计划投资176.72%，超时序进度76.72个百分点。否定不符合漳州市规划和产业政策的高能耗、高环境污染项目9个，完成希源纸业等9家国、省控企业的初始排污权核定，为重大项目腾出环境资源容量。

【流域治理】

推动制定并实施《提升漳州市水环境质量专项行动2017年度实施方案》《漳州市水污染防治2017年度计划》，两江两溪等主要流域Ⅰ—Ⅲ类水质稳定达标；印发《漳州市“小流域水环境综合整治”为民办实事项目实施方案》，计划投资4.42亿元，全年完成投资4.94亿元，占计划投资的111.76%，全市14条劣Ⅴ类小流域中，已有5条提升至Ⅴ类以上；在九龙江流域共投放各类滤食性鱼类约260万尾，有效维护九龙江流域生态平衡。

【污染防治】

制定实施《提升漳州市大气环境质量专项行动2017年度实施方案》，以建筑扬尘、移动源污染、工业源污染治理为抓手，不断推进大气污染综合治理。2017年9月，提前完成省政府下达的年度黄标车淘汰3969辆的任务，全年淘汰率110.3%；完成华阳电业有限公司1—7#机组、龙口热电厂1—2#机组超低排放改造；完成正兴车轮、太平洋制罐、中集集装箱等重点企业VOCs整治及381家加油站、1个储油库和22辆油罐车油气回收治理。

【环境监管】

严格按照新《中华人民共和国环境保护法》及其4个配套办法，开展环保检查、执法行动。2017年，全市共立案查处企业634起，罚款金额2665.02万元，查封扣押224起，移送行政拘留31件，移送刑事犯罪

27件，按日计罚7件，按日记罚金额22.07万元，实施限产停产39件。查处环境违法案件数量较2016年同期大幅上升，案件种类也较齐全。开展环境信访突出问题专项行动，解决一批废水、废气污染等群众反映强烈的突出问题。2017年，共办结12369环保投诉件1294件、按时办结率100%，办理群众环境问题来信187件、办结率98.4%。

【行政审批】

持续推进行政审批制度改革，进一步落实简政放权，为企业提供优质高效的服务。2017年，全市累计完成环评审批855件、建设项目环保验收1125件、核发新版排污许可证97件。创新巩固管理服务模式，重新梳理市环保局行政审批和服务事项目录清单并经市审改办审核公布。经梳理，市环保局保留行政许可事项7项，公共服务事项1项，其他行政权力2项，下放（含委托）和调整11项，取消固体（危险）废物跨市转移审批行政许可证事项。

【环境宣教】

在漳州电视台每周播放环保公益广告3次，在闽南日报重要版面开始“三铁治污、提升三质”环保专栏，刊发报道90多篇，环保政务信息被省两办采用5篇次、被省环保厅采用10篇次、被市两办采用80篇次。积极拓宽宣传渠道，设“漳州环境”微信公众号，目前活跃粉丝1000多个，全年推送报道79篇，收到公众广泛关注；主办“6·5”世界环境保护日公益演出，现场发放环保宣传资料及宣传册近2000份；投资48.5万元在漳州西溪亲水公园内建设占地面积1200多平方米的环保主题公园，并于2017年9月投入使用。

供稿单位：

漳州市统计局
漳州市水利局
漳州市气象局
漳州市地震局
漳州市国土资源管理局
漳州市环保局

·市、县（市、区）委及市委所属机构领导名单·

【市委书记、副书记、常委名单】

市委书记　　　檀云坤

市委副书记

刘　远（2017 年 1 月任）

阮开森（2017 年 6 月任）

市委常委

李小庆　林叶萍（女）

沈金水　张琳光

吴文团（2017 年 7 月任）

黄水木

刘伟泽（2017 年 10 月任）

张慧德（2017 年 6 月任）

【市委所属机构及市属副处级以上事业单位组织负责人名单】

市委秘书长

张琳光（2017 年 7 月任）

市委副秘书长　　余　溪　　李志勇

刘　晖（2017 年 10 月任）

欧阳元成（2017 年 10 月任）

市委办公室主任

余　溪

市委办公室副主任

杨荣武

蔡文忠（2017 年 5 月任）

张文彬（2017 年 5 月任）

市委办公室纪检组组长

林　琪（女）（2017 年 3 月任）

市委督查室主任

郭明星（2017 年 5 月任）

市委组织部部长

沈金水

市委组织部副部长

欧阳晓红（女）（2017 年 5 月任）

黄志坚

刘跃光（2017 年 10 月任）

市委正处级组织员

刘跃光（2017 年 10 月任）

陈四象

市委副处级组织员

郭丹川（2017 年 5 月任）

市委组织部纪检组组长

王永光（2017 年 3 月任）

市委非公有制企业和社会组织工委专职副书记

许建华（2017 年 9 月任）

市委宣传部部长

刘伟泽（2017 年 10 月任）

市委宣传部副部长

陈燕松（2017 年 5 月任）

陈惠贞（女）

林立辉（2017 年 5 月任）

沈龙石

陈敏杰（女）（2017 年 5 月任）

市委外宣办常务副主任

韩水海（2017 年 10 月任）

市委统战部部长

黄水木

市委统战部常务副部长

沈诏坤（2017 年 5 月任）

市委统战部副部长

林　青　陈群霞（女）

市委政研室主任

林晓强（2017 年 5 月任）

市委政研室副主任

翁耀琪（2017 年 5 月任）

市委政法委书记

阮开森（2017 年 6 月任）

市委政法委副书记

黄华安　刘南辉　陈青树

市委政法委政治部主任

董文山

市国资委党委书记

庄文海

市委台湾工作办公室主任

林秀珍（女）（2017 年 3 月任）

市委台湾工作办公室副主任

曹保峰　方龙辉　郭颖峰

市委机构编制委员会办公室主任

卢　锋（2017 年 5 月任）

市委机构编制委员会办公室副主任

林炳清　肖永红

市直机关工委书记

沈金水

市直机关工委副书记

戴学平（2017 年 5 月任）

李　力　李恒超　戴金全

市委农办主任　　郭福泉

市委农办副主任　叶明东　胡大义

郑宴义　苏明河

市委老干部局局长
黄志坚
市委老干部局副局长
郑漳州　赵作泉
林美香（女）
市委机要局局长
林碧叶（女）（2017年9月任）
市委保密局局长
游淑容（女）
市信访局局长　林兆波
市信访局副局长
林瑞安　刘宝明
市信访局督查专员
王添华
市文明办主任
林立辉（2017年5月任）
市文明办副主任
杨亚文　毕新新
刘述冲　池　毅
市委教工委书记
黄江辉（2017年3月任）
市委教工委副书记
郭漳陵　林育东
市普通教育督导室副主任
陈坪松
市委党校校长
沈金水
市委党校常务副校长
沈志雄（2017年5月任）
市委党校副校长
张民胜　黄邦辉　沈惠平
市委党校总务处主任
林高潮
市委党校科研文史研究处主任
卢国能
市委党校管理学教研室主任
康志强
市委党校副处级组织员
郑丽华（女）
市委党史研究室主任
施爱武
市委党史研究室副主任
曾一石
闽南日报社党组书记、社长
陈惠贞（女）
闽南日报社总编辑
叶明义
闽南日报社副总编辑
刘长乐
吴鹏举（2017年9月任）
闽南日报社副社长
杨少勇（2017年9月任）
市委、市政府接待办公室主任
李志勇
市委、市政府接待办公室副主任
洪佩瑄（女）（2017年9月任）
漳州职业技术学院党委书记
曾建成
漳州职业技术学院党委副书记
康溪顺（2017年10月任）
李秀玲（女）
漳州城市职业学院党委书记
洪亚勇
漳州城市职业学院党委副书记
刘惠河（2017年2月任）
朱镇生
漳州卫生职业学院党委书记
林　忠
漳州卫生职业学院党委副书记
沈国星　郑长江
福建广播电视大学漳州分校党委书记
李　然（2017年6月任）
福建广播电视大学漳州分校党委副书记　林之枫（女）（2017年10月任）
漳州工业学校党总支书记
王小峰（2017年6月任）
漳州农业学校党总支书记
吴仰周
漳州财贸学校党总支书记
李金德
漳州高级技工学校党总支书记
詹百灵
漳州第一中学党总支书记
方跃飞
漳州市医院党委书记
马旭东（女）
漳州市中医院党委书记
陈鲁峰
市疾病预防控制中心党委书记
洪照宽

【市直机关党组、党委负责人名单】

市人大党组书记
陈汉夫
市人大党组副书记
吴达金
市政府党组书记
刘　远（2017年1月任）
市政府党组副书记
张慧德（2017年6月任）
市政协党组书记
张祯锦（2017年1月任）
市政协党组副书记
柳建聪（2017年2月任）
市政府办公室党组书记
戴福康
市政府办公室党组副书记
李亚树（2017年6月任）
市民政局党组书记
陈　彪
市民族与宗教事务局党组书记
蒲少城（2017年3月任）
市国土资源局党组书记
陈　华（2017年3月任）
市商务局党组书记
曾建新
市商务局党组副书记
吴凌真（2017年9月任）
中国国际贸促会漳州市支会党组书记
邱亚明
市总工会党组书记
王继跃（2017年3月任）
共青团漳州市委党组书记
远　洋
市妇联党组书记
黄淑红（女）（2017年6月任）
市文联党组书记
陈燕松（2017年5月任）
市残联党组书记
周建明
市侨联党组书记
林智勇
市工商联党组书记
林　青
市教育局党组书记
黄江辉（2017年3月任）

市教育局党组副书记
郭漳陵
市文化广电新闻出版局党组书记
于晓岩
市卫生和计划生育委员会党组书记
许鹄君（女）
市疾病预防控制中心党委书记
洪照宽
市体育局党组书记
周志聪（2017年3月任）
漳州电视台总支书记
蔡永强（2017年10月任）
漳州人民广播电台党支部书记
刘丽贞（女）（2017年6月任）
市外事侨务办公室党组书记
何少华（2017年3月任）
市司法局党组书记
林　方
市公安局党委书记
黄华安
市公安局党委副书记
黄跃欣（2017年1月任）
李仲坚
市检察院党组书记
黄秀强（2017年1月任）
市检察院党组副书记
张镇国
市中级人民法院党组书记
罗　雄（2017年6月任）
市中级人民法院党组副书记
陈志福
市经济和信息化委员会党组书记
苏斌钢（2017年11月任）
市工商局党组书记
朱东凤（2017年3月任）
市质量技术监督局党组书记
陈木海
市交通运输局党组书记
傅佳学（2017年3月任）
市运输管理局党委书记
周长华
市公路局党委书记
林长河（2017年9月任）
市财政局党组书记
沈永祥

市审计局党组书记
曾妙玲（女）（2017年3月任）
市供销社党组书记
欧阳圣
市农业局党组书记
郭福泉
市林业局党组书记
姚珠成（2017年3月任）
市海洋与渔业局党组书记
刘亚良
市人力资源和社会保障局党组书记
李辉煌
市住房和城乡建设局党组书记
蔡兴州（2017年3月任）
市城乡规划局党组书记
何金才
市城乡规划局党组副书记
张其扬（2017年9月任）
市水利局党组书记
吴　敏（2017年3月任）
市发改委党组书记
苏孝道
市发改委党组副书记
谢　宇
市城市管理行政执法局党组书记
吴志民
市科学技术局党组书记
周俊雄（2017年5月任）
市科学协会党组书记
林国强
市食品药品监督局党组书记
方建平（2017年3月任）
市统计局党组书记
李香英（女）
市环保局党组书记
李明清
市旅游发展委员会党组书记
洪海涛（2017年9月任）
漳州常山华侨经济开发区党委书记
蓝武汉（2017年9月任）
漳州常山华侨经济开发区党委副书记
林达祥
何金水（2017年9月任）
漳州古雷经济开发区党工委书记
吴文团

漳州古雷经济开发区党工委副书记
戴平忠　詹　伟　朱铭炜
漳州台商投资区党工委书记
蔡丽芬（女）
漳州台商投资区党工委副书记
蔡总平
赵　丰（2017年9月任）
戴以礼（2017年5月任）
漳州高新技术产业开发区党工委书记
陈跃鸿
漳州高新技术产业开发区党工委副书记
李亚容（2017年3月任）
林继锋　蔡志斌
杨怀生（2017年9月任）

【县（市、区）委领导名单】

中共芗城区委书记
侯为东
中共芗城区委副书记
吴洪池
朱永鑫（2017年5月任）
张其扬（2017年9月任）
中共龙文区委书记
欧龙光
中共龙文区委副书记
胡栋良　李华胜
中共龙海市委书记
郑隆松
中共龙海市委副书记
何才成
王劲东（2017年7月任）
中共漳浦县委书记
戴平忠
中共漳浦县委副书记
黄庆华
简洪坤（2017年2月任）
中共云霄县委书记
王金狮
中共云霄县委副书记
张明东　何　霭
中共诏安县委书记
何德发
中共诏安县委副书记
洪泰伟　窦希铭

中共东山县委书记

陈云水

中共东山县委副书记

朱　真（女）　洪维椿

中共平和县委书记

郭德志

中共平和县委副书记

吴丁顺　李瑞林

中共南靖县委书记

黄劲武

中共南靖县委副书记

钟　科　黄添木

中共长泰县委书记

方木荣

中共长泰县委副书记

陈力予　郭永忠

中共华安县委书记

朱百里

中共华安县委副书记

陈东海　吴晶晶（女）

11月30日，举办漳州市领导干部学习贯彻党的十九大精神专题研讨班

（林忠 摄）

·市委工作综述·

【概　况】

2017年，中共漳州市委深入学习贯彻习近平新时代中国特色社会主义思想和中共十九大精神，围绕“五位一体”（经济建设、政治建设、文化建设、社会建设、生态文明建设）总体布局和“四个全面”（全面建成小康社会、全面深化改革、全面依法治国、全面从严治党）战略布局，坚持稳中求进工作总基调，按照省委、省政府“再上新台阶、建设新福建”的决策部署，突出“稳”字当头，力求稳中向好，开展“三抓三比、十项竞赛”，加快推进富美新漳州建设，经济社会发展呈现总体平稳、稳中向好的良好态势。全市地区生产总值3528.53亿元，比上年增长9.2%；固定资产投资3328.1亿元，比上年增长17.7%；规模工业增加值1621.31亿元，比上年增长8.7%；一般公共预算总收入318.08亿元，比上年增长10.6%；地方一般公共预算收入204.04亿元，比上年增长（同口径）11.1%；实际利用外资82.26亿元，比上年增长10.3%；外贸出口512.6亿元，比上年增长7.1%；社会消费品零售总额982.43亿元，比上年增长12.2%；城镇居民人均可支配收入33359元，比上年增长8.6%；农村居民人均可支配收入16676元，比上年增长8.9%。在13项主要经济指标中，有11项指标增幅高于全省平均水平，有10项指标增幅位居全省前三位，其中GDP、规模工业增加值、固定资产投资和金融机构本外币贷款余额4个指标增幅均位居全省第一位，特别是GDP增幅连续4年保持全省第一。

【推动经济平稳健康发展】

扩大有效投资稳增长　坚持工作抓重点、重点抓项目、项目抓竞赛，着力扩大有效投资。集中开展“三抓三比、十项竞赛”，春节后上班第一天，就召开四级干部（市、县、乡、村）视频会议进行动员部署，每季度均开展现场推进活动，全年落实“五个一批”（谋划一批、签约一批、开工一批、投资一批、增资一批）项目2625个，新开工亿元以上项目260个、其中建成或部分建成150个，“金龙汽车”“中海油LNG”“泰禾国际医院”等项目正式开工。坚持“一把手”抓招商，各县（市、区）、开发区（投资区）党政主要领导带队外出招商224场次，洽谈对接项目431个，相继引进古雷己内酰胺和甲醇制烯烃、漳州开发区智能汽车小镇、云霄抽水蓄能电站等4个投资上百亿元项目，签约7个世界500强和台湾百大项目。

加快产业升级优结构　深入推进供给侧结构性改革，持续深化“追问题、解难题、促发展”和“政策不睡觉、落地见成效”活动，出台促进工业企业增产增效、工业经济稳定增长等政策措施，实施产业龙头促进计划、新兴产业倍增计划和创新示范工程，支持引导企业加快技术改造、设备更新和新产品开发，培育壮大四大主导产业和四大战略性新兴产业。全市新增、新上规模工业企业166家、高新技术企业20家、“科技小巨人”50家，完成技改投资680亿元，3项成果获省科技进步一等奖。围绕金融加强、物流加速、电商做大、房地产健康发展、

旅游做人气，推动现代服务业创新发展、集聚发展，第三产业增速连续3年位居全省第一，入选中国“电子商务百佳城市”，新增6个省级现代服务业集聚区，占全省1/3；设立中小企业贷款风险补偿基金，金融机构各项贷款余额比上年增长14.6%，新增上市企业2家，实现民企A股主板上市“零”的突破。全力打造全域旅游，成功举办“花样漳州”十佳系列活动，南靖土楼荣获“中国最佳乡村旅游项目奖”，片仔癀中药工业园荣获首批“国家工业旅游示范基地”称号，旅游业接待游客人数、旅游收入分别比上年增长22.9%和30.9%。加快建设国家级现代农业示范区，获批国家农业可持续发展试验示范区，新增设施农业1868公顷，新认证“三品一标”（无公害产品、绿色食品、有机农产品、农产品地理标志）71个，11个产品入选全国名优新农产品名录。

注重城乡统筹促协调　深入推进“多规合一”，基本建立“一张图、一平台、一张表、一保障机制”的项目审批机制，国土空间治理能力和效率进一步提升。扎实推进新型城镇化，长泰县国家级新型城镇化综合改革试点和角美、杜浔（古雷新港城）省级小城市试点工作顺利进展，培育创建特色小镇33个（其中省级4个、市级29个）。突出重点区域带动，抓好标准工业园区建设，深入实施工业园区提升工程，在加快重点区域发展中提升实力，在协调发展中拓宽空间。特别是继续举全市之力推进古雷开发建设，“腾龙翔鹭”项目完成重组工作，“PTA”项目投料开车，“海顺德”“中怡”“春达”等项目相继复工，万亩填海造地工程基本完成，陆台合资的古雷炼化一体化百万吨乙烯工程开工建设，“漳华石化”“锦江石化”等一批大项目正式签约。古雷石化园区获评“中国化工潜力园区十强”。按照“主动对接、深度融合、环湾延伸、差异发展”的思路，突出重点、由近及远、梯次推进、全面对接，加快打造厦漳同城化先行示范区，围绕基础设施互联互通、产业项目融合互补、城市建设对标错位、公共服务共建共享，策划实施同城化项目73个，总投资1003亿元；厦漳同城大道已完成总投资95.3%，沿海大通道（漳浦段）建成通车，福厦高铁客运专线延伸到漳州，厦漳城际轻轨R3线、厦门地铁6号线漳州（角美）延伸段前期工作扎实推进。

【持续扩大对台对外开放】

深化重点领域改革　开展构建开放型经济新体制综合试点试验工作，“商务110”、国税和地税联合办税、“即报即放”出口食品检验检疫方式等经验做法在全国推广。推进简政放权、放管结合、优化服务，在全国率先开展“多评一表、多图一审”试点，推进“会审制”试点，评估时间由230天减少到50天，审批时间从80天减少到30天，“多评一表”获全国优秀决策案例奖，“集中会审”改革经验获国务院认可。在全国首创食品农产品检验检疫“四检合一”（整合检验检疫、市场监管、农业和海洋渔业等涉及食品农产品检验检测机构，实现“一次委托、一次抽样、一次检验、一次出证”，构建“执法互助、信息互享、结果互认”新机制），获国家质检总局推介，“即报即放”在出口食品农产品企业实现全覆盖。设立供给侧改革服务中心，组建“商务110”招商服务平台，营商环境持续优化，漳州市荣获“2017中国十佳最具投资营商价值城市”称号。

深化对台交流合作　加强对台湾电子信息、精密机械、石化和现代农业、现代服务业等领域的招商，推动漳台产业深度融合发展，新批台资项目84个，实际利用台资34亿元。创新对台服务机制，成立漳州市台胞台商服务中心，推动服务台胞制度化、便利化。推进“龙文图灵众创空间”“永年宝岛埕”等

古雷炼化一体化项目开工建设

台湾青年创业基地发展，吸引台湾青年来漳州创业就业。挖掘漳台民俗文化、民间信仰资源，深化漳台特色文化和民间基层交流，组织107个团组赴台交流，接待到漳州的台胞9.6万人次。成功举办第九届农博会•第十九届花博会、第八届海峡媒体峰会。

持续扩大对外开放 2017年，市委、市政府出台促进外贸稳增长六条措施，组织企业参加55场境外重点展会，开展4场“漳州味•世界行”活动，鼓励企业拓展市场、多接订单，推动出口回稳向好。培育外贸新业态新模式，加快推进国际贸易单一窗口建设，敦煌网“网上丝路”数字贸易项目成功落地，漳州台商投资区保税物流中心（B型）正式获批设立。主动对接厦洽会、海交会、“金砖＋”暨“一带一路”国际经贸合作对接会等活动，在洽谈签约项目、展示展销产品、宣传推介漳州等方面取得良好成效，形成全面开放新格局。

【延展“生态＋”效益】

推进“五湖四海”项目建设 漳州市在中心城区全力加快“五湖四海”（五湖：碧湖、西湖、西院湖、九十九湾湖、南湖。四海：荔枝海、香蕉海、水仙花海、四季花海）漳州市项目建设，实施“南山水岸”“芗江水岸、龙江观竹”、圆山林下生态园、九龙江畔“双百”绿化工程（在九龙江西溪、北溪河道四岸种植大树和开花乔木，形成百花齐放、百树成荫的沿江景观），初步形成“一城花海半城湖”独特风光，带动各地县城建设一批片林、花海、湖塘，做到城中有林、城中有花、城中有湖，为群众打造“冬有暖阳、夏有荫凉，爱走就走、想坐就坐，清新呼吸、自由自在、畅享生态”的优美生态环境。加强生态保护，把人民广场花海片区、上美湖片区、南湖片区、龙江文化生态园片区、角美生态片区等353公顷中心城区重要生态空间，经市人大常委会决定，使之成为永久性的生态空间，给市民永续的生态福利。

强化环境综合整治 集中开展“三铁治污、提升三质”（以铁的决心、铁心措施、铁的纪律治理污染，提升空气质量、水的质量、土壤质量）专项整治行动，全力整改中央、省环保督察反馈问题，推动空气质量、水质、土质水平持续好转。完成国土绿化1.3万公顷、水土流失综合治理2万公顷，全市空气质量优良率平均为96.5%。全面落实河长制，突出抓好“清淤疏浚、截污处理、源头活水”环节，加大内河整治力度，市区10条黑臭水体基本整治完成。九龙江流域（漳州段）Ⅰ—Ⅲ类水质达标率为100%，县级和市级集中式饮用水水源水质达标率均为100%。

提升城乡宜居环境 持续推进“两违”（违法占地、违法建设）综合治理，拆违面积超700万平方米，出台漳州市首部地方性实体法规《漳州市市容和环境卫生“门前三包”责任区管理若干规定》，加强城市网格化、精细化、智能化管理，推动“垃圾不乱丢、黄土不露天、车辆不违章、经营不占道、广告不乱贴”常态化。深入开展农村建设“双百”（百村富美乡村建设，百村环境整治行动）计划，实施新一轮“千村整治、百村示范”工程，抓好农村环境卫生、垃圾收集处理、污水处理设施建设，加大古村落保护力度，巩固提升美丽乡村建设成果，书洋镇塔下村、梅林镇坎下村、佛昙镇轧内村3个村入选全国第四批美丽宜居村庄。

【增进社会和谐稳定】

全力打好脱贫攻坚战 2017年，漳州市深入实施脱贫攻坚三年行动计划，开展脱贫攻坚“春季攻势”行动，制定出台《关于支持整合财政扶贫资金建立扶贫长效机制的实施意见》，推广实施精准脱贫“养鸡生蛋”工程（运用财政和金融的杠杆，整合分散的扶贫资金，交由专业公司运作，投向有效益的项目，投资回报、股权分红作为政策兜底资金和贫困村经营性收入，破解无力脱贫群众的兜底和财政的稳定来源问题），研究启动实施“三千工程”［招收千名贫困地区学生（建卡贫困户优先）到各家职业技术学院就学，选择千个岗位（重点企业、好企业）相应就业，筹措千万元用于资助贫困生，促进就近读书、就近就业、就近赚钱、就近安居乐业］，完成造福工程搬迁3642户、1.2万人，有79个村摘掉“贫困村”帽子、实现22816人脱贫。提高农村低保标准，云霄、诏安、平和3个县农村低保标准提高到每人每年3930元以上，其他县（市、区）、开发区（投资区）提高到每人每年4050元以上，均超过测算的2017年省定扶贫线，实现低保线、扶贫线“两线合一”。总结推广诏安县抓党建引领产业扶贫的做法，通过“党支部＋合作社（企业）＋贫困户”等形式，因地制宜、因势利导，重点发展贫困者能够受益的产业，增强贫困群众的自我“造血”功能。

加快补齐民生短板 2017年，中共漳州市委召开十一届四次全会，对加快社会事业发展，特别是补齐教育、卫生与健康、养老和城乡民生基础设施短板作出全面部署，重点解决上学难、看病难、养老难、出行难、公共配套差的“四难一差”问题。组织实施“十大惠民特色工程包”，全市新增医疗床位1031张、卫技人员1089人，新建57所公办幼儿园，新增幼儿园学位1.34万个、中小学学位6989个，建成城区停车楼（场）38个。基本完成20件为民

11月20日，召开市委十一届五次全会

办实事项目，启动“安得广”惠民安居工程，新建保障性安居工程1.5万套。

促进文化繁荣发展　深化文化体制改革，国有文艺院团改革进展顺利，媒体融合发展步伐不断加快。繁荣文艺创作，长篇报告文学《谷文昌》荣获第十四届“五个一工程”奖，芗剧《谷文昌》首次入选2017年度福建省舞台艺术精品工程，并作为省地方戏曲代表作品赴京参加国家大剧院2018年新年戏曲晚会，习近平总书记等党和国家领导人出席观看。谷文昌纪念馆入选全国红色旅游经典景区；闽南文化生态走廊示范段项目荣膺“中国人居环境范例奖”；成功举办全国第四届青年书法篆刻作品展和“蚁王归巢”现代艺术展等多个大型文艺展览活动。加快推进市“五馆一歌”(博物馆、艺术馆、科技馆、图书馆、城市规划展示馆、歌剧院）建设，其中博物馆、艺术馆、规划展示馆“三馆”建成对外开放。漳州市蝉联第五届“全国文明城市”荣誉称号。

全力维护社会稳定　围绕“护航金砖、共筑平安”，在全市开展维稳“六大专项行动”（坚决打击暴力犯罪、坚决打击“黄赌毒、盗抢骗”、坚决打击网路造谣传谣、坚决依法化解信访积案、坚决整治交通安全隐患、坚决铲除消防安全隐患），组织实施8轮集中统一行动，发挥“护城河”作用，群众安全感率94.65%，位居全省沿海片区第一。“110”勤务改革、“雪亮工程”、公安边检站建设等重点工程在全省推广。深入开展信访积案清理行动，排查化解各类矛盾纠纷，共调处各类矛盾纠纷12598件，调处成功率99.8%。开展安全生产大排查大整治百日行动，着力抓好道路交通、海上船只、消防安全、危险化学品等重点行业领域专项整治，全市没有发生重大安全事故，社会保持安定稳定。落实意识形态工作责任制，开展意识形态领域风险排查、舆情管控和专项督导，实现金砖会晤和中共十九大会议期间“零重大网络安全事件、零重大网络舆情事件”，“凡提四必”（即讨论决定前，对拟提拔或进一步使用人选的干部档案必审、个人有关事项报告必核、纪检监察机关意见必听、线索具体的信访举报必查，坚决防止“带病提拔”）意识形态工作干部综合评价机制获全国交流推广。坚持一手做大信贷，一手做小不良贷款，全市不良贷款率2.91%，有效防范金融风险。

·重点课题调研·

【开展产业转型升级研究】

2017年，市委政研室按照省委和市委一系列重大决策部署，立足漳州发展实际，聚焦开展中心工作，注重调查研究和成果转化应用，组织开展前瞻性、战略性、基础性调研，探索加快建设富美新漳州的思路办法，较好地发挥参谋助手作用。《漳州市实行一线考察干部工作机制的实践与思考》和《漳州市推进构建开放型经济新体制综合试点试验的思路和对策》两篇文稿被省委政研室《调研文稿》刊用。

组织开展“补齐短板铸链条、培育产业促发展”专题调研，提出做强主导产业、培育新兴产业、强化招商引资、强化要素保障等对策建议，加快建设实体经济、科技创新、现代金融、人力资源协同发展的产业体系；组织开展“加强产学研合作、促进产业转型升级”专题调研，提出完善组织协调机制、加大经费扶持力度、加强高校企业合作、增强企业主体意识、加快各类平台建设、重视中介体系建设、全面开展经验推广等对策建议，推动建立以企业为主体、市场为导向、产学研深度融合的创新体系。

【开展民营企业和食品产业发展研究】

为进一步了解全市民营企业成本控制情况，掌握省、市出台的降低实体经济企业成本相关政策的实施效果，组织开展“降低民营企业综合成本”专题调研，分析民营企业用工、原材料、物流、能耗、融资等各方面成本情况，提出要加大政策宣传力度、完善企业减负体制机制、降低企业融资成本、激发企业主体活力等对策建议，促进民营企业健康发展。

为深入了解掌握漳州市食品产业发展瓶颈，组织开展“食品产业发展”专题调研，针对漳州市食品产业“星星众多、独缺月亮”的形势问题，提出要大力宣传“中国食品名城”品牌形象，建设食品总部产业园，鼓励企业兼并重组，建立原料供应渠道、强化政策扶持和资金保障等意见建议，促进全市食品产业发展。

【开展构建开放型经济新体制研究】

2017年，市委政研室组织开展“构建开放型经济新体制试点试验”专题调研，及时总结漳州市推进构建开放型经济新体制综合试点试验工作的主要做法和主要成效，分析短板不足，并提出加快推进“放管服”改革、统筹用好“两个市场”、大力提升出口竞争力、全面推进开发区建设、构建漳台两地融合机制的对策建议，破解制约漳州市改革发展的体制机制障碍，形成全面开放新格局。

【开展加快发展众创空间和防范金融风险的研究】

组织开展“加快发展众创空间”专题调研，总结漳州市众创空间发展的情况和分析面临的主要问题，提出推动建设一批定位科学、布局合理的众创空间，重点扶持发展专业化特色化的众创空间，提升众创空间的服务能力和品牌影响力，加大政策扶持和氛围营造力度，为漳州市发展众创空间、推进创新创业提供思路和策略。

2017年，针对全市金融工作面临的困难和压力，市委政研室组织开展“防范化解漳州市金融风险”专题调研，指出漳州市金融行业基础还较薄弱、资产体量小而不全、融资方式较单一、信贷投放结构不均衡等问题，提出要加强金融服务实体经济、创新创优金融工作机制、引导涉外企业科学应对汇率波动、提升普惠金融服务水平等化解措施，推动漳州市营造良好的金融生态。

【开展漳州“生态+”和保障民生研究】

2017年，市委政研室围绕率先建成国家生态文明试验区目标和“田园都市、生态之城”发展定位，组织开展“漳州生态+模式研究”“漳州发展全域生态旅游”“厦门湾南岸卫生环境建设”“三铁治污、提升三质”等专题调研，研究提出要重视生态保护、生态修复、生态提升，持续探索“生态+”模式，延展“生态+”效益，促进生态与城乡建设、产业发展、旅游项目、防灾减灾、民生工程、历史文化等全面融合，打通绿水青山向金山银山的转换通道，实现生态环境“高颜值”和经济发展“高素质”。

为创新扶贫项目资金使用管理，提高扶贫资金使用效益，组织开展“整合扶贫资金，建立脱贫攻坚长效机制研究”专题调研，借鉴精准扶贫“养鸡生蛋工程”做法，提出从加强组织领导、完善整合方案、改进投放办法、强化资金监管、发挥党建优势、关爱扶贫干部等方面，建立健全扶贫长效机制，提高脱贫攻坚工作成效。

针对漳州市上学难、看病难、养老难、出行难、公共配套差等“四难一差”民生短板问题，市委政研室组织开展“解决漳州市公办幼儿园入园难问题”专题调研，提出多渠道扩大公办学前教育资源、完善学前教育经费投入机制、解决幼儿园机构和教师编制、“入园难”等建议，以期解决问题；组织开展“漳州市主城区停车难问题”专题调研，提出增加住宅区停车位、建设公共停车设施、挖掘路侧停车泊位潜力、健全完善法规等措施，改善市区方便停车。

此外，还针对基层一线党员干部的激励问题，组织开展“一线考察干部工作机制”专题调研，总结推广一线考察、双向选择、三维评价、“四种方法”并用等做法。针对基层干部队伍廉洁纪律意识淡薄的问题，组织开展“加强廉洁基层建设”专题调研，总结“五个一批”（开展一批党风廉政教育、问责一批失责领导干部、查处一批典型违纪案件、巡察一批重点单位、完善一批制度建设）。廉洁基层建设实践，提出强化压力传导、强化查处惩治、强化作风建设、制度建设的对策建议，推动漳州市全面从严治党向基层延伸的探索。

·市委党建工作·

【做好迎接和宣传中共十九大各项工作】

中共十九大召开前，漳州市委召开常委会（扩大）会议暨理论学习中心组学习会，学习贯彻习近平总书记“7·26”重要讲话精神，进一步坚定“四个意识”（政治意识、大局意识、核心意识、看齐意识），增强同以习近平总书记为核心的党中央保持高度一致的思想自觉和行动自觉。精心组织“砥砺奋进的五年”等重大主题宣传活动，全面展示中共十八大以来漳州市改革发展取得的显著成就，动员各级各部门以担当尽责、奋发有为的精神状态，扎实做好各项工作，以优异成绩迎接中共十九大胜利召开。在中共十九大召开期间，市委及时组织广大党员干部收听收看大会实况，十九大胜利闭幕后，市委把学习宣传贯彻中共十九大精神作为首要政治任务，召开常委会（扩大）会议，迅速传达学习，提出贯彻意见；印发《关于认真学习宣传贯彻中共十九大精神的通知》，对全市学习宣传贯彻工作作出部署。组织党员干部聆听中央和省委宣讲团的宣讲，组织市委宣讲团宣讲，并举办6期专题研讨班，对全市1533名领导干部进行集中轮训，引导广大干部群众领会和掌握中共十九大精神的核心要义和丰富内涵。市委常委以身作则，引领示范，分头深入基层一线宣讲中共十九大精神，与干部群众面对面交流学习体会。召开市委十一届五次、六次全会，深入学习、全面贯彻习近平新时代中国特色社会主义思想和中共十九大精神，把中共十九大提出的目标任务进一步细化、具体化，落实到漳州市经济社会发展的各项目标任务上。创新开辟“四大新讲堂”，采取干部群众喜闻乐见的形式，开展中共十九大精神进企业、进农村、进机关、进校园、进社区、进军营、进网站，推动中共十九大精神深入基层、深入人心。各级各部门组织开展形式多样、丰富多彩的学习宣传贯彻中共十九大精神活动，在全市上下迅速掀起学习宣传贯彻的热潮，把学习宣传贯彻引向深入，把思想和行动统一到中共十九大精神上来。

【加强市委常委会班子自身建设】

坚持把政治建设摆在首位，带头严守政治纪律和政治规矩，坚定理想信念，牢固树立“四个意识”（政治意识、大局意识、核心意识、看齐意识）和“四个自信”（中国特色社会主义道路自信、理论自信、制度自信、文化自信），坚决维护习近平总书记在党中央和全党的核心地位，坚决维护以习近平总书记为核心的党中央权威和集中统一领导，全面贯彻执行党的理论和路线方针政策，自觉在思想上政治上行动上同以习近平总书记为核心的党中央保持高度一致，确保中央和省委政令畅通，真正做到政治上铁心、思想上坚定、行动上紧跟。严格执行新形势下党内政治生活若干准则，增强党内政治生活的政治性、时代性、原则性、战斗性。贯彻执行民主集中制各项制度，坚持和完善市委常委会、市委全会议事规则和决策程序，坚持依法决策、科学决策、民主决策，做到既发扬民主又集中统一，增强班子合力。落实中央八项规定《实施细则》精神和省委《实施办法》，带头改进作风，带头廉洁自律，带头遵守党内法规，强化党内监督，自觉接受监督，不断增强自我净化、自我完善、自我革新、自我提高能力。

【加强干部队伍建设】

2017年，加强换届后领导班子思想政治建设，对县（市、区）、开发区（投资区）党政主官两次进行集体谈话，强调要讲规矩、讲大局、讲担当、讲团结、讲廉洁；要从严抓教育，从严抓制度，从严抓队伍，从严抓执纪，从严抓落实。开展县（市、区）换届后“回头看”，加强干部日常管理监督。深入开展“远学谷文昌、近学廖俊波”活动，推进“两学一做”（学党章党规，学习总书记系列讲话，做合格党员）学习教育常态化制度化。推行一线干部考察工作法，树立正确用人导向，激励引导广大干部到一线砥砺磨炼、建功立业。落实习近平总书记关于关心关爱基层干部的重要指示和福建省20条措施，研究制定漳州市18条措施，真情关怀和爱护基层干部，持续提振干部干事创业精气神。

【全面推进基层组织建设】

召开全市国企党的建设、城市基层党建工作等会议，加强各领域基层党建工作。创新城市基层党建机制，在芗城、龙文开展城市基层党建综合体试点工作，培育出南坑街道、悦港社区和漳州古城、万达商圈党组织等一批新典型。深入推进抓党建促脱贫攻坚，突出“三治”（班子“治软”、帮扶“治弱”、监管“治乱”）整顿软弱涣散党组织，持续深化“村主干职业化管理”，该经验做法成为第四届全国30个基层党建最佳案例之一（排名第9）；实施“双薄弱村”强基工程，开展第三批村级集体经济126个扶持重点村和124个软弱涣散村党组织的帮扶和整顿工作，省派31人、市派50人、县派286人的第五批党员干部驻村担任“第一书记”全部到位。印发《关于在深化国有企业改革中坚持党的领导加强党的建设的实施办法》，推进党建工作要求写入公司章程，建立非公有制企业和社会组织“三抓三评创六好”（实施“抓重点，强保障；抓难点，扩覆盖；抓亮点，树品牌”的“三抓”行动，完善“以党组织评星促晋级、以党员评分促管理、以党建之友评优保双赢”的“三评”机制，争创“发展好、文化好、管理好、班子好、党员好、评价好”的“六好”目标。）党建工作新机制，激发广大党员创先争优。建成投用13个园区党群活动服务中心，发挥党组织、党员、党建品牌的“孵化”作用。

【深入推进党风廉政建设和反腐败斗争】

2017年，围绕省委“五抓五看”（看有没有抓加强教育，看有没有抓制度建设、看有没有抓“一把手”，看有没有抓查处，看有没有抓部署、检查、落实）要求，强化清单管理，层层压紧压实“两个责任”。坚持执纪在前，开展问题线索“大起底”，建立重要干部廉政档案10373人，把握运用好监督执纪“四种形态”，实现由“惩治极少数”向“管住大多数”拓展。坚持以零容忍态度惩治腐败，深化执纪审查以上级纪委领导为主改革、创新执纪审查模式，完善反腐败协调工作机制，形成反腐败强大合力，共立案1884件，给予党纪政纪处分1845人。严肃查处顶风违纪行为和“四风”（形式主义、官僚主义、享乐主义、奢靡之风）隐形变异问题，全市共查处违反中央“八项规定”精神问题261起479人。深化廉洁基层建设，抓好加强农村基层党风廉政建设十项举措的落实，在全省率先实现乡镇纪委“三个百分之百”（乡镇纪委100%配齐2名以上专职纪检干部，干部100%接受业务培训，年内100%有自办案件）要求，并全面建立乡镇党委下派村级党风监督员制度，推动全面从严治党向基层延伸。强化扶贫领域监督执纪问责，查处扶贫领域违规违纪有333起528人。深化纪检体制改革，在全省率先实现市县两级纪委派驻监督全覆盖。持续推动市县巡察，配合省委对部分县（市、区）开展巡视，实现巡视巡察上下联动。稳步推进监察体制改革试点，在全省率先完成市县两级监委机构组建和挂牌工作。

·市直机关工委工作·

【概　况】

2017年，市委市直机关工委有在编人员23名，设书记1名（市委领导兼任），常务副书记1名，副书记2名，委员4名。内设办公室、组织部、宣传部（市直文明办与其合署办公）、统战部、群团部，两个挂靠单位为市直纪工委、人武部，一个下属单位为市直机关党员教育中心。

【加强思想政治教育】

深入宣传贯彻习近平新时代中国特色社会主义思想和中共十九大精神　市直机关工委领导带头深入基层单位开展集中宣讲，实施“学习贯彻中共十九大精神”党务干部培训，举办专题培训班3类33个班次、配发辅导材料2万册，参训党员干部近万名。组织各级机关党组织和广大党员干部收听收看中央、省委和市委宣讲团报告，参加“以迎接中共十九大为主线，推动全面从严治党向纵深发展”课题征文，观看喜迎中共十九大廉政文艺巡演和“新时代新风采”中共十九大精神宣讲文艺巡演等系列活动。

推进市直机关“两学一做”学习教育　运用“一二三四”学习方式，即：坚持“三会一课”一个基本形式，开展“学习谷文昌和廖俊波精神”二个主题活动，抓好“学党章、守纪律、强意识”三个专题讨论，讲好“支部工作规范、发展党员流程、国有企业党建、党建理论学习”四堂基础党课，推进“两学一做”学习教育常态化制度化。2017年召开党员大会、支委会、党小组会8700多次，领导上党课750多场，各类培训、辅导、讲座600多场，有1.64万人次党员干部参学参训。2017年9月，市直机关工委代表福建省在全国机关党建工作研讨会上作经验交流。

加强意识形态工作和党建理论研究　贯彻落实市委《意识形态工作责任制实施细则》，办好漳州机关党建网、“漳州机关党建”简报，开设喜迎中共十九大、优秀党建调研文章、基层党建先进经验等专刊专栏，刊载机关党建网信息1000余条，编印简报20期，增强各级机关党组织的政治意识、政治敏锐性和政治鉴别能力，弘扬主旋律、传播正能量。组织开展“关于习近平总书记全面从严治党战略思想研究”党建课题调研，全市共报送调研文章65篇，市直机关工委选送的《漳州市直机关推进“两学一做”学习教育的实践与思考》获全省机关重点课题调研论文二等奖。并完成市直机关的2018年度重点党报党刊征订任务。

【组织建设】

基层组织情况　截至2017年底，市直机关工委下辖党委94个（其中，机关党委70个，基层党委24个），党总支36个，党支部965个，党员1.77万名。

贯彻落实中央《条例》　贯彻落实《中国共产党党和国家机关基层组织工作条例》。组成6个督查组，围绕党建责任、发挥作用、制度建设、组织保障开展调研督查，全面掌握情况，跟踪落实整改。

完善党建“六比六看”政绩化考核　在市直机关党建“六比六看”（比政治定力，看素质水平；比精

3月23日，召开2017年全市机关党的工作会议

神状态，看工作效率；比“三个转变”，看服务质量；比开拓创新，看品牌亮点；比真抓实干，看责任落实；比纪律作风，看整体形象。其中“三个转变”为党建引领工作理念创新，由行政审批向行政服务转变；党建推动管理模式转变，由标准规范向工作习惯转变；党建促进服务方式优化，由坐等受理向主动服务转变）活动的基础上，创新建立市直机关党建“六比六看”政绩考核机制，评选年度优胜单位和完成年度党建重点工作任务先进单位，基本实现党建主体责任项目化、具体化、标准化，被评为全省“机关党建工作创新项目”一等奖。

推进基层组织规范化建设　印发《市直机关进一步推进落实和规范基层党组织“三会一课”制度》等8份文件，加强对专题组织生活会、发展党员等工作的规范指导。开展年度民主生活会检查抽查，实现对市直机关党组织党内生活监督指导全覆盖。强化党支部政治功能，下发《机关党支部七项基本工作法》。继续开展基层党建重点工作专项督查，有43个机关党委、81个基层支部开展“回头看”活动，核定登记机关党员1.75万名、失联党员24名、补缴党费1055.2万元；指导36个机关党组织换届选举，对机关党委书记、副书记、纪委书记候选人进行25人次任前谈话和审核把关。建立基层党组织换届、临届提醒制度，2016年未完成换届的66个基层党组织全部于2017年完成整改工作。

规范完善常规性工作　抓好发展党员、党内统计、党组织换届和党费收缴管理工作。推动党务干部队伍年轻化，专职副书记30—48岁年龄层比例达50%。完善党内关怀帮扶工作，走访慰问老党员和生活困难党员、群众1535人次、发放慰问金102.7万元。完成市直机关中共十九大代表候选人初步人选推荐选举工作。

【推进服务发展】

深入开展“党建引领发展”活动　以解决党建工作与业务工作为着力点，深入开展“党建引领发展，推进‘三抓三比、十项竞赛’双十佳案例”评选活动，总结凝练精选31个党建特色品牌在基层一线和窗口单位宣传推广。市直机关工委、市检察院培育共建“刘龙清工作室”党建品牌，被市委党建办确定为全市党建重点培育项目。

服务推进城市基层党建工作　以“转作风、反四风、提效率”为目标，结合扶贫脱贫攻坚任务，有序推进市直机关城市基层党建工作，确定130个市直机关党组织、1万多名在职党员挂钩共建65个社区，全面开展社区巡防、普法宣传、扶贫帮困等社区共建服务，帮扶困难群众1187户、协调项目136个，为民办实事539个，落实资金1.03亿元。

11月，市直机关工委领导班子深入华安县开展机关党建“三级联创”，推动机关服务发展、服务基层

【严明党纪党风】

深化党风廉政教育　加强党纪法规教育，结合普法宣传教育，组织“推动廉政教育全覆盖”专题活动和“百名法学家百场报告会”市直机关专场报告会。加强典型教育引领，开展“向廖俊波同志学习，做‘四讲四有’合格党员”“进一步学习弘扬‘四有’（心中有党，心中有民，心中有责，心中有戒）书记谷文昌精神”和“廉政文化进机关”3项主题学习活动。加强家风道德教育，开展“树清廉家风、创最美家庭”主题活动。

推动“两个责任”落到实处　2017年，市直机关工委按照市委部署要求，组织对市直57个单位落实全面从严治党主体责任情况进行检查，查找问题96个，提出问责建议9个。制定委机关《主体责任清单》《监督责任清单》《班子成员主体责任季度滚报制度》，以制度规范、责任分解、监督检查为重点，确保各项任务全面落到实处。对市直机关67个党组（党委）、1040个基层党组织开展机关党建工作述职评议，实现“全覆盖”，拧紧市委、机关工委、党组（党委）、机关党委、基层党组织“五位一体”（经济建设、政治建设、文化建设、社会建设、生态文明建设）的责任传导链条。

做好机关党建整改 按照市委《关于落实省委全面从严治党检查移交问题清单和问责建议的整改任务与分解方案》，制定4类13项整改举措，形成《整改报告》上报市责任办。在“两学一做”学习教育期间，根据上一年度市直机关党建述职评议结果，结合开展市直单位“庸懒散拖”专项整治，研究确定43个党组（党委）书记领办项目，列出负面清单246个、解决问题482个，“一把手”带头推动整改工作落实。

严明纪律严肃执纪 持之以恒抓“四风”（形式主义、官僚主义、享乐主义、奢靡之风）、改作风，严查违反中央“八项规定”问题，组织参与专项督查和明察暗访2次，发现问题线索13个。2017年，市直纪工委立案48件，结案43件，处分违纪违法党员43名。

【文明创建工作】

抓好文明创建 开展市级文明单位推荐考评工作，重点对30个新申报市级文明单位和94个续申报单位的创建成效情况进行考评检查。组织引导各级机关党组织和广大党员干部踊跃参与第十三届市运会、市道德模范评选和文明家庭评选。

做好平安综治 配合市综治办、文明办，紧盯厦门金砖会晤重要节点和“创城”迎检工作，组织市直机关党员干部开展平安志愿者巡防活动。重点围绕“门前三包”落实、交通秩序、卫生环境整治等情况，推动市直机关单位配合社区落实创城属地责任，开展督查32场次、协调解决问题60多件。市直机关工委被市委、市政府评为“市级一类平安单位”，市直机关41个单位181名被市委、市政府授予“厦门会晤服务保障”工作先进集体和先进个人。

推进统战群团工作 贯彻落实全市统战工作部署要求，机关各级党组织加强与党外干部的沟通交流，主动支持和帮助他们抓好学习、提高素质。坚持党建带“三建”（工会组织建设、共青团组织建设、妇女组织建设），大力支持工青妇等群团组织根据各自章程和特点开展工作。其中，支持市总工会举办“为企业服务，为求职者搭桥”用工招聘会，搭建良好的用工招聘平台；指导团市委探索党建新模式，办好“七个一”（举办一堂专题党课、观看一部专题片、组织一次主题讨论、开展一次学习自查、开展一次结对帮扶、开展一次主题党日活动、举办一场组工业务培训）主题党日、机关开放日等活动，丰富青年党员组织生活；协同市妇联共同开展“树清廉家风·创最美家庭”主题活动，把家风建设融入党风政风建设等。

·组织工作·

【概　况】

2017年，全市组织工作在中共漳州市委的正确领导和福建省委组织部的精心指导下，全面贯彻中共十九大精神和漳州市第十一次党代会精神，围绕统筹推进“五位一体”（经济建设、政治建设、文化建设、社会建设、生态文明建设）总体布局、协调推进“四个全面”（全面建成小康社会、全面深化改革、全面依法治国、全面从严治党）战略布局，落实党要管党、全面从严治党要求，聚焦主责主业，强化担当作为，全面提升新形势下组织工作水平，为推进“三抓三比”（抓招商比项目投资、抓生态比城乡环境、抓作风比营商环境）、“十项竞赛”（工业园区建设、创新转型项目、现代服务业项目、特色现代农业项目、重点民生项目、生态与水系项目、特色小镇项目、精准脱贫攻坚、交通先行、公共配套项目）活动、加快建设富美新漳州提供组织保证。

【推动“两学一做”常态化制度化】

拓展学习内容 把党章党规、学系列讲话作为经常性教育的基本内容，不断深入学习、深刻领会、融会贯通。将学习中共十九大精神、学习习近平总书记在中共十九届一中全会上的重要讲话精神以及在省部级主要领导干部专题研讨班上的重要讲话精神和省委十届历次全会精神等内容作为一项政治任务，作为“两学一做”学习教育常态化制度化重要内容，抓好学习宣传贯彻，确保学懂弄通做实。市委书记檀云坤、市长刘远带头深入基层宣讲中共十九大精神，带动其他市级领导干部到各县（市、区）、开发区（投资区）和脱贫攻坚、产业发展等项目建设一线开展学习宣讲80多场次。全市各级党委通过中心组学习、“三会一课”（定期召开支部党员大会、支部委员会、党小组会、按时上好党课）、举办培训班、讲坛讲座等形式，组织广大党员干部深入学习领会。广大党员参与学习讨论，真正把自己摆进去、把工作摆进去、把思想摆进去，做到真学、笃行、立改。全市10458个党组织、24.86万名党员均参与三个主题学习讨论。严肃党内政治生活，组织开好2017年度市县两级党委（党组）民主生活会。

坚持示范带动 持续弘扬谷文昌精神，深入开展向黄志丽、刘龙清等先进典型学习活动，在全市范围内广泛开展向廖俊波学习活动，将廖俊波先进事迹作为深化“两学一做”学习教育的生动教材，引导广大党员干部对标先进、见贤思齐，争做廖俊波式合格党员、合格领导干部。创新实施“两优一先”示范引领工程，确定50个示范典型，确认85个帮带对象，推动形成“一个

典型一面旗，一批典型带全局”的良好氛围，把学习教育引向深入。引导党员领导干部以身作则、当好表率，带头参加学习讨论，带头谈体会、谈感受，带头找差距、见行动，让先进典型精神根植于脑、内省于心、外化于形，激发干部干事创业热情。《福建日报》刊发《漳州：发挥典型引领作用，增强学习教育实效》，对漳州市典型做法进行报道推广。

务求工作实效　引导各级党组织和广大党员紧密联系实际，正确处理好学习教育与日常工作的关系，把学习教育与贯彻落实中共十九大精神、省委十届三次、四次全会精神、福建省第十次、漳州市第十一次党代会的决策部署结合起来，与推动“三抓三比、十项竞赛”等中心工作结合起来，开辟经济社会发展的主战场，延伸推进供给侧结构性改革、产业转型升级、脱贫攻坚战和补齐民生短板工作，注重学习活动的成效，推动各项工作落实。针对上学难、看病难、养老难、出行难、公共配套差等群众反应比较强烈的“四难一差”问题，深入调查研究，广泛征求意见，制定出台加快教育事业、医疗卫生、养老事业发展等一系列实施意见，保障人民群众日益增长的多样化多层次需求。

【加强换届后领导班子建设】

加大干部教育培训力度　2017年，市委组织部举办6期漳州市领导干部学习贯彻中共十九大精神专题研讨班、5期学习贯彻十八届六中全会精神专题研讨班，2691人次参训，做好理论学习和党性教育。注重领导干部能力提升培训，选派10名县（市、区）党政主要领导、20名乡镇党政正职领导、50名市属重点国有企业领导和50名开放型经济工作骨干到浙江大学、清华大学、复旦大学、省委党校、福建行政学院参加各类专题培训班。全年共调训干部4590人次，其中，厅级干部106人次，处级干部2878人次，正科级干部563人次，其他各类干部1043人次。同时，推进谷文昌干部学院建设，加大教学体系设计与现场教学点建设力度。

选优配强处级干部队伍　根据领导班子职位空缺情况和工作需要，结合一线考察干部、“三抓三比”专项考核、省市拉练工作检查和县（市、区）、开发区（投资区）换届后领导班子“回头看”考察工作，重点就市政府工作部门正职，县（市、区）、开发区领导班子成员和市直纪检、政法系统等处级干部进行调整配备，共提任处级干部177名，其中提任正处级职务45名，提任副处级职务132名。统筹推进市直单位、市属开发区和县区间干部交流，重点对任现职时间较长的17名市直部门正职干部有计划进行交流轮岗。重视培养选拔优秀年轻干部，新提任35岁以下正处级干部5名，40岁左右副处级干部35名。注重选配女干部、党外干部，新提拔重用女干部30名，党外干部5名，干部队伍结构得到进一步优化。

坚持正确用人导向　制定出台《关于强化在一线考察干部工作的暂行办法》，完善在一线锻炼培养干部、考察识别干部机制，注重在急难险重任务以及市委、市政府中心工作一线考察、识别干部。组织开展县级班子换届后“回头看”，通过实地走访、民主测评、个别谈话、分析研判等方式，充分考察了解换届以后县区、市属开发区党政班子运作情况和班子成员履职情况。深入开展领导班子和领导干部蹲点调研工作，进一步完善干部日常考核，了解掌握领导班子和领导干部真实情况。强化考察考核结果运用，2017年，先后从一线干部中提拔处级干部114名，调整不适宜担任现职的处级干部6名，形成注重实绩、崇尚实干、敢于担当、群众公认的用人导向。

注重培养关爱干部　市委组织部把选派挂职锻炼作为干部培养提高的重要途径。2017年，先后选派第二批17名处级干部赴欠发达乡镇挂职锻炼，选派12名干部援疆开展工作，选派14名中青年干部到省直单位交流挂职，选派66名干部到市“竞赛办”“河长办”“全域办”参与中心工作，通过下派挂职、交流挂职、互派挂职等方式，让干部在锻炼中推动工作、开阔视野、丰富阅历、提升能力。市委组织部制定出台《漳州市关心关爱基层干部十八条措施》，从选拔使用优秀基层干部、激发基层干部队伍活力、改善基层干部工作生活条件、减轻基层工作压力4个方面对落实关心关爱基层干部工作提出具体要求，优化基层干部工作环境和成长条件，提振干部干事创业精气神。

【加强干部日常管理监督】

从严推进干部监督管理　严格执行领导干部个人有关事项报告制度，举办学习贯彻新修订的领导干部报告个人有关事项“两项法规”专题培训班，全面准确掌握《两项党内法规学习辅导百问》内容，学深学透新修订的“两项法规”。规范个人有关事项查核程序。2017年，完成66名省管干部报告表的转交和1234名市管干部报告表的受理、审核和电脑录入工作，形成市管干部个人有关事项专题汇总材料，分别报送省委组织部和市纪委。落实领导干部个人有关事项报告“凡提必核”制度，对拟提拔人选、进一步使用人选和后备干部人选都核查个人有关事项报告。加大提醒函询诫勉力度，细化完善组织人事部门对领导干部进行提醒、函询和诫勉的实施细则，加强对干部现实问题的监督，抓早抓小抓主动，及时把问题化解在萌芽状态，确保干部健康成长，做到有反映就有提醒、有问题就有教育、有违规就有问责。2017年，全市组织部门开展提醒干部425名，责成函询167名，诫勉教育36名。落实领导干部经济责任审计制度，2017年共安排经济责任审计对象9名，其中离任审计8名、任中审计1名。严肃查处用人问题举报，健全“12380”举报电话受理机制，构建来电、来信、来访、网络“四位一体”的举报格局，拓宽举报渠道。严格实行违规用人立项督查，对调查核实中发现存在的问题提出整改规范意见，抓好整改落实。2017年，市委组织部收到举报件127件（含省委组织部转来的举报件），共查核102件，已办结92件，正在办理10件。

加大选人用人监督检查力度　贯彻执行党要管党和从严治党要求，严格按照新时期好干部标准，把选人用人监督检查作为干部监督工作的切入点，采取有力措施强化选人用人管理监督，确保选好人、用好人。组织开展选人用人工作专项检查。落实每年一次自查、每两年一次检查、平时举报重点抽查的《干部任用条例》监督检查制度。2017年8月份，选派3个检查组深入各县（市、区）、开发区以及部分市直单位开展2015年7月以来选人用人工作专项检查。严格落实任前公示制度，对公示举报反映公示对象的问题，均商请市纪委派人与市委组织部组成调查组进行核查，经共同会审形成核查报告。组织开展干部选拔任用“一报告两评议”工作，据统计，61个市直单位2016年度干部任用总体评价平均满意率达97.18%。组织开展2017年度“带病提拔”的科级干部选拔任用过程倒查工作，经自查、复查和审理，发现个别单位未能严格执行《干部任用条例》等法规，责令相关单位做好整改工作和作出书面检查，并依规追究相关人员的责任。深入开展超职数配备干部对表核查工作，漳州市2014年8月确定的整改基数均已消化到位，对因政策性原因产生的个别超配情况采取只出不进、逐一登记造册跟踪等措施，确保全部整改消化到位。

加强干部队伍宏观管理　严格实行干部档案任前审批制度，对拟提任的副处级干部档案要求原单位按规定重新调查核实。做好干部档案转递工作，2017年共接收档案163册，转出档案50册。加强对各县（市、区）及市直单位档案专项审核工作的指导督促，截至12月份共完成在职其他干部专审人数22976名。做好出国（境）人员的备案审查把关、条管单位处级干部调整配备征求意见，团职转业干部安置、处级干部到龄免职等工作。做好选调生和大学生村官分配安排、教育培训、期满考核、慰问关怀等工作。精心组织公务员考录、事业单位工作人员招聘、干部调动、公务员调任、事业单位招聘、工资审批等工作。执行市直机关科级干部任前报备审批制度，共办理科级干部任前报备172人次，干部调动101人次。继续拓宽事业单位工作人员交流渠道，共办理公务员调任审批34名。指导市直单位组织开展机关工作人员遴选工作，稳妥推动市直机关干部合理流动。

【推动人才工作创新发展】

完善人才政策体系　制定出台《漳州市关于人才优先发展的若干措施》，从人才项目优先扶持、人才资源优先开发、人才队伍优先培育、人才制度优先创新、人才要素优先保障5个方面提出20条改革力度较大、覆盖范围较广的政策举措，特别是在人才流动、人才评价、人才引进、人才培养、人才服务以及“双创”人才扶持、财政投入等方面制定许多操作性较强的具体改革措施。制定《〈关于促进人才优先发展的若干措施〉主要任务分工方案》，将《若干措施》的工作目标、工作任务分解落实到市直有关单位及各县（市、区），并督促各成员单位研究起草《“双创之星”评选细则》《首席科技官岗位补助实施细则》等10份相关配套文件，让推动人才优先发展政策措施立竿见影、落地有声。

加大人才引进力度　继续推进院士工作站、博士后工作站、企业技术中心等创新载体建设，2017年，有5家企业获评福建省院士专家工

4月19日，漳浦台湾农民创业园党群活动服务中心举行揭牌仪式

6月19日，第十五届“6·18”海峡两岸人才交流合作大会漳州分会开幕式

作站，获评数量连续两年位列全省首位。新增省院士专家示范工作站2家、国家级院士专家示范工作站3家，分别占全省获评数的25%、33.3%。评选申报各项人才项目，获评省引进ABC类高层次人才22名、省引进台湾高层次人才1名，确定市引进高层次人才20名、省工科类青年专业人才支持对象87名。主动争取第十五届“6·18”海峡两岸人才交流合作大会在漳州设立分会场，现场签约人才项目24个。首次依托农博会·花博会成功举办漳州市海峡两岸人才与项目对接会，共意向对接中高级人才473人次、职业经理人422人次、猎头服务需求454人次，现场签约人才合作项目23个，漳州市委书记檀云坤、市长刘远分别作出批示，予以肯定。

打造人才特色工作　市委组织部立足漳州实际，树立品牌意识，主动探索创新，着力打造漳州市人才工作特色品牌。在全省率先开展科研人员双向挂职活动，全市选派29名产业教授挂职任企业科技副总，选派26名企业创业创新人才到高校任兼职教授、副教授，畅通人才进出科研与实践的通道，建立科研人才在高校、科研机构与企业、社会之间的双向流动机制。在全国率先组建人才政策联络员队伍，加大人才政策培训和宣传普及力度，解决用人主体对人才政策“不懂用、不会用、不想用、不敢用”等问题，确保人才政策全面覆盖、落实到位。至2017年，全市已有人才政策联络员1083名，举行人才政策联络员专题培训会16场，培训人员1500多人次。

强化人才工作宣传　加大深化人才发展体制机制改革工作宣传力度，以农博会·花博会在福州举办新闻发布会为契机，宣传推介漳州市《关于促进人才优先发展的若干措施》，并在《闽南日报》以答记者问的形式，进行政策宣传和解读。并结合各阶段的任务，在《闽南日报》开设《人才优先发展》专栏，设置“书记谈人才”“典型经验交流”“高层次人才风采录”等板块，广泛宣传全市人才工作动态消息，不断营造漳州市良好的人才工作氛围。主动向外推介漳州市人才工作亮点特色和实际成效，2017年，市委书记檀云坤的署名文章《打造人才集聚“强磁场”，加快建设富美新漳州》在《福建日报》上发表，另有20多篇文章先后在《中组部组工通讯》《八闽快讯》《福建日报》等刊物发表。

【分类推进基层党组织建设】

全面提升农村基层党建工作水平　制定出台《关于进一步创新完善基层党组织设置的意见》，调整规范现有基层组织建制；调整充实村级党组织书记25名；制定抓党建促脱贫攻坚实施方案，召开全市抓党建促脱贫攻坚现场会，实施“双薄弱村”强基工程，选派17名处级干部到17个欠发达乡镇挂帅专抓扶贫工作；31名省派、50名市派、286名县派的第五批党员干部驻村“第一书记”全部到位，实现183个市级建档立卡贫困村全覆盖，对“双薄弱村”应派尽派。漳州市突出“三治”（班子“治软”、帮扶“治弱”、监管“治乱”）整顿软弱涣散党组织、抓党建促脱贫攻坚的经验，先后被中央组织部《组工信息》《八闽快讯》专报件刊发；诏安县抓党建促产业扶贫的经验做法还获得省委常委、时任组织部部长王宁的批示。全面推行村主干职业化管理模式，漳州市全面推行“村主干职业化管理”的创新机制，于2017年11月获评全国基层党建创新最佳案例。

推动非公企业和社会组织党建工作拓面提质　召开专题座谈会，学习贯彻中共十九大精神。创新建立非公有制企业和社会组织“三抓三评创六好”（抓重点，强保障；抓难点，扩覆盖；抓亮点，树品牌。以党组织评星促晋级，以党员评分促管理，以党建之友评优促双赢。发展好、文化好、管理好、班子好、党员好、评价好）党建工作新机制，2017年，全市共评选出五星级党组织122个、四星级党组织248个、三星级党组织813个，推进非公有制企业和社会组织党组织的有形覆盖和有效覆盖相统一。投入3050万

11月9日，市委常委、组织部长沈金水（左）深入华安县新圩镇新圩村调研基层党建工作

元建设15个党群活动服务中心，已建成投用13个，成为党员群众开展党建活动的重要阵地，省委常委、组织部部长胡昌升到漳州调研时对这项工作给予肯定。漳州市推行阵地孵化助覆盖、星级创建促创先、积分管理激活力“三个载体”，创新非公有制企业党建新模式的经验做法，在全省组织部长会议上作典型发言。

统筹推进其他领域基层党建工作 牢固树立大抓基层导向，坚持抓点带面、深耕细作，推动基层组织做好党建工作。在城市基层党建方面，以芗城、龙文两区作为试点，漳州市创新打造构建城市基层党建综合体的做法，先后被《福建改革情况》《八闽快讯》专报件和《福建组工通讯》刊发；芗城区南坑街道党工委在全省城市基层党建工作经验交流座谈会上作典型发言。在国企党建方面，召开全市国企党建工作会议，把党建工作纳入国有企业公司章程，推进企业党政领导“双向进入、交叉任职”，市管国企有80%党委委员通过法定程序进入董事会、监事会、经理层，党委书记和董事长由1人担任的达100%。开展各项评比活动，激发广大国有企业党员创先进、争优秀、做表率、比贡献。在学校党建方面，完善中小学校党建工作管理体制，实现党的组织和工作全覆盖，新选拔任用校长、书记均采用“一肩挑”，比照同级行政管理人员落实党务工作者待遇，举办中小学校党组织书记业务培训示范班。把推进党建工作要求写进民办学校章程，选派新一批民办校党组织副书记，明确参加学校董事会议，推进“双向进入、交叉任职”。

提高党员教育管理服务水平 持续推动抓好2016年30个村级组织综合服务场所建设，改善基层党组织办公条件。创新党务工作者培训模式，采取集中培训、“一对一”培训、交叉培训等方式，提升发展党员工作业务水平。精心组织摄制党员教育电视片，选送参加第十四届全省党员教育电视片观摩交流活动评选活动，6部党员教育电视片分别获得一、二、三等奖。开展党员信息采集工作，组织召开全市党组织和党员信息采集工作培训会，开设“漳州采集”微信群、QQ群进行线上交流，实行线上线下同步开展培训指导。制定出台《漳州市发展党员工作全程纪实办法》等多项发展党员配套制度，健全县（市、区）组织员、基层党委委员挂钩联系和发展党员预审机制，从业务标准层面强化对发展党员工作的具体指导。截至2017年12月，全市共新发展党员4372名，完成年度指导性计划的99.4%。在结构分类指导性计划中，注重向重点领域、薄弱环节倾斜，大专及以上学历、非公有制企业和社会组织等新发展党员数量和质量明显提高。

【持续打造模范部门和过硬队伍】

强化政治建设 持续开展部机关“周学习日”活动，邀请市委党校陈贤滨讲授《补好共产党人精神之“钙”》，市委常委、组织部部长沈金水为全体党员干部上《注重提高四种能力 争当优秀组工干部》专题党课。组织部机关干部集中学习中共十九大精神，学习习近平总书记系列重要讲话精神，学习省委、市委重大会议精神。组织全体干部集体观看《将改革进行到底》电视专题片，参观“辉煌史诗——庆祝建党96周年中国画名家作品展”，不断强化党性修养，坚定理想信念。组织开展向谷文昌、廖俊波、黄志丽等先进典型学习活动，教育引导组工干部树立正确的群众观、权力观、利益观。

注重培养锻炼 重视抓好部机关干部职工的业务培训和在职进修学习，选派部领导参加全国组工干部学院学习培训3人次，选派其他干部参加市委党校2017年培训班9人次。注重加强部机关干部实践锻炼，结合换届“回头看”、一线考察干部、“两学一做”（学党章党规，学系列讲话，做合格党员）学习教育常态化制度化调研督查等工作，抽调部机关干部38名参与；同时，选派1名科长赴重点经济增长区域工作，选派1名干部参与省区市人大政府政协换届考察工作，提升组工干部业务本领和综合素质。坚持“好干部”标准，严格选拔任用程序，推进部机关内部干部调整配备工作。2017年，部机关根据工作需要，调整配备干部12名，其中转任科长6名，交流任职6名。

抓好制度落实 落实部机关党建工作机制，办好《漳州组工》《漳州组工信息》《漳州组工网络评论》《组工文摘》《网络舆情专报》刊物，发挥信息的正面引导和宣传功能。市委组织部连续2年在全市党委系统信息工作绩效考评中排名首位。规范机关党内政治生活，严格落实党支部“三会一课”制度，督促部务会成员以普通党员身份自觉参加组织生活会。落实廉政建设预警机制，每逢重要节日都向部机关全体干部发送廉政短信进行提醒。严格执行财经制度，在部机关办公桌椅采购、部分办公室修缮工作中，主动要求纪检组进行监督，严格按照规定对采购大宗物品进行询价和综合比选。坚持“从严治部”要求，修订完善21项部机关工作制度，形成《中共漳州市委组织部内部管理规章制度汇编》。继续做好老干部、综治、信访、财务、后勤保障等服务管理工作。

切实转变作风 贯彻落实省委、市委的部署要求，深化拓展“两学一做”学习教育，通过开展支部学习、交流讨论、个人学习、演讲比赛等方式，营造浓厚的活动氛围，推动部机关作风建设上新台阶。“七一”期间，组织部机关各党支部开展“七个一”（举办一堂专题党课、观看一部专题片、组织一次主题讨论、开展一次学习自查、开展一次结对帮扶、开展一次主题党日活动、举办一场组工业务培训）系列活动。组织机关干部观看“喜迎十九大廉政文艺巡演”，接受集中教育。邀请纪检组组长王永光作《在坚持中深化 在深化中坚持 让中央八项规定精神落地生根》廉政专题党课。参照提任处级干部的要求，组织所有提拔改任人选和新调入人员进行廉政知识测试并撰写《廉政对照检查材料》，增强部机关干部规矩意识、纪律意识。

·宣传思想工作·

【思想理论研究】

宣传贯彻习近平新时代中国特色社会主义思想和中共十九大精神 2017年，漳州市委宣传部以迎接、学习、宣传、贯彻中共十九大为主线，深入开展习近平新时代中国特色社会主义思想学习教育、理论研讨，组织收听收看中共十九大报告、中央、省委宣讲团报告会，举办“砥砺奋进的五年”“党的十九大精神”等理论骨干培训班60多场，组织市委中心组专题学习23次，示范带动各级党委（党组）中心组学习1500多次，不断提升党员干部理论水平。

开展党的创新理论宣传宣讲 大力宣传阐释习近平新时代中国特色社会主义思想和中共十九大精神，组建学习宣传贯彻中共十九大精神市委宣讲团，深入基层开展宣讲，带动各级领导干部宣讲千余场。组织实施“百千万”工程（百堂党课进基层、理论骨干千人培训班、万名干部谈体会），创新开辟十九大精神理论宣讲“四大新讲堂”（新干部讲堂、新社会讲堂、新网络讲堂、新文化讲堂），并得到中宣部及省委、市委有关领导批示。

加强理论和现实问题研究 组织实施87项市级社科规划课题，编印《2016年度社科规划课题成果汇编》《芝山讲坛集萃6》等理论研究成果并推动理论成果转化，漳州市“从学习谷文昌精神到培育‘四有’（心中有党，心中有民，心中有责，心中有戒）干部的漳州实践”研究课题荣获省党建办优秀调研成果一等奖。建立全市社会科学普及工作联席会议制度，加强社科普及示范基地建设，并圆满承办省百场社科专题报告会10场，数量位居全省前列。

【意识形态工作】

严格落实主体责任 坚持“党管意识形态”原则，严格落实意识形态责任，2017年市委书记檀云坤多次主持召开市委常委会议，就宣传思想文化工作、全国文明城市创建、中共十九大新闻宣传和舆论引导等工作议题进行研究部署，并将意识形态工作责任制落实情况纳入各地和市直单位绩效考核以及文明创建、基层党建考核，推动意识形态工作常态长效。漳州市探索建立“凡提四必”（讨论决定前，对拟提拔或进一步使用人选的干部档案必审，个人有关事项报告必核，纪检监察机关意见必听，线索具体的信访举报必查，坚决防止“带病提拔”）意识形态工作责任制干部考核评价机制的创新做法在中央宣传部、省委宣传部刊物上作全国交流推广。

坚决守好各类阵地 强化对中心组学习内容以及各类公开性的报告会、研讨会、讲坛、讲座的审核把关。成立市委网络安全和信息化领导小组及其办公室，实现各县（市、区）网信领导机构全覆盖，强化网上正面宣传和综合治理。召开全市高校思想政治工作会议，强化学校党的建设和思想政治建设。深入开展“扫黄打非”“净网”“清朗”等专项整治行动，确保各类意识形态阵地可管可控。2017年，市文化综合执法支队被评为全国“扫黄打非”先进集体。

全面开展专项督查 市委宣传部履行指导、组织、协调、督查和抓好落实的职责，精心组织开展意识形态工作责任制督查调研以及绩效考评，强化责任落实。漳州市网络舆情“发现力”位居全省第一，在“金砖国家厦门会晤”和中共十九大会议期间取得“零重大网络安全事件、零重大网络舆情事件”的好成绩。2017年，漳州市委宣传部被省委、省政府授予厦门会晤筹备和服务保障工作先进集体，市委网信办被授予省社会治安综合治理先进集体。

【新闻舆论引导】

开展中共十九大主题宣传 深入学习贯彻习近平总书记在党的新闻舆论工作座谈会上的重要讲话精神，坚持团结稳定鼓劲、正面宣传为主，组织开展“砥砺奋进的五年”“学习贯彻中共十九大精神 奋力建设富美新漳州”“十九大时光”等重大主题宣传，开展“进基层共学十九大精神”“新时代、新气象、新作为”等大型主题采访活动，深入宣传“三抓三比、十项竞赛”（抓招商比项目投资、抓生态比城乡环境、抓作风比营商环境；工业园区建设、创新转型项目、现代服务业项目、特色现代农业项目、重点民生项目、生态与水系项目、特色小镇项目、精准脱贫攻坚、交通先行、公共配套项目）“构建开放型经济新体制综合试点试验城市”“五湖四海”（南湖、碧湖、九十九湾湖、西湖、西院湖；荔枝海、水仙花海、香蕉海、四季花海）等市委、市政府重大决策部署，中央电视台、《人民日报》、《福建日报》等主流媒体集中宣传报道漳州市探索“生态+”模式、延展“生态+”效益以及补齐民生社会事业短板等方面的新举措、新成效，省级以上主流媒体涉漳州的报道数量保持设区市前列。

加强社会舆论引导 实行重要政务舆论预案制，制定实施《漳州市防汛防台风新闻舆论工作应急预案》，并妥善做好各类突发事件以及社会热点问题的新闻报道、舆论引导工作。举办新闻发言人培训班，召开新闻发布会25场，组织评选第十届漳州市十佳新闻工作者，深入开展“记者新春走基层”“好记者讲好故事”等采访活动，不断提升新闻舆论传播力、引导力、影响力、公信力。推动漳州市被半月谈杂志社评为“2017中国十佳最具营商价值城市”。

推进媒体融合发展 2017年，市委宣传部大力实施“一报一台一网（端）”（《闽南日报》、漳州电视台、漳州新闻网、新闻客户端）建设工程，正式启动闽南日报社“全媒体新闻采编指挥中心”“新媒体中心”，推动漳州电视台“漳视新闻”入驻新华社“现场云”和“央视新闻移动网”平台，扩大漳州资讯覆盖面。同时，在漳州新闻网推出原创全媒体栏目“创业者说”，开辟的“漳州网视”获评“中国互联网品牌栏目”，漳州人民广播电台连续4年荣获中央人民广播电台“新闻报道优秀供稿奖”，一人获评福建新闻奖人物系列获奖者暨省十佳新闻工作者。

【创建精神文明】

开展社会主义核心价值观宣传 全面启动“学习贯彻十九大精神，我们迈向新时代”主题征集评选展示活动，持续打响“我们的节日”活动品牌，实现“图说我们的核心价值观”“讲文明树新风”公益广告常态化刊播、高密度覆盖。同时，依托“五湖四海”等“生态+”先行示范工程，新创建一批核心价值观主题公园社区街道，使核心价值观宣传融入城市景观、做到随处可见。

推进全国文明城市创建工作 以打造崇德向善、文化厚重、和谐宜居的文明城市为目标，推动漳州市平和县坂仔镇等6个村被授予“全国文明村镇”称号，漳州市国家税务局等6个单位被授予“全国文明单位”称号，漳州市实验小学荣获第一届“全国文明校园”称号，徐琼荣获“全国未成年人思想道德建设工作先进工作者”称号。漳州市“文明共建”经验做法得到省委文明办的肯定，并在中国文明网、《精神文明报》等进行宣传推广。漳州市蝉联第五届“全国文明城市”荣誉称号，实现全国文明城市“两连冠”。

打造“典型漳州”精神品牌 大力弘扬漳州“五种精神”（谷文昌精神、红军革命精神、龙江大局精神、“110”服务精神、女排拼搏精神），加大对谷文昌、廖俊波、黄志丽等先进典型的学习宣传力度，产生强烈社会反响。深入开展第六届全国道德模范、第五届福建省道德模范推荐活动，启动漳州市第五届道德模范评选活动，持续开展“道德模范”“身边好人”“最美人物”等先进典型推荐、树立、宣传、教育活动，并推动刘龙清入选“八闽楷模”。

加强公民思想道德建设 深化孝老爱亲、诚信教育、公益行动、文明旅游等主题实践活动，广泛开展“树文明新风，迎金砖宾客”、学雷锋活动示范点建设等主题活动，组织“邻里守望 情暖漳州”“文明劝导”等志愿服务，打造文化志愿服务品牌，取得良好社会反响。南靖县人民检察院被命名为全省学雷锋活动示范点，陈伟琳获评全省岗位学雷锋标兵。

【繁荣优秀文化】

打造漳州气派的文艺精品 推动成立漳州市文化艺术研究会，建立漳州市文联文艺创作基地和交流中心，健全完善作家艺术家赴基层采风、挂职锻炼的机制，并精心创作、打磨芗剧《谷文昌》《生命》、地方戏《太师蔡新》、长篇小说《风口浪尖》《戏台》等一批文艺精品。长篇报告文学《谷文昌》获第十四届“五个一工程”奖，芗剧《谷文昌》首次入选2017年度福建省舞台艺术精品工程，并作为省地方戏曲代表作品赴京参加国家大剧院“2018年新年戏曲晚会”，芗剧《生命》《芝麻官系列》等10件作品获省第八届百花文艺奖二、三等奖，芗剧《生命》、戏剧评论《南海十三郎：一生都是暗示》分别荣获第31届田汉戏剧奖剧本一等奖和评论类一等奖。市委宣传部被省委宣传部授予第十四届“五个一工程”［由中共中央宣传部组织的精神文明建设评选活动。包括一部好的戏剧作品、一部好的电视剧（或电影）作品、一部好的图书、一部好的理论文章、一首好歌］组织奖和福建省第八届百花文艺奖优秀组织奖。

推动优秀传统文化传承与发展　制定实施漳州市《中华优秀传统文化传承发展工程实施方案》，全面推进“海丝”申遗，《漳州文库》编撰、地方戏曲振兴、朱熹、黄道周、“两帝师”、林语堂等历史名人文化研究取得新进展。评选出第五批市级非物质文化遗产传承人，组织漳州非物质文化遗产走进福州三坊七巷、参加第六届国际（成都）非物质文化遗产节等。

实施红色文化保护传承和弘扬工程　全面落实《漳州红色文化保护、传承和弘扬工程实施方案》37项工作任务，深入开展革命遗址普查，修缮提升一批红色遗址，拍摄电影《县委书记谷文昌》《县委大院》、微电影《铁番号》、纪录片《重走革命老区路》等文艺精品，推动谷文昌纪念馆纳入全国爱国主义教育基地。加快发展红色旅游，培育乌山红色生态旅游区、漳浦车本“红军之家”、平和长乐乡等红色旅游精品路线，推动谷文昌纪念馆入选全国红色旅游经典景区，打造红色文化旅游强市。

【文化改革发展】

深化文化体制改革　以打造文化强市为目标，实施《漳州市“十三五”文化改革发展专项规划》，完成文化市场主体审批前置改后置14项。深入推进国有文艺院团、新闻从业人员待遇改革，实现国有资产整合盘活、干部职工妥善安置、企业效益稳步回升。深化文化市场综合执法改革，推动芗城、龙文两个建成区文化执法管理并入市级统一管理，开展2017—2020年“四市两州”（漳州市、龙岩市、鹰潭市、抚州市、红河州、文山州）文化市场综合执法对口交流协作，并得到上级文化部门的肯定。

壮大文化产业规模　深入实施文化产业龙头促进计划，全市从事文化产业活动的经营单位有3364家、从业人员6.88万人，规模以上文化企业134家，数量位居全省第二，产值超亿元的文化企业58家。长泰龙人古琴文化村被文化部命名为“国家文化产业示范基地”，并入选省级文化旅游融合发展示范工程；“雅歌乐器”“恩扬工艺”获评全国重点文化出口企业，漳州古城保护建设（一期）项目荣获“2017年中国人居环境范例奖”。永润文化旅游创意园获评全省十大文化产业重点园区，“万利达”“富顺光电”获评全省文化企业十强。漳州市10件文创作品荣获“福建文创奖”，其中文化产品系列获3个一等奖，占全省获奖数的一半。漳州市委宣传部被授予福建省第四届文创奖组织促进奖。

实施文化惠民工程　加快构建现代公共文化服务体系，推进漳州市“五馆一歌”（博物馆、艺术馆、科技馆、图书馆、城市规划展示馆、歌剧院）、县级“三馆”（文化馆、图书馆、博物馆）、乡村文化站（室）等重点工程建设，启动农家书屋延伸服务试点工作。基本建成博物馆、艺术馆、规划展示馆，圆山文化中心基本形成。组织2017年“三节”（元旦、春节、元宵节）期间77项文化活动，广泛开展“三下乡”（文化下乡、科技下乡、医疗下乡）、地方戏曲公益演出、“新时代新风采”中共十九大精神文艺巡演等文艺惠民活动，成功举办全国第四届青年书法篆刻作品展、“和平发展，共圆梦想”全国中国画名家作品邀请展暨董希源陶瓷艺术展、“观世界·世界观：漳州国际当代艺术展”“蚁王归巢”陈志光个人作品展等大型文艺展览，展览规模、数量创历史新高。

【对台、对外宣传】

深化漳州台湾交流合作　持续打响漳州台湾文化交流品牌，成功举办第四届海峡（漳州）茶会、第九届农博会·第十九届花博会、海峡两岸（漳州）青年交流周、第七届海峡两岸曲艺欢乐汇、第四届两岸交流交往图片展、开漳圣王文化节等重大活动，组织“漳州市青少年非物质文化遗产赴台展演团”“漳州南词赴台交流团”赴台湾开展非物质文化遗产交流、漳州窑瓷器赴台北故宫巡展等活动，推动两岸同胞弘扬中华文化，促进心灵契合。深化漳州台湾媒体合作交流，2017台湾媒体“清新福建行”在漳浦县启动，推动市歌仔戏（芗剧）传承保护中心与省广电译制中心联合译制的闽南语电视剧在台湾发行放映。

拓展对外文化交流　搭建形式多样的对外文化交流平台，继续采用“请进来”和“走出去”两种方法，组织开展中宣部2017“看中国·外国青年影像计划”、2017年海外华裔青少年“中国寻根之旅”夏令营、海外华文媒体代表到漳州参访等活动，承办第十一届中国美术批评家年会，广泛开展漳州文化艺术团体海外慰侨演出，并赴陕西、云南等地举办《漳州海丝贸易番银特展》，增强漳州优秀传统文化对外的亲和力、吸引力和影响力。

加大城市形象宣传　借力中央、省级、境外主流媒体和网络媒体，在海峡旅游博览会、海峡（漳州）茶会、“6·18”项目成果交易会等重大经贸、节庆活动期间，开展全方位、多角度、立体式的主题宣传报道。在第八届海峡媒体峰会期间，组织两岸一批主流媒体深入“五湖四海”“百花齐放、百树成荫”等生态建设项目进行采风活动，将漳州“生态+”发展理念推向全国，引发关注。出台《漳州市“采访线”主题设置方案》，推出7个采访主题、15条采访线、52个采访点，并在厦门金砖会晤期间，组织开展南靖、长泰两条媒体采访线活动，全面展示“清新福建·花样漳州”的良好形象。

·精神文明建设·

【概 况】

2017年，全市文明办系统深入贯彻习近平新时代中国特色社会主义思想，坚持以人民为中心的工作导向，以新一届各类群众性精神文明创建先进推荐评选活动为契机，以培育和践行社会主义核心价值观为根本，推进全市精神文明建设工作。

【加强公民思想道德建设】

发挥道德模范、身边好人的引领作用　2017年，市文明办开展第六届全国道德模范、第五届福建省道德模范推荐活动，发动各地和市直相关部门推荐，召开推荐活动组委会，从各地推荐的人选中筛选刘龙清、陈伟琳等5名人选参评，同时，组织人大代表、政协委员和历届道德模范等先进人物共30名作为“公众代表”参与全国的投票评选。启动漳州市第五届道德模范评选活动，广泛发动各级各部门组织推荐，并层层审核把关，市组委会共收到各地推荐的见义勇为、助人为乐、诚实守信、孝老爱亲、敬业奉献道德模范人选54名，经筛选审核，有27名进入候选人名单。坚持每月开展“我学习、我推荐身边好人”活动，漳州市欧阳亚娥等3名入选“中国好人榜”，邹高贤等10名入选“福建好人榜”。加大道德模范好人宣传展示力度，在人流量较大的江滨公园建设道德模范宣传走廊，宣传展示漳州市历届道德模范的先进事迹，引导广大市民见贤思齐，崇德向上。2017年春节前夕，组织走访慰问阮文发、谢坤松、李美叶等一批生活困难的道德模范，送去慰问金5万多元，倡导好人好报、德者有得的价值导向。

发挥公益广告的熏陶感染作用　健全完善公益广告刊播月通报、抽查审查、表彰奖励制度，推动相关部门落实《公益广告促进和管理暂行办法》，督促各级各类媒体及社会媒介常态化刊播“讲文明树新风”公益广告和图说“我们的核心价值观”。2017年《闽南日报》刊播公益广告40多版，漳州电视台、漳州人民广播电台累计播出公益广告时长近306个小时，“城视文明联播”平台、T视讯等楼宇电视终端刊播公益广告1386小时。运用公园广场、候车亭、沿街墙体、社区楼宇、建筑围挡、街道灯杆等阵地，新增1万多幅以喜迎十九大、图说我们的价值观、迎金砖宾客等为主要内容的公益广告。编印《讲文明树新风公益广告（选编）》500册，供媒体、基层单位制作刊播。通过加大公益广告的刊播投放力度，净化社会文化环境，潜移默化地引导人们践行社会主义核心价值观。

发挥传统节日文化的凝聚教化作用　在春节、元宵节、清明节、端午节等节日期间，广泛开展“我们的节日”主题活动，组织团拜会、大拜年、新春群众广场文化周、“送福送暖送春联”“网上祭英烈”、清明诗文朗诵会、端午节龙舟赛、重阳老少同乐文艺演出、芗剧展演等文体活动，引导人们进一步了解传统节日、认同传统节日，在弘扬优秀传统文化过程中，增强中华民族认同感，提升道德素质。

【不断提升全国文明城市创建水平】

强化组织领导　根据人事变动情况，及时调整充实漳州市创建全国文明城市工作组织机构。印发《全国文明城市测评体系责任分解表》和《全国未成年人思想道德建设测评体系责任分解表》。市委、市政府分别于6月2日、9月13日召开全市创建全国文明总评工作会议、深化全国文明城市创建工作推进会，市四套班子有关领导参加会议，市委书记檀云坤作总评工作动员部署，市长作工作点评，推动创建工作的组织落实。

加大创城宣传力度　在《闽南日报》、漳州电视台、漳州人民广播电台、漳州新闻网等开辟深化全国文明城市宣传专题、专栏、专版，持续宣传报道创建活动动态、创建成果，曝光不文明现象，营造良好舆论氛围。印制40万份《全国文明城市创建知识调查问卷》，进社区、进街道、进家庭分发宣传，提升市民群众对“创城”的知晓率、支持率和参与率。在郊野公园分段开辟环境保护、文明交通、法律宣传、道德模范4个宣传主题公园，提高“创城”宣传工作的针对性和覆盖面。

强化督查巡查　组织开展由市领导带队分街道片区对“创城”工作进行督查，并召开点评会，汇总

督查发现的问题，明确整改责任单位及整改时限。组织文明办、“创城”办人员坚持每周开展2次以上的巡查活动，建立“创城”督查微信群，将巡查发现的问题用视频或图片的形式记录下来，反馈给所在街道及相关单位，督促整改落实。印发《关于市直机关企事业单位配合做好集资房和单位公房公益广告宣传、环境卫生秩序等工作的通知》，推动相关问题的整改落实。2017年，由市领导带队的“创城”督查活动达21次，“创城”日常巡查380多人次，共发出督查通报23期，提出整改意见526条，有效提升创建工作水平。

推动以城带乡创建工作　组织5个调研督查组，采取实地察看、座谈了解等形式，对各县（市、区）贯彻落实全市创建全国文明城市总评工作会议精神，实施以城带乡策略进行督查，并形成调研督查情况通报，针对每个县（市、区）存在的问题提出具体的整改建议，推进文明城市创建工作向农村延伸、辐射。11月，中央文明委公布复查确认继续保留荣誉称号的往届全国文明城市名单，漳州市蝉联第五届“全国文明城市”荣誉称号，实现全国文明城市“两连冠”。

【深入开展“树文明新风，迎金砖宾客”活动】

精心安排部署　市文明办制定《关于开展“树文明新风，迎金砖宾客，提升文明城市”行动工作方案》，召集各县（市、区）、各级文明单位进行动员部署，开展文明城市创建、志愿服务奉献、文明礼仪践行、马上就办高效、城乡环境整治5项行动，创造优美环境、优良秩序、优质服务，展示漳州城市文明形象。

突出抓好专题公益广告　在《闽南日报》、漳州电视台、漳州人民广播电台投放以“树文明新风，迎金砖宾客”为主要内容的公益广告。新建“城视文明联播”平台播出终端15个，经常滚动播出迎金砖宾客公益广告。在钟法路、江滨路、胜利西路等路段，制作张挂迎金砖宾客公益广告，为厦门金砖会晤营造良好的外部宣传氛围。

突出抓好文明旅游工作　完善“文明旅游”联席会议制度，推动有关部门严格把好关，落实行前教育、旅行团督导、不文明行为记录、旅游“红黑榜”等制度。启动“花样漳州·文明旅游”主题宣传系列活动，从4月28日至10月27日，组织开展文明旅游进公园、进社区、进校园、进景区、进商场等10场主题系列活动，组织开展文明旅游图片巡回展、文明旅游知识有奖问答，中小学生“文明旅游”主题征文比赛，评出获奖优秀作品40篇。

突出抓好马上就办高效行动　把单位落实“马上就办”要求和开展“树文明新风，迎金砖宾客”等工作纳入文明单位创建测评标准，在2015—2017年度全国和省、市级文明单位考评中进行测评，推动党政机关和窗口服务单位落实“马上就办、真抓实干”要求，提高办事效率和服务质量。

【深化基层各类文明创建活动】

文明单位创建成果丰硕　市文明办召开全国文明村镇、单位及培育对象网上申报材料培训会，配合省委办对漳州电业局等17个全国文明单位网上材料进行审核评定，市中级人民法院等6个单位新入选全国文明单位名单，全市共有22个单位获评第五届全国文明单位。制定漳州市2015—2017年度省级、市级文明城市（县城、城区）、文明单位、文明村镇、文明社区、文明校园、文明家庭推荐评选方案，把落实意识形态工作责任制、“马上就办”要求纳入创建测评标准，发挥测评体系的导向作用，分6个组对新一届省、市级文明单位（村镇、校园、社区）申报对象进行实地测评，推动各单位更好服务富美漳州建设。

推进文明村镇创建　围绕培育新农民、新农村、新气象目标，以文明村镇创建活动为载体，突出移风易俗、生态保护和以城带乡，倡导文明乡风，华安县仙都镇先锋村等6个村镇新晋全国文明村镇名单。开展文明家庭推荐评选活动，传承弘扬优良家风，促进家庭和睦。7月19—20日，漳州市顺利承办全省农村精神文明建设经验交流会，省委常委、宣传部部长高翔对漳州市加强农村精神文明建设工作给予肯定，并将漳州市的经验做法概括为打造“三个家园”（精神家园，生态家园，文化家园）。9月23日，配合市纪委在平和县召开全市推进移风易俗工作座谈会，安排部署当前全市移风易俗工作。

创新文明行业创建载体　围绕“服务大发展，建设新漳州”主题，深化文明行业竞赛活动。在评选星级示范窗口基础上，从6月开始，启动“敬业奉献之星”十佳系列标兵评选活动，分8个系统，依托“文明在漳州”微信公众号这一平台进行投票评选，平台关注者有35万名，大大激发各行各业弘扬“工匠精神”，展现敬业奉献的良好工作风貌。

持续推进110社会服务联动工作　组织开展以“公安‘110’，为民保安宁”为主题的联动宣传日活动，评选表彰2015—2016年度全市“110”社会联动工作先进单位和先进个人，推动市直各相关单位完善机制，加强联动，促进社会和谐稳定。

【推进未成年人思想道德建设】

加强学校社会家庭“三位一体”工作机制　市文明办制定下发《关于印发〈2017年度漳州市未成年人思想道德建设工作责任分解方案〉

的通知》，召开2017年度未成年人思想道德建设工作联席会，市教育局、市文广新局等单位在会上作交流发言。召开全市未成年人思想道德建设工作业务培训会，指导各地加强未成年人思想道德建设工作。

组织开展各项主题活动 组织开展"网上祭英烈"活动，在漳州市第二实验小学举办启动仪式，组织广大未成年人参与网上祭奠，书写感言寄语。组织开展"美德少年"评选表彰活动，评出第四届漳州市"美德少年"15名，并组织广大未成年人通过网络、报纸学习宣传他们的先进事迹，参与网上交流。组织"时代楷模"黄志丽、"中国好人"林丽华，"道德模范"郭昭军，"美德少年"陈唐诗4名先进典型走进漳州市玉兰学校，举行报告会，近1000名师生与他们交流互动。发动各中小学校开展"童心向党"歌咏活动，录制17台"童心向党"歌咏活动节目光盘，并从中择优推荐5台节目光盘参与全省的展播活动。

推进乡村学校少年宫建设 市文明办联合市教育局、市财政局对全市42所中央专项彩票公益金支持的乡村学校少年宫项目进行考评，重点检查经费使用、设施修缮。器材配备、制度建设等项目设施的完成情况。组织3所学校申报2017年度中央公益金支持乡村学校少年宫建设项目，项目建设进展顺利。组织开展全市乡村学校少年宫建设成展网上展示活动，启动未成年人心理健康知识公益巡讲活动。

深入开展文明校园创建活动 配合省委文明办、省教育厅对第一届全国文明校园2所申报参评学校进行考评，漳州市实验小学获评首届"全国文明校园"。制定《漳州市中小学校、中等职业学校、幼儿园文明校园测评细则》，启动漳州市第一届文明校园评选工作，对市直和各县（市、区）179个申报省、市级的候选对象进行实地测评。

3月3日，漳州市在中山公园举行"学雷锋——志愿服务奉献行动"现场展示活动

【深化学雷锋志愿服务活动】

加强"志愿云"注册登记工作 市文明办下发《关于在全市使用"志愿云"志愿服务信息系统开展志愿团队和志愿者注册的通知》，完善志愿者招募注册、时长认定等制度建设。坚持以需求为导向，由各级文明单位、街道社区、社会组织，及时发布项目信息，号召广大党团员、社区居民和爱心人士参与志愿服务活动。至2017年，漳州市在"志愿云"信息系统注册志愿者总数有18.6万名，占城市建成区常住人口13%。

开展志愿服务奉献行动 3月3日，市文明办在中山公园举行漳州市"学雷锋—志愿服务奉献行动"现场展示活动，现场设置医疗问诊、反诈骗咨询、义务理发等14个展位，发出开展"学雷锋志愿服务奉献行动"倡议，表彰2016年"最美志愿"系列，宣传普及志愿服务理念。围绕文明城市创建、迎金砖宾客等重大活动，开展文明劝导、旅游咨询、环境保护、平安巡逻等志愿服务活动，传播文明风尚。在漳州古城东侧建立"树文明新风，迎金砖宾客"志愿服务示范驿站，为游客、居民提供咨询、讲解、饮水等志愿服务。

加大志愿服务宣传力度 市文明办扩大漳州市志愿者网网站容量，设置志愿服务资讯、志愿文化、志愿者风采、志愿队伍等栏目，及时更新各地各有关部门开展志愿服务活动信息，宣传志愿服务品牌，营造志愿服务良好氛围。推荐12个志愿服务组织、项目、社区、志愿者参评全国学雷锋志愿服务"四个100"先进典型，宣传候选对象的先进事迹。组织"漳浦微益联盟"等5个项目申报2017省志愿服务基金会扶持。并推进公共文化场所志愿服务工作。对中国工农红军攻克漳州纪念馆、市图书馆、市博物馆等公共文化场所志愿服务工作进行调研，联合市文广新局就全市公共文化场所深化志愿服务活动提出意见、建议，探索打造文化志愿服务品牌。

·统战工作·

【概 况】

2017年，全市统一战线学习贯

彻习近平新时代中国特色社会主义思想和中共十九大精神，围绕“建设富美新漳州”的中心任务，按照全市统战部长会议的工作安排，深入落实中央、省委和市委关于统战工作的一系列重大决策部署，凝聚政治共识，汇聚发展力量，推动全市统战工作再上新台阶。

发挥统一战线资源优势，引导广大成员为“三抓三比、十项竞赛”等重点任务贡献智慧和力量。 以坚持和发展中国特色社会主义为主线，推进民主党派“不忘合作初心，继续携手前进”专题教育和无党派人士学习教育，非公有制经济人士理想信念教育实践活动和党外知识分子、新的社会阶层人士践行社会主义核心价值观主题活动。发挥统一战线资源优势，引导广大成员为“三抓三比、十项竞赛”等重点任务贡献智慧和力量。支持市各民主党派、工商联和无党派人士，聚焦福建和漳州经济社会发展重点任务，围绕供给侧结构性改革、产业转型升级、创新驱动等深入调研、献计献策。

【巩固统战工作思想政治基础】

持续深化理论学习 市委统战部理论中心组、机关党委、系统各支部、各县（市、区）统战部支部、非公有制经济组织党组织等全面发力、形成覆盖、增加频次、提升效果，引导全市统战干部和广大统一战线成员深入学习贯彻中共十九大精神和总书记习近平系列重要讲话精神，学习贯彻省委十届三、四、五次全会和市委十一届三、四、五、六次全会精神。推动“两学一做”学习教育常态化制度化，不断增强“四个意识”（政治意识、大局意识、核心意识、看齐意识），自觉在政治立场、政治方向、政治原则、政治道路上同以总书记习近平为核心的党中央保持高度一致。

抓好培训宣传 以坚持和发展中国特色社会主义为主线，推进民主党派“不忘合作初心，继续携手前进”专题教育和无党派人士学习教育，非公有制经济人士理想信念教育实践活动和党外知识分子、新的社会阶层人士践行社会主义核心价值观主题活动。举办民主党派培训班、统战干部培训班、党外副乡镇长培训班、香港漳州籍青年国情研修班、统战信息员培训班、市直商会秘书长培训班、民间信仰宫庙负责人培训班等，引导广大统战成员学习习近平新时代中国特色社会主义思想特别是关于统一战线的重要思想，不断强化政治定力和业务素养。加大宣传力度，引导党外人士特别是新媒体人在意识形态领域主动发声，发挥正能量，使统一战线成为党中央权威的坚定维护者，成为党中央重大决策部署的坚决落实者。

【服务富美新漳州建设大局】

服务党政决策 发挥统一战线资源优势，引导广大成员为“三抓三比、十项竞赛”等重点任务贡献智慧和力量。支持市各民主党派、工商联和无党派人士，聚焦福建和漳州经济社会发展重点任务，围绕供给侧结构性改革、产业转型升级、创新驱动等深入调研、献计献策。编制《同心·建言》，收录建言献策成果115件，为党委、政府提供决策参考。2017年，各民主党派就漳州市经济社会发展重点问题、重大项目建言献策，组织调研活动72场，形成调研报告60篇，获得省级以上表彰8篇；上报社情民意信息491件，得到中央和省领导批示8件次，被市级以上有关部门采用315篇。争取民主党派中央、省委支持漳州加快发展，民革中央、民盟中央、台盟中央以及民建省委、农工党省委、致公党省委分别到漳州开展考察调研。

服务招商引资 推动“回归工程”，编制投资漳州项目库，招引民营企业参与漳州市项目建设，并做好跟踪服务。2017年，各级统战部门共对接项目474个，总投资1347.05亿元。依托侨联、台联、海联会、留学生同学会等团体，加强与港澳台海外漳州籍社团以及乡亲联系，延伸侨办、侨联工作渠道，加强与“一带一路”沿线国家和地区的合作，举办不丹王国农业技术

12月，市委常委、统战部部长黄水木（左三）带领各民主党派负责人到天津市开展学习调研

培训班，助推在泰国举办南靖土楼文化与一带一路国际接轨专场推介会，承办“漳州味·世界行”，不断促进漳州与香港、澳门、台湾及海外的交流合作。

改善服务民生　持续打造“芗江春雨”“光彩事业”“温暖工程”“侨爱心行动”等特色品牌，引导非公有制经济人士参与“双百”（百树成荫、百花齐放）绿化工程和“百企帮百村”精准扶贫行动，助力补齐民生短板。2017年，各级统战部门共组织统一战线各界参与各类公益捐款1.34亿元，投入挂钩帮扶资金1055.53万元，精准扶贫资金4111.36万元，向上级争取各类涉统一战线对象的扶贫济困及项目帮扶资金5742.52万元。

【做好统一战线各领域工作】

持续提升多党合作水平　深化政治共识。召开谈心会、民主党派机关工作联席会议，组织民主党派新成员和新一届民主党派市委会班子成员集中培训，强化政治交接教育。发挥职能作用。制订2017年政党协商计划、完善对口联系制度和特约人员制度，召开市民主党派工作座谈会，协助市政府召开《政府工作报告》征求意见会等。投身社会服务。推动各民主党派开展科技下乡、疾控义诊、法律咨询、社区共建等社会服务112场次，惠及群众13500人次；强化工作保障。组织协商修订《八个民主党派漳州市委会议事规则》和《八个民主党派专职、兼职领导议事规则》等制度。2017年，全市8个民主党派机关在参政议政、社会服务、信息工作等方面表现突出，共获得党派中央表彰8次、省委统战部表彰1次、各民主党派省委会表彰11次。

推进民族团结进步　深入贯彻落实中央和全省民族工作会议精神，贯彻落实《福建省少数民族权益保障条例》，促成全省少数民族特色村寨现场交流会在漳州召开，漳州市在会上作典型交流。开展民族团结进步宣传月活动，提升外来少数民族流动人口管理服务水平，促进各民族交往交流交融。建立少数民族乡村发展项目库，预计投资9100多万元。向上级争取扶持民族乡村资金3400多万元。推动形成“一乡一业、一村一品”的发展格局，促进少数民族群众稳步增收，助推民族乡村精准扶贫工作。推进第三批特色村寨试点村华安县坪水村和长泰县高层畲族自然村建设。建立首批市级少数民族传统体育训练基地。推动漳州台湾少数民族经济文化交流合作。做好少数民族干部人才队伍建设，为民族地区发展提供保障。2017年，华安县的高山族、畲族工作经验分别得到省委常委、统战部部长雷春美和市委书记檀云坤批示。市民族与宗教事务局荣获海峡两岸少数民族茶产业交流会暨第四届少数民族民优茶评选大赛最佳组织奖；华安县民族与宗教事务局高山族表演队《芋球》入选第二届全国少数民族优秀舞蹈展演。

推进宗教工作法治化　2017年，市委统战部贯彻落实全国、全省、全市宗教工作会议精神，持续开展治理乱建新庙宇和大型露天宗教造像工作。深入开展依法治理私设聚会点“回头看”和防范处置邪教组织到宗教活动场所非法活动以及抵御境外宗教渗透等工作，推动市天主教东山培训中心建设、龙文区后坂天主堂3500平方米附属设施、龙海石码天主堂锦江东段旧城改造附属建筑和南靖靖城东坂基督教聚会点拆除安置问题。开展检查宗教活动场所管理情况和民族宗教管理系统项目建设，全市佛道教场所完成悬挂标识牌290处。开展创建“优美民间信仰活动场所”活动，普查全市10平方米以上有人管理的民间信仰活动场所。坚持宗教中国化方向，支持宗教团体加强自身建设和人才培养，指导市佛教协会和道教协会完成换届工作。发挥宗教界代表人士在引导信教群众、推动宗教与社会主义社会相适应中的积极作用。芗城区民族与宗教事务局的《探索旧城改造宫庙拆迁安置工作模式》入选国家宗教事务局《民间信仰工作经验材料选编》。

促进非公有制经济领域“两个健康”　注重服务引导，开展“法律三进”（进民办企业、进商会、进工商联机关）活动，协助企业进行招商推介，协调用工、融资、维权等问题，帮助排忧解难。开展规模以上民营企业调研，完成市重点调研课题《降低实体经济综合成本，助推民营企业健康发展》。建立行业商会秘书长联席会、行业商会会长联席会等一揽子制度。指导成立漳州市浙江商会、辽宁商会和漳州市涂料商会。优化营商环境，开展“亲清润闽商，促进两健康（非公有制经济健康发展、非公有制经济人士健康成长）”系列宣传教育，深入学习《中共中央国务院关于营造企业家健康成长环境弘扬优秀企业家精神更好发挥企业家作用的意见》，着力构建亲、清新型政商关系。市委统战部部长黄水木先后带队走访调研沈阳、福州、北京等地的异地漳州商会和企业，鼓励其回归投资。加强组织领导，协助做好省工商联（总商会）换届的相关工作，指导南靖、长泰、平和工商联（商会）完成换届。建立“工商联+互联网”工作模式，推进“五好”（领导班子好、会员发展好、商会建设好、作用发挥好、工作保障好）县级工商联建设，芗城、龙文、龙海、长泰、华安、南靖、平和、云霄8个县（市、区）工商联获得2017年度福建省“五好”县级工商联。开展“四好”（班子建设好、团结教育好、服务发展好、

2月，市委常委、统战部长黄水木（前排右二）走访在苏州的漳籍企业

自律规范好）商会建设，漳州市家居商会和漳州市广东商会荣获AAAAA社团组织荣誉称号。召开市直行业商会党建工作会议，推动5家基层商会建立党支部，12家基层商会成立兼合式党支部。

拓展党外知识分子和新的社会阶层人士统战工作 深入贯彻全省党外知识分子工作座谈会和全省新的社会阶层人士统战工作会议精神，召开全市新的社会阶层人士统战工作会议。加强对广大党外知识分子和新的社会阶层人士的政治引领和政治吸纳。协助做好省党外知识分子联谊会和新的社会阶层人士联谊会会员理事推荐工作。确定新的社会阶层人士重点对象，建立网络代表人士队伍，畅通经常性联系渠道。开展职教领域“温暖工程”实用技能培训。贯彻落实省委统战部《关于学习贯彻〈关于加强欧美同学会（留学人员联谊会）建设的意见〉的通知》精神，抓好留学生人才队伍建设。2017年，市留学生创建的图灵互联网创客空间被认定为国家级众创空间，图灵台湾青年创业基地被省台办认定为省级台湾青年就业创业基地，硒博士众创空间被认定为省级众创空间并通过2017年“第二批国家级星创天地备案”。

深化港澳台及海外争取人心工作 做好港澳有关工作，贯彻落实中央、省委有关港澳工作部署要求，成立澳门漳州同乡总会，推动龙海和长泰在港同乡会组织换届，充分发挥队伍作用和漳州籍建制内代表人士积极作用，广泛动员港澳漳州籍乡亲参与港澳社会事务。落实香港福建希望工程基金会援建4所希望小学。漳州市参与的香港、澳门专项工作任务，受到中央领导肯定。深化对台交流，以“宗亲”“宗教”特色为纽带，持续推动民间交流合作。

2017年，全市民间信仰宫庙接待台湾参访团235批次、22100人次；组团到台湾参访22批次、450人次。协助开展好“祖地行”活动，吸引更多的台湾同胞特别是企业界、青年一代参与两岸交流。指导市台盟、台联开展各具特色的对台交流活动。组织港澳台青少年夏令营等活动。举办市金联成立30周年庆典暨两岸中秋联欢活动。会同有关部门做好台胞、台属的联系和服务。

市台联联络科被评为全国台联系统先进集体。突出“以侨引侨”，强化与海外漳州籍社团、新侨领、新移民、华侨华人新生代的联谊交流，接待金砖有关国家外宾、外媒近百人，接待海外侨团19批900多人次。立足服务，深化服务联系点工作，为涉侨企业排忧解难。广泛凝聚海外反“台独”促统一力量。

【夯实统战工作组织基础】

突出统战队伍能力建设 按照总书记习近平提出的信念、政治、责任、能力、作风“五个过硬”要求，持续加大对统战干部和党外代表人士教育引导力度，不断提升统战干部的理论水平、政策水平、业务水平和党外代表人士政治把握能力、参政议政能力、合作共事能力。健全统战部牵头协调党外代表人士管理工作机制和党外干部工作联席会议制度。做好漳州市党外干部配备缺额情况的调查摸底工作，提出配备党外干部的建议、意见。严格按照换届工作的有关要求，做好市政协换届委员推荐工作，推动民革漳州市委会和九三学社漳州市委会顺利完成政治交接。在市委的重视下，市人大、市政府、市政协党外干部，少数民族干部的配备均已按要求配齐。全市已有9个县区配备党外副县长。市人大、市政协党外副秘书长、常委和代表、委员的安排符合《中国共产党党和国家机关基层组织工作条例》和省委《关于贯彻〈中国共产党党和国家机关基层组织工作条例〉实施办法》要求。经市委统战部推荐，农工党漳州市委会和东山县委统战部、平和县委统战部获评全省统战系统先进集体，朱维传、张志贤等8人获评全省统战系统先进工作者。

加强理论研究和宣传信息工作 着眼统战理论创新和实践创新，科学设置研究课题，调动全市统战系统各单位，围绕凝心聚力服务“十三五”规划实践、归国留学人

员创新创业等方面开展研究，形成课题成果45篇。支持两岸关系理论漳州研究基地开展工作，协助召开新形势下两岸关系暨经济社会融合发展学术研讨会，收录论文40篇。市职教社的《高职院校产教融合实践与探索》在中华职教社“互联网+职业教育”课题研讨会上交流。市台盟《闽台民间信仰在促进两岸交流交往中的作用》一文，荣获省政府重点课题优秀调研成果三等奖。发挥信息主渠道作用，反映统一战线工作新成效、新面貌，推广统战工作新经验、新方法，及时报送社情民意和建议建言。2017年，全市统战系统共编辑报送建言献策类信息300多条次，有64条次专报件呈报给各级党政领导阅示。在漳州市党委信息评比中，市委统战部连续3年保持前3名，在全市单位的分数排列上保持前5名。市工商联荣获《中华工商时报》民营经济新闻宣传工作先进单位。市台盟提供的《帮助地方政府度过营改增财政缩减的“阵痛期”》社情民意被时任党中央政治局常委张高丽批示。

落实全面从严治党责任 学习贯彻中共十九大、十八届六中全会以及中央、省、市纪委全会精神，按照省委、市委关于落实全面从严治党主体责任的决策部署，坚持“四个结合”（落实主体责任与落实监督责任相结合、全面管控与紧盯重点相结合、坚持惩治与治理相结合、依规治党与以德治党相结合），把握“四种形态”（经常开展批评和自我批评、函询约谈，让“红红脸、出出汗”成为常态；党纪轻处分、组织调整成为违纪处理的大多数；党纪重处分、重大职责调整的成为少数；严重违纪涉嫌违法立案审查的成为少数），着力“五抓五看”（看有没有抓加强教育，看有没有抓制度建设，看有没有抓“一把手”，看有没有抓查处，看有没有抓部署、检查、落实），落实全面从严治党主体责任。2017年福建省委启动首批落实全面从严治党检查，漳州市委统战部作为延伸检查对象，通过检查并受到检查组肯定。廉政教育常抓不懈。开展迎接中共十九大胜利召开系列活动，抓好《关于新形势下党内政治生活的若干准则》《中国共产党廉洁自律准则》等一系列党内法规的学习贯彻，观看《巡视利剑》等廉政教育片，组织参观警示教育基地等活动，持续抓好政治纪律教育、党性党风党纪教育、从政道德教育和警示教育。层层落实主体责任，召开全市统战系统落实全面从严治党主体责任工作会，市委统战部部长黄水木与部领导班子成员及系统单位一把手分别签订《市委统战部落实全面从严治党责任书》《市直统战系统落实全面从严治党责任书》，推进领导干部落实主体责任全程纪实，建立健全权责对等、责任清晰、强化担当的主体责任落实机制。严肃政治规矩和政治纪律。抓好述责述廉和民主生活会，严格落实“三会一课”（定期召开支部党员大会、支部委员会、党小组会、按时上好党课），领导干部参加双重组织生活会。部长黄水木分别与部务会成员进行廉政谈话6次，与系统单位“一把手”进行廉政谈话12次。支持驻部纪检组开展工作，期间立案2件、函询9件、进行谈话6人。持续改进作风，贯彻落实中央八项规定精神《实施细则》、省委《实施办法》和市委《实施意见》，严格执行廉洁自律准则，警惕“四风”（形式主义、官僚主义、享乐主义、奢靡之风）新动向。制定漳州市委统战部改进作风、厉行节约等方面15项制度，改进会风文风，力戒奢侈浪费。做好2017年机关绩效考评、“创城”、保密、综治、“七五”普法等工作。市委统战部荣获漳州市第十三届运动会体育道德风尚奖、金砖国家领导人第九次会晤服务保障工作先进集体；《发挥党建引领扶贫攻坚 同心奏响老区幸福曲》获市直机关“党建引领发展，推进3个建设年和一大攻坚战十佳案例”；选送挂钩帮扶坪水乡苏维埃政府革命陈列室被列为全市党建重点品牌项目。

·党校工作·

【概 况】

2017年，漳州市委党校坚持党校姓党、从严治校，贯彻落实中共十八届六中全会、十九大精神，以习近平新时代中国特色社会主义思想武装头脑，坚定“四个意识”（政治意识、大局意识、核心意识、看齐意识），突出主课主业，将加强党的理论教育、党性教育和政治建设贯穿于党校办学各项工作。全年围绕中共漳州市委、市政府中心任务，完善办学理念，落实办班计划，坚持改革创新，突出红色文化资源整合利用，加快推进谷文昌干部学院办学建设，实施名师名课工程，加强综合服务保障能力，取得良好办学成效。

市委党校机构规格为正处级。校长由市委常委、组织部部长沈金水兼任，校委成员4人，处级干部9人，15个正科级机构和内设2个副科级直属科；核定编制116人，在编86人，其中：参公人员43人，专业技术人员43人（其中教授4人、副教授19人、副研究馆员3人）。连续4届获得福建省委党校系统精品课评选活动一等奖，重点课题和决策咨询成果屡获省社会主义学院主要领导和中共漳州市委、市政府领导批示，荣获三届省级文明单位、创建全国文明城市工作先进单位、漳州市市直机关一类平安单位等。

【干部教育培训富有特色】

漳州市委党校（行政学院）2017年完成办班45个班次，包括计划内28期和计划外17期，共培训学员4577人。特别是承办中共漳州市委部署的学习贯彻中共十八届六中全会、中共十九大精神两个班次，共11期专题研讨班，邀请市委书记檀云坤、市长刘远等市领导，中央党校、省委党校专家教授到校授课，共培训厅级、处级和乡镇街道领导干部2600多人，高质量完成中心工作任务。全年共推出25个教学新专题，聘请兼职教师25人。

突出党校办学特色，坚持把党性教育和党性锻炼贯穿于党校教育培训的全过程，每个主体班次都开设专门的教育模块，形成过程与目的、课内与课外、书本与现场相结合统一，理论学习与现场体验、课堂教育灌输与学员自主锻炼紧密结合的党性教育机制，构建理论学习、党史教育、警示教育、军营一日、社会调研、党性分析“六位一体”的党性教育模式，形成无领导小组讨论互动、结构化研讨、模拟教学、案例教学、现场体验、异地办班、网络培训等综合教学方式。对接福建干部网络学院，成立电化教育中心，负责全市干部网络培训工作，先进工作经验和做法得到省委党校副校长徐小佶的批示，并在全省党校系统加以推广。进一步做好省委党校在职研究生漳州教学点的学历教育工作。

【整合利用红色文化资源】

开展红色文化现场教学和异地办班，是开拓学员视野，领略革命传统和民族精神，解决当前党员干部队伍中存在的突出问题，提升党员领导干部的理论素养和执政能力，加强党性教育和党性锻炼的重要途径与形式。市委党校充分挖掘拓展漳州红色文化资源，其中，有中共福建临时省委成立旧址、平和暴动旧址、南靖科岭岩永靖（闽西南）革命根据地、云霄乌山革命根据地、东山谷文昌纪念馆、龙海“龙江精神展示馆”、云霄七星山廉政文化公园7个现场教学体验专线，提高异地办班针对性和学习实效性。

【筹建谷文昌干部学院】

组建谷文昌干部学院，大力弘扬谷文昌精神，是新时代党员干部教育培训的迫切需要。教学体系筹建组多次赴东山调研座谈，与中央党校、省委党校对接，多次深入研讨，明晰办学思路。加快完善课程体系设计和办学机制基本架构方案，健全“1＋4＋6”（1堂综合课，总体介绍谷文昌，全貌展现谷文昌精神的实质内涵；4个教学分专题，分别从“心中有党、心中有民、心中有责、心中有戒”挖掘谷文昌精神具体内涵；6个现场教学点讲解：谷文昌陵园、谷文昌纪念馆、9棵木麻黄、香炉、兵灾、南门海堤，开发出具有时代特征、地域特色、文化魅力的党性教育课程）教学内容为核心的教学体系，建设成“北有焦裕禄，南有谷文昌”的党性教育知名品牌。承担市委重点课题“建设一流谷文昌干部学院”已形成成果；省社会科学基金课题“谷文昌精神及其时代意义”顺利结项，获良好等次。

【加强师资人才队伍建设】

坚持人才兴校，多途径加强师资力量建设 借重外部优势资源加强师资培训，选派教师参加中央党校、国家行政学院、省委党校师资培训和在职研究生函授学习。做好人才引进和培养工作，招录研究生为教师，为党校人才队伍持续注入新生力量。采取“请进来”方式，选聘党政领导干部和专家学者担任兼职教师，充实全市党校系统师资库。选调年轻老师、适龄干部到基层单位、乡镇或市直重点部门挂职锻炼。

加强学术交流研讨，拓宽教师视野 组织开展理论研讨和学术交流活动，活跃学术研讨氛围，拓宽教师科研视野，服务教学与地方发展，参加第五届全国儒学研讨会、省统一战线理论研究会“新形势下两岸关系暨经济社会融合发展学术研讨会”、福建省行政管理学会2017年学术年会、省法学会学术年会、省委党校第四届地方政府法治建设研讨会、省市迎接中共十九大党建调研征文、2017年法治漳州研讨会、芗江论坛等。建设好校内科研交流平台，加强校报校刊建设。与市级兄弟单位搞好共建交流，连续多年联合举办时政类、地方发展类理论研讨会，并在《闽南日报》发表宣传文章。

【科研咨政智库建设】

做好理论研究与课题调研 市委党校围绕一系列重大理论、重大方针、重大工作部署及重大现实问题，加强学习研究。2017年共受理申报省、市各类社科课题138项，立项85项，全年在各级各类刊物及学术年会发表论文133篇，其中在《中共福建省委党校学报》《经济问题》《当代经济》等省级CN刊物发表21篇。申报全国行政学院第四届优秀科研成果1项：《新型城镇化视阈下社区治理转型的战略选择》；申报福建省第十二届社会科学优秀成果奖5项；重点组织落实2017年省校（院）系统学术年会征文上报工作，入选论文8篇，参会论文2篇，仅次于泉州党校；方赐德教授撰写的《在改革开放的实践中推进经济学理论的创新》入选中央党校《理论、学术、感悟》（经济学研究专题）论文集；组织参加省纪委、省社院主办的“家规家训与齐家治国”研讨会；卢国能、杨宗建、何池教授3人入选省社科百场专题报告人。

重点课题和决策咨询成果屡获批示　强化课题项目带动，突出“教研咨”一体化和党校智库建设。2017年有10项咨政成果，卢国能教授的《新形势下深化漳台经贸合作问题研究》刊登在省委政研室《调研文稿》（2017年第109期），同时以《漳州发展决策参考》呈报给市领导；刘聪杰课题组两项成果《用社会主义核心价值观引领民主党派思想建设》《当前形势下加强两岸民间交流交往的建议》，获得省社会主义学院党组书记、副院长李韧批示，报送中央社会主义学院。市委党校教师还承担省纪委、市政府、市政协、县政府、市党建办等单位的调研课题，重点调研监察体制改革、扶贫机制、市区空气质量、红色文化资源和华安全域旅游等课题。市社会科学课题立项数再创历史新高，达16项。

【办学保障服务建设】

2017年，市委党校继续加大基础设施建设，提升后勤服务保障水平。先后投入484.5万元，安装6号学员宿舍楼的电梯、修缮11号学员楼，修建一个具有200个车位的非机动车棚，改造校园路灯，美化亮化校园夜景，改善办公环境，全面提升学校安全消防管理。财务工作做到精准、优质、高效。经过多方协调磋商，于2016年年底顺利收回党校食堂，解决了历史遗留问题。

持续推进校园信息化建设，构建“智慧校园”。建设谷文昌精神专题数据库，共收集文献资料1200多份。其中书刊56册，内部资料汇编15册，宣传纪录片等音频、视频资料3套，歌册6份；旧报、发言稿等原始资料扫描件1107张，党和国家领导人对谷文昌的评价21条。参与省委党校（院）的3大文库及《福建省情全文数据库》建设工作，共享省委党校省情数据库、教学视频库等资源和维普、万方和国研网3大全文数据库。继续推进移动图书馆建设。采购一台图书借阅机，又在教学楼安装歌德电子图书自助借阅机，开启移动图书馆的电子书借阅功能，至2017年，有电子书2400种、电子报刊800种。巩固和完善校园门户网站、教学效果评估系统，力争实现全校网络化管理。

【机关党建与文明创建】

落实管党治党学习教育活动，加强机关党建。以落实“两学一做”学习教育常态化制度化为抓手，及时学习传达全省党校行政学院系统、全市机关党的工作会议精神，严格按照全省机关党支部7项基本工作法要求，落实以“三会一课”（定期召开支部党员大会、支部委员会、党小组会，按时上好党课）为主要内容的党内生活制度，开好支委会、党小组会、党员大会和民主生活会，做好会议学习记录和个人学习笔记，广泛开展向谷文昌、廖俊波学习活动，日常党务工作较好完成。制定下发《全市党校系统党员活动日实施方案》，在全市党校系统中开展主题党日活动，做到理论学习和思想教育、挂钩帮扶和走访联系、民主议事和民主评议、党性锻炼和红色教育相结合。举办第十届和谐校园文化节活动，参加省委党校系统第二届运动会，增强全校教职工的凝聚力，提升校园文化品位。

提升文明单位创建和机关效能、综治平安校园建设水平。以创建第十三届省级文明单位为契机，按照创建标准，逐条逐项找差距，有针对性地补缺补漏，分别在春节、清明节等传统节日举办丰富多彩的活动，顺利通过复核并公示。参加全省党校行政学院系统文明单位创建业务培训班，并作典型发言，得到省委党校副校长温敬元批示。在加强机关效能建设方面，贯彻落实《漳州市机关工作人员效能问责办法》等有关精神，制定实施《中共漳州市委党校绩效管理工作方案》《党校内部作风纪律督查活动方案》，加强对全校的作风督查与绩效管理，改进教职工队伍工作作风。2017年，漳州市委党校荣获漳州市市直机关一类平安单位称号。

【系统建设与信息工作】

加强全市党校沟通交流和协调联动　1月、9月两次召开市县党校常务副校长联席会议，深入学习领会习近平总书记在全国党校工作会议上的讲话精神，传达贯彻全省党校、行政学院校院长会议精神，加强市县党校交流联动，总结交流，研究部署党校工作与规划。实施教学资源市县党校共享工程，支持市委党校教学课程进入县级党校培训计划，改革创新管理制度，提供工作安排便利，实现共同发展。通过举办全市党校系统精品课评选活动、集体备课会、下基层听课评课、骨干教师示范讲课等形式，鼓励、指导各县级党校(行政学校)大胆创新，形成因地制宜、独具特色的教学模式。实施课题带动战略，县级党校(行政学校)科研能力和智库建设水平得到提升。支持县级党校(行政学校)教师初级职称评审，缓解教师职称评定难的问题。

统筹推进科研与咨政工作系统建设　2017年，围绕全国“加快推进构建开放型经济新体制综合试点试验工作”改革实践，在举办专题研讨班基础上，编发漳州各地各有关部门试点试验工作的最新实践、最新成果，形成“加快推进构建开放型经济新体制综合试点试验工作”系列文章，刊印《漳州论丛》专刊，呈报市委、市政府和有关部门领导，为先行先试出谋献策。

抓好系统信息交流工作 坚持正确办刊办报方向，提高质量和品位。创刊《大道至简学习文摘》，宣传社会主义核心价值观，汲取中国智慧、弘扬中国精神、传播中国价值，内容有深度、思想有启迪，受到普遍好评。编发校刊《漳州论丛》6期、校报《漳州干部教育》6期，建设运营好党校校园门户网站，向市委办、市委党建办、《闽南日报》、漳州电视台、省委党校和《福建党校、行政学院工作通讯》等主动报送信息。

·老干部工作·

【概 况】

2017年，漳州市委老干部局深入贯彻中共十八届四中、五中、六中全会和总书记习近平系列重要讲话、中共十九大精神以及习近平新时代中国特色社会主义思想，贯彻落实全国、全省老干部工作“双先”（先进单位、先进个人）表彰大会、老干部局长会议的部署要求，突出全面从严治党主题，突出迎接中共十九大和学习贯彻十九大精神主线，牢牢把握为党和人民的事业增添正能量的价值取向，激励广大离退休干部为富美新漳州建设做出新贡献。

成立专题调研组，对加强和改进离退休干部工作开展调研。通过召开座谈会、上门走访、实地察看等方式了解掌握贯彻落实中央、省委相关文件情况、离退休干部党建、正能量活动、社区服务老干部示范点创建以及离退休干部服务管理等工作情况。成立漳州市委离退休干部工委。在老干部活动中心、老年大学、老年社团组织中建立基层党组织或临时党组织。至2017年，全市已成立12个离退休干部临时党支部。同时，强化各项服务保障工作，健全落实特殊困难离休干部及其遗偶帮扶救助机制、离休干部无工作的遗偶基本生活保障机制和易地安置离休干部医疗周转金制度，为老干部提供更加优质和人性化的服务；进一步推动老干部活动学习阵地建设，加强老干部工作队伍建设。

【贯彻落实文件精神】

组织传达学习 2017年，市委老干部局及时组织学习贯彻中央和省委关于做好离退休干部工作的文件，各地各单位通过局中心组学习会、专题研讨会，举办老干部读书班、培训班和辅导讲座等多种形式，多渠道多层面地做好老干部工作人员和离退休干部学习贯彻。同时，通过党报党刊、电视广播、微信公众号等宣传媒体，广泛深入地宣传上级文件精神和贯彻落实情况，取得良好的社会效果。

开展专题调研 市委老干部局成立专题调研组，对加强和改进离退休干部工作开展调研。通过召开座谈会、上门走访、实地察看等方式了解掌握11个县（市、区）及市直有关单位贯彻落实中央、省委相关文件情况、离退休干部党建、正能量活动、社区“四就近”（就近参加学习、就近参加活动、就近得到照顾、就近发挥作用）服务老干部示范点创建以及离退休干部服务管理等工作情况。

推动离退休干部党工委成立 市委老干部局及时向市委、市政府主要领导和分管领导以及组织部、编办等部门领导汇报中央、省委相关文件主要精神和漳州市《贯彻意见》，征求贯彻实施的建议和办法。市委常委会专题听取汇报后，于2017年3月研究同意成立漳州市委离退休干部工委，作为市委派出机构，设在市委老干部局。同意增设一名副处级领导职数配备工委专职副书记。市编委会研究同意工委增设组织科，核定正科级领导职数1名，明确组织科的工作职责。11个县（市、区）也都相应成立离退休干部工委，增设组织科。市编委还专题研究，给11个县（市、区）委离退休干部工委各增加一个副科级领导职数配备专职副书记。全市12名市县（区）委老干部局局长全部兼任工委组织部副部长。

【加强离退休干部党建工作】

建立健全党建工作制度 离退休干部党组织建设是新时期党的基层组织建设的重要组成部分，是党联系离退休干部的桥梁和纽带。市委老干部局经过调查研究，广泛征

市委书记檀云坤（右二）等市领导慰问离退休老干部

12月6日，举办2017年市直离退休干部党支部书记培训班

求意见，起草漳州市《关于进一步加强和改进离退休干部工作的实施办法》和《关于进一步加强和改进离退休干部党支部建设工作的意见》初稿。完成漳州市离退休干部党工委《制度汇编》，收录离退休干部党工委运行规则、书记、副书记工作职责、党务公开制度、党建工作联系点制度等17项制度规定，有序推进漳州市离退休党工委工作。

创建离退休干部党支部示范点　按照“五好”（支部班子好、党员队伍好、活动开展好、制度建设好、作用发挥好）党支部标准，在全市探索建立40个离退休干部基层党组织示范点，打造和形成一批有实效、可复制的离退休党建品牌、工作模式，以点带面推动全市离退休干部思想政治建设和党组织建设。

探索在涉老团体中成立基层党组织　探索在老干部活动中心、老年大学、老年社团组织中建立基层党组织或临时党组织，有利于老干部参加活动、发挥作用。至2017年，全市已成立12个离退休干部临时党支部，其中有市老年大学、市关工委、市老干部活动中心、芗城区老年大学，平和县成立老年大学学员党支部。

加强离退休党支部书记培训　建立完善离退休干部党支部书记培训制度，提高离退休干部党支部书记的思想政治素质、业务素质。2017年，全市共举办13期离退休党支部书记培训班。

【持续深化正能量活动】

围绕主题开展系列正能量活动　组织引导老干部发挥自身优势，为党和人民事业增添正能量。围绕“畅谈十八大以来变化，展望十九大胜利召开”的主题，结合漳州市“三抓三比、十项竞赛”、九龙江两岸“百花齐放、百树成荫”生态提升工程等中心工作，开展“建言十九大”系列座谈、征文、调研等活动，引导老干部为漳州发展聚智助力、点赞加油。2017年，全市共召开各类座谈会64场次，参加人员1456人次，登门访谈离退休干部468人次。同时，开展唱红歌、忆党恩、书法摄影、文艺汇演、特色主题党日等系列活动53场次，唱响时代主旋律，传播社会正能量；举办“砥砺奋进的五年——福建离退休干部喜迎十九大”主题宣讲活动，在市老年大学举办全省离退休干部正能量活动成果展（漳州站），共有3000多名离退休干部前往观摩学习。

学习谷文昌精神，坚定理想信念　谷文昌是漳州市离休干部的楷模、共产党员的一面旗帜。谷文昌“心中有党、心中有民、心中有责、心中有戒”的“四有”精神是党员干部的标杆、行动指南。各级各部门离退休党组织引导广大离退休干部自觉向谷文昌看齐，为党旗增光添彩。

坚持结合实际，打造正能量活动品牌　芗城区发挥城市街道特色，打造区域化特色党建品牌—社区“夕阳红”党员服务中心，为加强服务型基层党组织建设机制提供借鉴；龙文区成立老年芗剧演唱队，传唱龙文区的发展情况；东山县组建谷文昌先进事迹报告团，编撰宣传材料，弘扬谷文昌精神；漳浦县利用“中央苏区”这一红色资源，邀请老干部开展“漳浦县老区革命史”讲座，宣传红色文化；平和县打造老干部互相交流、丰富精神生活的平台—“老干部健康聊吧”；南靖县组建离退休干部创城督查队，组织老干部为“美丽南靖·文明先行”创城活动贡献自己的一分力量；云霄县依托部分涉老单位和老干部家庭客厅，建立首批8个老干部“乐聊室”，为老干部沟通思想、联络感情、展示阳光心态找到新方法，开辟新路径。

【强化各项服务保障工作】

全面落实老干部政治生活待遇　市委老干部局定期向老干部通报全市经济社会运行情况，定期举办老干部读书班、报告会、座谈会，坚持做好春节、老年节等重大节日、重要纪念日走访慰问活动。2017年，全市共举办各类读书班、培训班、通报会、座谈会等526场次，组织参观考察17场次；走访慰问老干部（包括遗偶）2800余人次，发放慰问金260多万元，走访慰问异地安置离休干部（包括遗偶）88人次。

健全困难老干部帮扶救助机制　健全落实特殊困难离休干部及其

遗偶帮扶救助机制、离休干部无工作的遗偶基本生活保障机制和易地安置离休干部医疗周转金制度，2017年，全市共帮扶656名特困家庭离休干部（遗偶）95万多元，每月为480多名离休干部无工作的遗偶发放定期定额生活补助费和医药补助费近80万元。坚持每月定期到各大医院巡查和第一时间探望住院老干部，2017年共组织看望慰问住院的老干部490多人次，并及时帮助协调解决老干部在待遇发放、住院就医等方面的困难和问题。

探索实践养老新模式 依托漳州正兴医院新来福养护院，实行医疗与养老灵活转换的养老新模式，破解老干部看病难、护理难的问题。已有31名老干部入住。同时，以市干休所将军花园社区为老干部养老型社区建设试点，整合医疗、社区、物业资源，开辟绿色就医通道，开展社区志愿者“订单式”“助老义工”积分制服务，构建“24小时医疗服务保健圈”。组织20个社区开展服务老干部省级示范点创建活动，建立健全社区家政服务、代购代送、精神慰藉、就近活动、发挥作用等多方位服务功能，为老干部提供更加优质和人性化的服务。推荐13个社区参加全省示范社区创建评估验收，有11个社区被评为福建省社区服务老干部省级示范社区，提升漳州市社区服务老干部工作水平。

【推动老干部活动学习阵地建设】

推进全市老年大学建设 市老年大学为争创省一级示范校，争取项目资金180万元进行校园改造，自筹资金25万多元，改造厕所和解决饮用水难题。漳浦县老年大学协调有关部门，把县委老干部局外迁后的原办公场所全部交付县老年大学使用，更好地满足老干部学习活动需求；平和县老年大学改造400多平方米露天门球场，解决室外教学面积不足、活动室和休息室配套不够等问题；诏安县老年大学致力于提升办学规模和质量，校舍面积由原来500多平方米改造扩大到4000多平方米。并将县老年大学活动点延伸到乡镇，提升办学水平和影响力。云霄县老年大学投资51万元新建一座面积240平方米的文体综合馆，方便老干部开展气排球和舞蹈方面训练；长泰县老年大学投入10多万元，建立多媒体教室，实现多媒体和远程教学，使老年大学教学水平得到显著提高。至2017年，芗城、龙海、漳浦等9个县（市、区）老年大学被评为省级示范校。

推进老干部活动中心规范化建设和管理 完善市老干部活动中心功能辐射和省级示范中心带动作用，探索解决部分县（市、区）老干部活动中心场地偏小、配套设施滞后的问题，持续推进各县（市、区）争创省级示范性活动中心的工作。东山县新建占地面积8377平方米、建筑面积4000平方米、工程概算总投资2200万元的老年活动中心即将投入使用；平和县向市财政争取20万元的资金，拟在老干部（老年）活动中心大楼内加装1部电梯，方便老干部参加活动；华安县有老干部活动场所1600平方米，2017年投入4万多元更新活动设备，基本满足老干部活动需求；诏安县将建筑面积约1200平方米原县人大办公楼划归县老干部活动中心使用，并投入4万元修缮墙面、改造卫生间，装设监控等设施，改善活动环境。

【不断加强老干部工作队伍建设】

加强思想政治建设 坚持把学习宣传贯彻中共十九大精神作为首要政治任务，自觉用习近平新时代中国特色社会主义思想武装头脑、指导实践、推动工作。坚持全面从严治党，严肃党内政治生活，完善机关党的建设，推进“两学一做”学习教育常态化制度化，强化干部队伍理论武装，引导党员干部坚定理想信念，从思想上、政治上、行动上同以总书记习近平为核心的党中央保持高度一致，增强做好老干部工作的责任感、使命感。加强党支部建设，开展向谷文昌、廖俊波等先进典型学习，发挥支部战斗堡垒和党员先锋模范作用。

加强党风作风建设 把党风廉政建设摆上突出位置，反腐倡廉，加强机关内部管理，严格落实各项党风廉政建设制度和规定。同时加强机关作风建设，引导老干部工作者把对老干部敬重的感情转化为深入基层、深入老干部的实际行动，密切与老干部的联系，增进感情，提升老干部服务管理工作水平。

加强业务能力建设 强化岗位练兵，通过举办各种理论读书班、业务培训班，加强老干部工作业务学习，熟悉和掌握老干部工作方针政策，提高工作人员政策理论水平和业务素质。加强信息宣传和调研力度，策划、推出一批重点调研报告和信息宣传报道。2017年，有134篇（条）文章、信息报道在全国、全省报纸杂志上刊发，其中《中国老年报》1篇，《中国火炬》2篇，《福建日报》8篇等。《关于“两学一做”学习教育背景下推进老干部正能量活动常态化制度化的实践和思考》调研论文荣获全省老干部工作调研文章二等奖。市委老干部局、诏安县委老干部局被省委老干部局评为全省老干部工作信息、宣传工作突出单位，芗城区委老干部局被评为全省老干部工作信息突出单位，东山县委老干部局被评为全省老干部工作宣传突出单位。

·漳州市关工委·

【概　况】

2017年，全市关心下一代工作

以“为党的事业增添正能量”为价值取向，以迎接中共十九大胜利召开和纪念中国人民解放军建军90周年活动为契机，发挥“五老”（老干部、老战士、老专家、老教师、老模范）优势，坚持围绕中心，服务大局，适应形势发展求创新，针对青少年特点谋作为，圆满完成全年工作任务，推动全市关心下一代工作不断向前发展。

【学习贯彻中共十九大精神】

开展学习宣传活动 中共十九大召开之后，漳州市关工委召开专题学习会，组织“五老”，深入各县（市、区）在青少年中开展中共十九大精神宣讲活动，掀起学习热潮。认识到全市关心下一代工作要以习近平新时代中国特色社会主义思想为统领，展现新气象、新作为，推进关心下一代工作再上新台阶。

组织学习廖俊波活动 在中共十九大召开前，漳州市各级关工委深入贯彻落实习近平总书记对关心下一代工作的重要指示精神。6月14日，组织全体党员学习省委《关于开展向廖俊波同志学习活动的决定》，结合实际交流学习体会；6月20日《福建老年报》（关工专刊112期）进行报道。

【深化党史国史和红色文化教育】

开辟红色教育基地 在漳州文庙、长泰孔庙设立国学教育基地，增设省委临时旧址、中国女排训练基地、漳州“110”纪念馆等为思想教育基地，全市共设青少年教育实践基地481个，组织中小学生参观学习，接受教育。

开展红色主题教育 2017年初，市关工委下发《在全市关工委报告团中开展评选优秀课件的通知》，市关工委报告团深入11个县（市、区）听取基层报告员宣讲课32场，接受教育学生3000余人，参与听课评课座谈会190多人。各县（市、区）关工委还组织广大“五老”讲好漳州红色故事，推动红色文化进校园、进课堂、进家庭。2017年，全市报告团有202个，报告员3759人，全年作报告2488人次，开展主题教育活动1831次，接受教育青少年358185人次。

组织红色文化活动 市、区关工委在芗城实小举办纪念中国人民解放军建军90周年集邮巡展启动仪式，于5月16—25日在通北中心小学等7所学校巡展，共展出4300枚邮票、明信片、纪念封，接受教育学生12500多人次。8月1日，由市委老干部局、市关工委、市老干部活动中心联合在市人民剧场举办“永远跟党走——喜迎十九大暨纪念建军90周年”文艺演出，有歌伴舞《党旗颂》、配乐诗朗诵《共和国军史传奇》等节目，老少同台表演，取得较好影响。漳州市开展的红色文化进校园活动得到中央关工委、省关工委的肯定，10月12日，漳州市红色教育的经验做法在全国13座城市关心下一代工作（山东烟台）经验交流会上作典型发言，并收入汇编。

【持续开展“四个关爱月”活动】

一月送温暖活动持续开展 1月11—12日，市关工委领导在当地有关领导的陪同下，深入诏安、平和、云霄县的西山村、甲洲村等6个村慰问精准扶贫户何晓强、陈柳青等贫困青少年9人，市关工委和郑声滔关爱基金共出资12万元慰问3个县贫困青少年400人。据不完全统计，关爱月期间，漳州各级关工委共走访慰问贫困户青少年6663人，其中精准扶贫户青少年2893人，农村留守儿童1064人，为他们送去慰问金2747380元和一批慰问品，帮助他们渡过一个温暖祥和的春节。

三月学雷锋活动 3月，市关工委下发《关于开展“学雷锋活动月”活动的通知》，引导广大青少年做雷锋传人，传承雷锋精神。各级关工委贯彻落实，引导广大青少年学习英模人物、开展志愿者服务。据不完全统计，全市共开展各种形式学雷锋活动9.6万多场次，当志愿者做好事等活动39.2万多人次，受到社会广泛赞誉。

八月金秋助学 8月18日，由市关工委牵头，联合郑声滔关爱基金、市关帝文化协会在云霄元光中学举行助学金发放仪式，筹资26万元，共同扶助贫困大学生67人，每人4000元。当年，全市接受金秋助学的学生8016人，颁发资金1571万元。各级关工委还拓展助学对象，创新助学形式，成立助学奖学基金，构建助学长效机制。截至2017年，全市共建立关心下一代基金420个，基金总额8887万元，《中国火炬》《福建老年报》《闽南日报》纷纷进行报道，取得较好影响，受到社会各界称赞。

十月尊老爱亲活动 各级关工委在每年重阳节期间，开展尊老爱亲活动，践行“尊老爱亲”的文明风尚。10月27日，市关工委与芗城区关工委在中山公园联合举办第五届漳州市“尊老爱亲、老少同乐—庆祝十九大胜利召开”文艺演出。各级关工委还配合相关部门，开展“邻里守望·情暖漳州”的尊老爱亲活动，为孤寡老人、空巢老人、留守儿童等弱势群体排忧解难，办实事做好事。

【参与创新社会治理】

开展普法宣传教育 继续深入开展“关爱明天、普法先行”青少年普法教育活动，全市法治宣传志愿者有4292人，举办普法教育讲座1412场次，印发法治知识宣传材料60多万册，受教育24.93万人次，增强青少年法治意识。

创新青少年法律服务 市关工

委在福建南舟律师事务所设立未成年人法律援助中心，联合芗城区关工委在群裕社区、巷口社区、古塘村黄志丽工作室设立未成年人法律服务点，为青少年提供法律服务。全市“五老”担任法制副校长445人，帮扶工作1773人，帮助社区矫正464人。

加强网吧义务监督　市、区两级关爱团协同市文化综合执法支队组织开展“净网护苗”行动，对网吧营业场所的依法、文明、安全、规范经营、未成年人禁入网吧等情况进行巡察督导。全市有网吧义务督导员1696人，检查网吧835家，劝阻未成年人646人进入网吧。

深化“零犯罪”创建活动　发挥关工委在预防青少年违法犯罪中的独特作用，把“零犯罪”创建活动纳入社会治安综合治理和平安建设考评，防范校园欺凌和暴力，预防青少年违法犯罪，在全市原确定的125个共创“零犯罪”示范点、26个市县两级关爱工作团挂钩创建示范点的基础上，做好巩固、提升的同时，不断延伸、推进创建工作。

推进关爱“五失”青少年工作　全市建有关爱工作团654个，关爱团人数5408人。各级关工委与政法、教育、团委、妇联联合，关爱“五失”（失足、失管、失学、失教、失亲）青少年7682人次，其中帮教失足青少年772人次，促进关爱对象转化2985人次，失足青少年转化585人，取得较好的效果。平和县建立有24个部门（单位）参与的留守儿童关爱工作联席会议制度，促进和落实留守儿童关爱保护工作。

【参与精准帮扶脱贫工作】

推进精准帮扶　市关工委深入贯彻漳州市委、市政府关于精准扶贫、脱贫攻坚的决策部署，把助力精准帮扶工作列入2017年的工作重点，下发《关于做好精准帮扶工作的通知》，动员更多“五老”结对贫困户青少年，开展（励志、创业、技术、信息、助学）“五项”帮扶。全市开展励志帮扶884场次，创业帮扶2356人次，信息帮扶1320条次，技术帮扶756场次，助学帮扶5303人，资金820.7万元。做到扶真贫、真扶贫、真脱贫，为全市精准脱贫工作尽一份力。

强化技术服务和培训　市关工委农经科委主动与市科技局、市科协等部门协作，共同制定科技扶贫计划、科技“三下乡”计划。协调科技精准扶贫经费90万元，分别建立农业科技专家库、优良品种攻关项目，科技示范基地。发放科普宣传手册10000册和技术资料3000多份，组织科技服务团深入乡村开展农业实用技术培训。2017年，全市科技服务团有129个，科教员7202人，全年共举办科技培训487期，参加培训42741人。

抓好“种子工程”　各县、市、关工委围绕推进新的“种子工程”的建设为重点，紧密结合本地区的实际，扶持发展特色农业生产基地，建立农业技术示范片。市农经科委与市科技局联合聘请市农科所研究人员，在云霄马埔乡举办精准扶贫科技培训班。推进龙海、南靖、平和、华安县（市）“种子工程”建设，培育果树、蔬菜、花卉、食用菌、茶叶、水产、畜牧七大产业的示范片。全市举办“种子工程”培训班48期，“种子”学员912人，协助建立农业产业基地65个。

【深入开展两岸家庭教育协作】

市关工委重视推进漳州台湾青少年交流，参与6月17日中关工委和国台办举办的第九届海峡两岸关爱下一代成长论坛、两岸家庭教育协作联盟等活动。2017年，注重发挥芗城区林语堂纪念馆、天福集团石雕园、东山县闽台民俗馆的关爱联盟基地优势，开展相关活动，促进两岸青少年交流。接待前来参观、交流、学习的香港、澳门、台湾青少年1万余人。市关工委家教委与市教育关工委组织各学校参加教育部关工委举办的第20届全国五好小公民“阳光校园·我的好伙伴”主题教育读书活动，全市共有224篇征文分别获奖。各级教育关工委还组织开展心理健康教育活动，建立心理健康咨询室。协助学校创办家长学校964多所，家教员4935人，举办家长培训班1238期，校外辅导员2903人，代理家长2701人，组织一批稿件发表在两岸家教刊物上，举办“家庭、家教、家风”培训、讲座等活动，不断提高全市家教工作水平。

【加强自身建设】

提升思想建设　5月18日，为加强驻会党员学习教育，市关工委成立临时党支部，学习廖俊波先进事迹，结合思想和工作实际，交流学习体会。7月31日至8月2日举办漳州市关工委干部培训班，传达学习全国民营企业关心下一代工作座谈会精神，交流“党建带关工委建设”的试点工作及3年基层工作创新年部署情况，观看全国家教专家卢勤专题片《把孩子培养成财富》，收到了较好效果。全市举办骨干培训班146期，参加培训4135人。

发展组织建设　各级党政领导重视关工委工作，协调相关单位，不断拓展关工组织建设形式，促进漳州市关工组织发展壮大。2017年，全市277个机关事业单位，130个乡（镇、街）、1902个村（居）、887个学校和1048家企业都设立关工委组织。全市建立关工组织4680个，拥有关工队伍人员52010人，班子调整新成员有2934人，已达标“五好”关工委3276个，占总数70%。形成一个“专兼结合、素质较高、人数众多、覆盖市、县、镇、村四级组织网络”。

加强班子队伍 全市各级关工委落实省委组织部、省委老干部局、省关工委《关于组织动员更多“五老”参加关心下一代工作的意见》（闽委组通〔2016〕70号文件）精神，动员更多“五老”参加关心下一代工作，2017年全市增加“五老”743人，队伍不断壮大。

工作机制显活力 根据省关工委的部署要求，漳州市推进“党建带关建”试点工作。5月，漳州市委组织部、漳州市委老干部局、漳州市关工委联合出台《关于建立健全“党建带关工委建设”工作机制推进关心下一代工作创新发展的实施意见》（漳委组通〔2017〕56号）。6月26日，市关工委在武夷山举办的全省关工委干部培训班上作典型发言，漳州市“党建带关建”新机制的经验做法得到省关工委名誉主任王建双、主任刘群英的肯定，文稿印发全省学习借鉴、全省推广实施。

【宣传工作】

贯彻落实全国关心下一代宣传工作会议和《中国火炬》通联评刊会精神，推进互联网时代的关工宣传工作，及时建立漳州微关爱和关工委微信，市关工委网站共发布信息近1000条，市关工委全年印发工作简报、通讯等12期。同时，加大主流媒体的宣传力度，有文稿16篇、信息20多篇在各级刊物发表，征订《中国火炬》4063份，完成任务继续位居全省前列，受到中国火炬杂志社的通报和表彰，被评为宣传报道工作先进单位。

·机构编制工作·

【概　况】

2017年，漳州市委编办深入学习贯彻习近平中国特色社会主义思想和中共十九大精神，围绕漳州经济社会发展大局，结合开展构建开放型经济新体制综合试点城市建设，以更大力度深化改革，转变政府职能；研究解决制约发展的体制机制障碍，提高行政效能；落实控编减编要求，实现“两个不突破”（行政编制，含各类专项编制总量不突破中央核定的总额；事业编制不突破2012年底总量）目标；创新管理挖潜增效，优化机构编制资源绿色配置；推进“两学一做”学习教育常态化制度化，打造机构编制好队伍。

抓作风比营商环境，持续减权放权、清权确权、加强监管、优化服务，以“争创全省审批时限最短、流程最简、服务最优的设区市”为目标，持续推进行政审批制度改革，得到省、市领导肯定，高新区“会审制”改革创新做法在国务院推进职能转变协调小组工作简报上刊载推广，并得到书记于伟国的批示。市委编办在“三抓三比、十项竞赛”中荣获竞赛二等奖。

【持续深化改革】

简政放权力度更大，持续释放市场活力 及时跟进对接国务院、省政府公布下放、取消和调整的行政审批和服务事项，确保上级取消、下放和调整的19项行政审批事项在20个工作日内承接到位。加大对市属开发区及相关重点领域、关键环节的放权力度。2017年共向县（市、区）、开发区下放行政审批和服务事项121项，取消56项，动态调整328项，最大限度地缩小行政审批、核准、备案范围，赋予基层和特殊区域更大的管理自主权。主动加强与省审改办和省直部门沟通协调，确保省政府首批下放漳州市行使的30项省级经济管理权限衔接到位，并争取省级部门向漳州市下放更多经济管理权限。

逐步完善清单管理，规范权力运行 对照省级部门下发的纵向清单文件，组织开展市县两级行政审批和服务事项目录编制工作，对市本级和县（市、区）行政审批和服务事项实行统一名称、规范类别、明确实施主体，做到职责有据、透明公开。经梳理，市直32个部门共保留事项677项，其中193项含子项713项，实际办件单元1197项。有序推进权力清单和责任清单融合工作，完成市直所涉及的权责事项按照行政许可、行政处罚、行政强制等11个类别分类，并明确设定依据、追责情形、实施主体和责任主体，为打造“权责相一致、有权必有责、失责必追究”的权力运行机制奠定基础。“互联网＋清单”管理全面推行，逐步实现事项信息实施共享互联互通。

加强事中事后监管，逐步完善监管体系 率先在全省出台《漳州市政府权责清单监督管理办法》，全面推行减权放权事项监管责任清单制度，对2011年以后市级取消、下放的345项行政审批事项的衔接落实情况，逐项明确责任单位、监管职责、应当承担的责任等，打通权力运行的程序。全力推进“双随机一公开”（随机抽取检查对象、随机选派执法检查人员、抽查情况及处理结果及时向社会公开）监管，稳步推进市场监管领域综合执法改革，配套建立巨额惩罚性赔偿、失信联合惩戒等制度，健全市场监管机制。推行“互联网＋监管”模式，初步建立“信用漳州”公共信用信息平台，提升监管实效，实现从“严进宽管”到“宽进严管”转变。

服务方式优化，政务服务更加高效 加速推进“最多跑一趟”办事清单梳理，共梳理公布二批“最多跑一趟”办事清单471项，实现“一趟不用跑”和“最多跑一趟”事项达到80%以上。深入推进“减证便

民”专项行动，市直审批部门共取消58项证明类材料，涉及办理事项189项。审批申报材料精简工作持续开展，16个市直单位按照“十个凡是”[凡是无法律、法规、规章依据的材料、证明，一律取消、废除；凡是前一个审批环节已经提交的材料，下一环节一律不再要求提交；凡是可以从电子证照库调取、查询、比对的证、照、文一律不再要求提交；凡是对审批没有起实质性作用的材料一律不再要求提交，从源头上避免出现各类“奇葩证明”“循环证明”；凡是可以通过互通共享、校验核对获取业务办理所需相关信息或证照的，不需再提交相关纸质证照和申报材料；凡是可以通过机读验证证照形成电子档案的，不再要求提交复印材料；凡是可以互联网+推送（电子文档）不再要求现场提供；凡是联办需要向多个部门提供名目繁多的书面材料一律整合精简为“一表制”“一套材料”；凡是可以自动生成免填表的不再要求公众填表；凡是本部门自己颁发的证照和批文，只提供批准文件名称、文号、编码等信息供查询验证，一律不再要求提交]原则替代群众报送申报材料1614项。全面推广“多图一审、多评一表、联审联办、联合踏勘、一口受理”等审批模式，各类审批和服务事项办事环节统一整合为“受理、审查、决定”3个环节，审批时限全部压缩到法定时限的50%以内。南靖县、平和县被确定为省级相对集中行政许可权改革试点单位，高新区“会审制”改革试点工作深入开展。推行“就近办、马上办”便民服务，市县乡办事服务“一张网”初步建立。

【统筹推进行政体制改革】

做好纪检监察体制改革相关工作 根据全面深化改革精神，按照上级部署，主动做好对接，规范机构设置，理顺权责关系，完善体制机制，解决制约发展的一些重点领域体制机制问题，提高政府行政效能。

完成市纪委派驻机构全覆盖涉及的机构编制调整工作，实现124个市级党政群机关和企事业单位监管全覆盖。设立市党委巡察机构，明确市委巡察办和巡察组的工作职责。设立市监察委员会，与市纪委合署办公，履行纪检、监察两项职责，实行一套机构、两个机关名称，实现对所有行使权力的公职人员监察全覆盖。

推进城市管理综合执法体制改革 全面清理调整已有的城市管理综合执法职责，合理划分住建部门与城管部门之间、市区两级之间的城市管理权限，理顺城市管理执法体制。推进执法力量下沉，从市直调剂37名事业编制至两区，加强基层执法力量。

加强特殊区域体制机制创新 理顺开发区管理体制，优化台商投资区机构设置，重新核定常山开发区管委会行政编制，核销原机关事业编制72名。争取省委编办批复同意提升闽粤边界合作区管委会机构规格，在诏安县政府中加挂牌子。完善全市特殊区域管理机构目录清单，加强对市、县属开发区等园区管理机构的监督管理。

协同推进其他重点领域体制改革 推进生态领域体制改革，完成河长制办公室的组建及发改部门生态科的设置；明确食盐安全监管部门和行业主管部门，加强食盐质量安全监管力量，调整理顺食盐监管体制；调整医改办隶属关系，理顺医改管理体制；做好群团机关改革有关工作，调整完善机构设置和职能配置。完成法检机构编制上收省级管理相关工作。

【稳步推进事业单位改革】

组织实施承担行政职能事业单位改革 按照中央编办和省委编办统一部署，率先改革，大胆探索，承担行政职能事业单位改革试点工作，得到中央编办和省委编办的肯定和表扬，并顺利通过评估验收。逐步实现行政职能回归行政机构、行政执法职能统一交由行政执法机构承担、事业单位强化公益服务的目标要求。稳慎推进生产经营类事业单位改革，逐步优化公益类事业单位管理。

严格按照省委编办批复的《漳州市承担行政职能事业单位改革试点方案》要求，精心组织实施。做好后续机构调整和编制置换工作，审核和编制市直涉改单位“三定”（定部门职责、定内设机构、定人员编制）方案，制定人员分流安置方案，基本完成市本级75家（含31家行政执法机构）承担行政职能的事业单位改革试点工作，并指导龙海、南靖两个试点市县做好承担行政职能事业单位改革工作，于11月中旬顺利通过中央编办评估验收。

开展生产经营类事业单位改革 结合国有资产重组整合，条件成熟的漳州宾馆、芗江酒店、温泉宾馆等26家生产经营类事业单位已完成转企业改制，收回事业编制963名。并结合实际，区分情况、分类实施，采取转企业改制、社会化管理、撤并分流、自然消亡等多种形式，加快推进生产经营类事业单位改革。

逐步优化公益类事业单位管理 继续加大对职能萎缩或相近相似及规模较小事业单位的撤并整合力度。探索事业单位编外人员统一管理机制，实现规范化管理。加大政府购买服务力度，转变公益二类事业单位财政供给方式，鼓励引导社会力量举办公益事业，推动构建公益服务新格局。配合完成20家省属国有林场的改革工作。全面完成市医保经办机构整合和人员划转工作。

加强事业单位登记管理 完成市直435家事业单位年度报告公示。

完成市直机关、群团统一社会信用代码赋码发证工作，为市直机关、群团赋予统一社会信用代码148家。印发《关于建立事业单位法人异常情况监管机制的通知》，建立事业单位法人异常情况监管机制，完善事业单位法人信用体系。继续开展事业单位法人“双随机”抽查。加强中文域名注册工作，市直机构中文域名注册完成率达100%。全面完成漳州市191家党政机关、154家事业单位网站清理、挂标督导工作。

【逐步优化机构编制管理】

严控机构编制总量　突出管理效益优先，主动适应机构编制新常态，加大控编减编力度，创新管理方式，增强统筹调剂能力，保障民生事业和经济社会发展需求。全市行政编制没有突破中央核定的总额，事业编制没有突破2012年底总量。创新机构编制管理等做法在全省机构编制工作先进集体先进工作者表彰大会上作典型经验交流。

从严审批市（县、区）机关、事业单位涉及机构设立、增加编制和领导职数等事项。严格规范编制使用管理，健全年度计划用编申报和科级领导职数使用审核制度。持续抓好控编减编工作，巩固和扩大控编减编成果。抓好个别县（市、区）和市直单位超编人员和超职数配备干部的消化进程，已解决个别县（区）行政编制长期超编问题，确保漳州市保持“两个不突破”和机关工勤人员编制只减不增。

盘活现有存量　修订完善《漳州市机构编制管理办法》，创新机构编制管理理念，加大跨层级、跨系统的编制调剂力度，盘活存量，从现有编制总量内调剂部分经费自给事业编制给芗城、龙文两区，缓解基层教师编制不足的问题。在坚持严控总量前提下，加强事业编制挖潜创新，对有关部门职责、机构、编制和领导职数等方面进行调整优化，加强开发区学校、社会综治、安全生产宣教、劳动保障监察、残疾人康复教育、“12345”便民服务、河务管理等方面力量。

加大监督检查力度　加强机构编制实名制管理，建立“五公开三对应”（实行人员编制数、领导职数、实有人员数、财政供养数和人员变动信息“五公开”，具体机构设置与按规定审批的机构、实际配备人员与财政供养人员和批准的编制职数、信息系统平台数据与机构编制实际数据“三对应”）监管机制。加强机构编制审批和监督检查环节的协调配合，建立审批联动机制。完善和规范党政群机关和事业单位领导职数管理。深入开展消化超编人员、“吃空饷”及各县（市、区）控编减编执行情况等专项督查。联合组织部门对各县（市、区）及部分市直部门，在选人用人工作中涉及的编制使用情况进行督查、整改。严肃查处超编进人、超职数配备领导干部、擅自提高机构规格、有关部门干预和违反机构编制审批规程等问题，严肃机构编制纪律。

【逐步加强干部队伍建设】

牢固树立“四个意识”　全面贯彻从严治党要求，坚持以机关党建为载体，以推进“两学一做”学习教育常态化制度化为主线，深入学习贯彻中共十九大精神，不断加强党风廉政建设，工作作风持续向好，干部队伍履职能力逐步提升。

把学习宣传贯彻中共十九大精神作为首要政治任务，做到学深悟透做实。将推进“两学一做”学习教育常态化制度化与向廖俊波学习活动结合起来，常抓不懈。定期开展主题党日活动和主题学习讨论，领导带头讲党课，坚定理想信念，增强“四个意识”（政治意识、大局意识、核心意识、看齐意识）。

全面推进从严治党　压紧压实全面从严治党主体责任，推动全面从严治党向纵深发展，印发主体责任清单，落实党风廉政建设责任制，严格执行中央“八项规定”，严格落实党内生活制度，自觉接受纪检组监督，营造风清气正的政治生态。不断创新活动载体，丰富机关党员文化生活。加强党员干部教育管理，做好老干部工作，推进机关党建工作规范化、制度化。

加强机关效能建设　完善领导班子议事规则和程序，修订完善《漳州市委编办干部个人重大事项报告规定》及财务管理相关规定。对市政府交办的多项分解任务，建立督查台账，全程跟踪办理。2017年共办理市领导批示件、专报件、人大建议和政协提案20多件，办结率100%。全面推进绩效管理，做好文明和谐机关和平安单位创建工作。做好保密和信息安全，深入开展精准扶贫工作。

强化干部能力建设　强化干部的教育引导和培养锻炼，充分调动干部忠诚履职、干事担当的主动性和积极性，全面提升干部素质和能力。继续加大机构编制工作宣传力度，建立机构编制信息员制度，机构编制信息工作持续多年位居全省第一。2017年，漳州市各项体制机制改革及机构编制管理工作卓有成效，为建设富美新漳州提供体制机制保障。

·保密工作·

【概　况】

2017年，全市保密工作以贯彻落实上级关于保密工作的决策部署为主线，以服务保障中共十九大和金砖会晤为重点，按照省国家保密局和市委保密委的部署要求，围绕市委中心工作，着力服务大局，突出工作重点，细化目标任务，不断务实创新，各项工作取得新进展。

部署、严密管控，营造良好的安全保密环境。开展全市网络安全服务保障工作督查，对涉及的重点单位逐一排查、不留死角，发挥保护的作用。同时，发挥保密工作职能作用，做好各项重要活动的保密提醒和配套保密服务工作。深入辖区多家申请保密集成资质和军工资质企业，服务并指导企业做好申报工作。协助国家保密局、省国家保密局完成漳州市所辖涉密资质企业监管、指导和服务。

健全保密巡访督查制度，由市国家保密局人员组成保密巡访督查组，对各县（市、区）和市直单位贯彻落实上级决策部署情况以及保密工作开展情况进行督查，落实保密工作部署要求。

【保密管理】

市委常委会、市委保密委、市委保密办（保密局）多次召开会议，学习领会上级精神，研究制定实施意见，落实中央、省委关于保密工作的决策部署。2017年，市委领导多次对保密工作作出批示。

围绕中共十九大、厦门金砖会晤筹备和召开，超前部署、严密管控，营造良好的安全保密环境。开展全市网络安全服务保障工作督查，对涉及厦门会晤会议维稳任务的重点单位逐一排查、不留死角，发挥保护的作用。同时，发挥保密工作职能作用，做好“6·18”、农博会、花博会等重要活动的保密提醒和配套保密服务工作。

多次深入辖区多家申请保密集成资质和军工资质企业，服务并指导企业做好申报工作。协助国家保密局、省国家保密局完成漳州市所辖涉密资质企业监管、指导和服务。

先后对高考、硕士研究生考试、公务员考试、全国卫生专业技术资格考试等大型考试的试卷保密室进行检查，并做好考试过程安全保密监督。

全力抓好定密工作、网络管理和涉密人员管理。多次对市直相关单位定密责任人和工作人员进行定密辅导。

继续发挥保密热线电话“2031248”答疑解惑的作用，2017年共接到热线咨询电话百多次，90%的业务咨询得到当场解决，获得全市机关单位干部的好评。

【保密宣传教育】

及时将各级各类专项工作情况通报呈送副厅级以上领导、市委保密委成员单位传阅，并转发至各有关单位，及时提醒领导干部适应新时代保密工作的新要求，加强党政机关干部、涉密人员的管理和教育工作。

协调组织省管干部通过“党员e家”教育平台完成保密教育培训，参学率100%。

前移保密知识讲台，应邀到各单位开设保密专题讲座，并针对不同行业的特点分类施教，以案释例，询答互动，提升保密宣传教育的针对性和实效性。2017年，开设保密专题讲座30场次，受教育人数近3300人次。

分发《领导干部和涉密人员保密行为手册》给市机关、单位的领导干部和涉密人员，同时，在市直单位保密专项培训会上发放《党政机关工作人员保密须知》。

多次到党校组织调研座谈，通过现场听课、课后交流、问卷调查等形式，准确把握教师和学员的需求，及时提供最新的案例和素材，以上级的决策部署为学习重点指导备课。2017年，在市委党校处级、科级和新任公务员培训班安排保密培训课程，培训干部500人；各县（市、区）党校共举办股级干部培训班11期，培训干部600人。

落实全省“七五”保密法治宣传教育规划任务，开展形式多样的保密宣传，组织全市机关、单位轮批播放《保密技术防范常识》《胜利之盾》等保密宣传教育片，增强警示教育作用。

再次发动推广订阅“保密观”微信公众号，方便随时随地获取国内外重要保密动态，学习保密知识。

把保密信息报送工作放在突出位置，总结和归纳保密工作的好经验、好做法，市保密局领导经常为报送信息出题目、提要求、压担子、把好关，督促全市保密部门在全省争先进，营造浓厚氛围。2017年度，市保密局投稿量和刊用量继续保持稳中有升，位居全省前列。同时，把《保密工作》等刊物作为保密宣传的重要载体，做好订刊、学刊、用刊工作。

举办互联网计算机文档操作安全审计系统和涉密计算机“三合一”专用防护系统专项培训会，向市直重点单位发放计算机保密检查工具，邀请有关公司技术员，通过PPT介绍、产品演示、现场答疑等，详细介绍两套系统及检查工具的功能、安装和使用。市直单位全体网管员（保密员）参加培训。

【保密检查】

按照市委常委、秘书长、保密委主任张琳光的批示，健全保密巡访督查制度，由市国家保密局人员组成保密巡访督查组，对各县（市、区）和市直单位贯彻落实上级决策部署情况以及保密工作开展情况进行督查，落实保密工作部署要求。2017年，全市立案查处涉嫌失泄密案件1起，并结案。

坚持自查与督查相结合，开展市直机关、单位自查自评工作和互联网门户网站、政务邮箱保密自查督查工作，推动落实保密工作主体责任，促进各单位保密自查自评工作规范化、常态化。2017 年，全市 70% 的重点单位完成自查自评工作，开展保密巡访督查，共抽查计算机 730 台次。

强化对计算机及网络信息源头保密管理，在市直机关单位安装实施互联网计算机文档操作安全审计系统和涉密计算机防护系统，防范计算机系信息网络出现失泄密安全隐患。

推行内部计算机管理办法，做到管理有制度、设备有标识、变动有报批。做好计算机网络管控和违规外联核查上报工作，2017 年违规比上年减少 6 台次，下降 46.1%。

【队伍建设】

在市委领导和市委办的关心支持下，对市国家保密局现有的领导职数进行调整，增设副科级领导职数 2 人；12 月中旬，市委安置正团职军转干部 1 人任局副调研员。同时要求市、县直机关各部门、各国有企业加强保密人员配备；将保密干部培训纳入干部教育培训体系，造就一支忠诚可靠、勇于创新、业务精湛、作风优良、廉洁自律的高素质现代保密人才队伍。

·信访工作·

【概　况】

2017 年，漳州市信访局贯彻中央关于信访工作制度改革的一系列决策部署，打造“阳光信访、法治信访、责任信访”，结合开展“大排查、大化解、大整治”和创建“三无”（无进京越级上访、无大规模集体上访、无因信访问题引发极端恶性事件和舆论负面炒作）县乡村活动，开展矛盾纠纷排查化解，奋力攻坚化解信访积案和“三跨三分离”（跨地区、跨部门、跨行业；人事分离、人户分离、人事户分离）信访事项，深入开展信访积案化解和进京非正常上访综合整治工作，维护群众合法权益。

2017 年，全市信访态势持续好转，继续呈现“五下降一平稳”（进京被送进久敬庄下降 51.5%、到国家信访局上访下降 26.1%、进京集体上访下降 100%、到省上访下降 12.3%、到市集体访下降 26.1%；重点敏感时期信访态势平稳）的特点，特别是全国“两会”、金砖国家厦门会晤、中共十九大、北京“一带一路”峰会、福州“三合一”峰会、泉州“治国理政”研讨会以及省市“两会”、市花博会等重大活动期间都实现“三个不发生”（不发生大规模进京聚集、不发生极端恶性事件、不发生因信访问题引发的负面炒作）的目标，得到省、市领导的肯定。漳州市在全省设区市信访考评中再次取得第一名；市信访局被评为全国、全省信访系统先进集体、全省厦门会晤筹备和服务保障工作先进集体，被国家信访局确定为 3 年市级基层联系点。

【强化信访责任】

领导重视　市委、市政府重视信访工作，市委书记檀云坤、市长刘远多次召开市委常委会、市政府常务会分别听取信访工作汇报，多次亲自组织参加市委信访维稳会议，亲自协调处理突出疑难信访问题，推动信访工作开展。市委副书记、政法委书记阮开森，市政府副市长、公安局长黄华安亲自动员部署信访工作，带队督查信访工作，推动化解疑难突出信访问题。其他市领导成员坚持“一岗双责”（领导干部除负责抓好分管的业务工作外，还要负责抓好职责范围内的信访工作），及时协调解决分管领域、挂钩县（市、区）内的信访问题，推动中央政策在基层贯彻落实。

推动信访工作责任制落实　全市坚持“属地管理、分级负责，谁主管、谁负责”的原则，贯彻落实中办、国办《信访工作责任制实施办法》，强化责任主体的责任，把信访工作考核评价纳入综治平安和政府绩效考评、领导班子和领导干部工作目标和政绩考核主要内容。4 月，市信访局在各县（市、区）轮流开展业务培训，参训对象扩大到县（市、区）分管领导、各乡镇（街道）党委书记、县直有关部门主要领导。通过培训提高各级各部门信访工作责任意识，抓好源头防范，依法依规办理信访事项，维护群众合法权益。

加强信访工作考核　实施群众满意度测评，强化责任倒逼机制，推动合理合法诉求及时就地解决。细化《漳州市乡镇（街道）信访工作倒排通报办法》，对全市乡镇每月进京集体访、进京非正常上访、到省集体访和到市集体访“四项访”工作进行倒排通报并按规定处理。2017 年，全市信访系统共移送纪检监察机关和效能机关问责 36 人次，促进信访工作责任落实。

【开展全面大排查活动】

全面排查　市信访联席办下发《关于开展“大排查、大化解、大整治”活动的实施意见》，加强对重点领域、重点群体及重大活动、敏感时段矛盾纠纷的排查，完善排查调处机制，从源头做起，化解矛盾纠纷。坚持市、县（市、区）坚持每半月一排查，乡镇每周一排查和村（居、社区）每日动态排查制度。在重要会议召开或重大活动举办前夕，全市信访系统对存在的信访突出问题和矛盾纠纷，特别是重信重访、越级访、进京非正常访以及信访积案突出的重点地区，进行拉网式、抄

底式全面排查梳理。2017年，共排查出可能越级上访重点人员210人、重点群体10个，并及时向相关地区、部门发出“预警函”，督促基层做好化解稳控。

突出重点 将涉及政治安全、涉众型经济案件利益受损人员以及环境保护、征地拆迁、企业欠薪、房地产、出租车行业等重点领域作为排查工作的重点。对该地区、该部门带有苗头性、倾向性、潜在性的信访突出问题进行深入分析研判，真正做到底数清、情况明。其中，对漳州市比较活跃的房地产纠纷进行全面摸排，共排查出29个楼盘，1.7万多套商品房存在不动产权证办理问题，对这些摸排出来的楼盘，及时向市政府提出化解稳控责任清单建议。

掌握动态 对排查出来的问题均严格落实“六定五包”（定责任单位、定责任领导、定责任人、定督办单位、定办理要求、定办结时限，包掌握情况、包解决困难、包教育转化、包稳控管理、包依法处置），特别是对比较敏感的诉求群体要求各地成立工作专班，加强与公安、安全、民政、铁路等相关职能部门联系，互通信息，发挥其职能作用，密切关注和把握重点人员、重点群体串联聚集的动向，及时掌控情报信息，全面掌握可能进京非正常上访、越级过激访或集体访的预警性、内幕性、行动性信息。

【推动信访事项及时就地解决】

推进领导干部接访下访和联合接访 下大力气抓好信访突出问题化解工作，推动领导干部接访下访、信访积案化解、联合接访，把群众合理合法的利益诉求解决好。推动领导干部带头集中接待化解疑难复杂信访事项，带动“力量向一线倾斜、措施在一线落实、问题在一线解决”，形成直面解决矛盾问题的合力。2017年，市委书记、市长阅批群众来信372件，接待来访群众9批89人次；市、县两级领导共有2995人次参加接访，接待群众来访1158批2168人次，受理信访事项1158件，到期办结率100%。发挥联合接访调解中心作用，实行窗口调处、联合调处、重点调处三级调处模式，提高信访工作效能。

狠抓初信初访办理工作 推行依法逐级走访制度，分级受理职责范围内的信访事项，并压实各级领导和各级职能部门的责任，规范信访群众的信访行为和各级干部的工作行为，推动信访问题在基层得到解决。在龙海市紫泥镇召开全市初信初访办理工作现场会，压实基层责任，提升初信访初访办理率。2017年，全市受理初信初访3252件，及时受理率99.9%，按期办结率100%。

开展信访积案攻坚战活动 市委常委会研究决定深入开展信访积案清理行动，将信访积案化解工作融进维稳六大专项行动，并自加压力，扩大化解范围，实行定期通报，开展“清案竞赛”活动，力促信访积案“清仓见底”，做到“诉求合理地解决问题到位、诉求过高的思想教育到位、生活困难的帮扶救助到位、行为违法的依法处理”，真正把不稳定因素化解在基层和萌芽状态。2017年，全市共排查梳理信访积案1020件，已息访息诉955件，息访息诉率93.6%。

实行信访公开听证信访事项专案评审 推进信访听证制度，公平、公正、公开解决，提高信访的透明度和公信力；推行疑难信访问题专案评审制度，从程序和实体双重评审，推动信访积案和疑难信访问题“案结事了”。2017年，全市共举办26场听证会，32件专案评审，推动23件疑难信访事项得到化解。

提高群众满意率 实行领导挂钩包片责任制度、月形势分析制度、季度通报制度、定期督查督办制度计四4项举措，压实信访部门和有权处理机关的责任，提升信访事项办理满意率。2017年，漳州市信访机构、有权机关的及时受理率、按期办结率均达100%，群众评价满意率78.2%。

发挥“12345”便民服务平台作用 遵循“集中统一、上下联动、共享共用”的原则，整合除“110”“120”“119”“122”等紧急救助电话之外的各部门热线电话，实行一号受理。将诉求件办理情况纳入职能部门平安综治、精神文明和效能考评，并接受群众满意度测评，提高办理质量。2017年，通过“12345”政务服务热线受理诉求件15921件，及时回复率98.35%，群众满意率97.49%。

【依法维护正常信访秩序】

实施依法分类处理信访诉求 总结试点工作的成功经验，健全完善衔接贯通的工作机制。通过法定途径解决群众信访诉求，取得信访量下降、秩序趋好的初步成效。继续推进诉访分离工作。加强与政法部门的衔接配合，做到既尊重司法审判权威，又妥善做好信访人的引导分流、疏导教育和稳定工作。

依法处置信访过程中违法行为 各地按照“三到位一处理”（诉求合理的解决到位、诉求无理的思想教育到位、生活困难的帮扶救助到位；行为违法的依法处理）的要求，对以信访为名缠访闹访、滋事扰序的重点人，收集固定证据，公安司法机关依法处理到位，形成强大震慑效应，运用法律的力量让信访人回归理性，促进信访事项化解。2017年，依法对在信访活动中发生违法行为涉嫌犯罪的依法采取刑事措施8人次，其中4人已被判处有期徒刑。

继续开展创建“三无”活动。继续在全市开展创建“三无”县乡村活动，把创建“三无”县乡村工作列入信访工作考核、党政领导班子和领导干部考核，并作为年度综治考评的一项重要内容。通过先进典型示范引路，做到“看好自家门、管好自家人”。

做好重点敏感时期信访保障工作　市领导亲自部署指挥、亲自带领督查组深入各县（市、区）检查，督促落实落细各项安全防范措施。各地坚持“早识别、早预警、早排查、早发现、早处置”，查找根源，把握症结，因案施策，实现“隐患穷尽、问题归零”目标。重点时期市、县、乡三级每天至少有1名领导干部在本级信访机构接待群众来访，主动回应群众诉求。市信访联席办成立驻地信访工作组，抽调市信访局、公安局和各县（市、区）信访干部及公安民警组成。

【落实全面从严治党主体责任】

加强党的政治建设　市信访局党组履行全面从严治党主体责任，团结带领全局干部职工推进党风廉政建设，以良好的精神风貌推动信访工作再创新佳绩。党组书记履行全面从严治党第一责任，从党内政治生活管起，从党内政治生活严起，引导全局党员干部以习近平新时代中国特色社会主义思想为引领，自觉践行“四个意识”（政治意识、大局意识、核心意识、看齐意识），从严执行“六大纪律”（政治纪律、组织纪律、廉洁纪律、群众纪律、工作纪律、生活纪律），坚决维护以习近平为核心的党中央权威。开展述责述廉，落实民主生活会、领导干部双重组织生活会制度，深入开展征求意见、民主评议活动，自觉接受群众监督。推进“两学一做”学习教育常态化制度化，抓好“三会一课”、谈心谈话、组织生活会等制度落实。

加强干部队伍建设　落实中央“八项规定”，弛而不息整治“四风”，持续加强和改进信访机关工作作风。修订完善值班、考勤、请销假等管理规定，做到令行禁止、执纪如山。设置驻政府办纪检组举报箱、公开举报电话，做到不含糊不护短。严格规范公务接待程序，完善公务出行管理办法，杜绝公车私用。严格履行报销审批手续，最大限度降低廉洁风险。

推进反腐倡廉工作　坚持落实责任、筑牢防线、弘扬正气，推进纪律教育和党风廉政建设，增强全局党员干部遵规守纪、廉洁自律的思想自觉和行动自觉。组织观看廉政警示专题片，开展廉政知识竞赛，参观廉政教育基地，教育引导党员干部心知敬畏、心存戒惧，防止“不教而诛”。制定《漳州市信访局廉政风险防控管理工作实施方案》，建立一套适合信访工作岗位特点的廉政风险防控管理办法和运行机制。制定《漳州市信访局约法三章》，明确规定信访干部严禁以任何名义、任何形式删改信访数据，严禁滥用职权办人情案、关系案，严禁接受与职务行为有关的吃请和礼品礼金。建立定期开展谈心谈话工作制度，使预防教育与关爱教育有机结合。

“中国共产党漳州市委员会”类撰稿人：

余　溪　卢建兴　李志杰　陈永东

供稿单位：

市直机关工委　市委宣传部
市精神文明办　市委统战部
市委老干部局　市编办
市保密局　市信访局
市关工委

·市人民代表大会及直属机构领导名单·

【市第十五届人民代表大会常务委员会组成人员名单】

主　任　陈汉夫

副主任　吴达金　李珊珊（女）

黄双庆（至 2017 年 1 月）

陈福州　张镇城　刘加来

张慧德（至 2017 年 6 月）

秘书长　郑江旗（至 2017 年 1 月）

沈茂欣（2017 年 1 月任）

委　员（按姓名笔画为序）：

王少华　王雅秋（女）

卢阿娜（女）　朱志宏

朱建池　刘能涛

刘惠河　许才发

阮授智　吴志民

吴灿辉　何素平

何　辉　余永平

余　溪　沈钦坤

张　琳　陈志斌

陈　昕（女）　林宏山

林金波　郑智平

赵学田　高新建

黄艺敏（女）　黄兆娟（女）

黄建国　简经伟

简清溪　戴鹏飞

【市人大常委会党组书记、副书记】

书　记　陈汉夫

副书记　吴达金

【市人大常委会副处级以上领导干部名单】

副秘书长

黄艺敏　何素平

委　员　简清溪（2017 年 1 月任）

黄建国（2017 年 1 月任）

王雅秋（2017 年 1 月任）

许才发（2017 年 1 月任）

研究室主任

郑智平

人事代表委主任

吴灿辉

财经委主任

戴鹏飞（2017 年 10 月任）

侨台民宗委主任

黄兆娟（2017 年 10 月任）

农经委主任

王少华

教科文卫委主任

林金波

内司委主任

沈钦坤（2017 年 10 月任）

城环委主任　朱志宏

法工委主任　阮授智

正处级领导

陈元德　陈龙山

郑海洋（至 2017 年 4 月）

办公室调研员

杨德灵（至 2017 年 11 月）

城环委调研员

张海鹰

市纪委驻漳州市人大常委会纪检组组长　李华英（2017 年 4 月任）

办公室副主任

方木德（2017 年 5 月任）

研究室副主任

曾浩川

人事代表委副主任

胡丽娜

财经委副主任

郑开发

农经委副主任

欧阳建福

侨台民宗委副主任

苏勇军

城环委副主任

杨文辉

办公室副调研员

戴玉生

朱振兴（2017 年 10 月任）

·全国、省人民代表大会代表名单·

【第十二届全国人民代表大会第四次会议代表名单】

（按姓名笔画排列）

赵　静（女）　黄志峰

滕秀兰（女）

【省第十二届人民代表大会第四次会议代表名单】

（按姓名笔画排列）

马旭东（女）	王光文
王金狮	方木荣
卢　力	白景涛
兰万安	庄文海
庄振生	刘小健
刘群英（女）	许秉生
许素珍（女）	许惠玲（女）
苏孝道	巫燕华（女）
李元兴	李志洪
李振辉	李晓宁
李德仁	杨国辉
肖智勇	吴卫红（女）
吴玉辉	吴志民
吴洪芹（女）	余小耿（女）
张文龙	张志南
张金文	张朝明
陈云水	陈　冬
陈汉夫	陈向先
陈庆勋	陈明义
陈晓璐（女）	陈家东
林亚菊（女）	林伯琪
林绍坤	林钟乐
林俊山	林慧颖（女）
周雅娟（女）	郑惜卿（女）
孟苹轩	侯为东
徐　平	高少萍（女）
郭义龙	郭志荣
郭德志	黄一平
黄水木	黄志丽（女）
黄劲武	黄建平
曹　阳（女）	梁伟新
曾凡沛	曾建成
曾福财	蓝素梅（女）
檀云坤	

·重要会议·

【漳州市第十六届人民代表大会第一次会议】

漳州市第十六届人民代表大会第一次会议于2017年1月8—12日在芗城召开，实有代表401名。

会议听取和审议漳州市人民政府代理市长刘远关于漳州市人民政府工作的报告；审查和批准漳州市2016年国民经济和社会发展计划执行情况及2017年国民经济和社会发展计划草案的报告；批准漳州市2017年国民经济和社会发展计划；审查和批准漳州市2016年预算执行情况及2017年预算草案的报告；批准漳州市2017年市本级预算；听取和审议漳州市人民代表大会常务委员会主任陈汉夫关于漳州市人民代表大会常务委员会工作的报告；听取和审议漳州市中级人民法院院长吴钟夏关于漳州市中级人民法院工作的报告；听取和审议漳州市人民检察院代理检察长黄秀强关于漳州市人民检察院工作的报告。

1月12日，漳州市第十六届人民代表大会第一次会议选举陈汉夫为市十六届人大常委会主任，吴达金、李珊珊（女）、陈福州、张镇城、刘加来、张慧德为副主任，沈茂欣为秘书长，选举刘远为市人民政府市长，梁伟新、谢毅泰、黄华安、张翼腾、兰万安、沈志平、陈水树、吴卫红为副市长，选举吴钟夏为市中级人民法院院长，选举黄秀强为市人民检察院检察长，须经福建省人民检察院检察长提请福建省人民代表大会常务委员会批准；选举王少华等30人为市十六届人大常委会委员；表决通过陈福州为漳州市第十六届人民代表大会法制委员会主任委员，阮授智为副主任委员，王雅秋、朱志宏、余永平、洪旭辉、蔡丽、戴鹏飞为委员；表决通过张镇城为漳州市第十六届人民代表大会财政经济委员会主任委员，黄兆娟（女）、黄建国为副主任委员，吴毅禧、沈钦坤、张琳、林宏山、林金波、简经伟为委员；表决并通过了上述6个工作报告的决议。

·主要工作·

【概　况】

2017年，漳州市第十六届人民代表大会（以下简称"市人大"）常委会召开常委会会议7次，主任会议9次，听取审议"一府两院"专项工作报告16项，开展执法检查、视察调研和专项督查28项，进行满意度测评2项。

【履行职责】

依法通过重要决定　11月30日，漳州市十六届人大常委会第六次会议通过《关于中心城区重要生态空间实施保护的决定》，将人民广场花海片区、上美湖片区、南湖片区、龙江文化生态园片区、角美生态片区保护起来，为中心城区发展留下生态空间，给城市、给市民创造永续的生态福利。

依法做出重要人事任免　3月16日，市十六届人大常委会第一次会议，根据漳州市人民政府市长刘远的提请，决定任命：戴福康为市人民政府秘书长；苏孝道为市发展和改革委员会主任；康溪顺为市经济和信息化委员会主任；许鹏君为市卫生和计划生育委员会主任；黄江辉为市教育局局长；陈艺章为市科学技术局局长；蒲少城为市民族与宗教事务局局长；黄华安为市公安局局长；陈志斌为市监察局局长；陈彪为市民政局局长；林方为市司法局局长；沈永祥为市财政局局长；李辉煌为市人力资源和社会保障局局长；陈华为市国土资源局局长；李明清为市环境保护局局长；蔡兴州为市住房和城乡建设局局长、市人民防空办公室主任；傅佳学为市交通运输局局长；郭福泉为市农业局局长；姚珠成为市林业局局长；吴敏为市水利局局长；刘亚良为市海洋与渔业局局长；曾建新为市商务局局长；于晓岩为市文化广电新闻出版局局长；曾妙玲为市审计局局长；何少华为市外事侨务办公室主任；庄文海为市国有资产监督管理委员会主任；何伟燕为市体育局局长；林立辉为市安全生产监督管理局局长；方建平任市食品药品监督管理局局长；黄井南为市统计局局长；林菁为市旅游发展委员会主任；曹阳为市城乡规划局局长；朱东风为市工商行政管理局局长；陈木海为市质量技术监督局局长。

6月26日，市十六届人大常委会第三次会议，根据漳州市人民政府市长刘远的提请，决定任命张慧德为市人民政府副市长；同时，任命市中级人民法院副院长罗雄为代理市中级人民法院院长。

10月19日，市十六届人大常委会第五次会议，根据漳州市人民政府市长刘远的提请，决定任命李铁军为市监察局局长；同时，任命沈钦坤为市人大常委会内务司法委员会主任，黄兆娟为市人大常委会华侨台胞民族宗教委员会主任，戴鹏飞为市人大常委会财政经济委员会主任。

11月30日，市十六届人大常委会第六次会议，根据漳州市人民政府市长刘远的提请，决定任命苏斌钢为市经济和信息化委员会主任；通过市第十六届人民代表大会常务委员会代表资格审查委员会主任委员、副主任委员、委员名单，陈汉夫为主任委员，吴达金为副主任委员，沈茂欣、吴灿辉、沈钦坤、戴鹏飞、卢阿娜（女）等为委员；同时，任命戴鹏飞为市第十六届人大财政经济委员会副主任委员，黄兆娟为市十六届人大财政经济委员会委员，沈钦坤为市十六届人大法制委员会委员。

【服务大局】

贯彻新发展理念，支持“生态＋”探索与实践。按照市委全面开展中心城区生态环境提升专项行动，集中力量建设“五湖四海”的重大部署，多次组织专题视察检查，就生态与城市建设、产业发展、旅游项目、防灾减灾、民生工程、历史文化等融合发展问题，进行深入研究讨论，对项目建设提出意见建议，努力促进产业发展、城乡环境、生活品质的转型升级和城市品位的持续提升。认真督办代表关于加快“五湖四海”建设的重点建议，专题听取办理情况报告，开展满意度测评，满意率100%。围绕“生态＋”模式，听取审议全市环境状况与保护目标完成情况报告，专题调研九龙江流域（漳州段）生态水利工程建设、特色现代农业发展，专项督查九龙江水环境保护，组织中华环保世纪行（漳州）宣传活动，促进生态、生产、生活、生意“四生”融合，延展“生态＋”综合效益。

突出实在管用，立法工作取得重大突破。认真落实市委对立法工作的指示和要求，充分发挥人大及其常委会在立法中的主导作用，地方立法工作有力有效开展。首部地方性实体法规《漳州市市容和环境卫生“门前三包”责任区管理若干规定》经省人大常委会批准，2017年9月1日正式施行；《漳州市城市生活垃圾管理办法（草案）》《漳州市城市公共停车管理规定（草案）》分别通过初审、二审；10个立法项目列入五年立法规划。漳州市在全省率先采用“一事一法”模式，开展全国首部规范“门前三包”责任区管理地方性法规的立法工作，调研、起草、审议、批准全过程历时一年多，组织法规调研、座谈、论证28场次，公开征求到意见建议1048条。通过召开实施动员会、新闻发布会，组织新闻专访、专版刊载法规条文及解读文章等形式，开展立体化、全方位、接地气的宣传，提高法规知晓率；协同市政府法制办和市城管执法局，组织市区两级相关单位，开展为期1个月的模拟执法，提高市民知法守法意识，营造了良好的法制氛围。法规落地实施以来，“门前三包”责任区秩序明显好转。同时，立法工作机制不断完善，立法项目评估、法规草案起草、立法专家咨询等制度逐步建立健全；加强与厦门大学法学院战略合作，启动基层立法联系点建设，为科学立法、民主立法、精细化立法提供有力保障。依法对20件政府规范性文件进行备案审查，督促全市涉及生态环保的政府规章、法规性决定决议的自查清查，保证出台的规定与上位法相一致，维护法制统一。

着眼基层基础，推动县乡人大工作和建设进一步加强。为全面贯彻落实中央、省委关于加强县乡人大工作和建设的意见，常委会党组深入基层，对全市县乡人大工作情况进行较为全面的调查研究，认真梳理分析存在的困难和问题，提出加强县级人大组织建设、乡镇人大制度和队伍建设、代表活动平台建设等具体工作意见，经市委研究同意并转发执行。县乡人大多年来存在的编制、机构等突出问题得到初步解决。在县乡人大建设方面，县级人大常委会组成人员结构进一步优化，7个县（市、区）专职委员比例达60%以上，其他4个接近60%；所有乡镇（街道）都配备专职人大主席或街道工委主任，专职工作人员逐步配齐配强。在行使决定权方面，漳浦积极探索界定重大事项决定的范围，南靖、华安主动规范讨论决定重大事项的程序，平和、云霄健全完善政府重大决策出台前的报告制度。在监督工作方面，芗城、龙文、龙海注重监督权与重大事项决定权、人事任免权的有机结合，平和、云霄、诏安有效地把多种监督方法统筹运用起来，东山、长泰因地制宜创新监督方式，有力推动了当地经济发展、项目建设、扶贫攻坚和社会稳定。

坚持党管干部原则，依法做好人事任免工作。在法定时间内，任命新一届市政府组成部门主要负责人，保证人员及时到位，履行职责。进一步规范完善人事任免程序和办法，做好拟任人员任职资格审查，坚持任前表态发言、任后颁发任命书、宪法宣誓等制度，增强国家机关工作人员的宪法意识、公仆意识和责任意识。全年共依法任免123人次，其中任命81人次、免职42人次，确保市委重要人事安排意图的顺利实现。按照省委市委工作部署和有关文件规定，积极配合市委相关部门完成漳州市新一届省人大代表候选人的推荐、考核，依法有序推进各项工作。

【服务民生】

加强计划执行和预决算审查监督。听取审议计划执行情况报告，在推动项目建设、扩大有效投资、服务实体经济和加快产业转型升级等方面提出建设性意见，促进新发展理念的贯彻和供给侧结构性改革的深化。组织发展众创空间推进创新创业情况视察调研，推动各级政府重视企业创新成长和个人创业，加快培育新的经济增长点，增强发展新动能。听取审议年度预算执行情况报告，改进预决算审查监督工作，强化一般公共预算、政府性基金、国有资本经营、社保基金“四本”预算的全口径监督，促进预算有效执行。审查批准市本级决算和年度预算调整，新增政府债券资金10.36亿元，主要用于城市道路、公园、文化设施、粮食仓储、医疗卫生等民生项目建设。专题调研扶持中小企业“四项基金”、林业专项资金管理使用情况，促进政策性基金设立管理更加科学有效、财政专项资金使用效益进一步提高。听取审议审计工作和审计发现问题整改落实情况报告，发挥审计监督作用，督促23条审计监督建议整改落实到位，推动6项部门规章制度进一步完善，实现增收节支8644.6万元，审计发现问题整改情况获得100%的测评满意率。

加强和改进执法检查工作。检查《中华人民共和国老年人权益保障法》及省条例贯彻实施情况，针对检查中发现的问题，开展专项调研，督促政府相关部门强化法定职责、健全完善机制、解决重点难点问题，不断提高老年人权益保障水平。组织《中华人民共和国固体废物污染环境防治法》执行情况检查，推动全市医疗废物、危险废物、餐厨垃圾、生活垃圾等依法规范处置，促进固体废物实现减量化、资源化、无害化。积极配合全国人大常委会执法检查组来漳开展《固体废物污染环境防治法》《中华人民共和国网络安全法》《全国人大常委会关于加强网络信息保护的决定》的执法检查，配合省人大常委会开展《中华人民共和国农产品质量安全法》《省促进现代物流业发展条例》《省沿海边防治安管理条例》《中华人民共和国邮政法》及省条例5部法律法规执行情况检查调研，促进法律实施和法制完善。

积极促进民生改善和社会事业发展。专题调研脱贫攻坚战开展情况，推动扶贫攻坚工程的实施。检查调研农村民居抗震设防情况，督促职能部门做好防震减灾宣传教育工作，加快危旧房、石结构房屋和预制板房改造步伐。开展市区饮用水二次供水设施建设与管理情况调研，推动设施管护到位，改善二次供水状况，解决市区供水“最后一公里”的水质安全问题。专项督查市区学前教育发展、市运会筹备等情况，督促文物保护“一法一条例”执行情况审议意见落实，支持《漳州华侨史》编修工作。积极跟踪主城区垃圾清洁直运、共享单车运营管理、公共停车设施等民生项目建设，推动城市公共设施配套进一步完善，不断满足人民群众对美好生活的向往。

切实维护社会和谐稳定。开展全市“七五”普法工作调研，持续推动法制宣传教育，弘扬法治精神，增强全民的宪法意识和法治观念。听取审议市法院执行工作情况报告，组织各级人大代表专项考察、座谈调研、见证执行，支持市法院完善执行工作联动机制，推进专项治理，打造联合惩戒平台，提升执行工作质效，为“两年基本解决执行难问题”打下坚实基础。听取审议市检察院加强侦查监督、维护司法公正情况报告，支持检察机关强化监督职能，进一步提高审查逮捕、立案监督、侦查活动监督、人权司法保障等工作水平，严厉打击犯罪，规范侦查行为，维护司法公正。听取审议宗教场所建设管理情况报告，督促落实宗教政策，提升宗教管理法制化、规范化水平，促进宗教领域和睦和谐。认真做好人大信访工作，受理人民群众来信来访419件（批），通过交办、转办、督办，努力促进信访问题依法妥善解决，维护群众合法权益。

【夯实基础】

围绕代表综合素质提升和履职能力建设，先后举办两期初任代表培训班，分片区组织260名新任代表集中学习人大制度和相关法律知识，组织部分代表赴外地培训机构参加履职学习培训，强化代表的责任感和使命感，激发代表履职的积极性和主动性。加快代表履职网络平台建设，启用并拓展代表议案建议办理、代表履职活动登记、代表信息公开等功能。定期向代表寄送人大刊物、工作资料，利用人大网站、手机信息等平台，通报工作动态，宣传漳州经济社会建设的新举措、新成就，拓宽代表知情知政渠道。设立漳州市人大代表履职服务中心，加强服务保障力量。

围绕市委中心工作，组织代表专项调研和集中考察30多次，为加快富美新漳州建设积极建言献策、宣传鼓劲。邀请代表180人次参加常委会的立法、监督活动，30位基层代表列席常委会会议，扩大代表对常委会工作的参与。进一步完善常委会组成人员联系代表制度，每位常委会组成人员联系8名以上市人大代表，主动听取代表意见建议。通过召开现场会等形式，积极推动代表联系群众平台载体建设，建立各类代表活动室328个，实现全市乡镇和街道全覆盖，为基层代表履职，特别是联系群众创造有利条件。组织代表与法院、检察院、公安局、效能办、食药监局等单位和部门互动，及时反映社情民意，推动有关方面完善举措、解决问题、改进工作。

代表建议办理实效不断提升。市十六届人大一次会议以来，代表提出建议、批评和意见202件，分解成332件，已全部办理完毕。确定生态环境保护、市区部分小区不动产权办理、既有住宅增设电梯、农贸市场提升改造和市区公办幼儿园建设等10件重点建议，常委会领导牵头督办，相关委室全程跟踪，以点带面，发挥示范带动作用。开展办理情况问卷调查和满意度测评，向社会公开测评结果，接受代表和社会监督，增强办理单位工作责任感，推动代表建议办理质量不断提高。市政府高度重视代表建议的办理工作，相关部门细化落实代表建议办理的具体工作措施，特别是出台《关于市区房地产项目不动产权登记历史遗留问题的处置意见》《漳州市城市既有住宅增设电梯指导意见》，解决事关群众利益的实际问题，取得较好的社会效益。

【自身建设】

把学习贯彻中共十九大精神和习近平新时代中国特色社会主义思想摆在首位，牢固树立“四个意识”，切实增强“四个自信”，自觉维护党中央权威和集中统一领导，时刻同以习近平同志为核心的党中央保持高度一致，坚决贯彻省委市委决策部署，确保人大工作正确的政治方向。严格执行新形势下党内政治生活若干准则，坚持民主集中制，按程序办事、按规则办事、按集体意志办事，不断提高科学决策、民主决策、依法决策水平。切实履行“一岗双责”，认真落实全面从严治党主体责任，严格落实中央八项规定实施细则和廉洁自律各项规定的要求，保持人大机关风清气正。

扎实推进“两学一做”学习教育常态化制度化，精心组织专题党课和专题研讨，开展“学习廖俊波同志、争做合格党员”主题实践活动，认真落实“三会一课”制度，增强常委会组成人员和机关工作人员的理想信念、宗旨意识。积极参加全国人大、省人大组织的各项专题培训、专题讲座和工作经验交流，抓好机关业务培训，不断提高干部能力和素质。加强干部培养、使用和交流，机关干部队伍充满生机活力。

议事规则和管理制度进一步完善。组织修订市人民代表大会、常委会会议、主任会议议事规则，法制委员会工作规则等系列议事和工作规则，推进人大议事决策科学化、民主化、法制化。修改完善委室和机关党委职责12项，修订执法检查、立法等工作流程7项，文秘会务、文字综合、行政事务、人事老干、机关党建5方面机关管理制度35项，不断推进人大工作制度化、规范化。

研究宣传工作成效显著。开展推进人大工作创新发展课题研究，选送优秀论文参加省人大理论研讨会评选，论文获奖总数、等次位居全省前列。组织全市宣传人大制度好新闻评选活动，多篇作品获省人大新闻奖。坚持办好《漳州人大》、人大网站和常委会公报，人大宣传工作水平持续提升。

“漳州市人民代表大会”类撰稿人：
胡丽娜　魏建坤

漳州市人民政府

·市、县（市、区）政府，市属及中央、省属机构领导名单·

【市长、副市长名单】

市　长　刘　远（2017 年 1 月任）
副市长　张慧德（2017 年 6 月任）
谢毅泰　黄华安　张翼腾
兰万安　沈志平
陈水树（2017 年 1 月任）
吴卫红（女）（2017 年 1 月任）
王文刚（2017 年 3 月任）

【市政府所属机构及市属副处级以上企事业单位负责人名单】

市政府秘书长
戴福康
市政府副秘书长
李亚树（2017 年 6 月任）
黄银寿
钟连海（2017 年 9 月任）
李宏泰（2017 年 9 月任）
罗道焜　卢炳全
市政府办公室主任
李亚树（2017 年 6 月任）
市政府办公室副主任
黄佳生（2017 年 5 月任）
林俊雄
陈叶伟（2017 年 5 月任）
蓝良木（2017 年 6 月任）
戴明利（2017 年 9 月任）
市政府法制办主任
洪耀中
市政府发展研究中心主任
黄志坚
市政府督查室主任
蔡加立（2017 年 9 月任）
市事业单位登记管理局局长
叶雪娟（女）
市行政服务中心管委会主任
黄银寿
市行政服务中心管委会副主任
丁建木　许珠金
市发改委主任　苏孝道
市发改委副主任
谢　宇　阮亚祥
陈　林（女）（2017 年 9 月任）
徐建太　张国海
刘兆民（2017 年 9 月任）
市国资委主任
庄文海
市国资委副主任
林纬奇　江志强
市国资委政治部主任
陈东法
市经济和信息化委员会主任
苏斌钢（2017 年 11 月任）
市经济和信息化委员会副主任
周智生　林国瑞
李志杰　林益生
市经济和信息化委员会总工程师
黄　辉（2017 年 10 月任）
市教育局局长
黄江辉（2017 年 3 月任）
市教育局副局长
许九山
市科学技术局局长
陈艺章（2017 年 3 月任）
市科学技术局副局长
赵月英（女）　蔡亚河
市知识产权局局长
吴义添
市方志委主任
康元泰
市方志委副主任
蔡春枝
市住房公积金管理中心主任
李龙宗
市民族与宗教事务局局长
蒲少城（2017 年 3 月任）
市民族与宗教事务局副局长
林德安　吴火进
郑溪华
市公安局局长
黄华安
市公安局常务副局长
黄跃欣（2017 年 1 月任）
市公安局副局长
沈一津　许　佳
肖进才　吴　勇
市公安局纪检组组长
张钦灿（2017 年 3 月任）
市公安局政治部主任
叶振煌

市公安局政治部副主任
陈明舜　齐全明
市公安局办公室主任
田继绚
市公安局办公室副主任
孙建辉
市公安局漳州开发区分局局长
张志权（2017 年 6 月任）
市公安局漳州开发区分局政委
陈金枝（2017 年 7 月任）
市公安局台商投资区分局党委书记、局长
蔡俊文（2017 年 6 月任）
市公安局国内安全保卫支队队长
江亚龙
市公安局国内安全保卫支队政委
黄建德
市公安局技术侦察支队队长
魏朝晖
市公安局技术侦察支队政委
庄龙旺
市公安局治安管理支队队长
吴维加（2017 年 10 月任）
市公安局治安管理支队政委
吴文松
市公安局刑事侦查支队队长
纪建仁（2017 年 6 月任）
市公安局刑事侦查支队政委
戴慧雄
市公安局公共信息网络安全监察支队队长
沈子彬
市公安局公共信息网络安全监察支队政委
钟南雄
市公安局经济犯罪侦查支队队长
甘阿明（2017 年 6 月任）
市公安局禁毒支队队长
徐志伟
市公安局禁毒支队政委
林顺德（2017 年 5 月任）
市公安局禁毒支队副队长
邱庆前
市公安局交通警察支队队长
林阿春
市公安局交通警察支队政委
蔡文鸿
市公安局法制支队队长
李　红（女）
市公安局打击走私工作处处长
黄清松
市检察院检察长
黄秀强（2017 年 1 月任）
市检察院副检察长
张镇国　沈延辉
陈鸿鹏　胡亚金
市检察院政治部主任
陈中坚
市中级人民法院院长
罗　雄（2017 年 6 月任）
市中级人民法院副院长
陈志福　王文平
盖志凌　郑通斌
市中级人民法院政治部主任
孙　巍
市司法局局长
林　方
市司法局副局长
林志坚　顾贤生
洪春煦　郭龙庆
市司法局政治部主任
叶文辉
市民政局局长
陈　彪
市民政局副局长
林学斌　游永学　龚友强
陈金生（2017 年 9 月任）
市老龄办主任、市老区办主任
陈　彪
市老龄办常务副主任
郭丽瑞
市财政局局长
沈永祥
市财政局副局长
沈永智（2017 年 9 月任）
游婉瑜（女）（2017 年 5 月任）
高文叶（女）（2017 年 2 月任）
张海鹏（2017 年 6 月任）
市财政局总会计师
施晓莹（女）（2017 年 9 月任）
市医保局局长
高文叶（女）（2017 年 2 月任）
市医保局副局长
沈志坚（2017 年 2 月任）
市医保基金管理中心主任
李国华（2017 年 6 月任）
市人力资源和社会保障局局长
李辉煌
市人力资源和社会保障局副局长
朱云龙　杨火旺　吴苏武
张昆平　承继忠　陈黎明
市公务员局局长
李辉煌
市公务员局副局长
吴苏武　承继忠
市档案局局长
肖招鸿
市档案局副局长
蔡春山
市工商局局长
朱东风（2017 年 3 月任）
市工商局副局长
许永旦　林丽卿（女）
李佳宁（2017 年 10 月任）
市工商局漳州开发区分局局长
林　鹭
市国土资源局局长
陈　华（2017 年 3 月任）
市国土资源局副局长
沈建国　欧阳振山
郑凯木
许德生（2017 年 9 月任）
市国土资源局执法监察支队队长
林荣艺（2017 年 10 月任）
市国土资源局漳州开发区分局局长
苏伟东
市住房和城乡建设局局长、市人防办主任
蔡兴州（2017 年 3 月任）
市住房和城乡建设局副局长、市人防办副主任
方怡海　王礼福　吴龙勇
张永金　陈琼辉
黄文辉（2017 年 10 月任）
林同池（2017 年 9 月任）

市住房和城乡建设局总工程师
蔡永庆
市城乡规划局局长
曹　阳（2017 年 3 月任）
市城乡规划局副局长
张其扬（2017 年 3 月任）
林泗桢　林远鹏
市地震局局长
周伟辉（2017 年 6 月任）
市地震局副局长
黄文斌　邹国财
市交通运输局局长、市交战办主任
傅佳学（2017 年 3 月任）
市交通运输局副局长
黄进安（2017 年 7 月任）
黄卫民　黄正琦　林　云
胡特新（2017 年 6 月任）
市交战办专职副主任
许杰武
市公路局局长
林长河（2017 年 9 月任）
市运输管理局局长
黄昌顺（2017 年 10 月任）
市交通综合行政执法支队队长
石金塔
市质量技术监督局局长
陈木海
市质量技术监督局副局长
施文旭　许春桥　卢蔚霖
庄政江（2017 年 1 月任）
市水利局局长
吴　敏（2017 年 3 月任）
市水利局副局长
陈进光　林建阳　蔡英明
市海洋与渔业局局长
刘亚良
市海洋与渔业局副局长
苏础皮　周佩钦
周宽哲（2017 年 9 月任）
市海洋与渔业执法支队队长
郭文钟
市农业局局长
郭福泉
市农业局副局长
叶明东　胡大义　郑宴义

市农业局总畜牧兽医师
蔡泽华
市农业局总农艺师
林东坡
市库区移民开发管理局局长
朱维民
市林业局局长
姚珠成（2017 年 3 月任）
市林业局副局长
姚庆端　陈荣法
市林业局总工程师
何水东
市森林公安局局长
林伟斌
市森林公安局政委
胡会春
市农机总站站长
朱桂源
市农科所所长
林文发
市南一水库管理局局长
卢文山
市文化广电新闻出版局局长
于晓岩
市文化广电新闻出版局副局长
曾朝阳　简奕耕
曹明福（2017 年 6 月任）
赖小强（2017 年 10 月任）
市文化综合执法支队队长
何海勇
市疾病预防控制中心主任
蔡茂荣
市体育局局长　何伟燕（女）
市体育局副局长
方春明　何先进
朱伟贤　赵宝伟
市卫生和计划生育委员会主任
许鹃君（女）（2017 年 3 月任）
市卫生和计划生育委员会副主任
余绍麟　张子华
李浩添　陈　红（女）
市卫生监督所所长
陈爱春
市计生协会常务专职副会长
黄仲芳（女）

市计生协会专职副会长
徐　萍
市商务局局长、市口岸办主任
曾建新
市商务局副局长
李　超　郑亚能　林建成
傅毅琳（女）（2017 年 9 月任）
中国国际贸促会漳州支会会长
邱亚明
中国国际贸促会漳州支会副会长
赖敏生　杨丽珲（女）
李跃祥
市审计局局长
曾妙玲（女）（2017 年 3 月任）
市审计局副局长
张孔亮　郑清松
吴春金（2017 年 6 月任）
市物价局局长
阮亚祥
市统计局局长
黄井南
市统计局副局长
欧阳辉　李耀华
市统计局总统计师
陈亚强（2017 年 10 月任）
市环保局局长
李明清
市环保局副局长
黄育宗　谢卫东
陈秀宁（女）（2017 年 9 月任）
市环保局总工程师
王金和（2017 年 9 月任）
市城市管理行政执法局局长
吴志民
市城市管理行政执法局副局长
陈维福　甘从春
张国华（2017 年 1 月任）
市旅游发展委员会主任
林　菁（女）（2017 年 3 月任）
市旅游发展委员会副主任
赵金花（女）（2017 年 3 月任）
蔡绿漪（女）（2017 年 3 月任）
游　瑛（2017 年 3 月任）
市粮食局局长
宋志林

市外事侨务办主任

何少华（2017年3月任）

市外事侨务办副主任

许惠勇　沈河阳

市安全生产监督局副局长

张文力　陈志勇　许文辉

余文胜（2017年6月任）

市安全生产监督局总工程师

方耀辉（2017年6月任）

市供销社主任

欧阳圣

市供销社副主任

林照宇　蔡周强　许伟明

市二轻联社副主任

陈方青　陈国宏

市食品药品监督局局长

方建平（2017年3月任）

市食品药品监督局副局长

林绍稳　管陈镪

张　红（女）李新长

市食品药品安全总监

吕　辉

林志伟（2017年9月任）

香港漳龙公司监事会主席

杨跃光

香港漳龙集团旅游投资公司监事会主席

吴　强

漳州电视台台长

胡红光

漳州人民广播电台台长

刘丽贞（女）

市政府驻北京办事处主任

戴立新

市政府驻北京办事处副主任

石毅玲（女）徐建太

市政府驻上海办事处主任

罗道琪

市政府驻深圳办事处主任

蔡路生

市政府驻福州办事处主任

吴泽宇

漳州常山华侨经济开发区主任

林达祥

漳州常山华侨经济开发区副主任

朱聪文　高振灵　何少栋

漳州古雷港经济开发区主任

卢　力

漳州古雷港经济开发区副主任

朱铭炜　章　洲

林培兴　陈智超

李　翀（2017年9月任）

漳州台商投资区主任

蔡总平

漳州台商投资区副主任

陈智勇

纪志鹏（2017年6月任）

何华成　苏明河　郭丽瑞

蔡石鹰（2017年7月任）

漳州高新技术产业开发区主任

李亚容（2017年3月任）

漳州高新技术产业开发区副主任

田允瑞

谢宏坤（2017年7月任）

陈建进（2017年10月任）

漳州职业技术学院院长

康溪顺

漳州职业技术学院副院长

何小青　戴延寿　杨传民

漳州城市职业学院院长

刘惠河（2017年2月任）

漳州城市职业学院副院长

朱毅辉

林良海（2017年10月任）

漳州卫生职业学院院长

沈国星

漳州卫生职业学院副院长

沈小美（女）

房立平（2017年6月任）

陈义三（2017年6月任）

福建广播电视大学漳州分校校长

李　然（2017年6月任）

福建广播电视大学漳州分校副校长

陆志洪

吕峰鹏（2017年9月任）

漳州工业学校校长

王小峰（2017年6月任）

漳州农业学校校长

陈晓明

漳州财贸学校校长

李金德

漳州高级技工学校校长

詹百灵

漳州第一中学校长

方跃飞

漳州市医院院长

马旭东（女）

漳州市中医院院长

陈鲁峰

【县（市、区）人民政府领导名单】

芗城区人民政府区长

吴洪池

芗城区人民政府副区长

石振棋（2017年7月任）

李向东（2017年10月任）

黄乃光　林建成　蓝碰金

陈建生　戴木典

黄艺群（2017年10月任）

朱学森

龙文区人民政府区长

胡栋良

龙文区人民政府副区长

黄泽奇

黄松珠（女）（2017年10月任）

林贤丽（女）　戴晓清

陈爱国（2017年6月任）

林伟强　叶　毓　卢　坚

张延能　陈再顺

龙海市人民政府市长

何才成

龙海市人民政府副市长

蔡三蛇

林香娣（女）（2017年10月任）

黄全海　李伟民

张志祥　卢秀云（女）

苏诚斌（2017年6月任）

林茂成

漳浦县人民政府县长

黄庆华

漳浦县人民政府副县长

黄国峰　陈美慧（女）

郑世然　陈伟红　陈伟强

蓝主保　陈志伟

云霄县人民政府县长

张明东

云霄县人民政府副县长
方伟仪　周道珊（女）
康　鸿　周志坚
冯建辉　林进财
邹青龙　李昭君（女）
林立鹏
李　赓（2017年10月任）
黄福升（2017年10月任）
诏安县人民政府县长
洪泰伟
诏安县人民政府副县长
孙洪强
方晓冬（2017年10月任）
蔡溪根　林惠溪　陈炎林
陈龙跃（2017年10月任）
叶　芳（女）　张宸珲
曾华嵩
邱　勇（2017年6月任）
程小彬（2017年10月任）
东山县人民政府县长
朱　真（女）
东山县人民政府副县长
王文生（2017年6月任）
陈汉武　王朝玲（女）
林文生　林　晖　肖华顺
林裕辉（2017年10月任）
南靖县人民政府县长
钟　科
南靖县人民政府副县长
詹文华
何东平（2017年10月任）
庄龙图　杨燕明
刘升蔚　赖国贤
张鸿钦　李　真（女）
平和县人民政府县长
吴丁顺
平和县人民政府副县长
蔡绿璇（女）
朱新丰　林文利
曾庆丰　周志伟
林丽玲（女）　陈志亮
曹　斌（2017年10月任）
长泰县人民政府县长　陈力予
长泰县人民政府副县长
叶水山　王杰东　林清发
姚晓明（女）　沈元标
方泗平
李志刚（2017年10月任）
华安县人民政府县长
陈东海
华安县人民政府副县长
林炎山　罗永生　杨子川
郑燕娟（女）
陈石金（2017年9月任）
韩建华（2017年10月任）
杨景德
陈国栋（2017年10月任）
李炳后（2017年11月任）

【中央、省属机关企事业单位领导名单】

漳州经济开发区党委书记、管委会主任　丁　勇
漳州经济开发区党委副书记、管委会副主任
赵卫朋
漳州经济开发区管委会副主任、国有资产监委会主任
蔡志勇
漳州经济开发区管委会副主任
郑明辉　韩春生　刘永祥
肖洪光　林朝辉　许红明
漳州经济开发区纪委书记
孔晓华
漳州经济开发区管委会行政专员
马宝军
漳州经济开发区有限公司顾问
李崇刚
漳州经济开发区管委会办公室主任
沈艺辉
漳州经济开发区管委会人事劳动局局长　唐世森
漳州经济开发区管委会财政局局长
谢大贤
漳州经济开发区管委会审计局局长
林广立
漳州经济开发区管委会成本管理中心主任　高　原
漳州经济开发区管委会规划建设局局长　金彦云
漳州经济开发区管委会综治办主任、法制办主任、信访局局长、610办主任
李元茂
漳州经济开发区管委会经济发展局局长　江　强
漳州经济开发区党委办公室主任、党群工作部部长
许晓晖
漳州经济开发区监察局局长
黄水泉
漳州经济开发区宣传部副部长、文化与旅游发展局局长
黄清亮
漳州经济开发区宣传部副部长
尚振华
漳州经济开发区综合行政执法局局长
简林田
漳州经济开发区管委会行政副专员
蔡志强
漳州经济开发区管委会交通运输局局长　郑　祺
漳州经济开发区管委会社会发展局局长、土地收储中心主任
黄建国
漳州经济开发区管委会公用事业管理局局长
林毅昌
漳州经济开发区管委会教育卫生局局长　邹力权
漳州经济开发区管委会国土资源分局局长　苏伟东
漳州经济开发区管委会国资委主任
游卫东
市气象局局长
童以长
市气象局副局长
蒋宗孝　官义明
市气象局纪检组组长
黄建忠
市无线电管理局局长
黄清山
市无线电管理局副局长
戴满山（2017年12月任）
中国邮政集团漳州分公司党委书记、总经理　周文俊

中国邮政集团漳州分公司纪委书记、工会主席、副总经理
李春生
中国邮政集团漳州分公司副总经理
阮顺利
中国电信漳州分公司党委书记、总经理　张文福
中国电信漳州分公司纪委书记、副总经理
方东红
中国电信漳州分公司副总经理
蔡俊华　曾志聪
中国移动漳州分公司总经理
魏汉辉
中国移动漳州分公司副总经理
姜建军（2017年6月任）
魏　斌　李志勇
中国联通漳州分公司党委书记、总经理　王启文（2017年10月任）
张　毅（至2017年10月）
中国联通漳州分公司党委副书记
林永坚
中国联通漳州分公司纪检组组长
刘启明
中国联通漳州分公司副总经理
张正龙（2017年2月任）
王春峰（2017年6月任）
黄作榕（至2017年2月）
市国税局党组书记、局长
王　彬（2017年12月任）
林锡明（至2017年12月）
市国税局副局长
林绍君
肖　文（2017年10月任）
傅　雄（至2017年10月）
陈汉堤（至2017年10月）
林镇权（至2017年10月）
市国税局纪检组组长
王跃进
市国税局稽查局局长
陈文章
市国税局总会计师
林剑华
漳州开发区国税分局局长
赖建昌

市地税局党组书记、局长
蔡纪平
市地税局副局长
林满河　陈智聪
康小容（2017年7月任）
黄瑞銮（女）（2017年7月任）
市地税局稽查局局长
詹黎锋（2017年12月任）
市地税局总经济师
姚　斌（2017年7月任）
市地税局总会计师
康国盛（2017年12月任）
漳州开发区地税分局局长
陈　敢（2017年12月任）
中国银行业监管会漳州监管分局党委书记、局长
黄　俊
中国银行业监管会漳州监管分局纪委书记
叶建文（2017年9月任）
中国银行业监管会漳州监管分局副局长　蓝志忠
方育民（2017年9月任）
吴伟聪（至2017年9月）
中国人民银行漳州中心支行行长
林宏山
中国人民银行漳州中心支行纪委书记
康佩芬（女）
中国人民银行漳州中心支行副行长
林进忠　伊志峰
李明金　吴晋勇
中国人民银行漳州中心支行工委会主任　胡松明
中国银行漳州分行行长
卢小平
中国银行漳州分行纪委书记
黄　沛
中国银行漳州分行副行长
方国梅　李宜玲（女）
高跃力
潘开盛（2017年12月任）
中国银行漳州分行文明优质服务督导
李　平
中国工商银行漳州分行党委书记、行长　黄金坤

中国工商银行漳州分行纪委书记
许建平（2017年10月任）
中国工商银行漳州分行副行长
江建平　杨　鹏　庄文聪
中国工商银行漳州分行高级经理
王建东　蔡红宾　陈跃东
中国农业发展银行漳州分行党委书记、行长
郑　辉
中国农业发展银行漳州分行纪委书记、副行长
蔡晓红（女）
中国农业发展银行漳州分行副行长
徐建国
沈永春（2017年3月任）
中国建设银行漳州分行党委书记、行长　林斯勇
中国建设银行漳州分行纪委书记
肖桂光（2017年8月任）
中国建设银行漳州分行纪委书记、工会主任、副行长
林亚辉（至2017年8月）
中国建设银行漳州分行副行长
欧阳亚榕　欧阳曙光
杨建斌（2017年8月任）
中国建设银行漳州分行高级专家
杨宝山
中国建设银行漳州分行高级专员
郑治权
中国农业银行漳州分行党委书记、行长
吴　辉（2017年8月任）
中国农业银行漳州分行纪委书记
杨丽明
中国农业银行漳州分行党委副书记、副行长　何学斌
中国农业银行漳州分行副行长
郑毅锋
潘慧娟（女）（2017年12月任）
中国农业银行漳州分行工会主席
蔡镇辉（2017年12月任）
福建兴业银行漳州分行党委书记、行长　陈志伟
福建兴业银行漳州分行纪委书记、副行长　傅永灿

福建兴业银行漳州分行工会主席、副行长
蔡和生
福建兴业银行漳州分行副行长
洪跃峰（2017年9月任）
中国人寿保险公司漳州分公司党委书记、总经理
陈纪葵
中国人寿保险公司漳州分公司纪委书记、副总经理
陈士固
中国人寿保险公司漳州分公司副总经理　张　蓉（女）　许珠斌
黄瑞金
中国财产保险公司漳州分公司党委书记、总经理
柯绿苹（女）
中国财产保险公司漳州分公司工委主任、副总经理
卢民荣
中国财产保险公司漳州分公司副总经理　许捷宏　陈跃峰
仇盎林（2017年9月任）
中国财产保险公司漳州分公司总经理助理
杨惠民（2017年2月任，2017年7月兼任纪委书记）
漳州边检站站长
黄凯师（至2017年4月）
漳州边检站政委
温　亮（2017年2月任）
成福身（至2017年6月）
漳州边检站副政委
郑　飞
漳州边检站副站长
沈天溪　王哲恺
漳州边检站司令部参谋长
潘智慧
漳州边检站政治处主任
罗　宏
漳州边检站后勤处处长
林　强（2017年6月任）
王晶诗（至2017年6月）
漳州出入境检验检疫局党组书记、局长　谢　斌
漳州出入境检验检疫局党组副书记、副局长兼厦门检验检疫局古雷办事处主任
张　权（2017年5月任）
漳州出入境检验检疫局副局长
黄　伟　林海铭
陆　舜（2017年11月任）
刘顺国（2017年5月任）
漳州出入境检验检疫局综合技术服务中心主任
何建顺
漳州出入境检验检疫局台商投资区办事处主任
陈　玮（至2017年12月）
漳州出入境检验检疫局漳州港办事处主任
孙新涛（2017年4月任）
漳州出入境检验检疫局漳浦办事处主任
王以农（2017年5月任）
刘顺国（至2017年5月）
漳州出入境检验检疫局纪检组组长
陈　舜（至2017年11月）
东山出入境检验检疫局局长
吴文忠
东山出入境检验检疫局副局长
陈春成　吴泽霖
东山出入境检验检疫局综合技术服务中心主任
王碧生
漳州海事局党委书记、局长
吴　蔚
漳州海事局纪委书记、党委副书记、政委
李辉柏
漳州海事局副局长
魏金华
周文庆（2017年10月任）
林　军（至2017年10月）
漳州东山海事处处长
陈木材（2017年10月任）
国网漳州供电公司总经理、党委副书记　邹永增
国网漳州供电公司党委书记、副总经理　洪卫东
国网漳州供电公司纪委书记、工会主席
陈聪法（2017年11月任）
江　盛（至2017年11月）
国网漳州供电公司副总经理
黄炜宏　张茂林
国网漳州供电公司总会计师
邱学军
国网漳州供电公司总工程师
邓开清
国网漳州供电公司二级职员
郭溪州
漳州海关关长
徐　尧
漳州海关副关长
朱正文　朱　斌
吴振华　丁芸青
漳州海关纪检监察特派员
陈　红（女）
漳州海关缉私分局局长
朱正文
漳州海关缉私分局副局长
张昌镛
东山海关党组书记
张晓晖（2017年12月任）
冯小兵（至2017年12月）
东山海关关长
张晓晖（2017年12月任）
冯小兵（至2017年12月）
漳州烟草专卖局局长、经理
罗万达（2017年6月任）
游文忠（至2017年6月）
漳州烟草专卖局副局长
姜传碧
陈明章（2017年10月任）
漳州烟草专卖局纪检组组长
朱国贵
漳州烟草公司副经理
林亚头
闽南师大党委书记
吴彬镃（2017年9月任）
林晓锋（至2017年9月）
闽南师大党委副书记、校长
李顺兴（2017年9月任）
李进金（至2017年9月）

闽南师大党委副书记
钟发亮（2017 年 9 月任）
闽南师大纪委书记
黄来渊
闽南师大副校长
肖庆伟　何绍福
蒋一婷（女）
闽南师大党委组织部部长、机关党委书记、校长助理
林静华（女）（至 2017 年 6 月）
闽南师大副厅级干部
黄振杰（2017 年 1 月调入）
闽南师大党委办、校办主任
罗炎成（2017 年 11 月任）
陈　超（女）（至 2017 年 6 月）
闽南师大党委办、校办副主任
李庆瑶
平　闽（至 2017 年 9 月）
闽南师大纪委副书记、监察审计处处长　吴晓峰
闽南师大监察审计处副处长
刘　荣（女）
闽南师大党委组织部部长
陈　超（女）（2017 年 6 月任）
闽南师大党委组织部副部长
周　霖（2017 年 11 月任）
闽南师大党委宣传部部长
徐志怀（2017 年 12 月任）
罗炎成（至 2017 年 12 月）
闽南师大党委宣传部副部长
方　琼（女）　郑　镛
闽南师大党委统战部部长
欧阳红红（女）
闽南师大学生工作部（处）部（处）长
林致远
闽南师大学生工作部（处）副部（处）长
郭志军
黄　湘（女）
闽南师大研究生工作部（处）部（处）长
张晓松
闽南师大研究生工作部（处）副部（处）长
蔡勇强
闽南师大党校校长
钟发亮（2017 年 11 月任）
闽南师大党校副校长
徐志怀（2017 年 11 月任）
罗炎成（2017 年 11 月任）
闽南师大工会主席
蒋一婷（女）
闽南师大工会常务副主席
陈惠卿（女）
闽南师大工会副主席
赵俊荣
施榆生（至 2017 年 6 月）
闽南师大团委副书记
郑炎山
蔡　斌（2017 年 11 月任）
闽南师大机关第一党委书记
陈　超（女）（2017 年 4 月任）
闽南师大机关第一党委副书记
徐志怀（2017 年 4 月任）
闽南师大机关第二党委书记
林培榕（2017 年 4 月任）
闽南师大机关第二党委副书记
林贵东（2017 年 4 月任）
闽南师大人事处处长、教师工作处处长　林培榕
闽南师大人事处副处长、离退休干部管理处处长
蓝邱勇
闽南师大教务处处长
翁　文
闽南师大教务处副处长
黄晓农　杨红和　林贵东
闽南师大科学技术处（社会科学处）处长　陈国良
闽南师大科学技术处（社会科学处）副处长　陈　越（女）
闽南师大招生就业处处长
徐志怀
闽南师大招生就业处副处长
林　暄（女）
闽南师大后勤管理处处长
陈素红（女）
闽南师大后勤管理处副处长
郑林龙
洪照耀（至 2017 年 1 月）
闽南师大财务处处长
李定庆
闽南师大财务处副处长
陈　茜（女）
闽南师大国有资产管理处处长
蒲俊之
闽南师大国有资产管理处副处长
陈惠颖（女）
闽南师大基建处处长
洪丽瑄（女）
闽南师大保卫处副处长
张美容
闽南师大发展规划处处长
祖国颂
闽南师大文学院院长
黄金明
闽南师大文学院党委副书记
赵丽霞（女）
闽南师大文学院副院长
陈练军（2017 年 2 月任）
陈煜斓（至 2017 年 3 月）
闽南师大新闻传播学院党委书记
陈思宁
闽南师大新闻传播学院院长
李晓宁
闽南师大新闻传播学院副院长
陈磊松
闽南师大外国语学院党委书记
黄伟东
闽南师大外国语学院院长
吴玉玲（女）
闽南师大外国语学院副院长
苏建华（2017 年 11 月任）
闽南师大法学与公共管理学院院长
何东平
闽南师大法学与公共管理学院党委副书记　徐继红（女）
闽南师大法学与公共管理学院副院长
黄耀明
闽南师大商学院院长
张惠萍（女）
闽南师大商学院党委副书记
章　波
闽南师大商学院副院长
曾明华（女）
闽南师大数学与统计学院院长
林梦雷

闽南师大数学与统计学院党委副书记
陈晶莹（女）
闽南师大数学与统计学院副院长
林福财　黄韩亮
闽南师大物理与信息工程学院党委书记　张跃聪
闽南师大物理与信息工程学院党副院长　张跃聪　白炳良
闽南师大化学与环境学院院长
蔡文联（女）
闽南师大化学与环境学院党委副书记
李建辉
闽南师大化学与环境学院副院长
高　飞（女）
闽南师大计算机学院党委书记
陈志宏
闽南师大计算机学院院长
周小方
闽南师大计算机学院副院长
陈宝兴（2017年11月任）
闽南师大教育科学学院党委书记
朱志明
闽南师大教育科学学院院长
黄　清
闽南师大教育科学学院副院长
索　磊（2017年2月任）
闽南师大生物科学与技术学院院长
潘裕添
闽南师大生物科学与技术学院党委副书记
蔡如兴
闽南师大生物科学与技术学院副院长
郑艺梅（女）
闽南师大体育学院党委书记
庄小平
闽南师大体育学院副院长
庄小平　武玉元
周传志（2017年2月任）
闽南师大艺术学院党委书记
汤跃滨
闽南师大艺术学院副院长
郑玉玲（女）
闽南师大马克思主义学院党委书记、副院长
郑文海
闽南师大马克思主义学院院长
陈再生
闽南师大历史系党总支书记
李　苗
闽南师大历史系主任
张　欣
闽南师大继续教育学院副院长
曾天德
闽南师大图书馆馆长
林大志　曾剑斌
闽南师大信息与网络中心主任
洪照耀（2017年1月任）
罗炎成（至2017年1月）
闽南师大信息与网络中心副主任
沈东升
闽南师大外事办、港澳台办主任、海外教育学院院长
王建红
闽南文化研究院院长
肖庆伟
闽南文化研究院副院长
施榆生（至2017年6月）
闽南师大应用心理学研究所所长
张灵聪（至2017年9月）

·市政府工作综述·

【经济社会概况】

2017年，漳州市完成地区生产总值3528.53亿元，比上年增长9.2%。一般公共预算总收入318.08亿元，比上年增长10.6%，地方一般公共预算收入204.04亿元，比上年增长（同口径）11.7%。规模工业增加值1621.31亿元，比上年增长8.7%；固定资产投资3328.1亿元，比上年增长17.7%；外贸出口512.6亿元，比上年增长7.1%；实际利用外资82.26亿元，比上年增长10.3%；社会消费品零售总额982.43亿元，比上年增长12.2%；城镇居民人均可支配收入33359元，比上年增长8.6%；农村居民人均可支配收入16676元，比上年增长8.9%。

【项目建设】

开展“三抓三比、十项竞赛”（抓招商比项目投资、抓生态比城乡环境、抓作风比营商环境，开展工业园区建设、创新转型项目、现代服务业项目、特色现代农业项目、重点民生项目、生态与水系项目、特色小镇项目、精准脱贫攻坚、交通先行工程、公共配套项目十项竞赛），全年落实“五个一批”（谋划一批、签约一批、开工一批、投产一批、增资一批）项目2625个，新开工亿元以上项目260个，建成或部分建成150个，“金龙汽车”、“中海油LNG”、“古雷石化炼化一体化”等重大项目相继落地开工。“腾龙翔鹭”项目重组方案获省委、省政府批准，“PTA”项目整改修复工程有序推进，“古雷石化园区”获评“中国化工潜力园区十强”。福厦（漳）高速铁路、云平高速公路、漳武高速公路（南靖段）正式开工，沿海大通道（漳浦段）建成通车，龙海入选全省县域经济实力“十强”县（市），云霄、诏安、长泰、东山入选全省县域经济发展“十佳”县（市）。

【工业经济】

全力帮扶实体经济渡难关、促生产，发放工业企业扶持资金1.3亿元，为155家工业企业补办不动产权登记证。新增、新上规模工业企业166家、高新技术企业20家、“科技小巨人”50家，完成技改投资680亿元，3项成果获省科技进步一等奖。设立中小企业贷款风险补偿基金，新增上市企业2家，实现民企A股主板上市“零”的突破。

【产业升级】

2017年，漳州市大力发展现代服务业，入选中国“电子商务百佳

城市”，诏安县、平和县入选国家级电子商务进农村综合示范县。打造全域旅游，举办“花样漳州”十佳系列活动，南靖土楼荣获中国最佳乡村旅游项目奖，片仔癀中药工业园荣获首批“国家工业旅游示范基地”称号，旅游业接待游客人数、旅游收入分别比上年增长22.9%和30.9%。加快发展现代农业，获批国家农业可持续发展试验示范区、农业绿色发展试点先行区，新增设施农业1867.6公顷，新建现代化粮食储备仓容35万吨，11个产品入选全国名优新农产品名录。龙海市荣获“中国休闲食品名城”称号。

【城乡建设】

开展新一批市政线网“六千工程”（新建改造城区雨污管网、供水管网、燃气管网、城市道路、绿道各1000千米以上），建成城区停车楼（场）38个。基本建成博物馆、艺术馆、规划展示馆，圆山文化中心基本形成。全面开展市区生活垃圾清洁直运，完成拆违面积超700万平方米。启动“安得广”惠民安居工程，新建保障性安居工程1.5万套。出台城市既有住宅增设电梯指导意见和补助政策，解决历史遗留办证难问题，补办房地产不动产权证4814份。蝉联第五届全国文明城市称号，漳州古城保护建设（一期）项目荣获“2017年中国人居环境范例奖”。

【生态建设】

推行“生态+”模式，实施中心城区“五湖四海”、南山水岸、“双百”（在九龙江西溪、北溪河道四岸种植大树和开花乔木，形成百花齐放、百树成荫的沿江景观）绿化工程、圆山林下生态园等一批“生态+”先行示范项目，“一城花海半城湖”独特风光初步形成。将352.8公顷土地列为中心城区重要生态空间保护范围。开展“三铁治污、提升三质”（以铁的决心、铁的措施、铁的纪律治理污染，提升空气质量、水环境质量、土壤质量）整治行动、城乡生态环境提升行动、大气污染整治百日攻坚行动，全面落实“河长制”，全力整改中央、省环保督察反馈问题，“三质”水平持续好转。完成国土绿化1.33万公顷、水土流失综合治理2.01万公顷。

【深化改革】

持续深化简政放权，2017年度各项改革任务如期完成，构建开放型经济新体制综合试点试验工作取得突破。“会审制”改革、商务“110”、国税地税联合办税、“即报即放”出口食品检验检疫方式等经验做法在全国推广。在全国首创食品农产品检验检疫“四检合一”（整合检验检疫、市场监管、农业和海洋渔业等涉及食品农产品检验检测机构，实现“一次委托、一次抽样、一次检验、一次出证”，构建“执法互助、信息互享、结果互认”新机制），台商投资区保税物流中心（B型）正式获批准设立。成立供给侧改革服务中心、台胞台商服务中心，营商环境持续优化，荣获“2017中国十佳最具投资营商价值城市”称号。对台、对外合作成效彰显，实际利用台资34亿元，与东盟贸易额80亿元。

【社会事业】

2017年，漳州市20项为民办实事项目基本完成，“十大惠民特色工程包”完成投资190亿元。开展精准脱贫攻坚竞赛，推广平和“养鸡生蛋”工程（运用财政和金融杠杆，整合分散的扶贫资金，交由专业公司运作，投向有效益的项目，投资回报、股权分红作为政策兜底资金和贫困村经营性收入，破解无力脱贫群众的兜底和村财的稳定来源问题），有2.28万人、79个贫困村实现脱贫，完成造福工程搬迁3642户、1.2万人。公立医院综合改革成效显现，新增床位1031张、卫技人员1089人。新建57所公办幼儿园，新增幼儿园学位1.34万个、中小学学位6989个。成功举办第十三届市运会、第十届老健会，新增3个国家高水平体育后备人才基地。《漳州文库》编撰进展顺利，长篇报告文学《谷文昌》获评中宣部“五个一工程奖”。

【“五湖四海”】

2017年，漳州市建成“五湖”（碧湖、西湖、西院湖、九十九湾湖、南湖）“四海”（荔枝海、香蕉海、水仙花海、四季花海）。西湖启动湖体建设，西院湖完成湿地公园园林景观和公园景观建设。南山文化生态园项目完成蜈蚣湖、南山湖及配套景观建设。“荔枝海”完成观景平台景观工程改造，“香蕉海”建成林语堂文化园故里游览园。“水仙花海”和“四季花海”，在水仙花产业的基础上，发展各类花卉，打造七彩花田，成为市民休闲观光的城市生态空间。

·发展研究·

【概　况】

2017年，漳州市政府发展研究中心坚持“围绕中心、服务大局、主动作为”的原则，以决策咨询研究和服务领导工作为主线，注重决策咨询研究提质量，注重新型智库建设提效率，注重单位全面建设提水平，各项工作均取得明显成效。

编辑《漳州经济研究》《决策参考》；开展课题调研，加强交流合作，配合国务院发展研究中心开展金融支持现代农业调研；配合福建省政府发展研究中心做好福建省政府顾问团在漳州市召开的座谈会及在漳州市开展农村垃圾和污水处理调研；协助太原市政府发展研究中心到漳州市开展大气污染治理调研。同时，开展扶贫帮困，融入市政府办中心工作。

【编辑《漳州经济研究》《决策参考》】

把机关刊物《漳州经济研究》打造成为加强各地各部门经验交流、决策咨询的平台载体，不断提升内容质量和时效，全年共刊发《漳州经济研究》6期，编稿件70多篇，近28万字。每一期都围绕漳州市委、市政府中心工作，既注重刊物形式上的创新，也注重内容上的丰富与提升，特别是每期都确定一个研究主题，紧扣发展形势，从征稿启事、组织稿件、栏目编排都清晰明确，为宣传漳州市经济社会发展取得的成就及建设富美新漳州提出思考与建议。编辑《决策参考》5期，其中有《省政府顾问座谈会观点摘要》《邱毅先生：漳台两地联手发展大健康产业》等，为漳州市委、市政府科学化、民主化决策提供服务。

【开展课题调研】

围绕漳州市委、市政府“生态+”发展理念，专门编辑一期刊物并转载漳州市委书记檀云坤在人民网上刊发的《努力打通绿水青山向金山银山转换通道》的文章。整理国务院发展研究中心主任李伟等专家有关经济工作趋势研判，完成《如何研判2017年的经济形势》。立足漳州发展实际，围绕“一带一路”（“丝绸之路经济带”和“21世纪海上丝绸之路”），深入龙海、平和、云霄等地开展调研，完成《“一带一路”重要的问题怎么做》《“一带一路”沿线重点区域和国家风险状况分析》《民企如何抓住“一带一路”商机？听听10位大佬的建议》《“一带一路”为茶产业发展注入新动力》等调研报告。围绕推进漳州农业供给侧结构性改革开展调研，完成《以色列农业现代化及对我市农业发展的启示》《台湾休闲观光农业的成功经验与启示》等调研报告。围绕特色小镇建设，与漳州市发改委联合调研特色小镇建设情况，完成《关于加快培育创建特色小镇的调研报告》。按照市领导要求参与水仙花的保护政策研究和可持续农业发展的推动。调研各县（市、区）人才引进情况，完成《新加坡如何引进高端人才》等调研报告，他山之石以供借鉴。此外，市发展研究中心副主任黄志坚牵头提出《关于建设食用菌产业园扩区，服务我市食品工业发展的建议》被评为市政协优秀提案，调研论文《探寻漳州创意农业发展的新途径》获漳州市经济学会年会优秀论文奖，并刊登在《漳州社科论坛》第三期上。提出《把发展农村老产业作为产业扶贫的药方》《关于加强农村有毒有害垃圾处理能力建设的建议》《农村白事要简办》等社情民意建议，订购反映农村改革的专著《塘约道路》呈市领导参阅。就福建省拟出台的《加快现代服务业创新意见》，提出支持“招商局·芯云谷”园区建设的建议。探索扶贫路径和办法，形成《台湾地区扶贫工作的经验借鉴与启示》。

【加强交流合作】

2017年，市发展研究中心配合国务院发展研究中心到漳浦县开展金融支持现代农业调研；配合福建省政府发展研究中心做好福建省政府顾问团在漳州市召开的座谈会以及在漳州市开展农村垃圾和污水处理调研；协助太原市政府发展研究中心到漳州市开展大气污染治理调研；邀请福建省政府发展研究中心产业处处长、博士后研究员朱四海撰稿《新福建、新漳州与开放型经济新体制》，转载福建省发展研究中心稿件《外地推进农村集体产权制度改革的主要做法》，向厦门市政府发展研究中心专家约稿，形成《“一带一路”沿线国家和地区主要港口介绍》，为漳州市发展建言献策，提供借鉴。在“请进来”的同时 “走出去”，组织漳州市相关县（市、区）参加福建省政府发展研究中心在苏州举办的福建省实施创新驱动推进转型升级专题培训班；参加在厦门举办的海峡论坛·两岸智库论坛，会后形成建议，提出加强漳州台湾合作，发展大健康产业，呈市领导参阅。

【扶贫帮困】

按照市里统一安排，市发展研究中心精准扶贫挂钩诏安县官陂镇大边村，全力协助福建省政府发展研究中心干部胡献政做好挂钩扶贫工作。在做好走访慰问挂钩帮扶困难群众，并帮助挂钩村与市直有关部门对接，其中向漳州市环保局申请补助资金10万元，用于村容村貌环境整治，鼓励基层以工代赈帮助挂钩户实现脱贫。大边村村两委赠予市发展研究中心一面“政策暖人心 扶贫见真情”的牌匾。

【融入市政府办中心工作】

漳州市将“三抓三比、十项竞赛”确定为2017年全市重点工作，市里成立漳州市“三抓三比、十项竞赛”活动领导小组并下设办公室（以下简称“市竞赛办”），由市主要领导担任组长，发展研究中心主任钟连海兼任市竞赛办主任，于10月份转任市政府副秘书长。发展研究中心主动融入市政府办中心工作，多人被抽调到市政府办工作或参与全市重点工作，较好地完成各项工作任务。重视加强干部队伍的建设，不断提高干部队伍的政治和业务素质，2

名主任科员转任科长，1 名副科长提为主任科员。

·人力资源和社会保障·

【就业创业工作】

就业概况　2017 年，漳州市城镇新增就业 4.84 万人，完成全年任务 4.6 万人的 105.1%；城镇下岗失业人员实现再就业 1.34 万人，完成全年任务数的 103.4%，其中就业困难对象再就业 3008 人，完成全年任务数的 111.4%；城镇登记失业率 2.23%，成功控制在 3.6% 以内。

落实就业政策　2017 年，市人力资源和社会保障局执行《漳州市加强企业用工服务工作意见》《关于做好当前和今后一段时期就业创业工作的实施意见》《关于漳州市公益性岗位开发和管理有关事项的通知》《漳州市基层劳动保障平台工作考评办法》等一系列政策。组织互联网从业创业人员培训 2.43 万人，福建一味爱家电子商务有限公司成为漳州市首家民营创业大本营。发放高校毕业生求职创业补贴 1270 人、补贴金额 254 万元。

加强就业服务　市人力资源市场电子屏幕每日滚动播放 50 多家企业约 300 多个就业岗位信息，每月 15 日定期举办公益性现场招聘会。全市各级公共就业服务机构共举办 176 场招聘会，5820 家次用人单位进场招工，提供就业岗位 9.51 万个，4.41 万人次达成就业意向。

支持企业稳岗　2017 年，有 289 家企业获得稳岗补贴，补贴金额 1701.87 万元，涉及职工 5.21 万人。调剂用工 6.53 万人次，参与企业 133 家。失业保险费率单位缴费部分再降 0.5%，共为全市企业减轻负担约 4500 万元。

开展精准扶贫　完成“春潮行动”（“春潮行动”为农民工职业技能提升计划）培训 1.34 万人，组织农村贫困家庭劳动力就业培训 446 户。帮扶建档立卡贫困户实现就业 1939 人（含公益性岗位安置就业 644 人，自主创业 115 人，企业吸纳就业 58 人，其他途径就业 1122 人），发放公益性岗位补贴 484.61 万元。指导漳浦诚隆休闲用品有限公司、立达信绿色照明股份有限公司、福建省平和汇盛工业有限公司 3 家企业入选全国就业扶贫基地。

2 月 7 日，漳州市举办 2017 年春季大型人力资源招聘会暨大中专毕业生供需见面会

【社会保障体系】

保障体系概况　2017 年，全市城镇职工基本养老保险参保 64.09 万人，比上年增长 11.49%；城乡居民基本养老保险参保 208.50 万人，参保率 96.92%；机关事业单位养老保险参保 14.80 万人；工伤保险参保 67.48 万人，比上年增长 23.43%；失业保险参保 41.12 万人，比上年增长 4.68%。

完成全民参保登记　2017 年，全民参保登记入户调查 104.33 万人，审核 104.33 万人，入户率、入户调查完成率均达 100%，位居全省设区市第三名。

做好新老农保制度衔接　至 2017 年 12 月 25 日，漳州市老农保参保人员有 15.78 万人并入城乡居民保系统或做退保处理，是全省第二个完成“清零”任务的设区市。

落实各项养老待遇　推广应用人脸识别认证系统开展企业退休人员领取养老金资格认证。调整全市 13.47 万人企业退休（职）人员基本养老金，调整后漳州市企业退休人员月人均养老金 2251.5 元，月人均增加 135.98 元。

扩大工伤保险覆盖面　以推进“同舟计划”（“同舟计划”是国家、省根据建筑行业特点、保障建筑业职工工伤保险权益而专门出台的政策）专项扩面行动为突破口，深入挖掘扩面潜力，推动建筑业按工程项目参加工伤保险，同时全面推进机关公务员和参照公务员法管理的事业单位、社会团体工作人员参加工伤保险，基本实现各种职业人群工伤保险全覆盖。

严格防控基金风险　推进“信息网络＋监督”，运用监管软件系统对重复领取、死亡冒领等问题进行核查，提高监督效能。实施查处和防范社会保险欺诈工作联席会议制度，完善查处和移送社会保险欺诈案件工作机制，严肃查处各类贪污挪用、欺诈骗取、冒领社保基金的行为。

【人才队伍建设】

加强高层次人才队伍建设 2017年，漳州市共引进省级高层次人才22人，市级高层次人才21人，省级工科类青年专业人才67人；推荐4人为2017年百千万人才工程国家级候选人选；选派培训或访学进修人员22人；2人获评第十届福建省“友谊奖”；首次获批出国留学资助；启动外国人来华工作许可，外国人来华工作“两证合一”顺利落地。

推进高技能人才队伍建设 推荐市高级技工学校申报国家级高技能人才培训基地、福建龙溪轴承（集团）股份有限公司陈议忠申报设立国家级技能大师工作室。组织3.9万人次开展职业技能鉴定，取得国家职业资格证书3.42万人，新增高技能人才7482人，其中有高级技师22人、技师137人。

做好引智项目申报工作 坚持按需引进、突出重点、讲究实效的原则，引进国（境）外高层次人才和智力，获得1个国家高端外国专家项目、1个国家重点外国专家项目，3个项目入选省服务重点扶贫县、革命老区苏区发展及闽台合作引智专项计划。强化平台建设，获得1个省专家服务基地、1个省首批企事业人才高地。

【干部队伍管理】

加强公务员队伍建设 2017年，市人力资源和社会保障局规范公务员科级职务职数管理，深入开展超职数配备干部问题整治。做好公务员分类改革调查摸底数据汇总等前期工作，招考公务员271人，招录公安院校公安专业应届毕业生43人，市级机关12个单位公开遴选公务员14人。抓好公务员“四类”（初任培训、任职培训、专门业务培训、在职培训）培训、干部教育网络培训、应急管理等各类培训，全市有6万多人次参加培训，76人参加省公务员局调训。

加强事业单位人事管理 指导172家事业单位做好岗位设置调整方案及人员聘用情况登记，解决事业单位岗位设置与岗位聘任问题。组织事业单位公开招聘工作人员考试2次，招收工作人员3572人。专业技术人员参加继续教育共6万多人次，共确认高级职称504人、中级职称4782人、初级职称3066人。

6月5日，漳州市首张“外国人来华工作许可证”审批颁发

妥善做好军转干部安置 2017年，漳州市共接收安置军转干部220人，其中自主择业71人，计划安置149人，完成安置任务，纳入漳州市管理的自主择业干部和新增人员报到率达100%，将转业入漳州的干部安置好、使用好，确保自主择业军转干部思想稳定，就业创业占比不断提高。

【和谐劳动关系】

构建和谐劳动关系 2017年，漳州市开展深化和谐劳动关系创建活动，获得省级劳动关系和谐企业191家，工业园区8家，乡镇、街道各2家。开展创建“无欠薪项目部”“无欠薪工业园”活动。全市共有2295个项目部参与创建活动，其中1107个政府投资工程项目全部落实创建活动。

解决企业欠薪问题 开展解决拖欠农民工工资问题专项督查、清理整顿人力资源市场秩序专项行动、用人单位遵守劳动用工和社会保险法律法规情况专项检查等活动。2017年共受理劳动者投诉举报咨询1238件，期限内办结率100%，追讨工资2551.5万元，涉及劳动者2145人，未发生大规模群体性、突发性案件。

做好调解仲裁工作 不断规范调解仲裁工作制度，劳动人事争议处理效率明显提高，2017年共处理劳动争议案件3379件，直接立案2043件，案外调解1336件，涉及职工3836人。

·行政服务工作·

【行政审批和公共服务工作】

2017年，漳州市行政服务中心窗口位共收件343973万件，办结326271万件，按时办结率97.85%；注册内资企业、外资企业计114家，其中内资16家，注册资本11.14亿元；涉外企业98家，注册资本认缴17.48亿美元；完成6个重点项目的联合告知和节点安排；为27个项目实行“多评一表、多图一审、模拟审批”，涉及总投资325.18亿元，累计可节约审批时间3050天。组织完成建设项目联审58场；牵头完成现场联合踏勘62场，牵头完成业务协调会64场，开通绿色通道15个项目。为112户企业办理“一照一码”营业执照。

【创新工作】

2017年8月起，全市行政服务中心系统（含各县市区及分中心）实行“5＋2”周末无休工作模式，既对服务量大、与市民生活工作关系密切的便民服务事项办理实行“周末无休”，提供不动产登记、住房公积金、医保、社保、婚姻登记、公安户籍、身份证办理、交警、出入境管理计九大类183项群众需求量大的便民服务。全市共接待周末办事群众28613人次，办理业务18329件。分流在工作日办理事项的部分人群，并缓解窗口办理事项的压力，也为群众节约大量排队等候的时间，受到企业单位和群众的好评。

【信息化建设工作】

推行“一端全办”模式　运用互联网、大数据等手段，对物理大厅服务进行延伸与补充，为企业群众提供24小时自助服务，既缓解大厅人流量过大的问题，解决群众办事与工作时间重合、现场排队耗时的烦恼，又实现足不出户办成事，大大减少群众跑窗口的次数和时间，全面提升人民群众获得感。足不出户一电脑端。市网上办事大厅网站公开每一个事项的办事指南、办事流程、所需材料、网上办事通道等，给公众提供统一的互联网申报入口，为公众提供网上预约、申报、查询、咨询投诉等网上服务。触手可及一手机端。包括微信端和漳州政务服务APP。行政服务微信公众服务号为群众提供服务指南、监督投诉和信息公开查询等服务，实现足不出户即可进行各类审批信息的查询。漳州政务服务APP，可为群众直接定位到服务事项，并进行事项信息查看及附件下载，同时支持预约、实时的咨询、投诉。让广大群众真正体验“随时随地可办事”的便利，实现“不见面审批”和“真正快”服务。智能高效一自助端。在智能服务大厅里放置23台自助服务终端，对接审批系统和部门业务系统，涵盖行政服务中心、国税、地税、出入境、交警、电业、水务、电信、移动、银行等部门业务办理，提供24小时自助申报、办事指南、办事预约等自助服务功能，支持身份证识别、二维码扫描、表格样本打印、申报材料扫描等，方便企业单位和群众办事，提升行政服务中心的服务品质和形象，营造良好的营商环境。

开展无见面审批机制　全面推进“最多跑一趟、一趟不用跑”改革，通过即办、全程网上办理和窗口受理快递送达三种办理方式，推进改革落地。分两批次公布471个“最多跑一趟”办事项目，涵盖劳动就业、社会保障、医疗卫生、投资建设、文化体育等各个领域。其中102个项目可以全程网上办理，企业和群众只需在家点击鼠标，就可实现“一趟不用跑、零上门、零跑路”办结业务，享受快捷高效服务。75个项目为即办事项，涉及税务登记、证件挂失补办、新购商品房契税申报、企业产品标准备案等多个方面。294项可以选择窗口受理、快递送达，只要备齐资料、在窗口交件审核并通过，就可由“政证快”平台寄达办理结果。同时，指导各县（市、区）开展此项工作。2017年，各县（市、区）累计梳理并公布事项5598项。

【公共资源交易】

2017年，漳州市公共资源交易累计增收、节支总额35.8521亿元。

全市共完成公共资源交易项目（不含土地使用权出让项目）4643宗，预算总额315.3001亿元，交易总额达285.2128亿元，实现增收、节支总额35.8521亿元。其中：政府采购项目2253宗，采购预算3.8023亿元，实际中标金额3.3399亿元，节约0.4624亿元，节约率为12.16%。产权转让交易项目581宗，评估金额85.3426亿元，成交金额87.225亿元，增收（节支）3.8824亿元，增值率为4.55%。工程招标投标项目1809宗，投资预算总价226.1552亿元，实际中标金额194.6479亿元，节约31.5073亿元，节约率为13.93%。

“漳州市人民政府”类撰稿人：
谢王辉
供稿：
市发展研究中心
市人力资源和社会保障局
市行政服务中心

政协漳州市委员会

·市、县（市、区）政协及市政协所属机构领导名单·

【市政协及所属机构领导名单】

主　席　张祯锦

副主席　柳建聪　林俊山　陈少青

　　　　柯志宏（至2017年8月）

　　　　黄井南　杨胜华（女）

　　　　周小华　吴芳华（女）

秘书长　李扬真

副秘书长

　　　　叶跃西　杨素萍（女）

　　　　陈旬华（女）

办公室主任　叶跃西

办公室副主任　蒋一芬（女）

提案委员会主任

　　　　黄文疆

经济科技委员会主任

　　　　刘亚东

经济科技委员会副主任

　　　　黄加荫（女）

文教卫体委员会主任

　　　　陈勇谋

文教卫体委员会副主任

　　　　谢艺麟（2017年12月任）

社会法制委员会副主任

　　　　叶淑端（女）

台港澳侨联络委员会主任

　　　　叶香雪（女）

台港澳侨联络委员会副主任

　　　　邱晓辉

学习文史资料委员会主任

　　　　谢文英（2017年6月任）

人口资源环境委员会主任

　　　　陈秀菊（女，2017年6月任）

人口资源环境委员会副主任

　　　　杨亚伟（2017年12月任）

民族宗教委员会主任

　　　　林炳章

民族宗教委员会副主任

　　　　陈　炜

研究室主任

　　　　陈俊朋（2017年10月任）

委员工作室主任　陈丽娟（女）

市纪委驻市政协机关纪检组组长

　　　　杨水溪（2017年3月任）

【县（市、区）政协领导名单】

芗城区政协主席　沈龙顺

副主席　胡敦金　杨美恋（女）

　　　　严炳仁　刘志明

龙文区政协主席

　　　　许鹃君（女，至2017年3月）

　　　　陈禹生（2017年12月任）

副主席　林建华　周黎鸣

　　　　张少鹏　严惠娇（女）

龙海市政协主席　高伟强

副主席　苏森荣

　　　　江龙辉（2017年12月任）

　　　　纪志鹏（至2017年6月）

　　　　蓝　炜　阮秀惠（女）

漳浦县政协主席　林培兴

副主席　吴水跃　何北贡

　　　　张少榕（女）　蓝振强

云霄县政协主席　王彩云（女）

副主席　许师逊　谢惠君（女）

　　　　吴淑芬（女）

　　　　许秀彬（女，至2017年7月）

　　　　汤志远（2017年12月任）

诏安县政协主席　陈一森

副主席　陈文师　陈细勇

　　　　钟雪英（女）　李毅军

东山县政协主席　朱展发

副主席　许春燕（女）　刘炜丹

　　　　吴敏燕（女）

平和县政协主席　张茂杞

副主席　杨怀生（至2017年9月）

　　　　方丽云（女）　黄耀辉

　　　　林启明

南靖县政协主席　李涌华

副主席　朱彬新　宋　斌（女）

　　　　黄庆荣　黄武松

长泰县政协主席　曾剑平

副主席　连　彦　连维明

　　　　陈海霞（女）　黄南山

华安县政协主席　曾贵森

副主席　蔡旺根　刘素秋（女）

　　　　杨龙辉　邹瑞国

【在漳州省政协委员名单】

谭培根　阮开森

黄水木　李珊珊（女）

杨银玉（女）　陈少青

蔡溪根	黄文辉
林晓峰	林毓冷（女）
粘东旭	赵俊荣
林熙熙	黄毓玲（女）
卢素玉（女）	张峥嵘（女）
许伟林	沈惠文
陈　磊	林启明
洪　颐（女）	林智勇
洪立颖（女）	叶香雪（女）
蔡云松	王建坤
林　芳（女）	姚亚甘

· 重要会议 ·

【市政协十三届一次会议】

1月8—11日，市政协召开十三届一次会议，听取中共漳州市委书记檀云坤的讲话；审议十二届市政协常委会工作报告和提案工作情况报告；选举张祯锦为十三届市政协主席，选举柳建聪、林俊山、陈少青、柯志宏、黄井南、杨胜华、周小华、吴芳华为副主席，李扬真为秘书长，选举常务委员65人，组成新一届市政协常委会。会议期间，委员们列席市十六届人大一次会议，听取并赞同市政府工作报告，以及市计划、财政、法院、检察院工作报告，审议通过提案审查情况报告及会议决议。

【市政协十三届一次常委会议】

1月11日，市政协召开十三届一次常委会议，决定十三届市政协各专门委员会的领导成员。

【市政协十三届二次常委会议】

6月29日，市政协召开十三届二次常委会议，决定谢文英任市政协学习文史资料委员会主任、陈秀菊任市政协人口资源环境委员会主任；协商讨论《关于水仙花产业保护与发展的调研报告》和《关于加强我市疾病预防控制工作的调研报告》；通报2017年上半年市政协常委会工作情况，并作下半年主要工作安排。

【市政协十三届三次常委会议】

9月26日，市政协召开十三届三次常委会议，撤销柯志宏十三届市政协委员资格；协商讨论《关于加强厦门湾南岸卫生环境建设的建议》、《关于提升市区空气质量的建议》和《关于推动我市美丽乡村建设的建议》，并对下阶段市政协重点工作作出安排。

【市政协十三届四次常委会议】

12月22日，市政协召开十三届四次常委会议，审议通过市政协十三届二次会议有关事项，决定市政协十三届二次会议于2018年1月5日至7日在芗城召开。会议听取市政府关于政协提案办理情况通报、市纪委关于党风廉政建设工作情况通报、市政法委关于综治维稳平安建设情况通报；协商决定辞去、增补十三届市政协委员；协商增补十三届市政协常务委员建议名单；审议拟提交市政协十三届二次会议审议的市政协常委会工作报告和提案工作情况报告；通过关于授权主席会议审议本次常委会议未尽事宜的决定。会议决定谢艺麟任市政协文教卫体委副主任、杨亚伟任市政协人资环委副主任。

· 主要工作 ·

【概　况】

2017年，市政协认真学习贯彻习近平新时代中国特色社会主义思想和中共十八届六中、七中全会、十九大精神，在中共漳州市委正确领导下，坚持团结和民主两大主题，围绕中心服务大局，深入推进人民政协协商民主实践，共召开全体会议1次，常委会议4次，主席会议8次；开展视察调研活动72场；提交常委会建议案5篇，市领导批示9件次；收到提案342件，立案311件；反映社情民意信息329件，被全国政

1月8日，政协第十三届漳州市委员会第一次会议开幕　　（市政协办公室 摄）

协办公厅采用1件，省政协采用48件，省、市领导批示45件次，继续保持全省政协信息工作先进行列。

【积极协商建言资政】

聚焦经济转型升级协商建言　围绕创新驱动和转型升级，就水仙花产业保护与发展、标准化工业园区建设、小微企业融资、营商环境提升、“众创空间”发展创新、粤东闽南经济区开发等课题开展视察调研，积极建言献策。开展“水仙花产业保护与发展”的常委会课题调研，从“明确责任主体，保护种植面积，提高市场竞争力，培育水仙花文化”等方面，提出专题协商建议。深入八宝印泥厂调查研究，参与协调企业的整合提升，为保护国宝品牌建言献策。组织近30次的界别委员视察，围绕优化企业发展环境、促进产业转型升级等方面，提出意见建议。

聚焦补齐民生短板集思广益　关注空气质量提升、水环境整治、土壤污染防治三大民生工程的建设，关心上学难、看病难、养老难、停车难、住房难等难题，通过组织委员视察调研、提交提案、反映社情民意信息，提出对策建议。其中，针对市区空气污染治理难度大，提出健全工作机制、分期重点推进、明确工作责任等建议；针对疾控形势严峻与防控能力不足，提出加强疾病预防控制工作标准化建设、疾病联防联控、健康教育等建议；针对社会治理相对滞后与人民群众期盼较高这一矛盾，选派6批135名委员，担任法院、效能办、药监局、征兵办等部门民主监督员，就司法公正、绩效考评、食品安全、征兵工作等方面开展协商监督。积极参与精准扶贫，组织委员开展扶贫济困、科技下乡、送医送药、法律援助等公益活动，及时帮助群众解决现实难题。

6月14日，市政协课题组就常委会调研协商课题“水仙花产业保护与发展”，深入漳州高新区、龙海市召开专题协商座谈会，了解掌握漳州市水仙花产业保护与发展现状　（市政协办公室　摄）

聚焦文化繁荣发展献计出力　关于进一步丰富“五湖四海”文化内涵的建议，市领导作了批示，相关部门召开专题协调会，提出10余条措施，提升了“五湖四海”项目建设水平。着眼文化事业软硬件建设发展要求，认真做好文史资料征编工作，联合举办各类书画展，弘扬闽南（漳州）文化；协商调研古城保护开发及“五馆一歌”建设，视察调研县级图书馆、博物馆、艺术馆建设情况，促进盘活各类文化优质资源，发挥文化社会效益。

聚焦生态文明建设广谋良策　针对厦门湾南岸环境与北岸的差距，组织关于厦门湾南岸卫生环境整治专题调研协商，提出意见建议。针对美丽乡村建设分类定位不清晰、缺乏建设资金、整治不彻底等现状，深入开展调研协商，提出因地制宜，分类指导，梯度推进美丽乡村建设等建议。市政协班子成员多次随同视察或组织考察南湖、西湖等生态景观项目，建言推动项目建设。

【搭建团结发展平台】

搭建党派协商议政平台　加强与各民主党派的合作共事，积极为党派协商议政搭建平台，组织党派界别委员就盘活开发区土地资源、发展光伏农业、疾控中心建设等方面进行视察调研，发挥党派界别参政的优势和作用。2017年，共征集党派大会发言8篇，占大会发言总量34.8%，市领导批示13件次；党派提案82件，占年度提案总量24%，市领导批示42件次；报送党派反映的社情民意信息176件，占信息总量的57.2%，省、市领导批示27件次。

重视做好民族宗教工作　围绕少数民族和民族乡村发展、少数民族特色村寨建设、打造闽台畲族宗亲文化交流中心等议题，通过对口协商等形式，提出意见建议，为增进民族团结献计献策。视察民间信仰场所，走访宗教团体，密切联系宗教界代表人士，促进联系交流常态化；开展宗教教风建设交流，调研和谐寺观教堂创建工作，建言宗教活动场所与旅游景区建设的和谐发展。

加强港澳台、侨联络工作　组织港澳、侨委员考察调研，围绕侨批博物馆建设、古城文物古迹保护、华侨农场改革发展等方面建言支着。加强同港澳委员的联络联谊，走访委员企业，密切与委员的联系，倾听委员的意见，引导他们为家乡的改革发展和港澳地区的繁荣稳定做贡献。接待到漳寻根谒祖的马来西亚侨胞、台湾同胞等团组，进行文化交流，密切血脉亲情，共话漳州发展。

【推进协商民主实践】

完善协商机制　加强政协协商与党政工作的有效衔接，健全知情明政制度，规范协商议题提出机制。协助市委拟订加强和改进政协民主监督工作的实施意见，就规范民主监督的内容、形式、程序等提出意见建议。按照协商民主建设新要求，制定提案办理协商实施办法，修订视察调研、反映社情民意信息等工作制度，推进协商履职的制度化、规范化。

丰富协商形式　探索协商民主形式向广泛、多层、制度化建设发展，逐步形成了以全体会议协商为龙头，以常委会议专题协商为重点，以提案办理协商、对口协商和界别协商等为常态的协商议政格局。探索电视协商议政形式，聚焦多层住宅加装电梯、流动摊点管理等民生热点难点，邀请部门领导、委员、专家及群众，参加《政协视点》电视节目访谈，就解决相关问题提出意见建议。

增强协商实效　精心选择党政重视、群众关注、政协能办的议题开展协商，提出有价值的意见建议。一年来，全年党政领导共批示政协大会发言25件次、常委会建议案9件次、重要提案48件次、社情民意信息41件次。联合“两办”督查室对大会发言、提案等协商建议开展督查，市政府领导与市政协领导共同牵头督办重点提案，努力推动协商成果转化落实。

【全面加强自身建设】

加强意识形态教育　把学习贯彻习近平新时代中国特色社会主义思想和中共十九大精神作为政协系统首要政治任务，通过观看中共十九大开幕式、召开政协党组会议、主席扩大会议、党支部会议、参加研讨班学习等形式，切实做到用中共十九大精神武装头脑、指导工作。扎实开展“两学一做”学习教育，牢固树立“四个意识”“四个自信”，坚决维护以习近平同志为核心的党中央权威和集中统一领导，始终在政治立场、政治方向、政治原则、政治道路上，同以习近平同志为核心的党中央保持高度一致。

严格党内政治生活　认真落实民主生活会、组织生活会和“三会一课”、主题党日等组织生活制度。履行全面从严治党主体责任，扎实推进党风廉政建设，支持和保障派驻机关纪检组开展工作。加强机关制度建设，修订办文办会、机关党建、公务接待、后勤管理等23项制度，明确工作职责，规范机关工作。

提升委员服务水平　组织新委员培训，学习政协理论知识，掌握政协工作方法，提高委员履职能力。加强对委员履职的考核与激励，评选表彰优秀委员，增强委员履职责任感。坚持走访慰问委员，关心支持委员事业发展。探索建立专委会“委员之家”微信群，加强委员联络交流，拓展委员议政渠道。运用新闻媒体，讲好委员履职故事，展现委员履职风采。

增强政协协作合力　配合全国政协、省政协，共同就扶持龙头企业科技创新、海洋工程装备建设、特色小镇建设、农村污水治理等14个课题开展调研，提出意见建议。积极参加全国25城市政协横向联系会，深化与兄弟市政协的联系协作，加强交流，互相学习，共同提高。配合20家外省、市政协来漳考察，联合完成生态环境治理、厦漳泉一体化发展、旧区改造与城市更新等课题的调研协作。召开市、县（市、区）政协主席联席会议和各专委会工作座谈会，加强对县（市、区）政协的工作指导，巩固发展纵向联动、互促共进的良好局面。

“政协漳州市委员会”类撰稿人：
周少勇　沈少鑫

·市纪委、监察局处级以上领导名单·

【市纪委领导成员】

市委常委、市纪委书记
林叶萍（2016 年 7 月任）
市纪委副书记
李铁军（2016 年 9 月任）
市纪委副书记
陈志斌（2015 年 12 月至 2017 年 8 月任）
市纪委副书记
林文井（2016 年 9 月任）
市纪委常委、正处级纪检监察员
黄淑红（2015 年 7 月至 2017 年 5 月任）
市纪委常委、正处级纪检监察员
曾勇平（2016 年 9 月任）
市纪委常委
江智诚（2016 年 9 月任）
市纪委常委、秘书长
马桂秋（2016 年 9 月任）
市纪委常委
张建兴（2016 年 9 月任）
市纪委常委
李文兴（2017 年 9 月任）

【市监察局领导成员】

市监察局局长　陈志斌（2017 年 3 月至 2017 年 6 月任）
市监察局局长
李铁军（2017 年 10 月至 2018 年 1 月任）
市监察局副局长
何伟燕（2012 年 6 月至 2017 年 3 月任）
市监察局副局长
林东风（2016 年 12 月至 2018 年 1 月任）
市监察局副局长
庄银辉（2016 年 12 月至 2018 年 1 月任）

【内设机构负责人及处级纪检监察员】

正处级领导
庄洲全（2017 年 3 月任）
办公室主任
江永辉（2015 年 7 月任）
组织部部长
林燕真（2017 年 7 月任）
宣传部部长
林　蓉（2015 年 7 月任）
党风政风监督室主任
林炳仁（2017 年 5 月任）
信访室主任
陈江丽（2017 年 5 月任现职）
案件监督管理室主任
胡继城（2017 年 9 月任）
第一纪检监察室主任
曾森平（2017 年 9 月任）
第三纪检监察室主任
陈跃民（2015 年 7 月任）
第四纪检监察室主任
林毅峰（2015 年 7 月任）
案件审理室主任
刘建山（2017 年 5 月任）
申诉复查室主任
吴国州（2017 年 9 月任）
正处级纪检监察员
刘　军（2012 年 8 月任）
副处级纪检监察员
邹福龙（2013 年 8 月任）
副处级纪检监察员
龙演文（2017 年 12 月任）
副处级纪检监察员
曾莉萍（2017 年 5 月任）
副处级纪检监察员
庄全松（2017 年 5 月任）

【市委巡察办、巡察组成员】

市委巡察办主任
曾勇平（2017 年 2 月任）
市委巡察一组组长
谢玉民（2017 年 2 月任）
市委巡察二组组长
杨智伟（2017 年 2 月任）
市委巡察办副主任
庄跃庆（2017 年 2 月任）
市委巡察办副主任
韩庚申（2017 年 2 月任）
市委巡察一组副组长
杨坤生（2017 年 2 月任）
市委巡察二组副组长
蔡瑞明（2017 年 2 月任）

·主要工作·

【学习贯彻中共十九大精神】

坚持把学习宣传贯彻中共十九大精神作为首要政治任务，着力在学懂弄通做实上下功夫、走前头、做表率。迅速传达贯彻。结合推进“两学一做”学习教育常态化制度化，通过中心组学习、专题辅导讲座、支部研讨交流等方式，带领全市纪检监察干部原原本本学原文、逐字逐句学精神，自觉用习近平新时代中国特色社会主义思想武装头脑、指导实践、推动工作。营造浓厚氛围。市纪委主要领导率先垂范，深入农村基层和挂钩企业宣讲中共十九大精神，听取一线声音，强化调研指导，推动中共十九大精神深入基层、深入人心；创新方式和载体，开展“坚定信念·廉政先行”文艺巡演等“喜迎十九大”廉政文化系列活动，开辟网站、微信公众号学习专栏，组织专题学习研讨，为学习宣传中共十九大精神唱响主旋律、传播正能量、营造好氛围。强化检查督导。坚持把讲政治作为第一位的要求，履行好党内监督专责机关的职责，由市纪委监察局领导班子带队，深入各地各部门监督检查中共十九大精神学习贯彻情况，督促全市党员干部特别是领导干部增强“四个意识”，把思想和行动统一到中共十九大的部署要求上来，坚决维护以习近平同志为核心的党中央权威和集中统一领导，确保中共十九大精神在全市落地生根、开花结果。

【深化监察体制改革】

牢牢扛起政治责任，扎实推进全市监察体制改革试点工作。加强组织领导。深入学习贯彻赵乐际书记来闽调研讲话精神，特别是对漳州市深化监察体制改革试点工作的重要指示，按照市委制定的“时间表”和“路线图”，倒排工期，挂图作战，履行好专责，确保如期完成各项工作任务。把握关键环节。抓好人员转隶关键，做细做实思想政治工作，深入开展谈心、谈话和家访活动，严把政治关和廉洁关，市县两级共转隶人员121名；有序落实机构组建、业务衔接、干部培训、后勤保障、制度建设、舆论宣传等重点工作，蹄疾步稳推进全市改革试点工作。

11月8日，市委常委、市纪委书记林叶萍（正面左一）到漳浦县佛昙镇轧内村宣讲中共十九大精神

凝聚改革合力。建立工作联系、情况通报、会商研判等制度，推动职能部门落实改革任务；市纪委领导班子带队深入县（市、区）分片督导，加强对县级改革试点工作指导督促。在全省率先完成市县两级监察委员会组建和挂牌，监察对象从原来的2.3万人增加到8.1万人，增长2.5倍，实现对所有行使公权力的公职人员监察全覆盖。

【保持反腐高压态势】

敢于坚持原则，铁面执纪，用实际行动诠释对党的忠诚，坚决维护党章党规党纪的严肃性。规范问题线索处置。健全完善信访举报件办理标准体系，强化金砖会晤和中共十九大安保维稳、信访举报、风险隐患排查化解，开展问题线索大起底。全市接收信访举报4360件，其中检控类初次举报1776件，处置问题线索6539件，为109名受到错告、诬告的干部澄清事实，在严明纪律中体现对党员干部的关心爱护。夯实监督执纪基础。坚持抓早抓小、动辄则咎，全市运用“四种形态”处理6672人次，其中第一、第二种形态占89%，第三、第四种形态占11%，实现由“惩治极少数”向“管住大多数”拓展；建立完善重要干部廉政档案10373人，其中市管处级干部1198人、科级及以下干部9175人，全面摸清“树木”与“森林”状况。加大执纪审查力度。探索完善市县乡异地交叉办理、提级办理、联合办理等执纪审查模式，提升监督执纪能力水平。全市立案1884件，给予党纪政纪处分1845人。其中，处级干部案件34件、科级干部案件254件，移送司法机关79人，形成强大震慑。

【强化正风肃纪】

注重发挥组织协调作用，督促基层纪委和职能部门主动作为、充分履职，织密监管网络，形成工作合力，推动作风建设深入抓、见常态、显实效。持续查纠“四风”问题。完善“1＋X”工作格局，建立定期报告、定期会商、定期通报、市县联动“四项机制”，常态化开展落实中央“八项规定”精神监督检查，不断把作风建设引向深入。中共漳州市委、市政府专门下发《通知》，全面开展津贴补贴发放情况自查自纠和专项检查，强化监督制约，堵塞制度漏洞，严肃查处、问责违规违纪行为。推动建立市委文明办牵头抓总、各职能部门协同配合工作机制和11个基层联系点工作制度，推动全市移风易俗工作深入开展。全市查处违反中央“八项规定”精神问题261起，处理479人，给予党纪政纪处分236人；通报曝光典型案例67期141起274人次。深化扶贫领域精准监督。纪委主要领导深入重点县、乡一线开展调研督查，约谈县乡党委、纪委主要负责人；市县两级纪委领导班子、派驻机构分别带队深入基层，“拉网式”检查督促，指导到村；建立扶贫领域“1＋X”和“五有五见”工作机制，组织乡镇纪检干部入户访查贫困户21347户，实现全覆盖。全市查处扶贫领域违规违纪问题333起528人，以铁的纪律护航脱贫攻坚。探索建立常态化管理机制。注重源头防范，督促协调市委、市政府“两办”、财政局制定公务接待、会议费、培训费等管理办法和扶贫专项资金常态化管理监督试点工作方案，发挥制度的规范制约和监督作用，扎紧制度笼子。

【加强基层廉政建设】

坚持把工作重心向基层聚焦，突出抓好市委加强农村基层党风廉政建设十项举措的落实，持续推动全面从严治党向纵深发展、向基层延伸。推进乡镇纪检组织建设标准化。突出抓好乡镇纪检组织建设，在全省率先实现乡镇纪委100%配备3名以上专职干部、100%完成全员业务培训、100%有自办案件。乡镇纪委监督执纪能力有效提升，办理信访查实率从30%提升到56.6%；立案1053件，比上年增加88%，有力查纠一批损害群众利益，宗族恶势力、“村霸”把持干扰村务等问题。推进村级“微权力”监管制度化。在全市1651个行政村全面推行乡镇党委下派村级党风监督员制度，乡镇纪委与村级党风监督员形成“主次分明、专辅结合”的全覆盖监督格局，将监督触角延伸到最基层。加强创新，在东山县推行村级印章和文员规范化管理，在华安县运用“科技＋大数据”方式，建立党员干部信息、资金与项目、集体资产资源等“三个监督平台”，有效用制度管住“微权力”。推进廉政文化建设本土化。深入挖掘本地廉政文化资源，精心打造龙海埭美古村家风堂、华安齐家馆等特色家风馆，收集整理漳浦廉政两帝师等家规家训，构建具有“本土味”“闽南风”的基层廉政文化建设格局，让党员干部知敬畏、存戒惧、守底线。

【推进市县巡察工作】

突出政治站位，坚持高标准起步、高起点实施，稳步有序推进市县巡察工作，有效发挥巡察“利剑”作用。夯实巡察基础。加强统筹协调，市县全面设立巡察机构，建立千人巡察人才库，配齐配强巡察力量，完善巡察配套制度，推进巡察工作规范化。创新巡察方式。突出政治巡察定位，在8个县（区）试点开展异地交叉巡察，对市、县民政局同步开展系统巡察。突出巡察监督重点，注重巡察与群众切身利益关系紧密的部门，对扶贫领域开展专项巡察，并延伸巡察经济活动多、专项经费多、群众反映多的重点乡镇和重点村。截至2017年底，市县两级巡察单位166个，延伸巡察村（居）202个，有效补齐基层党内监督短板。用好巡察成果。全力配合、保障省委对龙文、龙海、漳浦、芗城开展巡视工作，狠抓问题反馈整改，建立健全问题清单制度，规范巡视巡察发现的问题线索管理，严格分类处置，推动责任单位建章立制。市县巡察发现问题2249个，已立案158人，给予党纪政纪处分106人，移送司法机关20人，推动建立完善相关制度683项，进一步增强了各级党组织的凝聚力、战斗力。

【落实全面从严治党政治责任】

坚持把推动主体责任落实这个“牛鼻子”牢牢抓在手上，着力构建清晰的明责、督责、问责链条，层层压紧压实“两个责任”。加强清单管理。紧紧围绕省委“五抓五看”要求，层层深化责任清单、问题清单和问责清单管理，明确分管农村工作的县乡领导对农村党风廉政建设承担主体责任，挂钩乡镇的县（市、区）领导对乡镇党风廉政建设承担重要责任。市委召开市直单位落实“两个责任”工作推进会议，市委书记檀云坤出席会议并作重要讲话，持续加大压力传导。加强检查考评。建立完善履行主体责任情况报告、述责述廉、民主评议、逐级约谈、市领导带队检查考评、问题跟踪督办等工作机制，牵头组织开展2016年度责任制检查考评，督促整改问题78个。对省委落实主体责任检查和“回头看”提出的问题和建议，强化整改督办和线索核查，严肃处理责任人27名。加强责任追究。坚持站位全局，服务中心工作，结合中央和省环保督察，查处生态文明建设领域违纪问题34起，问责处理104人；参与芗城、龙海、南靖等地生产安全事故调查处理，问责处理24人，以严厉问责倒逼各级各部门正确履职尽责。用好党内问责“撒手锏”，全市实施党内问责318起，责任追究359人，给予党纪处分91人，通报典型案例41期130起173人，有效激发各级党组织和党员领导干部管党治党责任担当，推动“两个责任”落实。

【加强队伍自身建设】

坚持打铁自身硬、正人先正己，对纪检监察干部队伍从严教育、从严管理、从严监督，努力当好遵守纪律的标杆。加强作风建设。结合推进“两学一做”学习教育常态化制度化，对标学习廖俊波先进事迹，开展“五抓五重”和“抓基础、转作风、强队伍”等专题研讨活动，锤炼严实深细的作风；建立经常化、分层次、全覆盖的学习培训机制，全市培训纪检监察干部1279人次，实现乡镇和派驻纪检干部全员培训；拓宽选人用人渠道，公开遴选市纪委机关和派驻机构干部15名，进一步优化队伍结构。加强派驻机构建设。市、县两级分别在2017年3月、8月份提前实现派驻监督全覆盖改革，分别派驻机构24个、152个，每个派驻机构编制均在3名以上，监督单位分别从原来的63家、761家增加到124家、991家；建立纪检监察室与派驻纪检组挂钩联系机制，对日常工作加强沟通联系，对破解难题加强指导会商，对纪律审查加强协调保障，对履行职责加强监督检查，支持和推动派驻机构发挥“探头”作用。市县两级派驻机构立案数分别比上年增长91.2%和184.1%，市级派驻机构实现100%有自办案件，有效发挥了“探头”作用。加强内控机制建设。认真组织监督执纪工作规则学习研讨，开展纪检监察干部违纪典型案例警示教育，查找风险点和薄弱环节，健全完善内控机制。制定完善纪检监察干部请示报告、室主任管理办法等制度规定，强化内部监督，严防“灯下黑”。

·重要活动·

【领导考察调研】

1月3日，市委书记檀云坤到龙海开展党风廉政建设责任制检查，林叶萍陪同。

2月7日，省纪委副书记黄德安一行到漳州开展党风廉政建设责任制检查，林叶萍陪同检查。

3月1日，省长于伟国来漳召开漳州市2016年度全面从严治党主体责任落实情况检查集体约谈会，林叶萍陪同约谈。

3月8日，省纪委副书记黄汉升一行到龙海市调研农村基层党风廉政建设工作，林叶萍陪同。

3月23—25日，省委常委、省纪委书记刘学新一行到漳州市长泰、龙文、龙海等地调研。市委书记檀云坤，市长刘远，市委常委、市纪委书记林叶萍全程或部分陪同调研。

4月17日，省纪委副书记黄汉升到漳州市调研，林叶萍陪同调研。

6月6—7日，省纪委常委薛云官一行4人到龙海市、漳州台商投资区调研金砖维稳信访举报风险防患排查化解和党内问责等工作情况，林叶萍陪同调研。

6月26—28日，省委常委、省纪委书记刘学新到漳州市调研加强县乡纪检组织建设，林叶萍陪同调研。

8月16—18日，省纪委副书记黄德安一行到漳州市开展全面从严治党主体责任检查“回头看”、基层党风廉政建设和执纪审查工作调研，林叶萍陪同调研。

8月23—25日，省纪委常委薛云官一行3人到平和、云霄开展厦门会晤信访维稳及扶贫领域信访举报工作情况调研，林叶萍部分陪同调研。

10月18—20日，省纪委常委陈国建、第七纪检监察室主任王文德一行3人到漳州市调研扶贫领域监督执纪问责工作，并召开龙岩、漳州两地6个省级扶贫开发重点县工作座谈会。林叶萍陪同调研和参加座谈会。

12月5—6日，省纪委副书记、省监察厅厅长陈善光一行2人到龙海市督导监察体制改革试点工作并召开座谈会，林叶萍参加座谈会。

12月21—23日，中央政治局常委、中央纪委书记赵乐际到漳州市调研，深入了解监察体制改革试点工作情况，与基层纪检监察干部亲切交流，并主持召开部分中央国家机关纪检组长和省市县纪委书记座谈会，考察参观东山县谷文昌纪念馆。林叶萍陪同调研并参加座谈会。

【省委巡视组在漳州开展巡视工作】

5月5日上午，省委巡视七组对漳州市龙文区进行为期一个月的巡视，并召开巡视动员会，林叶萍参加会议。下午，林叶萍在市政府视频会议中心参加全省纪检监察信访举报工作会议。

8月1日，省委巡视三组在漳浦县召开巡视动员会，林叶萍参加会议。

8月15日，省委巡视七组组长谢仰俊、省委巡视办副主任李桂义一行9人到漳州市龙文区反馈巡视情况，并召开调研座谈会，林叶萍参加会议。

9月7日，省委巡视三组在龙海市召开巡视动员会，林叶萍参加会议。

12月5日，省委巡视六组在芗城区召开巡视动员会，林叶萍参加会议。

【全省纪检监察系统在漳州举办培训班】

7月25—28日，全省纪检监察

信访举报工作业务培训班在东山举办，省纪委副书记、秘书长洪仕建出席培训班开班式并讲话，省纪委常委薛云官出席培训班结业式并讲话。林叶萍参加会议。

8月28日，省纪委在东山谷文昌廉政文化教育中心举行“全省纪检监察机关案管室主任培训班”开班式，省纪委副书记黄德安出席开班式并作动员讲话，林叶萍参加开班式。

9月11日，省纪委在东山县谷文昌廉政文化教育中心举行“加强市级纪委领导能力建设研讨班”开班式，省纪委副书记黄汉升出席开班式并作动员讲话，林叶萍出席开班式并参加研讨。

9月25日，省纪委在东山县谷文昌廉政文化教育中心举行“加强县级纪委扶贫领域监督执纪能力建设培训班”开班式，省纪委副书记黄汉升出席开班式并作动员讲话，林叶萍出席开班式。

【全市纪检监察助推精准扶贫】

5月18日，全市纪检监察机关精准监督助推精准扶贫工作推进会召开，林叶萍出席会议并讲话。

7月3日，林叶萍和市纪委同志收看中央纪委召开扶贫领域工作电视电话会议。

7月7日，市纪委召开扶贫领域精准监督“1＋X”推进会，林叶萍出席会议并讲话。

10月16日，林叶萍到平和县文峰、小溪等乡镇调研精准监督助推精准扶贫工作。

【召开全市巡察工作推进会】

1月5日，漳州市召开全市巡察工作推进会暨乡镇纪委书记培训会，市委书记檀云坤出席会议并讲话，林叶萍作巡察工作部署和培训动员讲话。

【市纪委召开市直派驻监督全覆盖工作会议】

3月29日，市纪委召开市直派驻监督全覆盖暨落实“两个责任”工作会议，市委书记檀云坤出席会议并讲话，林叶萍主持会议并作具体部署。

【市委反腐败协调小组召开工作会】

6月15日，林叶萍主持召开市委反腐败协调小组工作会议。

9月26日，市委常委、市纪委书记林叶萍（中）到云霄调研精准监督助推精准扶贫工作

【林叶萍在全市改革领导小组会上汇报纪检体制改革情况】

7月13日，市委书记檀云坤主持召开全市全面深化改革领导小组第五次会议，林叶萍作为纪律检查体制改革专项工作小组组长汇报“创新乡镇纪检组织建设”情况。

【林叶萍参加中央纪委来闽召开的调研座谈会】

7月27日，林叶萍在福州参加中央纪委来闽召开的《中国共产党问责条例》贯彻执行情况和开展谈心谈话工作情况调研座谈会。

【市纪委召开半年工作会议】

7月31日，市纪委召开半年工作会议，林叶萍出席会议并讲话。

【市委部署第三轮巡察工作】

8月11日，十一届市委第三轮巡察工作动员部署会召开，林叶萍出席会议并讲话。

【观看廉政文艺巡演】

9月27日，林叶萍和市纪委人员观看“坚定信念·廉政先行”—喜迎十九大廉政文艺巡演漳州专场演出。

【市纪委召开全市纪检监察机关推动移风易俗工作座谈会】

10月16日下午，林叶萍在平和县主持召开全市纪检监察机关推动移风易俗工作座谈会。

【林叶萍深入漳浦宣讲中共十九大精神】

11月8日，林叶萍深入漳浦县绥安、佛昙等镇村，宣讲中共十九大精神，与基层党员干部面对面交流学习体会，并走访慰问贫困户，检查指导乡镇纪委精准扶贫精准监督入户访查情况。

【市纪委收看全国推开国家监察体

制改革试点工作电视电话会】

11月11日，全国推开国家监察体制改革试点工作动员部署电视电话会议召开，林叶萍和市纪委人员在漳州分会场收听收看会议。

【市纪委部署全市深化监察体制改革试点工作】

11月17日，林叶萍主持召开各县（市、区）纪委书记座谈会，部署各县（市、区）深化监察体制改革试点工作。

【林叶萍参加中纪委举办的“市级纪委书记学习贯彻中共十九大精神专题研讨班”】

11月19—22日，林叶萍到中国纪检监察学院参加中央纪委举办的“市级纪委书记学习贯彻党的十九大精神专题研讨班”。

【市纪委召开各县（市、区）纪委书记座谈会】

11月27日，林叶萍主持召开各县（市、区）纪委书记座谈会，了解各县（市、区）深化监察体制改革试点工作进展情况。

【林叶萍参加中纪委召开的监察体制改革试点工作座谈会】

12月10日，林叶萍在厦门参加中央纪委在闽召开的深化国家监察体制改革试点工作座谈会。

【召开全市反腐败协调小组会议】

12月15日，林叶萍主持召开全市反腐败协调小组会议。同日晚上，林叶萍与市检察院拟转隶20名干部进行座谈。

【林叶萍在市领导干部学习贯彻中共十九大精神专题研讨班上作专题讲座】

12月18日，林叶萍在第4期漳州市领导干部学习贯彻中共十九大精神专题研讨班上作“学习贯彻党的十九大精神推动全面从严治党向纵深发展”专题讲座。

【林叶萍参加省纪委常委会（扩大）会议】

12月26日，林叶萍在福州参加省纪委常委会（扩大）会议，传达学习赵乐际来闽调研讲话精神和省委常委会会议精神。

·重要会议·

【漳州召开市纪委十一届二次全会】

1月23日，市纪委十一届二次全会在芗城召开。市委书记檀云坤出席会议并讲话，市委副书记、市长刘远传达十八届中央纪委第七次全会和省纪委十届二次全会主要精神，市委常委、市纪委书记林叶萍代表市纪委常委会作题为《推动全面从严治党向纵深发展，为加快建设富美新漳州提供坚强保证》的工作报告。下午，林叶萍主持召开市纪委十一届二次全会第二次大会，审议通过市纪委十一届二次全会工作报告和决议（草案）。

【全省市县纪委派驻监督全覆盖及乡镇纪检组建设推进会在漳召开】

3月25日下午，全省市县两级纪委派驻监督全覆盖及乡镇纪检组织建设工作推进会议在漳州召开，省委常委、省纪委书记刘学新出席会议并讲话。林叶萍参加会议。

【漳州市召开市委常委会暨全市深化监察体制改革试点工作小组首次会议】

11月28日，市委书记、市深化监察体制改革试点工作小组组长檀云坤主持召开市委常委会会议暨全市深化监察体制改革试点工作小组第一次会议，学习贯彻中央和省委对深化国家监察体制改革的重大部署，研究漳州市深化国家监察体制改革试点工作实施方案。林叶萍参加会议。

【赵乐际在漳召开部分中央国家机关纪检组长和省市县纪委书记座谈会】

12月22日上午，中央政治局常委、中央纪委书记赵乐际在漳州宾馆主持召开部分中央国家机关纪检组长和省市县纪委书记座谈会，认真听取对做好纪检监察工作的意见。福建省委常委、省纪委书记刘学新，广东省委常委、省纪委书记施克辉，中央纪委驻中央办公厅纪检组组长舒国增、中央纪委驻国家发改委纪检组组长穆红玉，漳州市委常委、市纪委书记林叶萍，龙岩市永定区委常委、区纪委书记陈文操，厦门市翔安区委常委、区纪委书记施耿瑶分别作交流发言。赵乐际书记对漳州市经济社会发展和党风廉政建设取得的成效，特别是对廉洁基层建设和扎实有序推进监察体制改革工作给予充分肯定。他指出，漳州市抓好惩治群众身边的腐败问题，推动移风易俗，营造基层良好的政治生态，增强了群众的获得感；漳州市委切实担当起主体责任，市委书记当好“施工队长”，市纪委按“施工图”组织施工，做好转隶人员的思想政治工作，转隶人员提前到位办公，扎扎实实推进改革。

【市纪委召开常委会（扩大）会议】

12月27日，林叶萍主持召开市纪委常委会（扩大）会议，传达学习赵乐际到闽调研讲话精神和省委常委会、省纪委常委会（扩大）会议精神，研究贯彻落实意见。

“中共漳州市纪律检查委员会”类供稿：

中共漳州市纪委

民主党派

·民革漳州市委会·

【组织概况】

中国国民党革命委员会漳州市委员会（以下简称“民革漳州市委会”）下设龙海、芗城、龙文和闽南师范大学4个总支、12个市直支部。至2017年底，共有民革党员427人。主任委员戴鹏飞，副主任委员王少华、詹阿来、阮秀惠、林丽娜，林丽娜兼任秘书长。

【参政议政】

围绕热点深入调研　2017年，民革漳州市委会围绕中共漳州市委、市政府提出的中心工作，结合民革“三农”（农村、农业、农民）、祖国和平统一和社会法制3个重点工作领域，通过年初向各专委会和基层组织布置的调研任务，收到各基层组织上报调研课题题目24篇。经民革漳州市委会九届十六次常委会研究通过，确定《加强我省创新型城市建设的几点建议》等13篇为2017年重点调研课题。同时，还承接市委统战部的理论课题1篇；在报给民革省委会的3篇调研课题中，《着力开启农业电商模式　推动我省县域经济转型升级》被列为民革省委会调研课题。为了做好课题调研任务，民革漳州市委会先后深入龙海、龙文、漳浦、招商局经济开发区等进行实地考察，充实大量基础性材料，形成高质量的调研报告。

建言献策服务大局　2017年“两会”期间，民革漳州市委会向政协会议提交团体提案9篇，政协委员个人提案25篇；人大代表建议8篇；在市政协大会期间，民革漳州市委会有3篇被选为重要提案摘报，《关于促进我市林下经济健康发展的几点建议》等4篇团体提案及1份个人提案分别获得市委书记檀云坤、市长刘远的批示。其中《关于推进我市医疗扶贫的几点建议》被评为2017年政协的重点提案；政协十三届一次会议同时表彰2016年度优秀提案。民革漳州市委会有2篇团体提案获优秀提案。此外，龙海、芗城和龙文总支在各自的所在地“两会”上均提交高质量的提案和建议，取得较好实效。在深入调研的基础上，民革漳州市委会形成《关于促进我市光伏农业产业健康发展的建议》和《关于加强我市田园综合体建设的建议》等10篇调研报告分别作为团体提案和大会发言，提交市政协十三届二次会议，其中，有3篇获得市领导批示。

关注民生反映民意　2017年，民革漳州市委会共向民革省委、市政协和市委统战部报送社情民意60条，其中被采纳30件。在2017年民革福建省委参政议政工作会议上，1名机关干部被评为2016年度民革福建省委信息工作优秀信息员。在2017年全市政协信息工作会上，民革漳州市委会荣获“2016年度全市政协系统信息工作先进单位”称号，机关干部1人获评先进个人，同时有2件社情民意信息被评为市政协好信息。另外，为提高民革漳州市委会信息工作人员的敏感性和专业性，提高社情民意信息撰写水平，民革漳州市委会有针对性地通过多项举措进行推进。其中，选拔骨干党员10人参与同三明、漳州和龙岩联合举办的社情民意信息培训班；选拔5人参加省委会举办的信息工作培训班；通过“请上来、走下去”的常规性活动与信息小组成员开展交流座谈等。

【自身建设】

深入抓好思想政治学习　民革漳州市委会十分重视学习教育工作，把提高全体民革党员的思想政治素质作为学习教育活动的重点。民革漳州市委会以传达学习中共漳州市委及市委统战部《关于深入开展党的十八届六中全会精神学习教育的通知》文件精神为契机，先后组织党员学习中共十八届六中全会及总书记习近平系列重要讲话精神，传

达学习十二届全国人大五次会议及全国政协十二届五次会议精神。中共十九大召开后，民革漳州市委会组织市委会全体委员、各基层组织负责人、骨干党员和全体机关干部参加中共十九大专题学习会，全面、系统、深入地学习中共十九大会议精神，并要求各基层组织以主动的态度、饱满的热情，多层次、全方位开展学习活动并撰写学习心得。

开展主题教育活动 根据民革中央、民革福建省委的统一部署，经民革漳州市委会九届十六次常委会议决定，在全市民革组织中深入开展“不忘合作初心，继续携手前进”主题教育活动，明确主题教育活动的目的和意义、学习的重点和特点、工作的方式和要求，并要求基层组织充分发挥作用，结合自身实际，组织安排主题教育活动，结合纪念民革成立70周年和漳州民革2017年换届工作，坚持正确的政治方向，不断增强接受中国共产党领导的信心和决心。2017年10月份，民革漳州市委会领导班子成员、各基层组织负责人、骨干党员及机关工作人员赴龙岩开展“不忘合作初心，传承好红色基因”专项教育活动，并与民革龙岩市委会交流教育活动内容，增进民革党员对中国革命史的了解和对“不忘合作初心，继续携手前进”的内涵领会。

圆满完成换届选举 在中共漳州市委、民革福建省委的重视和大力支持下和中共漳州市委统战部的具体指导和帮助下，民革漳州市第十次代表大会在严肃、严谨、和谐、有序的氛围中落下帷幕，取得成功，选举产生新一届领导班子。芗城总支和综合一支部等顺利完成换届工作，将教育支部分为教育一、二两个支部；闽南师大支部升格为总支，下辖闽南师大一、二支部，激活基层组织活力。

严格把控党员准入 民革漳州市委会十分重视新党员的组织考察工作，注重质量，力争突出民革特色。2017年，继续加强对提出入党申请的人员进行严格、细致的组织考察，对拟发展的新党员政治素养、参政议政能力和工作热情等进行深入了解，并形成相应的组织考核材料，对民革党员队伍的年龄结构、知识结构和界别特色等做出科学合理的调整，民革党员队伍得到优化。在2017年发展的民革新党员26人中，中高级职称占35%。

提升党员队伍素质 为了提升党员队伍的总体素质，除了有针对性地对现有民革党员队伍中的骨干党员进行培养以外，民革漳州市委会领导班子成员率先垂范，主动参加市委统战部组织的民主党派领导培训班。根据市委统战部《关于2017年漳州市统一战线干部培训计划的通知》精神，在上半年组织新党员4人参加由市社会主义学院举办的新党员培训，还推荐机关干部1人参加为期2个月的市直机关正科级干部培训班。

【祖统工作】

促进两岸交流 2017年，全市各级民革组织和广大民革党员接待或参与接待台港澳同胞、海外人士4批次，逾20人次。民革漳州市委会领导接待到漳州参加两岸一家亲论坛的前台湾统一促进党主席林正杰一行，并就促进“和平统一，一国两制”、闽台民间、文化交流等进行交流探讨。副主委于2017年6月份接待台湾新北市林氏宗亲会前会长林漳率领的省亲团9人到东山省亲，并与之进行座谈；民革妇青委主任分别接待来漳州考察民俗文化的海外团体和个人；民革漳州开发区支部参与接待台湾开漳圣王庙团近200人到开发区保泉宫进香参拜活动。此外，还有民革党员参与接待台湾高雄市陈太傅后裔恳亲团39人到漳州市芗城区、漳浦县和南靖县进行寻根谒祖活动，并举行座谈交流，向其赠送有关漳州历史书籍，介绍漳州发展现状，这是自20世纪50年代后，陈太傅台湾后裔首次回漳州谒祖。

组织党员开展调研 涉台参政议政工作是民革漳州市委会的优势和特色，把做好对台研究工作作为工作重点，挖掘祖统工作资源。2017年上半年，民革漳州市委会除了继续加强涉台调研、信息撰写外，还继续发动民革党员开展对台研究工作。2017年1月，龙海市台办与民革龙海总支、台盟龙海支部在市台办会议室举行对口挂钩座谈会，民革龙海总支委员在会上就龙海对台工作提出具体看法和可行性建议；民革党员1人在上半年参加团省委组织的海峡青年促进会代表座谈会，并当选为新一届的促进会理事，同时以《新时期台湾学生运动研究》为题向教育部报审，获得教育部立项。此外，还有民革党员前往图灵台湾青年创业基地进行走访调研，对基地的发展、建设情况进行深入了解，并就如何提高在漳州台湾企业的服务水平与台湾企业负责人进行深入探讨。

【服务社会】

在2017年民革全国组织建设社会服务参政议政工作表彰会上，民革漳州市委会被评为民革全国社会服务工作先进集体。1月份，民革龙海总支深入走访慰问龙海民革总支80岁高龄的老党员10人，送去慰问金和节日的问候与祝福；民革龙文总支在上半年组织党员主动参与各项志愿服务活动，深入龙文区各个社区清理卫生死角、杂草、杂物等，劝导不文明行为，推动漳州市创建文明城市。6月，有民革党员深入基层开展送医下乡义诊活动，并普及医疗常识；9月，民革漳州市委会发动漳州市中山学校的民革党员和热心公益人士前往平和县开展捐资助困活动；11月，民革漳州市委会联合南坑街道腾飞社区居民委员会开展法律服务进社区活动，取得良好成效，《福建日报》给予报道。此外，民革龙文总支还响应区慈善总会“扶贫济困，奉献爱心”慈善捐赠号召，捐款2万元交由区慈善总会统一管理使用，为慈善事业奉献一份爱心；民革芗城总支发动党员立足岗位本职为民办实事，围绕漳州的生态环境建设、古迹景观保护建设、完善教育资源配套等做了大量工作。

【机关建设】

加强机关制度建设　2017上半年换届工作完成后，民革漳州市委会机关加强机关建设，不断完善机关的值班制度、办公会议制度、文书档案管理制度，财务、财产管理制度，机关卫生制度，考勤制度、机关干部联系基层制度等，重新细化对各职务、各工作岗位的职责，制定工作项目、工作概述、工作标准等，做到制度化、规范化，并规范基层组织和各专门工作委员会的工作职责，激活基层组织活力，增强民革党员的凝聚力。

提高机关服务质量　民革漳州市委会机关按照部署，加强协调、服务、督促、联络工作，使上级精神及时贯彻，基层组织活动更加充满生机和活力。民革漳州市委会机关荣获漳州市第十三届（2015—2017年）文明单位，顺利通过“综治平安建设”检查和市档案局的档案管理双随机抽查。

·民盟漳州市委会·

【组织概况】

2017年，民盟漳州市委会共发展新盟员34人，其中，中高级以上职称占90%。截至年底，共有盟员678人。

加强基层组织班子建设。2017年是民盟市委会基层组织换届年，民盟漳州市委会以换届为契机，选拔一批知识结构互补、年龄梯次合理的中青年骨干担任各基层组织的负责人，充实民盟的后备干部队伍。支委班子平均年龄40.8岁，下降5岁；中高层比例提升20%。一批年富力强的中青年骨干走上基层领导岗位。

调整、新增工作委员会。为适应新时期参政议政的需求，民盟漳州市委会在上一届3个工作委员会的基础上，调整、扩充、重新组建5个工作委员会，即高等教育与职业教育工作委员会、基础教育工作委员会、文化工作委员会、经济科技工作委员会、社会服务工作委员会。分别对应民盟专题工作任务。经科工作委员会开展调研，撰写信息获得市领导批示；普通教育工作委员会组织论文参与民盟省委基础教育研讨会；社会服务工作委员会协助民盟市委隆教乡新农村建设；文化工作委员会组建漳州民盟艺术团，协助民盟市委参与在广州举办的“海丝十城书画作品联展”等。

创建“盟员之家”。民盟中央、民盟省委重视“盟员之家”的建设。这是广大盟员统一思想、提高认识、情感联谊、共同进步的重要平台，也是民盟基层组织履行参政党职能、发挥参政党作用、展示参政党形象的重要载体。民盟漳州市委会按照先易后难，首批建立3个市级“盟员之家”，分别为长泰的科教实践基地、南靖的盟员活动基地、市区的“盟员之家”。经民盟漳州市委会授牌，龙文支部也率先建立基层“盟员之家”。

完善制度、促进盟务规范化。制定委员管理办法，推进委员履职工作的制度化和规范化，民盟漳州市委会制定《民盟漳州市第十一届委员会委员履职管理办法（暂行）》，从委员的职责、管理、服务3个方面进行细化规定。要求委员参加政治理论学习、参加民盟市委会议、基层组织活动、调研、撰写信息等，并建立市委委员履职档案。并修订工作委员会工作制度，把工作委员会工作纳入民盟市委量化考核范围。同时，继续实施基层组织量化考核方案，对基层组织年度工作计划、工作总结、活动次数、参政议政等情况进行细致统计，并依此评选出先进基层组织。修订民盟市委信息、提案、调研工作规定，调研经费预算翻番，加大对基层组织开展调研活动的扶持力度。

整合基层组织、筹备闽南师大总支。为便于开展活动，民盟漳州市委会与闽南师大党委多次协商，拆分原闽南师大支部，建立闽南师大一支部、二支部，并把农校支部并入闽南师大，建立民盟闽南师大总支，由副主委陆鎏眉兼任主委。并与漳州高新区党委沟通，计划新建民盟高新区支部。

【思想宣传】

2017年10月，中共召开中共十九大之后，民盟中央召开十二大。民盟中央要求全盟把学习贯彻中共十八届六中全会精神、中共十九大精神作为首要政治任务，掀起学习、宣传和贯彻的热潮，履行参政党职能，为夺取新时代中国特色社会主义伟大胜利贡献力量。

民盟漳州市委会依照上级组织要求，结合自身实际，制订学习计划，扎实开展学习教育活动。领导发挥表率、示范作用，把学习中共十八届六中全会、中共十九大精神列入主委会、常委会议程，带头组织学习。借助基层季度工作会平台，及时把会议精神传达到民盟的骨干队伍，并要求各基层组织学习。10

月26日，民盟漳州市委会组织基层支部主委和机关工作人员专题学习中共十九大精神，与会人员共同学习中共十九大报告及民盟福建省委会主委阮诗玮写下的心得体会《以更加昂扬的精神迎接时代新使命——写在中共十九大召开之际》。同时，举办中共十九大精神专题学习班。11月17日，盟市委在市委党校邀请党校副教授陈贤滨做解读中共十九大报告的专题讲座，民盟市委委员、各工作委员会主任、基层组织负责人、盟内各级人大代表、政协委员、机关干部等参加学习。另外，还组织机关干部观看《没有共产党就没有新中国》，组织盟员观看《将改革进行到底》等教育影片。

各支部按照盟市委要求，纷纷组织专题学习活动。芗城总支、芗城小教支部、龙文支部、漳州城市职业学院支部举办专题讨论会，龙文支部还邀请区委统战部领导参加。通过多层次学习，广大盟员深刻领会精神实质，自觉以习近平新时代中国特色社会主义思想为指导，不忘合作初心，在思想上行动上与以总书记习近平为核心的中共中央保持一致，坚定不移地走中国特色社会主义政治道路。

【参政议政】

2017年，民盟漳州市委会参政议政再结硕果。提案、信息、调研均取得佳绩。许多提案、信息被采用，获领导批示，在社会产生良好影响。在政协漳州市十三届一次会议上，向大会提交团体提案10件。其中，大会发言《打好女排名片 推动我市体育旅游产业发展》和团体提案《改善城市绿化，提高防抗台风能力》《依托“蓝火计划”，进一步推进我市产学研协同创新》《建议做大做强我市高职中药专业》获得市委书记檀云坤和市长刘远等领导批示。在民盟漳州市委会的持续推动下，2013年的团体提案《创建漳州中职园区，优化市区教育资源配置》，于2017年落地见成果，进入设计施工阶段。

2017年，民盟漳州市委会共编辑上报社情民意信息64篇，其中全国政协采用1篇，中央统战部综合采用7篇，省政协采用5篇，省统战部采用8篇，省委办采用4篇，民盟省委采用31篇，市委办采用4篇，市政协采用18篇。其中《把古城区工行旧址建设为漳州金融史馆的建议》，经市委书记批示后，促成工行旧址被列入漳州首批古建筑保护，《关于进一步丰富“五湖四海”文化内涵的建议》经副市长张慧德批示后，一批文化项目植入漳州市郊野公园，提升公园品质，彰显漳州历史文化名城风采。《关于向未按规划要求建设擅自降低绿地率的建设单位征收绿化补偿费的建议》获得市长刘远、副市长张慧德批示。《关于加强中成药在儿科中使用管理的建议》，被全国政协采用；《重视公办学校非在编教师的建议》，被省委办公厅《八闽快讯》采用并得到省领导批示。2017年，民盟漳州市委会被民盟省委会评为反映社情民意信息工作先进单位。2017年基层盟员踊跃撰写社情民意信息，向民盟漳州市委会投稿40多篇，其中被采用的有35篇，涌现出一批盟内信息骨干，成为漳州民盟参政议政的中坚力量。

承担民盟省委会两个调研课题，即《关于加快我省中药材产业发展的建议》《我省沿海湿地保护与湿地休闲农业发展》。其中部分建议被作为民盟省委会建言献策内容。2017年承担的民盟省委会调研课题《关于完善土地流转，推动家庭农场发展的建议》，部分被农业部采纳，并于2017年纳入全国人大立案内容。承担省委统战部两个理论课题，即《进一步发挥民主党派人士的民主监督作用》《民主党派基层组织建设的困难与对策》。2016年民盟漳州市委会承担的课题《我省统一战线智库的路径初探》，于2017年被编入省统战理论汇编。发挥界别优势，开展界别调研。10月，为了解漳州市职业教育的发展情况及存在的主要问题，探索改善职业教育办学软环境，市政协副主席、民盟漳州市委会主委吴芳华带领政协民盟界别委员与市政协文教卫体委一同视察漳州市职业教育。视察组先后视察漳州第一职业中专学校、漳州高级技工学校、漳州第二职业中专学校。视察组现场视察之后，召开座谈会，听取各职业学校以及市教育部门的办学情况汇报。另外，民盟漳州市委会鼓励各基层组织、工作委员会自选课题，开展调研活动。2017年，基层组织共申报调研自选课题14个，其中被民盟漳州市委会采纳并作为2018年“两会”提案的有4个，转化为参政议政信息有3个。基层组织的参政议政热情得到大大调动，涌现出一批热心参政议政的基层组织和个人。

【服务社会】

民盟漳州市委会在龙海隆教乡新厝村建有新农村服务点，开展扶贫助学、文化科技下乡活动。为充实新厝小学民盟图书室，2017年，民盟漳州市委会与龙海总支联合向新厝中心小学赠书款8000元，还于春节前组织盟内文化、医疗专家学者下乡开展送春联、文化走村等帮扶活动。社会服务工作委员会于春节前到长泰慰问贫困户。另外，民盟漳州市委会响应民盟省委会号召，筹措资金，向贵州毕节捐款2万元；机关干部继续开展“机关挂钩扶贫”工作，帮扶云霄县下河乡贫困户。

【盟务活动】

依托节日，丰富盟内活动。春节前夕，民盟漳州市委会领导带领机关干部登门慰问民盟漳州市委会历届老领导及生病住院的老弱盟员，话盟务、拉家常，感谢老一辈对民盟的关心、支持与奉献。“三八”国际劳动妇女节，民盟漳州市委会组织女盟员到龙江颂公园，参观龙江风格展览馆，感受“龙江精神”；“教师节”聘请市教工委副书记郭漳陵、职教中心主任赵为船与民盟内骨干教师座谈职业教育；重阳节组织退休盟员参观西院湖、南湖，了解漳州市“五湖四海”建设的新成就。之后，民盟漳州市委会还组织各基层组织登门慰问所有80岁以上的老盟员，带去民盟组织的关心和温暖。

基层组织活跃。2017年，民盟漳州市委会基层组织日趋活跃、活动内容更加丰富。其中，民盟龙海总支组织全体盟员到泉州参观民营企业；民盟龙海社会支部、小教支部组织盟员参观闽台缘博物馆；民盟芗城经科支部组织盟员到龙海考察；台商投资区支部组织盟员到平谭考察联谊；市直经科二支部组织盟员到厦门考察调研，民盟机关一、漳州卫生职业学院、农业科技等支部组织盟员到长泰活动等。在纪念福建民盟组织成立70周年大会上，民盟漳州市委会共有盟员12人被授予省级优秀盟员、3个民盟基层组织被授予省级先进基层组织。

·民建漳州市委会·

【组织概况】

中国民主建国会漳州市委员会（以下简称“民建漳州市委会”）成立后，历时八届。2016年12月，召开第八次代表大会，选举陈仁朝为主任委员，选举陈惠红、林瑞生、庄启龙、吴海强为副主任委员，陈惠红兼任秘书长。2017年设有4个总支、21个支部、6个工作委员会。2017年发展新会员20人，截至12月，共有会员504人。

【思想建设】

民建漳州市委会坚持和完善主委会、常委会、机关办公会等学习制度，常抓学习坚定政治信念。换届后，及时组织市委会新一届领导班子深入学习《各民主党派漳州市委员会议事规则》《各民主党派漳州市委员会专职兼职领导工作职责》。中共十九大召开后，结合主委会、全委会、机关办公会、支部主任例会、参政议政工作会议以及青工委活动、重阳节活动等开展多层次多形式的学习活动，贯彻中共十九大精神以及习近平新时代中国特色社会主义思想，引导全市民建各基层组织和广大民建会员树牢“四个意识”，增强“四个自信”。

深入开展主题教育活动。以“不忘合作初心，继续携手前进”专题教育为重点，深入推进坚持和发展中国特色社会主义学习实践活动，广泛组织民建会员学习多党合作的历史，加强会章会史教育，弘扬优良传统。2017年9月，民建漳州市委会选派的会员在民建省委组织的主题演讲比赛中获三等奖。选派新一届领导班子参加市委统战部在重庆组织的主题培训，重温革命历史，更加坚定拥护中国共产党的政治信念，牢记走中国特色社会主义道路的初心。

加大宣传传递正能量。借助《漳州民建》会刊、网站、微信公众号、微信群等平台，及时传达中共十九大精神以及上级有关会议精神，传递民建基层组织新动态，刊登参政议政、理论研究新成果，展示民建会员作品与风采。密切与《闽南日报》《海峡都市报》等新闻媒体沟通和联系，做好“两会”民建界别委员提案、民建会员的社会服务活动、民建漳州市委会重大活动等内容的宣传，提高宣传思想工作的辐射力、吸引力和感染力。2017年，共发表对外宣传稿件50余篇。

【组织建设】

优化结构推进组织发展。民建漳州市委会按照“注意数量、注重质量、优化结构、保持特色”的原则，重点发展优秀企业家、政府部门中层干部和优秀年轻干部，以及新社会阶层人士。2017年，择优吸纳新会员20人。当年，民建漳州市委会相继成立青年工作委员会、芗城第三支部和社会服务工作委员会，闽南师大支部、芗城总支也顺利换届，优化组织结构，推进基层组织发展。民建漳州市委会先后出台《民建漳州市第八届委员会委员履职若干规定》《民建漳州市委会支部委员会工作职责》《民建漳州市委基层组织管理若干规定》等制度，明确职责，并制作基层组织活动记录本，发给各基层组织，用于记录基层活动的开展、会费的交纳等，帮助指导基层组织进行规范化管理。继续开展机关干部挂钩基层组织、民建漳州市委会领导班子参加指导基层组织活动，激活基层组织活力，确保每个基层组织全年开展活动两次以上。

搭建平台加大交流力度。自2012年与厦门、泉州建立民建机关联席会制度起，三地市共同举办六届联席会并联合开展课题调研。此外，民建漳州市委会还与民建黔东南州剑河支部、民建北京东城区委会等开展交流和联系，推介漳州发展情况和招商环境，吸引外地民建会员企业来漳州投资创业。推动民建医药支部与民建泉州市委会的石狮支部开展跨地市交流活动。借助民建中央、民建省委及跨地区民建组织的资源，组织企业家会员参加民建组织举办的“科技金融国际峰会”“非公有制经济论坛”“中小企业发展研讨会”“海峡物流论坛”等各种活动，为企业家会员开展交流提供平台。

创新形式激发基层活力。充分发挥民建的特色和优势，根据不同需求搭建相应平台，扩展会员的活动空间。继续开展“会员之家”的创建活动。2017年11月，民建福建省委主委吴志明莅漳州为文教二支部成立的“会员之家”揭牌。至2017年共有6个基层组织成立“会员之家”，成为会员交流、学习、履职的重要平台。继续引导、深化民建龙文总支、工商一支部等基层组织与社区的共建关系，开展法律援助咨询服务、慰问社区低保户等共建活动，得到了社区、街道办事处的好评和统战部的肯定。此外，不断完善专委会组织框架，不断激发专委会的活力，结合专委会职能，在“三八”国际劳动妇女节、“五四”青年节、重阳节等重大节日开展形式多样的活动。通过专委会横向组织主题鲜明的活动互补，民建界别特色更加凸显，会员向心力更大。为丰富会员的精神生活，提升文化品位，民建漳州市委会还成立书画院，并举办纪念民建漳州市委会成立35周年书画展。

健全机制加强机关建设。推进机关工作的制度化、规范化、程序化建设，规范办文、办会、办事工作。同时，严格落实机关效能建设要求，从改进调查研究、精简会议活动、厉行勤俭节约等方面，贯彻落实中央“八项规定”，配合市公车办的部署做好公车改革的相关工作。参加“平安单位”的建设，配合所在社区做好金砖会议期间以及日常的巡防工作。此外，改进作风、密切联系群众，加大与基层组织和会员经常联系沟通。2017年，共看望、慰问退休机关干部、生病会员、困难会员及会员遗属60余人次。

【参政议政】

推进“两会”履职。围绕漳州市经济创新驱动和转型升级，确定重点调研课题，深入调查研究，为建设富美新漳州建言献策。2017年，民建漳州市委会共提交团体提案11件，委员个人提案10件。其中，得到市领导批示5件次，被列为重点提案2件，被评为优秀提案2件。《关于构建专业化孵化平台 促进创新驱动》《推行土地带方案出让，加强城市精细化管理》《关于进一步提升我市营商环境的几点建议》得到市委书记、市长的批示。各市（区）基层组织带动政协委员、人大代表，围绕经济发展和社会民生等热点难点问题，建言献策，在市、县两级的“两会”期间，亮点纷呈，展现出民建会员的风采。

收集反映社情民意。民建漳州市委会发挥参政议政工作委员会和参政议政骨干的作用。创新工作方式，加强新骨干会员的参政议政培训工作，适时开展社情民意信息撰写培训以及交流活动，提高参政议政工作水平。2017年，共收集上报社情民意信息40件，其中市政协采用19件，省政协采用3件，省委办公厅采用2件，中央统战部采用2件，市领导批示6件次。民建漳州市委会被民建福建省委、市委统战部、市政协评为2016—2017年度信息工作先进单位。

根据自身界别特色，围绕漳州经济社会发展大局，开展调查研究。民建漳州市委会领导带领机关干部和骨干会员到金峰开发区、华安县经济开发区等地深入基层开展调研，并与课题相关的部门开展座谈会。共向民建福建省委、市委统战部和市政协提交调研报告3篇，其中《努力打造禅修文化特色的旅游新名片》在漳州市经济学会举办的“创新创业背景下漳州经济发展”论坛中被评为优秀论文。《关于盘活我市开发区闲置土地的几点建议》入选政协大会发言，《着力扶智扶志 助推精准脱贫》入选《重要摘报》。

【服务社会】

拓宽渠道广泛服务。民建漳州市委会领导班子主动作为，制定每月走访会员制度，先后走访15家会员企业，传达漳州市政府颁发的惠企文件精神，并与企业家会员进行深入交流和沟通，倾听他们的呼声，反映他们的意愿，并结合他们反映的问题形成调研报告。依托会员开设的培训机构，组织企业家会员参加建华课堂福建分课堂暨民建漳州龙江讲坛举办的专题讲座，就宏观经济战略、企业管理、法律法规等方面，为会员企业家举办专题讲座5场。

创新品牌深化服务。民建漳州市委会继续开展“思源工程”“海西春雨行动”“芗江春雨行动”活动，号召并推动会员和会员企业开展“教育扶贫捐资助学”活动。依托企业家会员创立的“珍爱基金”（每年注资10万元）、“科华老区育才奖学金”（每年注资20万元）、“鑫展望奖学金”（每年注资10万元）、“罗令奖教助学基金”（每年注资20万元）计4个基金，挖掘、培育民建品牌，把各类分散的捐资助学、扶贫帮困活动品牌化，推动社会服务工作向纵深发展。2017年，民建会员和会员企业通过各种途径直接捐款近70万元。

整合资源特色服务。为提升民建漳州市委会服务社会的能力，扩大社会服务工作实效和影响力，2017年11月成立社会服务工作委员会，通过科学指导、整合资源、挖掘优势，为乐于奉献、热心公益的会员提供实践平台。依托社工委推动民建圆山创业园和芗城总支助学公益爱心活动品牌建设，以及文化教育二支部与芗城区义工协会合作，妇女工作委员会与漳州市小水滴公益协会合作，整合资源逐步形成产业服务、捐资助学、精神扶贫等特色服务体系。

·民进漳州市委会·

【组织概况】

中国民主促进会漳州市委员会（以下简称“民进漳州市委会”）主任委员黄井南，副主任委员杨素萍、张琳、林必强、林阳山，林必强兼任秘书长。有委员22人，其中常委11人。至2017年底，民进漳州市委会有4个专委会、下辖3个总支、10个市直支部，会员395人，其中女会员205人（占会员总数的53.7%），会员平均年龄46.6岁。教育文化出版界会员279人（占会员总数的73%），其中具有高级职称的会员110人（正高职称10人），博士5人，担任副厅级以上领导职务1人，县（处）级领导职务6人。2017年发展新会员14人。

【自身建设】

民进漳州市委会重视建设学习型参政党，学习贯彻中共十九大精神，学习领会民进十二大精神，以习近平新时代中国特色社会主义思想为指导，树立“四个自信”、增强“四个意识”，以学习实践活动为主线，结合省、市两级主要会议精神，不忘初心、务实履职，投身富美漳州建设。民进漳州市委会组织骨干会员赴东山谷文昌纪念馆、云霄革命根据地等开展红色学习教育活动，重温历史、继承传统。开展弘扬先进活动，通过学习廖俊波先进事迹以及“我身边的先进”系列学习宣传活动，不断提高会员素质和组织水平。11月，民进漳州市委会组织会员和机关干部赴龙岩开展“不忘合作初心，继续携手前进”主题教育活动，参观古田会议会址、才溪乡纪念馆、福建苏维埃旧址等革命教育基地，增强会员的政治意识和使命感。

民进漳州市委会把组织建设作为提高组织凝聚力和向心力的根本途径，通过加强领导班子建设、代表人士队伍建设、后备干部队伍建设和机关建设，不断提高工作水平。年初，民进漳州市委会明确新一届领导班子挂钩基层支部的分工责任制度，如期完成各总支、市直支部换届，并新成立龙文总支和正兴支部。把“注重质量、稳步发展”作为发展会员的基本方针，探索后备干部培养长效机制，多批次选派会员赴甘肃、重庆及漳州市社会主义学院参加统战业务培训，提升会员的专业素养，增强基层组织活力。9月，市实验小学支部被民进中央评为“坚持和发展中国特色社会主义学习实践活动先进集体”。

10月27日，民进龙文总支在龙文区政府举行成立大会　（陈志鹏　摄）

民进漳州市委会坚持以服务大局为宗旨，着力培养机关干部的政治、服务和责任意识，着重强化执行理念、提升业务能力、改进工作作风，提升机关服务水平。紧跟形势抓学习，通过参加有关部门和单位的学习、交流会议，开展理论学习活动，不断提升干部的理论水平和业务能力。提倡主动“走出去”，以联络员制度作为加强机关与总支、支部联系的桥梁，主动融入支部生活，帮助会员解决实际困难，增强机关号召力和凝聚力。讲文明促和谐，坚持“以人为本”，用民进优良了传统和文化感召干部、鼓舞干部、团结干部，营造新时期和谐高效的民进机关。2017年，有机关干部1人在民进全国机关建设工作会议上被评为先进个人，另有机关干部1人在民进福建七届八次全体会议上被评为年度全省新闻宣传工作先进个人。

【参政议政】

民进漳州市委会把各级人大、政协作为参政议政的主要平台，以全市“两会”为载体，发挥会内人大代表、政协委员的骨干带动作用。2017年“两会”上，有人大代表、政协委员共12人参加会议并参与热点讨论，发表真知灼见，共谋漳州发展大计。民进漳州市委会在政协大会发言《加快发展学前教育破解“二孩”入园难题》提出多渠道发展公办幼儿园等建议，得到市委、市政府的重视，得到市委书记和市长的批示。另外3件团体提案《关于加大小微企业扶持政策落实力度的建议》《做大做强我市大数据产业的建议》《加快培育龙头企业，促进农业产业化发展》，也引起市委、市政府重视，并得到市委书记和市长的批示。会议期间，漳州电视台《记者在线》栏目和漳广“两会”直播特别节目《水泓两会观察》，分别对民进漳州市委会的代表和委员进行采访。

2017 年，民进漳州市委会共上报社情民意信息 62 件，被上级各单位采用 58 件。其中民进福建省委采用 19 件，市政协采用 13 件，信息《警惕健康讲座“挂羊头卖狗肉”坑害老年人》《“金砖五国峰会”之前维护快递渠道安全的建议》《住宅小区应重视配备建设无障碍设施》，得到市领导的批示；信息《在“金砖五国峰会”之前加强我省快递渠道安全维护》《关于完善我省生态环境司法保护工作的几点建议》《两大因素制约农业龙头企业科技创新水平和成果转化》，被省政协采用。信息《警惕“台独”势力中的“知陆反陆”现象》被民进中央采用；信息《警惕“公益健康讲座”成坑害百姓“陷阱”》《文化融入融合是“金砖”长久融合发展的关键》《脆弱的教育迫切需要“尚方宝剑”来保护》等 9 篇被人民政协网、民进中央网站采用。信息《警惕“健康讲座”坑害百姓》《重视生活垃圾转运站建设》等被《团结报》刊载。民进漳州市委会全年向民进省委会提交课题调研报告 12 篇，涉及教育、文化、农业生态保护等多个领域。

1 月 12 日，民进漳州市委会在大通北路新华都超市，开展“春联万家”公益行动

（陈志鹏 摄）

【服务社会】

民进漳州市委会把社会服务作为发挥作用、展示形象、提升影响的重要职能，响应民进中央、民进省委的号召，通过教育帮扶、智力帮扶、健康帮扶等形式开展活动，既让群众在活动中得到实惠，又让会员和干部在实践中得到锻炼。1 月，作为民进福建“春联万家”活动一部分，民进漳州市委会召集会内知名书法家为现场群众挥毫泼墨，送出 300 余副春联。3 月开始，民进漳州市委会联合漳州卫生职业学院附属口腔医院到社区、学校、公司等场所开展“关注口腔健康”爱心系列义诊活动，为群众免费检查口腔、普及口腔健康知识，并耐心解答口腔有关问题，受惠群众数百人次。12 月，民进漳州市委会响应民进中央“书香彩虹”行动号召，为贵州安龙县孩子捐书 1000 多册。芗城总支与芗城区华港社区开展结对共建，发挥会员们的专业优势，定期到社区开展贫困帮扶、义务支教、环保宣传、灯谜竞猜等活动。民进龙海总支“爱心团”捐助困难学生圆大学梦，并向龙海特殊教育学校残障学生赠送文具；民进经科支部联合市统计局、漳州广电文化出版局等单位一同向平和大溪贫困户家庭发放慰问金和米、油等慰问品，向其中部分家庭赠送有线电视机顶盒及首年收视费。民进二中实幼支部为华安马坑乡贡鸭山村留守老人送去多功能马灯和牦牛绒马甲；民进闽南师大支部开展关爱留守儿童捐助活动；民进中职支部为山区孩子筹集儿童读物等。

民进漳州市委会启动以“找出家中课外读物，分享留守儿童悦读”为号召的图书漂流活动，将募捐到的少儿书籍以“漂流瓶”的形式在留守儿童手上流传，做到一书多人读。在长泰一中、漳浦达志中学、南靖二中、南靖金山中心小学等学校，举行学生阅读周、阅读月、作文大赛、演讲比赛等学生文化知识竞赛类活动。自首批少儿图书在市妇联“让爱住我家亲子悦读”活动中开始漂流，民进漳州市委会联合漳州雅丹图书有限公司在全市范围内顺利设立 19 个共享免费借阅服务站点，投入涵盖小学读物、名著、社科等类别的图书 8000 余册，累计在线图书借阅量超 5 万次。

在民进福建七届八次全体会议上，芗城总支和龙海总支获年度“民进全省社会服务工作先进集体”荣誉称号，会员 3 人获年度“民进全省社会服务先进个人”荣誉称号。

·农工党漳州市委会·

【组织概况】

中国农工民主党漳州市委员会（以下简称“农工党漳州市委会”）主任委员何伟燕，副主任委员赵学田、连学坚、林如凤、黄金明、张少榕，秘书长由林如凤兼任。农工党漳州市委会下设 3 个总支、27 个支部，设参政议政、医药卫生、经济科技 3 个专门工作委员会。至 2017 年 12 月底，农工党漳州市委会共有党员 568 人，其中医卫界党员 240 人，占 42.3%；科教界党员 188 人，占 33.1%；人口资源、生态环境界党员 17 人，占 3%；其他界别党员 123 人，占 21.6%。党员中有中高级以上职称的 403 人，占 71%。有党员 5 人当选各级人大代表，其中市人大代表 2 人，县（市、区）人大代表 3 人；有党员 36 人担任各级政协委员，其中省、市政协委员 14 人，县（市、区）政协委员 22 人。2017 年，农工党漳州市委会被中共福建省委统战部、福建省人社厅评为全省统战系统先进集体。

【参政议政】

参与政治协商 农工党漳州市委会领导出席中共漳州市委、市政府、市政协等组织召开的协商会、情况通报会、征求意见会等，就漳州市重大决策出台、重要文件和报告起草等进行协商。围绕《政府工作报告》《关于加强人民政协协商民主建设的实施意见》等提出修改建议，得到漳州市委、市政府的重视和采纳。担任特邀“四员”、政风行风评议员的农工党党员，参与政府部门和公共服务行业的集中评议和督促整改等工作，正确行使知情权、评议权、监督权和建议权，履行民主监督职责。

提案议政建言 2017 年，在市政协十三届一次会议上，农工党漳州市委会共提交《关于改进市区农贸市场管理的建议》等团体提案 10 件，委员提案 8 件。其中《关于加强儿童健康权益保障的建议》等 3 件大会发言和团体提案得到市委书记檀云坤和市长刘远的批示；《关于加强重性精神病患者的医疗和管理的建议》等 2 件团体提案被评为 2016 年度市政协优秀提案。《关于改进市区农贸市场管理的建议》被市政协列为 2017 年度重点提案进行督办，“解决农贸市场差状”被市委、市政府作为 2017 年民生事业的重点工作之一，制定并下发《漳州市 2017 年农贸市场提升改造项目竞赛方案》。

开展专题调研 农工党漳州市委会与农工党福建省委会联合开展“进一步加强公共卫生体系建设”、“畜禽养殖污染整治现状”等专题调研；组织市政协农工党界别委员就“充分发挥中医特色 提高中医药服务能力”课题深入调研。2017 年，农工党漳州市委会共完成调研报告 4 篇，其中，《健全食品快速检测体系 强化全链条食品安全保障能力》《实施精准健康扶贫 提高精准扶贫实效》分别获农工党福建省委会 2017 年度优秀调研论文二等奖和三等奖。

反映社情民意 2017 年，农工党漳州市委会共向农工党省委会、市政协、市委统战部报送信息专报件 88 件。其中《关于加快推动我省交通物流深度融合 推进现代物流业发展的建议》得到省领导的批示；《建议我市实施中小学校直饮水工程 解决学生在校饮水问题》等 2 件信息得到市领导的批示；《努力拓宽民间资本在 PPP 领域的投资空间》被全国政协采用；对《民主监督意见》的反映等 6 件信息被中央统战部采用；《关于依托休闲农业推进产业扶贫的建议》等 15 件信息被农工党中央、中共福建省委、省政协采用。在市政协信息采用统计中，农工党漳州市委会得分居全市政协系统第一名。农工党漳州市委会被评为农工党全省 2016 年度社情民意信息工作标兵单位、2016 年度全市统战信息工作先进单位、2016 年度全市政协系统信息工作先进集体等。

【服务社会】

举办“2017（第十届）中国环境与健康宣传周”活动 2017 年 6 月，农工党漳州市委会与漳州市环保局、国网漳州供电公司联合在碧湖生态公园举办“2017（第十届）中国环境与健康宣传周”宣传义诊活动，向群众 100 多人提供义诊和健康咨询，并发放宣传小册子、环保宣传品等。农工党龙海总支也组织专家服务队到龙海市程溪镇人家村开展环境周义诊和科技下乡活动，向村民赠送药品价值 3000 多元，发放宣传材料 300 多份。

开展第二十九届中国“国际科学与和平周”义诊活动 2017 年 11

11 月 12 日，农工党漳州市委会到平和县九峰镇开展第二十九届中国“国际科学与和平周”义诊活动

月，农工党漳州市委会与中共漳州市委统战部联合在平和县九峰镇黄田村开展第二十九届中国“国际科学与和平周”义诊活动。组织市医院、市中医院的农工党医疗专家为当地群众200多人提供义诊服务，并赠送药品、慰问品价值4000多元。

开展社区共建等社会服务活动 农工党漳州市委会先后组织农工党员志愿服务队前往延安北社区开展志愿服务活动，为社区群众近百人提供义诊、法律和心理咨询等服务。为落实“农工党东部十省（市）组织参与大方县的精准扶贫工作座谈会”精神，农工党漳州市委会协助安排大方县校长助理在漳州一中龙文校区挂职跟岗培训学习。

【思想建设】

开展专题教育活动 按照农工党中央、农工党省委会统一部署，在漳州市开展“不忘合作初心，继续携手前进”专题教育活动。开展“不忘合作初心，重温光荣历史”专项宣讲活动，邀请福建省第六批援藏队医生、农工党市中医院支部党员林丽琴作“爱在墨脱”专题宣讲；组织骨干党员赴农工党教育基地开展“不忘合作初心，重走先辈道路”专项教育活动，参观邓演达故居等；组织新一届市委委员、新党员等开展“不忘合作初心，继续携手前进”专项培训活动，专题学习农工党党史。2017年11月，农工党漳州市委会被农工党中央评为“开展坚持和发展中国特色社会主义学习实践活动地市（县）级先进集体”，农工党龙海总支、机关支部被评为“开展坚持和发展中国特色社会主义学习实践活动基层组织先进集体”。

加强社会宣传和理论研究工作 及时报送工作简讯，编发《漳州农工》；发挥新媒体作用，通过微信公众号、微信群等推送农工党漳州市委会信息，扩大宣传覆盖面。做好《前进论坛》征订工作，被农工党中央评为2017年度《前进论坛》发行先进集体。完成《统一战线在基层协商民主中发挥作用的对策研究》等理论研究论文报送农工党福建省委会和中共漳州市委统战部。《政党关系和党外干部工作面临新情况新问题及应对策略》《新形势下民主党派民主监督履职探讨》分别获农工党福建省委会2016年度理论研究优秀论文一等奖和三等奖。

【组织建设】

加强人才队伍建设 农工党漳州市委会贯彻《中国农工民主党组织发展工作规程》，加强在人口资源和生态环境等新领域发展党员，2017年共发展新党员42人。选送党员干部参加各有关部门组织的培训，先后选派党员19人参加农工党福建省委会2017年全省基层骨干党员培训班、漳州市各民主党派成员培训班等。

做好基层组织换届工作 2017年是农工党漳州市委会基层组织换届年，农工党漳州市委会下发《农工党漳州市委会关于2016—2017年基层换届工作实施意见的通知》，召开2017年农工党全市基层组织换届部署会。各基层组织根据文件精神，相继召开换届会议，听取工作报告，并选举产生新一届基层组织领导班子。农工党漳州市委会30个基层组织顺利完成换届工作，实现政治交接。

加强机关建设 2017年，农工党漳州市委会承办农工党全省党务工作培训会，学习贯彻农工党全国党务工作会议精神，召开工作研讨会，开展党务交流，并组织全体与会人员开展“不忘合作初心，继续携手前进”专题教育活动。贯彻落实中共中央“八项规定”和农工党中央《关于改进机关工作作风的十项规定》《关于厉行勤俭节约、反对铺张浪费的通知》等文件精神，加强农工党漳州市委会机关纪律和作风建设。坚持每周半天学习制度，组织机关干部参加中央社院、农工党省委会、中共漳州市委党校和福建网络干部学院等组织的理论和业务培训，新招录机关公务员1人。按照《农工党漳州市委会机关联络员制度》要求，机关干部分别联系基层组织，做好上传下达和慰问党员工作。2017年，农工党漳州市委会承办漳州市民主党派第二次机关工作联席会议，成立中国农工民主党漳州市委员会工会。

·致公党漳州市委会·

【组织概况】

中国致公党漳州市委员会（以下简称“致公党漳州市委会”）于2016年12月28日在漳州芗江酒店召开中国致公党漳州市第七次代表大会，选举产生第七届委员会，主任委员为兰万安，副主任委员为蔡溪根、刘志明、杨以茸、王淑娟，任命王淑娟兼任秘书长，常委11人，委员23人。截至2017年12月底，致公党漳州市委会有党员510人，设总支部3个，支部24个。

【思想建设】

喜迎十九大活动精彩纷呈 致公党漳州市委会响应致公党省委会号召，发出倡议书，组织党员企业家筹集帮扶资金5.7万元用于铁山镇致公路修建资金、乡村旅游文化发展等；选派2名选手参加致公党省委会“喜迎十九大 侨海颂同心”宣讲活动，宣扬先进基层支部、优秀致公党员的事迹；组织党员撰写征文、信息喜迎中共十九大召开，其中1篇信息被致公党省委会评为“喜迎十九大 致公好信息”；上报征文5篇，其中1篇被致公党省委

8月8日，致公党漳州市委会响应致公党福建省委会号召，筹集资金5.7万元，帮扶政和县铁山镇发展

会评为三等奖；承办致公党省委会组织的“庆祝十九大•翰墨颂中华”书画作品展活动，并选送21幅漳州书画家党员作品参展，组织基层支部前往观展。

举办中共十九大精神学习活动　由致公党漳州市委会部署，基层各总支、支部、专委会纷纷举办中共十九大精神专题活动和学习座谈会，把思想统一到中共漳州市委决策部署上来，坚持正确的政治方向和政治立场，用实际行动支持和拥护共产党的领导核心，树立坚定的理想信念。

理论学习研究常态化　致公党漳州市委会召开6次主委会、4次常委会、2次全委（扩大）会，围绕中共十九大精神、致公党中央十五大精神、致公党省委九大精神以及习近平新时代中国特色社会主义思想进行专题学习。致公党各基层支部也举办学习会、座谈会等，巩固思想政治共识。致公党漳州市委会领导班子成员有22人次参加致公党中央、致公党省委、中共漳州市委统战部组织的各种专题学习培训，并带头撰写学习心得体会。重视理论研究对工作的实践指导和推动作用，共向致公党省委会和中共漳州市委统战部提交理论调研文章4篇。

深化学教活动　致公党漳州市委会紧扣“不忘合作初心，继续携手前进”主题，组织骨干党员赴东山谷文昌纪念馆、龙岩古田会议会址开展专题教育活动，学习谷文昌、革命烈士先进事迹。以基层支部换届为契机，加强基层支部主委的教育培训工作，各基层支部组织党员参观革命烈士纪念馆、革命圣地、廉政教育基地等，开展多种形式的教育活动。2017年，致公党漳州市委会被致公党省委评为学习实践活动优秀集体。在中国致公党第十五次代表大会上，侨务支部被致公党中央评为学习实践活动先进支部，1名党员被致公党中央评为学习实践活动先进个人。

【自身建设】

组织建设健康发展　在中国致公党福建省第九次代表大会上，兰万安当选第九届省委常委，蔡溪根、刘志明、王淑娟当选第九届省委委员。在中国致公党第十五次全国代表大会上，兰万安当选中国致公党第十五届中央委员会委员。重视组织发展工作，保持特色，突出质量，重视吸纳政治素质好、专业素养高、参政议政能力强的优秀人才加入组织，2017年发展新党员25人。加强党员培训，提高队伍素质，选派党员27人次参加致公党省委会举办的参政议政培训班、宣讲培训班及中共漳州市委统战部举办的2期新成员培训班。按照规定、规范程序，严格把关，选举产生24个基层支部新一届支委班子，完成支部换届各项任务。各支部在新一届支部支委班子的领导下，加强政治学习、理论培训，开展座谈、调研、义诊等活动，增强基层组织活力和凝聚力。

健全制度体系　致公党漳州市委会在换届后落实“支部工作考核评分细则”，制定和施行“致公党漳州市第七届专门工作委员会工作职责”，引导专委会围绕参政议政、服务社会、海外联谊等中心工作，组织特色活动，开展调研，履职尽责。并制定和施行《市委委员参政议政通报制度》。结合中共中央八项规定精神和致公党漳州市委会工作实际情况，制定施行“致公党漳州市委慰问制度”，同时，规范和完善基层支部、专委会考核制度，细化对基层支部、专委会、市委委员各项工作的考核评比。

展示党员风采　致公党漳州市委会向《福建致公》、福建致公微信公众号、福建致公网站等平台报送活动简讯、党员风采、专题调研论文及征文、摄影报道、书画作品等54件。其中被《福建致公》、福建致公网站、福建致公微信公众号采用33件。在微信公众号“漳州致公”及时报道致公党漳州市委会及各支部活动，截至12月中旬，累计推送图文消息24条，累计浏览次数4000余次。多次邀请漳州电视台、《闽南日报》、东南网等新闻媒体记者到重要活动现场采访。

不断加强机关建设　致公党漳州市委会以重大节日为契机，开展慰问老领导、生活困难和长期生病的老党员，为妇委会开展“三八”国际劳动妇女节活动提供支持，协调致公党市直医卫支部、芗城医卫支部医生、护士在重阳节为退休老党员开展健康讲座、现场义诊活动。

指导成立漳州致公书画院，加强漳州市致公党员书画家之间的沟通、交流。机关全体干部参加致公党省委会举办的“美亚柏科”杯气排球比赛，荣获三等奖；参加厦漳泉三地市致公党机关工作联席会议，加强与兄弟市沟通交流，互相借鉴与学习；参加各部门学习培训，综合素质得到提高，5人次获得致公党中央、中共福建省委统战部、致公党省委会先进个人荣誉称号。按照市直机关党工委和市委统战部机关党组的部署，开展文明单位创建工作，持续推进单位综治平安建设。

【参政议政】

完善工作机制 致公党漳州市委会深入开展调研，建言献策，一批高质量的提案、社情民意信息、调研成果转化得到中共福建省委省政府、中共漳州市委市政府领导的重视和批示，相关建议得到采纳，并转化为政府部门的实际工作，参政议政取得明显成效。在中国致公党福建省第九次代表大会上，致公党漳州市委会被评为参政议政2012—2016年度先进集体，3人被评为参政议政先进个人。

制定施行“致公党漳州市委委员参政议政通报制度”，促进委员发挥模范带头作用，并调整参政议政、妇女、海外联谊与留学人员3个专委会组成人员，新增设经济与科技、文教卫体、服务社会3个专委会，明确要求各专委会都以参政议政工作为主要职责；举办参政议政骨干党员培训班及信息员培训班，加强信息员队伍建设。规范基层支部活动经费管理使用办法，开展市委委员、信息员评比表彰等活动，完善激励机制。

发挥政治协商作用 致公党漳州市委会中的省政协委员、省人大代表在省“两会”平台上，尽履职，建真言、献良策。2017年，主要领导出席中共漳州市委、市政府、市政协召开的征求意见会、专题协商会、重点提案督办座谈会等18人次，参与重大问题和重要决策协商，为市委市政府科学决策提供参考。在2017年全市政协十三届一次会议，共提交大会发言1件，团体提案12件，委员个人提案32件，获得市领导批示8件次，重点提案1件，优秀提案2件。其中大会发言“关于大力扶持我市冷链物流产业发展的建议”获得市委书记檀云坤、市长刘远批示，推动漳州市冷链物流产业的发展。团体提案《关于我市加快建设标准化工业园区的建议》获得市委书记檀云坤、市长刘远批示，列入市政协2017年重点提案。团体提案“关于大力扶持我市冷链物流产业发展的建议”“关于完善我市PPP项目风险承担机制的有关建议”获得市委书记檀云坤、市长刘远批示，被评为市政协2017年优秀提案。2017年，致公党漳州市委会收到提案办理单位答复26份，市商务局、农业局、住建局、民政局等单位上门走访，市发改委、经信委、卫计委等单位召开座谈，推动相关问题得到落实。

推进调研工作 致公党漳州市委会在深入开展调查研究的基础上，向致公党省委会提交全国、全省政协大会提案素材、省政协协商发言素材、致公党中央《中国发展》论坛调研素材等8篇，其中“关于建立健全‘邻避项目’风险防范机制的建议”入选全国政协大会提案，并被致公党中央评为2016年度参政议政优秀成果。“关于加快发展我国健康产业的建议”入选致公党中央《中国发展》论坛文集；“关于加快推动我省冷链物流产业发展的几点建议”入选省政协重要提案摘报，并获得省领导批示。“关于加快发展我省健康产业的建议”被采用作为致公党省委会团体提案；“物业管理不规范问题亟待引起重视”作为省政协协商议题，获得省领导批示。“关于加强我省水产品食品市场日常监管的建议”入选省政协常委会口头发言，2篇调研文章列入省委会一般课题调研。组织市政协致公党界别委员活动，深入漳州市乐器企业开展调研，形成市政协第十三届二次会议大会发言素材。此外，提供调研专项经费，支持推进各专委会、基层支部开展课题调研活动，完成调研报告6篇。

及时反映社情民意 致公党漳州市委会选派骨干信息员参加致公党省委会、中共漳州市委统战部、市政协举办的信息培训班学习，提升业务能力。2017年共向致公党省

8月31日，致公党漳州市委会组织市政协致公党界别委员深入漳州市乐器企业开展调研活动

委会、中共漳州市委统战部、市政协等有关部门报送信息127篇，其中被采用64篇，被中办、全国政协、中央统战部、致公党中央采用5篇，被中共福建省委办、省政协、致公党省委会采用34篇，中共漳州市委办、市政协采用30篇。其中“关于进一步完善人民监督员制度的建议”等4篇信息获省领导批示，“我市物流行业综合减负问题需要引起高度重视”等4篇信息获市领导批示，“关于规范佛教寺庙四众弟子遗体焚化的建议”等3篇信息被致公党中央评为2017年度参政议政优秀成果，“关于破除物业管理乱象的亮点建议”等4条信息被致公党省委会评为2017年度好信息。致公党漳州市委会被致公党省委会评为2017年度反映社情民意信息工作先进集体，被市政协评为2016年度反映社情民意工作先进集体；8人次被致公党省委会、市政协、市委统战部评为反映社情民意先进个人。

【海外及漳台联谊】

促进对外友好往来　致公党漳州市委会精心安排和接待菲华新联工商总会中吕宋分会、中国江苏福建商务考察团到漳州调研新能源产业及海产品加工产业情况。协助菲律宾致公党中吕宋支部到闽举办菲律宾华人华裔青少年访华寻根夏令营，带领他们参观漳州古城、云霄东厦溪塘致公小学、天地会发源地高溪庙。规范党员参与海外洪门、致公党的换届庆典活动，先后有22人次党员自费前往菲律宾参加中国洪门致公党总部和支部的换届活动。

与台湾交流互动　致公党漳州市委会安排台湾洪门国际总会在漳州举办“洪门中华文化寻根知性研习会”，并与他们就弘扬和传承中华优秀文化进行交流，增进感情，增加了解。组织市政协委员深入台资企业雅歌（漳州）乐器有限公司进行调研，关心台资企业生产情况，了解企业发展诉求。派员参加“致公女校·海峡两岸妇女论坛”，推动两岸妇女联系与交流。

【服务社会】

公益服务活动　致公党漳州市委会增设社会服务专委会，为广大党员参与社会服务工作搭建平台，提供支持，2017年共开展服务社会52次，受惠群众5000多人次。致公党漳州市委会被致公党中央评为社会服务先进集体，党员4人次被致公党中央、致公党省委评为社会服务先进个人。

致公党漳州市委会对接致公党省直中医药大学总支在双第华侨农场、龙海市安山村、翠林村开展义诊活动，并支持鼓励各支部发挥党员职业优势开展义诊，如致公党芗城医卫支部、市直医卫支部、龙文一支部组织医生党员前往南靖船场十八家村、漳浦县长桥镇东升村、龙文区卓越小区、芗城区天宝镇仙都村等地开展义诊活动，共接受群众咨询、心理疏导等800多人次，提供血压、血糖等检查服务500多人次。开展各类培训讲座活动，服务中小学生、部队官兵、社区群众等1800余人次。致公党漳州市委会所属侨务支部、芗城综合二支部、龙文一支部、留学生支部分别开展公益英语讲座校园巡讲活动、青少年公益国学堂以及“走进军营、为官兵减压”心理辅导讲座，龙海一支部组织为市民义务书写春联，闽南师大支部赴长泰县枋洋中学支教活动等。

帮扶捐助活动　致公党漳州市委会以云霄高溪庙洪门天地会发源地为支点牵线搭桥，吸引国内其他省市的各级致公党组织到漳州市相关学校开展捐资助学活动，其中致公党上海市社会服务委向溪塘致公小学捐赠文体用品和善款10万元，创办致公文化“书香校园”；云霄籍的广西致公党员企业家庄银锋给云霄一中、云霄元光中学各捐赠30万元作为奖教助学发展基金等。社会服务专委会发挥优势，先后在平和县九峰镇、芗城区西桥街道、诏安县红星乡中心小学开展精准扶贫助学活动，爱心企业家党员捐款1.6万元帮助贫困学生圆求学梦，向留守儿童捐赠价值5万多元的书包等慰问品，向诏安县14所山区小学捐赠价值24万元名贵树苗用以绿化校园；中秋节、重阳节慰问漳州第四医院、常山华侨福利中心的康复病人和孤寡老人。侨务支部到南炮台海防民兵哨所走访慰问民兵并向哨所捐赠价值3.5万元的家用电器设备和日用品。

·九三学社漳州市委会·

【组织概况】

2017年3月，九三学社漳州市委员会（以下简称“学社市委”）换届，选举产生第五届委员会委员15人，主任委员曹阳，副主任委员许才发、杨丽阳、黄晓农、沈魁敏，秘书长由沈魁敏兼任。学社市委下设12个支社和提案委、宣教委、妇委会、老年委、科经委、《漳州九三》编委会计6个专门工作委员会。学社市委机关有编制2个科室、干部5人，实有干部4人。

2017年审核批准新社员18人，其中高级职称6人，研究生以上学历5人，平均年龄37.22岁，女性3人。截至2017年底，学社市委有社员258人。

【参政议政】

在2017年1月召开的政协漳州市第十三届一次会议上，学社市委提交《关于提升校园应急救护保障水平的几点建议》等8件提案，其中《关于进一步加快我市中心城区危旧房改造的建议》《将厦门湾南岸新城打造成富美漳州新样板》《关于实施农村饮用水安全提升工程的建议》《关于我市开展城镇精准扶贫的建议》计4篇提案获得市领导批示，《关于进一步加快我市中心城区危旧房改造的建议》被列为2017年度政协重点提案。

2017年，学社市委完成《关于加强我省山地生态保护的建议》等3项专题调研，并形成调研报告。《关于提高我省数字信息管理水平的建议》获得福建省委统战部2017年建言献策论坛三等奖，《发展众创空间，促进我省创新创业》被选为学社省委2017年政协会议九三党派年度提案。

【自身建设】

学社市委先后组织社员学习中国共产党十八届六中全会精神、总书记习近平在政协民进、农工、九三学社委员联组会议上的讲话精神、学社中央《关于省级组织2017年换届工作的意见》、学社省委七届八次（扩大）会议精神、中共漳州市第十一次代表大会精神、廖俊波先进事迹、习近平在省部级主要领导干部专题研讨班开班式上的重要讲话、中共十九大精神。

学社市委发挥刊物、网站、短信平台、QQ群、微信公众号等宣传平台的作用，提高新闻时效性，扩大宣传覆盖面，把握社员思想动态，推进以爱国、民主、科学为核心价值理念的九三学社文化建设。在9月3日纪念九三学社成立72周年暨青工委成立大会上，学社市委组织“不忘合作初心，继续携手前进”朗读者活动，铭记九三学社接受中国共产党领导、与中国共产党长期携手前进的历史，喜迎中共十九大的召开。

【服务社会】

学社市委以扶贫攻坚为主要着力点，一方面选派社员到扶贫攻坚一线挂职，参与扶贫工作，以岗位扶贫的方式，全面参与扶贫攻坚。社员在挂职期间，为昌吉市宁边路街道顺城巷社区的少数民族困难户送上温暖。学社市委委员在政和捐资助学小学生15人，每人资助500元；4月，在学社省委帮扶政和中，漳州九三学社志愿者捐资11724元。10月和11月，七支社（学社中医院支社）和宣教委分别在台商投资区、江东郭洲良种场和云霄县莆美镇开展义诊咨询，为群众服务，同时向莆美镇莆北村英济学校捐赠200个书包和大量书籍。12月，漳州九三学社青工委到龙海海澄镇大埕社区开展志愿活动，捐赠钱物计1.89万元。

9月3日，召开纪念九三学社创建72周年暨九三学社漳州青工委成立大会

·台盟漳州市委会·

【组织概况】

2016年12月，台湾民主自治同盟漳州市委员会（以下简称“台盟漳州市委会”），举行第八次盟员大会，选举产生第八届委员13人，副主任委员为沈惠玲、陈红斌、陈奕颖、许钢，陈红斌兼任秘书长。台盟漳州市委会设7个支部，2017年发展新盟员3人，至2017年年底，共有盟员100人。

2017年，台盟漳州市委会深入贯彻中共十八届五中、六中全会、十九大精神，落实科学发展观，围绕党和政府的中心工作，履行参政党职能；密切关注台湾岛内局势，加强台情研究，推动祖国统一大业进程；为加快富美漳州建设贡献智慧和力量，各方面工作都取得新的成绩。

【参政议政】

台盟漳州市委会发挥台盟特色和优势，围绕党委和政府的中心工作，参与民主协商，参加政协会议，提交调研报告，反映社情民意，推动决策的科学化、民主化和各项事业的发展，为富美漳州建设、做好台湾人民工作尽心尽力。

2017年，台盟漳州市委会向各级人大、政协提出议案、提案24件。团体提案《关于加快我市乡村旅游产业发展的建议》被列为2017年漳州市重点提案。由台盟漳州市委会报送的《关于加快推进我国跨境电商发展的提案》《关于将校园网贷纳入法制化轨道》《关于全面建立临时救助制度，进一步完善社会救助体系的提案》《关于妥善解决移民搬迁工作中面临问题的提案》4篇入选台盟中央团体提案，其中《关于将校园网贷纳入法制化轨道》被评为全国政协优秀提案。在省级“两会”上，台盟漳州市委会报送的《关于我省从五个重点领域推进两岸产业合作的建议》作为省台盟大会口头发言，被列为省政协重点提案。

担任政府各职能部门特约“四员”（监察员、检察员、审计员、教育督导员）的盟员们主动履行职责，发挥民主监督作用，在参与各部门“创文明行业，建满意窗口”的明察暗访、民主评议行风等活动中，工作态度明晰负责，提出建设性意见和建议，得到有关部门的重视。

台盟漳州市委会围绕党委、政府中心工作和民生热点问题，开展参政议政调研活动。2017 年，台盟漳州市委会撰写提交《讲好祖籍地故事，汇聚促统正能量》等 8 篇调研报告，被台盟省委会、市委统战部采用。这些调研报告涉及绿色消费、两岸交流合作、城市建设、精准扶贫等课题。其中《讲好祖籍地故事，汇聚促统正能量》被台盟省委会列为 2017 年重点调研课题。

在社情民意信息工作中，2017 年共上报 68 篇信息，其中 24 篇被市政协采纳，20 篇被省委办和省政协采纳，9 篇被台盟中央采纳，《杜绝渔药滥用行为，加强水产品质量安全刻不容缓》等 2 篇信息得到省领导的批示。2017 年 4 月，台盟漳州市委会以总分第一的成绩被评为全市统战信息工作先进单位，以总分第二的成绩被评为全市政协反映社情民意信息工作先进单位，以及台盟福建省委会信息工作先进单位和台盟中央参政议政先进集体。

2017 年，台盟漳州市委会参政议政工作成绩显著，在台盟中央 2017 年参政议政工作会议上，台盟漳州市委会被评为台盟九届中央委员会地市级参政议政先进集体和台盟九届中央委员会地市级突出进步奖、台盟中央 2017 年度地市级地方组织参政议政先进集体计 3 个奖项。机关干部陈晓华、郑淑茵被评为台盟中央 2017 年度参政议政先进个人，李珊珊、陈晓华被评为台盟中央社情民意信息先进个人。台盟漳州市委会被评为市政协 2017 年度信息工作先进单位、被评为市统战系统 2017 年度信息工作先进单位，机关干部陈晓华被评为 2017 年度全市统战信息工作先进个人、2017 年度全市政协系统信息工作先进工作者。陈晓华被评为全省统战系统先进工作者。

在台盟中央 2017 年参政议政工作会上领奖

【自身建设】

台盟漳州市委会抓好政治理论学习，推荐盟员和机关干部参加各类学习和培训班。全力协助中共漳州市委统战部做好统一战线干部培训工作，2017 年组织盟员 2 人参加中共漳州市委党校的统一战线干部培训，机关干部 1 人参加市社会主义学院为期 2 个月的副科班学习。

【联络宣传工作】

台盟漳州市委会坚持“和平统一、一国两制”方针，发挥自身优势，多层次、多渠道开展对台宣传、联络工作，推动漳州台湾经贸文化的往来与交流，做好台湾人民工作。

为到漳州调研的台盟中央、省台盟调研组做好服务接待工作。7 月 27 日，接待到漳州调研对台农业发展情况的广州台盟、台联一行 10 人。9 月 7 日，接待到漳州调研台资企业的台盟东城区支部一行 16 人。

台盟漳州市委会热情接待到漳州参观考察的台胞。5 月，接待由雁博会秘书长黄南雄带队的到漳州进行民间信仰文化交流考察的考察团一行。5 月 26 日，由台湾中国统一联盟第一副主席李尚贤带领的考察团盟员一行 32 人抵达漳州，受到台盟漳州市委会领导热情接待。6 月，接待到漳浦深土镇寻根的台湾冠军茶王工艺师协会理事长陈世伟。

【服务社会】

台盟漳州市委会响应市委统战部打造品牌建设的号召，发挥统一战线的优势，开展服务社会活动。“三八”国际劳动妇女节前夕，组织漳州市女盟员和芗城支部盟员到平和县九峰镇黄田小学开展助学活动，向黄田小学捐赠价值 4000 元的 200 多册图书，台盟芗城支部资助困难学生 3 人上学。

“民主党派”类撰稿人：

陈加国　左建瑛　林美卿
张　斌　张丽平　张梅燕
王苑茹　叶建平　郑淑茵

·漳州市总工会·

【概 况】

2017年，漳州市总工会以习近平新时代中国特色社会主义思想为指导，学习贯彻中共十九大精神，围绕市委、市政府重大决策部署，发挥工会组织的优势和特点，各项工作取得新成效。先后获评“全国工会财务工作先进单位”“福建省百万职工‘五小’创新大赛优秀组织奖”、市直机关“党建引领发展推进三个建设年和一大攻坚战”十佳案例、“2016年度市直机关绩效考评优秀单位”。

【广泛宣传中共十九大精神】

市总工会在职工中广泛开展“中国梦·劳动美—喜迎党的十九大”主题教育系列活动。中共十九大胜利闭幕后，及时在全市职工中掀起学习宣传贯彻中共十九大精神热潮。针对不同群体，先后举办全市工会学习贯彻中共十九大精神工作会议、全市大中型工会主席培训班、全市劳模学习贯彻中共十九大精神座谈会、学习宣传贯彻中共十九大精神百名工人理论骨干培训班等，推动十九大精神和劳模精神、工匠精神进园区、进企业、进学校、进社区，夯实广大职工共同奋斗的思想基础。全市职工群众、各级工会深刻学习领会中共十九大对工人阶级、工会工作提出的新要求，坚定信心、投身新时代中国特色社会主义新征程，忠实履行工会带领职工听党话跟党走的政治责任。

5月18日，市总工会举办“中国梦·劳动美”焊工技能竞赛

【稳步推进工会改革】

漳州市委党的群团工作会议召开和《福建省总工会改革方案》出台后，特别是2017年4月底，市委书记檀云坤就群团改革作出批示后，市总工会成立由党组书记任组长的市总工会改革领导小组。在深入调查研究与广泛征求意见的基础上，学习省总工会改革工作经验，形成《漳州市总工会改革方案（送审稿）》（以下简称“方案”），于2017年10月获市委常委会会议通过并正式行文印发。突出职能转变、方式转变和作风转变。方案结合漳州市总工会实际，提出改善领导机构人员构成，增加专职及挂职、兼职副主席职数，整合优化市总工会机关职能和机构设置，加强市、县、乡工会社会化工作者队伍建设等内容。制定和实施《漳州市总工会改革具体实施方案》，确定至2019年上半年完成的22项具体改革任务，明确各项改革任务的责任部门，按照计划落实。

【严格落实市委巡察整改】

加强党的建设和党风廉政建设

严格落实党的建设各项要求，规范履行全面从严治党责任，制定出台《关于进一步落实党建工作责任制的意见》《党组落实全面从严治党主体责任清单》等制度，层层传导压力。建立“班子会议提前报、重要信息即时报、重大事项限时报、责任落实定期报”4项制度，畅通派驻纪检组监督渠道。推进“两学一做”学习教育常态化制度化，深入开展学习廖俊波先进事迹系列活动，发挥机关纪委、组织部门等的监督教育作用，通过廉政谈话、党员评议等形式经常敲响警钟、扯袖子。持续推进全市工会系统“1＋X”（1指市纪委对各职能部门履行中央八项规定的情况督查，X指省直各职能部门根据职能作用和管理权限，对各级各部门落实中央“八项规定”进行督查）工会经费专项督查工作，强化廉政风险防控，锲而不舍落实中央八项规定。2017年，共督查全市基层工会1095家，上报市纪委问题线索38条。

配合市委巡察工作 党组履行主体责任，将抓好巡察整改与落实从严治党要求紧密结合起来，制定《市总工会党组关于巡察反馈意见的整改方案》，对每项整改任务都明确整改措施、牵头领导、责任单位及整改时限。对机关及直属单位的规章制度进行全面系统梳理，做好修订完善、建章立制工作。共新制定和修订规章制度28项，涉及党的建设、联系职工群众、劳模补助和干部人事管理等重点工作，其中新制定23项、修订5项。2017年，市总工会针对巡察反馈的40个问题制定整改措施104条，已完成102条，基本完成2条。

4月27日，市总工会召开五一奖表彰大会　　（许晓梅 摄）

【深入实施职工素质建设工程】

开展建功“十三五”劳动和技能竞赛 市总工会遵照市委市政府的决策部署，在全市职工中开展以“三抓三比、十项竞赛”为主题的劳动竞赛。上年全市有1400多家企事业（服务保障）单位、11万名职工参与1000多场次的多工种、实用型劳动竞赛。开展市第五届职工“五小”（小革新、小发明、小改造、小设计、小建议）创新竞赛活动，产生创新项目4000多项，提出合理化建议2万多条，累计创造经济效益1.1亿元。表彰136个创新项目及116名创新能手。加强职工职业技能培训，组织实施农民工“求学圆梦行动”计划，通过校企合作、订单式厂院办学、师带徒活动等，多形式、多渠道帮助农民工提升技术技能素质和学历层次。

持续抓好劳模服务管理 市总工会召开漳州市2017年庆“五一”暨五一奖表彰座谈会，表彰全国工人先锋号2个单位、获全国五一劳动奖章1名、获省五一劳动奖状5个单位、获省五一劳动奖章17名、获省工人先锋号（五一先锋号）22个单位、获市五一劳动奖章105名、获市五一劳动奖状20个单位。上年首次组织8批、248名市级劳模赴省

8月21日，市委秘书长、市总工会主席张琳光（前排右一）参加市总工会2017年环卫工人防暑降温慰问暨“爱心驿站”启动仪式　　（尤雯 摄）

外开展疗养、休养活动。组织两批、50 余名劳模到长汀、古田开展劳模读书班活动。重阳节对 325 名 60 周岁以上老劳模进行慰问，颁发慰问金 29.36 万元。安排资金 41 万元，为 582 名市级劳模开展健康体检。加强市、县劳模协会工作，市劳模服务中心活动场所投入使用。

【强化职工维权维稳工作】

推进工会法治化建设　广泛开展“七五”普法活动，创新工会法律服务，举办律师、记者下基层、宣传骨干培训班等活动，通过手机、电视、报纸等多种媒介全方位宣传《福建省工会劳动法律监督条例》，引导广大职工自觉学法守法、遇事找法、解决问题靠法。加强职工来信来访工作，畅通“12351”职工维权热线，上年受理职工信访 147 件次、涉及职工 163 人次，办结率 100%。

维护职工生命健康权益　全市 70% 以上企业建立劳动保护监督检查组织机构及劳动保护检查员队伍，2017 年开展监督检查员培训 12 场次。在全市工会系统开展职业病防治“三查一看”（查劳动合同中有无告知劳动者职业危害、安全生产状况；查是否对职工进行岗前、岗中、离岗职业健康检查；查有无建立职业健康监护档案；看存在职业危害的作业现场）活动，各县（市、区）、开发区总工会共走访存在职业病危害隐患企业 621 家，查找并整改 182 个安全隐患点。深入开展“安康杯”竞赛活动，全市 3378 家企业、32.97 万名职工参与，其中非公有制企业 2631 家，成为参赛主力军。

【深入实施职工精准扶贫】

建设以精准帮扶为重点的服务职工工作体系，推动城市困难职工解困脱困，持续开展“春送岗位、夏送清凉、金秋助学、冬送温暖”职工帮扶活动。2017 年，市总工会举办大型用工招聘会，组织 187 家企业参加，提供 2000 余个就业岗位，帮助 1100 余人达成就业意向。建立用工供需微信群，200 余家企业加入微信群，共发布各类招聘信息近 2000 条。及时将生活困难职工纳入工会救助范围，慰问标准逐年提高，春节慰问金从 2014 年的 500 元 / 户提高到 2018 年的 1500 元 / 户。元旦、春节期间，全市工会走访慰问困难职工和困难劳模家庭 6000 余户，发放慰问金近 1000 万元。17.22 万名职工参加第六期职工医疗互助活动，至上年底，共补助职工 6607 人次，补助金额 1036.53 万元；其中大病补助 412 名，补助金额 729.43 万元。举办“8·16”金秋助学朗读快闪活动，筹集助学资金 177.1 万元，资助市、县困难职工子女 559 名；结合“夏送清凉”和“冬送温暖”职工帮扶活动，突出关爱环卫工人等户外劳动者，市总工会在城区新设、整合 100 个“环卫工人爱心驿站”。

【强化基层基础建设】

扩大工会组织覆盖面　以非公有制企业为重点，紧盯开发区（工业园区）、建筑、快递等重点区域和行业，集中开展“强基层、补短板、增活力”行动，推动符合条件的非公有制经济组织和社会组织建立工会。截至 2017 年底，全市有基层工会 9764 个，覆盖单位 30370 个，工会会员 84.74 万名，已建工会单位职工入会率 93.43%。全市累计建立企业工会 27984 家，其中独立建会 7769 家，企业工会组建率 92.4%；企业工会会员 70.1 万名，职工入会率 95.1%。其中农民工 60.5 万名，比上年增加 17.9%。全市有 25206 家企业工会实现“双亮”（工会组织亮牌子、工会主席亮身份），覆盖面达到 91.8%；有 5457 家企业工会达到“六有”（有依法选举的工会主席、有独立健全的组织机构、有服务职工的活动载体、有健全完善的制度机制、有自主管理的工会经费、有会员满意的工作绩效）标准，覆盖面为 71.9%。

强化基层工作保障　加强工人文化宫等职工文化阵地建设，市总工会及 9 个县（市、区）、开发区总工会相继建立微信公众号，市总工会、长泰总工会微信公众号被评为福建省“十佳”最有影响力工会新媒体。加大工会经费向基层倾斜力度，每个镇街（园区）工会补助工作经费 2 万元 / 年，镇街（园区）工会专干工资补助由 1.5 万元 / 年提高到 2 万元 / 年。全市 17 个欠发达乡镇工会各增加补助 1 万元，改善工会办公条件，打造职工信赖的“职工之家”。

加强干部队伍建设　2017 年，全市市、县两级工会共举办工会干部培训班 17 期，培训工会干部 1291 人次，选调 72 名工会干部参加市委党校和省级以上工会组织的培训，组织 2000 余名参加全总的网络培训。制定《漳州市总工会挂职下派锻炼干部管理暂行办法》，规范直属事业单位选派到机关挂职人员的相关程序规定，不断增强干部工作水平。

【综合推进各项工作】

开展财务经审工作　财务全年拨缴经费收入完成预算 109.56%，上缴经费完成年预算 103%。加强工会资产监管，优化工会经费支出结构，使更多的工会经费投向基层、用于职工；市总工会经审工作规范化建设考核位居全省第一名，实现对县级工会审计全覆盖。

推进女职工工作　举办“三八”国际劳动妇女节系列活动，组织 243 名建档单亲困难女职工参加免费健康体检。以维护女职工生育保障权益为重点，市区新增 3 家“妈妈小屋”，更好地维护女职工合法权益和特殊利益。

推进扶贫攻坚 突出挂钩结对帮扶，支援市第四批下派挂钩村南靖县坪埔村资金10万元，选派1名科级干部任第五批市级扶贫开发工作重点村云霄县下河乡七高礤村支部第一书记，2017年度支援该村资金10万元。

安排援疆援藏 2017年，安排援疆援藏资金30万元，在民生、文化、劳模培训等方面进行对口援助。同时，绩效考评、信息调研、安全生产、信访保密、计划生育、老干部等工作也取得新的成绩。

·共青团漳州市委·

【概 况】

2017年，共青团漳州市委以中共十九大、十九届二中、三中全会，省委十届五次全会、市委十一届六次全会精神以及中央和省、市委关于群团改革的部署为指导，围绕市委、市政府当前“三抓三比、十项竞赛”中心工作的活动要求，开展青春引风行动、青春家园行动、青春新风行动、青春先锋行动、青春扶贫行动“五大青春行动”，引导漳州市广大团员青年在建功富美新漳州中当新时代先锋，推进漳州共青团事业迈上新台阶。

【团组织建设】

激发基层团组织活力 2017年，全市各级团组织坚持以自我革新精神深化改革攻坚，推进从严治团，注重基层基础，激发团组织活力，完善团干部成长机制，强化团员队伍管理，为团的事业科学发展提供组织保证。

出台《共青团漳州市委改革方案》，从团干部管理机制、基层组织建设、团的工作方式、党委政府支持保障力度等6个方面，提出24个领域的改革措施，破解基层普遍存在的“四缺”（缺编制、缺人员、缺经费、缺场所）问题。严格执行组织程序，勤俭、高效、务实开好共青团漳州市第十七次代表大会，11个县（市、区）、120个乡镇（街道）按时完成换届；市、县两级团代会代表、团的委员会和常委会中基层一线代表比例分别不低于80%、50%、30%；实现配备市、县两级团委机关挂兼职干部32名。坚持基层导向，落实直接联系青年制度，以“走转改”（走进青年、转变作风、改进工作）大宣传大调研、“机关开放日”为基本形式，以机关干部一线工作法为指导，充分运用“1＋100”（要求每一个团干部联系100名青年，了解他们的心声）、“8＋4”（团干部一年要有8个月在机关，4个月在基层）、“4＋1”（团干部1周要有4天在机关，一天做调研）等工作机制，推动机关干部带着项目和资源深入基层一线开展工作、锤炼作风，走访慰问各类青年群体313名，覆盖1532个基层团组织，实际解决基层问题127个。

完善团干部成长机制 强化团干部队伍建设，推动干部交流挂职，配齐配强班子建设，2017年，新配备市、县两级团委机关领导班子成员18名，推动13名人员转岗。落实机关党建工作，严格学习教育，抓好领导干部主体责任，全年累计举行党组中心组学习12次，组织各类学习活动35场，提升机关干部理论学习水平。创新党建创新工作项目，首次探索与省团校合作，举办全市乡镇（街道）团委书记培训班，在机关内部开展“七个一”（开展一次红色教育活动，召开一次专题学习讨论，重温一次入党、入团誓词，举办一期五号楼学习汇，召集一次中心组学习，聆听一次专题报告，参观一次书画作品展）主题党日系列活动、举办“五号楼学习汇”（团市委机关干部学习平台），激发团干部的学习热情和整体活力。选树先进典型，在“五四”期间推荐评选表彰一批优秀青年个人和集体，其中获团中央表彰1个，团省委表彰40个，团市委表彰250个。在漳州市首次启动“漳州青年五四奖章”评选，表彰集体10个、个人30名。

强化团员队伍管理 围绕全面从严治团及“学习总书记讲话 做合格共青团员”教育实践活动，开设主题团课175场，召开组织生活会5530场，参与团员近20万名，通过微信、微博、网站等新媒体平台开展宣传活动400余次。科学分配各县发展团员名额，及时下发新版《入团志愿书》，2017年全市发展团员10799名，数字团建系统新录入发展团员7681人，新注册志愿者的团员有4343人。规范团费缴交新标准和收缴手续，共收取团费132938.4元，上缴上级团委71109.6元。

【青少年思想教育】

做好青年思想工作 2017年，全市各级团组织注重强化互联网思维，创新载体、拓宽渠道，以理想信念为核心，培育践行社会主义核心价值观，采取青年喜闻乐见、易于接受的形式，做好青年思想引导工作。

抓住中共十九大召开的重要节点以及“五四”、“六一”、国庆等重要节日，组织全市各级团组织开展“与信仰对话”“彩虹人生”等各类主题活动110多场，参加的青年有4万多人次。在全市范围内开展“不忘初心跟党走，青春建功新时代”，学习贯彻中共十九大精神主题活动以及“喜迎十九大—我向习爷爷说句心里话”2017年漳州市少先队庆“六一”主题中队观摩活动等，激发青少年爱党爱国爱社会主义之情。邀请中共十九大代表黄志丽，为全市青年代表宣讲十九大精神，以身边“时代楷模”的言传身教带动和促进广大青年，扩大青年爱国统一战线组织。

强化网络宣传　构建“清朗”网络空间，组建共青团网宣员1000多名，网络文明志愿者4万多名，多次开展网宣员业务培训，建立覆盖广大团员青年的网络宣传工作体系，夯实共青团新媒体舆论阵地，增强网络思想引导的亲和力、吸引力和感染力。2017年，团市委官方微信“青春漳州”推出软文239篇，平均阅读量为2308人次，在全省地市级团组织微信公众号排行榜首。

倡导文明新风尚　深入开展“奋斗的青春最美丽—漳州好青年故事分享会”，通过发挥典型的引领作用，激励广大青少年见贤思齐、奋斗成才。举办漳州市中学生“我的梦·中国梦”主题演讲比赛，带领青年用实际行动为漳州文明城市创建添砖加瓦。开展春运“暖冬行动”志愿服务，1200余名青年志愿者为返乡民众提供服务、送去温暖。参与全国文明城市创建、花博会·农博会、平安志愿安全巡逻、漳州市运会、闽粤赣13市党政领导联席会、第三届海峡两岸（漳州）工业设计创新大赛等志愿服务系列行动，打造漳州市“志愿服务”城市名片。

【服务大局】

招商投资创业　2017年，共青团漳州市委举办两岸青年创业交流大会暨第四届中国青年创新创业大赛（福建赛区）启动仪式，吸引创业青年200余人到台商投资区参观考察，洽谈17个意向项目。新建2个漳州市台湾青年创业基地和8个漳州台湾交流基地，截至2017年，入驻台湾青年创业项目近120个，累计服务两岸创业青年近1000人次，推进漳台青年共商合作、共促发展。加强对驻外团组织的联系和引导，新建3家市级驻外团工委，通过开展招商政策宣传和项目推介服务，吸引更多在外青年乡贤和企业家关注家乡发展，回乡投资兴业。

美化城乡环境　依照市委提出的“生态+”发展模式，组织发动青年绿色志愿服务队，在全市范围内持续开展以“百团联动—共建富美新漳州”为主题的绿色实践活动和“守护碧海银滩建设美丽海洋”青年志愿行动；深化“花样漳州 绿色生活”植树活动，引导全市团员青年争做环保卫士；组织11支“河小禹”和14支“小河长”志愿护河队深入全市1000多个河段举行巡河护河、宣传劝导、生态普及等系列护河爱河行动130余场，带动更多人养成和践行绿色生活习惯。

11月18日，第九届海峡两岸农业博览会·第十九届海峡两岸花卉博览会期间，“微笑使者”甜美的笑容和温馨的服务成了一道亮丽的风景线

优化营商环境　启动共青团优质服务示范岗创建活动，在全市100个窗口单位和服务行业团组织中开展创建，按照“规范亮牌上岗、规范制度管理、实行公开承诺”的要求，不断提高行政服务水平，累计受益人群众100万人次。深入开展青年文明号优质服务示范月活动，动员全市144个窗口单位、263家青年文明号集体和争创集体，参与优化营商环境工作，自觉提高办事效率和服务质量，在助力构建政商新生态、服务营商环境建设中发挥青年先锋作用。

青年英才当先锋　深入开展青年突击队创建工作，全市组建青年突击队216支，覆盖重点建设项目近200个。组织青年文明号集体和青年志愿者开展优质服务进工地活动，为奋战在城市建设一线的青年工人送去优质的服务项目。持续深化青年创新创效，在全市开展2017年漳州市青年英才优秀创业项目评审，共评选出青年英才优秀创业项目30个，发放扶持资金200万元。

精准脱贫攻坚　聚焦公益扶贫，组织开展“漳州那么大 我想去看看—圆梦之旅”“凝聚青联力量，助力脱贫攻坚”、2017漳州市“希望工程圆梦学子工岗快递”等青春扶贫活动，启动“不忘初心跟党走，青春建功新时代”文化下乡慰问巡演12场次，观众上万人次，为平和、云霄、诏安3个县募集扶贫资金累计45万元。聚焦结对扶贫，启动漳州市青联助力脱贫攻坚3年计划，累计募集慰问金及物资近30万元，慰问帮扶200余户贫困青少

9月25日，2017年漳州青春扶贫行动之共青团图书角及爱心书包捐赠仪式在云霄县和平乡新楼小学举行

年家庭和近百名服刑人员未成年子女；推动256名青年企业家挂钩帮扶423个贫困家庭；120名农业专家、创业导师、电商专业人才结对380个贫困地区青年。聚焦教育扶贫，募集“圆梦大学”爱心助学款105.2万元，扶助贫困大学生252名；整合市青联、市青年企业家协会募集资金40万元，为漳州市3个省级重点扶贫开发县18所小学、援疆对口县木垒县3所中小学建设“共青团爱心图书角”200余个。发动爱心企业家为南靖山区学校捐赠课桌椅130套，价值近10万元。聚焦就业扶贫，通过学联组织，与高校、高职、中职院校进行岗位对接工作，精准帮扶100余名高校毕业生实现就业。聚焦产业扶贫，发挥漳州市农村青年致富带头人协会作用，累计帮扶120多名农村青年实现就业创业。

【服务青年成长成才】

服务青年就业创业　2017年，共青团漳州市委承办第四届“创青春”福建省青年创新创业大赛，全省共有705个创业项目、2000多名创业青年参与，漳州市推荐100个项目参加比赛，有17个项目入围决赛，其中有5个项目获得一等奖、3个项目获得二等奖、2个项目获得三等奖。实施福建青创F5创业扶持计划，扶持一批创业青年，并为其提供低息贷款和一对一导师辅导。开展漳州市农村青年致富带头人培训班，采取理论培训、现场教学、交流座谈相结合的方式，培育农村青年致富带头人近百人。联合邮储银行漳州市分行共同开发“农青贷”专属金融产品，创新担保抵押方式，为农村青年致富带头人协会提供专项贷款授信额度1亿元。

保障特殊青少年健康成长　强化阵地建设，承办2017年福建省青少年事务社工工作培训班，注册成立首家市级团属青少年社工机构，与中国青年政治学院社会工作学院联合签署成立首个青少年事务社工实践基地，实现漳州青少年事务社工实践基地零的突破；推动团属青少年社工机构全覆盖，成立1家市级、11家县级团属青少年社工机构；建立首个市级青少年法治教育基地和首个市级青少年毒品预防教育示范基地；加强各级“青少年维权岗”评选工作，截至2017年，漳州市青少年维权岗共有全国级12家、省级99家、市级165家。注重项目运作，开展漳州市重点青少年群体社会工作示范项目创建，推荐上报6个重点青少年群体社工项目获市级立项资助，3个青少年事务社工示范项目获得省级立项资助；推荐上报“护新枞”乡镇青少年禁毒宣传教育巡讲活动，项目被团中央立项为2017年度青少年禁毒防艾宣传教育小额资助项目；与闽南师范大学联合开展《童享阳光·漳州市农村留守儿童心理救助与早期犯罪预防》社工

10月12日，第四届“创青春”福建省青年创新创业大赛颁奖典礼

项目，并获时任省委常委、宣传部部长高翔批示。突出个案分析，围绕创新特殊人群服务管理机制，组织返乡大学生志愿者对30名漳州籍服刑人员未成年子女开展“一对一”结对帮扶。漳州青少年事务社工工作专题案例《干青少年事务一个好汉三个帮》在10月18日《中国青年报》第7版全文刊载。

拓展青少年对港澳台交流渠道

开展第九届海峡论坛·海峡两岸（漳州）青年交流周活动，邀请来自台湾国民党青工总会以及台湾10个县（市）的国民党青工会、青创会的近百名台湾嘉宾与漳州200名青年共同参加经贸交流、民俗考察、寻宗寻根、文化联欢等活动，增进两岸青年情感，扩大民间交流。举办2017漳台创业青年研习营活动，推动漳州台湾青年在双创中的合作与发展。开展2017海峡两岸（漳州）文化创意节，邀请台湾及漳州文创行业的知名学者、从业人员150多人到漳州共同分享探讨两岸文创融合发展，吸引上万人次到场参观文创产品展和文创市集。应中华两岸中原文教经贸交流促进会邀请，组织漳州市参访团人员11名赴台湾交流，促进两地青年常态化良好互动。参与组织第七期香港漳州籍青年国情研修班，开展首届漳州香港澳门台湾青少年交流营活动，增进香港澳门台湾青少年对祖国大陆的家园情结和民族情感。

·漳州市妇联·

【概 况】

2017年，漳州市妇联贯彻习近平新时代中国特色社会主义思想，以“巾帼心向党 建功新时代”为主线，以全面推进妇联改革为目标，坚持优化职能、活化载体、实化作风，促进妇联改革取得新进展，妇女工作迈上新台阶。妇联改革“两个全面”工作提前四个月完成，创新妇联通“123”工作法，“巧妇贷”妇女创业贷款被推广全省，巾帼精准脱贫家政培训工作走在全省前列；妇联工作多次受到市委市政府领导的批示，市委书记檀云坤批示：“市妇联以增强妇联‘三性’为主线，上下联动，强化督导，服务中心，取得了良好的改革成效。希望进一步深入学习贯彻习总书记关于群团改革和妇联工作的重要讲话精神，按照省妇联的部署，以钉钉子精神将妇联改革向纵深推进，努力完成多项工作任务，为富美新漳州建设做出新的贡献”。2017年，市妇联荣获“全国维护妇女儿童权益先进集体”称号，市妇女儿童活动中心被评为全国“三八”红旗集体。

【深入学习宣传中共十九大精神】

迎接中共十九大　市妇联深入开展“喜迎十九大”“砥砺奋进的五年”等主题实践活动，开设“妇女事业发展篇”“巾帼故事汇”“建功新时代”等专栏，宣传妇女儿童事业发展、优秀女性成长成才、岗位建功、好家风好家训家庭故事等，精心策划各专题宣传报道60多篇，受教育妇女群众3万多人。

宣传中共十九大精神　市妇联制定下发《漳州市妇联关于认真学习宣传贯彻党的十九大精神的通知》，组织开展妇联执委、妇联干部培训研讨班，进行多形式、分层次、全覆盖的全员培训，增强“四个意识”，坚定“四个自信”，用习近平新时代中国特色社会主义思想指导实践，把思想和行动统一到中共十九大精神上来。

市妇联依托“一网两微”“妇联通”云办公平台和“一呼百万”微信工作群，深入开展“八闽巾帼心向党 万村千居唱起来”等主题实践活动，多平台、集群化、矩阵式的全方位学习宣传贯彻中共十九大精神。组织巾帼宣传队“进机关、进企业、进农村、进社区、进学校”宣讲中共十九大精神30多场次；开展中共十九大征文活动，征集到东山歌册、龙海芗曲、芗城锦歌、平和客家山歌等富有闽南特色的宣传素材作为“万村千居唱起来”活动样本；在行业协会、村居社区、企事业单位开展“万村千居唱起来”汇演等活动50多场次，把中共十九大精神宣传到基层一线，深入到妇女群众心中。

【推进基层妇联组织改革】

基层组织改革取得新突破　以妇联“基层组织建设年”为契机，围绕增强妇联“三性”（政治性、先进性、群众性）这根主线，破除群团“四化”（机关化、行政化、贵族化、娱乐化）和基层“四缺”（缺编制、缺人员、缺经费、缺场所）等突出问题，推进基层妇联改革，全市128个乡镇妇联组织区域化建设全面铺开，1877个农村妇代会改建妇联工作全面完成，全市共配备专、兼职副主席2787名，执委24787名，落实市委常委会审定通过的《漳州市妇联改革方案》。

改革工作不走样　在推进“两个全面”（全市乡镇妇联组织区域化建设全面铺开，农村妇代会改建妇联工作全面完成）过程中，市妇联深入各县督导调研，发现各地好经验好做法，归纳总结提升推广；对发现的问题和困难，及时纠正完善和协调解决。制定下发《漳州市妇联执委履职培训实施方案》，召开全市新晋妇联执委履职培训推进会，在全省率先将履职承诺作为重要培训内容。全市共组织执委培训班297期，受训8897人次。

运用互联网思维　推动“一呼百万”微信工作法，建立网上联系妇女群众的微信工作群、QQ群、

3月8日，市妇联开展“三八红旗手”进高校成长分享主题活动

“朋友圈”等，2017年，全市已建立3200多个微信工作群，参与人数8万多人次；在全省率先入驻“妇联通”全国妇联云办公平台，登记录入16671人，创新妇联通“123”（1是学会用好妇联通，2是做细用精妇联通，3是做实用活妇联通）工作法，省妇联进行推广。

【推进家庭文明建设工程】

注重家庭教育　市妇联加强“注重家庭、注重家教、注重家风”，家庭文明创建活动，宣传社会主义核心价值观。实施新一轮家庭教育五年规划（2016—2020），构建家庭文明建设新格局。开展“好家风好家训好家教巡讲”活动40多场；联合市直机关党工委开展“树清廉家风 创最美家庭”主题活动，并纳入2017年全市机关党建重点工作；开展家庭教育论文评选活动，征集家教论文53篇，评选推荐15篇送省妇联参与评选，4篇获奖；市妇联家庭教育指导老师庄建平被评为第二届全国百名家庭教育公益人物。

注重创建文明家庭　通过常态化推进“平安家庭”建设，寻找“最美家庭”“五好”（政治思想好、生产工作好；家庭和睦、尊敬老人好；教育子女、计划生育好；移风易俗、勤俭持家好；邻里团结、文明礼貌好）文明家庭创建、文明家庭推选等活动，形成爱国爱家、相亲相爱、向上向善、共建共享的社会主义家庭文明新风尚。2017年，漳州市有2户家庭获评全国“最美家庭”，9户家庭获评全省“最美家庭”，96户家庭获评全市“最美家庭”。

宣传幸福家庭主题　启动以“相信爱，执着爱，传递爱”为主题的“中国梦－金婚银婚圆梦行动”，该项活动获得广泛好评，在《中国妇女报》《福建日报》等主流媒体上进行宣传报道；举办以“巾帼心向党・喜迎十九大”为主题的幸福家庭图片展。

发挥先进典型引领作用　开展“三八红旗手进高校”成长分享活动，邀请全国、省级三八红旗手等优秀女性进高校与女大学生面对面分享她们的成长经历、家庭故事，发挥先进女性榜样和良好家风的示范引领作用。

做好关爱妇女儿童和家庭服务　发动“母亲健康1＋1”捐赠活动，2017年共募集善款50.5万元，慰问“两癌”（乳腺癌、子宫癌）贫困妇女190名，发放慰问金63.8万元；组织开展“关爱女性健康”活动，推动政府为6000余名建档立卡贫困妇女购买女性安康保险，全市购买女性安康保险14376份。发挥“儿童快乐家园”“留守流动儿童之家”“爱心书屋”等平台作用，举办“精准扶贫 春蕾圆梦”助学仪式等，持续帮扶春蕾女童，发动爱心妈妈与留守流动儿童牵手结对，启动2017“让爱留守・童享蓝天”关爱留守流动儿童特别行动。

【凝聚巾帼力量建设美丽漳州】

实施“创业创新巾帼行动”　2017年，市妇联举办巾帼电商创

8月28日，举行漳州市春蕾助学仪式

业培训班，评选“十佳巾帼电商创业能手”，聘请10名巾帼创业导师；持续开展“巧妇贷”（漳州农商银行向经妇联组织推荐的城乡妇女发放用于生产经营、消费等用途的妇女创业贷款）妇女创业贷款工作，2017年发放创业贷款5.76亿元，惠及女性创业者2162名，解决妇女创新创业资金问题。此项工作经验在全省推广。创建各类示范基地，推荐漳州卫生职业学院获评省“巾帼家政培训示范基地”，全市有省级“巾帼众创空间示范基地”4家；推荐29个项目参加第二届中国（福建）女大学生创新创业大赛，其中平和“古法蜜柚膏”获创业奖；《漳州着力打造两岸女性创客空间》获得《中国妇女报》优秀案例、市直机关党工委十佳案例。

助推脱贫攻坚行动　市妇联开展精准脱贫工作，在全省率先完成5期“巾帼精准脱贫家政培训班”，举办巾帼旅游扶贫培训，开展“专家快车农村行”，承办全国巾帼脱贫示范基地负责人培训班。2017年，市妇联举办各类培训20余期，参训妇女2100多名。做好挂钩帮扶的云霄县马铺乡龙镜村脱贫工作，确保如期脱贫。

引导妇女参与创建文明城市　开展“巾帼美丽家园”创建活动，诏安、长泰、云霄、漳浦等地开展“巾帼护河 共建生态家园”等主题活动，助力富美新漳州建设。市妇联被市文明办评为“敬业奉献之星优秀组织团队”。

深化法治漳州巾帼行动　举办“建设法治漳州巾帼行动”大型户外法治宣传，全面开展平安维权活动，引导广大妇女群众不断提高法律意识和维权能力。2017年，全市妇联系统举办法治宣传活动150多场、讲座50多场、法律知识竞赛3场，发放宣传资料8万多份。创建平安家庭，重点开展“平安家庭”未达标户的帮扶转化行动；举办“幸福婚姻大讲堂”系列活动24场；组建巾帼平安志愿者队伍，开展巾帼平安志愿者巡防；开展婚姻家庭纠纷调处工作，督导摸排4200余次，化解稳控13件婚姻家庭纠纷，完成“厦门金砖会晤”和中共十九大期间的安保维稳任务。做好妇女儿童信访维权，设立妇女儿童法律公益咨询室，2017年，全市妇联系统共接待来信来访来电335件，做到件件有落实，事事有回音。合力保障困境春蕾女童安全。建立“市春蕾儿童安全实践基地”，对全市妇联系统春蕾儿童安全员进行任职培训；健全综治网格管理工作机制，将春蕾儿童纳入网格重点人群管理，开展困境春蕾儿童的帮扶救济工作。

扩大两岸妇女交流　举办第九届海峡论坛（漳州）动漫嘉年华，承接海峡妇女论坛香港访问团、嘉义县妇女团调研交流活动，促进两岸妇女交流合作再上新台阶。

实施“两纲”　根据省“两纲”（福建省妇女发展纲要，福建省儿童发展纲要）中期评估督导组反馈意见，制定整改方案，抓好实施落实，并取得初步成效。贯彻第六次全省妇女儿童工作会议精神，完成“两纲”项目实施、结项、验收工作。强化男女平等基本国策和儿童优先原则的宣传力度，营造尊重妇女、关爱儿童的良好社会氛围。

【加强妇联系统自身建设】

将全面从严治党融入妇联工作各领域，经常开展谈话提醒，强化风险防控，抓好党风廉政教育，落实全面从严治党主体责任。

加强妇联干部党性教育，常态化开展“两学一做”学习教育活动，持之以恒抓好政治理论学习，增强政治敏锐性和鉴别力，坚定政治立场。

开展妇联干部队伍培训，提升妇联干部服务妇女群众的能力。加强调查研究，“四下基层”（信访接待下基层、现场办公下基层、调查研究下基层、宣传党的方针政策下基层）联系群众。向全国妇联、全国妇女理论研究中心推荐“中国特色社会主义理论与实践的创新与发展”研讨会论文21篇，其中14篇入选全国妇联优秀论文。征集妇女理论论文30篇，报送省妇联、妇女理论研究会、省婚姻家庭法学会，有18篇获奖，列全省第一。

·漳州市科学技术协会·

【概　况】

2017年，漳州市科协围绕市委、市政府“三抓三比、十项竞赛”活动部署和省科协“创新争先百千万行动”要求，推进科协系统深化改革，创新工作思路，确定“路线图”，制定“任务表”，深入开展全市科协系统“三抓三比、六项竞赛”（“三抓三比”，即抓招商引智比院士专家工作站建设、抓科普益民比公民科学素养提升、抓作风建设比服务企业数量质量。“六项竞赛”，即院士专家工作站建设；专利数据检索系统安装数量与质量；实用科技咨询服务、培训与学术讲座场次；科普阵地建设数；科普活动次数；青少年科技教育参与的项目数及获奖人次）活动，在推进漳州创新型城市建设中发挥主力军作用。

【招商引智】

2017年，市科协召开院士工作站建设会议，征集到有关新材料、农业、医药卫生、电子、食品加工等多个领域的33家企业58项的技术需求。有9名院士，20名专家到漳州考察调研、对接交流，分别就“地热资源的开发与应用”“汽车关键零部件轻量化材料及成形工艺”“三

4 月，陈蕴博院士（前右）与正兴集团签订合作协议

维空间激光检测仪”“南靖土楼生态宜居环境建设”“生态光电”等方面开展合作。市科协与市委组织部、市科技局、市财政局召开联席会议，认定 7 家企事业单位院士专家工作站为 2017 年漳州市院士专家工作站，其中 5 家顺利获批为 2017 年福建省院士专家工作站，获批数量居全省第一。

完成对 2016 年建站的院士站首次考评工作，下发 60 万元院士站补助。完成 3 家到期院士站点的重新申报工作。漳州市傲农生物科技集团有限公司、片仔癀药业股份有限公司院士专家工作站获批 2016 年度福建省院士专家示范工作站；漳州市思特电子有限公司院士专家工作站、傲农生物科技集团有限公司院士专家工作站、片仔癀药业股份有限公司院士专家工作站三家站点获评全国院士专家示范工作站，获批数量均居全省之首。形成《关于进一步推进我市院士专家工作站建设的建议》提交政协，并得到漳州市政府市长刘远的批示。

【科普益民】

履行《纲要》领导小组职责 市科协制定《漳州市基层科普工作经费管理办法》，规范和加强专项资金的管理。投入 2.7 万元编印 5000 本《医疗保健篇》彩色口袋书。联合《纲要》成员单位充分利用“三下乡”（文化下乡、科技下乡、医疗下乡）“科技·人才活动周”“全国科技者工作日”“食品安全宣传周”“全国科普日”等，组织科普专家到社区、学校、乡村开展宣传活动，发送科普图书、资料 4.5 万册，受益群众 18 万人次。漳州科技馆被评为国家防震减灾科普教育基地，组织主题科普活动 4 次，接待活动团体 13 个，累计参观人数 8.45 万人次。创办科学实践活动中心工作室，引进芗城区无线电爱好者学会驻点。全面开展“科普大篷车进乡村校园”专题活动，进入 11 所中小学校、1 个社区以及闽南师大进行科普宣传，参与互动人数 2.54 万人次，行程 381.6 公里。福建省流动科技馆完成 4 个站点的巡展，累计接待观众 4.23 万人次。新馆筹建工作有条不紊，进入施工装修阶段。

拓展优质科普资源 对科普教育基地进行动态管理，并为第五批 20 家科普教育基地授牌。加强基层典型的培育和指导，平和县白芽奇兰茶协会、诏安县富硒产业协会被评为全国优秀农村专业技术协会，云霄县科协副主席兼农技协副理事长蓝锦辉被评为全国农技协先进工作者。

精心承办第 32 届省青少年科技创新大赛 该大赛组织精到、运行高效、参与踊跃、成果丰硕，受到上级领导肯定。漳州市选手共获得 45 个奖项，其中学生优秀科技创新项目一等奖获奖数量是漳州市在全省比赛方面取得的最好成绩，5 个创新项目作品获得二等奖和三等奖各 2 项，并被推荐参加全国赛，漳州市科协被评为全国基层青少年科技创新大赛优秀组织单位。

3月17—19日，第32届福建省青少年科技创新大赛在漳州举行。图为省政协副主席、省科协主席、中科院院士郑兰荪（前排右六），副市长兰万安（前排左七）与部分一等奖获奖选手合影　　（市科协 提供）

抓好青少年科技教育 2017年，全市中小学生在各类科技竞赛中取得丰硕成果，共获得全国、省、市各类科技竞赛奖项80个，其中一等奖14个，第26届福建省科技教育论文取得的一等奖数为历届之最；云霄一中学生再次蝉联获省级青少年机器人竞赛综合技能高中组冠军，全国二等奖；云霄一中被评为第十七届中国青少年机器人竞赛优秀学校；漳州市实验小学老师方绿珍指导的“纸上谈‘适’——纸巾的正确使用”微电影作品获得第八届全国青少年科学影像节二等奖。经过近年来的持续推动，漳州市青少年机器人竞赛逐步兴起，2017年市赛队伍比上年增加20多支；加大科技教师培训，累计参训有173名；颁发“科华”科教奖励金7万元和各类科教获奖证书276份。

加快科普信息化步伐 2017年，建成科普中国e站144个，超额完成省科协下达的129个指标。投入50万元采购20台科普互动大屏，赠送给11个县（市、区）。东山县西埔镇龙舞社区成为省科协第一批科普信息化示范试点单位。参与福建科普微信矩阵建设，“龙文科普”微信公众号入围2016年福建省公众最喜爱的十佳科普微信公众号。在漳州电视台开办《科普新说》，与漳州人民广播电台联合开通《闽南语说科普》栏目，与《闽南日报》联合开办《科普之窗》，通过电视、广播、报纸等多个平台，将科学知识以形象逼真、通俗易懂的形式向公众普及。

科技精准扶贫联络点 以市农村专业技术协会为依托，编印《农友之声》－2016年度栏目集锦和1000册《果树栽培技术》科普扶贫丛书，分发给相关专业合作社和农户，为精准扶贫提供服务；派出专家团队12人次，解决农事问题23个。市农技协与邮储银行漳州市分行开展银会合作，2017年全市共召开银行信贷产品推介会2场，现场培训37名，累计发放贷款62笔，共558万元。

此外，市科协承办昌吉州呼图壁县农牧民技术员科技提升培训班，先后到漳浦台湾农民创业园、漳州花博园、南靖县兰花协会、平和县蜜柚基地等科普教育基地进行实地教学，取得良好效果。

【作风建设】

推进科协工作改革 2017年，市科协组织学习廖俊波、黄大年等先进事迹，开展领导干部上党课3次、党组中心组学习12次、党支部集中学习22次、专题讨论4次、“主题党日”活动8次，推进“两学一做”学习教育常态化制度化。修改制定党组主体责任清单8个方面33项内容，建立健全8项规章制度。党员发挥先锋模范作用，2名党员干部被评为全国优秀科技工作者。稳步推进科协系统深化改革工作，围绕改革联系服务科技工作者的体制机制等5方面，提出18项改革措施。

提升企业创新服务中心作用 加强企业创新服务中心辐射功能，发挥市企业科协联合会等职能。做好实施“十百千”（建立十个以上创新服务站点，服务百家企业研发，培育签名企业研发人员）创新培训工程，2017年为141家企业安装专利检索系统，新发展建立企业科协组织50多家。其创新工作模式先后被《八闽快讯》《闽南日报》《金桥工程简报》《漳州信息》等新闻媒体报道，在省内外产生较大影响。加强学会服务站建设，建立省级和市级学会服务站各2家，促进学会服务站与企业开展产学研深度合作，促进高新项目成果落地转化。

开展建家交友活动 加强学会业务指导，推进管理和服务水平。举办以“创新驱动、全面振兴”为主题的2017年学术年会，共设12个分会场，有2000多名科技工作者参与研讨、交流，全市共交流学术论文1000多篇，为建设富美漳州建言献策。新成立5个学会，不断壮大市级所属学会队伍。实施科协干部直接联系科技工作者制度。将市科协所属76个学（协）会、研究会分成3个联系组，由领导牵头、各部室负责人及干部职工参与，建立台账，通过学会直接联系科技工作者，开展短板攻坚、走基层送服务、“比敬业、比创新、比贡献”等活动。成立中共漳州市科协社会组织行业

2月17日，市科协召开科协系统“三抓三比，六项竞赛”部署会

委员会，加强领导，开展首个全国科技工作者日宣传活动12场，组织看望基层一线科技工作者63名，向科技工作者发放节日贺信，更新乡镇、社区科普挂图共246处1476幅，悬挂宣传标语26条，发放科普宣传资料、图书2.1万份，通过全方位、多形式的宣传，营造良好氛围。开展科技工作者状况调查，科技咨询服务中心站点连续两年被中国科协评为最高等级优秀调查站点，超额完成科技工作者状况调查和撰写调研报告工作，形成有效信息16条，位居全省之首。站点的先进工作事迹在全国科技工作者调查站点培训表彰会上，进行推广、宣传。

·漳州市侨联·

【概 况】

2017年，市侨联以习近平新时代中国特色社会主义思想为指导，宣传贯彻中共十九大精神为主线，按照中国侨联及福建省侨联改革部署，做好为侨服务与为大局服务相结合，国内与海外、老侨与新侨工作并重，拓展海外工作和新侨工作，凝聚侨心，汇集侨智，发挥侨力，维护侨益，为推进富美新漳州建设再上新台阶做出贡献。

【党建引领，把握方向】

强化政治引领，履行党组主体责任，深化“两学一做”制度化、常态化，通过强化组织领导，组织理论学习，开展学习中共十八届六中全会精神、中共十九大精神和向廖俊波、黄大年学习先进活动。将学习十九大精神与谋划、推动侨联工作结合，利用下基层调研、慰问、扶贫等，推动党的路线方针政策进侨联、进侨企、进侨乡、进侨界，机关干部牢固树立“四个意识”，展现新的精神面貌。

按照市纪委驻市委统战部纪检组的规范要求，“开好落实全面从严治党责任工作会”“签好落实全面从严治党（廉政）责任书”、“种好‘一岗双责’（领导干部除负责抓好分管的业务工作外，还要负责抓好职业范围内的信访工作）责任田”，落实党风廉政各项制度要求。推进从严治党，带动侨联改革，加强侨联机关自身建设。

【固本强基，提升水平】

市侨联按照有组织、有队伍、有经费、有阵地、有活动的标准，先后制定《漳州市侨联关于进一步推进“侨胞之家”建设年活动的通知》《漳州市侨联关于加强推进基层组织建设的通知》，统一全市基层侨联开展基层组织建设的标准，明确要求把基本侨情、人员分工、工作制度、章程、会徽等内容公布上墙。争取省侨联对漳州市开展“侨胞之家”活动的支持，各级政府加大投入支持基层组织经费共160多万元，对9个创建省级“侨胞之家”的基层单位给予补助。2017年，新成立侨联组织9个，全市侨联基层组织共有556个。其中市、县级侨联14个，乡镇级侨联72个，村级侨联457个，直属单位侨联、团体13个。基层有33个“侨胞之家”为市级示范点，有37个侨胞之家为省级“侨胞之家”，其中“省级五好示范点”（领导班子好、干部队伍好、工作保障好、活动成效好、群众反映好）8个，形成一批省、市、县级侨胞之家“五好建设”示范点，提高各级侨联组织建设规范化、制度化、科学化水平。

市侨联注重提升侨联组织工作水平和干部队伍素质，推荐市、县、乡侨联干部20多人次参加中国侨联、省侨联举办的侨联干部培训班、法制培训班和信息员培训班，把新上任、新加入的侨联工作者及分管领导纳入培训计划，不定期对基层侨联组织建设进行指导。7月4日，市侨联召开各县（市、区、常山、台投区）侨联主席会议，传达全省侨联工作汇报会精神，总结上半年工作，部署下半年工作计划，讨论市侨联换届工作的实施方案和开展市侨联委员活动日事宜。11月1—2日，市侨联组织龙海、龙文、芗城、云霄、东山、南靖、长泰、常山等县（市、区）侨联主席赴潮州市，参加第十七次闽粤两省六市侨联工作经验交流会。11月3日，市侨联接待长春市侨联学习交流团一行47人，双方签订缔结友好侨联。12月5—7日，市侨联组织归侨侨眷代表66人赴福州市参加福建省第十次归侨侨眷代表大会，漳州代表林智勇等2人当选福建省侨联常委，郭伯龄等当选为委员。2017年，漳州市3个侨联基层单位被省侨联评为全省先进集体，5人被评为省侨联先进侨联工作者，3个县侨联被省侨联通报表扬为专项工作成效突出单位。

【牵线搭桥，服务招商】

深入开展“富美漳州—侨界建功”行动，发挥侨联对外联系面广的优势，融入招商工作，借助“6·18”海交会、“9·8”投洽会、“11·18”花博会等招商平台，主动邀请海外华商来漳州考察、投资兴业。加强与海外重点社团和人士的信息互动，推介项目，主动对接中国侨商会和福建省侨商会，邀请海外侨商和港澳台客商到漳州参观考察，热情做好接待服务工作，宣传漳州市情、产业结构、发展状况及良好投资环境，引导他们与漳州市开展科技、经贸等领域的交流合作，推动漳州社会经济协调发展、产业转型升级。2017年，市侨联先后陪同华侨足球公益基金、德国福建商会、越南福建商会、台湾晋江商会、亚太电影制片人联盟、英国闽东华侨华人文化商贸创新会等 16 批 120 多人次侨商、客商进行投资考察。4 月 14 日，市侨联接待辽宁省侨联副主席、沈阳市侨联主席王大伟带领侨商会常务副会长郝扉、容劲光及侨青会常务副会长马宏伟一行 6 人，共商建立互动机制，服务两地发展。

【营造环境，助企发展】

深化侨联服务联系点工作，为发展创造良好投资软环境。建立健全侨资企业信息库，配合完成侨企调研，上报侨资企业基本经营情况调查表 108 份，及时了解掌握侨资企业的发展规模、产业结构、行业分布及运营动态。领导分片挂钩带队深入万利达集团、华发集团、敦信纸业公司、龙华房地产有限公司、美林蓓园艺公司等侨资企业开展调研视察，主动做好协调服务，并通过侨情专报、呈阅件、人大建议案、政协提案等渠道向相关部门建言献策，为侨资企业的发展壮大做好服务工作。

【扩大宣传，弘扬文化】

开展与海内外新闻媒体交流合作，宣传漳州市改革开放新成就和良好的投资环境。推动漳州市林语堂纪念馆确定为中国侨联 “中国华侨国际文化交流基地”；推动成立福建侨乡文化中心、中国华侨出版社漳州分中心。为加强侨史学会工作，4 月 19 日市华侨历史学会召开三届二次理事会议，增聘郑镛为第三届理事会顾问，增补郑来发为副会长、刘若贤等 14 人为常务理事，不断提升漳州市侨史研究水平。推动成立庄西言研究会、许地山研究会，与闽南师范大学侨乡文化研究中心、泉州侨史学会、厦门海沧侨史学会等单位开展学术交流，活跃研究氛围，培养研究队伍，助力侨史编修和侨乡文化宣传。12 月 2—3 日，由中国华侨华人研究所、福建省华侨历史学会、闽南师大、广东五邑大学主办，闽南师大福建侨乡文化研究中心、漳州市侨联等承办的“第四届比较视野下的中国侨乡研究”学术研究会在漳州闽南师大召开，来自全国各地以及马来西亚、台湾的专家学者 50 多人参加会议，提交 39 篇论文，有 7 篇作为大会发言，并组织与会的海内外专家学者实地考察漳州市双第华侨农场、“天一总局”、东美番仔楼等侨乡文化。市侨联在“侨批、记忆与侨乡精神建构”的主题研讨上发表《浅议侨批的闽侨精神》的演讲，获得与会专家学者的好评，提高漳州在海内外的知名度。12 月 25—26 日，市侨联副主席蔡余浦、郭伯龄及部分漳州华侨历史学会的常务理事、芗城区林语堂纪念馆负责人及龙海市、南靖县侨联主席到福州市参加福建省华侨历史学会第七次代表大会，郭伯龄当选为省华侨历史学会常务理事。2017 年，市侨联向市委统战部和省侨联网传输信息 115 条，撰写编辑出刊《侨联工作简报》8 期，市委统战部《统战情况》“增刊”1 期，省侨联《侨联简报》1 期，市委录用信息 2 条。市侨联被评为全省侨联系统信息宣传工作先进集体三等奖。

【联谊搭台，增进感情】

鼓励海外侨胞为家乡和住在国多做贡献，倡导海外侨胞做同圆共享“中国梦”的践行者，融入“一带一路”建设，为宣传漳州、建设漳州献计出力。加强与海外顾问、海外委员、海外青年人才、新侨人才的联系，扩大朋友圈。充实健全侨情资料，及时掌握海外侨情的新变化，做好海外华人同乡会、商会等社团和重点人士、新生代华侨华人资料的搜集整理工作。分别完善海外漳籍、闽籍同乡会等社团和重点人士资料，与 200 多个海外社团和重点人士 400 多人建立联系，促进侨力资源可持续发展。2 月 4—5 日，市侨联领导分别到东山县、华安县拜访回乡过年的海外侨胞，并召开 2017 年漳州市侨联海外侨胞新春联谊交流会。巴西、阿根廷等国家的海外侨胞 50 多人参加东山县交流会，来自秘鲁、智利、柬埔寨、厄瓜多尔等国家的海外侨胞 30 多人参加华安县交流会。3 月 14 日，接待以陈瑞愸会长为团长的马来西亚隆雪陈氏书院宗亲会开漳圣王文化考察团一行 37 人。9 月 14 日，市侨联主席林智勇到长春市参加香港龙

2 月 5 日，在华安召开 2017 年漳州市侨联海外侨胞新春联谊交流会

文区同乡会换届庆典活动。11月6日，接待英国闽东华侨华人文化商贸创新会参访团一行6人。11月19日，接待以何昆山主席为团长的印尼锡江漳州慈善基金会参访团一行32人和美国华人妇女联合会永远荣誉会长黄惠珍、黄建中及马达加斯加华人水产协会常务副会长江俐慧等。2017年，累计拜访接待海外侨团马来西亚陈氏书院开漳圣王文化考察团、印尼锡江（香港）联谊会、澳门漳州同乡总会、柬埔寨福建总商会、秘鲁福建同乡会、澳大利亚漳州同乡会、英国闽东华侨华人文化商贸创新会、印尼锡江漳州慈善基金会、越南福建商会。加强与港澳委员及同乡会的联系交流，做好海外新生代工作。加强市侨联青年委员会组织建设，调整充实新委员106人，加大吸收企业界的青年精英，在原东南亚国家的基础上，增加来自巴西、秘鲁、新西兰等欧洲、南美洲国家的华人华侨青年，使委员结构更合理、区域分布更广泛。2017年，青委会共组织委员分片开展活动4次，勤交流、重联谊、促招商、助发展。凝聚侨心侨力助发展。4月5日，副市长吴卫红会见参加市侨联八届四次全委（扩大）会议的市侨联委员。4月6日，市侨联在漳州宾馆召开八届四次全委（扩大）会议，市侨联名誉主席、顾问、委员100多人参加。

【文化交流，扩大友谊】

树立“大侨务、大海外”的理念，利用漳州市侨联微信群、青委会微信群、侨情信息平台、侨情信息库、海外社团微信群及“侨联通”等新方式，快速便捷开展海外联谊，倾听侨胞呼声，关注海外热点及侨团活动动态，密切海外侨胞的感情联络，增进亲情乡谊和提高侨务工作的针对性，搭建平台和载体。利用中国传统节日元旦、春节向海外侨团和重点人士发送电子邮件、贺年卡等方式，加强联谊，2017年寄出贺年卡500多张。并先后电贺新加坡漳州总会、荷兰中国友好协会、德国福建同乡联合总会、加拿大安省漳州同乡会、哥伦比亚福建总商会等庆典活动。主动参与海外漳州籍社团和世界性、区域性的团体活动，加强与海外社团和重点人士的联络沟通，深入了解海外侨情，形成密切的联系网络。5月20—27日，市侨联副主席蔡余浦随省侨联访问团赴澳大利亚、新西兰开展联谊活动，参加维多利亚福建同乡会第十五届换届就职庆典活动。7月7—10日，市侨联副调研员叶小明随市政府代表团赴菲律宾参加菲律宾漳厦龙同海总会庆祝成立五十五周年暨第五十六、五十七届事理事会泊商会庆祝成立一周年纪念及首届职员就职典礼活动。10月6—11日市侨联办公室主任杨黎明随市外侨办代表团赴新加坡、马来西亚进行友好访问，参加新加坡漳州总会成立88周年纪念庆典，开展招商引资工作。出访期间拜访澳大利亚漳州同乡会、闽南同乡会、福建总商会、福建学生会，新西兰福建同乡会、福建商会，菲律宾漳厦龙同海总会，新加坡漳州总会、龙溪会馆、诏安会馆、南洋东山会馆、东山励志社，马来西亚槟榔屿漳州会馆等重要海外社团、侨领，会见1000多名海外乡亲，取得良好的联谊效果，增进同海外乡亲的乡情友情，让海外乡亲深深感受到家乡侨联对他们的关心、支持，漳州籍乡亲对祖（籍）国、对家乡的向心力，推介宣传漳州，扩大漳州在海外的影响力，倡导和发动海外侨胞参与祖国“一带一路”建设，助力漳州经济社会发展建设。

【侨界帮扶，热心公益】

持续推动“侨爱心工程”建设，做好省财政专项救助资金发放工作，发放专项救助资金23.88万元，重点保障特困归侨199人生活补助。同时，市侨联关心困难归侨、侨眷，走访慰问基层贫困归难侨142人，发放慰问金17.04万元。推进精准扶贫工作，落实帮扶措施，联合侨青委开展“爱心构和谐，侨青暖人心”精准扶贫活动。

鼓励和引导海外侨胞及归侨侨眷开展送温暖、扶贫济困、捐资助学等社会公益活动，持续推动“侨爱心工程”建设。2017年，全市侨联系统引导海外侨胞、港澳同胞捐赠公益事业950万元，其中捐助教育卫

5月10日，接待菲律宾漳厦龙同海同乡会夏令营团

生等项目405万元；捐助道路桥梁建设等项目450万元；设立助学奖学奖教基金项目165万元。

【参政议政，贡献侨智】

做好漳州市侨联界别政协委员的提名推荐工作，严格程序和要求推荐侨界政协委员14人，建立一支高素质的侨界政协委员队伍。开展侨界政协委员调研活动，10月19日，市侨联组织政协侨联界别委员一行10人前往厦门大学海外教育学院，了解海外留学生学习生活情况，参观侨联组织建设及侨资企业等。开展侨联委员活动日活动4次，建言献策。共撰写建议提案7件，市政协大会发言。《关于扩大人文交流，深化对外合作的建议》提案得到市长刘远的批示，推动漳州对外开放。做好侨情信息工作，参与省侨联“闽侨智库”平台建设，选报专家学者4人成为“闽侨智库”成员。

【合力维权，维护侨益】

发挥市侨联法律顾问作用，协助处理重点案件。完善与人民法院的涉侨维权互动机制，配合市中级人民法院推进多元化涉侨纠纷调解机制改革，解决意大利侨商蔡先生与台商陈先生的经济纠纷案件；联合市边防支队建立为侨服务、爱侨固边互动服务机制，加强龙海市卓岐、漳浦县佛潭“侨乡警务示范点”创建，打造“合力维权、全面维权”新模式。做好侨界群众信访工作，2017年，接待侨界群众来访108人次，办理涉侨信访事项25件，帮助解决秘鲁华侨子女国内寄养、印尼华商张先生房产投资、加拿大华侨杨女士侨房拆迁补偿及寻根等事宜，受到侨胞赞扬。如6月份，菲律宾侨眷蔡先生将一面绣有“寻亲圆梦恩同再造”的锦旗送到漳州市侨联，感谢“娘家人”帮忙联系上远在菲律宾失散已久的亲人。开展“七五”普法工作，通过举办学习讲座、编印宣传手册、送法下乡等形式，加强《福建省华侨权益保护条例》的学习宣传，增强全社会侨务法律意识，营造依法维权的氛围。

·漳州市台联·

【概　况】

2017年，漳州市台联高举社会主义、爱国主义的伟大旗帜，坚持以习近平新时代中国特色社会主义思想为指导，宣传贯彻执行党的对台方针政策，团结和联络广大台胞，扎实工作，开拓创新，发挥“台胞之家”的亲情、乡情优势，围绕中共漳州市委、市政府工作大局，为漳州市的发展稳定和漳州台湾各项交流交往，为推进祖国和平统一大业做出贡献。

【做好信息报送和对台宣传】

2017年，市台联通过举行学习、座谈会、走访慰问、下基层调研等形式深入学习宣传贯彻中共十八届五中、六中全会、十九大精神，特别是中共十九大有关对台工作的重要论述，向广大定居台胞宣传党和政府对台方针政策。党支部制定深入开展“两学一做”学习教育常态化制度化实施方案，落实统战部有关“党员e家”及干部网上课堂等学习任务，推动台联工作创新。

做好台联信息报送工作，准确的信息可以为各级党委政府对台工作方针提供决策依据。市台联不断完善信息工作规章制度，注重调动和发挥基层台联报送信息的积极性，保证信息的真实性、时效性、典型性和指导性，2017年，全市台联系统共组稿182篇，其中被市台联简报采用163篇，被全国台联《台联通讯》、省台联《福建台联通讯》《海峡导报》《闽南日报》《漳州统战情况》等刊物以及市委办信息中心、市政协、全国、省《台胞之家》等互联网页共采用10多篇。

加强与台湾岛内联系，深入对台宣传。为使更多的台湾民众了解漳州、认识漳州，市台联通过多种形式、渠道，宣传漳台两地地缘近、血缘亲、文缘深、商缘广、法缘深的“五缘”关系，提高漳州在台湾的知名度。

【服务中心工作】

市台联围绕市委市政府中心工作，发挥定居台胞同岛内亲友联系广泛的优势，为漳州市建设服务。一是开展调研活动，探索台联工作新路子。随着漳州台湾交流的不断深化，漳州市对台工作发生很大变化，台联工作面不断拓宽。为了找准新时期台联工作的着力点和切入点，使台联工作更好地适应新形势和任务的要求，结合漳州市具体情况，市台联组织人员深入调研，就台联工作的现状、优势、存在的问题进行剖析，提出思路对策，形成《关于加强新时期台胞代表人士队伍建设的调研与思考》《利用闽南文物资源，促进两岸文化交流》《定居和常住大陆的两岸婚姻家庭及其子女工作研究》等文章，分别得到市委统战部、上级台联采用。二是参政议政，建言献策。漳州市台胞履行政治协商、民主监督和参政议政职能，为漳州市的经济繁荣和社会各项事业的发展建言献策。2017年，撰写提案《关于扶持台湾青年到漳州就业创业的若干建议》《新时期推动闽台民间经济合作的几点思考》《关于做好在漳台商家眷工作促进社会主义和谐社会建设的思考》《对海峡两岸社会互信问题的几点思考》等得到有关部门重视。三是做好招商引资工作。漳州市各级台联发挥对台独特优势，围绕党委、政府工作，穿针引线，招商引资发展地方经济。四是响应市委号召，开展下基层“一对一”帮扶活动。市台联对挂钩的云霄县下河村，深入走访慰问，探讨帮助其走出困境的渠道和办法。

【做好定居台胞和金门同胞基础工作】

2017年，市台联为定居在漳州市的台胞和金门同胞做了许多基础性工作。为台胞建档、办证，开具相关证明（台湾同胞改籍64名，金门同胞改籍45名，台籍子女证明48名，台籍证明2名），并做好台胞信息系统数据核对、录入，大学生高考录取建档，为39名学生开具高考证明等，受到台湾同胞、金门同胞的好评。同时做好在漳州的台湾籍代表性人士、省台联换届台胞基础数据统计等相关工作。

走访慰问，主动关心台胞疾苦，为台胞排忧解难。2017年“两节”及中秋节期间走访慰问特困台胞、残疾台胞；核实“两补”人员信息，做好“两补”代发相关事宜，2017年共走访慰问困难台胞、患病老龄台胞212人次，全年发放“两补”对象700多名、补助资金205万元；走访调研台资企业14家；做好全国台联、省台联到漳州慰问相关工作。同时，筹措资金，帮助特困台胞户、下岗职工、孤寡病残、返台定居台胞等解决具体问题；走访慰问患病台胞，参加老台胞出殡仪式、慰问困难台胞党员等。

处理来信来访。接待台胞台商来访，协助解决有关社保、子女就学、残疾台胞就业、困难申请等有关问题。其中，有协调解决台胞赖某来访反映拆迁问题，协调联系台商黄某来漳州投资相关事宜，接待岛内台胞来访反映社保问题，受理龙海台胞反映要求帮助解决其申请经济适用房的问题，台胞刘某通行证丢失补办临时通行证，协调处理南靖台胞陈某投资办厂立项等事项。

以活动为载体，密切与台胞联系。通过举办各种形式的活动，加强与广大台胞的联络联谊，增进共识，密切乡亲情谊。如组织5名台湾籍大学生参加省台联夏令营活动及参加电商培训；组织5名台湾籍中小学生及1名台联干部参加2017年度福建省台联中小学生定居台胞抗日义勇队体验营活动；配合做好第九届海峡论坛“同名村 心连心”联谊活动相关工作，邀请张氏、陈氏、詹氏三对宗亲参加海峡论坛活动并组织3对同名村宗亲28名参加返乡之旅；组织市台联理事及部分市直台胞参加省台联来漳州开展的中共十九大精神宣讲活动等。

做好中青年台胞的培养、教育工作。做好考生的服务工作；组织漳州市台湾籍小学生踊跃参加第十九届世界华人学生作文大赛征文活动；做好省台联第八次台湾同胞代表会议代表和省台联第八届理事会理事候选人推荐工作；做好第十次全国台湾同胞代表会议代表和全国台联第十届理事会理事候选人推荐工作；推荐1名定居台胞参加全国定居台胞自主创业经验交流会；推荐2名台胞作为福建中国和平统一促进会理事人选、推荐1名定居台胞参加全国组织的青年台胞赴台湾交流活动等。

【增进乡亲情谊】

热情接待，主动服务。市台联做好到漳州考察调研、参观指导、经验交流的上级台联和各省地市台联的接待工作，做好到漳州市进行参观考察、文化交流、经贸合作、投资经营等各项活动的台湾团组的接待服务工作。2017年共接待包括榴阳王世界郭氏宗亲总会福建漳州寻根谒祖交流访问团、牡丹江市台联来漳州工作交流、台湾中南部乡亲来漳州参访、同名村宗亲回乡交流等岛内外台胞团体12批145人次。

【自身建设】

加强作风建设。市台联领导班子和领导干部带头开展文明勤政、廉洁高效作风建设，干部职工分工明确，团结协作，提高台联干部综合素质，增强服务意识。加强支部工作，组织党员干部学习习近平新时代中国特色社会主义思想和中共十九大精神及省委、市委有关文件精神，增强支部战斗堡垒作用。2017年，市台联顺利通过文明单位考核验收，晋升为市级文明单位，市台联联络科被评为全国台联系统先进单位。

·漳州市金门同胞联谊会·

【队伍建设】

2017年，漳州市金门同胞联谊会深入学习贯彻中共十九大报告精神，把思想和行动统一到中央精神和决策部署上。按照市委统战工作会议部署，把握大团结大联合的主题，围绕中心，服务大局，认识统一战线的“法宝”地位和新时期统一战线的使命责任，增强服务意识，改进工作作风，创新工作方法与模式，促进两岸交流交往，拓展对内对外联谊。为实现福建科学发展跨越发展、为祖国和平统一大业发挥独特作用，做出新的贡献。

参加全省金联干部培训班。3月19—25日，市金门同胞联谊会两名副会长及专职干部参加在浙江省社会主义学院举办的2017年全省金联骨干培训班，以提升全省各级金联参政议政工作水平为主题，内容有“新形势下参政党建设与履职中存在问题及发展走向”“走向新经济时代”“优化经济环境，推动非公经济转型升级”等理论课程，还设置重点提案办理情景模拟，结构化讨论，取得良好的培训效果。

【品牌工作】

金门籍青少年夏令营是漳州金门同胞联谊会的工作品牌，举办夏令营旨在构建金门籍青少年交流平台，加深漳州与金门两地青少年的了解和互信，增进对中华传统文化的理解和认识。2017年漳州金门同胞联谊会继续办好夏令营活动，持续深化工作品牌。

8月2日，举办第三届“欢聚盛夏”漳州市金门籍青少年夏令营，来自漳州和福州的营员近20人参加活动，为期3天。营员们参观漳州市博物馆，游览漳州古城区，前往中国少数民族特色村寨——华安官畲村，了解畲族民俗风情和人文历史，参观华安奇石博物馆，了解华安玉的来历。前往国际林业科技培训中心基地、全国科普教育基地——华安竹类植物园，加深对竹文化的了解与认识，并到华安二宜楼酒厂，体验手工调酒。

按照省金门同胞联谊会的要求，甄选符合条件的在漳州的青少年金门同胞参加第十一届“金门籍青少年国学”夏令营活动。8月8—13日“第十一届金门籍青少年国学夏令营”在屏南县举行，共有来自金门、台湾和大陆的师生130余人参加。该届夏令营以“走进新宁德 一家亲”为主题，传承乡情，弘扬中华文化，增进两岸青少年交流了解，提升根、祖、脉的认同感。营员们在活动中表现良好，对外展示向上、健康的形象。

【联络联谊】

2017年年初，在中华民族传统节日春节来临之际，漳州市金门同胞联谊会向海外、境外各金门同乡会和金门同胞寄出170多封贺年卡，为他们送去新春的祝福，加强与境外、海外的金门乡亲的联系。当年，向在漳州的金门同胞投递《金门乡谊报》6期552份。

联络联谊，做好境外接待工作。2017年，漳州金联会共接待来自金门和台湾来访的客人5批110人次。加深两岸间的文化、宗亲和同乡会之间的交流。

举办两岸中秋联欢，共度传统佳节。2017年9月29日漳州市金门同胞联谊会与福建省金门同胞联谊会共同举办2017两岸金门乡亲庆中秋联谊活动。在华侨饭店举行。来自全省8家金门同胞联谊会以及台湾、金门的乡亲代表共100多人欢聚一堂，共度佳节，同叙乡情。福建省金门同胞联谊会名誉会长黄建业、漳州市委统战部常务副部长沈诏坤、金门同乡会名誉理事长联谊会轮值主席林鸿图、金门爱心慈善基金会董事长许金龙以及福建各级金门联谊会领导出席活动。

【业务实绩】

关注金门同胞疾苦，关心老龄金门同胞　及时发放2017年的补助款54万元，多渠道联系符合条件的在漳州的金门同胞，前来办理申请手续，经查对核实，老龄补助人员减少6人，困难补助人员减少3人，新增老龄补助人员10人，向上争取资金54.36万元。

关注传统节日，做好走访慰问　春节、中秋两节期间，漳州金联会领导与工作人员共走访慰问全市老龄金门同胞和困难金门同胞62人次，为他们送上慰问品和节日祝福。

核实身份，做好改籍工作　应乡亲要求，帮助纠正落实部分金门同胞的金门籍贯。同时，按照政策规定，对申请随同母籍改为金门籍贯的，经审核后给予出具证明，协助其向公安机关办理改籍手续。2017年，前来申请改籍的有11户16人，经审核全部符合要求，已按流程上报并做好登记。

2017年，共开具金门籍考生中考、高考加分证明6份，帮助考生加分助力。新学年开学后，根据各考生录取情况，帮助新录取大学生2人申请到奖学金600元，发放到新生手中。

【获奖表彰】

2017年，漳州市金门同胞联谊会科员柯秋红，获得中共福建省委统战部、福建省人力资源和社会保障厅表彰，被评为2012—2015年度全省统战系统先进工作者。

·漳州市工商联（总商会）·

【组织概况】

漳州市工商联（总商会）有人员编制数14人，其中干部编制13人（在编14人）、职工编制数1人（在编1人）。主席杨龙辉（企业家，兼职），驻会领导：市委统战部副部长、工商联党组书记兼常务副主席林青（编制在统战部），党组副书记张镇山（调研员），副主席李瑞明、苏艺峰，调研员魏华顶；兼职副主席：杨国辉、王清海、王光文、王建坤、王新辉、林启明，吴永文、洪水河、滕秀兰、吴志民、陈建顺、吴建伟，秘书长张志贤（驻会）。内设机构有办公室、会员宣传部、经济联络部计3个科室。漳州市工商联（总商会）下辖11个县（市、区）工商联（商会）及常山华侨经济开发区工商联（商会）。截至2017年底，漳州市工商联（总商会）共有会员17056人（其中团体会员130人，企业会员13238人，个人会员3688人），27家市直行业商会，20家在漳州的异地商会，22家在外地的漳州商会。

【基层建设】

稳妥推进换届工作　2017年，

在漳州市委领导下，在省工商联和市委统战部的直接领导下，市工商联（总商会）学习领会中央、省市有关换届文件精神，配合市委统战部做好非公有制经济代表人士人选推荐提名等工作。1月6日，漳州市工商联（总商会）第十四次会员代表大会在漳州宾馆会议中心举行。选举杨龙辉为第十四届漳州市工商联（总商会）主席（会长），林青为常务副主席。

指导商会开展组织建设工作 2017年，市工商联（总商会）共指导3家在漳州的异地商会、1家在外地的漳州商会成立，6家在漳州的异地商会、1家在外地的漳州商会换届。3月26日，漳州市永定商会换届，会长黄林山，漳州市瑞隆达工贸有限公司董事长。4月3日，泉州市漳州商会换届，会长吴全金，福建跨越轻工有限公司董事长。4月8日，辽宁省漳州商会成立，会长杨建才，沈阳奉宁原商贸有限公司董事长。4月22日，漳州市温州商会换届，会长吴招档，漳州市联城工艺品有限公司董事长。6月26日，漳州市莆田商会成立，会长陈磊，闽台常态文化产业有限公司董事长。6月26日，漳州市福清商会换届，会长林海旭，会展企业漳州鸿新房地产有限公司总经理。7月7日，漳州市浙江商会成立，会长池亦刚，漳州市一诺机电设备有限公司总经理。7月17日，漳州市快销品商会换届，会长李翔，漳州市漳商商业管理有限公司总经理。7月19日，漳州市石油商会换届，会长林景德，漳州市腾德石化有限公司董事长。7月26日，漳州市木业商会换届，会长黄永斌，漳州市华成液压机械制造有限公司董事长。11月8日，漳州市福州商会成立，会长陈玉安，福建集龙塑胶有限公司董事长。

开展县级“五好”工商联建设 市工商联（总商会）深入各县（市、区）工商联开展调研，检查县级工商联制定的“五好”（领导班子好、会员发展好、商会建设好、作用发挥好、工作保障好）县级工商联建设实施方案，工作目标、工作要求及工作任务完成情况，实地查看“五好”县级工商联建设工作台账，并对创建工作进行业务指导。在市工商联指导和推动下，芗城、龙文、龙海、长泰、华安、南靖、平和、云霄等8个县（市、区）工商联被评为2017年度福建省“五好”县级工商联。

开展基层商会“四好”商会建设 市工商联（总商会）召开4次行业商会秘书长联席会和异地商会秘书长联席会，精心部署“四好”（班子建设好、团结教育好、服务发展好、自律规范好）商会建设工作，指导各基层商会充分认识“四好”商会建设的重要意义、准确把握“四好”商会建设的主要内容，合力推动“四好”商会建设工作。2017年，漳州市家居商会和漳州市广东商会荣获“AAAAA”社团组织荣誉称号。

指导基层商会做好规范化建设 市工商联（总商会）对市直行业商会、异地商会理事以上人员等有关信息资料进行核对，摸清各基层商会的基本情况，更新完善信息库。继续推进所属商会建立《商会财务管理制度》《商会公章管理办法》《商会领导轮值制度》等，建立《行业商会秘书长联席会制度》《行业商会会长联席会制度》，确保基层商会会务工作有序开展。

5月25—26日，省委统战部副部长、工商联党组书记李家荣到漳州市开展“降低实体经济企业综合成本”调研；6月21—22日，省工商联主席王光远到漳州市开展民营企业调研，召开专题研讨会。省工商联领导对漳州市以六大服务平台为抓手着力基层建设、推进“四好商会”、依托异地做好招商引资、开展非公有制职称评审、为企业提供人才支撑等工作给予肯定。

【宣教工作】

学习中共十九大精神 市工商联（总商会）以常（执）委会、主席（会长）联席会、秘书长联席会、社会组织与行业党委会为平台，及时召开学习座谈会，集中学习中共十九大精神，围绕贯彻中共十九大精神从不同角度畅谈体会和感受，深入学习贯彻总书记习近平在全国政协民建、工商联界委员联组会上的重要讲话精神，引导企业家牢固树立并坚定贯彻“四个意识”，坚决维护以习近平为核心的党中央权威。2017年，市工商联（总商会）组织全体机关干部、会员企业和基层商会秘书处开展8次学习。

推动构建“亲”“清”新型政商关系 市工商联（总商会）继续联合市纪委、市委统战部开展“亲清润闽商 促进两健康”系列宣传活动。以2016年底全国工商联到漳州开展新型政商关系调研为契机，主动下基层、入企业110多家次，开展“法律三进”等系列活动，撰写相关报道6篇，帮助企业开展招商推介，解决企业困难与诉求。同时，以异地漳州商会为平台，为漳州市招商部门提供便利，宣传推广漳州市惠企政策，使广大非公有制企业及在外地漳州籍企业能够全面了解和获取政策信息，增强投资漳州的信心。

加强年轻一代教育培养 5月27日，市工商联（总商会）组织漳州年轻一代民营企业家代表90多人，在市政府视频会议中心收看全国年轻一代民营企业家理想信念报告会。随即召开会议对年轻一代民营企业家理想信念工作进行再部署。并指导各县（市、区）工商联、基层商会同时开展青年商会组织建设。指导并推进漳州市温州青年企业家商会筹备工作有序进行，推荐优秀的年轻企业家加入漳州市青年企业家协会，指导龙海青年企业家商会等青年商会工作。

提升民营企业和社会组织党建工作水平 市工商联（总商会）结合“两学一做”学习教育活动，开展基层商会非有制公党建活动。成立中国共产党漳州市工商联社会组织与行业委员会，统筹抓好所指导的市级社会组织党建工作。8月24日，市工商联（总商会）召开市直行业商会党建工作会议，部署非公有制党建工作，与会基层商会党支部书记交流推进商会党支部建设工作的经验和做法，并参观学习漳州市家居商会党支部建设工作。2017年，归口市工商联社会组织行业党委的有30家商会（包括行业商会和异地商会），已独立建支部的有5家，成立兼合式支部有10家，未建支部的商会也派出工商联干部当党建指导员，较好地推进商会党组织和党的工作的有效覆盖，扩大非公有制党建在基层商会的影响力。

【参政议政】

做好经济形势的预警预测 4月13—14日，由林青书记、张镇山副书记分别带队，深入漳州市20家规模以上民营企业进行降本增效实地调研座谈，了解全市民营企业成本控制情况，掌握省、市出台的降低实体经济企业成本相关政策的实施效果，并据此形成一份调研报告，在省工商联书记李家荣5月底到漳州调研座谈时作专题汇报。

开展问卷调查 按照省工商联的统一部署，4月还开展2016年度规模以上民营企业调研，围绕企业基本情况、企业发展与管理情况等内容，选定20家上规模企业（年营业收入额5亿元以上）作原始数据的采录，并据此分析漳州市民营经济发展现状和水平，为各级党委和政府制定民营经济发展政策提供参考，提高经济服务的针对性和时效性。

【服务会员】

做好非公有制职称评审工作 市工商联（总商会）通过网站、报纸等媒介，加大宣传力度，深入企业开展评审非公有制职称意义、步骤、条件等的宣传，让非公有制企业和专业技术人员有切身认识，调动非公有制专业技术人员参与职称评审的积极性。抽调专人负责非公有制职称评审工作，加快评审和材料收集上报，方便专业技术人员资料上报，有效拓展工商联的服务职能，延长工商联的服务手臂，增强工商联的凝聚力和向心力。2017年，非公有制职称评审通过人数达900人（其中初级职称295人，中级职称589人，高级职称16人）。

加强市直基层商会之间的协作与交流 1月31日（正月初四），市工商联（总商会）召开2017年在外异地漳州商会春节团拜会，来自上海、北京、深圳、厦门、珠海、成都、温州等21个在外异地漳州商会会长、监事长、秘书长等企业家代表计300多人欢聚一堂，共度新春佳节，共叙浓浓乡情，共谋发展大计。

4月20日和5月24日，市工商联（总商会）分别在漳州市智慧企业经济促进会会所（中旅商厦17楼）、漳州市广东商会会所（新华北路72号6楼）召开市直行业商会、在漳州的异地商会秘书长联席会议，组织学习全国“两会”和全市统战部部长会议精神，部署非公有制理想信念教育实践活动、非公有制党建工作、“法律三进”活动和“四好商会”建设工作。

8月24日，在漳州市家居商会会所（江景花园7栋17号）召开2017年第二次市直行业商会秘书长会议，重点宣传企业防骗识骗知识，参观学习漳州市家居商贸商会党组织建设经验。

11月28日，在融信皇冠假日酒店二楼召开2017年第三次市直行业商会秘书长会议，组织学习中共十九大和《中共中央国务院关于营造企业家健康成长环境，弘扬优秀企业家精神，更好发挥企业家作用的意见》精神，交流商会工作经验。

组织开展企业家学习培训 10月17日，在漳州市委党校梯形教室组织2017年工商联执委培训班。培训班围绕总书记习近平在民建工商联界委员联席会重要讲话精神，树立发展理念，了解当前国内外经济形势，推进供给侧、结构性改革和创新驱动发展等课题上逐一展开系统讲解，引导企业家做爱国敬业、守法经营、创业创新、回报社会的典范。培训班还学习《全国工商联章程》。

12月20日，在闽南师范大学国际学习学术交流中心，举办2017年市直属商会会长、秘书长培训班。培训班学习中共十九大精神和《中共中央国务院关于营造企业家健康成长环境，弘扬优秀企业家精神，更好发挥企业家作用的意见》精神，围绕创建“四好商会”和如何当好商会会长、秘书长开展研讨。

【商务活动】

加大民营企业回归工作力度。3月中下旬，先后陪同市领导走访海南、温州、福州、泉州等异地漳州商会和会员企业，鼓励在外地发展有成的企业家回乡投资。同时，还加大力度做好在外地民营企业拟回漳州投资项目的收集汇总，编制“投资漳州项目库”，拟到漳州投资的项目近30个，拟投资额121.92亿元。为政府和企业搭桥，有力推动政企合作，引导漳州市民营企业开展“走出去”和“一带一路”的实践。

【光彩事业】

推进“百企帮百村”活动 市工商联（总商会）与市委统战部联合成立“百企帮百村”精准扶贫行动领导小组，制定“百企帮百村”活动方案，向广大非公有制经济人士发布倡议书，从目标任务、帮扶形式、基本原则、实施步骤4个方面对整个活动进行部署。组织发动民营企业家积极参与。2017年，全市共有33家企业（商会、协会、合作社）结对34个贫困村（7个省级贫困村、1个市级贫困村、26个县级贫困村）开展精准扶贫，共投入资金近1000万元。市工商联还做好挂钩村（云霄县和平乡棪树村）、悦港社区的扶贫、“创城”、“双拥”、综治等工作。

弘扬“同心思想”和“光彩精神” 市工商联（总商会）发动基层商会、会员企业参与同心助学等社会公益活动，引导会员企业参与“双拥”“创城”和关心下一代工作，投身“芗江春雨行动”“关心下一代”“拥军优属”“扶助残疾”等光彩事业活动。8月19日，开展“2017年同心·海西春雨光彩助学”捐赠活动。此次活动得到厦门市漳州商会、龙岩市漳州商会、福州市漳州商会、漳州市广东商会、漳州市家居商贸商会、漳州市浙江商会，以及广大非公有制经济人士的爱心支持，共筹集88.1万元助学金，资助236名贫困学生，每名受助学生获得2000元至5000元不等的助学金。据2017年不完全统计，全市工商联系统通过各种途径发动552家民营企业参与光彩助学等社会公益活动，捐款总金额达1500.32万元，受益学生总数达2041名，捐助学校共有5所，展示漳州市非公有制经济人士致富思源、回报社会的良好形象，得到社会各界的认可。

引导非公有制经济人士参与“双百”绿化工程 2017年，市工商联（总商会）响应市委、市政府的号召，参与九龙江“双百”（百树成荫，百花齐放）绿化工程树木认植，推动漳州市非公有制经济代表人士共同关注、管理、保护和建设“花样漳州”发展理念的认同，提升非公有制经济人士对富美新漳州的贡献。市工商联首期“双百”绿化工程采用团体单位方式认植，已认植完成苗木品种为54株凤凰木［编号凤凰木（H）C-001至凤凰木（H）C-054号］，并以企业名称终身冠名。此次认植金额采用一次性缴费认植，共623900元。此次活动共有46名市工商联（总商会）名誉会长、主席（会长）、副主席（副会长）的企业认植，彰显海内外漳州籍企业家“恋祖爱乡、回报桑梓”优秀品质，树立企业投身改革发展、构建生态文明、提升城市品位的主体意识。

【“双拥”工作】

开展“双拥”工作。2017年，市工商联职改办为31名退伍军人和随军家属评定初级、中级非公有制职称。按照市“双拥”工作的具体要求，引导会员企业为部队排忧解难，有17家会员企业和商会为部队建设捐赠17万元资金和物资，有35家会员企业安置转退军人和随军家属共189人。

【表彰奖励】

9月12日，在四川成都召开的全国民营经济新闻宣传工作座谈会上，漳州市工商联被《中华工商时报》授予2017年度全国民营经济新闻宣传工作先进单位荣誉称号，是2017年福建省唯一获此殊荣的单位。

芗城、龙文、龙海、长泰、华安、南靖、平和、云霄8个县（市、区）工商联获得2017年度福建省“五好”县级工商联，长泰、龙海、华安、平和4个县（市、区）工商联获得2017年度全国“五好”县级工商联荣誉称号

漳州市家居商会和漳州市广东商会荣获“AAAAA”社团组织荣誉称号。

漳州科华技术有限公司的“重大工程灾备电源关键技术及产业化”项目获得福建省科学技术进步一等奖。

·漳州市文联·

【概　况】

2017年，市文联深入学习贯彻中共十九大精神和总书记习近平在中国文联第十次、中国作协第九次全国代表大会上讲话精神，坚持“二为”方向和“双百”方针，围绕市委市政府的工作中心，把握“中国梦”的时代主题，不忘初心，牢记使命，坚持以人民为中心的创作导向，加大文艺精品创作力度，在推动全市文联工作持续发展中取得可喜的成绩。

【凝聚全市文艺界行动共识】

2017年，市文联围绕文艺中心任务，深入开展思想建设和理论学习，做到抓思想与抓队伍、抓学习与抓创新、抓长远建设与抓发展同步进行。年初，召开市文联六届八次全委会，学习贯彻总书记习近平在中国文联十大、中国作协九大开幕式上的重要讲话精神，总结2016年工作，部署2017年文联主要工作，把学习贯彻习近平总书记在文艺工作座谈会上重要讲话精神引向深入，统一共识，明确方向。通过召开党组扩大会、中心组扩大学习会，学习贯彻总书记习近平系列重要讲话精神和全面落实中共中央《关于繁荣发展社会主义文艺的意见》；组织学习《中国共产党廉洁自律准则》《中国共产党纪律处分条例》等党内法规，开展向廖俊波学习活动，发挥文联主导职责，引导文艺家和

文艺工作者牢固树立政治意识、大局意识、核心意识、看齐意识，自觉肩负起推动文艺繁荣发展的使命和责任。市文联党组加强党建工作和党风廉政建设，建立健全各种规章制度，加强管理，依法依规办事。完善和制定《关于深化落实党风廉政建设党委主体责任的暂行规定的实施办法》《漳州市文联财务管理办法（试行）》《中共漳州市文联党组关于落实全面从严治党要求 进一步加强党建工作的意见》《中共漳州市文联党组中心组学习制度》《漳州市文联廉政谈话提醒制度》《漳州市文联推进廉政风险防控工作实施方案》《2017年市直文联系统党建工作要点》《中共漳州市文联党组落实 2017年度全面从严治党主体责任工作分工方案》等规章制度，层层签订党风廉政建设责任书，形成用制度管人管事的良好机制，贯彻落实中共福建省委办公厅印发《关于加强社会组织党的建设工作的实施意见》，成立中共漳州市文联社会组织行业委员会，成立漳州市书法家协会兼合式党支部、漳州市摄影家协会兼合式党支部、漳州市民间文艺家协会兼合式党支部、漳州市电视艺术家兼合式党支部、漳州市电影家协会兼合式党支部，实现社会组织党的组织工作全覆盖。使协会会员党员能真正接受社团党组织的教育管理，发挥好在社团中的先锋模范作用。

【组织开展系列文艺活动】

漳州市文联举办“喜迎十九大”系列文艺活动，为漳州市文化、经济建设营造浓烈的文化氛围，以多彩多姿的艺术形式，反映漳州市在政治经济文化建设中取得的新成就和社会发展新面貌。举办漳州市文艺界“喜迎十九大”文艺晚会，用丰富精彩的表演向全市人民展示漳州市文艺建设的丰硕成果，歌颂家乡的发展变化和漳州人民的蓬勃朝气，以实际行动向中共十九大献礼。

市文联还按照市委、市政府的部署，组织艺术家参加漳州市文化科技卫生“三下乡”活动，文艺家现场为基层群众奉献精彩的文艺演出，一批书法家现场为群众义写春联1000多幅。组织开展丰富多彩“三节”文艺活动120多场次，举办“新春交响音乐会”“纪念中国工农红军长征胜利80周年暨漳州市首届摄影艺术大展”“‘传承、融合、跨越’2017年军地春节联欢晚会”“纪念中国工农红军长征胜利80周年暨第二届黄道周书法奖书法作品展”等一系列大规模、高层次的活动，营造良好的节日文化氛围。承办“丹青谱华章－漳州市（九县二区）美术精品暨吴治晖书画展”，联办“魅力漳州－全国中国画名家学术邀请展”，在牛庄文创园举办“辉煌史诗－庆祝建党96周年中国画名家作品展”，庆祝中国共产党96周年华诞、喜迎中共十九大的文化惠民活动。此外，联合漳州市6所高校主办“‘黄道周书法奖’漳州市大学生第一届书法展”巡展，推动传统文化－书法艺术的传承发展，增进高校间的艺术交流。举办第七届漳浦诗人节，与来自全国各地的诗人们进行密切交流，拓展写作的视野。举办“中法艺术家‘陶艺天下、荟萃龙海’交流活动”，促进东西方陶瓷艺术的交流，提高海丝文化遗存——漳州古陶瓷的知名度，推动漳州与全国艺术家的文化艺术交流。协办“大写至道”庄毓聪大写意花鸟画全国巡回展（深圳站、合肥站）；青禾小说集《花开满城－小城的24个故事》新书发布会暨作品研讨会在福州召开；漳浦作家吴可彦小说《茶生》《八度空间》作品创作研讨会在福州举行，推动更多的文艺工作者关注本土作家和作品，促进漳州市文艺事业繁荣发展。

【坚持文艺服务基层宗旨】

市文联加大开展惠民活动，践行“到人民群众中去”的工作宗旨。市文联党组书记、文联主席陈燕松等一行先后赴云霄县秋瑾故居、乌山红色景区、东山县、平和林语堂文学创作基地调研。市文联采取外引内联的方式，组织艺术家下基层指导培训、联办活动。组织各类文艺志愿者活动50多场次，仅书法名家为群众写春联活动就有20多场次，春节期间送出春联3000多幅；市舞蹈家协会、市音乐家协会、市民间文艺家协会、市摄影家协会、市楹联学会等在节日期间开展艺术指导、下乡慰问等为民服务活动。与南靖县委宣传部共同主办“空谷幽兰・最美南靖”书法美术摄影展；中国剧协梅花奖艺术团到漳州开展“送欢乐下基层”公益演出；福建省书法研究会会员作品展到漳州巡展；在漳州举办全国刻字工作会议和“2017年漳州市现代刻字艺术作品展”，举办“走进平和—向周碧初美术馆捐献作品主题笔会活动”等，为文艺爱好者提供学习交流平台，满足广大群众精神文化需求。

【丰富协会活动内容】

2017年，漳州市各文艺家协会正式挂牌入驻漳州牛庄文创园，并建立漳州市文联文艺创作基地和交流中心，为文艺家举办展览、展演提供平台，解决文艺家协会长期没有办公场所的问题。为扶持艺术家的创作，漳州市中国人物画创作基地暨黄启根水墨人物画创作基地，在市体育中心揭牌。市石文化协会建立3个石文化基地，成立漳州市石文化协会台商投资区分会、漳州市观赏石研究会。阵地的建设，为协会搞活动、抓特色、创品牌、开展对外文化交流，拓展空间，促进各项文艺活动蓬勃发展。

【发挥人才队伍优势】

提高社区文化、村镇文化、企业文化、校园文化、军营文化，普及文艺知识，培养爱好者，提高全民文化素养，是广大文艺工作的责任所在。2017年市级协会、基层文联发挥人才队伍优势开展活动。市作家协会：参与举办第七届漳浦诗人节，2017闽南诗歌节之杨骚诗歌与戏剧专题研讨会与纪念杨骚逝世60周年诗歌戏剧晚会，漳州市中秋诗会；组织青禾、何也、于燕青、叶子、方达明、简清枝等作家作品赏读会，发起微信“一日阅读”活动，助力失聪女作家杨培铮；作家何也长篇小说《嘎山》、何葆国的长篇小说《东溪谣》入选福建省文学院签约作家项目，何葆国长篇小说《伪币之家》获首届福建省中长篇小说双年榜提名。市戏剧家协会：参加福建省第二十七届戏剧会演剧本征文，荣获1个一等奖、2个二等奖、1个三等奖；参加第十三届福建省水仙花戏剧比赛取得1枚金奖、5枚银奖、6枚铜奖的佳绩。市书法家协会：参与举办“纪念中国工农红军长征胜利80周年暨第二届黄道周书法奖作品展”“黄坤生书法作品展”“方立强书法作品展”“海峡两岸书画作品展”“2017年漳州市现代刻字艺术作品展”“全国第四届青年书法篆刻展”等；组织“清新福建·花样漳州”书画笔会；在《闽南日报》、漳州电视台开设《漳州书画名家名作》栏目。市美术家协会：举办“魅力漳州—全国中国画名家学术邀请展”“丹青谱华章—漳州市迎‘五一’美术作品展”“辉煌史诗——庆祝建党96周年中国画名家作品展”“惠风和畅—福建人物画四杰学术展”“喜迎十九大—‘八闽丹青奖’漳州美术作品展”、“客家情怀”沈钊昌山水画作品全国巡回展第一站、庄毓聪大写意花鸟画全国巡回展、“叠翠东南2017诗画土楼”福建中青年画家青绿山水画邀请展等。市音乐家协会：承办漳州市文艺界“喜迎十九大”文艺晚会，为中共十九大献礼。市舞蹈家协会：创作广场舞《美丽漳州》、少儿舞蹈节目《蓝天的梦想》等节目，参加第十三届福建省音乐舞蹈节漳州地区选拔赛。市摄影家协会：参与举办“魅力厦门湾·幸福漳州港”全国摄影大展，与省摄协联合举办“梦里蓝山”和“印象芗城”摄影展。举办“茶之韵”摄影比赛。2017年在第二十六届全国摄影艺术展中，漳州市入选3幅，创历史最好成绩。有近60幅作品在中摄协及下属《大众摄影》《中国摄影报》《中摄协网》和以他们名誉冠名的全国摄影赛中得奖、入选。市曲艺家协会：组织策划“传承、融合、跨越”2017年军地春节联欢晚会；参与第二届福建省曲艺“丹桂奖”大赛漳州选拔赛，4个节目进入决赛；漳州南词赴台湾交流演出，同时，南词十全腔交流基地在台湾挂牌。市民间文艺家协会：举办“鸡年民间绘画剪纸收藏展”；开展“艺咏中国梦·喜迎十九大”活动；组织漳州市全国会员、省、市艺术家“重走红军路”；出版《中国海上丝绸之路“漳州故事”》；获全国、省级奖状达60多项，其中《红军叔叔回来了》荣获全国剪纸协会金奖。市电影家协会：配合非物质文化遗产宣传，在古城区义务放映16毫米的经典影片8场；参与在牛庄举办的“国际美食节·魅力漳州”开幕式；承担漳州市文艺界—喜迎中共十九大文艺晚会开场舞《光辉岁月》10分钟的LED视频节目的制作。市电视艺术家协会：协助福建省电视艺术家协会完成“2017年度福建省广播电视艺术奖”评委推荐，组织漳州各县（市、区）广播电视优秀作品评选推送活动，协助福建省电视艺术家协会完成青年委员会委员的推选工作。市楹联学会：在长泰第二中学及龙海市文体中心举办楹联知识讲座；组织会员赴月港采风。市石文化协会：赴台湾花莲县参加“经典美石·四海共赏”2017海峡两岸赏石文化交流，完成《福建华安玉（九龙璧）观赏石分类及其鉴评标准》。

【做好协会换届工作】

在市委宣传部的精心指导下，市文联全面推进13个文艺家协会换届工作。2017年，已完成市戏剧家协会、美术家协会、电影家协会、曲艺家协会、电视艺术家协会、摄影家协会、石文化协会的换届工作，市作家协会、音乐家协会、舞蹈家协会、民间文艺家协会的换届工作于12月完成。各协会选举产生政治思想好、业务素质精、具有广泛群众基础的领导班子，顺利完成新老交替。

·漳州市社科联·

【概　况】

2017年，漳州市社科联以中共十八大、十八届历次全会、十九大精神为指引，高举中国特色社会主义伟大旗帜，贯彻落实中央和省、市委决策部署，团结和动员全市广大社科工作者全力推动社科理论宣传、社科课题研究、社科知识普及、学术研讨、人才队伍、咨政服务、社科阵地平台建设等工作，促进全市社会科学事业繁荣与发展。

【发挥科学理论引领作用】

2017年，漳州市社科联围绕学习贯彻中共十八届六中全会精神、总书记习近平“7·26”重要讲话精神、喜迎中共十九大等开展工作。协同市委宣传部等有关部门组建“专家宣讲团”“理论骨干宣讲团”“百姓宣讲团”等不同类型的宣讲团、报告团，共举办中共十九大精神专题报告会、研讨会、座谈会200多场次，受众近10多万人次，营造学习宣传贯彻中共十九大精神的浓厚氛围。围绕中共十八届历次全会精神、习近平总书记系列重要讲话、中共十九大精神、习近平新时代中国特色社会主义思想等，在市属媒体、《漳州社科论坛》设立专栏、刊发理论和调研文章，宣传中共十八大以来以习近平为核心党中央治国理政新理念、新思想、新战略，统一思想、形成共识，助力发展。

做好科学理论和优秀传统文化的传承。广泛开展“芝山讲坛进基层”活动，组织社科专家学者进机关、进企业、进学校、进社区，传播先进文化。邀请漳州市委党校原常务副校长巩玉闽到漳州职业技术学院作“中国共产党从胜利走向胜利的历史启示”专题讲座，坚定广大师生的理想和信念。配合驻漳州市委宣传部纪检组转发省社会主义学院关于“家规家训与齐家治国”研讨会征文启事，组织各高校专家学者调研撰写论文参加研讨。举办百场社科专题报告会。根据福建省社科联的统一部署，在全市承办省百场社科专题报告会17场次，帮助广大干部群众加深对经济形势、发展战略策略及中华传统优秀文化传承的认识和理解。同时，广泛发动干部群众参与福建省第六期、第七期社科知识有奖竞答活动，普及厦门金砖会议相关知识，宣传中共十九大精神。

【助力经济社会发展】

围绕漳州经济社会发展实际，组织开展课题研究，为各级党委和政府科学决策提供理论依据和智力支持。做好年度课题的申报、立项和结项工作，全市共申报250多个课题，经组织相关专家评委评审，最后确定87项课题列入2017年度漳州市哲学社会科学研究规划课题，并全部完成结项。推进社科研究成果转化工作，编印《2016年度漳州市社科规划课题成果汇编》，直接呈送各级党委、政府主要党政领导及有关部门参阅，为各级领导、相关部门提供决策参考。“两会”期间，在《持续推动创新创业 建设富美漳州》等课题基础上，向市政协提交相关提案，引起相关领导的重视，进入决策视野。开展课题规划调研的县（市、区）也都编印《社会科学调研成果汇编》，服务当地党委、政府决策。编辑出版内部资料等，组织具有对策研究价值和社科教育功能的理论调研文章近百篇，编辑出版4期《漳州社科论坛》。参与省社科联组织的社科评奖活动，发动市属高校、市委党校社科工作者提交11项社科成果，申报省第十二届社科优秀成果奖。

【提升民众人文素养】

本着“贴近社会、贴近实际、贴近群众、贴近生活”的宗旨，依托各种平台，广泛开展社科普及宣传工作。继续办好“芝山讲坛”，举办《漳州人下南洋》《工匠之心——一种做事的态度和精神》《食品安全现状及发展思考》等12个专题讲座，每月定期向广大市民送上精神文化食粮，并整理编印《芝山讲坛集萃6》（2016年度）。并继续推进“芝山讲坛进基层”活动。专家学者先后走进厦大嘉庚学院、漳州职业技术学院、市检察院等机关、高校开展“讲坛”活动，拓宽社会科学知识普及覆盖面，构建社会科学普及点线面相结合网格化体系。推荐福建省百场社科专题报告会人选。推荐漳州市委党校、漳州城市职业学院、厦门大学嘉庚学院等16名报告会专家学者入选2017年度省百场社科专题报告人。组织社科工作者参与编纂《福建省历史名人丛书》。推荐漳州市委党校教授何池编撰《颜思齐》《吴夲》，云霄县博物馆馆长汤毓贤编撰《陈元光》。

【推进社科普及基地建设】

漳州市社科联围绕推动省级社科普及示范县工作的巩固提升和社科普及基地建设，开展总结推广省级社科普及示范点经验。通过实地调研指导、组织媒体记者深入采访报道，在《漳州社科论坛》、漳州社科网站等载体平台集中推广介绍

11月3日，举办漳州市“社会科学在你身边”咨询服务活动，市委常委、宣传部部长刘伟泽（左三）参观指导

南靖、长泰两个省级社科普及示范点的经验做法。同时，以原省委常委、高翔部长在2017年全省宣传部长会议和省社科联七届四次全体（扩大）会肯定长泰县“龙津大讲堂”的做法为契机，落实年初省社科联普及工作会议提出的在全省推广“龙津大讲堂”的经验，复制“龙津大讲堂”模型的要求，5月中旬，在长泰县召开全市社科普及现场会，总结推广南靖、长泰的做法和经验，推进全市社科普及工作开展。漳州市社科普及基地建设也得到省社科联的肯定。6月初，在全省社科普及基地建设现场调研推进会上，漳州市社科联和厦门市社科联分别在会上作了经验介绍。

加强对基地的建设与管理。以省级社科普及基地评估为契机，对全市社科普及基地进行摸底调查，特别是对3个省级基地进行全面的考核，推荐漳州市图书馆和中国工农红军攻克漳州纪念馆申报省优秀社科普及基地。同时还推荐长泰县龙人古琴文化村、南靖的土楼德育基地申报第四批省级社科普及基地。

发挥社科基地的作用。3个省级社科普及基地依托自身资源，发挥优势，创新品牌，开展富有特色的普及宣传活动。中国工农红军攻克漳州纪念馆开展流动展览进校园、进社区活动，宣传弘扬革命传统；漳州市芗城区林语堂纪念馆通过组织“语堂文化进校园”、拍摄漳州首部林语堂主题微电影——《和在一起的人慢慢相爱》等，扩大漳州名人的知名度。同时，还注重加强对台湾文化交流，与林语堂台北故居互动，提升展馆工作水平。漳州市图书馆成立厦大漳州校友读书会，开展“你看书我买单”活动，组织图书借阅“季度、年度之星”评比，评选“悦读之星”，每周举办“弘扬国学，经典诵读”系列讲座、公益国学班活动等；龙文区免费向群众和游客开放北溪书院社科普及基地，发挥历史文化名人长廊和云洞岩山门新建社科普及宣传栏的作用，培育和践行社会主义核心价值观，传承和弘扬中华优秀传统文化。

【建立全市社科普及联席会议制度】

根据《福建省社会科学普及条例》等有关精神，漳州市社科联主动与市政府办公室协调，提请建立漳州市社会科学普及工作联席会议制度。在市政府分管领导重视和相关科室的支持下，4月7日，市政府办公室下发《关于建立社科普及工作联席会议制度的通知》（漳政综〔2017〕65号文）。联席会议成员单位有市政府办公室、市委宣传部、市教育局等13个单位，各成员单位的分管领导和联络员名单和职责分工明确，这一制度的建立，为规范全市社会科学普及工作，发挥社科普及工作的政府主导、部门参与统筹职能，具有重要意义。

【开展社科普及宣传周活动】

社科普及宣传周是社科工作的品牌活动，2017年社科普及宣传周（11月3—10日）期间，围绕“宣传贯彻中共十九大精神，为建设富美新漳州做贡献”主题，全市印制“党的十九大精神图解宣传手册”3万多册，制作宣传展板2万多幅，分发社科普及手册、资料、折页等5万多册（份），开放人文展馆20多个，举办各类讲坛讲座20多场，有10多万人次通过各种媒体、知识竞赛、讲座、研讨会、社科知识宣传咨询、图片展览展示等不同渠道接触了解社会科学知识。社科普及宣传周启动仪式当天举办的“漳州市社会科学在你身边”咨询服务活动，有市（区）有关单位及20多个学会（协会、研究会）参加，在现场分发“文明旅游”“红色文化”“中共十九大精神”宣传手册和折页，讲解鉴别真假币，义诊、心理咨询、社科知识灯谜竞猜、老年保健养身、交通法规、禁毒宣传等，吸引广大民众参与。全市还组织社科专题讲坛（讲座）、百场社科专题报告会、免费开放社科人文展馆等，形成社科知识普及宣传的深厚氛围。

【规范学会建设管理和党建工作】

严格按照《社会团体登记管理

11月3日，举行漳州市社科普及宣传周启动仪式，市领导刘伟泽致辞

条例》《学会管理规定》等文件要求，坚持服务指导与规范管理并举，不断加强学会的日常管理和指导。深入基层学会调研指导，走访市金融学会、市钱币学会、市诚信促进会等10家社团组织，就学会工作开展情况、换届选举进行交流探讨，及时解决工作中存在的问题，发挥社科联“联”的作用；指导并参加市诚信促进会、市中直会计学会、市易学应用学会等学会换届的相关工作，协助市闽粤赣边区革命史研究会完成学会法人变更。

组织学会年检。按照《漳州市民政局关于报送市级社会团体2016年年度检查事项公告的函》，及时敦促所属学会做好年检申报工作，及时审查学会年检相关资料，所属学会有30个学会通过初审。同时，落实社会组织党建工作，根据中共中央《关于加强社会组织党的建设工作的意见（试行）》和全国社会组织党的建设工作座谈会精神，漳州市社科联领导深入有关学会走访调研，共同探讨建立学会兼合式党组织。8月下旬，组织学会（协会、研究会）负责人学习习近平总书记“7·26”重要讲话精神、社团党组织建设和学会管理有关文件，提升学会负责人的理论素养和政治意识。截至2017年12月，已有29个市级所属学会建立兼合式党支部，为确保发挥社团党组织的政治核心作用，促进学会健康有序发展提供保障。

【加强自身建设】

继续推进机关思想政治建设、业务能力建设和工作作风建设，提升社科联干部政治素养和履职能力。持续开展“两学一做”学习教育。制定漳州市社科联《关于推进“两学一做”学习教育常态化制度化的实施方案》，确保学习教育的实效性。2017年，坚持每周安排自学，每月组织一次集中学习，每季度组织一次心得体会交流。坚持读原文、悟原理，真正学懂学深学透。重点学习领会习近平新时代中国特色社会主义思想、社会主义核心价值观和全面从严治党等。通过开展“向廖俊波学习，争做合格党员”主题实践活动，引导全体党员干部对标先进，见贤思齐，坚定理想信念，树立正确的世界观、人生观、价值观。建章立制强化内部管理。根据上级要求和工作需要，修订和完善市社科联《公务接待工作制度》《财务管理制度》等，做到有章可循、有规可依、为机关各项工作的高效规范运转提供制度保障。加强机关作风建设，全面落实从严治党要求，严格执行中央“八项规定”。先后制定和印发《2017年度漳州市社会科学界联合会落实党风廉政建设主体责任清单》《2017年党风廉政建设工作计划及任务分工》《漳州市社会科学界联合会工作人员廉政风险排查及防控措施》等，坚持不懈抓好党风廉政建设。按照市委要求，继续做好精准扶贫工作；参与“创城”和“平安漳州”建设，组织党员干部参加挂钩龙江社区的创建活动和城区的群防巡逻。主动加强与基层社科联、市属学会（研究会）的沟通与联络，协助解决问题，共同推动全市社科工作顺利开展。

·漳州市残联·

【概 况】

2017年，漳州市残疾人工作围绕市委、市政府和上级残联的工作部署，以全面推进残疾人小康进程为重点，强化责任，创新实干，取得显著成效，有两项工作在全国性会议上做典型经验介绍，一项工作被中国残联评为评委特别奖，并作为福建省唯一入选单位参加全国汇演，两份文件获省残联全省转发推广，3项体育赛事获优秀组织奖。5月28日，国家无障碍战略研究与应用课题编委研讨会在漳州市召开，全市残疾人无障碍改造工作得到中国残联副主席吕世明的批示。

【开展残疾人精准扶贫工作】

完善档案信息资料　市残联对全市纳入建档立卡的贫困残疾人帮扶对象4016人，建立一人一档，逐步完善个人信息，明确帮扶责任、帮扶人员和帮扶办法，建立信息动态更新机制，确保信息不漏、不误。

加大项目帮扶力度　2017年，市残联共扶持农村残疾人655人开展种养殖；帮助非义务教育阶段的残疾人及残疾人家庭子女1931人接受中高等教育；在配合住建部门实施“造福工程”的同时安排75万元专项资金，补助100户贫困残疾人进行无房建设和危房改造；建立辅助性就业机构2家，吸纳精神、智力和重度肢体残疾人90余人开展辅助就业；加大残疾人职业技能和实用技能培训，全年累计培训1258人次，城镇残疾人新增就业2098人；推动落实特别保障政策，残疾人1.84万人纳入低保，残疾人6.2万人参加居民养老保险，残疾人2150人得到托养服务。会同市财政列支100万元专项资金，对贫困村、镇（乡）、残疾人个体工商户以及集中安置残疾人的企业，加大帮扶力度，推动扶贫工作。

落实为民办实事项目　市残联承接省“实施助残工程”扶助农村贫困残疾人就业创业、残疾人托养服务两个子项目，在省级投入670万元的基础上，全市配套资金投入约100万元，直接扶持残疾人2805人，做到任务部署早、资金下拨早、项目落地早、各地配套多。同时，在项目实施过程中，建立项目实施情况通报制度，确保项目按时完成，资金落实和项目完成情况位居全省前列。漳州市关于农村困难残疾人“安居工程”实施方案获省残联转发推广。

实施“两项补贴”制度　2017年，全市享受“两项补贴”的残疾人有11.9万人次，发放资金7300万元。

【创新就业创业工作】

市残联推进盲人按摩中心建设，实现盲人充分就业。对达到规范化建设标准，每个店补助15万元，2017年，有芗城、漳浦、云霄、诏安的7家盲人按摩机构获得补助。同时，多方协调相关部门联合印发《2017年福乐盲按中心规范化建设实施方案》和《对盲人医疗按摩机构纳入医保定点刷卡结算给予补助资金的通知》两份文件，推动盲人医疗机构纳入医保定点刷卡范围，使漳州市在促进盲人按摩机构规范化建设，以及纳入医保范围方面走在全省前列。漳州市盲人按摩店的规范化建设经验应邀在中国盲人按摩学会保健按摩委员会学术会议上做典型发言。

加强职业技能培训与就业服务工作。重点组织电商网络客服培训和食品糕点烘焙制作技术培训，培养一批食品糕点制作师网络客服专业人员。加强与芗城区、龙文区联合，通过引进与合作在中心城区开设一批福乐食品坊，吸收残疾人就业，对个人或企业给予补助开办费。漳州市辅助性就业机构建设的做法被推选在全省工作会议上作典型经验介绍。

搭建残疾人就业及作品展示平台。在面积近500平方米的残疾人作品展示厅布展，将征集到的全市优秀残疾人作品进行集中展示，并利用网络向外界推介，让作品转化为商品，扩大影响，增加收入。同时，开展残疾人辅助器具展示。

【实施民生救助工程】

2017年，市残联注重政策制定，促进扶残助残多个文件出台。3月28日市政府印发《漳州市“十三五”加快残疾人小康进程规划纲要》（漳政综〔2017〕33号），提出社会保障、扶贫就业、康复预防、教育文体、无障碍环境、维权信访、社会环境等方面工作目标，具有惠及百姓、操作性强的明显特征，创新形式，实现新的突破。各级残联结合实际，推进当地《“十三五”加快残疾人小康进程规划纲要》的制订。同时市残联联合多个部门出台系列助残方案，联合市卫计委、扶贫办、民政局等7个部门出台《漳州市残疾人精准康复服务行动实施方案（2016—2020年）》、出台《漳州市听力残疾儿童人工耳蜗项目实施方案》《漳州市残疾人康复服务“十三五”实施方案》等6个配套方案，完善残疾人的体制机制。

组织实施0—6岁残疾儿童抢救性康复。3月份完成上年度0—6岁残疾儿童康复训练补助资金的结算和上报工作，有662人获得补助，发放补助金578万元。对2017年开展残疾儿童康复训练的项目进行核查和专题督查，特别是对民办康复机构进行安全隐患排查，确保各类康复机构按照下达的康复指标，安全有效的组织实施。

推进“5＋1”文件的落实。市残联和市财政局、人力资源和社会保障局联合出台文件，对超比例安置残疾人的单位、新安置残疾人大学生、个体灵活就业人员情况进行比对，核实基本信息，对符合条件的给予就业扶持；加大残疾人保障金的审核和征收力度，2017年全市已入库1.03亿元，比上年增加20%以上，覆盖率达56%；同时，做好用工单位安排残疾人审核工作，已审核598家，确认在岗残疾人近2200人。以“全国助残日”活动为契机，举办省、市、县三级“福乐就业·牵手行动”残疾人就业招聘会，有残疾人100多人与用工单位20家达成就业意向。对已建的市直及平和县2家残疾人辅助性就业机构，完善设置，扩大辅助就业范围，规范场地建设，增加安置就业困难的残疾人，提升就业机构的服务能力；开展残疾人的职业教育和培训，2017年举办

6月30日，由市残联与市摄影家协会联合举办的漳州市首届残疾人摄影展暨残障主题公益摄影展在漳州市青少年宫隆重举行，市残联领导为获奖作者代表颁发荣誉证书

四期摄影和中式面点、电商网络、盲人按摩等培训班，有残疾人近100人参加。探索引进民办机构开办福乐简餐连锁店和福乐早餐车，扶持残疾人实现创业，增加收入，改善生活。

完成残疾人服务状况和需求专项调查。组织调查员2263人开展残疾人服务状况和需求专项调查工作，其中入户调查134787人，电话调查309人，入户率达97.7%，完成全市动态更新工作，为推进残疾人事业发展提供精准的数据支撑。

致力维护残疾人合法权益。推进残疾人法制建设，制定出台《漳州市残联系统开展法制宣传教育第七个五年规划》《漳州市残联2017年法制宣传教育工作实施方案》，使普法宣传走上制度化、规范化轨道。畅通残疾人诉求渠道，及时处理来信来访，实施残疾人信访维稳周报制度，做好稳控工作。加强保障残疾人权益，对申请燃油补贴的残疾人1434人实行网上审批，发放补贴资金38万元。开展残疾人家庭无障碍改造工作，协助中国残联在漳州市举办国家无障碍战略研究与应用课题编委会研讨会，漳州市在无障碍改造及会务保障等方面工作获得中国残联副理事长吕世明等与会专家、领导的肯定。做好人大、政协提案、建议的回复，畅通人大代表、政协委员与残联部门的沟通渠道，对人大代表和政协委员就残疾人工作的建议和提案进行全面、细致的解答，2017年已回复4件次，做到件件有答复。

探索辅具适配服务长效机制。出台《漳州市残疾人基本型辅助器具适配补贴实施细则》，提升辅具适配服务的针对性和灵活性。2017年，各县（市、区）逐步实行辅具补贴制度，免费为残疾人发放轮椅、助行器、助听器等辅助器具1300多件，为残疾人150多人提供辅具补贴服务。

【文化体育宣传】

市残联大力推动残疾人艺术团发展与走进基层。2017年，选送漳州市残疾人艺术团8个节目参加第十届全省残疾人艺术汇演。获得一等奖1个，二等奖1个，优秀奖4个。其中一等奖获奖作品戏曲《十八相送》于8月份代表福建省参加第九届全国残疾人艺术汇演（东部片区），荣获戏曲类最高奖项—评委特别奖。同时，作为福建省唯一节目，被中国残联选送进京参加第九届全国残疾人艺术汇报演出。此外，还结合助残日活动，组织市残疾人艺术团到龙海市、芗城区、长泰县、龙文区开展下基层公益巡演。

市残联组队参加2017年全省残疾人田径、羽毛球、乒乓球、飞镖、聋人足球和特奥融合足球6个单项锦标赛事，获得6枚金牌、5枚银牌、4枚铜牌和两个集体项目二等奖，三项优秀组织奖的好成绩。推荐特奥运动员肖志强参加2017年国际特奥东亚区融合篮球赛获得集体项目第一名。12月组团参加福建省第六届特奥会，取得25枚金牌、16枚银牌、16枚铜牌的好成绩。

市残联与市摄影家协会共同举办以“残健同行·放飞梦想”为主题的首届残疾人摄影展暨残障主题公益摄影展览活动，共征集作品近600幅，经专家评选后，104幅入选参展。其中残疾人组作品38幅、社会组作品66幅。

拍摄完成首部残疾人创业纪录片。投入9.6万元拍摄残疾人创业纪录片《背光行走—福乐盲人按摩中心的创业故事》。该片以盲人创业为主线，用纪实的手法讲述盲人在各级残联的帮扶下，通过自身不断的努力，最终获得成功的励志故事，以其丰富和弘扬社会扶残助残文化，展现残疾人自强不息的风貌。

【顺利开展残联三级换届工作】

为确保2017年全市市、县、乡三级残联换届工作的顺利开展，市残联适时成立换届工作领导小组，细化人员分工和工作职责，一方面分组分批深入县、乡残联开展调研，加大对县、乡两级换届工作的指导和监督，配合县级党委做好残联班子的配备工作。另一方面加紧对市本级换届工作的组织筹备，及时向党委、政府领导汇报请示换届工作方案及有关情况，制定工作细则，确定委员名单，编印

8月9-16日，漳州市残疾人艺术团歌仔戏《十八相送》参加第九届全国残疾人艺术汇演（东部片区）

五年工作汇编等。2017年，全市11个县（市、区）122个乡镇（社区）已全部完成残联换届工作，市残联于12月初也顺利完成换届。

·漳州市红十字会·

【概 况】

市红十字会继续加强组织建设，完善志愿服务登记注册、培训保障、表彰机制，完成2017年度星级志愿者认定和表彰，指导各基层红十字组织及专业志愿服务队建设。在建会学校中开展红十字人道知识传播、生命健康教育和志愿服务等活动。6月6日，省红十字会党组书记林圣魁到钟芬社区的“红十字博爱家园”调研。南靖县梅林镇坎下村红十字会成为福建省基层红十字组织建设示范点。完善红十字备灾救灾体系，规范备灾仓库管理，调整赈济救援队组成人员。推动应急救护“六进”（进社区、农村、学校、企业、机关、家庭）工作，全年累计开展普及应急救护知识42场次，覆盖人口30.96万人；组织急救员培训73场次，培训急救员3137人。发挥红十字会人道救助职能，继续开展“红十字博爱送万家”活动，受理小天使基金、天使阳光基金的申请。推进无偿献血、造血干细胞捐献、遗体器官捐献“三献”工作，当年实现造血干细胞捐献2例，实现遗体捐献2人。加大人道传播工作力度，在《中国红十字报》等报刊报道17篇，《八闽九州红十字》用稿10篇。通过官方网站公布年度募捐和接受捐赠款物、招投标等信息，接受社会监督。加强与台湾红十字组织的交流互动，服务在漳州的台湾同胞。

【基层组织建设】

2017年，漳州市共有红十字会基层组织551个，团体会员123个，成人会员8969人，青少年会员37345人；市直志愿服务队8支，红十字志愿者1616人。南靖县梅林镇坎下村红十字会被福建省红十字会定为基层红十字组织建设示范点。成立科宏眼科医院红十字会，并作为接受角膜捐献单位。做好团体会员单位和基层红十字会会费的逐级上缴工作。

【红十字志愿服务】

做好星级志愿者认定和表彰，8人获得省红十字会颁发的四星级证章，10人获三星级证章，24人获二星级证章，61人获一星级红十字志愿者证章。市红十字关爱遗体器官捐献志愿服务队推荐参评2017年中宣部、文明办学雷锋志愿服务“四个一百”先进典型，选派志愿者6人参加省志愿服务能力建设培训班。各专业志愿服务队围绕红十字会宗旨，开展形式多样的志愿服务活动。市红十字会组织多支高校红十字志愿服务队，长期开展红十字志愿服务进社区活动，在芗城区多个社区结对开展助老帮困、居家养老、红十字精神传播以及医疗保健等关爱空巢老人志愿服务。

【人道救助】

2017年，漳州市红十字会分两批次购买256620元物资开展“红十字博爱送万家”活动，有1565户困难家庭受益。全市各级红十字会走访慰问弱势群体，投入226.63万元实施困难救助，受益人数46509人次。全年共受理中国红十字基金会小天使基金申请 12件、阳光天使基金申请3件。市红十字会向漳浦县湖西畲族乡卫生院提供10万元“光明专项基金”，救助贫困眼疾患者。

【备灾救灾】

完善漳州市红十字会备灾救灾仓库建设，加强市红十字灾害赈济救援队和水上安全救生志愿服务队建设，提高灾害应急处置能力，水上安全救生队在室内及室外公开水域两次组织复训，提升水上救援能力。

【应急救护】

8月6日，市红十字会、市卫计委主办的应急救护知识“六进”活动启动仪式暨应急救护知识与技能普及培训在正兴医院启动，各界人士近100人参加启动方式，副市长王文刚亲身体验心肺复苏流程。选派14人到福州参加省红十字会组织的“六进”活动师资研讨班学习。协同市卫计委等单位主办“急救白金十分钟”宣传活动。从重点人群

8月6日，漳州市红十字会、漳州市卫生计生委联合启动“推广急救知识，建设健康漳州——应急救护知识‘六进’活动”

入手，在国网漳州供电公司、9个县（市、区）及常山开发区电力系统举办应急救护培训34场，参加培训1651人，其中取得合格证789人、复训862人。

【“三献”工作】

2017年，市红十字会推进无偿献血、造血干细胞捐献、遗体器官捐献工作。协助中心血站做好街头采血，确保临床用血100%来自街头无偿献血。市红十字会与市中心血站联合举办主题为“我能做什么”的世界献血者日活动。历年造血干细胞累计入库2500例。开展捐献者宣传动员231例、再动员35例，实施高分辨检测22例，体检5人。当年完成造血干细胞捐献2例，累计4例，比上年增加100%。云霄县造血干细胞志愿者吴传艺、漳州市医院医生段朋成功捐献造血干细胞混悬液，挽救白血病患者。注重捐献案例与常规宣传的结合，借助电视台、报纸等传统媒体扩大社会影响，运用微信等自媒体吸引年轻人的关注。长泰县、漳浦县招募造血干细胞志愿者，开展“献我热血，为文明加分”“血同脉，爱同行”等主题宣传活动。开展遗体器官捐献宣传，选派专干参加福建省人体器官捐献协调员培训班。全市新增报名登记遗体捐献7人、器官捐献4人，新增报名登记器官（角膜）捐献2人、累计5人。实现遗体捐献2人、累计13人。

【宣传传播工作】

2017年，市红十字会选派专职干部7人到福州参加省红十字会举办的2017年全省红十字会新闻宣传业务培训班学习；市红十字会举办新修订《中华人民共和国红十字会法》解读讲座，利用微信公众号对红十字会法进行解读。同时，加强红十字网站、微信公众号等宣传阵地建设，市本级、长泰、云霄、漳浦、东山建设有微信公众号；做好信息宣传报道，活动信息多次被《中国红十字报》、《闽南日报》、中国新闻网等报刊网站采用，不断提升红十字会社会知晓度。

【对台交流】

2017年，市红十字会参加海峡两岸红十字博爱论坛，接待金门红十字组织参访团一行，接待海峡博爱论坛和海峡闽台红十字青少年夏令营两批计200多人参访漳台族谱对接馆和漳浦唐山过台湾石雕园。

6月18日，台湾红十字组织负责人王清峰（前排，左三）在福建省红十字会常务副会长林圣魁（前排，左四）陪同下莅漳州交流，参观漳台宗亲文化·族谱对接馆

【“5·8”红十字博爱周宣传活动】

“5·8”世界红十字日，市红十字会与芗城区红十字会联合在延安北路开展以“学习宣传贯彻《中华人民共和国红十字会法》，促进中国特色红十字事业持续健康发展”为主题的纪念“5·8”世界红十字日暨博爱周系列宣传活动，为群众免费义诊咨询，并发放新修订的《中华人民共和国红十字会法》以及红十字运动基本知识、遗体（器官）捐献、造血干细胞捐献知识宣传手册3150多份及150多份急救包。

【世界急救日宣传活动】

9月9日，市红十字会联合芗城区红十字会，进入芗城区钟芬、东园社区，开展纪念世界急救日暨以“急救与家庭意外伤害”为主题的应急救护培训活动，社区干部、居民共100多人参加活动。

【福建爱心公益日宣传活动】

2016年12月29日上午，漳州市红十字会、龙文区红十字会联合在龙文区大润发广场举行纪念第十个“福建爱心公益日”宣传活动。启动仪式上，厦门大学附属厦门眼科中心向漳州市红十字会捐赠100万元（首批注入资金20万元），在漳州市红十字会设立“红十字光明基金”，为漳州地区的低保户、“五保”户等困难人群在眼科中心接受义诊手术时进行救助。当天活动现场，市红十字会工作人员向现场群众发放红十字运动基本知识、应急救护知识等宣传材料，宣传推介国际标准的“红十字急救掌上学堂”手机应用软件和“1069999359”短信捐赠平台；来自厦门眼科中心的数名眼科专家还为从漳州各地前来参加活动的群众近100人进行眼病义诊筛查。

【漳州市红十字会第六次会员代表大会】

11月21日，漳州市红十字会召开第六次会员代表大会。市长刘远、福建省红十字会专职副会长毛文航、市委常委刘伟泽、市人大常委会副主任李珊珊、副市长兰万安、市政协副主席林俊山出席会议，漳州市各级红十字会会员、志愿工作者代表109人参加会议。福建省红十字会专职副会长毛文航、市委常委刘伟泽分别代表省红十字会、中共漳州市委在大会开幕式上讲话，副市长兰万安主持会议。第六届理事会根据有关规定聘请市委书记檀云坤、市长刘远为名誉会长；市人大常委会副主任李珊珊、市政协副主席林俊山为名誉副会长。

【红十字会专职干部培训班】

8月21—25日，2017年福建省红十字会专职干部能力建设培训班在漳州华侨饭店举办，市红十字会常务副会长李德胜参加开班式并致辞；市红十字会选派赖悦宁等红十会专职干部6人参加培训。

·漳州市中华职教社·

【学习贯彻中共十九大精神】

2017年，漳州市中华职业教育社（以下简称市职教社）把学习宣传贯彻中共十九大精神作为首要的政治任务，精心组织，抓好落实。在大会召开之际，及时组织机关全体干部收看中共十九大开幕式电视直播，聆听习近平代表十八届中央委员会所作的工作报告。中共十九大召开后，为全体干部购买新的《中国共产党章程》和十九大学习辅导材料，参加市委统战部组织的专题学习讲座。10月27日，市职教社组织部分老干部、社务委员、社员骨干共18人举行座谈会学习贯彻十九大精神。社专职副主任朱顺忠被市委抽调，作为市委宣讲团成员到东山县、漳州开发区等地宣讲中共十九大精神，与基层党员干部、群众、职校学生就十九大精神的有关话题进行交流互动，一对一解疑释惑，推动各级党组织迅速兴起学习贯彻十九大精神热潮。

【课题调研与建言献策】

深入基层调查研究 市职教社坚持需求导向、问题导向、成效导向，深入基层，贴近社员，倾听意见，担负起党和政府联系群众桥梁和纽带作用的责任。7月26日，省中华职教社党组成员、专职副主任陈毅萍带领省中华职教社秘书长黄碧升等一行到漳州调研职教社和职业教育工作，专职副主任朱顺忠陪同调研。副主任陈毅萍一行深入漳州理工职业学院和龙海职校，实地察看学校环境、实训基地、教学设施，详细了解学校规划建设、教学管理、校企合作、实训实习等情况，和学院负责人举行座谈交流。此外，副主任陈毅萍还深入龙海市海澄镇参观“海丝遗址”，了解漳州月港历史，考察海上丝绸之路的发展趋势。2017年，市职教社领导多次深入卫生学院、理工学院、方博职校、龙轴集团及9个县市职校，拜会学校、企业领导，了解招生就业、办学办厂等情况，搭建平台，促进校企融合，指导推动社员单位工作。

完成“互联网＋职业教育”课题调研 根据《中华职业教育社“互联网＋职业教育”的研究与实践课题分课题、子课题管理办法》，市职教社联合漳州职业技术学院组织开展主题为“互联网+”视阈下高职院校产教融合协同创新研究的课题调研工作，通过赴行业、产业、企业实地调研，研究制定高职院校产教融合协同创新相关配套运行机制，最终形成《高职院校产教融合实践与探索》等前期报告。在苏州举行的中华职业教育社“互联网＋职业教育研究与实践”课题中期研讨会上，院长张勇代表课题组在会上作了主题发言。11月27日，在总社修改意见和课题组反复斟酌基础上，

7月26日，省中华职教社党组成员、专职副主任陈毅萍（左四）一行四人深入漳州理工职业学院，实地察看学校情况 （何孟鑫 摄）

市职教社以漳州职业技术学院商贸物流管理专业为例，形成《“互联网+”视阈下高职院校产教融合协同创新研究报告》，并提交总社课题组，12月10日在南京举办的中华职教社重点课题“互联网+职业教育”研究与实践课题结题会上，课题组论文被总社授予课题成果优秀奖。

履职尽责做好建言献策　2017年，市职教社社员中的人大代表、政协委员以及专家学者，倾听基层声音，了解民生需求，通过各种途径向党和政府反映社情民意，意见和建议得到有关部门的重视和采纳。全国人大代表、市中华职教社主任赵静在十二届全国人大五次会上提出的《建议开展全国住房普查》《实施农村饮用水安全提升工程》等提案，得到大会的重视。市政协常委、市职教社副主任赵月英在2017年“两会”上提出《加强防范我市雾霾天气的建议》《借鉴台湾养老产业模式 推进漳台养老服务业合作发展》的提案；市职教社特约顾问、原副主任蔡天人执笔的市政协提案《关于我市创城创卫工作的改革建议》引起芗城区、龙文区政府的重视，分别以区政府名义作出提案答复，由区长、副区长签名督办。《关于市水务公司改进工作的建议》直接提出水务公司存在“四个不及时”的问题，要求迅速整改，引起水务公司重视。2017年，市职教社社员中人大代表和政协委员向各级“两会”提交的建议、议案和人大发言有8件。

【实施“温暖工程”】

加强“温暖工程”宣传报道　3月24日，省中华职教社在福州召开全省“温暖工程”工作会议，市职教社专职副主任朱顺忠受邀作《以温暖情怀推进温暖工程》的大会发言，介绍市中华职教社五年来关怀弱势群体、搭建“温暖工程”平台，实施实用技能培训、开展捐资助学活动、推进教育移民项目等方面的做法，分享推进“温暖工程”“温暖情怀、责任担当、严谨作为”12字心得。发言得到省职教社领导、与会人员的肯定。

开展实用技能培训　2月28日，市职教社专职副主任朱顺忠一行深入实训基地芗城方博职业培训学校调研，察看实训基地办班情况，了解维修电工培训班招生、实训、学员就业情况，就2017年度实用技能培训班次、时段、内容、方式与基地领导进行深入交流。2017年，市职教社联合芗城方博职业培训学校开展两期育婴员、一期电工培训，共有学员107人免费受训，通过学校强化训练、考前辅导，考生参加国家职业技能鉴定考试，获得相关工种职业资格证书。

推动实施教育移民　按照省温暖工程促进会和平和职校协议要求，中华同心温暖工程基金会将对平和职校被选拔的贫困学生50人给予每生每年1800元标准资助。4月26日，中华同心温暖工程教育移民公益项目助学仪式在平和职业技术学校举办。平和县社员小组召集人、县委统战部副部长吴演专及受助学生家长出席仪式。会上，传达“温暖工程”的相关政策，要求学校按照相关要求，在对象遴选等环节坚持公开和公正原则，做好对品学兼优的移民村学生和家庭经济困难学生在该项目实施过程中的服务工作。

开展系列送温暖活动　市委统战部分管领导曾黄河、市职教社专职副主任朱顺忠等多次带队深入平和县大溪镇大芹村、南靖县山城镇葛山村、漳浦县杜浔镇正阳村、霞美镇董门村，面向贫困学子7人开展助学活动，为他们送上助学金计1.7万元，帮助他们完成学业。2017年春节期间，市职教社领导还随同市委统战部领导到云霄下河乡慰问党员领导干部挂钩贫困户，随同市老区办领导前往平和县芦溪镇九曲村慰问老区贫困户，送去温暖。

【加强服务对接】

服务校企、校校合作　为助推实体经济发展，破解企业用工难等问题，市职教社为团体社员企业提供“对接式”服务。5—6月，市职教社牵头龙溪轴承集团股份有限公司，先后深入华安、南靖、漳浦、长泰、龙海、云霄、诏安、东山8县（市）职校，推进校企合作及学生顶岗实习事宜，促成双方达成合作意向，促进职业教育与企业深度对接、产教融合，促成职校学生45人到龙溪轴承集团股份有限公司进行顶岗实习。此外，市职教社先后陪同泉州长龙教育资源开发有限公司董事长林志坚到漳州一职校、漳州市高级技工学校、漳州二职校洽谈成人教育合作有关事宜，为院校合作牵线搭桥。

践行黄炎培职业教育思想　3月14日以会代训，邀请省职教社社务委员、漳州职业技术学院院长张勇就“当前职业教育的形势与任务”作主题发言。9月，市职教社联合市教育局组织团体社员院校推选项目，踊跃参加“和职教杯”首届福建省黄炎培职业教育奖创新创业大赛。经过初赛、复赛和决赛，漳州科技职业学院、漳州财贸学校、南靖第一职业技术学校的3个参赛项目脱颖而出，均获得铜奖。12月9—10日，中华职教总社在南京举办的“黄炎培职业教育思想研究会2017学术年会”上，市社专职副主任朱顺忠作《弘扬黄炎培职业教育思想 发挥职教社群团组织作用》的主题交流，得到与会人员的肯定。

加强对外交流联络　2017年，市职教社接待第十一届湖南省政协副主席、湖南省中华职教社主任刘晓一行到漳州调研事宜，调研组一行参观林语堂纪念馆，和漳州市委统战部、市职教社就当前职业教育形势、职教社组织建设、工作开展进行交流，双方表示将构建常态化交流渠道，推动两地职业教育联络联谊活动。市职教社组织人员参加总社在苏州举办的中华职业教育社民办职业教育创新发展专题调研座谈会；市职教社领导出席在漳州卫生职业学院召开的漳州市职业教育周启动仪式，观摩漳州卫生职业学院第十届“沙场点兵”护理操作大赛，受邀参加漳州科技学院创校十周年庆典活动，参观校园及教学成果展，与各方嘉宾及学院领导开展交流。市职教社还于大会期间，向科技学院致贺信，回顾总结漳州科技学院创校十周年走过的不平凡历程，对学院未来发展提出希望并致以诚挚祝愿。

5月19日，漳州市中华职业教育社召开学习贯彻习近平总书记致中华职业教育社成立100周年贺信暨庆祝大会精神座谈会　（何孟鑫　摄）

【加强自身建设】

学习习总书记贺信和总社100周年社庆大会精神　5月5日，中华职业教育社成立100周年庆祝大会在京举行，中共中央总书记、国家主席、中央军委主席习近平专门发来贺信，中共中央政治局常委、全国政协主席俞正声出席并讲话。5月4—7日，市职教社专职副主任朱顺忠带领社特约顾问苏锦松、平和县委统战部副部长吴演专、机关干部何孟鑫到北京参加总社举办的庆祝中华职业教育社立社100周年庆祝大会和图片展。返漳州后，市职教社专职副主任朱顺忠及时向市委统战部专题汇报会议情况，提出贯彻落实意见。根据市委统战部指导意见，5月9日，市职教社召开专题会议，作出安排部署。5月19日，市职教社召开学习贯彻座谈会，市委统战部分管领导、漳州受表彰老同志、部分社务委员、相关职校负责人及职教社全体机关干部参加会议。会议传达习总书记贺信暨立社百年庆祝大会精神，获奖老干部3人及民办职校负责人畅谈体会。

加强机关建设，提高政治站位

市职教社机关党员履行党员义务，在市委统战部机关党支部领导下参加党内政治生活。坚持集中学习与个人自学相统一，参加市委统战部组织的集中学习活动24次，听取专题党课7次，参加市委统战部召开的部领导班子成员述责述廉报告会和党员组织生活会，并进行民主评议。组织机关党员干部撰写心得体会6篇。参加市委统战部组织的参观“辉煌史诗—庆祝建党96周年中国画名家作品展”活动，到漳浦县石榴镇车本村接受革命教育，瞻仰烈士塑像；到龙文区检察院开展反腐倡廉教育实践活动，通过系列理想信念教育活动，培育职教社干部干事创业正气。

加强机关党风廉政教育，制定出台《遵守政治纪律和政治规矩十条守则》，细化公车管理要求，严格落实请示报告制度，做到重大事项分级报告，用制度管事管人。

2017年3月13日，市综治办到市职教社检查“平安单位”创建工作，查阅台账。4月，漳州市中华职业教育社被市社会管理综合治理委员会授予2016年度市直机关事业单位“一类平安单位”称号。

加强信息宣传工作，2017年市职教社共采编和上报信息36条，被市委统战部《统战情况》采用14条，被省职教社《职教社讯》采用11条，被中华职教总社《社讯》采用10条，被《中华职业教育》杂志采用11条，较好宣传报道市职教社重大活动，不断扩大社会影响。

夯实发展基础，深化能力建设

推动基层建设。省职教社专职副主任陈毅萍专程到龙海市，和龙海市委常委、统战部部长刘蓓晖就龙海市职教社编制、机构组建等问题进行深入研究，推动解决龙海市职教社机构、编制问题。市职教社为提升机关干部、社员骨干能力素质，多次选派人员参加各级培训。4月10—11日，市职教社专职副主任朱顺忠参加在市委党校举办的第三期漳州市领导干部学习贯彻中共十八届六中全会精神专题研讨班。4月27日，朱顺忠带领一名信息员参加市委统战部召开的漳州市、闽南师大统战信息工作会暨信息员培训会。6 月 28 日至 7 月 7 日，朱顺忠带领东山县社员小组召集人、县委统战部主任科员方文成、机关干部何孟鑫参加由省中华职教社联合省社会主义学院举办的 2017 年全省职教社系统专职领导干部暨骨干社员培训班。

推选评先评优 在中华职教总社立社百年之际，市职教社推选 3 名为漳州市职教社成立发展做出突出贡献的干部易百禄、苏锦松、李庆山评优受奖，获得荣誉证书。经市委统战部、省中华职教社推荐，市职教社专职副主任朱顺忠被省委统战部、省人力资源和社会保障厅评为全省统战系统先进工作者。

·人民团体和社会团体组织领导名单·

【人民团体和社会团体组织副处级以上领导名单】

市总工会主席
张琳光（2017 年 7 月任）
市总工会常务副主席
王继跃（2017 年 3 月任）
市总工会副主席
黄跃秋（女） 王正刚
黄景图
共青团漳州市委书记
远 洋
共青团漳州市委副书记
陈 昕（女）
高国亮（2017 年 9 月任）
市妇联主席
黄淑红（女）（2017 年 6 月任）
市妇联副主席
陈银花（女） 卢阿娜（女）
市社科联主席
邓思民
市社科联副主席
胡安娜（女） 刘声怡
市文联主席
陈燕松（2017 年 5 月任）
市文联副主席
黄良弼 黄坤生
市侨联主席
林智勇
市侨联副主席
蔡余浦
郭伯龄（2017 年 10 月任）
周允玉（女）（2017 年 10 任）
市残联理事长
周建明
市残联副理事长
吴燕聪 方志伟
市台联副会长
陈敬收
市工商联主席
杨龙辉
市工商联副主席
林 青 李瑞明 苏艺峰
市科协主席
林国强
市科协副主席
杨立伟 周云强
市红十字会会长
兰万安
市红十字会常务副会长
李德胜
市老龄办主任
陈 彪
市中华职教社专职副主任
朱顺忠
市关工委主任
李天森
市关工委执行主任
周亚冷
市关工委常务副主任、秘书长
赖 田
市关工委副秘书长
许建华
市消委会会长
许永旦
市金门同胞联谊会会长
柯坤海

“社会团体”类撰稿人：
陈玲玲 王倩倩 何惠琛
陈晓娟 陈 鹭 叶雅青
杨少瑛 陈 慧 管东华
柯少强 何孟鑫
供稿：
市总工会 市台联会
市侨联会 市残联

·政法委及综治·

【概 况】

2017年，漳州市委政法委（综治办、610办）不断强化政治意识、大局意识，坚持“严之又严、细之又细、实之又实”工作要求，以“四个前所未有”（前所未有的决心、前所未有的状态、前所未有的标准、前所未有的力度），实现“四个历年之最”（社会治安最好、隐患化解最多、重点稳控最严、社会参与面最广），社会治安综合治理和平安建设取得明显成效，群众安全感率达97.82%，为建设富美新漳州创造良好的社会环境。全市接处警比上年降2.3%；刑事立案17545起、比上年降18.8%；破案7926起、比上年升9.5%；破案率比上年升11.7%；抓获刑事作案人员比上年升13.2%；特别是厦门金砖会晤实战阶段刑事警情比降42.77%，决战阶段市区日均只接到4起警情。其中打击暴力犯罪行动，共破九类涉恶案件573起，抓获犯罪嫌疑人1471名；查处涉枪涉爆案件320起，收缴枪支524枝，炸药3033公斤。打击“黄赌毒·盗抢骗”行动，共破黄赌毒刑事案件603起；立侵财案件1.3万起，比上年降23.2%；破4304起，比上年升8.6%。打击网络造谣传谣行动，巡查发现上报各类负面敏感舆情和有害信息6264条，落地调查839人，教育训诫134人，行政拘留163人。依法化解信访积案行动，排查梳理信访积案1020件，息访息诉955件，息访息诉率达93.6%。整治交通安全隐患行动，完成全市466处纳入为民办实事项目隐患点段整改，整改率100%；查处严重交通违法行为25.3万起。铲除消防安全隐患行动，排查整改火灾隐患2.8万处，督促整改“三合一”（指住宿与生产、仓储、经营一种或一种以上使用功能违章混合设置在同一空间内的建筑）场所1.78万家，搬离违规住宿人员3.1万人。

【维护社会政治稳定】

全年落实综治维稳季度考评机制，每季度开展一次综治维稳督查、考评，并通报考评结果，上半年、下半年各召开一次维稳治安分析会，有力推动综治维稳工作落到实处、取得实效。完善市、县、乡、村四级大调解平台建设，创新推进专业性、行业性调解组织建设，市、县两级国土、住建、人社、环保、商会全部建立专业调解委员会，向电子商务、物业等领域推进，新建调解组织19个。建立完善国家司法救助制度，对涉法涉诉长期破不了案、刑事被害人得不到赔偿、丧失执行条件而导致生活困难的，给予适当司法救助，帮助其纳入政府救助、社会救助、城乡低保范围，使信访人的基本生活得到保障，共救助56件67人，发放救助金89.4万元。加大非法上访打击力度，对4名非法闹访者依法判处有期徒刑，推进涉诉信访治理法治化。深入开展“无邪教创建示范工程”活动，平和县、芗城区东铺头等3个镇（街）、南坑街道华元社区等33个村（社区）分别被评为全国无邪教示范县、乡镇（街道）、村（社区）。狠抓区域重点整治，确定5个省级、17个市级、81个县级通报整治点，抽调精干力量组成工作队开展整治，对“两抢一盗”（抢劫、抢夺，盗窃）等三类多发性侵财案件，电信诈骗、偷私渡、越界捕鱼等严重影响群众生命财产安全的犯罪，集中开展打击行动，实现案件总量下降、矛盾纠纷减少、社会和谐稳定的目标，全市各整治点刑事立案数比上年降14.1%。

【提升社会治理水平】

增强网格化服务管理实效，把网格化列入市政府为民办实事项目，加大人、财、物投入，持续推进“省市两级平台架构、省市县乡村五级穿透使用”网格化信息平台建设，市、县、乡镇、城镇社区、村全部建成网格化服务管理工作站，实现平台全覆盖。同时，有效推进食品药品监管、环保等相关职能部门的数据汇聚工作，促进数据汇聚共享和下沉应用。着力打造网格化子项应用系统，完善综治诚信信息系统平台建设，联结法院、检察院、公安局（维稳办）等24个执法执纪单位数据信息，已归集数据37万多条。严格按照社会综合治理中心建设和管理规范，依托网格化同步推进社会综合治理中心规范化建设，全市已建成2072个综合治理中心平台，受理处置各类事项1.2万多件。加强构建“互联网＋”服务平台，重点建设“两系统一平台”（“12345”便民服务网络系统、“12345”热线电话系统，“12345”信息共享平台），整合全市民生服务热线，汇集部门政务数据，确保所有诉求事项及时受理、有效处置。成立“110”大数据中心，完成大数据情报平台主要功能研发，有效整合汇聚公安专业数据、政府部门政务数据、互联网数据等资源，实现“大数据+精准打击、精准管控、精准服务、精准处突”的深度应用。

6月22日，由漳州市委政法委、市综治办、市公安局联合主办的漳州市平安志愿者巡防活动在市区中山公园举行启动仪式

【完善治安防控体系】

在全市启动“110”勤务改革，推行市区街路面动态布警巡逻、县城区专职巡防队与派出所、巡特警反恐大队联勤巡逻模式，不断提升见警率、管事率；组建全省首支正规化交警特勤机动队“交通110”，与城管构建交通治乱联勤机制，开展交通巡查和处理交通违法行为；由政府购买服务、公安统一管理，全面推进全市15支城市专业治安巡防队规范化建设，有力提升社会治安动态管控能力。加快推进“雪亮工程”建设，组建平安志愿者队伍388支、26万多人（其中群众志愿者6万多人），研发上线“芗里芗亲”APP，打造“互联网＋群防群治”新模式，科学设置巡逻预约、路线、时长等条件，后台实时监测记录，有效避免弄虚作假、应付巡逻现象，在线巡逻人数上万人已成为常态。增建龙海厦漳大桥和长泰林墩市际检查站，全市共有“环闽”检查站4个、“环厦”检查站6个（其中陆路3个、码头3个），充分发挥过滤风险、应急堵截功能，对入闽过漳进厦人员、车辆（船只）、货物实施全面检查，有效筑牢“漳州安保圈”。

【严格规范专项治理】

集中资源力量，攻坚突破，切实破解难题，补齐短板。按照人均每年1元钱标准，建立专项救治资金，用于经济困难精神障碍患者治疗及生活费用补助。加强“强制医疗专区”规范化建设，确保强制医疗依法安全有效进行，已累计收治21人。投入1.2亿元，新建市第四医院，8月正式营业，进一步提升全市收治管理能力。对全市832家寄递业、761家物流业，全部督促落实源头安检、实名登记等措施，严格落实寄递“3个100%”、物流“2个100%”。组织开展“铁腕行动”（指快递市场清理整顿专项行动，重点整顿快递企业是否存在无证经营，安全设备是否配备到位，开箱验视、实名收寄、过机安检三项制度是否全面落实），强化快递网点清理整顿，责令关停无证网点154个，基本扫除全市无证专营快递网点。完善市反诈骗中心建设，健全电信封堵拦截、金融查询止付、诈骗研判打击、宣传预警防控长效工作机制，全市电信诈骗犯罪打击行动取得“两升三降”（破案数、刑拘数上升，警情数、立案数、损失数下降）的良好成效。全市法院继续开展“案件执行年”活动，执结案件1.78万件，比升57.59%，从上一年以来累计清理积案3.88万件，清理率为93.7%。

【加快法治漳州建设】

市委政法委组织开展对160件社会舆论关注的案件进行重点评查，即群众反映强烈的、容易发生执法问题的执法案件；执法工作满意率排名靠后的县（市、区）公检法机关办理的案件；涉企案件，发现问题依法予以纠正，并召开专题会议进行通报，督促落实整改措施，提升政法干警执法办案水平。严格落实“谁执法、谁普法，谁主管、谁负责”的普法责任制，推动法律“进机关、进乡村、进学校、进企业、进社区、进单位”，特别聘请420

名具有法律常识的村两委成员、教师、退休干部为“法治宣传教育示范户”，统一购买法律书籍，开展法治宣传活动。全市共建设法治文化广场、法治宣传一条街、法治文化走廊39处，各类青少年法治教育基地220个，加强群众法制宣传教育，增强法治意识，促进全社会学法尊法守法用法。继续推行“一村（居）一名法律顾问”，全市1929个村（居、作业区）均安排一名律师、法律工作者或基层政法干警担任法律顾问，采取政府购买法律服务，按照每村（社区）1000－5000元/年标准拨付经费并列入财政预算，支持法律顾问重点做好法律咨询、村集体经济合同审核、协助化解矛盾纠纷等工作，共办理法律援助案件110多件，代理法律事务361件，接受法律咨询4147人次，化解民间矛盾纠纷2860多件，有效提高基层依法治理水平。

【深化平安创建活动】

“平安边界”创建　先后召开漳潮梅闽粤3个市和漳厦“平安边界”建设联席会，围绕厦门会晤维稳安保协调配合，持续开展矛盾纠纷联调、社会治安联控、突出问题联治、重点人员联管、突发事件联处、平安建设联创“六联”工作，打造信息互通、会商研判、信息防控的“三大平台”，全力守护环闽、环厦门户；同步推进市际平安边界创建，5个县、区主动到毗邻地区进行走访协商，与厦门、泉州、龙岩共12个边界县（市、区）、40个乡镇签订创建协议，开展深度合作，加强边界地区的社会治理，充分发挥安保维稳“隔离带”的作用。

“平安示范村”创建　围绕“六无”（无越级上访、无群体性事件、无刑事案件、无重特大安全生产事故、无邪教活动、无黄赌毒突出治安问题）目标，持续推进100个行政村建立规范运作的网格化管理平台、覆盖主要路口和重点部位的视频监控系统，建立健全治安巡逻队伍，并不断拓展平安创建载体，丰富创建内容，带动农村平安建设整体水平提升。各创建村共新建村级视频监控探头537个，组建村级巡防队131支1086人，刑事案件同比下降15.6%，无发生越级上访和群体性事件。

“平安大港区”创建　在厦门湾南岸至东山湾沿岸的海陆联片区域开展平安大港区创建活动，构建海上防控网、沿海乡镇（临港工业园区）社会治安防控网，对小型无证船舶统一编号，实行规范管理，共打击走私、贩毒、非法改装船舶等违法犯罪活动124起。特别是深入开展乡镇船舶安全整治，按照“摸清底数、建档立卡、分类管理”的要求，确保人盯人、人盯船，不越界、不出事。共摸排3.5万人、1.75万艘船只，投入800多万元推动乡镇船舶全面安装定位系统、100%悬挂识别号牌；查获船舶违法犯罪案件842起，查扣“三无”（无船名船号、无船舶证书、无船籍港）船舶3艘、赴敏感海域生产船舶4艘。

“平安工业园区”创建　围绕市委中心工作，推进38个县级以上工业园区巡防队伍、视频监控系统、网格化管理平台等建设，建立健全矛盾纠纷排查化解、安全生产监管、环境保护等工作机制，努力实现“六好”（社会治安好、安全生产好、矛盾纠纷化解好、环境保护好、依法经营管理好、服务企业好）目标。派出344名民警担任企业经济安全事务助理，帮助278家重点企业建立防范经济犯罪机制，组织开展重点项目周边治安整治行动58次，摸排化解不稳定因素97处。

“平安校园”创建　重点抓好学校内部安全管理、师生法治教育、校园治安防控体系建设、校园周边治安整治，深入开展中小学幼儿园“护校安园”行动。市综治办、教育局、公安局等单位联合组成督查组，每季度对创建工作开展一次督查，及时发现问题，立即督促整改，确保各项创建任务落到实处，共排查整改安全隐患699处，整改率达100%。全市2206所学校全部完成安全标准化建设任务，创建达标率达100%。同时，平安医院、平安景区、平安库区、平安文化市场等行业系统平安创建活动也不断深化，呈现领域更广、实效更强的良好局面。

·法治政府建设·

【依法全面履行政府职能】

深化行政审批制度改革　2017年，加大对跟生产生活直接相关重点领域的放权力度，下放行政审批和服务事项121项，取消56项，赋予基层和特殊发展区域更大的管理自主权。及时跟进对接国务院、省政府公布下放、取消和调整的19项行政审批和服务事项，及时承接到位。探索创新行政审批服务机制，南靖县、平和县成为省级相对集中行政许可权改革试点单位。

推行权责清单制度　开展市县两级行政审批和服务事项目录编制工作，有序推进权力清单和责任清单“两单融合”。经梳理，市直32个部门共保留行政审批和服务事项677项，41个部门完成行政许可、行政处罚、行政强制等11个类别权责事项分类，完善“权责相一致、有权必有责、失责必追究”的权力运行机制。结合产业布局、总体规划和“会审制”改革试点工作，制定《国家级漳州高新技术产业开发区投资建设项目负面清单》，对农林业、重工业、轻工业、能源、基础设施及公用事业5个行业共28个领域类型实行负面清单制度，实现“法无禁止皆可为”。

推进行政事业性收费改革　严格贯彻清理规范行政事业收费和规范政府性基金的有关政策，共取消、暂停涉及40项行政事业性收费项目，取消政府性基金项目2项，降低1项行政事业性收费项目的收费标准。公布“涉企行政事业性收费清单”和“政府性基金收费清单”，做到清单化管理、常态化公示。推进涉企中介服务收费改革，缩小政府定价范围，对市级行政审批和公共服务涉及中介服务进行清理规范，保留65项，调整40项，将涉企收费项目以清单形式向社会公布，并实施动态化管理。

创新社会治理方式　推进行业协会、商会与行政机关脱钩，完成“管办分离”，促进行业协会、商会成为依法设立、自主办会、自主管理、自我发展的社会团体。加强事中、事后监管，稳步推进市场监管领域综合执法改革，全面实施“双随机一公开”监管机制；推行“互联网＋监管”模式，运用“信用漳州”公共信用信息平台，提升市场监管实效，实现从“严进宽管”到“宽进严管”转变。

健全生态环境保护机制　持续推进“田园都市、生态之城”建设，推进华安县、南靖县生态环境损害赔偿探索试点工作。将各地各部门履行环境保护职责情况纳入监察工作重点，加大生态文明建设领域违纪查处力度。开展县级领导干部自然资源资产离任审计试点工作，制定《漳州市审计局对南靖县开展领导干部自然资源离任审计试点的审计实施方案》，促进领导干部守法遵纪、履职尽责。

【完善依法行政制度体系】

强化政府立法机构建设　探索委托第三方起草地方性法规草案机制，组织专家学者对法规草案的必要性、可行性、立法时机等进行论证评估，委托华侨大学法学院起草《漳州市城市公共停车管理规定》草案。高度重视政府法制机构建设，2017年，市政府办增设法规科和市政府法制研究中心，强化市政府在重点领域和重大改革事项的立法工作。

加强重点领域立法　率先在全省地方立法中采用“一事一法”立法模式，出台漳州市首部实体法《漳州市市容和环境卫生“门前三包”责任区管理若干规定》，在全国率先实行“门前三包”地方立法。注重提高政府立法公众参与度，在首部实体法制定过程中，共2次公开向社会征求意见建议，召开各类意见征询会23场，当面征询人大代表、专家学者、社会各界人士915人次，征集意见建议1048条，前后共修改31稿。

加强规范性文件备案审查　主动向省法制办、市人大常委会报备规范性文件，严格审查各县（市、区）政府和市直单位报备的规范性文件，做到“有件必备，有报必审”。2017年，市政府法制办共审查规范性文件80余件，并在政府门户网站公布。结合“简政放权、放管结合、优化服务”改革工作，组织开展2017年度市政府及市政府办规范性文件清理工作，对现行有效的规范性文件进行全面清理，共梳理出897件规范性文件，其中废止381件，修改22件，保留494件。

【推进行政决策科学化、民主化、法治化】

强化合法性审查　严格按照《福建省重大行政决策十条规定》《漳州市人民政府重大行政决策程序规定》的规定，落实重大行政决策公众参与、专家论证、风险评估、合法性审查、集体讨论决定等机制。市政府法制办全程参加市政府常务会议、办公会议、专题会议，对重大决策进行合法性审查；同时，市政府重大行政决策涉法事项均由法制办提出法律意见供领导决策参考。

增强公众参与实效　完善重大行政决策公众参与机制，针对事关经济社会发展全局和涉及群众切身利益的重大行政决策事项，市政府及相关部门均邀请利害关系方列席常务会议或部门办公会议。加强公众参与重大行政决策平台建设，涉及文化教育、医疗卫生、公用事业等重大民生决策事项广泛听取公众意见，市政府通过网站、报纸等多种形式征集为民办实事项目。

提高专家论证质量　发挥市政府法律人才库承担市政府兼职法律顾问的作用，邀请法律人才库法官、律师、教授参与政府重大行政决策和立法工作，聘请律师代理以市政府为被告的行政诉讼案件，推动漳州市政府法律人才库专家在制定重大行政决策、地方立法咨询、行政诉讼案件代理等依法行政方面为市政府提供法律支持和发挥智囊作用。按照市委、市政府部署要求，2017年，各县（市、区）政府和市政府各部门均建立符合本单位工作需要的政府法律顾问工作模式。

【严格规范公正文明执法】

推进综合行政执法　推进城市执法体制改革，制定《漳州市深入推进城市执法体制改革改进城市管理工作实施方案》，明确政府部门有关城市管理的职责界限和协同机制，城管管理执法权责基本明晰，保障机制初步建立。深化全市文化市场综合执法工作，建立健全综合执法运行机制，整合文化市场执法权，加快实现跨部门、跨行业综合执法。

规范行政执法行为　推进信用信息平台建设，健全市场主体诚信档案、行业“红黑名单”制度和市场退出机制。执行行政自由裁量权细化标准，强化行政执法过错责任追究制度，市环保局等部门持续开展行政执法案卷评查，加强案件质量跟踪评判。市城管执法局出台《漳州市城市管理行政执法全过程记录试点工作制度》，对全市城管系统执法全过程记录工作进行规范；市食品药品监督局利用现场记录设备等技术手段，在全省率先开发运用智慧监管仪，促进执法便捷化、规范化。

加强行政执法人员管理　严格落实行政执法主体资格和行政执法人员资格准入机制，2017年，完成各县（市、区）和市直行政执法部门1623名行政执法人员以及市场监管管理系统1096名行政执法人员换发新证工作，全面实行行政执法人员持证上岗。完成网上执法平台升级扩容改造，对接互联省执法平台，实现行政处罚案件网上办理和上下平台互联互通，推进行政执法与刑事司法衔接信息共享平台。

【强化对行政权力的制约和监督】

健全行政权力监督机制　自觉接受市人大及其常委会的法律监督、市政协的民主监督和市中级人民法院司法监督，解决市人大代表和政协委员关注的社会热点和民生问题。建立漳州市"12345"便民服务平台，解决公民、法人或其他组织向行政机关反映日常生活、生产经营中所遇到各种困难和问题，通过电话、网站、Email、短信、传真等方式和信息技术手段，为人民群众提供互动式的政府在线服务，把政府的服务第一时间送到企业和群众最需要的地方。

规范行政应诉工作　贯彻落实新《中华人民共和国行政诉讼法》《福建省行政应诉办法》相关规定，加强和改进行政应诉工作，将行政机关行政应诉情况纳入依法行政绩效考评。开展府院良性互动工作，召开市级府院良性互动联席会议，拓展互动范围，探索跨行政区域实质性化解行政争议的方式方法，实现行政争议实质性化解。2017年，全市共发生行政诉讼案件487件，裁撤123件。

健全常态化监督机制　建立健全行政机关内部监督机制，保障和支持审计、监察等部门依法独立行使监督权。市审计局围绕市委、市政府中心工作，按照上级审计机关工作部署，依法履行审计职责，加大审计力度，以检查重大政策落实、重大项目落地为切入点，对漳州市稳增长、促改革、调结构、惠民生、防风险等国家重大政策措施落实情况，开展跟踪审计；同时开展对公共资金、国有资产、国有资源、领导干部经济责任履行情况的审计，逐步实现审计监督全覆盖。

【依法有效化解社会矛盾】

健全依法化解纠纷机制　建立健全矛盾纠纷多元化调解机制，在全省率先成立市级联合接访调解中心，在县（市、区）全面建立信访调解中心、医患纠纷调解中心、道路交通事故多元调处中心。创新推进专业性、行业性调解组织建设，市、县两级国土、住建、人社、环保、商会全部建立专业调解委员会。2017年，共调处各类矛盾纠纷10736件，调处成功10713件，调处成功率99.77%。同时，开展"谁执法谁普法"法治宣传教育，落实福建省"七五"普法规划，市依法治市办印发《关于在全市公民中开展法治宣传教育第七个五年规划（2016—2020年）目标任务分工方案》和《关于实行国家机关"谁执法谁普法"责任制的实施意见》，落实普法各项工作任务。

加强行政复议能力建设　完善行政复议案件审理机制，畅通行政复议渠道，树立"点面结合、全面审查"的复议工作原则，丰富复议办案方式，改变书面审查为主的常规方式，灵活运用、有机结合书面审查、现场调查、鉴定勘测、听证审理、专家论证等多种调查审理方式，提高办案工作实效，化解社会矛盾纠纷。2017年，市、县两级行政复议机关共办理行政复议案件300件，已结案234件，其中协调纠错46件、强制纠错32件，纠错率达33.33%，纠正违法或不当的行政行为，将矛盾纠纷化解在初发阶段，化解在行政系统内部，为维护人民群众合法权益和社会稳定和谐发挥重要作用。

完善信访工作制度　推进"互联网＋信访"，依托省信访信息系统，搭建集投诉、办理、查询、跟踪、监督、评价于一体的网上信访平台，纵向联通至乡镇、街道，横向覆盖有权处理信访问题的责任部门，实现全市"全覆盖""一网通"。严格实行诉访分类，引导信访人依照规定程序向有关政法机关提出或及时转同级政法机关依法办理。推进依法分类处理信访诉求，运用法治思维解决信访问题，对依法可以通过行政许可、行政裁决、行政处罚、行政强制等信访途径以外的其他法定程序处理的投诉请求，导入相应的法定程序处理。

【提高法治思维和依法行政能力】

严格落实领导干部学法制度　漳州市落实每年至少举办一期领导干部法治专题培训班，每年举办两期以上政府领导班子法治专题讲座。2017年，市政府法制办联合市委党校举办全市领导干部法治专题培训班，对各县（市、区）政府和市直有关部门负责人进行行政诉讼领域专题培训。市委召开市委理论学习中心组（扩大）学习会，邀请厦门大学法学院教授、博士生导师朱福惠做《深入领会十九大报告精神，全面开创依法治国的新局面》法治专题培训。市政府常务会议分别举办《民法总则》《统计法实施条例》法治专题讲座。

加强行政执法人员法律知识培训　市委党校每年均把法律知识培训作为初任公务员培训和科级、处级领导干部培训的重要内容。市中级人民法院联合市委党校、市政府法制办公室在芗城区法院建立“依法行政教育基地”，组织领导干部学员旁听观摩庭审4场近200人次。各地各部门均按照要求建立健全行政执法人员培训制度，开展形式多样化培训，通过邀请上级主管部门专家、人民法院法官、高校学者开展本系统内行政执法人员行政执法培训，重点解读新出台法律法规，提高行政执法人员自身法治素养和依法行政能力，提升培训质量。

推进法治文化建设　围绕厦门会晤、服务大局、保障民生等主题，通过开展“护航金砖会晤　普法在行动”、“3·15”等专题法治宣传活动，在全社会大力宣传以宪法为核心的中国特色法律体系。2017年，市政府法制办联合省《法治福建》栏目在全市开展“乡村普法行”活动，共举办农村法治讲座80多场，受教育者有6400余人。同时，推动新媒体普法平台建设，“漳州普法”微信平台开通后，共推出普法图文信息111期233篇。市司法局投资20万元在西溪亲水公园建成一个法治文化公园，推进法治文化建设，全市共建法治文化广场（公园、长廊）等39个，推进基层法治创建，推荐申报民主法治县、示范村（社区）。

【落实法治政府建设保障机制】

落实第一责任人责任　坚持党在法治政府建设中总揽全局、协调各方的核心作用，在市委的统一领导下，谋划和落实法治政府建设的各项任务，摆在工作全局的重要位置。市委、市政府主要领导亲自部署、亲自调度法治工作，《漳州市全面推进政府法律顾问制度》《漳州市法治政府建设实施方案》均经过市政府常务会、市委常委会研究通过后印发各地各部门组织实施，《漳州市2017年法治政府建设重点工作安排》经过市政府常务会通过印发各地各部门组织实施，落实党政主要负责人履行推进法治建设第一责任人职责。

自觉接受社会监督　落实《实施方案》要求，年底对本年度法治政府建设情况进行总结，形成报告于每年第一季度前向同级党委、人大常委会和上一级政府报告，并通过漳州市人民政府门户网站向社会公布，将落实法治政府建设情况报告作为依法行政绩效考评的重要内容。2017年，各县（市、区）政府均向同级党委、人大常委会和市政府报告本年度法治政府建设情况，并通过地方政府门户网站向社会公布；市直有关单位均向市政府报告本年度法治政府建设情况并通过官方网站向社会公布。

加强理论研究　市委、市政府十分重视法治政府建设理论研究，强化政府法制研究机构建设。2017年，市委编办批复市政府办成立政府法制研究中心，开展对政府立法、执法监督、行政复议以及其他法律事务进行全局性、战略性、前沿性课题研究。通过委托研究、合作办学方式与高校开展地方立法、领导干部专题培训等方面合作，从理论创新、制度创新等方面为法治政府建设提供理论支撑和决策参考。

·公安·

【概　况】

2017年，漳州市公安机关在市委、市政府的领导下，以提升综合实力为目标，机制转型升级为主线，科技应用为支撑，不断提升驾驭动态治安、维护公平正义，有效维护全市社会治安持续安定稳定。全年刑事立案19271起，比上年降21.2%，刑事破案8922起（部督7起、省督44起），比上年升2.9%，破案率46.3%、比上年升10.9个百分点，抓获犯罪嫌疑人8906人、比上年升13.6%。年内发生的34起现行命案全破。全市公安机关有2个集体3名个人、28个集体38名个人分别获省部、地厅级表彰；平和县局、市局巡特警支队直属大队（漳州110），分别被评为全国优秀公安局、公安基层单位；李继闽、蔡亚桂（女）、戴春生，荣获“全国优秀人民警察”称号。

【维稳工作】

开展重点人员管控　出台《漳州市涉稳活跃人员稳控工作实施办法》，按照“党政领导、条抓块管，属地主责、部门主管”的原则，创新落实“五级责任链条”［市直主管单位责任领导—县（市区）党委政府责任领导—县直主管部门责任领导—乡镇（街道）党委政府责任领导—工作责任人（工作专班）］，稳控各类重点人员，持续保持全市社会政治安定稳定。经验做法被省委《八闽快讯》专刊推介，得到中央维稳办和中央、省委督导组领导高度肯定。

开展重点事件化解　健全市、县涉稳隐患研判联席会议制度，落实涉稳隐患“滚动排查、动态研判、清单管理”机制，建立重大风险隐患统一交办、挂钩督办机制，先后成功调处各类矛盾纠纷8017件，化解各类涉稳隐患5056起，办结各类信访积案377件，全市无发生群体性、区域性涉稳事件。信访积案办理工作位居全省第一。

开展重要目标防范 健全常态化分级排查机制，督促全市725家反恐重要目标单位落实主体责任，按照《反恐怖工作责任书》要求，强化人防、物防、技防措施，全面提升安防等级，确保不打响、不炸响。

【隐患整治】

整治危安隐患 严管民爆物品、枪支弹药、散装汽油等重点危险物品，严抓寄递物流、网约车、网约房、民宿、旅馆、网吧等重点行业，创新客运站、客运班车管理责任体系，督促寄递“3个100%”、物流“2个100%”和旅馆、网吧实名登记落实到位。

整治交通隐患 完成为民办实事隐患点段整改466处，自行排查整改道路隐患677处、重点驾驶人隐患280项、重点车辆隐患391项、重点交通企业隐患104项，查处严重交通违法364113起，建立农村交通安全劝导站1734个、聘用劝导员4243名，整治重点乡镇25个。全市发生一般交通事故809起、比降13.9%，死亡486人、比降10%，受伤530人、比降26.8%，直接经济损失179.2万元、比降17%。

铲除消防隐患 强化场所整治，排查12万处，技术改造2.1万处，迁移3.1万人；强化公众聚集场所专项治理，检查单位17203家，督促整改火灾隐患14324处，挂牌整改10家；强化消防基础建设，全市978家重点单位和282个社区、6个街道建成微型消防站，1769幢高层建筑全部建立“楼长”制。

【立体防范】

筑牢护城河 增建龙海厦漳大桥和长泰林墩市际检查站，10个“环闽”“环厦”检查站均规范设置功能区和执勤岗，实行信息化、常态化查控。厦门会晤安保期间，全市

8月4日，市公安局交警特勤机动队成立暨勤务运行启动

检查站共检查人员58万余名、车辆17万余辆、船舶1956班次，查获在逃人员24名、涉毒人员61名、其他违法犯罪嫌疑人543名，缴获违禁品473件，有效防止重点人员、危险物品流入厦门。

强化指挥调度建设 深化扁平指挥体系等级建设，落实市、县两级每日情报会商研判制度，完善“预警防控”机制，着力构建“大情报主导、大指挥联动、大数据支撑”的情报主导警务模式，共编发每日情报会商专刊334期，下发情报线索核处、核查等指令785条。

深化“110”勤务改革 全面推广漳州“110”勤务模式，实行专职巡防队伍与派出所、巡特警反恐大队联勤巡逻，全面提升见警率、管理率和快速反应能力；组建交通“110”、交警特勤机动队，开展摩托化巡逻查纠和重大活动安保；完善“1－3－5分钟”防控圈，强化5个重要目标、11个县级重点区域武装巡逻，全面提升社会面管控能力。

【共治善治】

开展“放管服”改革。创新“一窗受理”“一号申请”“一网通办”模式，构建“线下联动、线上互动、公安主动、百姓助动”服务格局。建立公安行政权力、责任清单制度，明确市、县两级行政许可、公共服务事项审批规范，分类实施“一窗式受理”“一站式服务”“休息日工作制”“立等可取”等便民利民服务举措，共上网公开信息396条，受理制发居住证2万多张，受理出入境证件申请39万多件次。构建警民互动平台。牵头建设“12345”网络系统（含“芗里芗亲”APP）、市级“12345”热线电话系统、“12345”信息共享平台的“两系统一平台”，倾力打造民生“110”，共接受群众诉求19401件，办理率100%，满意率98.04%，注册志愿者26万名，自助式、抢单式完成服务任务100万余件。开展标准地址二维码管理。清理核实门牌号184万多个，登记编制标准地址276万多条，定位标注房屋地址地理坐标270万多条，安装申报二维码门牌161万多张，基层基础工作进一步夯实。

【智慧警务】

推进“雪亮工程”建设。新建视频监控5948路、整合社会视频监控4349路，优化图侦实战平台，实现“全域覆盖、全网共享、全时可用、全程可控”；配备数字集群终端3700台，一线民警配备率100%，全部实现“一点登陆、一站采集”

和“人脸识别、一网关联”；安装WI-FI数据采集设备222套，推进检查站12项科技项目建设，有效实现各类风险的敏锐感知和超前预测。推进公安信息资源服务管理平台建设。投建公安信息资源服务管理平台，有效整合汇聚公安专业数据、政府部门政务数据、互联网数据等资源，推进实战平台研发和深度应用。推进“清朗工程”建设。加强信息巡控工作，发现网络安全隐患1635个，发出《安全隐患告知书》201份、《限期整改通知书》244份。

【规范执法】

执法改革　推动出台深化执法规范化建设实施方案，细化工作任务30项，构建完备的执法制度体系、规范的执法办案体系、系统的执法管理体系、实战的执法培训体系、有力的执法保障体系，努力实现执法队伍专业化、执法行为标准化、执法管理系统化、执法流程信息化。在漳州正兴医院建立公安监管病区，有效破解病残对象羁押难题。

制度建设　清理废止规范性文件5件、修改1件，建立轻微刑事案件赔偿保证金制度，出台办理利用信息网络制造传播谣言等违法犯罪案件和办理未成年人刑事案件专业化工作意见，全面推进警情信息录入全流程管控，民警执法办案质量明显提升。

监督管理　成立执法监督管理委员会，完善法制员派驻制，制定《派驻法制员每日必做工作流程表》，开展星级评定，落实每月考评，有力提高派驻法制员业务素质。推动市委政法委、市法院、检察院和财政局联合出台建立跨部门刑事诉讼涉案财物管理中心实施方案，实行涉案财物集中管理、统一处置。开展伤害案件和执法活动财物管理专项整治工作，有效防范违纪、违规问题发生。

【队伍建设】

网上管理　发挥钉钉微警讯交流平台的作用，开设“机关党建工作群”，做到网上传递党建信息、服务党员民警、开展主题交流，实现党建工作“规范化、可视化、常态化、实战化”；实行网上填报日志、网上智能考勤、网上定位签到、网上事务审批、网上内务管理，做到“实时、网上、主动”监督管理，完善“互联网＋”队伍管理模式，确保队伍始终在岗、在位、在状态。

从优待警　健全“一线工作法”“火线入党”“火线记功”“火线提拔”等战时政治工作机制，始终保持战时氛围、战时状态、战时标准。落实民警法定工作日之外加班补贴，修改市局机关单位和个人考评办法，完善考评结果与民警加班补贴、评先评优挂钩机制，真正实现用业绩说话。出台《关于规范公安机关警务辅助人员管理工作的实施意见》，优化警辅人员配置，并给予从优政策倾斜。加大意外伤害保险力度，增加住院津贴、重大疾病、交通意外等险种，在175医院建立民警医疗救治“绿色通道”。

从严治警　强化巡查督导，创新驻点巡督机制，完善挂钩督导、专项督导、网上督导机制，统一下发督导清单，定期反馈督导情况，督促整改各类问题1000多个。出台《关于落实全面从严治党进一步加强机关党建工作意见》，全面梳理14项党内生活制度，有效提高党建工作制度化、科学化、规范化水平。

·消防·

【概　况】

2017年，漳州市公安消防支队以建警治警的总方略，瞄准“站稳全省先进方阵”战略定位，抓大事议大事，研究事关全局的中心工作议题172项；深入基层调研指导工作130余次，解决发展难题120余项；坚持党管干部，倡导“不摸底先定原则，不做方案先树导向”，以鲜明的用人导向营造干事创业、奋勇争先的政治局面。支队党委被省公安厅评为“好班子”；被省消防总队评为“先进支队”、总队财务业务会审第一名、“预算管理工作先进单位”。全年共接处警3843起，抢救疏散被困人员1520人，抢救财产价值7.9亿元，成功处置了“2•23”

1月23日，市长刘远（前排左二）带队开展春节消防安全检查　（朱必星　摄）

漳龙高速大客车翻车救援、“3·31”台商联盛纸业厂房火灾等一批急难险重任务。

【宣传教育】

致力政治教育“供给侧”改革创新，不定期开展“推门听课”，深度运用“两微一端”（微信订阅号“红色基因”、政工微信群和网上政治教育APP手机客户端）新媒体等“互联网＋”开展政治工作。全面启动战时政治工作机制，建强屯兵点、驻勤点临时党团组织，举办誓师大会、组织文艺慰问演出、开展战时宣传，灵活运用微党课、微讲评等方式做实战时思想政治工作。建设支队本级队史馆，基层单位100%完成荣誉室和“红门影院”建设，纪实视频《战古雷》荣获“全国首届平安中国微电影微视频比赛”优秀奖。年内，顺利通过漳州市“文明单位”考评，5个单位分别获得省、市级“青年文明号”，24名官兵荣立三等功，152名官兵获得嘉奖。同时，在宣传舆论上，制作普通话、闽南语《电动车火灾警示录》《火灾逃生有妙招》微视频，并通过各类媒体平台广泛传播。制作《“三合一”场所火灾警示录》在消防工作联席会上播放，刻录光盘集中组织乡镇村干部、网格员、经营场所业主观看800余场次，教育10万余人。与市邮政局在双11购物节，开展“消防宣传进快递”活动，打通消防宣传“最后一米”。两组摄影作品勇夺全国“平安中国建设”宣传系列活动大奖，5件摄影作品荣获省厅首届“福建警察故事”V创作大赛一、二、三等奖，进一步提升支队形象。

【责任落实】

市委、市政府先后下发10余份消防文件，逐级签订责任状，开展暗访督导10余次，通报问责25名镇级干部、10名村干部，促动各级政府强责施压。全市累计督促整改“三合一”（集生产、仓库、住宿为一体的场所）2.7万家，技术改造2.1万处，迁出3.1万人。执行监督员挂点联络机制，全面以行业部门履职尽责，摸排建立责任清单7005份，发现问题单位1277家，全部整改销号。全市重点单位、街道、社区100%建成微型消防站，1769幢高层建筑实行“楼长”制实名管理，建立区域联防组织22个，创建示范社区86个。

【服务民生】

在全省率先探索实行“多图一审”制度，下放137个民生工程审批权限，大幅提高办事效率。在全市部队推行聘请法律顾问制度，推动消防执法规范化、法制化。派出5批68人次增援福州、厦门、泉州，创新推出重大安保工作的会商研判制度，并在省厅、总队调度会上作经验介绍。先后开展维稳“六大专项行动”、夏季消防检查、冬春火灾防控等一系列专项行动，召开全省“三合一”场所火灾实验现场会，推广简易喷淋等技防措施。年累计检查单位17447家，督促整改火灾隐患14393处，“三停”（停止施工、停止使用、停产停业）239家，查封185家。

【基础建设】

开展冲锋舟驾驶员等岗位培训和接警调度员业务比武竞赛，建强灾害专业处置力量。完成全市单兵图传设备提速升级，整理9大类37款157条常见灾害事故处置提示短信随警发送，研发推广石化灾害事故处置辅助决策系统，探索开展石油化工3D建模。与市网信办、市局网安支队建立舆情查控处置联动机制，出台救援现场安全处置、救援现场通信组织、救援阶段辅助提醒“三项制度”，全程监控网络舆情和作战安全。在重大活动安保期间，科学设置54个驻勤点，前移灭火关口，屯兵点官兵严谨、高效的作风，得到各级的肯定。

承办总队消防微社区运行试点工作，探索部队、官兵、家庭三位一体兵员管理模式，并在全省警务培训班上做经验介绍。全面推进“法治警营”创建活动，制定出台《重大活动安保期间加强基层中队管理六项举措》，提炼部队最易忽略和违反的29条刚性要求，创新量化记分、约谈提醒、教育问责，确保举措落地见效。以“因地制宜、易于执行、方便操作、有生命力”的新理念开展正规化达标创建试点工作，部队管理工作经验在全省第一季度军事行政工作分析会上做典型交流。

提请市政府建设4个政府专职石化特勤消防站，投入8000万元购置石化消防车辆装备，专职石化特勤大队及所属岱仔、常山中队正式揭牌入驻，引入“上一休一”工作模式，队伍稳定发展。做强单编队，推动全市8个队站实现单编制管理，161名队员通过职业技能鉴定，年度经费保障标准达到6万元／人。做大乡镇队，提请市政府将乡镇专职消防队伍建设纳入年度消防工作目标责任书，强化督导通报，13支全国重点镇一级队伍和29支二级队伍实现达标创建，2支单编队和11支乡镇专职队完成事业法人登记工作，南靖土楼景区专职消防队获批核定事业编制5名，“政府专职消防员工会委员会”获市总工会批复成立。

此外，开展全国财务核算试点工作，取得总队财务业务会审第一名，被评为预算管理工作先进单位，核算效能显著提高；建立招标代理、预（决）算审核等咨询服务资源库，狠抓工程建设、营房修缮和物资采购规范管理；委托第三方机构开展固定资产清查，保证清查结果全面、

6月28日，漳州市政府专职石化消防特勤大队揭牌成立　（涂林发　摄）

真实；探索队站建设新模式，在全省率先改造原有偿服务场室建立政府专职小型消防站，织密城区站点网络；在全省率先培训23名一线急救员，提升队伍应急救护能力。

【刚性砺警】

制定责任清单，逐级签订责任书，常态化开展部队廉情分析和从严治党、从严治警提醒谈话并全程留痕，与驻局纪检组建立定期走访互通工作机制。深入学习宣贯“一党章两准则三条例”（《中国共产党章程》《中国共产党廉洁自律准则》《关于新形势下党内政治生活的若干准则》《中国共产党纪律处分条例》《中国共产党问责条例》《中国共产党党内监督条例》），常态化开展警示教育和保密教育，厚植官兵法纪理念。部署开展酒驾问题专项整治、干部涉消事项申报和监督执法问廉回访专项活动，严格执行干部选拔任用、表彰奖励征求纪委意见的制度，筑牢廉洁自律防线。加强后勤财经领域突出问题集中整治，每季度公开消防部队公务接待费。加强资金安全内控制度建设，强化审计监督，年内完成审计项目38个，核减99.82万元。成立3支巡察督导队，常态化开展明察暗访，在重大活动安保期间实行“全方位、全时段、全覆盖”督察，召开4次约谈会，对8个单位、18名干部进行教育问责，有效传导履职守纪压力。

·检察·

【概　况】

2017年，漳州市检察机关以习近平总书记新时代中国特色社会主义思想为指导，坚持以司法办案为中心，全面履行批捕、起诉、诉讼监督等检察职责，为富美新漳州建设提供有力司法保障。全年共受理审查逮捕案件2476件3448人，审查起诉案件5183件7306人，立案侦查职务犯罪案件114件152人，办理刑事、民事、行政诉讼监督案件607件次。全市检察机关先后有44个集体、97人次获省级以上表彰，其中10个集体、47人次获国家级表彰；市检察院荣膺“全国文明单位”，被省委、省政府评为厦门金砖会晤服务保障工作先进集体；胡亚金荣膺“全国检察机关优秀反贪局长”，刘龙清荣膺“八闽楷模”称号。

【服务大局】

保障经济发展　突出查办工程建设、“两违”（违法用地、违法建设）领域职务犯罪37人，在重点项目建设中同步开展警示宣传教育，为项目建设保驾护航。严厉打击破坏社会主义市场经济秩序犯罪，批准逮捕制假售假、非法吸收公众存款、集资诈骗等犯罪242人，提起公诉566人。持续开展走访帮扶百家企业活动，在20家重点企业设立检察联系点，聘任51名台商担任检察联络员，依法帮助企业解决实际困难37件。

保护生态环境　注重依法惩处，持续开展破坏环境资源犯罪专项立案监督，共监督立案6件，批准逮捕44人，提起公诉98人，查办生态领域职务犯罪26人。注重综合治理，针对违法排污、非法采矿、乱砍滥伐等问题，向相关部门发出检察建议13件，并配合开展专项整治。设立驻河长办检察联络室，建立联合督办、信息共享机制。向市委、人大提交惩防破坏环境资源犯罪年度报告，积极提出预防对策建议，得到市领导批示肯定。注重生态修复，深化“补植复绿”工作，补植林木31.3多公顷。在基层积极探索生态损失补偿专用公益林、社区矫正人员参与生态环境建设等机制，提升生态修复效果。最高检察院对漳州市检察机关参与九龙江流域环境治理的做法给予充分肯定，组织采访组采访报道。《人民日报》刊发专题文章，肯定市检察机关率先探索的“补植复绿”机制，“暖了人心、绿了山林”。

保障民生民利　主动服务精准扶贫，深入开展集中整治和加强预防扶贫开发领域职务犯罪专项工作，依法查办扶贫领域职务犯罪23人，结合办案提出检察建议，促进规范扶贫资金管理。开展精准帮扶贫困群众活动，市检察院结对帮扶两个村52户贫困户，协调解决村基础建设、项目发展、住房、就学等实际困难，已脱贫32户。开展危害食品药品安全犯罪专项立案监督活动，共监督立案2件，批准逮捕12人。

【维护稳定】

严厉打击刑事犯罪　参与省委、市委专项行动，建立重大敏感案件快速反应、案件快速办理等机制，依法严厉打击严重刑事犯罪，维护社会大局稳定。全年共批准逮捕各类刑事犯罪2980人，提起公诉6089人，其中批准逮捕严重暴力犯罪400人，提起公诉840人，批准逮捕“黄赌毒”“盗抢骗”等多发性犯罪1381人，提起公诉1987人。

化解社会矛盾　坚持把化解矛盾贯穿司法办案全过程，建立释法说理、律师参与化解和代理涉检信访等机制，共促成刑事和解127件。联合公安、司法部门建立轻微刑事案件赔偿保证金制度，对过失犯罪、未成年人犯罪等四类轻刑案件中因被害人漫天要价难以调解的，先行提存赔偿保证金，综合评价犯罪嫌疑人的社会危险性，依法作出不捕决定。这一制度共适用于28起案件，有效引导当事人理性化解矛盾，减少不必要的羁押。加强风险隐患排查，全面梳理出具有风险隐患的案件，及时下达责任清单和督办函，确保责任落实。两级检察院均获评全省检察机关文明接待室，其中市检察院和四个基层检察院获评全国检察机关文明接待室。

深化未成年人检察工作　坚持少捕慎诉，落实社会调查、合适成年人到场等制度，共不捕26人，不诉55人。注重社会化帮教，联合相关部门设立未成年人教育辅导基地、就业帮教基地、外来务工人员子女或农村留守儿童维权中心26个，因轻罪被不起诉的未成年人已有3人考上大学、14人实现就业。注重多元化预防，联合市妇联、法院、公安等探索“春蕾安全员”机制，持续开展“法治进校园”巡讲活动，引导基层检察院探索青少年司法社工、创建“零犯罪零伤害”示范社区等工作机制，提升办案效果。市政协专题视察未成年人检察工作后，给予充分肯定。

【反腐倡廉】

依法查办职务犯罪　市检察院发挥主体作用，加强统筹谋划，充分运用侦查一体化、信息引导侦查等工作机制，通过交办、提办和指定异地管辖等方式，整合办案力量，形成办案合力。依法查办贪污贿赂犯罪83件112人（其中20万元以上案件42件，占50.6%，行贿犯罪19人）。依法查办玩忽职守、滥用职权等渎职侵权犯罪31件40人。涉嫌职务犯罪的人员中处级干部10人、科级干部22人。按照省院要求，先后抽调20名检察人员参加办理省部级干部职务犯罪重大案件2件，圆满完成侦查任务。注重办案质量，所立案件已判决172人，有罪判决率100%。加强追逃追赃工作，抓获在逃职务犯罪嫌疑人1人，追缴赃款赃物550多万元。

预防职务犯罪　注重廉洁风险防控，结合办案开展职务犯罪分析95件、预防调查35件，针对可能引发职务犯罪的风险隐患，向相关部门提出预防对策建议。开展“一县（区）一庭”庭审警示教育等活动，共组织各类警示教育542次。建立“预防职务犯罪邮路活动”宣传模式，投递专题宣传手册7200多份，将廉政教育延伸到千家万户。开展“指尖上”的预防，开通预防职务犯罪微信公众号，创作并推送廉政公益作品，扩大预防覆盖面。创作的两部微视频被推荐参加全国第二届平安中国微电影微视频比赛；“小手拉大手，廉洁一起走”专项预防宣传项目获评全省检察机关十佳预防项目。

【诉讼监督】

强化刑事诉讼监督　加强刑事立案和侦查活动监督，严格落实罪刑法定、疑罪从无、非法证据排除等法律原则，坚守防止冤假错案底线，对应当立案不立案的监督立案84件，追加逮捕101人，追加起诉194人；对不应当立案而立案的督促撤案80件，对证据不足或不构成犯罪的不捕284人、不起诉84人。加强人权司法保障，对无社会危险性的不捕150人，对犯罪情节轻微、依法不需要判处刑罚的不起诉149人；对违法侦查情形，监督纠正71件次。市人大专项审议侦查监督工作后，给予充分肯定。加强刑事审判监督，落实检察长列席同级法院审判委员会、裁判逐案审查、量刑建议等制度，提出并支持刑事抗诉15件、法院已采纳抗诉意见9件，提出量刑建议3232人。

强化刑事执行检察监督　加强对减刑假释暂予监外执行案件的同步监督，对提请减刑假释不当案件监督纠正11件。加强羁押必要性审查工作，对不需要继续羁押人员建议变更强制措施260人。加强对监管活动的监督，联合看守所开展安全大检查和医疗卫生专项检查，完善检察官接见制度，发现和纠正监管违法行为16件。加强对社区矫正的日常监督，重点监督纠正社区服刑人员脱管、漏管问题，提出书面纠正意见15件。全市9个驻监管场所检察室获评全省二级规范化检察室，其中1个基层检察院驻看守所检察室获评全国一级规范化检察室。

强化民事行政检察监督　加强生效民事裁判监督，提出、提请抗诉5件。加强执行活动监督，发出执行监督检察建议72件，全部被采纳。联合法院、公安加强对民事虚假诉讼、仲裁的监督，提出检察建议，法院再审改判2件、裁定不予执行仲裁调解书1件，公安机关对涉嫌犯罪的当事人立案3人。联合国土、人防部门分别开展矿山生态环境恢复治理保证金、防空地下室易地建设费专项监督活动，共发出检察建议93件，分别督促收缴90多万元和1000多万元。开展检察机关提起公益诉讼工作，在民生、生态领域发出行政公益诉讼诉前检察建议138件，督促相关行政机关依法履职。

【司法改革】

司法责任制改革　实行检察人员分类管理，其中员额检察官338人、占36.07%，检察辅助人员384人、占40.98%，司法行政人员137人、占14.62%，加强一线办案力量。落实检察官办案责任制，建立检察官办案权力清单，明确司法责任。建立新的检察权运行机制，落实员额检察官独立办案、入额院领导带头办案等要求。两级检察院共建立独任检察官办案单元251个、办案组办案单元12个，两级检察院入额院领导直接办案778件，其中市检察院入额院领导直接办案14件。市检察院黄秀强检察长出庭公诉艾宝俊、李嘉两起省部级干部职务犯罪案件，其中李嘉案件还作为全国观摩庭，取得良好办案效果。

监察体制改革　全力配合抓好反贪、反渎、预防3部门职能、机构、人员转隶工作。两级检察院共向监察委员会转隶编制234名，实际转隶121名，其中市检察院转隶编制40名，实际转隶20名。抓好在办案件处理，加快办案进度，清理积存案件。全面清理现存案件线索及办案中发现的犯罪线索，统一登记造册，移交监察委员会依规依法处理。

司法规范化建设　落实以审判为中心的刑事诉讼制度改革，贯彻证据裁判规则，深化亲历性办案，构建以证据为核心的刑事指控体系。与市公安、市人民法院完善《类案证据册》，统一类罪证据标准。联合公安出台规定，加强对存疑不捕案件补充侦查情况的监督，确保案件质量。强化案件管理，依托统一业务应用系统，实现案件网上办理、网上监督、网上考核。建立案件质量常态化评查机制，评查案件760件，发现问题逐年下降，办案质量持续提升。

自身监督机制　主动邀请市人大代表、政协委员视察检察工作23场，走访560人次，根据意见建议进一步加强和改进工作。落实人民监督员制度，人民监督员监督职务犯罪案件8件11人。保障律师依法执业，为律师会见、阅卷、刻录电子卷宗提供方便，注重听取、依法处理律师意见，共同维护法律公正。依托人民检察院案件信息公开网及其微信平台，公开法律文书4174份，发布案件信息7539件。两级检察院全部开通检察微信，及时公开工作动态。开展检察开放日活动，邀请社会各界代表了解、监督检察工作。

【从严治检】

从严抓党建　学习贯彻中共十九大精神，深入推进学习教育常态化制度化。加强理想信念教育，运用主题党课、专题讨论、征文演讲等载体，引导检察人员牢固树立“四个意识”（政治意识、大局意识、核心意识、看齐意识）。加强典型引领，学习廖俊波、黄志丽的先进事迹，发挥身边先进典型刘龙清的示范带动作用，强化检察人员坚守法治、司法为民的职业良知。加强支部规范化建设，创新支部主题党日、微党课等方式，引领党员干部做“四讲四有”（讲政治、有信念，讲规矩、有纪律，讲道德、有品行，讲奉献、有作为）合格党员。市检察院连续多次被市委确定为建设学习型党组织示范点；“立标杆铸检魂引领党建发展”项目被确定为全市党建重点培育项目，并被推荐参评全省重点项目。

从严抓作风　狠抓领导干部这个关键，制定党组主体责任清单，组织基层检察长召开“受警醒、明底线、知敬畏”主题讨论会，建立对基层检察院领导班子成员约谈函询制度，开展对基层检察院领导班子巡察“回头看”，推进从严治长。狠抓日常平常这个基本，建立党风廉政建设和队伍建设情况月分析制度，及时掌握队伍动态，抓早抓小抓苗头。开展以落实中央“八项规定”精神为主要内容的专项检务督察，经常性开展作风督察，共督察25次，及时改进作风。狠抓执纪问责这个重点，对举报检察人员违纪违法的信访件全部初核，给予纪律处分2人、诫勉谈话1人。

从严抓素能　强化岗位练兵，开展庭审观摩评议、刑事申诉业务竞赛、司法警察警务技能培训等岗位练兵活动，提升检察人员实战能力。强化素能提升，运用“每周一课”、网络培训、高校研修等载体，提升检察人员法律素养和办案能力。共组织参加各类培训4688人次。有2个公诉庭获评全省精品或优秀公诉庭，有11个监督案件获评全省精品或优秀案件，2个羁押必要性审查案件获评全国精品或优秀案件。司法警察警务技能在全省考核中，获团体第一名，3人获全省十项全能标兵。“每周一课”项目，获评全省机关党建工作创新项目三等奖。

·法院·

【概况】

2017年，漳州市、县两级人

民法院受理案件85812件，办结81807件，分别比上年增长2.2%和12.9%；其中市中级人民法院受理案件7718件，办结7299件，分别比上年增长5.2%和15.4%。市中级人民法院在全省法院司法公信建设责任状考评中位列第一，并被授予第五届“全国文明单位”称号。

刑事审判　审结刑事案件5412件7356人，判处5年以上有期徒刑至死刑326人，判处缓刑、管制等非监禁刑2910人。打击故意杀人、故意伤害和“两抢一盗”（抢劫、抢夺，盗窃）犯罪1401件1768人，惩治涉黄赌毒犯罪356件387人；惩处职务犯罪129件163人，其中原中管干部（在中组部备案的干部）2人（艾宝俊、李嘉），原省管干部5人（江国河、张仲平、陈盛仪、陈文广、黄乔生）；审结非法集资、恶意逃废债、金融诈骗等经济犯罪78件96人；严惩制假售假、危害食品药品安全、危险驾驶犯罪1389件1519人；打击电信网络诈骗、侵犯公民个人信息犯罪206件365人。

民商事审判　审结民商事案件48104件，标的额151.8亿元。促进供给侧结构性改革、产业转型升级，审结公司诉讼、股权转让、建设工程、房地产等案件25167件。其中龙文区人民法院依法办理涉“万嘉世贸”“海峡物流城”破产重整案件，漳浦县人民法院成功化解古雷开发区涉重大石化项目案件179件，东山县人民法院在马銮湾海域专项整治中靠前服务，得到地方党委、政府充分肯定。加强金融专业审判，健全联席会议、纠纷预警、司法建议等机制，审结民间借贷、金融案件21218件，标的额18.97亿元。服务创新开放发展，审结著作权、商标权等知识产权案件123件，涉外、涉港澳、涉侨案件254件。

行政审判　审结行政诉讼案件2473件，其中审查非诉执行行政案件1895件，办结国家赔偿12件。运用好“源头、诉前、诉中、判后”四阶段协调工作机制，推进行政争议实质性化解，行政首长出庭应诉率60.8%，行政案件协调撤诉率35.3%。发挥“依法行政教育基地”作用，组织党校领导干部培训班观摩庭审200多人次。加强府院良性互动，向行政机关发出司法建议16份，促进行政执法人员提高依法行政水平。

案件执行　市委、市政府办公室出台《关于加快推进失信被执行人信用监督、警示和惩戒机制建设的实施方案》，执行联动成员单位拓展至58个部门，各县（市、区）、开发区全力支持法院执行工作，全市形成了党委领导、政法委协调、人大监督、政府支持、法院主办、部门配合、社会参与的基本解决执行难工作大格局。突出“强制性、规范化、信息化”，认真组织“春夏秋冬”四大战役，开展集中执行会战315次，妥善处理涉闽南师大学生公寓、正和钢管、三川钢管、泰华交通等一批重大执行案件，全市法院执结案件23770件，标的额26亿元，执行标的到位率53%。建立联合惩戒平台，曝光失信被执行人13617名，司法拘留1072人，涉执犯罪移送公安74件76人、受理自诉案件6件6人，已判决22件28人。改造升级执行指挥中心，优化华安县人民法院自主研发的软件“小帮手”功能，查询财产信息7721万次，冻结存款1.03亿元。推进执行规范化，建立终本案件单独动态管理、案款“一案一账户”、当事人接待工作等制度，云霄、诏安、漳浦县人民法院创新网格化送达、错时执行效果良好，华安县人民法院率先向省高级人民法院申请“基本解决执行难”第三方评估。

【服务社会】

生态司法　坚持“生态＋”司法理念，办结涉生态案件271件，诉前化解340起。巩固提升“多层修复、立体保护”漳州模式，筹集生态环境损害修复资金649.3万元，责令补种、管护林木面积46.67公顷。举办第五届“生态文明与法治保障”研讨会，经验做法被最高法院写入《中国环境资源审判》（2016—2017）白皮书。市人民法院作为最高人民法院首批环境资源司法实践基地，在全国、全省会议上交流经验做法。

涉台审判　审结涉台案件546件、两岸司法互助案件47件，认可台湾地区民事判决5件，涉台案件服判息诉率达97%。落实平等保护原则，联合市检察院、市公安局在全国率先出台《台籍被告人近亲属会见制度（试行）》，已有3名台籍被告人分别与6名近亲属在市看守所会见。健全“三员联动”（涉台案件调解员、台胞陪审员、司法联络员）涉台纠纷解决机制，举办有73名台胞陪审员参加的第9期涉台司法实务培训班，发挥110位台胞陪审员作用，诉前化解337起涉台纠纷。

【改革创新】

司法改革　基本完成以司法责任制为核心的4项重点改革，全力推进各项综合配套改革。全市法院组建新型审判团队102个，建立专业法官会议制度，院庭领导带头办案60097件，员额法官人均办案190件；让审理者裁判、由裁判者负责，除审委会讨论案件外，独任法官、合议庭直接签发裁判文书达100%。推进以审判为中心的刑事诉讼制度改革，这项工作被确定为全省法院司法改革典型案例，全市法院排除非法证据6件，依法宣告8个被告人无罪。探索与公证处在送达、保全、取证等方面协同创新，推进审判辅助事务集约化社会化。成立法官考评委员会和法官权益保障委员会，健全动态管理和绩效考核机制，进一步提高法官积极性和职业尊荣感。

信息化建设　按照省高级人民法院部署要求，率先全省建成数字审委会，升级司法信息集控中心功能，接入103个高清科技法庭、396路视频监控，推进诉讼卷宗电子化、档案数字化建设，推行网上查询、远程开庭、远程调解、远程接访，研发运用随机分案软件、移动办公平台、警车监控和安防系统，为执法办案提供智能化服务。南靖县法院利用QQ调解的一起跨国买卖纠纷案被《人民日报》报道，平和县人民法院被确定为首批“福建智慧法院创新联系点”。

【司法为民】

民生司法保障　对涉民生案件实行快立快审快执，审结医疗、交通、劳动争议、人身损害案件5969件，支持赔偿补偿金额4.5亿元；开展涉民生专项执行行动，执结案件2343件2.9亿元。司法助力精准扶贫脱贫，惩治扶贫领域犯罪案件7件7人，帮扶挂钩43个村415户贫困户。加大司法救助力度，为经济困难当事人减缓免交诉讼费188.4万元，对242名刑事被害人、申请执行人、涉诉信访人提供司法救助款411.6万元。

便民利民机制　落实立案登记制，引入ITC自助终端，形成网上立案、跨域立案、协作立案为一体的服务新格局，当场登记立案率99.1%，跨域、协作立案365件。9月全面启动“分调裁”（繁简分流和调解速裁）机制改革，设立程序分流员32名、专职调解员41名，速裁团队45个，共结案9824件，占同期结案总数52.9%，芗城区、漳浦县、云霄县人民法院被确定为全省案件繁简分流机制改革示范法院，芗城区人民法院在全省推进会上介绍经验。强化多元化解纠纷工作，加强与人民调解、行政调解有机衔接，总结推广法官工作室、巡回办案车等经验做法，诏安、平和、云霄县人民法院诉前调解成效明显，其中诏安县人民法院每万人诉讼案件全省最少。推进阳光司法，庭审直播1430件，上网公开裁判文书59730份，淘宝网拍卖执行标的物403次、标的额10.2亿元。

社会治理创新　扎实做好中共十九大和厦门会晤安保维稳工作，市法院被中共漳州市委、市政府评为“厦门会晤服务保障工作先进集体”。扎实推进“诉访分离”，开展律师参与涉诉信访案件化解和申诉代理试点工作，龙海市人民法院以寻衅滋事罪对被告人周国元、陈丽华非法闹访缠访行为判处相应刑罚，市中级人民法院依法维持一审判决。加强减刑假释和社区矫正工作，办结减刑、假释案件1144件。强化涉军、涉少、涉妇、涉老维权工作，封存青少年犯罪记录115份，审结部队全面停止有偿服务案件6件；东山县人民法院创新“1＋N”涉军立体维权服务模式，龙文区人民法院全省首创“老年法律维权调解室”，平和县人民法院交通审判庭创新交通事故快速调处机制，助推法治漳州、平安漳州建设。

【接受监督】

自觉主动接受市人大及其常委会监督，坚持大会报告和专项报告工作制度，认真落实人大决议和常委会审议意见，加强改进法院工作。省市县人大常委会三级联动视察法院执行工作，听取、审议法院执行工作专项报告，并给予充分肯定。加强与代表委员联络沟通，邀请代表委员参加法院开放日、旁听庭审、参与调解、见证执行等活动695人次，办复代表建议7件、委员提案3件。健全人民陪审员依法履职保障机制，龙海市人民法院推行大合议庭陪审模式，全市854名人民陪审员参审案件10067件，一审普通程序案件参审率达93.4%。接受检察机关法律监督，审理抗诉案件22件，其中维持8件，发回重审2件，改判5件，撤回抗诉等其他方式结案7件。

【队伍建设】

坚持党的领导　把学习贯彻习近平总书记新时代中国特色社会主义思想和中共十九大精神作为首要政治任务，在全市法院开展“迎接十九大、岗位当先锋”活动，组织全市法院干警集中收听收看习近平总书记所作的党的十九大报告，通过“三会一课”（支部党员大会、党支部委员会、党小组会和党课）、宣讲授课、重温入党誓词等形式，教育引导干警学深悟透，增强意识，坚定自信，坚决维护以习近平总书记为核心的党中央权威和集中统一领导。严格落实意识形态工作责任制，大力弘扬社会主义核心价值观，坚定不移走中国特色社会主义法治道路。坚持重大事项向市委、市委政法委报告，第一时间传达学习中央、省市委和上级法院重大决策部署，结合法院实际抓好贯彻落实，确保法院工作正确方向。

加强机关党建工作　坚持从严治党、从严治院，抓好关键少数，全市法院组织党组理论中心组学习会144次，学习贯彻习近平总书记新时代中国特色社会主义思想，学习党章党规党纪，严肃党内政治生活。深化“1263”机关党建工作机制，市法院被确定为市直机关“两学一做”学习教育示范点，连续5年在“六比六看讲绩效”（比勤奋学习，看素质水平；比精神状态，看工作效率；比工作态度，看服务质量；比开拓创新，看工作亮点；比真抓实干，看工作成效；比纪律作风，看整体形象）党建竞赛中获优胜单位。坚持好干部标准，市法院提任科级干部14人，确定、晋升法官单独职务序列等级112人次，市委提任副处级以上干部7人。各县（市、区）党委从优待警，切实加强法院班子和队伍建设。

深化能力提升行动 加强专业司法、群众工作、科技运用、社会沟通、改革创新能力建设，健全岗位练兵、传帮带和基层遴选、双向挂职交流等机制，完成网络化全员培训5000多人次，精准化、专业化集中培训5期303人。加强审判理论与实践的调研工作，有170篇调研成果在省级以上刊物发表或得奖，市人民法院连续3年获得中国法学青年论坛优秀组织奖。深化典型领跑行动，长泰县人民法院蝉联“全国文明单位”，芗城区人民法院荣获“全国优秀法院”称号，南靖县土楼法庭被评为“全国青年文明号”；黄志丽当选中共十九大代表，陈少华被授予全国“我最喜爱的好法官”“全国模范法官”。全市法院有45个集体、194名个人获得省级以上表彰。

驰而不息，正风肃纪 按照省委“五抓五看”（看有没有抓加强教育，看有没有抓制度建设，看有没有抓“一把手”，看有没有抓查处，看有没有抓部署、检查、落实）要求，落实全面从严治党主体责任，强化党风廉政建设。严格落实中央八项规定精神，建立全体干警重大事项报告制度，重申公务接待管理规范，“三公经费”[因公出国（境）经费、公务车购置及运行费、公务招待费]比上年同期下降26.8%，严防作风问题反弹。强化内外监督，对龙文区、东山县、长泰县人民法院开展专项司法巡查，新选聘24名人民法院监督员和26名廉政监察员，常态化开展明察暗访和督察检查。运用好监督执纪，对违法违纪“零容忍”。

·司法行政·

【概 况】

2017年，漳州市司法行政充分发挥司法行政职能作用，为加快富美漳州建设营造安全稳定社会环境。全市共调处各类矛盾纠纷12624件，调处成功12598件。市司法局被中共漳州市委、市政府评为“厦门会晤服务保障工作先进集体”，1人获省级厦门会晤服务保障工作先进个人，2人获市级厦门会晤服务保障工作先进个人。市司法局顺利通过创建省级文明单位考核。

【维护稳定发展】

以日常性和专项性矛盾纠纷排查调处相结合 建立专业性、行业性调解组织，联合市社会综合治理办公室（简称“综治办”）制定《进一步加强行业性、专业性人民调解委员会建设的实施意见》，会同市综治办、中级人民法院、民政局下发《关于推进行业性、专业性人民调解工作指导意见》。重点建立电子商务、环境保护、物业等领域调解组织19个。壮大专业化、社会化调解队伍，新增24家个人调解室，全市已达53家。组织开展人民调解员等级评定工作，共有人民调解员8419名。

因地制宜，抓好特殊人群管控 市局每月、县局每周、司法所每日开展定位手机抽查，全年市局抽查社区服刑人员3037人次，正常2983人次，正常率98.22%。制定下发《关于启用定位腕表实时监管社区服刑人员的通知》，全市共配备定位腕表585套，占在矫正人数的15.4%。抓好集中点验工作，市局督导组点验社区服刑人员3682人，出勤率98%。全市年累计接收社区服刑人员2909人，解除矫正2967人，在册3933人；累计警告390人次，治安处罚16人次，撤销缓刑8人，撤销暂予监外执行收监5人，办理居住地变更41人，宣告禁止令4人，重新犯罪1人。同时，加大刑满释放人员帮扶力度。全市共建立安置基地29个，累计安置刑满释放人员253人；举办职业技能培训班111期，受训人数1289人；走访排查服刑人员的未成年子女1202人。全市新回归刑满释放人员3972人，安置3969人，安置率99.9%；帮教3880人，帮教率97.7%；累计重新犯罪15人，重新犯罪率0.4%。

【法治宣传教育】

严格抓好《市委宣传部、市司法局关于在全市公民中开展法治宣传教育第七个五年规划（2016—2020年）》的通知，联合市依法治市办、市委宣传部、市委政法委、市政府法制办印发《关于实行国家机关“谁执法谁普法”责任制的实施意见》，组织对市直单位落实“谁执法谁普法”责任制情况进行实地督导检查，举办全市“七五”普法骨干培训班。制定《漳州市“法律六进”工作规范》，联合市依法治市办、市委组织部、市委宣传部、市人社局出台《关于完善国家工作人员学法用法制度的实施意见》。全市共举办领导干部法治讲座205场次、国家工作人员法治培训226场次；开展“法治进校园”活动955场次、举办青少年法律知识竞赛（法律辩论赛）196场次。联合闽师大法学与公共管理学院在天宝镇珠里村探索农村“一对一”精准普法新路子。开展“12·4”国家宪法日活动，完成5部司法行政微广播剧创作，在“12·4”国家宪法日活动举行首播仪式，在全省首创采用微广播剧形式开展普法宣传。市司法局建成法治文化公园，联合市文明办开展普法标兵评选活动。林建德老人被推选为“2017年度全国法治人物”评选活动30名候选人之一。

【法律服务建设】

推进公共法律服务体系建设　已建成1个市级和8个县级法律服务中心，83个乡镇公共法律服务站和1036个村居公共法律服务点，全面启用“12348”法律服务热线。全市律师担任政府企事业单位法律顾问1164家，律师参与服务重点项目255人次，提供法律服务数量357件次，为政府重大项目提供法律依据53次，法律意见118件，“法律体检”137次，律师事务所与企业结对子234对，涉台法律服务120件。联合市检察院、市中级人民法院、市公安局出台《关于律师参与化解和代理涉法涉诉信访案件实施办法（试行）》，律师参与信访接待处置202人次，接待信访群众432人次，接待案件数207件。引导各公证处与所在地金融机构签订金融公证协议，全年办理涉及金融业务公证1297件、赋予强制执行效率公证138件。

探索司法辅助工作模式　与市检察院、市公安局联合出台《轻微刑事案件赔偿保证金提存会谈纪要》，指导市公证处与市中级人民法院联合建立“执行与公证协作中心”，龙海市公证处与龙海市人民法院联合在角美法庭建立市第一个“多元化纠纷解决机制一公证服务中心”。全市公证机构共办理各类公证54800件，同上年比增长10%。深化一村一法律服务工作，召开全市一村（社区）一法律顾问工作推进会，在全省“一村一法律顾问”工作现场会上作典型发言。推动“一村一法律顾问”纳入政府购买服务项目，全市已落实75%。全市村居（社区）法律顾问进村居（社区）走访1647户，办理法律援助案件135多件，代理法律事务441件，提供法律建议等1232件。

法律援助降槛扩面　新成立3个军人军属、1个计生家庭法律援助工作站，全市已建立法律援助工作站237个。全年共办理法律援助案件2295件，同上年比增长2.78%。加强与市中级人民法院、市检察院、市公安局衔接协调，办理刑事法援案件555件。加大农民工法律援助力度，受理农民工案件930件，提前超额完成省厅下达中彩金法律援助项目的申报工作。年初组织对全市66家律师事务所、466名执业律师，12个公证机构、46名公证员，7家鉴定机构、53名鉴定人开展上一年度考核。完善随机抽查规范事中事后监管工作机制，推进权力清单和责任清单融合工作，共梳理78大项含164个子项。全市鉴定机构办理各类司法鉴定业务5784件，其中法医类3595件、车检类2188件。优化审批流程，窗口办件289件，网上预审153件，通过“真正快”平台送件81件。按照司法部“平稳、安全、顺利、有效”工作目标，圆满完成年度国家司法考试考务工作。

“法治”类撰稿人：

杨福星　林　颖　林美华　章辛彬
张淑芬　林颖斌　刘艺伟　黄淑龙

军 事

·军分区·

【概 况】

2017年，漳州军分区贯彻习近平总书记强军思想，落实军委和军委国防动员部、省军区党委决策部署，致力推进自身调整改革，深化练兵备战，部队建设在改革中前行、转型中推进、重塑中发展，呈现出新面貌、新气象、新格局。坚持用习近平总书记新时代中国特色社会主义思想和强军思想武装引领部队，党委中心组设置12个专题进行系统学，部队制定计划常态学，领导授课辅导引领学，用党的创新理论武装头脑、指导实践。第一时间传达学习、动员部署、专题集训，深入部队宣讲中共十九大精神，迅速掀起学习贯彻热潮。坚定不移地维护和贯彻军委主席负责制，分阶段推进“维护核心、听从指挥”主题教育，分层次组织“适应新体制、谋求新作为”“合编合心合力”大讨论，严密组织肃清郭（伯雄）徐（才厚）流毒影响“回头看”，不断纯净思想、纯洁队伍、纯正作风。

严抓日常战备，着眼部队转隶移交和编制体制调整，狠抓战备值班体系、战备值班力量、战备状态保持，出台《漳州市海防民兵哨所规范化建设实施细则》，修订完善应战应急预案，规范区部两级值班秩序。常态抓应急备勤，定期组织值班抽查和战备值班分队点验拉动，推进海防民兵哨所规范整治和基层武装机构规范化建设，召开军警民防汛抢险演练现场观摩会，协调出台《驻漳部队武警民兵防汛抗洪协防机制方案》，圆满完成维稳处突、抗台救灾、扑灭山火等急难险重任务。持续抓实战练兵，坚持月训季考、全员普考，强化首长机关学习训练，分级分类组织专武干部、民兵营连长和民兵专业训练骨干集训，部队遂行应急应战能力不断提升。

着眼提高新形势下国防动员的组织动员力、快速反应力和支援保障力，修订完善市县两级国防动员方案计划，邀请专家专题辅导；深入研究战备等级转换、构建军地联合指挥体系、启动战时国防动员机制等，立起打仗标准、提升指挥能力。开展国防动员潜力统计核查，细化完善国防动员需求要素和潜力数据。扎实开展征兵宣传，聘请595名监督员强化廉洁征兵。此次征集工作，大学生比例达到61.19%，比上年提升7.6个百分点。深化军民融合，发挥军分区桥梁纽带作用，协调建立随军家属就业安置机制，扎实做好军地走访慰问、转业安置、子女入学、学生军训工作，协调驻漳部队参与漳州“生态+”“五湖四海”、脱贫攻坚等重点项目建设。依令依规完成改革阶段性任务。精心筹划指导，及时建立领导机构、对接细化方案，认真推演流程，加强现地指导，不折不扣贯彻习主席和军委决策意图。严密组织实施，把住资产清查、转隶交接、编制调整等重要环节，抓实战备、教育、管理、保障、纪检等工作。有序规范运行，严格人员落编定位和资源调余补缺，理顺工作机制，协调解决突出矛盾困难，对接制定军分区和人武部机关运行规范。

【基础管理】

全年把安全稳定工作作为党委工程，紧扣体制编制调整改革，及时调整健全安全组织，配强力量，压实责任，保持强有力的组织领导。突出重大安全问题防范，深入分析研判，主动预测预防，狠抓安全教育训练，升级改造机关油库、民兵武器装备仓库安防监控系统；加强重大活动、重要目标和重点人员管控，完成厦门金砖会晤安保任务。强化日常教育管理，扎实开展保密专项清理清查、安全大检查和“百日安全活动”，组织“学法规、训队列、正作风、促改革”集中整顿，做好隐蔽斗争和“四反”（反渗透、反心战、反策反、反窃密）工作，部队在新老体制转换、大项任务繁重、官兵思想活跃、人员缺位较多的情况下，仍然保持安全稳定。

【后勤服务】

全年后勤保障跟进及时，对接顺畅供应关系，组织资产清查核查，按编搞好资产资源统筹调配和交接封存，保障调整改革任务落地。从严行业管理，严格经费审批把关，推行进度预算管理，严抓公务卡强制结算，组织团级单位离任主官履行经济责任检查，开展旧杂式枪弹专项清理整治。牵头建立驻漳部队停偿军地联合工作机制，协调解决矛盾问题，停止有偿服务。推进营院整治和水电管网改造，协调体系医院简化人武部干部（家属）会诊手续，组织干部参加健康体检，完成首批干部职工申购军、队安置住房资格预审，以及上报工作。

【党建工作】

加强班子建设，深入学习贯彻《中国共产党廉洁自律准则》《中国共产党纪律处分条例》，扎实推进“两学一做”常态化、制度化，健全各级党组织，严肃党内政治生活，组织重温入党誓词和承诺践诺活动，落实重大事项报告，结合指导民主生活会逐级考核帮建。按照好干部标准抓选配、严管理，各级党组织和广大党员顾大局、讲奉献、有担当，发挥示范引领作用。并以上级下发重点案件进行通报，强化警示教育。扎实抓信访举报的调查工作。对照“微腐败”、问题清单，加强廉洁征兵、经费管理、违规喝酒等监督检查，不定期进行明察暗访，端正部队新风气。

·人防·

【概 况】

2017年，漳州市人民防空工作围绕市委、市政府和军分区决策部署，坚持“长期准备、重点建设、平战结合”的方针，贯彻落实第七届全国人民防空会议和全省人防会议精神，扎实推动核心能力和综合防护体系建设，从严从实从细抓好人防安保维稳工作，提升履行“战时防空、平时服务、应急支援”使命任务能力。全年累计投资1106万元，完善指挥工程配套设施，建造了管理房、护坡和围墙等指挥工程配套设施。

【指挥体系建设】

全年投入800万元用于机动指挥所建设，按照第二代机动指挥平台的标准，完成了设备招标，并实施建设。组建市、县第三代短波电台网，14个县（市、区、开发区）完成短波电台招标程序，已开始设备安装。投入90万元，加强警报设施的维护管理和检查，对中心城区警报进行升级改造，对市区的所有防空警报设施实行定人定点定时维护管理，定期组织管理员业务培训，确保防空警报随时处于良好战备状态。“9·18”防空警报试鸣活动，全市的防空警报音响覆盖率、鸣响率均达到98%。加强人防专业队建设。市本级在原有七支人防专业队伍的基础上，组建由110多名志愿者组成的漳州人防蓝天救援应急服务队，24小时值班待命，义务协助政府应急体系开展防灾、减灾教育培训，参与各种灾害事故救援行动。这一做法，在省人防办比学赶超实地调研交流会上，受到与会人员的一致好评。

【战备与训练】

为提升人防战备训练水平，开展市本级和县（市、区）两级代号为“闽盾-2017”人民防空指挥演练。演练以信息化条件下城市防空袭作战为背景，重点演练人民防空行动组织筹划。按照“能打仗、打胜仗”的要求，做到早发动、早准备、早计划，课题设置科学，领导决策指挥准确，防空行动规范等，参训人员纪律严明、作风过硬，展示良好的团队意识。通过演练，培养锻炼人防队伍，提高县（市、区）人防指挥机构的组织指挥能力和防空袭斗争能力，增强干部职工令行禁止的纪律意识，为履行“战时防空、平时服务、应急支援”的职能使命奠定了基础。

【建设与管理】

严格“结建”工程审批 以行政审批为抓手，规范人防标准化业务操作规程，做到“应建尽建、应收尽收”。

加强人防工程质量监督 全年市本级共开展人防工程“双随机”（即在监管过程中随机抽取检查对象，随机选派执法检查人员），监督检查36次，完成人防工程质量监督交底记录14份、人防工程质量监督记录36份、竣工验收监督记录11份，发出人防工程建设问题整改通知单8份、责任主体违规事实与记分告知单4份，对监理企业存在不良行为共记15分。

组织中心城区人防专项规划编制 《漳州市中心城区人民防空建设专项规划（2016—2030）》评审会，已经市政府专题会议研究通过。各县（市、区）也相继开展《规划》的编制工作，其中《漳州市招商局人民防空建设专项规划（2017—2030）》已获得通过。

推进单建式人防工程建设 市本级拟投资8000多万元在西湖生态园区规划建设2处单建式人防工程。云霄威惠庙片区单建式人防工程已完成立项，龙海市、长泰县已完成规划选址。

【人防平战结合】

工程维护管理 全年以厦门金

砖会晤安保维稳为契机，围绕“万无一失、绝对安全”目标，以“备战、临战、实战、决战”四个阶段的工作为抓手，开展安全隐患大排查大整治专项行动。实施“每月一督查一汇报”制度，与中心城区结建式防空地下室使用单位签订人防工程安保维稳责任书，对在建的27个结建式建设项目开展工程施工安全检查，发现并消除12处安全隐患，封闭4处开放式早期人防洞口，杜绝人员随意出入、存放物品及流浪人员居住等现象，实现“四个百分百”（思想认识100%到位，隐患排查100%到位，责任分工100%到位，督查问责100%到位），取得阶段性整治效果。

加强人防工程开发利用 为提高人防工程的经济和社会效益，把权属范围内的公共人防工程、洞口房和店面等平战结合资产，纳入漳州市产权（物权）交易中心进行公开招投标，盘活人防资产，增加了收益。

规划确立应急疏散基地 按照因地制宜、分类指导的原则，确定市区碧湖生态公园为应急疏散集结点，设立了标识牌，制定疏散方案。长泰县组织重要目标防护单位完善防护方案，在人防疏散基地紧急避难场所立标识牌，配合厦门市人防办、厦门警备区等单位在疏散地域进行人口疏散基地拉练训练。

【宣传与执法】

普法宣传教育 借助电视、广播、报刊，发挥微信和手机短信等媒体作用，开展形式多样的宣传活动，提升宣传教育的受众率和覆盖面。利用“9·18”防空警报试鸣日等时机，主动深入院校、企业、社区，走向街头、广场发放《防空防灾知识手册》和宣传单，悬挂宣传标语，制作宣传展板。与人防工程承租户签订《人防工程使用管理安全责任书》，发放《人防工程使用安全告知书》。领导参加市政府网站政务访谈活动，就“加强人防工程建设、统筹规划地下空间开发”主题解读人防知识，与网友进行互动，起到了宣传作用。

加大依法行政力度 选派11名干部参加全省人防依法行政培训班学习，组织27名干部参加行政执法资格人防专业法律知识考试，为提升人防依法行政能力提供有力支撑和保障。全年查处一起不修建防空地下室的行为，追缴易地建设费160多万元；因建设需要拆除一处早期人防工程，依规收缴易地建设费35万元。指导云霄县、长泰县人防办查处不修建防空地下室的案件2起，对违反规定的公司给予警告，并处罚款20万元，同时责令补建六级防空地下室。

开展防空地下室易地建设费收取专项监督 全市人防系统开展督促收取防空地下室易地建设费专项监督活动以来，共对3398个项目的人防“结建”审批情况进行摸底排查，发现问题项目743个，已整改项目361个，尚未整改项目356个，追缴易地建设费1.39亿元。其中龙文、南靖、东山、漳州开发区、台商投资区等人防办积极向地方政府请示汇报，及时与检察机关沟通，取得支持，收到较好成效。

·武 警·

【概 况】

2017年，漳州武警支队围绕强军目标，凝心聚力、狠抓落实，任务完成圆满，基础更加厚实，内部安全稳定，全面建设稳步推进。被总队评为“基层建设先进支队”荣誉称号，已连续7年获取殊荣；也连续25年实现“三无”（无行政事故、无值勤事故、无案件）目标。全力支持参与地方建设，特别是处置事件、中央首长到漳州视察的安全警卫和花博会现场等临时勤务中，支队官兵完成任务出色，为维护社会稳定，促进漳州经济社会发展做出重要贡献。

【警卫勤务】

7月19—21日，全国人大常委会副委员长张平一行到漳州视察，入住东南花都。根据市公安局统一部署，支队出动兵力，协助担负一级警卫勤务。

9月26—28日，全国人大常委会副委员长沈跃跃一行入住漳州宾馆。根据市公安局统一部署，支队出动兵力，协助担负警卫勤务。

12月15—17日，中央政治局常委赵乐际一行入住漳州宾馆。按市公安局统一部署，出动兵力，协助担负一级警卫勤务。

12月19—20日，全国人大常委会原副委员长盛华仁一行，入住漳州宾馆。据统一部署，支队出动官兵，协助担负首长住地二级警卫勤务。

【服务社会】

1月13日至2月12日，支队动用兵力，担负漳州动车站春运执勤，以及市区联勤武装巡逻任务。

4月22—29日，在九龙江畔举办冲锋舟操作手集训。派出官兵，按照训练计划，完成了基础理论学习、游泳技能、水中自救和救护、冲锋舟紧急启封和车辆装运，发动机挂机和启动，冲锋舟快速组装与拆卸，驶离与靠岸、战术协同、水上编队、水上救护、夜间操作及发动机常见故障排除10项内容的训练。

5月27日，由省厅组织，市地震局主办的地震应急救援综合演练在漳州市举行，支队三中队救援排出动官兵参加演练，完成“漳震

2017”应急救援综合演练任务。

为确保香港回归20周年社会治安稳定，防范和打击各类违法犯罪活动，从6月28日至7月1日，支队每天出动兵力，协助公安干警担负沈海高速诏安检查站、324国道诏安深桥检查站和平和九峰检查站等的设卡防控勤务，加强入闽人员、车辆检查，严防不法分子潜入。

8月15日至9月5日，动用兵力，赴厦门担负金砖会晤安保任务，以及环闽环厦公安检查站设卡防控勤务任务，还担负起漳州市区联勤武装巡逻。

8月24日，受“天鸽”台风影响，九龙江北溪华安水域出现大量“甲藻”，给当地人民生活和环境造成严重影响。支队出动官兵，紧急驰援、全力配合水利部门开展消灭工作。

9月30日上午，为深切缅怀革命先烈丰功伟绩，继承先烈遗志，弘扬爱国主义精神，支队大队长带领官兵参加漳州市烈士纪念日公祭活动，并完成活动中敬献花篮任务。

10月31日，市第十三届运动会隆重开幕，支队官兵，担负开幕式升旗、护旗入场和出入口安全警戒任务。

11月18日，第九届海峡两岸现代化农业博览会暨第十九届海峡两岸花卉博览会开幕式在东南花都举行。支队派出兵力和车辆，担负着开幕式现场临时警卫勤务。同时，担负开馆仪式现场安全保卫，现地机动备勤及展馆安全保卫任务。

2017年金砖国家会晤期间安保武警执勤路上

【军营建设】

2月4日，支队通过视频系统，召开“提振精气神、聚力迎大考”主题教育活动，进行动员部署。

3月4日，召开支队党委第三届十二次全体（扩大）会议。会上传达学习总部、总队两级党委扩大会议精神，总结分析上一年部队建设情况，研究部署2017年工作任务，表彰上一年度先进集体和个人。支队党委成员、各基层单位军政主官和机关各业务股（室负责人）参加。副市长、公安局长黄华安到会看望与会代表，并作重要讲话。

5月24日，通过视频系统，召开“维护核心、听从指挥”主题教育活动，进行动员部署。

8月25日，召开支队党委第三届十三次全体（扩大）会议。会议传达学习武警部队党委第二届十二次和总队党委第三届十七次全体（扩大）会议精神，全面分析总结年初以来部队建设情况及形势，谋划部署下阶段工作任务。

12月21－23日，支队机关及新训大队官兵，徒步行军90余公里，以高昂的士气圆满完成新兵野营拉练任务。

漳州武警参加“漳震2017”应急救援综合演练

【市春节慰问团莅临支队走访慰问】

1月25日下午，市委常委、市

委副书记兰万安，市人大常委会副主任李珊珊率市春节慰问团到支队走访慰问。

座谈会上，慰问团成员听取了陈洪扣政委关于支队全面建设的情况汇报。兰万安副书记代表市委、市政府，向支队全体官兵表示亲切的慰问和节日的祝福，对武警支队连续25年实现“三无”目标，连续7年被总队评为“基层建设先进支队”等荣誉，表示衷心的祝贺。过去的一年，全市社会经济建设取得重大发展，离不开武警支队的大力支持和参与，特别是在疯牛伤人事件、防抗台风“天鸽”等突发事件、中央首长到漳视察期间的安全警卫和花博会现场安保等临时勤务中，支队官兵完成任务出色，为维护社会稳定、促进漳州经济社会发展做出了重要贡献。希望武警支队在今后的工作中，进一步加强部队自身建设，积极服务，主动作为，为维护漳州和谐发展再立新功。

·边 防·

【概 况】

2017年，漳州市公安边防支队从“稳”的大局着眼、持续向“进”的方向努力，高度对标、攻坚克难，官兵昂扬奋发、部队砥砺奋进，全面建设进入了新境界、实现新发展。以党委1号文件形式出台《“强化使命责任担当·深化锻造模范团队”主题实践活动实施意见》，实施12大重点建设项目牵引战略，攻坚新“三重一大”（“三重”，即事关方向全局的政策性重要问题、事关中心工作的阶段性重要问题、事关部队建设发展的倾向性重要问题；“一大”，即干部任免、表彰奖励、工程建设、经费开支等常规性重大事项）机制试点，推行决策运行纪实，出台“抓执行比质效”机制。推进总队“兵情云平台”、军民融合深度发展、纪检监督力量整合试点任务，战时政治工作、警检共建等20余项经验做法获部局、总队信息简报刊载。制定队伍建设规划纲要，首创“辩论式”干部竞争选拔，队伍优化、人才凸显。这一年，获评“先进支队级党委”称号，已连续荣膺八连冠；省委、省政府授予“拥政爱民模范单位”称号，市委、市政府授予“厦门会晤服务保障先进集体”；81个集体653名个人获各级表彰。连续21年获评总队新闻报道先进单位。参加总队“后勤政策通”知识竞赛获评团体二等奖。

【创新机制】

坚持高标准、严要求和采取有力措施，率先投用安保前进指挥所，“陆海一体、以岸制海，四岛联防、南岸支撑”防控屏障。完成辖区所有岛礁踏查和基础资料收集，形成建队以来数据最多、资料最全、涵盖最广的基础数据库。首创水路客运安检、查控体系，实现所有管控对象“零流出”。安全保卫模式被省厅推广、主要领导批示肯定，高票获评漳州十大民生实事项目。完成了厦门金砖会晤、中共十九大等系列重大活动的安全保卫任务。

整合共享万余路监控资源，建成首个支队级“云数据”管理中心，被省政法委刊发推介，平安海域管控平台被国家海空域管控并网使用。推动市政府出台史上最严的船管措施，全额落实817万元专项经费，13000余艘小型出海船舶全面安装定位设备，实现重点时段“零漏管”“零抓扣”。开展“固边系列”“破案清仓”等专项行动，发案数和破案率实现“两降一升”（刑事、治安发案率均下降，破案率提升），群众安全感持续增强。推进“一队一品”（一个单位打造一个亮点品牌）建设，打造系列“特色警务”品牌，群众满意率再度攀升。

【风险防控】

开展官兵日常养成强化训练，狠抓禁令铁规落实，获评全省安全工作先进单位。全省首建接处警实名记录音视频资料库，高质完成部局《警情处置规范示范片》拍摄，局首长高度肯定。探索分层分色监督管理模式，建立“三类”（殴打他人、故意伤害、故意损毁财物）案件苗头隐患清除和风险评估制度，

漳州边防支队加固沿海船舶，积极防抗台风　（陈晓艺 供稿）

信访量比降77%。狠抓信访化解稳控，重大活动期间重点信访人员100%稳控到位，实现零投诉、零信访、零失控“三清零”目标。

【后勤保障】

拓展经费保障外延，纳入地方财政预算3918万元，比增10.6%。投入1538万元做实安保基础设施、采购警用装具、建设美丽警营和强化重点帮扶，改善官兵工作生活环境。研发“智慧后勤”“被装营具”系统平台，协调工商银行为官兵免费办理个人险，与驻地8家医院融合共建，建成5个特色饮食文化单位，解决2个有编无房单位营房基建，完成14个重点建设项目。规范油料、伙食、军械管理，经验做法被部局、总队简报刊登，并在全省边防部队后勤建设管理会上交流发言。

“军事”类撰稿人：
林勇发　余福贤　陈晓艺
供稿单位：
漳州军分区

农村工作·农业经济

·农村经济工作综述·

【概 况】

2017年，漳州市农业系统围绕农业供给侧结构性改革，大力推进农业产业化经营，努力促进现代农业提效和农民增收，取得较好效果。全年农林牧渔业总产值795.5亿元、增加值454.7亿元，比上年增4.1%，增幅均居全省第四位；农民人均可支配收入16676元，比上年增8.9%，增幅居全省第五位。有112个贫困村脱贫，减少贫困人口2.59万人。农林水领域固定资产投资完成202.6亿元，比上年增26.3%。全市达到一定规模的农业产业化组织895个（统计口径变化，主要包括县级以上龙头企业和农民合作社，2017年979个），固定资产总额217.68亿元，带动农户86.2万户，带动种植基地20.33万公顷、牲畜饲养207.1万头、禽类饲养3356.5万羽、养殖水面面积1.4亿公顷。

全市水果面积17.08万公顷，总产348万吨，比上年增8.75%；产值103.5亿元，比上年增6.48%。茶叶面积3.15万公顷，产量7.65万吨，比上年增9.28%；产值47亿元，比上年增2.18%。食用菌产量（鲜品）50.89万吨，比上年增7.63%；产值32.98亿元，比上年增1.79%；中药材面积0.3万公顷，比上年增4.17%；产量4.8万吨，比上年增7.87%；产值15.2亿元，比上年增4.83%。

【新型农业经营】

福建傲农生物科技集团股份有限公司在上海证券交易所成功上市，成为全市首家境内A股主板上市民营企业。同发集团、广和堂被认定为国家农产品及加工副产物综合利用典型模式企业，启动“政融保”等支农支小信贷业务，发放低息、低抵押贷款两笔1000万元。

【农业转型升级】

新增各类设施农业0.15万公顷。制定《漳州市中药材产业发展规划》。建设漳浦县长桥、云霄县

诏安农田开发种植　　（沈晓姝 摄）

东厦、漳州台商区省级现代农业智慧园。认定省级农业物联网示范点4个、市级智慧农业示范点20个；诏安、南靖县列入省级信息进村入户试点县；发展农产品电子商务，全市拓展农村电子商务服务站554个，继漳浦、云霄县之后，诏安、平和县入选国家级电子商务进农村综合示范县，漳浦县电商快件总量居省“电商示范县”之首。

【提升产品质量】

农产品质量安全可追溯平台和农资监管平台建设覆盖面不断扩大，全市共有472家农产品生产企业纳入省级农产品质量安全可追溯信息平台，516家企业纳入省级农资监管信息平台。农业标准化生产水平不断提升，完成553个水果、蔬菜、茶叶、畜禽、食用菌标准化生产基地建设。省对市农产品质量安全例行抽检总体合格率达99.8%，位居全省第二位。新增“三品一标”（无公害农产品、绿色食品、有机农产品及农产品地理标志）产品71个。做好国家级、省级农作物新品种区试工作，全年市申报省级审定的品种有：谷优644、繁优676等2个水稻新品种，均已通过省级审定。

【农民创业园建设】

全市农民创业园项目建设进展顺利，财政配套措施力度较大，科技装备水平明显提升，示范引领作用突显，有效促进当地主导产业转型升级。园区共申请省级专项资金2280万元，建成专项资金项目47个，带动投资4.9亿元。云霄省级农民创业园通过创建，取得显著成效，园区采取“3＋3”产业化经营模式，采取合同制、合作制、股份制等方式，引导广大农户土地入股、社会资金入股、专业技术入股，聚集社会资源，参与现代设施农业、农产品加工业、休闲农业、创意农业等业态建设，构建园区蔬菜生产、加工、物流、销售于一体的农业全产业链。并挖掘农业生态价值、休闲价值、文化价值，推动农业产业链、供应链、价值链重构和演化升级。形成园区建设投资多元化、经营模式多样化、业态新型化。根据调查统计，全年创建乡镇新增农业产值（全产业链）达3.51亿元，比上年增加1.2亿元。

【国家现代农业示范区建设】

全市以“三抓三比、十项竞赛”为抓点，把核心园区＋生态农业、智慧农业、品牌农业组成一个可操作的竞赛组合包，纳入特色现代农业项目竞赛。通过园区“六个一”（设立标志牌、编制建设规划、培育新型经营主体、配套基础设施建设、引进融合发展产业项目、健全工作机制）建设，有力推进现代农业园区产业化、管理组织化、农民职业化水平。整个竞赛诠释创建国家现代农业示范区和大力发展生态农业、智慧农业、品牌农业的过程。通过竞赛有效推进全市现代农业示范区创建深入开展，通过实施一系列竞赛项目的示范，有效提高社会各界对生态农业、智慧农业、品牌农业的认识和投资力度，填补农业短板，示范区建设取得明显成效。7月份，漳浦县石榴镇被确定为省级“田园综合体”示范点之一，每个省级试点项目三年计划投入省级以上财政补助资金约1亿元。8月份，第一批省级现代农业产业园创建名单公布，全省共有8个县（市）获批创建省级现代农业产业园，平和县蜜柚产业园、云霄县蔬菜产业园位列其中。云霄县蔬菜产业园获得产业园专项资金1000万元，用于重点扶持产业园创建乡镇的主导产业补短板、打造亮点、提升档次的关键环节上。11月，云霄佳州岛、漳浦万辰、漳州同发3个产业园被省厅列为省级现代农业智慧园，分别获得专项补助100万元。同时，国家农业部网站发布《关于国家现代农业示范区建设水平监测评价结果的公示》，公布进入农业现代化基本实现阶段示范区名单，漳州市位列全国第84位，为全市农业现代化建设再添殊荣。

【创建农业试验示范区】

根据农业部、国家发展改革委等8部委连文下发《关于印发国家农业可持续发展试验示范区建设方案的通知》，在全国创建一批国家农业可持续发展试验示范区，合力推进农业可持续发展，加快农业现代化进程。市委、市政府高度重视，始终将这项工作作为加快生态文明建设、实施乡村振兴战略、打造现代农业新优势的重要抓手，持续在人力、物力、财力等方面给予全力保障。在全市“两会”、市委农村工作会、市委经济工作会等重要会议上作了重点部署；成立以市长为组长的农业可持续发展工作领导小组，成立工作专班，把农业可持续发展列入市对县（市、区）党政主要领导及部门目标责任制考核的重要内容，并建立完善部门联席会议、项目建设竞赛、工作督查通报、绩效考核等协调推进机制，推动农业可持续发展。7月，刘远市长亲自赴北京参加创建工作现场答辩，经过申报、核查、答辩、复核、公示。12月8日，农业部等8部委公布首批40个国家农业可持续发展试验示范区名单，漳州凭借优异成绩位列全国第四、全省第一，成为全国为数不多的以整市域推进的国家农业可持续发展试验示范区，成为首批农业绿色发展试点先行区。制定《漳州市国家农业可持续发展试验示范区农业绿色发展先行先试工作方案》，用3年实施169个重点项目建设，总投资414亿元。

【安全防控监督】

重大动物疫病防控　全市共免疫家禽高致病性禽流感3982.69万羽、牲畜口蹄疫447.37万头、羊小反刍兽疫5.71万头，猪高致病性猪蓝耳病249.24万头、猪瘟4335.39万头、新城疫1174.16万羽，确保3个强制免疫病种群体免疫密度常年保持在90%以上。开展动物疫病病原学监测4310头（羽）份，血清学检测37465份，有力地确保禽流感、口蹄疫、小反刍兽疫免疫抗体合格率均超过85%以上。东山县康美镇和樟塘镇、龙海市东泗镇、漳浦县马坪镇、平和县安厚镇、华安县沙建镇等已经完成基层畜牧兽医站站房建设。加快龙海市东园镇、程溪镇，诏安县南诏镇、桥东镇，平和县五寨镇，华安县华丰镇等基层畜牧兽医站站房建设步伐。加强兽医实验室能力建设，市级、龙海、诏安、东山、云霄等县（市）建成病原学实验室，开展重点动物疫病的病原学检测。加强实用新技术研究，《家畜布鲁氏菌病防控技术研究与推广》项目通过市科技局验收。同时，开展家禽禽流感H7N9集中监测，平时重点加强农贸市场监测，配合有关部门落实市场“一日一清洗、一周一消毒、一月一休市、过夜零存栏制度”措施；开展牛羊布病基线调查工作，做好牛羊猪布病疫情评估和疫情形势分析，强化布鲁氏菌病防控，与疾控部门建立疫情随时通报制度，发现人感染病例立即开展动物疫病监测流调；开展消毒灭源专项行动。夏秋期间，组织专业队伍，重点对养殖密集区、规模养殖场、畜禽交易市场、畜禽屠宰场等场所进行消毒，全市共投入消毒经费33.26万元，使用消毒药28.55吨，消毒119个镇、1546个村、1922个规模场、234个市场、25个屠宰场，面积3044万平方米。

病虫预测预报与防治　全年围绕农药使用量零增长减量化、减轻农业面源污染。主要农作物病虫草鼠害发生面积90.58万公顷次，防治面积125万公顷次，挽回粮食损失5万吨，挽回果蔬损失12万吨。实施病虫害绿色防控28.9万公顷次，建立专业化统防统治服务组织127个，其中注册并在农业部门备案66个，经农业部门培训的人员916人。拥有高效植保机械2132台套，服务面积7.14万公顷次（其中水稻0.81公顷次、茶叶1.39万公顷次、果树2.97万公顷次、蔬菜1.86万公顷次、其他0.11万公顷次）。3个省级专业化统防统治示范县，漳浦县和云霄县主要开展水稻、蔬菜病虫统防统治，平和县主要以蜜柚、水稻等病虫统防统治为主。检疫性有害生物得到有效控制，全市已有7个县（市、区）和1个市直投资区发生红火蚁，防治处置率66%，龙海、漳浦、长泰等县（市）政府和漳州台商投资区管委会制定并发布县级红火蚁疫情防控应急预案。

设施农业安全生产　主要抓好省级现代农业粮食产能区，以及水稻工厂化集中育秧等建设项目的安全督促，具体督促漳浦、云霄县省级粮食产能区项目大棚等，还有龙海、漳浦水稻工厂化集中育秧项目大棚等设施建设，确保生产安全。抓好蔬菜集约化育苗基地项目大棚等设施建设生产安全。大力发展设施蔬菜产业，提升全市各蔬菜产业智能大棚、微喷灌、水肥一体等装备水平，云霄、漳浦、南靖、长泰等县重要蔬菜龙头企业建设蔬菜现代农业规模化基地，督促蔬菜设施农业建设的安全生产。鼓励农民发展以设施栽培果蔬为主的高效特色农业，加大以节能、低碳、高效、简易、实用为核心的生产技术攻关，发展设施蔬菜生产，保障市场供应，促进农民增收。这一年，设施大棚建设项目754个，申报建设省级设施大棚面积923.86公顷，补贴资金4500万元，总投资4.75亿元。全市新增设施农业面积0.19万公顷以上，千公顷以上基地12个，促进设施农业集中连片发展，辐射带动全市现代农业转型升级。

【残膜面源治理】

全年发展设施蔬菜产业和设施粮食产业，提升全市各地蔬菜、粮食产业智能大棚、应用可降解地膜、微喷灌、水肥一体等生产装备水平，推广水稻集中育秧、蔬菜集约化育苗、标准化生产，减少农膜污染。农膜回收工作有序开展，未发现大面积废弃现象。全市农膜使用总量0.8万吨，回收利用0.68万吨、利用率达85%。

重点抓好省级现代农业粮食产能区及水稻工厂化集中育秧等建设项目，有漳浦、云霄县省级粮食产能区项目，以及龙海、漳浦2个县（市）4个水稻工厂化集中育秧项目大棚。同时，又抓好蔬菜集约化育苗基地项目设施。抓好农业部蔬菜标准园，在全市组织建设蔬菜产业标准化示范区；抓好各地蔬菜产业的设施大棚建设，有云霄、漳浦、诏安、南靖、长泰等县重要蔬菜龙头企业，建设设施蔬菜现代农业规模化基地，并在设施农业重点区域开展废旧薄膜回收行动，减少大田生产、育秧、育苗薄膜污染。同时，加快可降解地膜的示范推广，加大在蔬菜、马铃薯、花生等大田作物开展农田残膜回收，力争做到百分百回收零污染。据了解，芗城区有农用塑料薄膜回收企业12家，年可回收农膜130多吨、农药包装物约4吨。龙海市海澄镇和平村把农用残膜的治理同农村垃圾处理相结合的方式，海澄镇罗坑村派专门清理小组定时进行收集清理，白水镇井园村在田边、路边设置农用废弃物回收坑等做法，想方设法杜绝农用残膜对田园的污染，农药包装物处置与农膜回收共同配合实施。漳浦县在石榴镇、长桥镇等农业重点区域开展废旧薄膜回收行动，回收率达80%以上。云霄县探索东厦镇佳洲岛蔬菜产业龙头企业与农资企业建立肥料、农药包装物废弃物回收模式。诏安县由乡镇设立回收点21个，召开镇村社区会议16次，发放宣传资料1000多份，大力推广新型反光农膜80多吨，回收废旧农膜1063吨、回收率达91.1%。南靖县新建废弃物收集池368个、警示牌351个。

【农资打假与质量安全】

实施《2017年漳州市农资打假专项整治方案》，围绕重点地区、重点市场和重点品种，有针对性地进行农药、肥料、兽药、种子等农资市场执法检查和执法抽样。全市共出动执法人员3564人次，排查农资生产经营企业、农产品生产企业等2926家次，完成农资产品抽检278批次，完成省厅任务162.6%，完成市局任务124.7%，立案查处57起，结案49起，罚没款19.25万元，罚没假劣农资567.7公斤，整顿市场9家次，挽回经济损失15万元，全部案件均按要求网上公开。全市对种植业农残抽检10723个样品，其中蔬菜农残抽检9261个样品、水果1041个、茶叶专项抽检338个、食用菌农残抽样83个；“瘦肉精”、莱克多巴胺等抽检40589头份，有效地保障全市农产品质量安全。扎实开展“三品一标”专项整治，检查企业、市场332个次，发出整改通知单63份，清理违规用标和不规范用标的经营户和企业5家，抽检无公害农产品样品83个，地理标志产品3个，印发各种宣传材料5万多份。推进农产品质量安全监管机构建设，全市11个县（市、区）、123个乡镇，成立了农产品质量安全监管机构。

【饲料兽药监管】

承接省下放饲料生产审批　率先承接省下放饲料生产行政许可权限，依法依规、按程序办事，严格审核把关。从9—12月，共批准发放饲料和饲料添加剂生产许可证9张。全市有持证饲料生产企业99家，拥有各类饲料生产许可证117本，其中配合料类76本、单一类16本、预混料类22本，添加剂类3本。这一年，全市生产饲料317万吨、总产值114亿元。

推动饲料产业健康发展　加强日常生产安全和质量安全监管，全面推进实施《饲料质量安全管理规范》。年底，全市通过农业部饲料质量安全管理规范验收5家（漳州大北农、漳州华龙、福建恒兴、福建傲农、诏安大北农），通过省、市规范验收25家。这一年，全市饲料生产企业，均未发生安全事故。漳州大北农已是全国、全省的安全生产标杆企业，福建傲农成功在上海证交所主板上市。

强化兽药生产经营监管　开展兽用抗菌药专项整治行动，市县两级兽药管理人员和执法人员通过日常执法检查，专项整治活动等，定期不定期对生产或经营企业进行执法检查，不断规范兽药市场，确保畜牧养殖的质量安全和生产安全。福建恒兴兽药通过农业部GMP规范复核验收成功续展；兽药经营店因加强规范管理而大量关停，全市持证经营企业144家，均通过GSP规范验收，其中经营兽用生物制品32家，纳入农资监管平台90家。

【生态能源管理】

出台《关于做好废弃（闲置）沼气工程安全处置工作的通知》，印发《漳州市农村户用沼气安全生产技术手册》《漳州市沼气工程安全生产技术手册》等各类安全使用技术手册及宣传材料近10万份（册）。在芗城举办大中型沼气（含黑膜沼气池）工程业主或负责沼气生产工作管理（技术）人员，参加“全市农村沼气安全生产技术培训班”，并在云霄县开展农村户用沼气安全生产技术演练。

着力打造“生态＋高效外向”的南亚热带生态农业区农业可持续发展模式，推动漳州市国家农业可持续发展试验示范区创建，并由农业部等八个部委批准的第一批国家农业可持续发展试验示范区，开展农业绿色发展先行先试。

出台《关于扎实做好2017年农业面源污染防治工作的意见》等，全面推进生猪养殖面源污染防治、病死畜禽无害处理、化肥和农药零增长行动、农作物秸秆综合利用及农用残膜污染治理、节水减排与标准化栽培技术等各项工作的开展。制定《漳州市农产品产地环境长期定位监测工作方案》等，在全市布设790个农产品产地土壤长期定位监测点，71个土壤环境质量例行国控点。

开展农作物秸秆综合利用。全年农作物秸秆基本禁止焚烧，秸秆收集资源量为68万吨，通过肥料化、饲料化、基料化利用量达65.2万吨、利用率达95.8%，其中肥料化、饲料化、基料化分别为35.2万吨、26万吨、4万吨，全市农作物秸秆综合利用取得阶段性效果。

【土壤肥料推广】

制定《漳州市2017年化肥使用量零增长行动落实方案》，大力推进化肥减量增效，推广施用有机肥，探索减少农业面源污染。加大蔬菜、果树、茶叶等园艺作物测土配方施肥推广力度。在平和、华安县建立千亩蜜柚、百亩茶园示范基地，大力推广蜜柚、茶叶专用肥，按照土壤养分状况和作物需肥规律，分区域、分作物集成推广高产高效施肥技术模式，全市完成测土配方施肥推广面积18.37万公顷。同时，推进有机肥资源化利用。在平和、华安、漳浦、云霄、诏安等5个示范县，推广商品有机肥0.38万公顷，辐射带动面积1.01万公顷；鼓励和引导农民积造农家肥，全市推广应用有机肥2.22万公顷。全市化肥使用量约为37.23万吨，比上年减少使用化肥3.37万吨，化肥使用量下降8.3%。并且，制定《漳州市2017年“地力提升1112工程”项目实施方案》，开展果菜茶有机肥替代化肥行动，提升耕地质量。平和县实施农业部《蜜柚施用有机肥替代化肥示范县》项目，全年完成蜜柚施用有机肥替代化肥示范推广面积2.03万公顷。每公顷施用有机肥0.5吨，全县可减少使用化肥2万吨。这一年，全市耕地地力平均等级为3.23，比上年市耕地地力平均等级提升0.11个等级。

【农村经济运作】

农村土地承包经营权确权登记颁证 市委、市政府高度重视土地确权登记颁证工作，将土地确权工作纳入对县（市、区）政府的绩效考核，强化县级政府的主体责任，抓好土地确权工作，确保完成任务。根据省确权办的统一部署，做好应开展土地确权村（居）数的调查统计工作。全市共有120个村因征地等原因“无地”可确，申请不开展确权工作。2月28日，市确权办召开全市土地确权工作质量分析会，并邀请省国土测绘院相关技术人员现场检查和点评各地的土地确权工作质量。同时，市确权办会同省国土测绘院相关技术人员到各县（市、区）实地抽查土地确权工作质量，发现的确权质量问题及时进行反馈。9月8日，市农业局召开全市农村承包地确权成果检查验收布置会，要求全市各地抓紧确定承担确权检查验收的第三方机构，做好日常确权工作的质量抽查监督和确权成果的专项检查工作，确保完成任务。并且，市确权办抽调市农业局、国土资源局、档案局等成员单位共10人，组成3个考评组，对全市13个县（市、区）的农村土地承包经营权确权登记颁证工作进行考评。共抽查了23个乡镇、46个行政村、230个农户。对考评中发现的问题及时督促整改，促进各县（市、区）加快土地确权工作步伐。12月底，全市基本完成农村承包地确权工作。

农村土地流转管理和服务 贯彻落实中共中央办公厅、国务院办公厅印发《关于完善农村土地所有权承包权经营权分置办法的意见》，督促指导各地进一步完善土地流转服务体系，加强土地流转管理服务，引导土地规范有序流转。全市已流转耕地面积4.44万公顷，占农户家庭承包经营耕地面积的36.8%。

培育发展家庭农场 会同市财政局部署评选年度市级家庭农场示范场工作。新增市级示范场52家，新增省级家庭农场示范场26家，建立家庭农场名录，加强对家庭农场的指导扶持和服务，推动家庭农场发展。12月底，已登记注册家庭农场5936家，全市共有市级家庭农场示范场232家，省级家庭农场示范场88家。

对农民合作社的指导和服务 部署评选年度市级家庭农场示范合作社工作。新增市级示范社7家，新增省级示范社6家。同时，加强对合作社的指导服务，推进合作社规范发展。12月底，全市已登记注册农民合作社5106家，注册资金185.4亿元；全市共有市级示范社92家，省级示范社79家。

推进农村集体产权制度改革 组织市、县两级农村工作领导小组成员单位收听、收看全国农村集体产权制度改革工作视频会。12月5日，召开全市农村集体产权制度改革工作视频会，部署推进农村集体产权制度改革工作。12月7日和12月22日，分别召开协调会和市政府常务会，研究落实《关于稳步推进农村集体产权制度改革的实施意见》。成立全市农村集体产权制度改革工作领导小组，加强对集体产权制度改革工作的领导。

加强农村集体“资产”监管 印制《漳州市农村集体财务管理工作资料汇编》，发放到县（市、区）农业局和乡、村，供各地农经人员和村集体财务人员学习参考。加强农村集体资产监管制度落实情况的检查指导，以及规范和监管。

抓好农户生产性贷款担保机构风险补偿 部署各县（市、区）申报2017年度农户生产性贷款担保机构风险补偿项目。经有资质的会计师事务所审计和县级农业、财政部门审核合格并公示无异议后上报市农业局、市财政局。全市共有4家担保机构申请风险补偿。4家担保机构上年度共为农户生产性贷款提供的担保总额为9465.98万元，按省里规定的1.6%的标准进行风险补偿，给予4家担保机构风险补偿金额151.2万元，缓解农户担保难、贷款难问题。

·农业经济·

【农业生产建设】

实施稳粮生产措施 2017年，加强绩效考核，通过各部门上下，通力协作，完成省政府考核任务，农业部分11项19分，得满分。调整下达粮食生产指导性计划。省政府下达漳州市全年种粮面积11.41万公顷、总产68万吨，已以市政府文件分解下达到各地，早稻预计面积3.6万公顷。为落实粮食生产行政首长负责制，进一步稳定全市粮食生产，促进粮食播种面积的落实。根据省厅有关文件要求，全市调整下达新的粮食生产指导性计划，确保全年全市粮食播种面积稳定在11.47万公顷以上、产量保持在70万吨以上。分解下达水稻生产功能区任务。为贯彻落实《福建省人民政府关于建立水稻生产功能区的实施意见》，切实做好全市水稻生产功能区划定建设工作，代拟《漳州市人民政府关于建立水稻生产功能区的实施意见》，于10月底前将水稻生产功能区划定任务分解落实到各县（市、区）。形成布局合理、数量充足、设施完善、产能提升、管护到位、生产现代化的水稻生产功能区。抓重点项目建设促春耕。建设粮食产能区增产模式攻关与推广项目。督导漳浦县、云霄县粮食产能区增产模式攻关与推广项目县建设。配套建设水稻工厂化机插育秧示范点漳浦县2个，云霄县1个，确保机插秧辐射产能区。漳浦县5个工厂化育秧项目建设完工验收，工厂化育秧机越挿秧面积533.6公顷，水稻规模经营补贴新增200.1公顷。全市各地春播、春种工作进展有序，进度比上年同期快一周左右。春耕生产期间，市委书记檀云坤、市长刘远带领市直有关部门，检查南靖县春季农业生产和现代农业特色项目示范点，有力推进春耕备耕生产。开展优质稻品种推广示范。指米质达部颁三等以上优质食用稻品种。漳浦县引进推广的优质稻品种有“隆两优534”“隆两优黄莉占”“晶两优华占”“深两优5814”“天优华占”“隆两优毕占”“甬优6号”“甬优2640号”“丰两优一号”“Y两优一号”“中浙优634”等。云霄县落实粮食产能区40片2834.75公顷，推广优质稻1534.1公顷，其中2017年度新建833.75公顷，投资250万元。新建工厂化机插育秧示范点1个，推广水稻新技术，补助2公顷以上新型经营主体40个，面积432.28公顷，建设关键增产技术核心示范、水稻绿色增产技术示范、耕种收机械化示范和优质稻品种展示共19个，开展水稻新技术试验2个。辐射带动高质量、标准化粮食生产工作，发挥良好的示范带动作用。

实施蔬菜产业提升示范项目

创新推进航天蔬菜新品种试验示范基地建设。率先在全省发展航天蔬菜产业，在全市筹建8个航天蔬菜新品种试种基地、试种园，试种推广航天育种选育出的辣椒、番茄、茄子、豆类、瓜类等蔬菜20多个新品种。指导推进8个太空蔬菜大田试验示范基地建设、20多个航天蔬菜新品种试验示范，筛选适宜漳州及福建大田推广的主栽品种，百汇绿海、源兴生态2个基地大田试种太空大南瓜等夏季品种，南靖、漳浦、诏安、云霄县航天蔬菜新品种试验示范基地，已初见端倪。第19届农博会现代农业展馆，集成太空育种、生物技术等现代前沿新科技，展示太空大南瓜等中国最新航天育种蔬菜新品种56种，以及8个航天蔬菜试验基地产品，取得较好示范、引领效果。创建农业部蔬菜标准园。督促龙海、南靖抓好2个上年度农业部蔬菜标准园项目创建工作。发挥蔬菜集约化育苗基地示范。全市共有7套蔬菜集约化育苗基地项目建设育苗播种流水线，其中龙海、漳浦、长泰、南靖各2个，云霄、诏安各1个，可供0.67万公顷的高优蔬菜用苗。组织建设蔬菜产业标准化示范区。在全市有55个自有基地面积13.34公顷以上的龙头企业、合作社、家庭农场或大户参与建设，通过在蔬菜产业标准化示范区集成优新技术、提升设施水平、促进标准应用和强化服务指导，示范带动标准化示范区及周边农户提高蔬菜产业标准化生产水平，促进蔬菜产业产品质量安全水平提升。农技推广应用成果攻关工作。市农业技术推广站分别参与组织《福建省蔬菜设施生产关键性技术集成与推广项目》实施，获农业部“2014—2016年度全国农牧渔业丰收奖农业技术推广成果奖三等奖”(第4完成单位)。参与《中甘类型甘蓝的示范推广与产业化项目》，获农业部“2014—2016年度全国农牧渔业丰收奖农业技术推广合作奖”（合作奖按丰收奖一等奖对待）（第7完成单位）。抓好农业部蔬菜生产信息监测。组织各县（市、区），认真做好每月、每季度大量数据采集、具体测报，为上级指导生产提供决策参考服务。

打造优势蔬菜现代产业园建设

全市组织开展省、市、县三级现代蔬菜产业园创建等工作，重点围绕蔬菜等特色产业，创建云霄县东厦蔬果现代产业园、诏安县西潭蔬菜现代产业园、南靖县龙城蔬果药现代产业园3个省级蔬菜现代农业产业园，5个以上市级蔬菜现代农业产业园，一批县级现代农业产业园，促进一二三产业融合发展，延伸优势产业链，培育打造蔬菜全产业链产值超千亿元的优势特色产业。云霄县东厦蔬果现代产业园。园区蔬菜种植面积0.12万公顷，产量4.5万吨，产值1.15亿元，占全县蔬菜总产值的27.2%。其中东厦镇佳洲岛现代农业核心示范园区耕地面积446.89公顷，农户2234户、7951人，土地流转率75%，土地流转面积达333.5公顷。已建成玻璃温室、温控大棚、连栋大棚等设施蔬菜栽培核心示范区33.35公顷。园区建设按照现代设施农业、创意农业、休闲农业的“三位一体”进行规划，主要建设内容涵盖设施蔬菜智慧农业、果蔬加工、闽台农业合作及休闲观光，通过现代产业园区的建设，促进一二三产业融合发展。主推技术有基质栽培、水肥一体化、绿色防控技术、微喷滴灌技术；主推蔬菜品种有西红柿、甜椒、茄子、水果黄瓜、哈密瓜、串柿等。已入驻产业园区的有23家涉农企业，其中有3家省级农业产业化龙头企业、2家市级农业产业化龙头企业和18家农民专业合作社及家庭农场。经营组织十分注重运用工业理念发展现代农业，通过实施“企业（合作社等经营主体）＋基地＋农户＋农技推广”产业化经营模式，全面提升县产业园区“五化”（产业化经营、标准化生产、商品化处理、品牌化销售、规模化种植）建设水平。诏安县西潭蔬菜产业园。核心区面积266.8公顷，辐射带动面积800.4公顷。西潭镇设施蔬菜发展迅猛，种植面积、产量和产值均呈逐年递增趋势，成为诏安现代农业发展的新亮点。设施蔬菜种植面积0.05万公顷，总产量3.2万吨，总产值超0.96亿元，占全县设施蔬菜种植规模35%以上。依托诏安嘉禾百利种苗有限公司、市旺辉农业发展有限公司、诏安县有好田农业发展有限公司、诏安太生蔬菜专业合作社等6家农业经营主体，设施蔬菜总面积达200.1公顷，其中标准设施蔬菜大棚66.7公顷，蔬菜良种覆盖率达100%，水肥一体化率100%，打造“诏安千亩设施蔬菜标准化示范基地”，培育一家专业化蔬菜育苗企业－诏安嘉禾百利种苗有限公司，建成智能温室育苗大棚3.34公顷，年供应优质蔬菜种苗1200万株，其中蔬菜嫁接苗600万株，总产值近1000万元，辐射带动种植面积33.5多公顷。南靖县龙城蔬果药现代产业园。以南靖县毗邻漳州市区的平原镇靖城镇、山城镇、龙山镇3个乡镇为核心区，核心区面积1013.84公顷，以航天蔬菜特色蔬菜为基础，逐步示范推广，辐射、带动面积0.43万公顷。上年园区菜园面积0.53万公顷，占全县面积的61%，产量30万吨，产值8亿元。规模化种植企业13家，从事蔬菜销售、加工的农业合作社43家。园区良种覆盖率达100%，标准化技术覆盖面达100%以上。大棚种植0.12万公顷，政府、新农人与工商资本共同发力，带动蔬菜产业转型：福建百汇绿海现代农业科技有限公司在龙山镇建设千亩蔬菜标准化生产基地，为百汇绿海现代农业科技园区。源兴智慧农业园区。漳州源兴生态农业科技有限公司发起建设，积极想方设法帮助农民转型自生猪养殖污染为生态农业，完成8公顷大棚种植四季蔬菜基地建设，辐射带动发展草坂村及周边村100多户加入合作社，建设1.33公顷全自动化育苗基地，即配备水肥一体化设备、移动喷灌系统、自动播种设备等自动化设备等；建设农业物联网，所有蔬菜产品从育苗到最终采摘都将全程监控。阡寨湖新型生态农业示范园区。正在迈向农业旅游的高端形态，作为已纳入靖城镇山城镇“十三五”规划的现代农业重点项目，阡寨湖现代农业示范区按照创特色，做精农业总体要求，依托果蔬产业优势，培植壮大特色产业。高起点规划占地440.22公顷的绿色农业生态文化观光产业园区，打造集绿色农业示范、现代农业研发、农家休闲观光为一体的新型生态农业园。平和县品牌蔬菜产业区。巩固并发展菜类种植规模达到0.67万公顷，其中高山菜0.17万公顷、大棚菜0.27万公顷、订单菜0.1万公顷、加工菜0.07万公顷、产业基地菜0.07万公顷；建设山格、文丰蔬菜品牌基地0.2万公顷，其中建设大棚菜品牌基地0.13万公顷和引进新翠翠玉苦瓜、白金黄瓜，实施无公害生产栽培示范各0.03万公顷；实施产地环境无害化建设，促进蔬菜生产规模化，产品质量优质化、安全化，实现品牌基地辐射面积达到0.33万公顷；全面示范推广蔬菜无公害栽培新技术，实施苦瓜、丝瓜、瓠瓜、空心菜等品种无公害认证工作，已注册“山格奇珍”“宝丰”等品牌蔬菜商标，并提高蔬菜产品包装档次，提升平和县蔬菜产业市场准入率；建立蔬菜市场信息网络及时完成农业部批准平和县为《全国蔬菜产业发展规划》580个重点县之一；依托宝丰、同益、宏绿食品公司和世民、东信、春生等蔬菜专业合作社，以及万丰、丰寨家庭农场，开发建设蔬菜基地和市场等，使平和县蔬菜产业成为继琯溪蜜柚、白芽奇兰、坂仔香蕉等产业后，第四农业支柱产业。

【经济作物生产】

抓标准强示范，提升产量品质

加强农业标准宣传培训，通过在水果、茶叶、食用菌标准化示范区集成优新技术、提升设施水平、促进标准应用和强化服务指导，示范带动标准化示范区及周边农户提高水果、茶叶标准化生产水平，促进水果、茶叶、食用菌产品质量安全水平提升。加快主产区旧式菇房改造，推广台商投资区同发集团等双孢菇工厂化标准化生产示范基地做法，鼓励龙头企业集中建发酵隧道、生产统一标准的培养料，搭建标准化菇房进行标准化种植示范及技术培训。鼓励菇农采用回购或租赁等模式，经培训或熟悉新工艺和新技术后，在标准化菇房进行有责任的食用菌种植，形成“公司＋基地＋合作社＋农户”的产业模式。经过政府引导、企业运作、农民参与等各方合力，引导食用菌产业向规模化、集约化、标准化发展，实现节本增效、农民增收。在平和、漳浦、长泰县等地开展百香果省级标准化果园建设，建设3个省级标准化果园，争取省级资金150万元。在全市93

个果园、51个茶园开展标准化生产，示范带动水果按标生产3.2万公顷、茶叶按标生产0.47万公顷，应用示范推广防虫网、黏虫色板、杀虫灯、性诱剂、果实套袋、草生栽培技术等3.2万公顷；在16个食用菌场开展标准化生产，带动按标生产16.3亿袋、3.2万平方米，示范带动农户221户，带动按标生产1.48亿袋、2.6万平方米，发放技术标准小册5971份，培训57场次，指导培训1480人次。

推广果园生草覆盖栽培模式 实施果园生草覆盖项目“千百十生草覆盖示范工程”，推广果园留草覆盖栽培技术2.19万公顷（其中自然生草混种良性益草果园2.03万公顷），完成示范基地建设0.16万公顷。建立县、乡、村三级示范基地共245个，树立示范基地示范牌213个。乡镇（场）级示范基地共21个；村级示范基地共222个。

平和县小溪镇果园生草覆盖示范基地，以溪州村花山溪河流两侧的蜜柚果园为小溪镇果园生草覆盖示范基地，面积66.7公顷基地集中连片，面积大，分布于花山溪两侧，留草品种主要有三叶草、夏至草、蓼草、鬼针草、藿香菊等，采用人工撒播播种与自然生草混种模式，果农容易接受，并对五村、高南、联光、西林4个村具有很好的示范辐射作用，带动周边果园农户应用果园生草覆盖栽培技术，保持果园常年生草覆盖栽培、禁用化学除草剂面积达0.33万公顷。全年减少施用化肥用量5000吨、减少农药使用量60吨，明显降低化肥、农药的使用对土壤和水质造成的污染，发挥较好的经济、社会和环保效益。

促进双孢蘑菇转型升级 为推动蘑菇传统栽培方式向工厂化、标准化、智能化转型升级，带动一家一户分散蘑菇栽培向规模化、工厂化生产转变。探索“一村一厂、一户一车间”的生产模式，出台扶持蘑菇发展政策，促进农民多渠道就业创业。把蘑菇标准化温控菇房的建设与自然景观、环境保护统筹结合，鼓励拆旧菇房，建设标准化智能化菇房，物联网智能管理，完善蘑菇生产质量监控体系和可追溯体系，实现绿色生产、科学管理，建设双孢蘑菇工厂化标准化生产基地。作为国家重点龙头企业，市同发食品工业有限公司在蘑菇工厂化、标准化示范推广上积极作为，通过“生产基地＋加工企业＋商超销售”的生产模式，推行标准生产规范，参与生产全过程技术指导，实施生产记录台账制度，提升产品品质。工厂化种植和规范化管理模式后，蘑菇的产量产率实现了大幅度的提升，每平方米种植面积出菇约180公斤，为原先的10倍以上，普通种植一年只种植一茬蘑菇，工厂化种植一年可达6茬。

加快技术推广力度 调整优化水果品种结构，引进示范推广新品种。重点推广示范百香果，成为新的经济增长点。全市种植面积约1167.25公顷，比上年增长191.7%；产量2.12万吨，比上年增长135.6%；产值超3亿元，比上年增长200%。以国家荔枝、龙眼产业技术体系漳州综合试验站为依托，做好密闭荔枝、龙眼园改造，提高果园整体效益。推广国家级、省级茶树优良品种，实现茶树品种多样化，调节茶叶采摘时间，缓解劳动力紧张问题。食用菌推广高产稳产品种，如双孢蘑菇“W38”、白背毛木耳“漳耳43－28”、杏鲍菇“日引1号”、白玉菇等。在漳浦、龙海、云霄、诏安、长泰等地建立荔枝、龙眼高接换种示范片，面积53.33公顷。推进食用菌菌包（培养料）专业化自动化生产。在南靖靖城镇郑店村依托福建成发农业有限公司建立自动化菌包生产线，开展食用菌菌包专业化自动化生产，从制包到接种、养菌后出售给菇农，减少污染率、节约人工成本。推进食用菌瓶装生产线建设。在福建万辰生物科技有限公司扩建金针菇瓶装生产线1条，促进食用菌自动化生产水平。

推进中药材产业发展 完善大棚中药材栽培模式和林下栽培技术模式。全市中药材种植面积较大的金线莲、铁皮石斛、巴戟天、七叶胆、黄花倒水莲等，多数进行大棚栽培或林下种植，缺乏一套完整的栽培技术体系。如金线莲夏秋季节，大棚和天然林下种植金线莲根茎容易腐烂，种植成活率极低。实施一套系统的中药材质量管理和产前、产中、产后服务，保证中药材规模化、产业化经营。同时，抓好设施中药材及林下中药材的示范推广工作。开展“琯溪蜜柚套种淮山等中药材关键栽培技术研究与应用”项目，在云霄、平和、诏安县等地开展研究与应用。

做好第四届海峡（漳州）茶会工作 第九届海峡论坛·第四届海峡（漳州）茶会，于6月16—18日在漳州花博园成功举办。以加强海峡两岸茶业交流与合作，促进闽台及全国茶叶产销区的信息沟通和产业互动，打响漳州茶品牌为目的，紧扣茶产业发展，广邀海峡两岸业界专家、代表、青年品茶论道，展示推介新产品、新技术、新业态，力促两岸茶业创新提效、融合发展。茶会共有200多家茶企参展（其中台湾茶企13家，境外企业7家），500多名客商、专家学者应邀参会，签约投资项目40个，总投资232.5亿元。

组织企业参加福建水果产销联盟 按照“品牌农业、生态农业、智慧农业”的发展主线，围绕“品种引领、品质提升、品牌打造”的发展战略，强化产业发展顶层设计，全省积极打造十大水果产销联盟，扩大福建水果品牌影响。通过成立水果果产销联盟，使得与水果相关的生产、加工、销售等经营者有一个沟通的渠道，有交流的平台。着重打造福建百香果、葡萄、梨、柚子、火龙果省级产销联盟。9月26—27日，省蜜柚产销联盟成立暨品牌推介会在平和县举行。全省从事蜜柚产、加、销行业的代表和有关专家，参与此次活动。

·扶贫开发·

【概 况】

2017年，漳州扶贫开发以习近平总书记新时代中国特色社会主义思想为指导，贯彻落实党中央、国务院和省委、省政府关于脱贫攻坚的一系列决策部署，按照总体要求，精准施策、全力攻坚，全年完成农村建档立卡贫困人口脱贫25905人（其中国定贫困人口17238人全部脱贫），占省下达任务指标（22387人）的115.7%；贫困村摘帽112个，占市年初计划脱贫数（79个）的141.7%。完成造福工程扶贫搬迁12262人，占省下达任务数（12000人）的102.18%；完成投资工程包6.67亿元，占省下达任务数（4.8亿元）的139%。

【政策保障】

落实党政"一把手"负总责的扶贫开发工作责任制，市、县、乡（镇）三级建立、完善以党政主要领导任组长、分管领导任副组长的扶贫开发领导小组，由政府分管领导任扶贫办主任，及时调整充实成员单位力量，统筹协调脱贫攻坚工作。特别是市委、市政府领导亲自抓扶贫，多次召开会议协调解决难题，全年共有28次在脱贫攻坚重要事项、文件上作出批示，保障扶贫开发各项举措落实。每个县（市、区）安排1—2名市领导挂钩联系，共有23名市领导；第二批共有17名副处级干部挂钩17个欠发达乡镇，21名党员干部挂钩第五批市级重点村任"第一书记"，协调指导脱贫攻坚工作。同时，将脱贫攻坚纳入全市竞赛活动予以重点推动。春节后上班第一天，市委、市政府立即召开动员大会，分别就脱贫攻坚工作进行动员部署。一季度，在全市组织实施脱贫攻坚"春季攻势行动"，进一步夯实工作基础。6月，在云霄县召开全市脱贫攻坚现场推进会，总结经验、推动工作。9月，全省现场推进会后，及时落实上级要求，相继召开市委常委会、市政府常务会、领导小组成员扩大会、全市脱贫攻坚推进会、精准脱贫专题协调会、扶贫干部业务培训会、脱贫攻坚专项督查。并且，及时出台和推行实施医保、就业、低保、健康、电商扶贫、党建扶贫、整合财政资金建立长效机制等一系列相关配套政策。以市委、市政府名义制定《全市2017年脱贫攻坚"春季攻势"行动实施方案》《关于加大脱贫攻坚力度支持革命老区开发建设的实施意见》等文件15份，为全市实现全面脱贫提供强有力政策保障。

【项目扶贫】

产业就业扶贫 抓好项目带动，以每个贫困村至少实现"一村一业"、每个贫困村至少发展一个带动贫困户脱贫的新型经营主体、每个贫困户至少培育一个产业发展项目为基本要求，在全市实施产业扶贫示范项目29个，累计投资4.46亿元，带动33个贫困村村财增收436.18万元，带动建档立卡贫困户4955人增收3880万元，人均增收7830元。抓好资金保障，合理使用上级专项产业扶贫发展资金，发挥扶贫小额信贷政策等，为产业发展提供资金支持。抓好技能培训和科技服务，实施"雨露计划"培训6542人，提升贫困对象就业发展技能，成立3个科技服务小组，挂钩服务3个重点县，同步向17个欠发达乡镇、183个贫困村下派科技特派员。助推产业发展新模式，重点发展电商扶贫助推产业发展，开展"互联网＋精准扶贫"，推动贫困县、贫困村的农村电商建设，平和、诏安县于8月获得国家级农村电商示范县称号，中央财政各给予2000万元专项扶持资金，用于县农村电商体系建设。全年电商助力扶贫7664人，增收300万元，人均增收391元。创新村级组织与电商企业合作机制，形成"贫困户＋合作社＋电商"模式，累计网销蜜柚2000万公斤、荔枝60万公斤、龙眼7万公斤、枇杷75万公斤，帮助农民实现"丰产增收"。结合"产业链、价值链、供应链"等现代管理理念，整合全市84种"漳州味"名优特产资源，打造专属特色农产品追溯体系，推动县乡村三级农村物流体系建设，带动群众发展生产，实现产业增效、农民增收。抓好就业创业扶贫，组织建档立卡贫困户就业创业培训446户，全年实现就业1939人，其中芗城、漳浦、云霄、诏安、平和、南靖等县（区）通过设立保洁、保绿等公益性岗位，为644名贫困对象提供就业机会，增加收入。综合实施产业就业扶贫，全年脱贫贫困对象人均收入全部超过了省定脱贫标准、脱贫的112个贫困村、村经营性收入均超过了5万元。

安居工程扶贫 年初，对上年全市自行组织实施的农村贫困对象"危旧住房修缮"4169户和"无房户安居工程"989户，落实情况进行了核查验收。2017年，省下达漳州市造福工程搬迁任务12000人，

共有11个县（市、区）承担这项任务。12月31日，实际分解落实并竣工12262人，占省下达任务的102.18%，完成投资工程包6.67亿元，占省下达任务的139%。省下达市农村危房改造年度竣工任务4140户，12月底，实际竣工6782户，占年度任务的163.82%，超额完成省下达的4140户危改竣工任务，贫困对象居住问题得到改善。

健康扶贫　以精准扶贫医疗保障叠加为重点，抓好健康扶贫工作。7月1日起，全市实现城乡居民基本医疗保险、大病保险、医疗救助和精准扶贫医疗叠加保障“一站式”（即时结算）全覆盖。至12月31日，全市精准扶贫对象已实现“一站式”补偿10915人，共计71918人次，其中基本医保补偿2409.63万元，大病保险补偿83.22万元，医疗救助308.9万元，精准扶贫医疗叠加保险补偿436.59万元，其中第一道精准扶贫医疗叠加保险补偿10806人，补偿金额210.38万元，第二道精准扶贫叠加保险补偿644人，补偿金额226.21万元。市财政落实全年补助资金3247万元，及时下拨、即时结算，极大地减轻贫困对象沉重的医疗负担。

教育扶贫　加强基础设施建设，投资2029.9万元实施扶贫村学校建设项目87个，改善贫困村学校的办学条件，下达90万元配套资金，重点支持3个重点县加快教育发展；抓好教育水平提升，选派优秀教师赴重点县支教，提升贫困地区学校教育教学水平。组织开展中小学名师“送培送教下乡”活动，全年共800人次的名师参与送培送教下乡，课时近1000节，培训人数近1.5万人次，促进城乡均衡发展。抓好教育扶贫资助政策落实，对义务教育阶段建档立卡等家庭经济困难学生，给予享受寄宿生生活费补助（小学每生每年2000元，初中每生每年2250元）。对普通高中建档立卡、低保、残疾、农村特困供养家庭学生给予免学费及享受国家助学金，春季学期共免学费151.28万元，发放助学金283.65万元，受益学生1891人（其中建档立卡706人）；秋季学期共免学费155.68万元，发放助学金291.90万元，受益学生1946人（其中建档立卡770人）。从上年秋季学期开始，对于市属高职学校建档立卡的816名学生，全部按每生每年4000元的标准发放国家助学金；全市中职学校建档立卡的326名学生，全部享受中职助学金。发动社会资源助学助教，市直各有关部门、单位和社会组织积极开展扶贫助学活动，全年共争取各类资金158.75万元，主要用于资助贫困家庭学生267人和改善学校办学条件。

低保兜底扶贫　两次提高农村低保标准，将农村低保水平提高到每人每年3930元以上。云霄、诏安、平和等县提高到3930元，其他县（市、区）提高到4050元以上，比上年平均增长40.36%，超过预测全年的省定扶贫线，提前实现。龙文区和芗城区分别于11月、12月，把农村低保标准再次提高到每人每年7560元，人均每月补助水平提高到380元、350元，在全市率先实现城乡低保标准一体化。

【健全机制】

党建引领机制　发挥党建扶贫作用，坚持重心下移、力量下沉，抓基层打基础，帮助贫困村加强班子建设，发挥村党组织在脱贫攻坚中的战斗堡垒作用，激发驻村第一书记和工作队的主动性创造性。在诏安县推行“党建＋产业”孵化模式发展壮大村级集体经济扶贫试点，实现村财增收的空壳村60个、薄弱村62个，村财增收达到579.89万元。这一经验做法，得到王宁、胡昌升前后两任省委组织部长的批示肯定。坚持试点先行，全面推进，制定《漳州市抓党建促脱贫攻坚的实施方案》，推进全市党建扶贫开展。

资金保障机制　市本级及各县（市、区）预算安排财政扶贫资金3.67亿元，占上年度地方级财政收入的19.5‰，实际安排使用财政扶贫资金3.79亿元，占上年度地方级财政收入的20.19‰，全年安排使用的扶贫资金比上年增长32.9%。推进落实扶贫小额信贷政策，截至12月31日，全市累计配套风险担保金1.19亿元，累计发放扶贫小额信贷风险担保贷款30836.51万元，累计扶持贫困户7524户，建档立卡贫困户覆盖面32.9%，其中年度新增贷款16709.5万元，新增获得贷款的贫困户3930户。贫困户千户以上的县（市、区）担保贷款额均达到2400万元以上（其中云霄县4878.75万元、诏安县3117.25万元、平和县10103.65万元），贫困户千户以下的县贫困户贷款覆盖面都达到了20%以上，均超过省下达的指标要求。

扶贫长效机制　在平和县探索建立“养鸡生蛋”工程的基础上，9月中旬制定出台《关于支持整合财政扶贫资金建立扶贫长效机制的实施意见》。至12月底，平和、云霄、诏安、龙海、南靖、漳浦、华安7个县（市）相继出台实施细则，累计整合各类财政扶贫资金2.78亿元，3个重点县整合资金均达到6000万元以上，主要用于入股国企、项目投资等方式实现增收，收益主要用于扶持村集体及贫困对象脱贫巩固和持续发展。其中平和县整合资金达1亿元，用于入股县旅投公司、认购县农信社股权，收益全部用于扶贫项目，年收益近1120万元。在云霄、诏安、平和、南靖、华安5个县确定63个贫困村，纳入全省第一批村集体经济发展试点范围，加快探索建立贫困村、贫困户资产性增收长效机制，增强贫困村“造血”功能。其中云霄县12个村抓好试点资金科学投向，按县级资金年7%的额度补助到贫困村，仅这项村集体经济年均增收3.5万元。

竞赛推动机制　把脱贫攻坚纳入全市竞赛重要内容，将产业扶贫示范项目、造福工程扶贫搬迁、扶贫小额信贷和扶贫长效机制创新作为脱贫攻坚项目竞赛内容，以评比促进度、以竞赛促效益，推进脱贫攻坚加快发展。市脱贫攻坚项目竞赛位列全市“十项竞赛”第3名。

监督考核机制　市审计、效能、扶贫、民政、财政等部门先后开展6次专项监督检查工作，以督查为手段，以问题为导向，推进脱贫攻坚健康有序开展。充分发挥扶贫领域精准监督“1＋X”“1托N”等作用，杜绝和减少扶贫领域违规违纪问题发生。注重发挥县、乡两级监督作用，增强精准监督实效，云霄县制定《关于在全县开展“五查”活动深化精准扶贫监督工作的实施意见》，通过开展入户访查、督促检查、全面核查、专项巡查和综合排查等“五查”，确保对象识别更精准、帮扶成效更务实、权力运行更规范，提升精准监督成效。注重用好考核，以国家和省关于贫困退出的有关要求，研究制定了市、县精准扶贫工作考评办法，确保扶真贫、真扶贫、真脱贫。注重正向激励，对第四轮省派驻村工作队记集体二等功，对59名驻村党员干部和17名挂职处级干部记个人三等功、8名嘉奖，为党员干部沉下基层抓扶贫营造良好氛围。

【精准帮扶】

进对口帮扶　云霄、诏安、平和3个重点县跟踪对接好省直单位和经济发达地区帮扶贫困县制度，每个县帮扶资金不少于1200万元全部到位，共计3700万元（厦门翔安区帮扶云霄县1300万元）；安排9个非重点县（区）结对帮扶17个欠发达乡镇，每个县（区）每年落实每个乡镇帮扶资金不少于100万元（其中龙文区、台商投资区、长泰县各安排1000万元资金分别帮扶一个贫困县的3个欠发达乡镇）。

挂钩帮扶　安排第五轮省、市级扶贫开发重点村52个（省级31个、市级21个），其余村列为市级一般村、县级重点村实施整村推进，确保183个贫困村驻村帮扶“全覆盖”，安排财政资金2100万元扶持21个市级重点村实施扶贫项目。继续深化机关干部精准帮扶贫困群众活动，通过以上县、镇、村、户四个层次全覆盖结对帮扶，取得了较好效益。

社会帮扶　成立市扶贫开发协会，多方筹集启动资金1000万元，全年共资助建档立卡贫困大学生137人、扶持产业项目54个。在全市推出精准扶贫保险“扶贫宝”项目，至年底，全市累计参保贫困对象33496人，占全市建档立卡贫困数51.6%，年理赔94万元，群众满意率100%。中国人寿漳州分公司为云霄、诏安、平和等三个重点县建档立卡贫困人口39786人捐赠意外伤害身故（身残）每人3万元保额的保险，保费120万元，承担意外保障近12亿元。针对扶贫领域和扶贫对象实施工程，在平和县长乐乡建立全省首个“精准扶贫保险服务站”，实现保险与精准扶贫无缝对接。注重发挥社会力量参与脱贫攻坚，漳浦县发动5个异地商会分别挂钩5个贫困村，落实帮扶资金220万元，帮扶贫困户32户，支持贫困村基础设施项目11个，村集体经济发展项目6个，为这5个贫困村全部脱贫摘帽提供了有力的保障。

【“雨露计划”培训】

4月，全市按照精准扶贫精准脱贫的工作要求，参考各县（市、区）精准识别的建档立卡农村贫困人口占比、培训工作开展情况等因素，会同市财政局切块下达全年漳州市“雨露计划”5660人次培训任务，以及配套资金226.4万元，启动对全市建档立卡贫困人口的农业实用技术和职业技能培训。11月底，全市已完成“雨露计划”培训任务6297人次，完成比例达111.25%，培训项目资金已全部拨付。

·农村社会发展·

【农村建设“双百”行动】

2017年，漳州市重点抓114个富美乡村创建村（市级20个）和114个环境整治村（市级30个）。制定了农村建设“双百”（百村富美乡村和百村环境整治）行动实施方案和富美乡村建设标准，着重从产业发展、环境整治、文化提升等方推进富美乡村建设。这一年，“双百”行动完成投资6.87亿元，占年度计划投资额的137%。有效推动产业发展、完善设施建设、改善人居环境、丰富文化内涵。涌现出一批可看、可学、可推广的典型。

龙海市海澄镇豆巷村利用地处古月港的核心区域优势，依托保存较为完整的帆巷街和临江古街，对古月港遗址进行挖掘整理。同时，建设海丝文化展示馆，完善污水垃圾处理设施，开发特色餐饮业，打造集文化、休闲、旅游为一体的月港海丝风貌区，发展乡村旅游，实现由建设村庄到经营村庄的跨越。

云霄县和平乡棪树村，人均枇杷0.067公顷的地，年规划建设枇杷生态观光产业园300.15公顷；建设生态步行栈道2.7公里、木栈道3公里，安装路灯50盏；结合自然生态改造房屋立面21处，打造成集果园观光、采摘、休闲体验为一体的枇杷专业村，并纳入乌山景区旅游线路，年接待游客30多万人次，有效通过一产带动三产。

诏安县四都镇西梧村拓宽入村主干道，打通环村路2.2公里；建设牡蛎加工厂，集中处理全村牡蛎壳；实施“三线”（电力、电话、电视线路）下地，房屋“平改坡”；建设微动力污水处理系统，改造排水沟2200米，铺设排污管350米，实现雨污分流；全方位实施村庄环境整治，村庄面貌明显提升，新建住宅小区被省住建厅定为“村镇住宅小区示范点”。

【农村队伍建设】

全市农村“六大员”队伍共有1.63万人（农民技术员、综治协管员、计生社保协管员、国土规划环保协管员、文化与食安协管员、乡村医生），在促进农业增效、农民增收、社会和谐稳定、农村科技信息推广普及等方面发挥了积极作用。全市农村综治协管员参与化解矛盾纠纷6100多起，92%的村居（社区）实现“家庭纠纷不出户、邻里纠纷不出组、小事不出村、矛盾不上交”的目标。平和县建立村级综治协管员，对农村各种苗头性、隐患性及不安定的网格信息，能够比较及时了解、掌握，大量的矛盾、纠纷得到化解；全年成功调解处理、化解各类纠纷500多起。南靖县奎洋镇仙岭村在农民技术员的培训、指导下，种植巴戟天20.01公顷、黄花倒水莲1.33公顷，饲养仿野生土鸡、土鸭800多只，开发竹林试验基地13.34多公顷，带动30户63名农民就业，每年每人纯收入可增加4000—7000元。

【厦漳山海协作项目建设】

全年继续开展新一轮为期5年（2016—2020年）的山海协作对口帮扶工作。实施基础设施建设项目（以农村道路建设为主）20个，以及漳浦县果蔬栽培、南靖县乡村旅游实用人才培训项目各1个。每个基础设施建设项目补助14万元；每个培训项目补助10万元，共计300万元。对解决部分群众出行难问题，方便群众的生产、生活，受益人口超过5万人，群众获得感明显，满意度高。

·休闲农业·

【概 况】

2017年，漳州市休闲农业快速发展，新增中国美丽休闲乡村2个（漳浦县大埔村、南靖县书洋镇），省级休闲农业示范点4个、福建最美休闲乡村3个（诏安县梅岭镇南门村、云霄县东厦镇佳洲村、云霄县和平乡棪树村），新增市级休闲农业示范点20个。首次评选出“漳州市十佳休闲农业示范点”10个。

年底，全市有全国休闲农业与乡村旅游示范县2个，全国休闲农业与乡村旅游示范点3个，中国最美休闲乡村3个，省级休闲农业示范点31个，福建最美休闲乡村6个，省级休闲农业示范乡镇6个，市级休闲农业示范点48个，市十佳休闲农业示范点10个。各类休闲农业经营主体536个（其中规模以上休闲农业经营主体155个、农家乐381个），从业人数14830人，农民就业12330人；年接待人数达621.01万人次，营业收入14.68亿元。

·绿色食品·

【概 况】

2017年，漳州市新增“三品一标”（无公害农产品、绿色食品、有机农产品和农产品地理标志）产品71个；组织企业参加第十八届中国绿色食品博览会，5家企业荣获“参展企业金奖”，签订购销协议800多万元。

【品牌申报与监管】

全年按照农业部绿色食品管理办公室和省绿色食品发展中心的工作部署，重心前移，主动作为，认真开展绿色食品市场监察和专项检查行动，深入5家农产品批发市场和大型超市检查“三品一标”的用标情况，现场纠正部分商家违规用标行为。完成2批次105个绿色食品产

美丽乡村——长泰县古农古仓自然村　　（林景文 摄）

品的市场监察和16个企业产品的抽查任务，合格率100%，定时完成固定点市场监察和绿色食品生产企业的产品质量随机抽查任务，有效维护绿色食品的市场秩序与品牌美誉度。结合绿色食品年度检查，深入23家绿色食品生产企业，针对企业生产的规范性、投入品使用情况、标签使用的规范性，以及认证管理的有效性开展实地检查，年检合格率达100%，进一步维护绿色食品生产企业的权益和绿色食品的品牌形象。

圆山林下生态园　（九龙江集团 提供）

【绿色食品品牌创建】

组织全市绿色食品企业，参加8月农业部主办的“第十八届中国绿色食品博览会”。按照“精心策划、统一布展、展示形象、突出品牌”的指导思想，展示与宣传漳州特色产品。参展的有福建哈龙峰茶业有限公司、福建中延菌菇业有限公司、漳州福星茶业开发有限公司、福建合茶道生态农业有限公司、长泰县诚毅生态农业有限公司5家企业，凭借其优良的品质，荣获绿博会企业产品金奖。参展企业的一系列产品，受到广大参展商和包头市民的关注。福建哈龙峰茶业有限公司、漳州福星茶业开发有限公司和福建合茶道生态农业有限公司的茶叶展吸引农业部领导、众多采购商和观众到展位品茗；长泰县诚毅生态农业有限公司在展会现场举行红肉火龙果品尝活动，受到广大市民、国内外客商的青睐。次日，参展企业的产品已被抢购一空。山东、河南、内蒙古等地客商与哈龙峰茶业意向签订800多万元的销售协议；福星茶业、合茶道生态农业等企业也与客商达成代理销售意向。绿博会对进一步拓展漳州绿色食品和优质特色产品的海内外市场，起到积极的作用。

12月，根据《福建省著名农业品牌评选认定管理暂行办法》的规定，经市推荐，省农业厅初审和专家初评，年度“福建十大农产品区域公用品牌”和“福建名牌农产品”的推荐名单公示，平和琯溪蜜柚发展中心申报的平和琯溪蜜柚进入“2017年度福建十大农产品区域公用品牌”公示名单，福建天意红肉蜜柚开发有限公司申报的“闽溪红”红肉蜜柚、福建绿宝食品集团有限公司申报的“绿源宝菌”杏鲍菇、漳州万桂农业发展有限公司申报的“万桂”天宝香蕉等3个产品进入“2017年度福建名牌农产品”公示名单行列。

2017年度漳州市有机产品情况表

表9

序号	企业（单位）名称	商标	产品名称	产量（吨）	面积（公顷）
1	福建嘉田农业开发有限公司	嘉蕈	杏鲍菇（鲜品）	240.00	6.67
2			白背木耳（干品）	80.00	
3			杏鲍菇（干品）	1.00	
4	诏安县月之港茶业有限公司	月之港	铁观音	4.50	13.34
5			八仙茶	1.00	
6			丹桂	1.00	
7			金萱	1.50	
8			八仙红茶	1.50	
9			丹桂红茶	0.50	
10	福建晨晖茶业有限公司	晨晖	白芽奇兰茶	4.25	5.34
11			高山茶	2.25	3.34

续表

序号	企业（单位）名称	商标	产品名称	产量（吨）	面积（公顷）
12	福建哈龙峰茶业有限公司	哈龙峰	铁观音	21.70	36.69
13	佳香源（福建）茶业工贸有限公司	睿轩	铁观音	6.00	12.01
14			岩茶	3.50	
15			观音红	2.00	
16	福建岩湖茶业有限公司	岩湖	铁观音	31.75	8.47
17	福建虎伯寮生物科技有限公司		金线莲	10.50	6.67
18	福建永耕农业开发有限公司		铁皮石斛	10.31	1.01

2017 年漳州市“三品一标”获证产品情况表

表 10

序号	企业（单位）名称	证书编号	证书有效期	产品名称
1	长泰县枋洋镇果场	GF350625140057	2017 年 1 月 16 日至 2020 年 1 月 15 日	蜜橘
2	漳州市益明生猪养殖有限公司	WGH-17-00047	2017 年 3 月 1 日至 2020 年 2 月 29 日	生猪
3	南靖县新惠畜牧有限公司	WGH-17-00049	2017 年 3 月 1 日至 2020 年 2 月 29 日	生猪
4	云霄县万来养殖农民专业合作社	WGH-17-00066	2017 年 3 月 1 日至 2020 年 2 月 29 日	生猪
5	南靖县永丰畜牧有限公司	WGH-17-00068	2017 年 3 月 1 日至 2020 年 2 月 29 日	生猪
6	南靖源兴畜牧有限公司	WGH-17-00053	2017 年 3 月 1 日至 2020 年 2 月 29 日	生猪
7	漳浦县万鑫食用菌专业合作社	WGH-17-00412	2017 年 3 月 1 日至 2020 年 2 月 29 日	杏鲍菇
8	福建源兴生态农业科技有限公司	WGH-17-01218	2017 年 3 月 1 日至 2020 年 2 月 29 日	食用甘薯叶
9	福建源兴生态农业科技有限公司	WGH-17-01217	2017 年 3 月 1 日至 2020 年 2 月 29 日	叶芥菜
10	漳浦日好家庭农场	WGH-17-00653	2017 年 3 月 17 日至 2020 年 3 月 16 日	活鸭
11	漳州日好农业开发有限公司	WGH-17-00654	2017 年 3 月 17 日至 2020 年 3 月 16 日	活鸭
12	漳浦县和丰养猪专业合作社	WGH-17-00652	2017 年 3 月 17 日至 2020 年 3 月 16 日	生猪
13	漳浦县亮泰农业开发有限公司	WGH-17-02142	2017 年 5 月 22 日至 2020 年 5 月 21 日	葱
14	漳浦县亮泰农业开发有限公司	WGH-17-02143	2017 年 5 月 22 日至 2020 年 5 月 21 日	柚
15	佳香源（福建）茶业工贸有限公司	1000P1200193	2017 年 6 月 15 日至 2018 年 6 月 14 日	岩茶
16	佳香源（福建）茶业工贸有限公司	1000P1200193	2017 年 6 月 15 日至 2018 年 6 月 14 日	铁观音
17	佳香源（福建）茶业工贸有限公司	1000P1200193	2017 年 6 月 15 日至 2018 年 6 月 14 日	观音红
18	漳州市旺辉农业发展有限公司	WGH-17-04263	2017 年 7 月 6 日至 2020 年 7 月 5 日	西葫芦
19	漳州市正丰畜牧有限公司	WGH-17-03258	2017 年 7 月 6 日至 2020 年 7 月 5 日	生猪
20	漳州市旺辉农业发展有限公司	WGH-17-04262	2017 年 7 月 6 日至 2020 年 7 月 5 日	叶用莴苣
21	南靖县德新远畜牧有限公司	WGH-17-03278	2017 年 7 月 6 日至 2020 年 7 月 5 日	生猪
22	龙海市清南果蔬专业合作社	WGH-17-04253	2017 年 7 月 6 日至 2020 年 7 月 5 日	普通白菜
23	云霄县金源家庭农场	WGH-17-07039	2017 年 8 月 11 日至 2020 年 8 月 10 日	火龙果
24	龙海六桂堂果蔬专业合作社	WGH-17-07040	2017 年 8 月 11 日至 2020 年 8 月 10 日	辣椒

续表

序号	企业（单位）名称	证书编号	证书有效期	产品名称
25	龙海六桂堂果蔬专业合作社	WGH-17-07042	2017 年 8 月 11 日至 2020 年 8 月 10 日	菠菜
26	漳州温氏农牧有限公司南靖畜牧分公司	WGH-17-08427	2017 年 9 月 18 日至 2020 年 9 月 17 日	生猪
27	漳浦县桥辉农林专业合作社	WGH-17-08445	2017 年 9 月 18 日至 2020 年 9 月 17 日	生猪
28	漳州市同发生态农业有限公司	WGH-17-10602	2017 年 9 月 19 日至 2020 年 9 月 18 日	双孢蘑菇
29	漳浦县进丰冷冻食品有限公司	WGH-17-10121	2017 年 9 月 19 日至 2020 年 9 月 18 日	葱
30	漳州市绿港园生态农业有限公司	GF350625171445	2017 年 10 月 19 日至 2020 年 10 月 18 日	莲雾
31	漳浦县白竹湖唯绿农场	WGH-17-14185	2017 年 11 月 6 日至 2020 年 11 月 5 日	杨梅
32	龙海市竹蓝米业有限公司	WGH-17-12948	2017 年 11 月 6 日至 2020 年 11 月 5 日	大米
33	诏安县凤卿家庭农场	WGH-17-14221	2017 年 11 月 6 日至 2020 年 11 月 5 日	樱桃番茄
34	龙海市紫泥绿丰家庭农场	WGH-17-13738	2017 年 11 月 6 日至 2020 年 11 月 5 日	樱桃番茄
35	龙海市港尾董姐生态家庭农场	WGH-17-13742	2017 年 11 月 6 日至 2020 年 11 月 5 日	杨梅
36	云霄县堃成果蔬农民专业合作社	WGH-17-14263	2017 年 11 月 6 日至 2020 年 11 月 5 日	柚
37	漳浦县进丰农机专业合作社	WGH-17-14282	2017 年 11 月 6 日至 2020 年 11 月 5 日	柚
38	长泰县内溪蔬果专业合作社	WGH-17-14486	2017 年 11 月 6 日至 2020 年 11 月 5 日	佛手瓜
39	诏安众农优选农业发展有限公司	WGH-17-14485	2017 年 11 月 6 日至 2020 年 11 月 5 日	番石榴
40	龙海市紫泥绿丰家庭农场	WGH-17-13740	2017 年 11 月 6 日至 2020 年 11 月 5 日	番石榴
41	漳浦县蜜宝水果专业合作社	WGH-17-13731	2017 年 11 月 6 日至 2020 年 11 月 5 日	西番莲
42	漳州滋发农业开发有限公司	WGH-17-14376	2017 年 11 月 6 日至 2020 年 11 月 5 日	毛木耳
43	龙海市鸿辉园果蔬专业合作社	WGH-17-13737	2017 年 11 月 6 日至 2020 年 11 月 5 日	甜玉米
44	龙海市紫云岩果蔬专业合作社	WGH-17-13736	2017 年 11 月 6 日至 2020 年 11 月 5 日	杨梅
45	诏安县凤卿家庭农场	WGH-17-14329	2017 年 11 月 6 日至 2020 年 11 月 5 日	辣椒
46	漳州市立群家庭农场有限公司	WGH-17-13728	2017 年 11 月 6 日至 2020 年 11 月 5 日	毛木耳
47	龙海市丹扬果蔬专业合作社	WGH-17-14328	2017 年 11 月 6 日至 2020 年 11 月 5 日	香瓜
48	漳州市长丰食用菌有限公司	WGH-17-14442	2017 年 11 月 6 日至 2020 年 11 月 5 日	杏鲍菇
49	绿宝生态农业（漳州）有限公司	WGH-17-13488	2017 年 11 月 6 日至 2020 年 11 月 5 日	杏鲍菇
50	华安县联众果蔬专业合作社	WGH-17-12834	2017 年 11 月 6 日至 2020 年 11 月 5 日	西番莲
51	福建永耕农业开发有限公司	1000P1700246	2017 年 11 月 15 日至 2018 年 11 月 14 日	铁皮石斛
52	福建岩湖茶业有限公司	1000P1700246	2017 年 11 月 30 日至 2018 年 11 月 29 日	铁观音
53	云霄县艺生家庭农场有限公司	WGH-17-18667	2017 年 12 月 5 日至 2020 年 12 月 4 日	生猪
54	南靖县兴安畜牧业投资有限公司	WGH-17-18650	2017 年 12 月 5 日至 2020 年 12 月 4 日	生猪
55	南靖德鑫畜牧有限公司	WGH-17-18651	2017 年 12 月 5 日至 2020 年 12 月 4 日	生猪
56	漳州市生态源畜牧有限公司	WGH-17-18661	2017 年 12 月 5 日至 2020 年 12 月 4 日	肉牛
57	云霄县丰达园生态养殖专业合作社	WGH-17-18663	2017 年 12 月 5 日至 2020 年 12 月 4 日	肉羊

续表

序号	企业（单位）名称	证书编号	证书有效期	产品名称
58	漳州市康弘农牧有限公司	WGH-17-18662	2017 年 12 月 5 日至 2020 年 12 月 4 日	肉牛
59	东山县才信畜牧有限公司	WGH-17-18679	2017 年 12 月 5 日至 2020 年 12 月 4 日	生猪
60	诏安岩山乌鸡养殖专业合作社	WGH-17-19773	2017 年 12 月 5 日至 2020 年 12 月 4 日	鲜鸡蛋
61	福建绿宝食品集团有限公司	WGH-17-19569	2017 年 12 月 5 日至 2020 年 12 月 4 日	杏鲍菇
62	诏安县三湖家庭农场	WGH-17-19327	2017 年 12 月 5 日至 2020 年 12 月 4 日	番石榴
63	漳州绿山家庭农场有限公司	WGH-17-18678	2017 年 12 月 5 日至 2020 年 12 月 4 日	生猪
64	诏安岩山乌鸡养殖专业合作社	WGH-17-18675	2017 年 12 月 5 日至 2020 年 12 月 4 日	活鸡
65	长泰丰裕畜牧养殖专业合作社	WGH-17-18680	2017 年 12 月 5 日至 2020 年 12 月 4 日	生猪
66	诏安县三湖家庭农场	WGH-17-19328	2017 年 12 月 5 日至 2020 年 12 月 4 日	西番莲
67	诏安县月之港茶业有限公司	1000P1700356	2017 年 12 月 18 日至 2020 年 12 月 17 日	八仙茶
68	诏安县月之港茶业有限公司	1000P1700356	2017 年 12 月 18 日至 2020 年 12 月 17 日	铁观音
69	诏安县月之港茶业有限公司	1000P1700356	2017 年 12 月 18 日至 2020 年 12 月 17 日	丹桂
70	诏安县大埔山现代农场	GF350625171536	2017 年 12 月 22 日至 2020 年 12 月 12 日	火龙果
71	诏安县大埔山现代农场	GF350625171536	2017 年 12 月 22 日至 2020 年 12 月 12 日	凤梨释迦

2017 年度漳州市续展绿色食品产品情况表

表 11

企业（单位）名称	产品名称	产品编号	企业信息码
长泰县枋洋镇果场	蜜橘	LB-18-1701131290A	GF350625140057
福建省国农农业发展有限公司	平和琯溪蜜柚	LB-18-1702139779A	GF350628080295
国营福建省诏安红星农场	诏安红星青梅	LB-18-1703132779A	GF350624080455
福建省丰盛食品有限公司	冻煮巴菲蛤肉	LB-37-1704132772A	GF350623080515
福建省丰盛食品有限公司	冻煮杂色蛤肉	LB-37-1704132773A	GF350623080515
福建省云霄县臣果经贸有限公司	枇杷	LB-18-1704133611A	GF350622080539
诏安县金星亚热带水果种植场	凤梨释迦	LB-18-1707134139A	GF350624140328
东山县超然食品有限公司	超然芦笋茶	LB-45-1708134832A	GF350626081058
漳州开发区庆辉生态农业有限责任公司	杨梅	LB-18-17081310138A	GF350601110980
长泰县绿港园果蔬专业合作社	芭乐（番石榴）	LB-18-1708136358A	GF350625111081
长泰县国美果蔬专业合作社	莲雾	LB-18-1711138964A	GF350625111862
长泰良岗山林果开发有限公司	长泰芦柑	LB-18-1712139944A	GF350625081767
长泰良岗山林果开发有限公司	铁线橙	LB-18-1712139945A	GF350625081767
长泰良岗山林果开发有限公司	岩溪晚芦	LB-18-1712139946A	GF350625081767
福建省中延菌菇业有限公司	杏鲍菇（鲜）	LB-21-1712139582A	GF350629112323

·海峡两岸现代农业博览会（第九届）海峡两岸花卉博览会（第十九届）·

【概　况】

2017 年，第九届海峡两岸现代农业博览会·第十九届海峡两岸花卉博览会，于 11 月 18—22 日在漳州隆重举办。博览会秉承“花开两岸、合作双赢”的办会宗旨，坚持“专业化、特色化、市场化”的办会方向，围绕“绿色发展·优质果蔬”主题，突出特色，求实创新，推进农业供给侧结构性改革，推动产业转型升级。共有 1100 多家企业参展（其中台湾参展商近 50 家），2000 多名客商、专家学者应邀参会，签订购销订单 24 亿多元，现场销售额 4400 多万元，签约投资项目 40 个、总投资 294 亿元，技术对接项目 83 项、总投资额 16.93 亿元，资本对接项目 26 项、意向融资额 15.39 亿元，人才合作项目 23 个，吸引 35 万多人次到会参观。在各级部门的大力支持，社会各界和海内外企业积极参与下，博览会主题突出、内容丰富、交流深入、实效凸显、运作有序。

【特色凸显，精品荟萃】

展示名优特，推介优质果蔬产品。果蔬展区以漳州各地的优势特色农产品鲜品、精深加工品以及“三品一标”认证产品为主，全市 61 家具有代表性企业的 300 多种名优特果蔬产品集中展示。地方特色显著。全市 11 个县（市、区）推出最有代表性的产品。如平和县主推蜜柚，龙海市杨梅，诏安县的富硒蔬菜、长泰县的芦柑与石铭芋、芗城区的天宝香蕉，东山县的芦笋、华安县的坪山柚和百香果、南靖县的航天蔬菜及中药材等，不仅产品知名度高、质量上乘，而且具有显著的地域标签。产业链条长。在展示推销鲜品的基础上，突出全产业链的推介。如琯溪蜜柚，从鲜果到果脯、果汁等初级加工品，再到蜜柚香精、保健品等精深加工品；百香果，从新品黄金果的种苗，到鲜品的黄金果、紫果，再到深受市场欢迎的西番莲汁；通过对果蔬产业链的延伸推介，提升整个产业的价值，推动产业的转型升级。新技术、新工艺多。注重对生产新技术、加工新工艺的推介。如都市农业中的盆栽蔬菜，技术先进、操作简便、产品优质，满足了城市民众对自给自足的田园生活的向往。还有采用国际先进提取和低温加工技术生产的番茄粉、冻干蓝莓粉，以及果蔬产品低温仓储、速冻高温油炸产品等。

展示食用菌，示范推广绿色生态农业模式。食用菌是最具代表性的绿色生态蔬菜种类，漳州是食用菌的主要产区，博览会设置食用菌专区，展示食用菌珍稀鲜品、优质加工产品及先进技术设备。参展名企珍品多。参展企业有绿宝、东方食品、万辰、仙芝楼等福建省国家级、省级食用菌龙头企业 20 多家，也有上海、浙江、山东等 20 多个省份的食用菌企业前来参展。参展产品有鹿角灵芝、赤芝、绣球菌、黑皮鸡枞菌等 20 余种珍稀食用菌鲜品，还有灵芝茶、孢子粉、木耳酵素等加工品、萃取保健品，以及食用菌工厂化生产机械设备。品种、设备新。展示的食用菌鲜品大多是研发的新品种，外观好、品质优。如国家食用菌产业技术体系漳州试验站研发的白色毛木耳、龙爪菌，外观、口感及主要营养成分含量均优于普通产品。首次展示的“一体式智能移动菌房”，在国内外都属于创新设备；还有获得国家专利，全国首创的专门为袋栽自动化设备设计使用的测透气止退 3 件套等。推广生态农业模式。在实物展示的基础上，配合图文、视频等方式，现场演示多元化食用菌微生物循环经济模式，让参观者直观了解食用菌产业如何与种植业、养殖业有机链接，把绿色高效生态农业模式宣传到千家万户。

展示精品花卉，打响“漳州花卉”品牌。突出漳州特色花卉，充分展示闽台花卉产业发展成就和对外交流成果，在展示花卉新品种、新技术的同时，倡导绿色生产、生活理念，展现“漳州花卉”的魅力。汇集 1500 多个品种，近 7000 盆花卉。突出水仙花、人参榕、兰花、三角梅等漳州特色花卉。展品是从全省花卉协会各分支机构和各设区市逐级筛选出的名优新特产品，可谓百里挑一、精挑细选。有永生花—绣球花、新品种海棠花、新品种水仙花。花卉展区设立 20 个花卉精品专题展示区，既展示传统的水仙花、兰花、盆景外，还展示食用药用与工业用花卉、仿真花和干花等新兴花卉产业，以及花卉资材、花草茶、花膏等产业链产品；大力推介与生态林业、特色现代林业高度契合的林下经济这一新兴业态，展出的 30 多种林下经济作物是目前市场前景好、栽培技术先进的新品种，很好的诠释“不砍树也能致富”的绿色发展理念。

示范推广现代农业，引领农业绿色发展新方向。漳州作为国家现代农业示范区和国家农业可持续发展试验示范区，在农业绿色发展方式上正在不断探索漳州模式。现代农业展区集合新技术、新装备、新理念，汇聚 300 多种农业“五新”（新品种、新技术、新肥料、新农药、新机具）展品，演示智慧农业、循环农业等现代农业新的生产模式，示范推广绿色生态农业。新品种多。有近 50 种最新航天育种蔬菜新品种，10 多种台湾新引进的特色蔬菜，还有漳州本地的新品种水果蔬菜、中药材新品等集中展示推广。技术先

进。有获得中国实用新型专利、刚刚被列入国家星火计划，准许作为有机投入品的土壤调理剂，能有效改良土壤酸性，提高肥料利用率；还有针对大棚蔬菜种植研发的多功能蔬菜播种机，填补国内棚室小地块蔬菜种植机械的空白。这些新肥料、新农药、新机具都代表着农业生产中最先进的技术，可以有效提高生产效率、提升产品品质、降低生产成本，并减少污染，保护生态环境。科技含量高。全自动化智能温室展示区，包括无土栽培技术、水肥一体技术、农业环境监控系统等，是国际先进的作物栽培模式和方法。还利用“物联网”技术，将展区和现代农业示范区基地进行链接，实时观测农产品生产过程，展示远程控制智能化管理新模式，推广现代农业可持续发展的智慧农业模式。

【创新打造，转型升级】

生态效益向食品产业延伸 为探索“生态＋产业”发展新理念、新模式，推动漳州食品产业加快转型升级，促进食品工业“上档次、上规模、上质量、创品牌、增效益”，专门举行“生态＋漳州味食品”产业对接活动，推动生态优势、资源优势转化为品牌优势、发展优势。科研项目对接。围绕罐头食品、烘焙食品、休闲食品等18类漳州特色食品，突出绿色生态，向天津科技大学、江南大学、福建农林大学、国家粮食研究院等省内外高校院所征集符合漳州市食品产业发展的科研成果项目265个，加强对接洽谈，策划生成食品产业项目47个。技术项目对接。深入漳州食品企业，征集技术需求100项。同时，加强牵线搭桥，寻求技术对接，邀请华中农业大学邓秀新院士团队、中国海洋大学管华诗院士团队前来指导工作，落实技术对接项目83项、总投资额16.93亿元。如福建思特电子公司与华侨大学对接的大数据技术与食品、食用农产品安全体系建设项目，通过物联网、大数据、网络技术、图像识别技术等，实现农产品识别分类、农业数据聚类分析及食品安全信息可追溯。资本项目对接。征集资本需求43项，并将资本需求项目推送给福建省现代服务业产业发展基金、省“6·18”基金管理团队、福建红桥创业投资管理有限公司、银晟创业投资集团等多家资本方进行对接，已洽谈确定资本对接项目26项、意向融资额15.39亿元。

生态与旅游融合发展 围绕“全域景区”目标，开展“花样漳州”十佳系列评选活动，有充满海滨风情的十佳最美渔村，承载悠久历史底蕴的十佳最美古村落，独具闽南特色的十佳旅游线路、十佳亲子休闲地、十佳伴手礼、十佳旅游宣传片、十佳美丽乡村讲解员、十佳旅游节庆、十佳名小吃、十佳最美渔村、十佳最美古村落以及十佳民俗表演共计10个“十佳”，并在展会期间举办颁奖仪式，进行广泛的宣传报道。同时，设置“花样漳州”旅游十佳展区，对十佳伴手礼进行实物展示推介，并组织大鼓凉伞、抛陀螺、竿球、掌上木偶等丰富多彩的民俗表演，全方位、多视角展示漳州旅游“十佳”、民俗文化、生态美景。通过对漳州生态人文资源和旅游资源进行“全域整合、全域营销”，促进生态与旅游融合发展。

招才引智渠道拓展 博览会举办海峡两岸人才与项目对接会，邀请海峡两岸的中高级人才、职业经理人、知名猎头公司等参会，为企业、高校、人才搭建对接合作平台，为漳州招贤纳才，成效显著。拓宽引智渠道。邀请中科院、清华大学、复旦大学、厦门大学等知名科研院校与全市企业对接，签订23个人才合作项目，涉及校地合作、校企合作、共建研发中心、技术人才基地等多个领域，进一步拓宽了漳州招贤纳智的渠道。打造人才高地。来自全国的24所高校、21家猎头公司与全市284家单位洽谈，对接中高级人才1184人，对接职业经理人849人，对接高校811人，对接猎头机构624人，对接台湾行业协会632人，参会单位对本次活动满意率高达93.77%。此外，还举办多场职业经理人沙龙、政策解读和主题讲座等活动，打造企业招聘、人才引进的优质平台，为漳州经济社会事业发展贮备优秀人才。还举办院士专家成果展，展示漳州12家院士工作站与企业合作取得的良好成效，进一步打响漳州院士专家工作站品牌，扩大漳州本土企业知名度。

【对外合作，共同发展】

对外交流 在对外交流中坚持“走出去”与“请进来”相结合，博览会继续设置“一带一路”展区，邀请马来西亚、印尼、越南、俄罗斯等12个国家28家企业，带来马来西亚燕窝、法国葡萄酒、泰国果干、斯里兰卡红茶、俄罗斯牛肉等各国精致特色美食，不仅吸引了现场游客的踊跃购买，还有不少企业前来咨询、洽谈，参展客商表示展会销售很好，2018年还想继续参加。花卉展区首次展出从匈牙利引进的“夜光花”，通过对鲜花和盆栽植物的表面进行混合物处理，使其能够在黑暗中发光数小时技术先进，市场前景广阔，展会期间与漳州本地的众多花卉企业进行了对接，达成初步意向。通过展会平台，各国的特色产品、新技术、新品种一起展示，从业者交流探讨，推动着产业共同发展。

业界交流 作为亚洲地区最大的食用菌行业盛会，第十一届的中国蘑菇节坚持以会带展，突出行业交流，中国食品土畜进出口商会副会长戎卫东、国际蘑菇学会主席格雷格·西蒙、世界食用菌生物学与

产品学会主席谭琦，以及来自美国、俄罗斯、澳大利亚、日本等24个国家和地区嘉宾、代表共2000多人出席会议。期间举办了双孢蘑菇国际论坛、“一带一路一菇”专题论坛、食用菌工厂化生产智能控制管理专题、袋栽设备自动化培训、食用菌菌种研发及知识产权保护等10多场业界专业活动。一大批代表着国际前沿水平的新品种、新产品、新技术、新装备集中展示，进一步推动食用菌产业技术研发、信息交流、资本运作、品牌合作和商业贸易，推进全国乃至国际食用菌产业科学健康发展。

【招商引资，产销对接】

强化项目招商　坚持把“谋划项目、招商引资”作为办会的重要内容，优化公共服务、提升公共配套、释放政策红利，优选招商项目，博览会集中签约招商项目40个，总投资294亿元，为全市旅游、康养、电商、物流等相关产业发展注入新的动力。将结合“政策不睡觉、落地见成效”“追问题、解难题、促发展”等活动，为企业客商解决项目落地建设存在的问题，强化用地、水电、资金等保障，推动项目尽快落地见成效。

强化产销对接　为搭建农产品购销平台，提升漳州农产品品牌影响力，还举办了漳州名优特农产品全国采购商大会，中国连锁经营协会采购商委员会委员单位、京东、一亩田、华润万方等知名电商、大型商超100家采购商代表，市农产品行业协会相关负责人，漳州市100家高级以上龙头企业参会。会上共有10家企业与10家采购商达成农产品采购协议，总金额3.78亿元，为漳州名优特农产品搭建起更广泛的销售渠道，有力的提升漳州农产品的市场销售额。

对口协作互助共赢　为加大漳州产业援建力度，推动援建地区经济发展，博览会专门设置展区，展示新疆木垒、宁夏中卫等对口支援协作城市的优质特色食品果蔬。新疆木垒在展示特色产品的同时，举办了漳州对口支援木垒企业项目签约仪式，现场签约旅游合作，有机羊肉、西甜瓜销售等4个项目，有效推动两地交流合作，促进两地协同发展。宁夏中卫市则带来枸杞、苹果、西瓜等当地优质绿色农产品，中卫市党政代表团借此机会到漳州进行实地招商，宣传推介当地枸杞、海原硒砂瓜、马铃薯等地理标志农产品，初步达成多笔合作意向。

展示良好生态环境　为迎接博览会的举办，全市开展环境专项综合整治行动，持续巩固创卫创城成果，对市区主要道路、市区到花博园324线、高速公路出入口、动车站，以及主要活动场所、来宾驻地等进行整治提升，营造美化亮化、绿色生态的城乡环境，向海内外的宾客展示“花样漳州”的独特魅力和深厚的生态文化底蕴。

此外，还举办“水仙花杯”茶王赛，从527个茶样中评选清香型铁观音、浓香型铁观音、白芽奇兰、八仙茶、红茶5个系列的茶王5个，金奖11个，36个优质奖并进行现场颁奖，专门设置茶王展区展示推介获奖产品，进一步扩大漳州茶品牌的影响力。“闽籍书画名家抢救工程—纪念沈耀初110周年诞辰书画作品展”展出、“‘蚁王归巢’陈志光个人作品展”等艺术文化活动丰富博览会内容，对于繁荣漳州文化事业也起积极的推动作用。

·农业科技·

【培育新型农民】

2017年，漳州市农业科学研究所指导全市11个县（市、区）完成年度国家级、省级新型职业农民培育的培训任务，共培训6575人次。为进一步推进新型职业农民认定工作，市局统一为其定制农业部统一规格的新型职业农民证书，全市已安排认定新型职业农民832人。并将培训人员、培训单位、培训师资、培训基地、培训教材，均录入至全国新型职业农民网中。

与市人民广播电台联合推出的《农友之声》栏目，全年共播出49期，设置49个专题，99人次农业专家担任直播嘉宾，现场接听听众、现场热线电话128次。配合省厅及市委组织部，组织评选“最美农技员”“全国十佳农民”“最美农民”等农村实用人才评选工作。

4月，完成农业部举办四期农村实用人才带头人培训的选派工作。推荐30名农民合作社理事及家庭农场主，赴福建兰田村及浙江缪家村参与培训。7月，开展全市新型职业农民大专学历教育生源组织工作，推荐符合条件的新型职业农民大中专学历专科学员364人。8月，中国热带农业科学院提出与市农业科研所开展“平和蜜柚”提质增效技术研发与推广示范项目的技术合作，已制定好项目实施方案。同月，在福建农林大学的协助下，对芗城区、漳浦县的转基因番木瓜育苗、种植基地，开展转基因测试。9月，组织相关人员参加省厅举办的转基因生物安全管理培训班。10月，协同省农业转基因生物安全监管专项督查小组，对全市转基因企业开展专项督查、普法宣传。11月中旬，承办第十一届中国蘑菇节，举办了双孢蘑菇国际论坛、“一带一路一菇”专题、中国食用菌工厂化反思及复盘等多场代表业界国际前沿水平的专业性会议及培训。

【科研项目建设】

依托国家食用菌产业技术体系

漳州综合试验站，开展双孢蘑菇、草菇、毛木耳优良品种的试验与示范；生物农药防控毛木耳、双孢蘑菇病虫害的示范；复配杀螨剂防控毛木耳螨虫的试验与示范；集成漳州双孢蘑菇、白背毛木耳、杏鲍菇工厂化高效栽培技术。依托农业部药效试验单位平台，农业部农药检定所下达试验任务63项。开展百香果种质资源收集保存和优良品种筛选，引进和保存11份百香果种质资源，筛选出1个优良品种一黄金百香果。建立"闽台番石榴种质资源圃"，收集和保存41份闽台番石榴种质资源，筛选出1个优良品种一彩虹芭乐进行示范推广。开展丝瓜、苦瓜、豌豆新品种选育，已选育1个丝瓜品种；开展中草药组培技术研究、多肉植物品种引进及快繁技术研究。这一年，省科技厅星火项目"漳耳43-28"配套高效栽培技术研究与示范推广，顺利通过验收；市自然科学基金项目"琯溪蜜柚黑点病防控技术研究"，通过专家验收。

【科技服务民生】

参与市委宣传部、市农业局等组织的"三下乡"活动。重点推广农科所选育的新品种、新技术，如白背毛木耳品种"漳耳43-28"苦瓜"漳绿1号"、芥菜"漳芥1号"、豌豆"漳豌2号"、白背毛木耳、蘑菇轻简化栽培技术等。组织科研人员下乡现场技术指导86人次，在农科所接受农民现场技术咨询1000人次以上，到芗城、龙文、南靖、平和、云霄等县（区）讲授食用菌、蔬菜、果树实用技术17场次，培训农户600人次以上，多形式、多渠道进行科技推广工作。

在市科技局的支持下，深入实施挂钩云霄县的科技扶贫工作，效果明显。结合省级扶贫开发重点县科技服务工作，与云霄县火田镇、和平乡、马铺乡、下河乡4个扶贫重点乡镇的1个企业、6个专业合作社、5个家庭农场挂钩，采取提供资金＋技术方式扶持企业或合作社，通过聘请贫困户打工，统一提供种苗、技术，统一收购产品等方式，带动农户脱贫。这一年，投用人员超过50人次，资金近30万元，推广5个成果，培训人员140人次，带动农户65户，促进农民增收100多万元，带动建档立卡贫困户42户，增加产值300万元。

·漳州与台湾农业合作·

【概况】

2017年，漳州市各级部门全力推进对台农业招商引资，新批台资农业项目32个，合同台资9694.5万美元，分别增长14.3%和57.4%，占全省批办总数的76.2%和80.8%；有4家台资农业企业增资扩产，增加合同台资680万美元。同时，在农博会·花博会注重突出台湾特色，在"台湾特色花卉区"展示了台湾300多盆（株）蝴蝶兰、卡特兰、兜兰等，集中突显两岸以花为媒、交流合作。"台湾展区"，由台湾蔬果花卉协会、台湾农业技术交流协会邀请近50家台湾企业参展，带来家庭"植物工厂"、新型酵素、植物精油等台湾农业新产品、新技术，以及西柚、苹果等水果新品种；参展台商摆脱传统卖产品的方式，更注重技术。漳州已成为广大台商、农业业者寻求合作方、打开大陆市场的桥头堡。并且，邀请190多个台湾嘉宾参会，更加凸显两岸民间经贸交流的密切与活跃。

【对台种业合作】

以云霄、诏安、南靖、长泰县等闽台农业合作重点示范县为载体，突出对台种业合作。南靖台资农友种苗公司、漳州种业科技研发中心等，在春季引进繁育台湾13个蔬菜品种；启动建设5公顷瓜菜新品种引进繁育基地项目，建设育苗区、试种区、繁育区、引种栽培示范区等，引进适合福建地区推广的瓜菜新品种5—6个。结果产量比当地品种增产10%以上，经济效益提高15%以上，计划每年推广1000亩以上。诏安县大铺山现代农场引进推广黄金百香果、双星火龙果、释迦等台湾水果良种，引进台湾网式木瓜、莲雾等新栽培管理技术；启动建设38.69公顷果树良种标准化种植及加工示范基地，配套建设休闲农业设施，推动一二三产业融合发展。

【民众对接交流】

组织8对两岸特色乡镇代表、台湾嘉宾16人及5名台湾青年农民参加第九届海峡论坛·两岸特色乡镇交流暨生态农业对接会，特别是邀请首次到祖国大陆的台湾"首来族"8人，增进"首来族"对祖国大陆的认同感。8个对接项目均在现场签约。如长泰县岩溪镇"福建省新大浦生态农业公司"与台湾云林县金应有限公司签订了《台湾蜜红小西红柿种植协议》，拟引进台湾蜜红小西红柿新品种，开发蜜红小西红柿加工系列产品。海峡（漳州）茶会期间，还邀请台湾农业技术交流协会江文镇理事长一行15人、13家茶企参展参会，参加海峡论坛等活动。

【台农创业园建设】

加快漳龙林业循环经济产业园、兰花大世界二期工程等重点项目建设。农业硅谷食用菌工厂化生产及精深加工项目全年完成投资6226万元；台资漳浦蜜原生态农场投资700万元建设的冰工厂于7月投入运营，将农业与农产品加工、休闲旅游业有效结合，吸引游客前来进行果蔬采摘、体验生活、水果冰品DIY，使农场成为集现代农业示范、果蔬采摘观光、休闲度假体验为一体的休闲观光农场。为台资天意农业开发公司争取省农业厅项目补助经费 30 万元。针对台资洋兰生产企业卖花难问题，台创园加强对台商服务力度，于春节前夕在漳浦县举办第四届迎春兰花展，参展企业 18 家，展示展销兰花品种 40 多个，为历届规模最大、参展企业最多的一次；兰花价格上涨 30—50%，兰花企业成品蝴蝶兰基本销售一空。7 月，农业部办公厅会同国务院台办秘书局联合审定全国 29 个台创园发展建设评价结果，确定漳浦台湾农民创业园评价等级为优秀，全国排名第二。

【新型农民交流培训】

为培育有文化、懂技术、会经营的新型农民，持续推进两岸交流合作。依托海峡两岸新型农民交流培训基地和漳州科技职业学院，坚持常态化办班，全年共举办茶业、林下经济、茶艺师评茶员、食用菌等海峡两岸新型农民培训班 6 期，共培训学员 410 名，其中台胞 35 名。如举办海峡两岸新型农民茶业培训班，有 6 个茶叶主产县、在漳的台资茶业企业及从事茶文化推广的相关人员 73 名参加培训（其中台胞 10 名），培训班学员还参加海峡（漳州）茶会和茶产业发展研讨交流会等活动。

·农业机械·

【概　况】

2017 年，漳州市农机部门为农户申请购机补贴机具 2111 台，共补贴资金 410.8 万元。在贯彻执行福建省《关于做好 2017 年春季农机化生产工作的通知》《关于做好 2017 年夏季机械化生产及农机跨区作业工作的通知》精神，全市投入农机具 2 万台，检修农机具 1.74 万台，投入抗旱机械 0.3 万台，抗旱浇地面积 0.14 万公顷。发放农机跨区作业证 22 本（收割机 13 本，插秧机 9 本），方便机手外出进行跨区作业。全年完成机耕面积 13.41 万公顷（其中水稻机耕面积 6.74 万公顷）、水稻机插面积 1.33 万公顷、水稻机收面积 3.87 万公顷的年度考核目标。农作物耕种收综合机械化水平达 52.8%，水稻综合机械化水平达 60.4%。全市拖拉机在册数 3172 台，持有效拖拉机驾驶证 11958 人；年检拖拉机 1235 台，换发拖拉机驾驶证 630 本，拖拉机驾驶员考试 96 人。12 月底，全市农业机械发生一起农机安全事故，死亡 1 人。农机安全水平，达到省级 70% 以上的指标要求。

【推广与培训】

围绕水稻、蔬菜产业，推广新型适用农机具。市站组织各县（市、区）农机人员及乡镇农技员 150 多人到云霄县学习水果机械化技术的推广应用。组织新型适用农机具参加第四届海峡茶博会展示，有 5 家农机企业、经销商参展，展示从茶叶种植、灌溉、植保、采收、加工、色选到包装全程机械化，所用到的 20 台（套）机械，吸引了广大群众的目光，参展的大部分机具都可享受农机购机补贴政策。借此机会对购机补贴政策进行宣传，推广茶叶生产机械应用。这一年，召开各类农机技术推广现场会、培训班 10 场次，组织下乡宣传、指导农机具使用，发放资料 1800 多份。

【落实惠农政策】

会同市财政局，组织专家于 2 月 16—17 日，对 2 个水稻生产全程机械化示范基地进行验收。这 2 个基地，共投入示范建设资金 233.61 万元（其中省级示范项目资金 80 万元）；购置水稻生产全程机械化农机装备 207.11 万元，示范基地新增农机装备 24 台；配套基础设施新投入 26.5 万元，新增机库、维修房、烘干房、播种间 850 平方米；完成机插秧服务面积 138.94 公顷。先后共召开农机化示范演示现场会 4 场，印发宣传资料 300 份，培训农机技术、实用人员 200 人次，并通过电视台等媒体进行宣传报道，加深群众对农机化应用的认识。

·畜牧业经济·

【概　况】

2017 年，漳州市畜牧业发展以“生猪保供给、适度发展禽业和草食动物产业”为准则，肉蛋奶总产量（牧业产量）33.73 万吨，比上年下降 2.55%；生猪存栏 132.73 万头，比上年下降 22.58%，出栏 252.98 万头，比上年下降 12.99%、牛存栏 10.4 万头，比上年下降 6.85%，出栏 6 万头，比上年下降 8.93%；羊存栏 4.67 万头，比上年上涨 1.97%，出栏 3.69 万头，比上年上涨 5.67%；家禽存栏 1978.6 万羽，比上年上涨 7.05%，出栏 3707.6 万羽，比上年上涨 0.8%。

生猪价格经过上年高价位运行，生猪规模场能繁母猪补栏，供大于求，致使猪价震荡下行，全年猪价在 16 元 / 公斤左右。环保政策提高行业的入行门槛，中小规模猪场逐渐退出，大规模集约化猪场逐渐建立。在发展模式上，以种养结合、生态养殖、全产业链配套、养猪扶贫项目为主。年底，生猪规模比例达 93.3%。

【畜禽业建设】

全年畜禽规模化、标准化大幅提高，蛋鸡产业、草食动物产业发展迅速。在鸡产业集约化、设施化和现代化的进程，增加福建鸿森畜禽养殖有限公司、福建融牧现代农业发展有限公司2家标准化规模蛋鸡场，设计年存栏160万羽；争取550万元用于6个畜禽养殖重大技术推广项目；完成2家国家级畜禽标准化示范创建场和14家省级畜禽标准化示范场创建。同时，开展示范推广作用，共示范带动500家畜禽养殖场进行标准化生产。

【养殖污染治理】

全年将畜禽养殖污染整治任务列入各级党政部门，县（市、区）农业部门年度绩效考评的重要内容，列入全市生态与水环境整治项目建设竞赛重点，确保总量控制、关闭拆除、升级改造等措施落实到位。全市对可养区存栏250头以下及存栏250头以上猪场，没改造或改造后无法实现达标排放或零排放猪场，全部关闭拆除完成。可养区存栏250头以上猪场标准化升级改造全部完成。8月底，龙文区实现全区禁养。省政府下达的投资工程包192家存栏250以上生猪养殖场标准化升级改造全部完成。全市存栏250头以上规模猪场保留1588家、存栏129万头，年出栏234.1万头，完成省政府下达的“十三五”期间，年出栏量控制在370万头以内的目标。顺利通过中央、省环保督察。牵头起草、并以市政府办名义印发《漳州市加快培育发展农业面源污染治理市场主体方案》《漳州市加快推进畜禽养殖废弃物高水平资源化利用工作方案》。南靖县列入农业部整县推进畜禽粪污资源化利用示范县。

【动物疫病防控】

动物疫病强制免疫 按照春秋两季开展集中强制免疫、平时每月定期补免的要求，按时按质按量完成强制免疫注射任务，有效防范动物疫情发生。全年全市共调拨高致病性禽流感疫苗2585万毫升、牲畜口蹄疫疫苗458万毫升、小反刍兽疫疫苗11.61万头份，免疫高致病性禽流感3982.69万羽、牲畜口蹄疫447.37万头、小反刍兽疫5.71万头，3个强制免疫病种群体免疫密度常年保持在90%以上，应免畜禽免疫密度达到100%，做到“应免尽免、不留空当”。同时，指导做好高致病性猪蓝耳病、猪瘟、新城疫等重点动物疫病的免疫工作。全市共免疫高致病性猪蓝耳病249.24万头、猪瘟335.39万头、新城疫1174.16万羽，做到应免尽免。

应对H7N9流感疫情 全市先后发生3起人感染H7N9病例（1月云霄县、5月平和县、8月龙海市）。接到病例通报，市各级疫控部门立即行动，加强与市卫计委、食品药品局等部门协调沟通，开展患者所在村居和所在乡镇市场活禽监测流调，按要求扑杀无害化处理阳性家禽，严防病原向暴露人群和养殖场扩散。加强农贸市场活禽摊点和规模养禽场活禽及环境样的监测力度，共采集家禽拭子样品397份、环境拭子样品99份，检出可疑H7核酸阳性15份样品（其中鸡拭子13份、鸭拭子1份、环境样品1份），按要求规范处置可疑阳性家禽和同群家禽共29324羽。可疑阳性15份样品经国家禽流感参考实验室鸡胚接种和病毒分离，最终分离到H7N9流感病毒的有10份样品（其中鸡拭子9份、环境样品1份）。

动物疫病监测流调任务 全市开展监测猪牛口蹄疫、家禽禽流感等病原学共4310头（羽）份、检测猪牛羊口蹄疫、羊小反刍兽疫、猪瘟、高致病性猪蓝耳病、家禽禽流感等血清学37465份，强制免疫病种口蹄疫、禽流感、小反刍兽疫免疫抗体合格率均超过85%以上，免疫抗体不合格的及时补免，确保有疫不流行、有病不成灾，确保畜禽始终处于有效抗体保护。对病原学阳性畜禽及时剔除。

牛羊布病基线调查 根据省农业厅办公室统一部署，8—9月期间，对牛羊养殖场（户）和存栏150头以内小型养猪场进行梳理和登记造册，遵循流行病学调查的统计学和随机抽样原则，11个县（市、区）动物疫病预防控制中心共采集血清牛2986头份、羊3868头份、种猪451头份。经过实验室检测，查出布病阳性牛4头、羊4头、种猪1头，均按规定规范处置。

提高兽医实验室检测能力 市动物疫病预防控制中心于4月完成改扩建病原学实验室，成为福建设区市实验室首家有负压通风系统的生物实验室。9月，顺利通过省质监局计量认证评审，获得农业部现场考核续展，成为双认证的兽医实验室。龙海、诏安、东山、云霄等重点县（市）病原学实验室完成扩建改造，并通过验收。

【动物卫生监督】

动物检疫 市动物检疫合格证明全部实现电子出证。新建云霄县产地检疫申报点1个。全市产地检疫畜77.9万头，禽513.6万羽；屠宰检疫畜64.32万头，禽63.36万羽。全年共检出病畜236头，病禽1856羽，全部进行无害化处理。

“瘦肉精”监管 全年完成155个养殖场的“瘦肉精”监测，共抽检肥育猪、肉牛、肉羊尿样2085头份，全部呈阴性；全市共抽取养殖场、屠宰场49169个尿样，分别检测盐酸克伦特罗、莱克多巴胺和沙丁胺醇。经现场检测，全部呈阴性。

饲料质量安全监测 采用双随机和检打联动的方式，完成饲料质量安全监测检查和饲料产品抽检120批次。抽检样品送省农产品质量安全检验检测中心进行检测，其中不

合格产品4个，均已立案查处。

病死畜禽无害化处理　4月份，漳浦县病死畜禽工厂化集中处理场，正式投入运行。云霄县病死畜禽无害化处理厂完成前期比选工作，全市基本完成县级病死畜禽无害化处理全覆盖。全年通过各类处理模式共无害化处理病死猪31.2万头、608.73万公斤，其中经第三方工厂化处理场处理的病死猪达25.59万头、511.8万公斤，集中处理率占总量的82%，病死猪污染餐桌、污染环境的现象得到根本遏制。

强化执法检查　坚持专项整治和日常监管相结合，开展执法培训和案件评审，加大执法检查力度，强化检打联动，落实行政执法与刑事司法衔接，全市动物卫生和动物产品质量安全案件查处效果明显。全年共办理动物卫生和动物产品质量安全行政处罚案件110件（其中一般程序51件，简易程序54件，移送公安5件）。龙文区办理的“生产与标签标示内容不一致的饲料添加剂案”，被省农业厅评为行政处罚优秀案卷。

·水土保持·

【概　述】

2017年，漳州市水土保持工作以小流域为单元，流失斑为对象，坚持治山与治水、治穷与致富、绿化与美化可持续协调发展的理念，坚持水土流失治理与万里安生态水系建设有机结合，提升生态环境，改善了农业生产条件，为经济社会持续健康发展提供环境支撑和保障。全市计划治理水土流失面积1.87万公顷（其中林业、国土等部门0.87万公顷），计划投资18763万元。实际完成治理水土流失面积2.01万公顷，占计划数的107.68%；完成投资19149万元，占计划数的102.05%。

【水土流失治理】

综合治理　国家水土保持重点治理工程：南靖、华安县国家水土保持重点工程完成综合治理水土流失面积0.14万公顷，占计划数的100%，完成投资704.54万元，占年度计划数714.54万元的98.6%[因国家水土保持重点建设工程第二批（华安县）下达较晚，省厅要求12月底总投资完成95%以上]。省级重点县水土流失综合治理：平和、诏安、南靖、长泰、华安县5个省级重点县完成综合治理水土流失面积0.58万公顷，占计划100%，完成投资4326.51万元，占年度计划数的100%。重点乡镇水土流失综合治理：诏安建设乡、平和大溪镇等11个重点乡镇完成综合治理水土流失面积0.28万公顷，占计划100%，完成投资2065.25万元，占年度计划数的100%。水土保持生态村及面上切块项目：完成综合治理水土流失面积0.09万公顷，完成投资729.66万元，占年度计划数的100%。完成《漳州市水土保持规划（2016—2030年）》及《漳州市“十三五”水土保持规划》的编制工作。

宣传教育　以宣传贯彻习近平总书记关于长汀水土流失治理工作的重要批示精神、新《中华人民共和国水土保持法》的颁布和《福建省水土保持条例》为契机，结合纪念“世界水日”“中国水周”“福建水土保持宣传日”，运用电视、报纸、网络等各种宣传平台，开展水土保持宣传月活动。全市各级水利水保部门分别于3月、11—12月进行全方位、多角度的报道水土保持宣传系列活动。组织全市水土流失治理成效摄影展、市水土保持专题片等，向公众发送水土保持宣传材料；建立市水土保持系统宣传微信群；在市水利局大院悬挂横幅标语、电子屏幕滚动播放水土保持宣传日标语，提高全社会的水土保持国策意识，营造良好的社会氛围。

【监督检查】

水土保持监督管理　全年共开展开发建设项目水土保持监督执法检查189批次，检查开发建设项目96个；征收水土保持补偿费1986.44万元（其中市级征收1412.94万元），罚款42.6万元。审批开发建设项目水土保持方案126个（其中市级审查审批开发建设项目水土保持方案5项），全部按市行政服务中心规范要求、向社会承诺时限内依法依规办结，共收到业主评议票5张，满意率100%。

开展水土保持监测及信息系统建设　利用市现有水土保持站（场）的场所及设备，重点做好市站蔡前、漳浦径流场等监测站网建设，完善和配套监测站网仪器、设备及监测设施，逐步建立全市水土保持监测及信息系统数据库。完成市站蔡前年度水土保持监测报告整编工作，并上报省水利厅。

落实党风廉政建设责任制　严格执行上级有关规定，落实党风廉政建设责任制。认真贯彻落实规章制度，严格经费预算管理，落实经费压缩指标，执行公务接待只减不增制度，强化监督公示，有效降低行政运行成本，提高公用经费的使用效率。为做好全市2个国家级水土流失重点工程、5个省级重点县、11个省级重点乡镇项目前期工作，深入基层一线现场，与县、乡镇、村干部一起研究探讨项目地点、措施等技术方案，做到基层单位不安排迎送，不张贴悬挂标语横幅，不制作电子屏字幕等。严格控制发文和公务用车管理，对公务用车严格核算，采用一车一卡定点定车加油，控制费用支出，杜绝公车私用等现象。严格控制会议数量、规模，组织2次参加水利部、省水利厅2017年水土保持工作视频会议，做到少开会、开短会，提高会议效率，节省会议开支。

·水 利·

【概 况】

2017年，全市水利年度计划投资44.2亿元，实际完成投资45.6亿元，占年度计划44.2亿元的103.2%，超额完成年度投资计划，比上年增加4.47亿元，比增10.8%。其中重大水利项目66个完成投资34.2亿元，占年度计划32.9亿元的104%。面上水利项目建设完成投资11.4亿元，占计划数的101.1%。同时，进行项目投融资改革，指导各县（市、区）水利项目投融资改革发展，鼓励社会资本投入水利设施建设。11月28日，东山县农林水局与省水投、北京新源国能科技及省水电工程局组成的联合体，签订东山县红旗水库扩容，系政府和社会资本合作（PPP）项目合同，于12月7日工程正式开工。

【河长制】

3月20日，漳州市河长制办公室正式成立，市委书记檀云坤、市长刘远参加揭牌仪式。刘远市长任全市总河长，市政府3名副市长分别担任市副河长，并兼任九龙江西溪、北溪和漳江3条主要河流的河长，具体推动落实河长制工作。全市设立市县乡138个河长制办公室，派驻工作人员1104名，河长、河段长526名，河道专管员1201名；16个县（市、区）、开发区、121个乡镇街道的实施方案全部出台，制定了联席会议、督察、信息报送、信息共享、考核问责与激励办法、督办、通报、责任追究等8项配套制度；设立河长公示牌485个，建立一河一档935份；安排专项资金用于河长制工作智慧平台建设，市本级落实全市河道专管员上年9—12月“以奖代补”资金174万元并发放到位。

全市14个县（市、区）、开发区全面完成“一河一档一策”编制工作。出台了《2017年河长制工作要点》《漳州市流域主要问题清单》《市对县河长制任务清单》《2017年度漳州市河长制工作考评办法（试行）》《漳州市人民政府办公室关于印发漳州市河长制工作责任追究制度的通知》《漳州市河道专管员管理办法》等，从制度上确保河长制工作高效运作。市、县同步设立市人民检察院驻市河长制办公室检察联络室、河道警长，挂钩联系河长制工作。市河长制办与团市委、教育局、妇联等部门配合开展“小河长”“河小禹”“校园河长”“巾帼护河”等活动；建立市县河长制微信公众号，与市效能办联合督查3次，发现并解决问题132个；组织巡查50次，发现问题52个，开出督办单59件、办结55件；通报15次涉及14个县次，有效督促各地水环境问题的整改。市政府成立江河、海漂垃圾整治工作领导小组，制定了应急处置预案和专项整治百日行动方案，共投入3428万元用于江河海漂垃圾整治，落实打捞船舶271艘，设置拦浮栅103条，设置河道视频监控点234个，累计出动船舶4382艘次，人员20861人次，打捞清理海漂垃圾近5万吨，有效保障了环厦门湾水环境的整洁与安全；对违法侵占河道、生猪养殖污染、流域水质等三大突出问题进行治理，共摸排乱占乱建545处，出动执法3233人次，拆除违章建筑面积9.16万平方米，查处非法采砂案件68件，约谈相关责任人11人次；通过整治，1—10月，25条超标小流域中15条水质提升，其中华安县竹溪、南靖县高才溪等9条由劣Ⅴ类提升至Ⅴ类。11月底，完成了县对乡（镇）、市对县河长制工作考核、考评。这一年，河长制工作获得全省第二名。

【防汛抗台风】

汛情灾情　全年降水偏少、汛末显旱，台风较多、强度偏弱，普遍受灾，灾情较轻。1—11月份，全市平均降水1388毫米，较常年同期偏少12.9%；各地降水分布不均衡，平和、南靖、华安等山区县降水量较常年同期偏少16%—18%；汛末降水偏少，全市个别地区出现不同程度的旱情，其中华安县北部达

8月16日，市长刘远（右二）、张翼腾（右三）检查江河海漂垃圾

到气象重旱，南靖、华安和长泰县部分乡镇达到气象中旱；影响全市的台风有8个，其中“纳沙”和“海棠”双台风环流对漳州造成较大影响，台风影响期间全市过程降水量普遍超过100毫米，6个县20个乡镇超过200毫米，以常山开发区观竹监测站雨量301.3毫米为最大，全市主要江河均未超警戒水位；有16个县（市、区）、开发区（投资区）205个乡镇2.08万人受灾，倒塌房屋60间，洪涝灾害直接经济损失1.69亿元，其中农林牧渔业直接经济损失1.01亿元；工业交通运输业直接经济损失0.24亿元；水利设施方面直接经济损失0.33亿元，损坏堤防8处1.23千米、损坏护岸19处、水闸3座，损坏灌溉设施191处、水文测站1处、水电站1座。

防汛备汛　全市城市防汛抗旱责任人、重要江堤、海堤、水库等重点水利工程防汛责任人全部落实到位，在《闽南日报》上公示。市县乡村2300多名防汛责任人和9100多名基层防汛联络员全部落实注册登记。全市共举办培训和演练共37场次5165人次；完成11个县（市、区）和5个开发区（投资区）的防汛指挥作战成品图编制工作；组建市县防汛防台风应急抢险与灾后重建服务队伍库，落实施工队伍226支、技术队伍316支，调整充实市级防汛抢险队伍3支120人，市及各县（市、区）共成立防汛抢险队伍1764支53485人；加强军地协防，采取驻漳部队1个旅（团）对接协防1个县(市、区)、开发区(投资区)；完善市级防汛物资储备，新购置冲锋舟7艘、橡皮艇4艘、发电机2台、编织袋15万条以及救生衣、救生圈等一批物资，还购置大流量排水抢险车，并督促桂林排涝站双回路改建。进一步完善会商工作制度、工作检查制度、信息报送制度、主要成员单位联合值班规定、突发险情灾情报告制度、重大事项报告制度、加强防汛值班工作等规定。继续开展30个基层防汛责任体系示范村建设。出台《厦门会晤期间漳州市防汛防台风应急保障方案》《九龙江北溪供水水量保障工作方案》，做好厦门金砖会晤期间市台风、暴雨、洪涝灾害的防范与处置工作和九龙江北溪供水水量保障。并于汛末加强蓄水保水工作，确保生产生活用水，统筹兼顾防汛抗旱。

在防台风暴雨中，转移群众提前避险，全市共转移受威胁群众18.92万人次，解救洪水围困群众205人，减少受灾人口3200人，避免人员伤亡10起37人；汛期共调度大型水库开闸泄洪720万立方米；开展汛前隐患大排查和主汛期“再排查抓整治除隐患保安全”专项行动，立足“三在前”（预警在前、巡查在前、转移在前）和“四必查”（坡度比较陡、山体不稳定、容易发生滑坡的危险区域必查，屋后护坡高度超过3米的必查，村后山坡上有大面积竹子、芦苇的必查；位于山边水边、低洼地带的危旧房屋及土木结构房屋必查），发现并整改了480处防汛安全隐患。全年市防汛指挥部和市防汛办公室共发出118份紧急明电，启动15次应急响应，通过媒体发布预警221次、发布预警短信29万条9711人次，启动预警广播17次。

【水资源】

水资源管理　配合市水资源管理委员会，开展水资源管理考核工作。1月22—24日，市政府牵头分3个组开展对辖区各县（市、区），实行最严格水资源管理制度的考核工作。4月26日，省政府组织对漳州市上年度开展水资源管理工作考核，考核得分89.8分，考核等级为良好。结合国家开展环境保护督察和领导干部自然资源资产离任审计试点工作，开展入河排污口监督检查工作，对全市入河排污口进行排查，建档登记，规范管理；完成饮用水源地安全保障达标建设，诏安亚湖水库列入全国重要饮用水源地名录；完成2016年水资源公报编制工作，开展全市地下水警戒保护蓝线划定编制工作；2017年全市水资源费征收3900多万元，其中市本级征收水资源费约2300多万元。

生态与水系建设　全年列入生态与水系竞赛项目共30个，年度计划投资12.92亿元，累计已完成投资16.74亿元，占计划数的129.58%，超额完成年度投资任务。这一年，全市开工建设12个万里安全生态水系建设项目，建设长度128.81千米，年度计划总投资18212.78万元，完成投资19854.76万元，占年度计划投资109%。12个项目预拨省级补助资金6162万元，剩余省级补助资金待省里验收复核完后下达。

水政执法　开展国家环境保护督察迎检工作，组织实施全市行洪河道清障专项整治行动、江河海漂垃圾专项整治百日行动等，全市清理河道乱占乱建1463宗，清理河道内垦荒种植、违规养殖369件，清理水上漂浮物（含水葫芦）4.6万吨，清理弃土、垃圾约5.6万吨。在河道采砂整治方面，依法制止非法采砂行为146件次，查处非法采砂案件73件，其中5件违法情节涉嫌非法采矿罪移送公安机关侦办，刑事处罚7人。

【建设与管理】

水利工程建设　全年实施重大水利项目66个，年度计划投资32.9亿元，累计完成投资34.24亿元，为责任目标的104.02%。主要实施长泰县枋洋、龙海市九九坑水库，九龙江北溪中游华安段二期防洪工程、九龙江防洪工程漳州段（一、二期）等30个在建项目建设，完成投资

22.08亿元，占计划数的106.2%；云霄县峰头水源工程、万里安全生态水系项目等28个计划新开工项目建设，完成投资10.55亿元，占计划数的106.2%；推动九龙江防洪工程漳州段（三、四、五期）、漳浦朝阳水库等8个项目前期工作，完成投资1.61亿元，占计划数的136.7%。

工程建设管理 水库常态化除险加固。全年实施小型水库常态化除险加固6座，总投资1169.02万元，年度计划投资1131万元，累计投资1169.02万元，6座水库主体工程已完工。水闸除险加固工程。推进全市“十三五”大中型病险水闸除险加固前期工作，包括大型6座，中型41座。完成3座大型、7座中型水闸除险加固工程初步设计并报省水利厅审查。水库安全鉴定、验收、注册登记及水利工程养护。完成水库安全鉴定31座，完成水库除险加固竣工验收54座。这一年，市水利工程维修养护省级项目涉及水库、海堤、水闸，补助金额210万元。小型水利工程管理体制改革。全市已完成包括小型水库、小型水闸、中小河流及其堤防、小型农田水利工程等6695处小型水利工程的改革试点工作，全年推进漳浦、云霄、诏安3个县的改革任务。

农村饮水安全建设和解决国家建档立卡贫困人口饮水问题。全年农村饮水安全项目建设投资完成8137万元（含地方投资），受益人口5.5万人，上级补助资金1422.8万元；解决国家建档立卡贫困人口242人的饮水安全问题。

农田水利设施维修养护。实施云霄、诏安、平和3个扶贫县620个行政村水利设施维修养护，完成1248万元（其中云霄县326万元、诏安县442万元、平和县480万元），专项补助资金1240万元。

节水灌溉工程。完成4个高效节水灌溉项目建设任务1300公顷，其中喷灌140公顷，微灌366.67公顷，管灌793.33公顷，完成投资3308万元。

省级农田水利建设项目。实施中型灌区2处（龙海前线、漳浦彭水）、小型灌区10处、山地水利工程8处，受益面积1000公顷，省级补助1100万元。

冬春农田水利建设。开展2017—2018年冬春农田水利建设，全市累计投入7.32亿元，占计划的105%；累计投入劳力866万工日，占计划的104.7%；完成土石方1020万立方，占计划的105%；砼41万方，占计划的103.5%；完成水毁修复297处，占计划的108%，已解决农村饮水安全人口10.09万人；疏浚河道154千米；加高加固堤防36千米；水库除险加固9座；治理水土流失面积83平方千米；新增水电装机容量（含技改增容）960千瓦；清淤沟渠101千米；新增、恢复灌溉面积0.22万公顷，改善灌溉面积0.51万公顷。

安全质量监督 加强对在建工程的质量监督，开展工程质量监督检查102次，开展实体质量联合抽检28次。水利安全生产。按照“党政同责、一岗双责、齐抓共管、失职追责”要求，开展“安全生产月”活动，组织参与网络安全生产竞赛。开展安全生产大排查大整治百日行动和安全生产大检查，15个工作组142人次对各地各单位进行督查抽查，发现一般隐患或问题169处，下发整改通知60份。全年市水利行业未发生生产安全责任事故。8月1日起，市水利工程全面推行电子招标投标，同时推行新版水利工程电子招标投标示范文本，规范了市水利工程招标投标活动。

【农村水电】

水电站下泄流量在线监控监管工作 结合国家环境保护督察工作，开展对全市水电站下泄流量在线监控装置运行管理情况检查，督促整改存在问题，并按时向市环保督查迎检办报送整改情况。

农村水电增效扩容改 “十三五”全市共上报水电站增效扩容21座。2017年改造完成8座，完成投资3241万元。

老旧小水电退出试点任务 全年市小水电站退出试点工作任务有2座（平和县南胜溪支流龙心电站和虎尾水电站），5月份已完成拆除并验收。

生态流量核定工作 开展水电站生态修复调查摸底工作。市水利局、环保局联合印发《漳州市水电站生态下泄流量核定工作方案》，启动水电站生态下泄流量核定工作，并要求于下一年6月底前全面完成，全市已建水电站生态下泄流量核定工作。

小水电行业安全监管 开展农村水电站安全生产标准化创建，完成南一、浙溪2座电站标准化建设；对龙海、云霄、诏安、南靖、平和、华安、长泰等县（市）安全生产进行督查抽查并督促整改；开展电站水库大坝安全鉴定，完成鉴定报告29座，完成审定26座。

·海洋经济管理·

【概况】

2017年，漳州市海洋与渔业部门实现海洋经济总产值1946亿元，比上年增10%；实现海洋经济增加值755.1亿元，比上年增10%，占全市GDP比重23%以上。实现渔业经济总产值604.3亿元，比上年增长9.8%；其中渔业产值268.45亿元，比上年增4.95%，约占全市农业总产值的三分之一以上，可拉动农林牧渔总产值增长1.8个百分点。水产品总产量200.88万吨，比上年增4.95%；水产品加工量100.3万吨，比上年增5.9%；水产品加工产值322.7亿元，比上年增13.1%。渔民人均纯收入2.3万元，增长12.1%。

【高效优质服务】

落实“简政放权、放管结合、优化服务”工作要求，围绕古雷炼化一体化基地、漳浦六鳌重装码头工程、东山5000吨级对台码头等用海重点区域和重点项目，创新用海审批服务，提高项目用海审批效率。重点做好古雷石化园区回填料海砂开采用海市场化配置工作，通过细化任务清单、倒排时间节点，在不到2个月的时间完成了环评、海域使用论证、出让方案报批等前期工作。于7月19日，挂牌出让414.4公顷海域使用权，为古雷填海造地提供保障。这一年，全市获得省政府确权审批16宗，确权面积699公顷。

【现代渔业发展】

发展远洋渔业，新投产远洋渔船3艘，已建造完工下水远洋渔船28艘，全部赴外海作业。全年远洋捕捞量5万吨，比上年增82%，创产值2.6亿元。巩固发展石斑鱼、鲍鱼、南美白对虾等优势品种，全年新增规模化养殖533.33公顷，新增名、特、优品种产量2.8万吨，创产值4.8亿元。加快建设现代渔业产业基地，现有渔业产业园区14个，其中新增福建丰盛和漳州美丽家香2个水产品加工园区。推进智慧渔业，重点加快“诏安宝智水产循环控温工厂化育苗”“东山逸昌水产标准化循环水智能养殖”，系全市“十项竞赛”中的涉渔项目建设。这一年，诏安宝智水产项目累计投资约4220万元，完成年度计划的263.7%；东山逸昌水产项目累计投资1310万元，完成年度计划的159.8%。

【重点项目建设】

以龙海绿新、诏安宝智等水产企业为龙头，重点推进建设海洋与渔业项目四大类22个项目，年度计划投资21.4亿元，全年完成投资22.63亿元，占年度投资计划的105.7%。海洋综合性大项目取得新突破，龙海市隆教湾国际海洋大世界项目签约落户，计划总投资150亿元，规划总用地200公顷；东山县大澳渔港级产业融合示范区项目，上榜农业部农业领域第一批PPP试点项目，预计总投资16.5亿元；市海洋与渔业（龙海）执法基地一水工码头项目开工建设，项目总投资3000万元。市海洋与渔业执法支队新建造的沿海300吨级渔政船“中国渔政35501”顺利下水。县级海域监管能力项目通过验收。

【海洋生态保护】

落实“五海”（海湾、海岸、海岛、海滩、海水）保护目标责任制，将13个“五海”保护项目纳入“全市年度抓生态”工作中，全年共完成投资7.87亿元，完成年度计划投资的112.75%。“厦门金砖会晤”期间，开展江河、海漂垃圾专项整治行动，确保河道、海上无漂浮垃圾。这一做法，获得省海洋与渔业厅主要领导肯定。出台《漳州市九龙江—厦门湾污染物排海总量控制试点工作方案（2017年—2020年）》，强化源头控制河海兼治，努力实现“水清河畅、碧海银滩”目标。在九龙江设置放流平台，加大增殖放流社会参与力度。全年共投入425万元在东山湾等水域增殖放流花鲈、鳙鱼等苗种11.4亿尾。东山县澳角村，荣获农业部“全国最美渔村”称号。

【安全生产管理】

全面落实安全生产，建立渔船安全生产机制，促进渔船安全生产规范化管理。在全省率先出台乡镇船舶管理办法，推进乡镇船舶安全管理创新。完成海洋与渔业应急指挥决策系统建设，有力保障渔船安全生产。这一年，加强执法力度，扎实开展“碧海”“蓝剑”等海洋专项执法行动。全市共查处海洋与渔业案件441起，收缴罚没款833.2万元。6月，龙海至漳浦一带发生赤潮，赤潮发生后第一时间启动漳州市赤潮灾害应急预案二级应急响应，较好地将赤潮灾害影响降低到最低

6月6日，市海洋与渔业局组织增殖放流活动

市海洋与渔业监管部门进行渔船安全检查

限度，维护赤潮期间社会稳定，得到市主要领导的肯定。

【队伍自身建设】

推进学习教育常态化、制度化，落实党建工作制度。大力改进作风，提升工作效能和服务水平。市海洋与渔业局被农业部评为全国农业先进集体、漳州市海洋与渔业执法支队“亮剑2017”系列渔政专项执法行动工作成绩突出，获得农业部通报表扬；刘亚良被人力资源社会保障部、农业部授予“全国农业先进工作者”称号。市海洋与渔业局、市海洋与渔业执法支队和市海洋与渔业预警中心、龙海市海洋与渔业局4个单位和20名个人在护航“厦门金砖会晤”安保工作中表现突出，被省厅通报表扬。加强海洋与渔业文化建设，《漳州海洋与渔业文化丛书》被评为年度国家海洋优秀科技图书。以市委巡察为契机，落实全面从严治党主体责任，及时印发《中共漳州市海洋与渔业局党组落实全面从严治党主体责任清单》，根据巡察组反馈意见，制定出整改措施66条，修订或新制定19项规章制度，反馈的27个具体问题均得到有效整改。

· 林业经济 ·

【概 况】

2017年，漳州市林业经济把巩固和创建森林城市作为加强生态林业建设的重要抓手和载体，推进造林绿化美化，巩固和拓展林业生态优势，推进漳州“生态＋”建设。全市完成造林1.54万公顷，占计划的172%，圆满完成义务植树、国家储备林基地项目和特殊珍稀林木培育项目建设任务。华安县西陂和漳浦县中西两个国有林场被确认为国家级重点林木良种基地。降香黄檀母树林和大花序桉种子园通过省林木品种审定委员会审定。龙海、云霄、诏安、华安等四个县（市）编制的《省级森林城市（县城）建设总体规划》已通过专家组评审，各项创建任务正有序推进。市政府出台《关于切实加强林业系统县级自然保护区建设和管理的通知》，规范了自然保护区的管理。出台《漳州市古树名木保护三年行动（2017—2019年）实施方案的通知》，完成3年行动第一批3个试点县的保护任务。芗城区1株苏铁古树，获评“苏铁树王”称号。

【特色产业发展】

花卉产业发展　全市注册登记花卉企业超千家，种植面积2.09万公顷，销售额64.3亿元，比上年增长14.8%；产品出口50多个国家和地区，出口花卉2230批次6755万美元，比上年增长14.1和1%。

林产加工业建设　全市林业工业产值近700亿元，累计增长15%。木制家具产量686.38万件，人造板产量132.49万立方米，机制纸及纸板产量340.67万吨。

林下经济发展　通过漳州电视台“三农天地”栏目加大宣传，抓示范基地建设带动，引导林农突出发展金线莲、巴戟天、铁皮石斛、观音串等特色产业，全市林下经济经营面积11.34万公顷，实现产值70.7亿元。

森林旅游项目建设　华安县国家森林公园和东山县国家森林公园完成总体规划修编并通过评审。龙海市圆山林下生态园即将开园。长泰县天柱山森林公园、华安县华特休闲旅游等一批项目启动。

【深化林业改革】

推进国有林场改革。现有20个国有林场整合优化为16个，国有林场分类、定岗定员、森林资源等任务基本落实。林权制度改革进一步深化。市政府办印发《关于进一步贯彻落实完善集体林权制度意见的通知》，巩固和扩大全市集体林权制度改革成果。推进林业投融资改革，优化林权抵押贷款环境，成立3家林权收储机构开展收储试点。开展新型林业经营主体标准化建设，10家经营单位被省、市评为标准化建设单位或示范单位。重点区位商品林赎买改革试点任务超额完成。东山县完成重点区位商品林赎买租赁面积891.99公顷，占计划任务的123.83%，拨付资金1320.07万元。

【资源保护管理】

森林火灾得到控制　全市共发生森林火灾12起，受害森林面积25.7公顷，未发生重大森林火灾和人员伤亡事故，未突破省控指标，森林火灾起数、受害森林面积持续保持低位。林业有害生物防控任务圆满完成。全市主要林业有害生物成灾面积、成灾率均低于省控指标；防治面积、无公害防治率均达到或超过省控要求。松材线虫病受害松林林分改造和松枯死木清理均按要求落实。全面完成全国性林业有害生物普查与市级核查工作。

和谐林区建设措施得到强化　及时落实“12345”服务平台的回应，畅通群众诉求通道。强化涉林矛盾纠纷和安全生产的隐患排查和化解，加强防灾减灾工作落实，实施综合治理平安建设各项措施。开展打击涉林违法犯罪等专项行动，维护了林区的安全稳定。

【队伍自身建设】

加强党建促工作　深入开展“两学一做”“创先争优”创建文明单位等活动，加强党员干部职工的学习教育，组织开展学习习近平总书记系列重要讲话、《中国共产党廉洁自律准则》《中国共产党纪律处分条例》，以及廖俊波先进事迹，进一步增强党员干部的党性意识，提升干事创业精气神，推进林业各项工作的顺利落实。

加强服务窗口建设　落实林业服务窗口制度和“审批比服务，提效加速度”的工作要求，加强市、县两级林业服务窗口人员的业务指导和培训，不断提升林业窗口服务水平。市林业局强化用林服务保障助推古雷项目建设的做法在全市第四轮督查通报中受到表扬。

落实林业精准扶贫工作　落实生态扶贫政策和结对帮扶工作，优先聘用37名贫困人员作为生态林护林员。推进发展林下经济助推精准扶贫示范工作，优先安排640万元用于3个省级贫困县林下经济项目建设补助，带动贫困户增收。

加强网络信息安全工作　建立健全网络信息安全管理各项制度，加强日常的监管和维护，确保了网络和信息的安全。

加强林业站和执法队伍建设　市政府出台《关于进一步加强乡镇林业站建设的实施意见》，进一步规范林业站建设管理，已建成云霄县陈岱等4个国家级标准站。组织实施全市林业系统执法人员的专业考试，提高执法人员业务水平和持证率。

林业法制建设　制定《漳州市林业法治建设实施方案》《2017年漳州市林业法治建设重点工作安排》，强化林业法制工作落实。加强规范性文件的备案审查及清理工作。

3月12日，檀云坤书记在龙海林下国有林场与妇联同志协同植树

（林业局　提供）

·森林公安·

【概　况】

2017年，漳州市森林公安践行“敏锐维稳、主动治安、实力应对”的理念，以贯彻落实《关于深化森林公安改革的指导意见》为主线，持续高压打击涉林涉动违法犯罪，深入推进森林公安基础信息化、警务实战化、执法规范化、队伍正规化四项建设，着力提升森林公安执法能力和水平，圆满完成各项任务。全年共办理森林三类案件595起，其中刑事案件103起，破90起（重特大案件4起、破4起）。全市有6名民警工作成绩突出，被省森林公安局记个人三等功；2名民警在重大活动安保期间，被省森林公安局分别记三等功和嘉奖，为建设“田园都市、生态之城”的富美新漳州做出贡献。

【专项整治，震慑犯罪】

专项打击工作　全年开展“2017利剑行动”“林地管理专项整治行动”“打击破坏候鸟迁徙”“打击非法买卖象牙”“林区禁种铲毒”“严厉打击毁林和非法占用林地专项行

3月30日，云霄森林分局联合市林业局野动站、市司法局、边防官兵，在国家自然保护区红树林开展“依法保护候鸟，守护绿色家园”福建省第三十五个爱鸟周宣传活动

动”“迎接中央环保督察”等一系列行动。共出动森林公安民警16687人次，车辆5231台次，办理治安案件9起，查处林政案件493起，清理木材经营加工场所169处，清理野生动物加工经营场所198处；收缴野生动物3900余只（头），收缴木材1800余立方米，为国家挽回经济损失1000多万元。有力地打击各种涉林违法犯罪活动，促进林区社会治安的稳定。

专项整治工作 5月下旬，在南靖县召开全市开展林地管理专项整治工作部署会，成立以局长为组长的专项领导小组，部署全市专项整治活动方案，围绕森林公安重点工作，结合辖区实际与中央环保督察整改等工作同步推进，全市共办理非法占用林地案件32起，其中刑事案件16起，行政案件16起，一批林业管理乱点得到整治，林业秩序进一步好转。

群众信访工作 把做好涉林信访工作作为改善民生，维护社会公平正义的一项重要工作。坚持“属地管理、分级负责”原则，采取切实有效措施，做到事事有回音、件件有落实、有反馈。市局共接到信访18件，接待群众来访18批39人次，办结率100%。

【综合治理，稳定林区】

重大活动期间安保值班备勤 制定下发市森林公安机关重大活动期间林区安保维稳的有关通知。根据省森林公安局、市公安局的部署要求，启动全市森林公安机关林区社会治安防控等级响应，执行24小时值班备勤和领导带班制度，实行零报告制度，强化应急值守，完成了全国、全省重大活动期间林区社会治安的安保任务。

持续开展禁种铲毒行动 按照“属地原则”，依托24个森林派出所及20个国有林场护林员队伍，将禁种铲毒与森林防火宣传、林业普法等工作有机结合起来，深入林区周边乡镇、村组，逐村走访宣传。共出动人员9457人次，出动车辆5003台次，巡查山场6430余次，整治重点部位场所46处，铲除非法种植毒品原植物，有力震慑涉毒违法犯罪分子，为林区内罂粟“零种植”、大麻“零产量”奠定坚实的基础。

落实综合治理（平安建设）责任 严格按照《2017年漳州市党政领导综治（平安建设）责任书》要求，结合工作实际，围绕重大活动安保维稳，以社会管理综合治理和平安建设工作为主线，责任到人、措施有力，确保社会管理综合治理和建设平安工作取得良好成效，市局综合治理工作，被市综治委评为“一类平安”单位。

【规范执法，监督检查】

开展执法监督 定期对个案进行网上巡查和参加省局组织的执法考评，加强刑事案件执法监督和案件审核，实行案前、案中、案后全程监督，对执法办案中存在的一些执法问题进行通报，强化执法责任，落实整改工作。开展全市林业执法办案卷宗互评工作，并多次邀请市检察院、法院工作人员和市政府法制办专家对局执法办案情况进行检查指导。

落实环保督察 对照“省林业厅林业生态问题清单”“中央第五环境保护督察组转办涉林信访件任务分解表（森林公安部门）”，成立专人专班，细化分解任务、明确责任主体，实行逐案跟踪。针对重大疑难案情，多次召开专题会议研究协调案情，成立案件督导组，深入一线，驻点参与指导办案，实地协调解决办案中遇到的困难和问题，如期完成任务。

“农村工作·农业经济”类撰稿人：
吴红燕 陈艺虾 宋伣鉴 兰天荣
供稿：
市海洋与渔业局

工业和国有资产管理运营

·综 述·

【概 况】

2017年，漳州市经济和信息化委员会深入落实新发展理念，把发展经济的着力点放在实体经济上，坚持“周监测、月分析、季调度”稳增长调结构，“全系统、全覆盖、全过程”抓项目扩投资，采取精准管用的措施，主动服务发展大局，工业经济总体运行平稳、稳中有进、稳中提质。全年工业增加值1425.19亿元，增长8.1%，其中规模以上工业增加值增长8.7%。在规模以上工业中，分经济类型看，国有企业增长25.7%，集体企业增长3.2%，股份制企业增长10.0%，外商及中国港澳台地区商人投资企业增长6.2%，私营企业增长10.6%；分轻重行业看，轻工业增长10.8%，重工业增长6.2%；以门类看，采矿业增长37.1%，制造业增长8.5%，电力、热力、燃气及水生产和供应业增长11.3%。

规模以上工业的36个行业大类中有19个行业增加值增速在两位数以上。其中非金属矿采选业增长42.9%，有色金属矿采选业增长23.7%，医药制造业增长23.6%，仪器仪表制造业增长18.3%，木材加工和木、竹、藤、棕、草制品业增长17.5%，文教、工美、体育和娱乐用品制造业增长16.4%，废弃资源综合利用业增长16.0%，家具制造业增长15.9%，水的生产和供应业增长15.7%，食品制造业增长15.6%。

规模以上工业“4＋4”产业实现增加值1230.66亿元，增长8.9%。其中四大主导产业实现增加值987.61亿元，增长8.1%，分别为石化工业106.28亿元，增长11.7%；食品工业455.05亿元，增长11.5%；装备制造业310.66亿元，增长6.3%；特殊钢铁115.63亿元，下降4.1%。四大新兴产业实现增加值433.29亿元，增长7.7%，分别为生物医药20.47亿元，增长23%；新能源15.9亿元，增长16.1%；电子信息产业77.92亿元，增长15.3%；新材料320.46亿元，增长4.7%。高技术行业产值411.69亿元，增长15.4%，占规模以上工业总产值的比重为7.0%。

【产业发展】

食品产业 全市形成水产品加工、果蔬食用菌加工、休闲食品制造、粮油饲料加工、罐头制造、肉制品加工、精制茶等食品产业体系，涵盖16个大类、40多个小类，企业3000多家（其中规模以上企业620家，占全市规模企业数的27%）；规模工业产值达1735.1亿元，规模工业增加值455.05亿元。食品工业规模企业利税总额223.5亿元，占全市、全省比重的28.8%、39.2%；其中税金总额75.5亿元，增长2.6%，占全市、全省比重的30.2%、49.7%。全市省级龙头企业有8家，省级成长型企业有10家，食品企业拥有省级以上商标263件。

生物医药 系全市四大战略性新兴产业之一。全年规模以上企业13家，实现产值41.41亿元、增长33.4%，比全市平均水平高出24.4个百分点，增速位居全省第一；产值约占全省医药工业产值404亿元的11%；增幅高出全省平均水平23.4个百分点；出口交货值4.72亿元，约占全省医药出口的13.73%。医药产品以中成药、中药饮片产品居多，涵盖中成药、中药饮片、化学药品制剂、医疗仪器设备及器械、生物制品（含海洋生物药品）等，化学药品制剂（西药）、医疗仪器设备及器械生产逐年增长；生物制品及海洋生物制剂逐渐起步。片仔癀药业、同溢堂药业、水仙药业、健源堂生物、乐尔康药业、健安莱药业、山之灵生物7家亿元以上企业产值占全市生物医药产业规模工业产值超八成。其中片仔癀药业，是市医药行业唯一省级龙头企业，利用上市公司优势，拓展国内、东南亚等海外市场，全年上市公司

古雷港码头　　（九龙江集团 提供）

营业收入约37亿元，比上年增长61.8%。入选2017年国家工业品牌培育示范企业。

电子信息　电子信息产业是市战略性新兴产业，已成为推动工业高质量跨越发展的新生力量。全年规模以上电子信息企业68家，总产值274.25亿元（月报数据），规模工业增加值77.92亿元（月报数据）。在省内排在厦门、福州、宁德、泉州之后，为第5名，约占全省电子信息制造业产值7%。全市规模以上信息产品制造业主要分布在锂电池、LED、智能小家电、数字视听产品、数字仪器仪表、电子石英钟表等行业，涌现立达信、灿坤、万利达、漳州科华、漳州科能等一批行业龙头企业，其中灿坤、万利达获得省电子制造业20强企业，进入全国产品出口500强企业行列。

石化产业　全年市规模以上石化企业208家，规模工业产值369.3亿元，增长11.3%，规模工业增加值106.3亿元，增长11.7%。现已具备一定的产业基础，形成4个子行业。即化学原料和化学制品制造业，为全市石化产业发展的核心部分，主要龙头企业有腾龙芳烃、翔鹭石化、长庆化工、龙翔实业等；橡胶和塑料制造业，龙头企业有正新（漳州）橡胶工业、闽华超纤、安安（中国）等；石油加工、炼焦及核燃料加工业，有海顺德、华索沥青等。

装备制造　全市规模以上机械装备生产企业438家，规模产值1144.9亿元，增长7.4%，占全市规模工业总产值的比重为19.4%，成为全市第二大主导产业。从全省占位看，漳州机械装备产业占全省的14.3%，位于福州、厦门、泉州之后，居第四位。这一年，全市14家机械装备产业龙头企业实现产值377.58亿元，占机械装备产业的33%，平均单家产值为27亿元，其中正兴车轮集团年产值199.7亿元，三龙集团产值为50.32亿元。先后有33家企业建立起企业技术中心，其中国家级企业技术中心1家（龙轴），省级14家，市级18家。

造纸及纸制品　全市造纸及纸制品规模以上企业90家，规模工业产值352.7亿元。年造纸能力约380万吨，占全省40%以上，位列全省首位。拥有国家高新技术企业2家、上市企业2家、省市级企业技术中心4家。包装纸的产能占到全市造纸产能的80%以上。在技术装备方面，产能大的造纸厂配置有较好的制浆或造纸设备，一般多采用长网造纸机和较为完善的制浆设备，并配有（或部分配有）自动化控制（DCS）系统。造纸及纸制品企业主要分布在台商投资区、龙海、长泰、南靖、华安等地。

汽车汽配　全市汽车汽配规模以上企业41家，实现工业增加值88.8亿元，比上年增长30.8%，增幅高出全市平均水平22.1个百分点。逐步形成了以正兴车轮、正新橡胶、金龙客车、新福达汽车等企业龙头，引进国内外整车组装和配件生产知名企业，产业规模不断壮大。漳州汽车汽配产业主要包括整车（含客车、专用车）、汽配产品、新能源汽车生产等三大系列。主要分布在芗城、台商投资区、龙文、龙海、华安等地。年底，全市亿元汽车汽配企业21家，已经形成了以正兴车轮、正新轮胎为龙头的汽车零部件生产基地，以科晖、三龙为龙头的专用汽车生产基地，以及以金龙客车、新福达汽车等企业为核心，集底盘生产、整车制造、市场营销、售后服务等门类比较齐全的汽车生产营销基地。

特殊钢铁　全市钢铁产业共有规模工业以上企业42家，实现工业总产值 482.2 亿元，增加值 115.6 亿元，均占全市规模工业的比重近 10%。现有产能粗钢 402 万吨，轧钢 632 万吨。全市钢铁行业涉及黑色金属冶炼铸造、钢压延加工和铁合金冶炼。已发展成为全省不锈钢板薄板和铁合金生产加工的重要基地。

钟表产业　全市生产石英钟、表、芯及其配套企业 157 家，其中规模企业 23 家，规模工业产值 28.18 亿元，比上年增长 20.9%。已形成了以芗城区的金峰工业区、龙文区的蓝田开发工业区、龙海市的九湖工业区、长泰县的官山工业区、漳浦县的台湾钟表工业园区（其中有永镇、村哲等世界知名的台湾钟表企业）为核心的五大钟表产业聚集区，全行业正以产业集群的阵式扩大市场份额。行业拥有省级实验室 3 个，省级企业技术中心 2 个，省级工业设计中心 1 个，市级博士后工作站 1 个、国家高新技术企业 6 家，专利 2077 项（其中外观专利 1547 项，实用新型专利 475 项，发明专利 55 项），发明授权 7 项。漳州石英钟配件的全球占有率高达 70% 以上，石英钟指针式机芯产量占全球 65% 以上，石英挂钟占全球 30% 左右的份额，产品 90% 以上外销，出口区域覆盖 165 个国家和地区。

·二轻工业·

【概　况】

2017 年，漳州市二轻集体工业联社以企业改革为重点、以服务发展为目标、以完善机制为抓手，加强绩效管理和综治（平安建设）工作，落实安全生产责任制，健全各项规章制度，落实整改巡察中存在的问题，推进各项工作扎实有序开展。全市家具、钟表、工艺美术、文教体育用品、皮革制品等行业实现总产值 442.62 亿元，累计增长 26.5%，实现出口交货值 126.50 亿元，累计增长 10.9%。其中家具制造业工业总产值 138.34 亿元，累计增长 25.23%，出口交货值 62.91 亿元，累计增长 16.2%，产销率达 98.4%。全市生产石英钟、表、芯及其配套企业 157 家，其中规模企业 23 家，规模工业产值 28.18 亿元，比上年增产 20.95%。出口交货值 18.48 亿元，累计增长 23.0%，产销率达 98.6%；已形成了以芗城区的金峰工业区、龙文区的蓝田开发区、龙海市的九湖工业区、长泰县的官山工业区、漳浦县的台湾钟表工业园区等为核心的钟表产业聚集区。工艺美术品制造业工业总产值 78.79 亿元，累计增长 37.97%，出口交货值 9.25 亿元，累计增长 0.39%，产销率达 98.5%；保持平稳增长态势。

【企业改革发展】

加强对企业资产的监管　制定出台《漳州市二轻集体工业联社关于进一步加强直属企事业资产管理的实施意见》；组织 3 次集体企业财经法律、法规学习；开展 1 次财务管理工作自查活动；组织力量做好停产企业改制专题调研，进一步摸清家底，建立直属企业租赁合同存档制度；建立市直二轻 9 家未改制企业情况台账和企业固定资产台账；检查企业厂房出租率、租金到位率情况，全年二轻企业厂房出租率 81%，租金到位率 96%。

加强对已完成改制企业的服务指导　协调有关部门，为市二轻供销公司 12 户职工办理公有住房报批手续；为市羽毛球厂 7 户职工办理公有住房报批手续；协助市皮鞋厂（集团）公司 18 户职工解决房屋拆迁安置问题，企业久拖不决的历史遗留问题得到解决。

稳步推进市镜艺厂改制工作　按照企业改制方案，分阶段、分步骤推进企业改制。这一年，为 45 位从未参保及部分未缴的在职职工办理了社保补缴；为 5 位可以参加居民养老保险的超退休年龄职工办理参保手续；给付 8 位未参保、无养老金的超退休年龄职工一次性养老金；办理退还 31 位退休职工代垫社保费用；补偿安置租户 6 家，市镜艺厂基本完成职工劳动关系买断和补缴职工社医保工作。

推动八宝印泥做大做强　制定并印发《漳州市八宝印泥厂振兴计划》，从品牌宣传、传承创新、市场拓展、电子商务、跨界联合、人才培养等方面进行推进，扩展新的发展空间。全年市八宝印泥厂克服市场疲软的影响，组织力量开发传统印泥和多彩印泥系列产品 26 款，产量 1200 千克，比上年增长 8%，产值 260 万元，比上年增长 10%，产销率 100%，品质进一步得到提升。

【服务保障民生】

服务已改制企业 36 家和未改制企业 9 家，共 2470 名职工。为 60 周岁以上退休干部职工开具计生补贴证明 436 份，为办理提前退休干部职工提供特殊工种的相关资料 97 份；为退休干部职工提供财产公证等相关资料 35 份。协调做好政府慰问企业特困职工 115 人，特困企业 2 家、困难户 4 户，把党的温暖传递到困难企业职工心里。做好离退休归侨职工困难补贴发放工作，共发放 36 人 42800 元；指导二轻系统抓好维稳工作，确保厦门金砖会晤和中共十九大召开之际未发生任何群体性上访事件。有条不紊地做好古城保护项目家具总厂的宿舍楼、围仔内（原二轻办公地址）的拆迁安置工作。指导市第二蚊香厂积极配合西湖片区拆迁工作，做好实施企业改制的前期准备工作，维护发展稳定的大局。

8月4日，市二轻联社举办惠企政策宣讲会

【力促行业升级】

加快促进家具、钟表等特色产业的转型升级，开展2次专题研究，组织职能科室进行梳理和研究，对家具、钟表、工艺美术等特色产业加强工业运营调度，掌握时序进度，深入企业开展“追问题、解难题、促发展”活动，切实帮扶企业渡难关，促转型，谋发展。同时，加强政策宣传，持续开展“政策不睡觉、落地有成效”活动，针对省、市出台的鼓励企业转型升级政策，召开“惠企政策宣讲会”2次，引导企业用好用活惠企政策。力推钟表产业发展。4月份，承办中国轻工业联合会在漳州举办的第三届中国（蓝光杯·漳州）钟表设计大赛。历时6个月后，共征集国内外参赛作品570多件，经过32位海内外资深专家评审团的评选，选出110件入围作品（其中国内组85件、国际组25件）。评选出国内组特等奖1名、金奖5名、银奖13名、铜奖21名、优秀奖45名；国际组至尊奖6名、纪念奖19名，赛事规模实现初步国际化，进一步提升了漳州“钟表之城”的创新力和影响力。加强行业指导，推动漳州钟表同业公会建设福建省钟表博物馆，推动漳州恒丽电子建设省级工业旅游点。指导“漳州家具”“漳州钟表”抱团参展，拓展海外市场；指导家具、钟表企业加快专利成果转化，两个行业专利产业化转化率达80%。并且，强化龙头带动，推动漳州钟表、家具龙头企业实施创新驱动战略。引导企业加大研发投入，推进“产、学、研”融合，促进产品研发水平的提升，进一步发挥传统产业优势。指导企业加大工业电子商务推进力度，推动骨干企业自建电子商务平台或入驻阿里巴巴、“漳州味”电子网上商城及“敦煌网漳州数字贸易产业带”，拓宽企业销售渠道。配合商务局，做好向商务部申报漳州钟表出口基地复审的全盘材料。

12月19日，副市长陈水树（左十）为第三届中国“蓝光杯”钟表设计大赛获奖选手颁奖

·电力工业·

【概 况】

2017年，漳州电网新增投入运行的电厂5座（锦屿光伏电站，机组容量30兆瓦；美营光伏电站，机组容量20兆瓦；红岩光伏电站，机组容量10兆瓦；益盛垃圾焚烧发电厂，装机容量40兆瓦；三宝钢铁余热电厂安装3台机组，容量52兆瓦）。新、改建220千伏输电线路68千米（漳山线32.5千米，山锦线35.5千米）；110千伏输电线路101.4千米（格隆Ⅰ路18.4千米，隆风线4.4千米，奇林线9.98千米，角杏

线22.7千米，兴铁支线15.1千米，角阳线8.1千米，青澄线18.4千米，屿深线5.6千米，益盛支线0.2千米，和榜Ⅰ路6.12千米，和山线6.59千米，赤南线4.25千米）；35千伏输电线路41.9千米（霞陂Ⅰ路7.39千米，乐芦线21千米，里重Ⅰ路13.5千米）。新投产220千伏主变压器3台，容量540兆伏安（东区变电站3号主变压器，容量180兆伏安；马崎变电站2号主变压器，容量180兆伏安；山南变电站2号主变压器，容量180兆伏安）。110千伏主变压器7台，容量366兆伏安（隆教变电站1号主变压器，容量50兆伏安；林头变电站1号主变压器，容量50兆伏安；青阳变电站1号主变压器，容量63兆伏安；青阳变电站2号主变压器，容量63兆伏安；金源变电站1号主变压器，容量50兆伏安；山后变电站1号主变压器，容量50兆伏安；正新变电站2号主变压器，容量40兆伏安）。

全市社会用电量208.2亿千瓦时，发电量60.8亿千瓦时，其中水电发电量30亿千瓦时、风电发电量7.7亿千瓦时、火电发电量18.24亿千瓦时、生物质能3.09亿千瓦时、太阳能1.77亿千瓦时。漳州供电公司售电量185.7亿千瓦时。最高负荷402.38万千瓦(发生在9月27日)，比上一年的387.31万千瓦，比增3.89%。网供最高负荷335.5万千瓦（发生在9月27日），比上一年多46.7万千瓦、比增16.17%。网供最低负荷67.8万千瓦（发生在1月29日）。网供日最大峰谷差132万千瓦，占最高负荷（179万千瓦）的73.7%。电压合格率为99.97%，同比上升0.01个百分点。

【经营管理】

规划运作　成立电网规划专业网，全面完成配电网诊断分析和电网规划，完成中心城区及龙海等4县（市）重点区域的目标网架规划。落实省电力公司与市政府电网发展高层会谈成果，漳州供电系统取得首个林木采伐许可证和市住建局关于输变电工程免办施工许可证的政策性支持文件，全省率先突破建设工程规划许可证办理难题。推行电网建设片区经理负责制，新开工输变电工程63项，建成投产26项，治理完成超长建设工期项目7项。提升标准化管理水平，两项工程被列入国网模块化、机械化施工试点推广，3个变电站被列入省电力公司模块化试点推广；19个输变电项目获国网优质工程，格林—卓歧110千伏线路工程获省电力公司优秀设计二等奖。常态开展配网项目建议书编制、评审与储备，配网项目建议书评优获省电力公司第二名。21个配网项目通过省电力公司优质工程验收、3个项目获省电力公司十佳优质工程。完成新一轮农网改造升级“两年攻坚战”任务，获国网公司“两年攻坚战”先进集体称号。

安全生产　全年开展安全生产大检查、查纠严重违章7起，排查整改隐患655条。顺利通过省电力公司应急能力评估，成功应对“纳沙”台风等自然灾害，完成中共十九大、厦门金砖会晤、中央领导到漳州调研等保电任务。完成37座变电站精益化评价；实现48座变电站全遥控及运检一体化上线，全面推行变电站集中检修模式。开展配电线路频繁停电专项整治，10千伏线路百公里故障率、频繁停电线路故障率同比分别下降58%、68%，全省下降幅度最大。工程前期技术监督精益化试点满分通过国网验收。完成县公司信息系统双核心双链路改造，实现核心网络“零中断”目标。

质效管理　超额完成省电力公司下达的电费回收任务，电费回收率全省第一。超额完成电能替代目标值和“多表合一”采集接入，建成3个港口岸电示范项目。建成产品质量监督检测中心、金峰标准化仓库，东山县电力公司实现仓储信息化建设。实现集体企业非招标采购集约管控。配合国网巡视和集体企业审计，推进各专业问题清单梳理全覆盖。集体企业积极开拓市场，组建3个县公司项目部，与台商投资区签署电力建设工程战略合作协议，业扩项目市场容量占有率比增60.45%；完成企业资质升级，设计院取得勘察设计、监理乙级资质，恒信公司取得电力工程施工总承包三级资质。

【优质服务】

加快“全能型”供电所和星级供电所建设，全面实行台区经理制和综合柜员制，1个所获国网公司五星级供电所，9个所获省公司五星、四星级供电所；诏安县白洋所、本部颜厝所、龙海市角美所创建特色示范供电所。全面推行社区服务，26个市级以上工业园区派驻19名总经理联络员，及时满足重点客户用电需求。组建业扩联合服务中心，提速业扩流程。加快“多表合一”示范区建设，推动水务公司开展“申请一站办、服务一个组”的“两个一”服务。

·国有资产管理运营·

国有资产管理

【概　况】

2017年，漳州市国有资产监督管理委员会系统以“稳增长、抓融资、促项目、强管理、提质效”为工作主基调，扎实做好各项工作，圆满完成全年任务，取得经济效益和社会效益的双丰收，实现资产总额1659亿元、营业收入277亿元、

古雷石化园区

融资总额434亿元，投资总额269亿元。

【资本运作】

突出项目建设　全年市属重点国有企业完成投资268.95亿元，超额完成投资计划15.56个百分点，项目总数107个（其中政府性投资项目60个，投资123.94亿元）。四大集团承建的古雷石化项目、厦漳同城大道、南江滨大道、厦蓉高速拓宽、国省干线联六线、联十一线龙文段、金峰大桥及连接线、古雷石化园区（北区）填海造地、诏安湾特大桥连接线等一批省市重点项目，带动作用显著，推动了全市经济发展。

强化融资保障　四大集团在金融监管机构收紧监管政策下，积极应对，克服融资渠道收窄、融资成本上升问题，不断增强融资能力，全年完成融资433.6亿元，保障了项目投资需求、债偿需求和运营资金需求。

企业获得资本市场认可度得到提高　漳龙集团首次实现境外发债5亿美元、向交易商协会申请注册扶贫中期票据；海生科公司实现“新三板”正式挂牌交易；城投集团、交通集团通过资产规模、业绩提升，获得主体信用评级“AA＋”，四大集团全部实现“AA＋”。

【经营管理】

全年市属重点国有企业资产总额1659.69亿元，比上年增10.18%；所有者权益572.04亿元，比增9.34%；营业收入277.22亿元，比增25.62%；利润总额28.73亿元。营业收入和利润总额两项指标在全省排名第二，资产总额在全省排名第三。市属重点国有企业全年研发投入1亿多元。龙溪轴承获得专利11项，其中发明专利3项（含1项国防专利），实用新型专利8项，其“高端自润滑关节轴承研发及产业化”获福建科技进步一等奖，系全市机械行业首获一等奖；漳州发展下属东墩污水处理公司首创废糖液替代醋酸钠作为碳源补充，年节约处理费用约100万。片仔癀药业在市值管理上取得新突破，市值突破400亿元，位居全省上市公司市值第二位，中华老字号品牌价值近300亿元，全国已开业的体验馆近110家。谷文昌干部学院一期工程获华东片区工程质量监督工作年度“示范样板工程”。另外，九龙江集团参与省重点项目古雷腾龙翔鹭石化项目的整合重组工作，整改修复投入资金15.5亿元，PTA正式点火恢复生产，共生产PTA产品17.6万吨。PX项目修复工作也按计划顺利进行。

【职能监管】

强化用工和薪酬制度改革　制定《市属重点国有企业用工招聘管理办法》，规范企业用工管理制度。全年共举办对外招聘会19期，招聘岗位233个。出台《漳州市人民政府国有资产监督管理委员会关于印发〈漳州市国资委所出资企业负责人经营业绩考核办法〉的通知》和《漳州市人民政府国有资产监督管理委员会关于印发〈漳州市国资委所出资企业负责人薪酬管理办法〉的通知》等文件，改革考核和薪酬管理制度。

加强外派监事会与审计监督工作　增设监事会工作办公室，配备专职工作人员，完善各项规章制度，监事会建设取得新进展。强化对企业董事会经营层依法依规履职、决策，以及经营管理活动合法性合规性的日常监督和专项检查，全年累计参加企业各类会议489次、开展专项检查25项、促进建章立制200余项，监事会工作取得新成效。经济责任审计和专项审计逐步推进，年累计完成经济责任审计35项、专项审计168项，企业内部审计工作彰显新作为。同时，构筑监事会、纪检监察、审计监督体系，增强监督合力，提高监督效率。

强化机关效能建设　制定《2017年度市国资委重点工作任务分解方案》《国资委内设机构考评办法》，把干部的绩效工资与KPI考评结果相挂钩。同时，强化信息报送，开展优秀调研文章汇编、市国资委规范性文件汇编、投融资成果汇编等工作，扭转政务信息工作被动局面，切实提升机关效能工作水平，全年市国资委信息工作排名位居市政府第二系列17个单位第一。有2篇文章被《八闽快讯》专报采用，有113篇被市《漳州信息》《漳政要讯》《政讯专报》采用。

【民生工程】

承担起生态文明建设的重要使命　全年投资建设的“五湖四海”、林下生态园、芝山公园（二期）等一大批“生态＋”项目已基本完成，使良好的生态环境和丰富的生态产品成为全市人民美好生活的增长点、经济社会持续健康发展的支撑点。

参与重点民生工程建设　投资建设“五馆一歌”、市社会福利中心、“达达通”公共自行车、组建漳州市环境集团、西番莲棚户区改造、“一江两岸四桥”及夜景工程等系列民生工程项目，普惠民生，让群众有更多的获得感和幸福感。漳州古城保护建设（一期）项目，累计完成投资22.55亿元，荣获“2017年中国人居环境范例奖”；闽南文化生态走廊获“中国人居环境范例奖”。

参与精准扶贫工作　全年市属重点国有企业分别捐赠市慈善总会、市扶贫基金会等公益性机构，累计金额853万元，用于开展爱心帮扶公益事业；选派两名副处级干部分别到南靖、诏安开展扶贫帮扶工作，共筹措项目资金200多万元，投入到驻点村的产业发展、基础设施和民生建设项目。国资委党员干部挂钩帮扶诏安县光亮村，开展慰问贫困群众17户，全年发出慰问金4.08万元。

【组织建设】

基层组织建设制度改革　下发《关于加快推进市属重点国有企业党建工作总体要求纳入公司章程有关事项的通知》，境内的独资所出资企业已全部完成将党建工作总体要求纳入公司章程工作。在推进企业党政领导“双向进入、交叉任职”方面，9家市属重点国有企业，都有党委成员通过法定程序进入董事会、监事会、经理层，占党委委员总数80%；党委书记和董事长由1人担任的占100%。抓好基层党组织建设“全面覆盖、有效覆盖”工作，针对国资系统项目工程公司多的特点，大力推行“支部建在项目上，党旗飘在工地上”活动。

学习教育常态化制度化　认真落实“三会一课”、领导班子民主生活会、组织生活会、谈心谈话、党员党性分析等基本制度，增强组织生活的政治性、时代性、原则性、战斗性。

坚持党管干部、党管人才　出台《关于进一步规范市属重点国有企业非市管管理人员选拔任用管理工作的通知》，进一步规范国有企业选人用人行为，并开展专项检查活动。代拟《漳州市国有企业人才队伍建设七项措施》，经市委人才工作领导小组研究通过。加强校企联合，与浙江大学签订《人才合作战略协议》，开创市行政机构与知名高校合作先例。

推进企业文化建设　开展“国企十佳标兵”评选活动，弘扬工匠精神，营造争先创优氛围。组织国企运动健儿参加市运会，获得14枚金牌，取得行业组金牌和总分第一的好成绩，发扬国资系统拼搏有为的优良传统。

漳州市九龙江集团有限公司

【概　况】

2017年，漳州市九龙江集团有限公司认准定位，致力承担服务古雷开发区、漳州高新区及市委市政府批准的重大项目投资、建设与管理任务。依靠创新提升产业发展质量、通过项目带动增强发展后劲，全面深化推进企业发展，内控体系

3月14日，市人大常委会财政经济委员会莅临九龙江集团进行市属重点国企调研
（九龙江集团　提供）

逐步优化，重点项目建设有序推进，资产规模和各项效益指标平稳较快增长。全年合并资产总额654亿元，比年初增长4.2%，占市属国资系统国有企业的40%；净资产总额224亿元，比年初增长10%；营业收入103亿元，比上年增长53%，占市属国资系统国有企业的37%；利润总额22亿元，比上年增长12%，占市属国资系统国有企业的77%；净利润17.6亿元，比上年增长13.4%；上缴税费10.33亿元，占市属国资系统国有企业的70%；上缴财政2.58亿元。

集团本部（不含片仔癀、龙轴、漳投集团）资产总额586亿元，比年初增长3%，占市属国资系统国有企业的35%；净资产总额182亿元，比年初的169亿元增长7%。实现营业收入56亿元，比上年增长48%，占市属国资系统国有企业的20%；利润总额12.75亿元，占市属国资系统国有企业的44%；净利润10亿元；上缴税费5.07亿元，占市属国资系统国有企业的34%；上缴财政2.58亿元。

【资本运作】

市金融办下达九龙江集团年度融资任务133亿元。在国家持续去杠杆的宏观调控背景下，不管是资本市场或者银行间的资金面逐步收紧，成本持续上升，集团通过创新融资品种，合理调整间接融资与直接融资搭配比例，全年实现新增融资154亿元。其中直接融资60亿元，每笔债项发行持续保持比国内同级别企业、同时间窗口、同债项的利率低10%以上；间接融资94亿元。年度综合融资成本约为5.5%，有效化解了成本持续攀升对企业效益的影响。

【资产整合】

古雷资产置换　按市委、市政府决策部署，完成古雷水务公司50%股权，南10号、11号码头，福晟海滨城189套店面和地下车库，价值总额约21.6亿元的资产整合、置换工作。

事业单位资产整合　按市属重点国有企业资产整合重组方案，落实市人民剧场生产经营类事业单位股权承接工作，并出台改制为“漳州市九龙江文化发展有限公司”的方案，正开展价格监测中心、价格认证中心等2家单位资产及6家单位的经营性资产产权划转接收工作。根据《漳州市财政局、漳州市国资委关于解决行政事业单位资产整合、划转遗留问题的通知》精神，已接收的12家单位资产移交至市财政局国资中心，3家单位资产退回原单位。

市铁路投资公司股权划转　依照市政府2017年第9次常务会议纪要精神，按现金等值置换净资产，将市铁路投资开发有限公司成建制划转市交通发展集团公司。

龙溪机器厂股权划转　为减轻力佳公司包袱，促进生产经营更好发展，将力佳公司代管的龙溪机器厂和下属公司资产，按照“人随资产走”的原则，成建制划转给市国有资产投资经营公司。

不良资产债权包处置　市国有资产投资经营有限公司1.01亿元市农行不良资产债权包的案件推进取得实质成效，20家企业40个案件全部判决生效并申请执行，已变现约9103.8万元，接近收回投入本金。

【产业投资】

以古雷石化项目为契机，拓展石化新业务。根据省、市政府决策部署，主动介入古雷腾龙翔鹭石化项目的整改修复和重组工作。为加快推进古雷石化产业项目的生产恢复，集团于2月份，同省石化集团各按50%股比出资成立福化古雷石油化工公司，注册资本金81亿元，全面参与古雷腾龙翔鹭项目（PX和PTA项目）的整改修复和重组工作；5月份，与省福化工贸股份公司按照49∶51的股比成立福化工贸（漳州）公司，专门负责对接石化项目恢复生产的原料采购与产品销售；10月份，由福化古雷石油公司出资81亿元、控股90%的方式与台方合作成立福建福海创石油化工有限公司，一期注册资本金31亿元已到资。集团也深入参与产业投资运营，派出骨干力量，直接参与整改修复项目指挥部、整改修复重组领导小组，积极投身到项目筹备、修复、运作和重组谈判工作中，第一时间帮助解决办公场所、人员食宿等后勤服务保障工作。为保障整改修复重组资金需求，先行垫付应急资金3亿元，公司累计已投入15.5亿元。整改修复和重组工作顺利推进，PTA项目已于11月份恢复生产，PX项目也将于下一年恢复生产。

推进填海造地工程项目建设。由九龙江古雷投资公司以建设单位和业主身份，承担“古雷石化园区（南区）填海造地工程项目”（项目总面积约364公顷，总造价约21亿元）代建。已成立填海造地项目建设指挥部和项目小组，基本完成前期各项工作和队伍建设，待管委会用海报批审批、通过即可动工。

以古雷置换的资产，培育水务、码头运营新业务。为保障古雷石化产业区域和后续PX正式投产的原水供应，以资产置换的古雷水务公司为依托，推动古雷区域全线通水前期各项工作，省重点项目的“古雷区域引水工程”（项目总投资3.07亿元，已累计投资2.46亿元）建设，全面加快推进。围绕水务公司主业创收，拓展水务运营新业务领域，全年实现营业收入超3,100万元，国有资产保值增资率达101%，实现扭亏为盈。完成古雷南10号、11号码头资产置换后，顺利完成资产、人员及相关档案资料等的交接，重新建立健全公司治理架构，对相关

市委书记檀云坤（右三）听取圆山林下生态园建设情况

设备开展运营检修，现已具备主营业务开展条件。

林下生态园建设，培育生态+运营新业务。按照市委、市政府要求，由九龙江圆山公司先行开展“林下生态园”建设。项目总规划200.1公顷，一期总规划用地约29.15公顷，总投资约2987万元。

漳州高新区项目的代建，培育工程代建新业务。以九龙江圆山投资公司作为项目业主、建设单位，承担漳州高新区的“靖城园区防洪排涝渠道建设工程、靖城园区三横四纵道路工程”等项目的建设，逐步培育工程代建新业务。部分代建项目总投资约24.33亿元，已累计投资4812万元，各项工作正有序推进。

参与钢构生产基地项目，培育新型建筑业务。为响应漳州生态文明建设号召，以九龙江圆山投资公司为依托，参股32%与凯第建筑工程有限公司、漳州高新区天健投资发展有限公司、杭萧钢构股份有限公司合作，成立福建省凯第杭萧钢构有限公司，参与高新区招商引资引进的年产100万平方米装配式钢结构产品生产项目，进军并培育集团钢结构产业。项目总投资1.17亿元，占地面积约10.01公顷。

省企合作，培育融资租赁、环保、配售电新业务。与省属企业合作成立福能（漳州）融资租赁有限公司、福化环保科技有限公司、漳州福化环保科技有限公司、漳州市配电售电公司及古雷海顺德催化剂公司，推动集团在融资租赁、环保、配售电、化工领域等新产业项目的落地和实质性开展，促进合作项目早日产生效益，拓宽集团业务板块，优化投资结构，提高公司运营能力，探索捕捉新型的战略合作投资方向，拓宽经营领域，提升公司后续发展能力。

集团产业链平台互动，培育贸易现金流业务。以厦门芗江公司为主体，把握自贸区发展机遇，优化集团系统内外企业联动，利用集团化工、木业等产业链平台的互动、共享与协作，拓展贸易现金流，致力推动集团化工产业精细化发展，延伸产业链。这一年，已成功取得危化品经营许可证，PX产品、有色金属、传统出口代理、粮食贸易等业务正有序铺开，营业收入实现跨越式发展。年实现超25亿元的营收目标，达25.73亿元，是上年度7.81亿元的3倍多，增长229.48%。

以高峰生态谷建设，培育生态+产业。以九龙江阳明公司为主体，投资建设平和“高峰生态谷”的“三产融合”（指农业、茶叶、旅游）项目。一期建设以茶山为核心，以“生态+产业”的发展模式，计划投资1.2亿元。年底，已投入8011万元，各项基础设施已进入施工收尾阶段，初步具备运营条件，正逐步形成集团的新业务。

以信禾房地产项目建设，培育房地产业务。信禾公司位于漳州招商局G2012-B7地块的房地产项目（占地面积约5.7万平方米，总建筑面积约19.5万平方米，总投资约9.6亿元）建设的推进，逐步培育房地产新业务领域。6月底，取得预售许可开始。至年底已推出房源514套，认购428套，认购面积4.3万多平方，认购总金额约5.72亿元。

以科技园建设，培育木业新业务领域。以福建九龙江南山公司承担的漳浦县滨海工业园区的“林业工业科技园”项目（总用地面积约170.15公顷，投资约7.2亿元）的建设，逐步培育木业产业链、土地开发和金融等新业务领域。已累计投资1.48亿元，征地153.41公顷，土石方工程施工作业面达116.32公顷并完成约300万立方的工程量。

【经营管理】

强化党风廉政建设　把党风廉政建设和反腐败工作融入集团发展建设各项工作中，以构筑“不能腐”机制为抓手，持续完善61份企业内控制度体系。逐步完善纪检监察队伍，对条件成熟企业设立监察室、配齐配强纪检监察人员，落实企业专职的纪检员和挂钩分管领导；定期或不定期推行监事会、纪委、审计、风控“四位一体”的多维监督检查机制，强化项目自主投资管理、工程建设管理、资金管理、商贸管理等领域廉洁风险防控；严格执行中央的规定和中纪委的禁令，针对问题高发的节假日开展明察暗访监督巡查，以“零容忍”态度惩治腐败。这一年，已立案2起，问责3人。强化管党治党责任担当，抓住“关键少数”，层层传导压力，持之以恒加强作风建设，形式多样开展廉政教育学习，筑牢党员干部拒腐防变的思想意识，形成风清气正的企业文化氛围。

落实安全治理　坚持专项治理与系统治理、综合治理、依法治理、源头治理相结合。全面落实安全生产，不断健全完善安全生产责任管理体系，实现3家成员企业三级安全达标认证。开展安全生产大检查、隐患排查整治工作，强化成员企业风险管控和隐患排查治理双重预防机制，做到督促责任到位、工作落实到位、隐患排查整改到位。保障安全专项经费投入，结合安全月活动，组织安全防火知识讲座和应急防火疏散演练等。完善立体化社会治安防控体系，加强信访和综治维稳工作的落实，有效预防和化解矛盾纠纷。

健全治理与决策机制　健全治理机制。按照《漳州市国资委关于漳州市九龙江集团有限公司员工招聘和定岗定编计划等事项的批复》精神，成立集团党建人事部、监察室、监事会工作办公室，同时撤销党群部；健全人才引进机制，组织开展年度招聘活动，以“宁缺毋滥”为考核原则，择优录取17名具备良好综合素质的新员工充实到本部及下属成员企业。健全决策机制。严格按照有关法律法规的要求，不断健全和完善公司决策机制，提高企业规范运作水平，年度共形成64次董事会决议、董事长办公会议纪要44份，对公司的机构设置、人事任免、股权划转、投融资业务办理等各种重要事项进行决策，严格按照《中华人民共和国公司法》《中华人民共和国证券法》等有关法律法规，及时、准确地披露年报、季报和重大影响经营的信息，充分发挥董事会的决策指导作用，保证各项业务的稳步开展。

福建漳龙集团有限公司

【概况】

2017年，福建漳龙集团有限公司，现有企业注册资本38.29亿元人民币，总资产415.6亿元，净资产154.4亿元，营业收入119.6亿元，利润总额3.84亿元。通过发行短融、中票、企业债、定向工具、境外美元债、私募公司债等品种，完成融资135.49亿元。其中“巨龙”项目—5亿境外美元债的成功发行，开创了福建国有企业“走出去”发行海外美元债券之先河。

漳龙集团已发展为供应链运营、建工建材、产业投资、花木景观、资产物业五大板块，布局工程建设、产业发展、花木景观、电商物流、工商贸易、资产运营、物业服务、金融控股、医养健康等九个产业。

【板块发展】

供应链运营板块　全年商贸集团旗下漳龙三宝进出口公司积极参与厦门国有建设工程的钢筋采购投标，在自营业务方面取得较大突破；厦门漳商贸易公司开展白色家电控货贸易，呈现良好的发展态势。

建工建材板块　建投集团经过努力，完成劳务资质增项，建筑装修装饰工程专业承包资质升为一级；承建“漳州商贸物业管理大厦”工程获得第十八届漳州市“水仙杯”优质工程奖，谷文昌干部学院一期工程获华东片区工程质量监督工作年度“示范样板工程”。通过创优夺奖，抓好质量管理工作，打造有经验、有技术的项目管理团队，夯实了发展基础。

产业投资板块　漳州发展继续运营好水务、地产、汽贸、漳发建设四大板块的同时，主动介入内河环境整治和装配式建筑市场，注资收购装配式企业泷澄建筑工业公司；进一步拓展污水处理业务，加快靖城南区污水厂新建工程、南靖农村污水整治、云霄云陵工业区污水处理、漳浦污水处理厂一级A提标改造等项目建设；成功实施花都置业项目50%股权转让，优化公司业务，公司资产质量显著提升；努力解决制约公司发展的遗留问题：花都置业被收回的三个地块出让金返还、东区污水处理厂TOT特许经营权转让价款返还等问题均得到妥善解决。股权投资方面。参股漳州兴证片仔癀股权投资基金、投资参股厦门漳龙海投新兴产业股权投资基金。参与县级投融资平台建设，已与南靖县签订合作协议，为二次创业增添新的经济增长点。产业发展方面。木业科技园致力打造绿色、环保、集群、高效的规范化木材加工产业园区，其中一期项目占地约187.09公顷，完成签订入园协议用地102.05公顷；圆山公司着力推进五峰农场422.41公顷土地确权工作，以及北大漳州医院、漳州北大产业园及健康颐养社区的前期工作，其中古湖地块即将由高新区实施挂牌出售，待顺利摘牌后，将进入实质性的二级开发阶段。

花木景观板块　新镇宇公司推行市场化的绩效考核体系，取得较好的效果，这一年实现扭亏为盈；大农景观持续推进各项绿化景观工程项目建设，高质量完成“圆山文化中心”绿化工程、英桥花海、漳州北花海、龙江南路、南环城路景观提升工程等8个项目，受到市委檀云坤书记充分肯定。

资产物业板块　实行收支两条线管理，开展全面预算，设立专账，集中管理，加强财务核算，提高资

由漳龙集团旗下福建大农景观公司承建的英桥花海项目

金利用率，通过资金归集管理，获取理财收益，资产收益部分优先用来解决国企改革改制的遗留问题，确保国企改革改制平稳有序。资产公司还通过慰问困难户、发放下岗职工生活费、支付社保医保和补偿金、恢复住房公积金缴交、解决房改问题等，全力做好划转企业的职工安置及维稳工作。

【投资融资】

全年以项目建设为抓手，投资公益性项目包括南江滨路、厦漳同城大道圆山段2标段、“五馆一歌”、古雷填海造地、谷文昌干部学院等省市重点项目；经营性项目包括靖城组团区域开发、沿海大通道龙海段、诏安江滨大道等项目。建立投资会商研判制度，为投资项目决策提供科学依据，实施项目过程评估、后评估，根据情况及时调整投资运营模式，优化项目运作。全年共计融资135.49亿元，其中直接融资80.09亿元，主要包括发行第二期境外债1.5亿美元、第三期境外债2亿美元、定向债务融资工具10亿元、短融26亿元、超短融10亿元、永续中票10亿元；间接融资55.4亿元。8月，联合资信评估有限公司给予漳龙建投集团主体评级AA，进一步增强权属企业自主融资能力。

【经营管理】

提升管理效率　漳龙集团上下树立守土有责、守土负责的观念，班子成员及各部门、权属企业通过分级授权，分级负责，压力层层传导，责任层层压实，确保每个工作节点都有专人负责，迅速落实。

提高风控水平　通过成立依法治企工作领导小组、监督检查工作领导小组、金融业务风险审查工作组，设立风险控制委员会、投资项目分析联席会等方式，不断完善风险管控体系，优化管理流程，持续提升风险管控意识。

加强制度建设　集团历时5个月完成对集团公司运行的65项规章制度的全面梳理、修订和汇编工作。

规范选人用人　严格规范动议酝酿、民主推荐、组织考察、讨论研究、任前公示5个关口，牢固树立选人用人的正确导向。同时坚持德才兼备、以德为先的原则，任人唯贤，选好忠诚干净担当的干部。

【企业文化】

重视企业文化建设，开展象棋比赛、拔河比赛、乒乓球赛和职工篮球赛等丰富多样的文化活动，进一步增强企业的凝聚力，提升员工对企业的归属感，为推动企业中心工作起到良好的辅助作用。开展喜迎中共十九大主题演讲比赛，充分展示员工精诚团结、齐心协力、爱岗敬业、敢于担当的精神风貌。倡议集团公司全体党员佩戴党徽上岗，树立党员形象，提高党性观念。建立学习型组织，通过每周夜学、专题学习、各类培训等方式加强自身素质和企业凝聚力，进而为企业文化建设奠定坚实的基础。这一年，漳龙集团被评为省级文明单位，并被市委、市政府授予“厦门会晤服务保障工作先进集体”称号。

福建漳州城投集团有限公司

【概　况】

2017年，福建漳州城投集团有限公司围绕“打造实力城投、建设富美漳州”的发展理念，抢抓漳州城市开发与建设快速发展的机遇，承担城市建设和运营任务，突出基础设施建设驱动，激活产业要素市场，做好“生态＋”文章，放大“生态＋”效益，全力参与推动城市发展的“生态＋”重点项目建设，促进生态与国有资本的融合发展，助推集团产业发展转型升级。全年共投资项目28个项目，涉及“五湖四海”、中心城区公共停车、保障性住房、市政道路工程、环境保护5个重点领域，完成投资48.93亿元。资产总额突破300亿元，比上年增长36%。主要经济指标持续向好，项目建设快速有序推进，业务板块不断拓展，管理水平稳步提升，企业规模日益壮大，为建设富美新漳州做出新贡献。

【开发建设】

响应市委、市政府建设“五湖四海”、提升中心城区战略部署，将“生态+”具体化、项目化。在改善宜居环境的同时，改变市民休闲娱乐生活方式，让百姓看得见风景、摸得着幸福。全年基本完成九十九湾闽南水乡、南山文化生态园、碧湖生态园景观提升、东立交桥道路改造及市民公园工程、西院湖生态园一期、人民广场四季花海等一批重点生态投资项目，并对外开放，吸引了省、市级领导、各界人士前来参观考察，市民真切感受到近年来的巨变，纷纷点赞。古城保护开发项目，荣获住建部“2017年中国人居环境范例奖”；闽南水乡示范段项目，获得全省“园林杯”景观优质工程奖；“五湖四海”项目在漳州2017年十大民生项目评选活动中，获得网络投票、专家投票、综合排名三项评比第一。军民携手共同加快西湖建设进度，与驻漳部队共出动100多台机械，300余名建设者，全天候“三班倒”，用近4个月时间，完成核心湖体开挖近80万立方米，千亩湖体初现雏形。在做好政府性项目的同时，集团进一步整合企业内部资源，拓展经营性业务，不断优化产业结构。成功通过碧湖、闽南水乡和西部片区开发改善漳州人居环境，助力城投地产的起步，有效提升城投地产的品牌影响力。通过合作共赢模式，与大唐集团集合双方优势资源，打造成为现金流型及利润型并重的房地产项目——碧湖印象。11月，首次开盘不到2个小时211套房源被一抢而空，迅速回笼资金。碧湖城市广场写字楼项目率先试点引入BIM技术，完成BIM技术在项目中的设计模型试验。首次自主开发、自主操盘、自主经营的房地产项目－AAAAA甲级写字楼九龙东方财富中心，主体结构于11月封顶。通过3个项目的试水，初步积累房地产开发、建设、营销的宝贵经验，为打造房地产品牌奠定可靠的基础。此外，城投集团以“城投速度”“城投模式”“城投品质”，加速城市建设。前锋立体停车楼、瑞京路立体停车楼、西街立体停车楼、碧湖公园两个地下车库等公共停车项目，建成投入使用；利民佳苑保障性住房限价房已基本完工；市区夜景照明工程、西洋坪路立面整治、政府大院环境整治、水仙大街两侧绿化改造提升、厦漳同城大道（圆山段）第三标段、龙昌路（迎宾路－新浦东路）等项目基本完工；古城周边道路、沿街建筑、大型综合体、东宋河景观带、弓形泮池整治等项目基本完工，展示千年古城的宏伟风貌。碧湖小学、市妇幼保健院和儿童医院幕墙工程，获得省“闽江杯”优质工程奖；龙溪师范附属小学新建教学楼，获得省建筑施工安全生产标准化优良项目称号。同时，以发展EPC模式为目标，完善设计、建材、施工等产业链布局。完成了受托管理的施工图审查中心、工程咨询中心、水利水电勘测设计研究院、规划设计研究院4家单位的改制工作，整合集团设计板块资源，提升了集团项目的设计服务能力。在以保障集团项目建设建材供应为基础，开展建材生产和贸易“两条腿走路”的运作模式。从单一经营混凝土生产、钢筋、水泥等主材贸易逐步拓展包括卫浴、灯具、开关面板、电线电缆、管业等辅材贸易，实力打造“城投碧湖建材城”。初步形成建材产业链，创造3.57亿元的销售业绩，比上年增长213%，实现良好开局。在取得房屋建筑工程施工总承包一级资质后，通过资质并购新增市政公用工程施工总承包一级资质，扩容施工行业的资质资源，探索新型劳务清包、劳务分包模式，提升施工资质和施工能力，打造出一条集勘察设计、施工、建材供应于一体的施工总承包产业链。

12月23日，西湖工程已完成中心湖体开挖

【运营管理】

以智慧城市建设、运营管理为导向，通过资本运作盘活资产，推进公共停车设施、浦南门站、充电桩等城市运营服务项目建设，强化户外广告点位建设经营、碧湖公园建设管理、漳州古城运营管理、房屋租赁资产经营管理，完善资产管理平台、手机直播平台、智慧停车管理平台等创新网络平台建设，在提升城市运营服务的同时增强自身造血能力。金证智诚公司开发“漳州停车”APP软件、招标采购系统，双双获得计算机软件著作权，城市综合运营能力逐步提升。

以碧湖生态园为实验田，通过联合公安、消防、城管、属地管理等部门对生态园进行联动管理；通过提前介入式管理，对园区内绿化进行提前养护；通过倡导文明遛狗、整治流动摊贩、创新巡防系统等方式，形成行业法治、社会共治、市民自治“三治融合”的“碧湖管理模式”，成为全省一面旗帜。这一年，碧湖生态园管理处获得“市级文明单位”“花样漳州－十佳亲子休闲地”“龙文区先进综治单位”等荣誉称号。成功将模式复制到人民广场四季花海、西院湖生态园、南山文化生态园等地，让市民尽享现代管理下的生态福利。在全市最大的拆迁安置社区下洲花园引入“碧湖管理模式”，以花园式社区管理为基础，在社区内打造全省首个安置房“社会主义核心价值观主题社区”，打造全市首个集“人文特色、消防知识、消防卡通”为一体的社区消防文化主题公园，为小区居民打造一个寓教于乐、主题鲜明的宣传教育平台，提升安置小区人文环境。

11 月，成立环境集团。完成主城区垃圾收运点的摸底调查、垃圾屋的选址、直运车辆的选型和采购、直运路线规划与编排，在推进垃圾直运工作的同时，关闭主城区 31 座垃圾中转站，初步建立起一套行之有效的、主城区生活垃圾集、疏、运一体化的直运体系；以胜利路、钟法路、古城街道、水仙花大桥、九龙大道、北环城路等道路保洁为试点，开展循环清扫保洁工作，得到市民广泛好评；建设餐厨垃圾、污泥处置项目，将餐厨垃圾及污泥变废为宝，实现环境效益、社会效益和经济效益“三共赢”。

【融资运作】

集团不断提升融资能力，探索 PPP 项目融资、企业债券、中期票据、短期融资券、私募债、融资租赁等多种融资渠道，构建多元化融资体系，进一步节省融资成本，增强融资能力，使融资行为更趋于市场化、多样化、规范化。集团成立不到 3 年，便获得“AA＋”企业主体信用等级。全年直接融资 25 亿元、间接融资 50 多亿元，获得相关金融机构授信额度 120 多亿元。

【监督管控】

机构整合重组　全年对职能部门、下属单位进行调整，组建 11 个职能部门，整合重组地产集团、环境集团，与原有的建工集团、建材集团、运营集团组成 5 个二级集团，逐步构建“管干分离”的管理架构。成立集团督查室，负责项目督查考核工作，实行专项督查制度，每月形成《督查专报》，实现职能部门对项目建设进度的有效跟进，及时发现并协调解决项目建设过程中存在问题；成立监察室，强化综合监督，运用“1＋X”常态监督机制，开展各类督查，“咬住责任，用好问责利器”，加大对违规、违章的人和事进行及时纠偏、通报、处罚，营造出了遵纪守规、风清气正的良好干事创业环境；成立风控办公室，充分发挥审计法务的监督监管职能，建立事前防控、事中把控、事后审计的全过程监督体系，重点加强对项目建设、资金收支、工程招投标、资产处置、合同签订等关键环节的监控，有效规避企业风险，维护合法权益。

加强条线管理　强化职能部门对二级集团、子公司的指导和管理，从工作清单、工作亮点两种角度，引导条线管理的标准化和创新化的创建工作，形成一套纵向协作机制，职能部门条线管理规范初步建成。

强化绩效考评　从经济指标、投资指标、企业管理发展指标、工作亮点、总部条线管理等多维度进行绩效考评，以业绩、结果为导向，将考核结果与员工绩效奖金相结合，按季度执行绩效考核管理、年度总清算，强化考核刚性，绩效考核导向作用初见成效。

安全生产　开展制度建设、预防管控、隐患排查治理、应急管理等安全检查，以及信访接访、应急事件处置等综治维稳工作，推动主体责任的落实，总体安全生产和综治维稳局面良好。生产上，坚持安全生产工作会议常态化，建立健全安全生产制度体系，创新安全生产隐患排查方式，开发推广“二维码”巡检云平台，将安全管理的规范固化到系统中，安全管控点随项目推进滚动式台账管理，落实全员安全生产责任制，自查－督查－整改闭环管理，整改闭合率达 100%。

漳州市交通发展集团有限公司

【概　况】

2017 年，漳州市交通发展集团有限公司资产总额 279.29 亿元，净资产 88.77 亿元，年营业收入 27.38 亿元。全年投资项目共 28 个，总投资 400.3 亿元（其中公益性项目 17 个，合计投资 332.8 亿元；经营性项目 11 个，总投资 67.5 亿元）。累计完成投资 54.1 亿元，完成年度投资任务的 135.1%。拥有下属全资一级子公司、控股公司 24 家。主要涉及交通基础设施建设、道路客运、物流贸易、港口码头经营管理、海上运输、旅游等领域。

【运营发展】

转型升级发展　面对市场冲击，调整经营策略，加大力度发展新能源汽车充电业务、壮大旅游包车业务、汽车定制租赁业务；寻求多元投资，与民企合作办学、合作改造海澄老旧车站、合作投资经营 4S 店项目等。

发展港口业务　开展船舶防污染、劳务派遣、海上测量、海上供油等业务。全年港口服务业务营业收入 3150 万元，比上年增长 530%；码头经营业务，集装箱吞吐量达到 5000 标箱，比上年增长 53%。这一年，启动水产品贸易业务，营业收入达

2.7亿元。

打造自营品牌　购置测绘专用无人机，实现“海陆空”多空间、多方式测绘，填补了全市在这一领域的空白。所属市通正勘测设计有限公司设计的金峰大桥“廊桥芗韵”景观造型、跨江滨路人行天桥“飘带”景观造型，得到了市领导的充分肯定。

【融资拓展】

运用非公开定向融资工具（PPN）、私募债券、融资租赁、超短融资券、资产保险资管、理财直接融资工具等直接融资品种，扩大融资规模，降低融资成本。7月，交通集团主体长期信用评级由原来的“AA”提升至“AA＋”，成为全市非上市国有企业第一家信用评级达到“AA＋”的企业。全年完成融资65.72亿元。已获批未发行的储备债项有37.25亿元。已获批未使用的银行授信额度有78亿元。

【企业管理】

监管防患　成立监事办，服务保障监事会工作。监事会积极履行监督职责，前移监督关口，重点关注财务资金使用、重大投融资项目等方面监督；联合纪检监察、审计部门开展监督，有效防范廉政风险；集团风控委员会加大对项目的前期调查力度，及时提出项目风险分析意见及规避措施，减少决策失误；加大对落实中央八项规定精神、“三公”（公务出国经费，公务用车购置及运行费，公务接待费）经费支出、工程招投标等方面的专项审计管理，确保资金安全。出台《2017年集团公司党风廉政建设工作实施意见》，通过目标分解和责任细化，深入推进廉政教育全覆盖活动，并举行党风廉政建设知识竞赛，以赛促学，学以致用。

安全生产管理　建立健全“党政同责、一岗双责、失职追责”的安全生产工作责任体系，将安全生产第一责任人、安全管理和业务管理部门、关键岗位的责任落到实处，做到责任层层分解、层层落实。深化隐患源头治理，全面排查生产经营中存在的事故隐患。组织开展应急演练，全面提升所属单位从业人员的事故应急救援处置能力和水平。并且，大力开展安全宣传。全年实现安全生产零事故。

人才队伍建设　招聘、引进工程、财务、法务、园林设计等专业技术人员，充实了企业人才队伍；组织纪检、党群、审计人员参加市国资系统纪检监察人员、监督执纪人员业务培训班，提高监督执纪水平；开展两期安全生产管理人员资格培训，也对企业领导、中层干部进行安全培训，提高安全生产管理水平；邀请专家开展“财富可以再造、生命不能重来”消防安全知识培训讲座，增强干部员工消防安全意识。

漳州片仔癀药业股份有限公司

【概　况】

2017年，漳州片仔癀药业股份有限公司坚持传承创新转型发展，用工匠精神做中国品质，以创新意志铸长盛产业，实施并推动企业快速发展。全年实现营业收入37.14亿元，比上年同期增加14.05亿元，增长60.85%；实现净利润7.8亿元，比上年同期增加2.74亿元，增长53.99%；上缴税收4.52亿元，比增16.83%。股票市值由上年底的272.7亿增至400亿左右，增加100多亿。在股市萎靡不振的态势下，公司股票市值逆势攀升，企业稳健发展，为社会和投资者创造了财富。以350.48亿的品牌价值首次进入2017世界品牌创新500强排行榜，被列入全国和省工业品牌培育示范企业。

【强化措施，拓展市场】

渠道拓展推进销售　推进片仔癀体验馆布局。12月，全国已开业的体验馆110家，覆盖全国大部分省会和主要地级市，还有30多家通过审批进入装修阶段。与高端媒体合作，推介片仔癀品牌。通过参加厦门金砖会晤征选金砖会议国礼、冠名“片仔癀·东山岛国际半程马拉松赛”、第二届“金牌培训师”等活动，释放终端活力，片仔癀还荣获金砖国礼征选作品团队奖。用现代科学证据诠释片仔癀独特功效，精准定位。大力拓展京津冀、长三角、两湖市场，推动片仔癀从南向北、从东向西，提升片仔癀在全国的覆盖面。同时，推进普药“一品一策”“产品经理”机制，聚焦产品，重点突破，推进了普药的销售。全年共销售片仔癀4300多标件，比上年增31.33%，再创新高。从而，带动片仔癀牌化妆品、保健食品、日化产品等系列产品销售，引领中高端产品消费升级，有力推动片仔

漳州片仔癀药业股份有限公司荣获“2017年度中药优秀创新企业”

癀大健康产业发展。

资产兼并推进产业化进程 通过“上市公司＋PE”资本运营模式，围绕健康领域，开展形式多样的收购兼并、产业整合、项目孵化，推动产业链上下游延伸扩张，全年基金储备项目近40个，已投项目20个。自投项目中，完成向片仔癀（厦门）营运中心2亿元增资，设立自有基金管理公司，筹建产业发展母基金，以设立专项子基金的分层架构投资模式，获取优质并购标的，实现外延式发展；完成太尔科技股份转让工作，确认投资收益2110万元。同时，通过资本运营，有效改善营收比重，优化产业结构。已兼并重组的项目—片仔癀上海家化口腔护理有限公司，全年实现零售额近8672万元；厦门片仔癀宏仁医药有限公司创营收17多亿元，并向全省和全国并购医药流通网络。已完成全省医药流通网络的并购与布局，为产品的市场拓展提供渠道和通道。

以片仔癀功效科学证据推进科研创新 聚焦以片仔癀为核心的优势品种二次开发，围绕公司片仔癀大品种现代化研究，重点利用网络药理学、分子生物学、循证医学等技术手段，形成了以片仔癀治疗肝病和肿瘤为主线，以抗炎、免疫调节、解酒保肝等为辅线的总体规划，精准推进“片仔癀现代化”进程，全年开展涉及肝病（药物性肝损伤、非酒精性脂肪性肝炎、肝纤维化）、肿瘤（肝癌、大肠癌），以及慢性炎症性疾病领域的药理临床、质量标准等21个研究项目，共计发表学术论文10篇。完成片仔癀基础研究与临床应用编著1部，片仔癀临床应用专家共识1份，以高标准完成片仔癀治疗慢性乙肝临床试验（288例），组织配合公司12场学术会议以扩大片仔癀学术影响力，在用现代科技完善片仔癀疗效证据链方面成效初显。同时，持续开展新药和保健食品开发研究。新增立项经典名方（抑肝散、清上蠲痛汤、身痛逐瘀汤）3个、化药1类新药TRPA1抑制剂1项。推进紫堇达明中试放大研究；开展肠激安胶囊临床试验，以及产品放大工艺研究；完成温胆片工艺验证，有效的保障品种的产业化。在保健品开发方面，开发缓解体力疲劳等项目10个。“增加骨密度保健食品生产关键工艺技术研究与产业化”项目获2017年度福建省食品工业科学技术进步三等奖；在第三届海峡两岸（漳州）工业设计创新大赛中，双孢蘑菇珍华片获大赛特等奖。并且，开展创新体系建设。成立厦门大学药学院－片仔癀创新药物联合研发中心、片仔癀－上海交通大学“基于高通量组学的现代中药精准医学研究平台”、片仔癀－港专学院分子药理暨转化医学创新联合研发中心等多个关键技术研发平台；新增中国药科大学中药学院余伯阳院长、原国家食品药品监督管理总局审评中心中药临床部张磊部长、香港中文大学陈杨超教授、中国医学科学院药物研究所陈晓光教授等合作专家12名。此外，开展项目申报工作。顺利通过国家高新技术企业认定，获评“全国示范院士专家工作站”“中国产学研合作创新示范企业”等称号。共计开展59个项目申报，其中有29个获批准或评定；新增科技项目立项5项，其中国家级2项、省级2项、市级1项；有6项发明专利获授权，受让授权发明专利4项，另有11项发明专利、7项实用新型专利获受理。项目申报获批资助总金额达645万元。加强技术改造工作。投入2166万元对1车间进行扩产改造，第一阶段的改造已全部完成，设备安装正在进行中。投资1200万元对现有的技术中心进行升级改造，提高公司的检验检测水平，满足创建国家实验室的条件要求。

【保障质量，持续发展】

围绕片仔癀主业，强化麝香、三七等重要原材料的保障，持续与高校合作，开展林麝人工“繁育、取香、质量”标准化、种源繁育、营养和饲料配方、疾病防治等关键养殖技术研究，促进公司林麝养殖走上规范化、科学化的道路，保证麝香来源可靠、优质，为片仔癀的可持续发展创造了条件。公司现为国家林麝养殖行业的龙头领军企业；在云南文山建立无公害三七的规范化种植共建基地，严控农药、化肥的使用，科学采收加工，实现全过程的可追溯性，确保三七药材质量。与国家中医药管理局、陕西凤县签订产业扶贫协议，完成对漳州和龙岩对口援藏县——西藏自治区昌都市边坝县的考察，利用当地资源共建林麝养殖基地，发展农户养殖；完成对工信部项目上年度绩效考核指标完成情况的财务审计和现场验收；完成对陕西麝业1400万元的增资划拨，确保工信部项目顺利实施。另投入2000多万元对片仔癀生产线进行技术改造，扩产增量，提升产品质量稳定性和可控性；投入1000多万元，建设“片仔癀文化中心”，满足片仔癀文化发展需求。

【强化管理，责任落实】

落实长效管理提升管理能力 以开展“质量建设年”为抓手，以争创第三届中国质量奖和省政府质量奖为契机，不断提升精细化管理能力。建立和导入ISO、6S、两化融合、品牌培育、卓越绩效管理等管理体系，在实施中不断完善、改进公司管理薄弱环节，不断提升和丰富企业质量管理文化内涵，着力打造中医药行业品牌和质量标杆企业。完成申报省质量奖自评报告修改稿第四版；通过ISO质量、环境、职业健康安全三大体系认证；6S推广工作已经完成验收，正在进行相

关缺陷的整改；卓越绩效管理模式导入正在按准则需要对战略、品牌、企业文化等方面进行规范；两化融合已顺利通过第一阶段评审工作。

落实绩效管理提升发展质量 推进所属各控股子公司发展向专业化方向转化，瞄准市场需求，强化绩效导向，聚焦产品、聚焦渠道，培育核心竞争力。全年所属子公司共完成营收27.46亿元（此为汇总数，未抵消内部关联交易），比上年增86.17%。其中片仔癀宏仁完成销售16.82亿元，比上年增175.14%；国药堂完成销售2.37亿元，比上年增94.30%；化妆品公司完成销售1.75亿元，比上年增3.67%；电商公司完成销售1.6亿元，比上年增63.09%；片仔癀家化完成营收8672万元，比上年增69.73%；保健食品公司完成销售1721万元，比上年增60.88%；医疗器械公司和诊断技术公司均扭亏为盈。另外，陕西麝业顺利通过国家工信部“林麝驯养繁育标准化及麝香基地建设”项目申报，荣获全国唯一一家麝香“优质道地药材示范基地”；化妆品公司顺利通过ISO 9001质量管理体系年度监督审核，荣获“全国质量诚信标杆典型企业”“全国化妆品行业质量领军企业”“全国质量信得过产品”。

落实责任提升安全管理 坚持“安全第一、预防为主、综合治理”的安全生产总方针和“以人为本、安全发展”的理念，落实安全生产“党政同责、一岗双责、齐抓共管、失职追责”规定及要求，做到“五落实两加强”（落实安全生产责任制，落实安全生产规章制度，落实安全生产教育培训工作，落实安全生产投入经费，落实安全生产督促检查工作；加强生产安全事故应急救援预案制定和演练，加强安全文化和安全标准化建设）。扎实推进和创新安全管理工作，全年完成生产安全目标，企业安全管理水平不断提升。11月，被市总工会、市安全生产监督管理局授予“2017年度漳州市‘安康杯’竞赛先进单位”荣誉称号。

福建龙溪轴承（集团）股份有限公司

【概　况】

2017年，福建龙溪轴承集团股份有限公司实现营业收入8.9亿元，比上年增45.47%，归属母公司净利润7102万元，比上年增15.02%。其中母公司营业收入5.77亿元，比上年增49.44%，主营业务收入4.54亿元，比上年增46.36%，利润总额8895万元，净利润8168万元，营业收入和增长率达历史最高水平。先后获批国家级企业技术中心、全国首批“制造业单项冠军示范企业”（全国轴承行业唯一一家）、蝉联“全国文明单位”“全国轴承行业‘十二五’发展先进企业”、福建省科技进步一等奖等荣誉；成功配套天宫、天眼、大飞机3个项目；10月，入选福建东南卫视《砥砺奋进的五年·坚守实业：福建—“凿”出新品质》典型案例。

【营销策略，拓展市场】

全年着力抢占传统配套领域，整合集团营销资源，协助子公司开拓徐工、柳工、林德叉车市场。利用公司与柳工长期战略合作关系，协助永安轴承成功拓销柳工装载机车桥上用的圆锥滚子轴承。同时，创新引领国内潜在市场，瞄准战略性新兴产业，航空军工实现销售收入1260.6万元，比上年增20.1%。开拓高端换代重型汽车、建筑路桥、高铁动车等新兴领域，全年新产品、新市场、新项目达4025万元，占国内销售收入的17%，如免维护十字轴UW68165N在重汽高端车型中，装车量产。拓展民用机配套市场，反桨共轴无人直升机配套杆端轴承与异形件产品及新型第三代重型特种越野车上的王销产品等，已实现小批量配套。北京新机场、成都体育馆、黄石奥林匹克体育馆、郑州奥林匹克体育馆、巴中体育馆及建筑路桥等新项目获成功配套。多维开拓全球跨国公司，对卡特彼勒、约翰迪尔、沃尔沃等25家跨国公司OEM市场进行在华机构与国外市场互动调研与开拓，年新增销售收入3500多万元。此外，深入了解国际跨国公司高端自润滑产品的需求信息，利用军品技术替代世界王牌SKF、INA等，年新增销售收入1000多万元。抓住SKF、RBC在全球寻找高性价比供应

市长刘远（前排右二）、副市长陈水树（右三）带队到龙溪轴承集团公司检查安全生产工作

商的机遇，利用其品牌、渠道优势，扩大市场占有率，年新增销售收入2000万元以上。延伸拓展技术贸易业务，设立福建龙冠贸易有限公司，从事贸易、钢材购销、在制品销售、国内国际品牌代理等技术与贸易融合的业务，利用公司与钢材、钢管供应商良好的战略合作关系，与合作方紧密配合，择机采购钢材，推动公司业务向产业链上下游延伸拓展，年新增营业收入1亿元。

【研发动作，强化创新】

立足高端研发和低成本制造，深化军民融合战略，强化创新平台建设，全年完成民品开发369型号、军品开发148个型号，确认图纸1549种；获得专利13项，其中发明专利4项（含1项国防专利），实用新型专利9项。“高端自润滑关节轴承研发及产业化”获省科技进步一等奖，系漳州有史以来机械行业第一个省科技进步一等奖。强化创新平台建设，全面加大前沿技术和关键特种技术研究力度，获准建设漳州市首家“福建省高端关节轴承工程研究中心”，完善了公司高端产品技术研发的功能布局；围绕公司研发业务和流程，全面实施全生命周期管理系统PLM的构建；加大前沿技术研究力度，与厦门大学、航空工业601所合作研制开发新一代长寿命高耐候性模塑型自润滑滑动轴承；与中科院兰州化学物理研究所合作研发新一代的耐高温低摩擦固体润滑材料，可耐受500℃的高温，摩擦系数不超过0.1，填补了织物衬垫仿真模拟力学性能参数的技术空白，首创运用Gasket单元创建织物衬垫仿真模型技术；关节轴承套圈尺寸智能检测系统初步建立；公司承担的国家科技支撑计划项目高分通过验收，总体达到国际先进水平，其中两项技术达到国际领先水平；与奥地利GFM公司合作，攻克高端拉杆精锻成型关键技术，系航空关节轴承组件化和轻量化的关键核心技术；完成新电镀生产线与电镀废水处理系统设备方案设计、招投标和采购合同签订；按照热处理Nadcap认证要求，完成热处理工艺设备改造、工艺优化和作业标准化。充分发挥“标准化＋”效应，提升行业竞争优势，成功组织召开“全国滚动轴承标准化技术委员会关节轴承分技术委员会二届一次会议”，关节轴承分技术委员会是漳州市唯一的国家级标委会。推动《关节轴承PTFE织物衬垫型自润滑关节轴承》《关节轴承零件热处理技术条件》两项行业标准获批立项并成为牵头制定单位；由公司参与制定的中国轴承行业首个国际标准ISO 20015已完成起草并发布实施。深化军民融合战略，聚力国防军工尖端领域，因出色完成航空3大高新工程中的某工程项目，获空军超概算经费支持1080万元。再次获批承担省重大科技专项，获国家经费支持300万元。参与中航工业集团航空低速重载、高速轻载二期项目的申报工作，获批成为国防科工局织物衬垫纤维国产化项目的参与单位。实施质的提升与量的扩张并重技术战略，实现应用领域全覆盖；完成铝合金侧板与八字轴套产业化加工与检测技术研究，PPAP样件提交获批，开始批量配套。

【经营管理，降本增效】

以全面预算管理为抓手，推进降本增效有效实施，将降本增效的任务纳入各部门（车间）主管的年度工作计划，全年“降本增效”计划立项170项，共完成增收节支3494万元。构建以变应变产能体系，提升市场快速反应能力，初步建立生产计划信息化系统，加强生产与市场有效沟通，编制贴合市场需求和突变需求的生产计划；平衡各工序生产节拍，综合提高生产效率，特别是在人力资源和瓶颈设备配置补充、外协外购拓展上逐步取得突破。这一年，一线工人净增134人，补充设备76台。开展管理体系再宣贯，从9月份开始，经理班子和各部门（车间）主管分层次进行授课，共开展34场培训。经理班子面向全公司和分管部门开展8场培训，各部门（车间）针对业务与部门特点，面向本单位技术管理人员开展26场培训。深化落实责任制，坚持“党政同责、一岗双责”，认真落实经营、质量、环保、职业健康安全、保密和党风廉政建设等责任制。完善内部审计管理，增强经营风险防范能力，滚动全过程覆盖，提高审计全面性。开展经营管理过程审计、财务审计和专项审计等，全年完成经营业务活动审计事项共23类83项。围绕服务于企业内部制度管理，推进实质审计工作，侧重经济效益审计，结合制度审计，兼顾内部控制的持续改进，实施跨部门联合审计，有效提高审计效益和内部控制评价的有效性。坚持问题导向，推动质量管理持续改进，推进管理体系标准换版认证，顺利通过ISO 9001：2015、IATF 16949：2016标准换版审核；并作为中国首5家企业之一、首家轴承企业通过了AS 9100D：2016换版审核；国内唯一一家轴承企业获颁GB/T32541-2016热处理质量控制体系标准证书和通过Nadcap热处理工艺认证，顺利通过装备承制单位资格续审，继续保持装备承制单位资格。

【优化体系，安全保密】

全年实现无死亡事故、无重大火灾事故、无重大设备安全事故、无职业病病例，各项环境指标全面达标排放，未发生泄密、失密事件。11月，取得南德认证检测（中国）有限公司颁发的ISO 14001：2015新版体系证书，公司环境管理体系与最新ISO标准体系要求严密对接，管理体系进一步完善；组织开展公司“安康杯”竞赛、“安全生产月”和多维度的分层培训等系列活动，营造企业安全文化氛围；邀请市环保局、市安监局、市疾控中心、省国防科工办、市保密局等外部专家指导工作，及时寻找管理中的差距，不断提升公司安全、环保、保密管理水平。在改进优化军工保密体系的同时，初步建立商业保密体系，细化了144条商业秘密的细目；强化物理保密保障，加强保密知识的培训，组织涉密人员各类培训13场次；完善保密职责和保密规章制度执行情况的考核机制。

【产业并购，融资建设】

公司出资5000万元，参与产业并购基金［厦门会同鼎盛股权投资合伙企业（有限合伙）］；出资2250万元，设立福建龙孚轴承有限公司，注册资本5000万元，股权占比45%，通过引进知识产权及专有技术，推进高端智能摩擦传动技术的应用与市场开发。稳步推进华安厂区的三个募集资金投融资项目建设及其他投融资项目，累计投入资金近1亿元。于10月31日，完成建设40万套产能的“免维护十字轴”项目建设配套设施并完成搬迁，实现批量生产。推进闽台龙玛公司项目批产能力的落地实施，新增12条生产线，已完成9条生产线的安装、调试；完成蓝田二厂区的电镀生产线及其废水处理项目的招投标工作，已在组织实施，预计工程建设完工后，电镀年生产能力达到200万件；年底，完成年产10万套的航空军品产业化一期技改项目。

【党建引领，多措并举】

统筹部署，夯实党建工作基础，将党委研究讨论作为董事会、经理层决策重大问题的前置程序，执行党委会议（共29次）及党政工联席会议（共13次）关于党建工作及生产经营的研究部署，保证好党委发挥“把方向、管大局、保落实”作用。配齐配强党务工作、纪检监察力量，并提取全年工资总额1%作为党建工作专项经费。组织4次对子公司及各党支部（总支）党建工作监督检查，提出44条限期整改要求，跟踪落实。多措并举，开创党建工作新局面，深入推进学习教育常态化制度化。将党建工作体系纳入集约型一体化管理体系，组织编制《党建工作标准化管理规定》《党建工作标准化考核办法》等制度，使党建工作有规可循、有标可考；紧盯关键业务和重要环节，跟踪识别廉洁风险点，不断完善廉洁风险防控体系。积极培养年轻骨干，年发展8名骨干入党，为党组织注入新鲜血液；设置“党员先锋岗”“党员项目攻关小组”，发挥党员先锋模范作用，确保重点工作、重要任务按期完成。支持纪委进行“1＋X”常态监督检查，对党风廉政建设进行动态监督；遵循PDCA改进模式，分类梳理存在的问题，下发整改通知书，限期整改，监督跟踪完成情况，扎实推进党风廉政建设落地生根。另外，实施战略性人力资源管理，招聘2名博士后进公司博士后工作站开展与公司关键技术项目相关的研究，引进1名博士到龙玛公司挂职；借助龙轴网络学院创新平台开展各类专项培训，完成集约型一体化管理体系再宣贯培训、中层及后备管理人员素质能力测评等工作。这一年，获评中国机械工业优秀企业家1人；荣获福建省职工数控技术应用技能竞赛二等奖1人、三等奖1人。

福建漳州发展股份有限公司

【概 况】

2017年，福建漳州发展股份有限公司秉承“以人为本、规范管理、创新发展”的经营理念，按照专业化经营、多元化投资的原则，以“资本运营为核心，城市运营为支柱，资金、资产、资本良性运作为目标”的现代化新型投融资公司迈进。全年实现营业收入27.38亿元，比上年减少12.9%；实现营业利润1.14亿元，比上年减少52.86%；缴纳税费1.81亿元，比上年增长86.8%。这一年，公司先后荣获“福建省最佳信用企业”“守合同重信用单位”“漳州市纳税大户”“慈善突出贡献单位”等称号。

【创新发展，稳步推进】

水务集团通过ISO 9001质量管理体系认证，进一步完善标准化管理流程，已形成包括制水、售水、污水处理等为一体化的产业链条。全年实现供水总量9230.14万立方米，售水总量6390.4万立方米，污水处理量5007.72万立方米，比上年稳步提升；实现营业收入2.13亿元，比上年增长28.25%。在确保供水与排水安全的同时，推进供水、污水项目建设，不断扩展供水区域，实现社会效益与经济效益的双提升。

自来水制水、售水业务服务区域覆盖芗城区、龙文区、金峰开发区、漳浦县及周边地区。水务集团下属水厂出厂水常规水质合格率均在99%以上，其中金峰水厂出厂水常规水质合格率 100%。全年未发生饮用水安全事故。

污水处理业务是由漳州东墩污水处理有限公司承接市区的生活污水处理，漳浦水务运营漳浦县的污水处理项目，平和水务运营平和县中北部的污水处理项目。水务集团在完成全年供水任务，保障城市供水的同时，积极拓展产业区域，培植新的经济增长点，主要有靖城南区污水厂新建工程、南靖农村污水整治项目、云霄经济开发区污水处理厂（一期）PPP 项目、漳浦污水处理厂一级 A 提标改造项目。靖城南区污水厂新建工程，靖城南区污水厂 1 万吨 / 日新建工程项目综合楼于 9 月 28 日入场施工，项目主体工程于 11 月 10 日入场施工。综合楼工程已完成桩基施工，进行桩基静载检测中，主体进行二沉池桩基施工中。12 月 5 日，水务集团（联合体漳发建设）顺利中标云霄云陵工业区污水处理项目，12 月 18 日与云霄县开发区签订《投资合作协议》，并进场施工。已完成打桩根，下一步着手成立项目公司与开发区签订《PPP 项目合同》。漳浦县污水厂一级A提标项目于12月30日挂网招标继续对接古雷石化污水处理项目及漳浦万安工业区污水处理项目。

【便民服务，优化形象】

水务集团业务　在保障城市供水的基础上，不断提升供水服务水平，开拓新的便民缴费渠道，提高便民服务质量。随着移动互联网技术的发展，微信等产品逐渐成为生活中不可分割的一部分。供水分公司、漳浦水务着手开发微信公众缴费平台，市区通过微信缴费用户将近3万户，漳浦用户近2万户。同时，通过整合微信公众平台开发消息类、查询类、业务类三大功能，提升服务形象。并且，开展市区老旧小区管网改造前期工作，包括立项、可研、预算等。完成全市住宅生活二次供水建设标准初稿，推进“建管合一”建设工作。公司以万科漳州 02 地块项目作为二次供水“建管合一”试点，提出全市高层住宅二次供水设施建设技术标准，推进市区“建管合一”建设工作。这一年，市区的新开发楼盘，已有万科、恒大、锦绣碧湖、大唐印象、鸿浦豪园等小区推行“建管合一”工作。万科项目的标准化泵房建设，获市电视台、海峡都市报专题报道，树立全市高品质泵房的标杆。

汽贸业务　扩展新的包括电销、城市展厅、汽车城等经营模式，打造汽车综合服务运营商。实行汽车集团化经营管理，旗下已有的品牌授权包括长安福特、一汽丰田、东风本田、雪佛兰、DS、观致、东南汽车、东风悦达起亚、比亚迪、广菲克、传祺、奇瑞、吉利领克、北汽新能源、奇瑞新能源、江淮新能源等，集中于福州、厦门、漳州、泉州、三明和南平，汽车总销量排在全省的前列。主要采用申请品牌—获得授权—建设品牌传统 4S 店的销售模式，各 4S 店均按照厂商的要求标准化服务建设，福特品牌严格执行 HPSS 全球高效销售管理系统和 QualityCare 售后全球管理及认证；一汽丰田秉承丰田汽车客户满意度第一，CSNO.1 的客户服务理念，推行丰田汽车 4S 中心管理模式，引进丰田汽车联网零配件体系和产品；东风本田秉承本田汽车创造的“三个喜悦”（购买的喜悦、销售的喜悦、制造的喜悦）理念；雪铁龙 DS 品牌以“敢超越，享无忧”为口号，以“尊享、品质、感动”为核心价值，以“超越顾客期待，收获顾客愉悦”为服务理念，提供一对一管家式服务、24 小时特色预约、透明车间、竞技速保、服务合同五大人性智能服务理念，关注客户用车过程中的每一细节，为客户提供最专业、最快捷、最贴心的服务。全年实现新车销售台次 18172 台，经营收入 23.33 亿，经营净利润 607 万元。

房地产　地产板块实行集团化管理，全年做好土地储备，提升产品品质，扩大楼盘营销，多渠道打造“漳发地产”品牌。集团旗下运营的有位于芗城区的地产集团（上江名都项目）、漳发地产（漳发名都项目），位于诏安县的诏发置业（尚水名都项目），位于南靖县的晟发地产（晟发名都项目）、晟达置业（晟水名都项目）。上江名都项目已竣工验收，晟发名都部分已销售，晟水名都、尚水名都及漳发名都项目均在建设期。这一年，地产板块实现收入 1.25 亿元，净利润 -2070.25 万元（因大部分项目处于在建期，未能体现收益）。

晟发地产—晟发名都项目。位于市高新技术产业园区（靖城万利达厂旁），占地 13.34 公顷，总建筑面积约 30 万平方米。项目由别墅、花园洋房、多层、高层、小高层建筑、步行街、新华都商业超市等组成。年末，住宅 1—21 号楼、25—31 号楼、41—46 号楼、商业 2—10 号楼、幼儿园、商场等建筑都已投入使用。

晟达置业—晟水名都项目。位于南靖县山城镇锦绣路江滨公园中部临江边，占地面积 9 公顷，是南靖首家浪漫花园洋房、观江美宅等高品质、高品位的住宅产品为主的花园式社区，2.7 万平方米中庭园林、4 万平方米精品商街及金牌物业管理。一期工程已封顶，外墙装修也基本完成。

诏发置业—尚水名都项目。位于诏安县重点开发的江滨新区核心区域内，地块东临东溪和江滨公园、西临正在建设中的北湖公园、南临旧城关、北临规划中的新行政中心和新国道。一期工程主体和装修已全部完成，配套工程已全面施工；二期主体框架已经全部封顶。

漳发地产—漳发名都项目。处在芗城区漳华路与九龙大道西北交叉处，占地面积 1.35 公顷，建筑面积 4.7 万平方米。年末，项目工程已进入施工阶段。

此外，福建漳发建设有限公司主要为市政基础设施管网建设和房地产配套水务工程施工，公司在漳州市的自来水供应、污水处理，以及水务工程施工方面具有优势。除了开展水务工程施工外，积极参与对外招投标业务，通过对外合作，参与装配式建筑业务，投资1.02亿元，收购装配式企业泷澄建筑工业公司45%股权。水务集团的自来水供应量占市区供水总量的90%以上，水务工程业务则承接大部分漳州市区市政基础设施的管网工程项目。

【求真务实，创新管理】

在已建立内部控制框架的基础上，不断推动建立、完善漳州发展母子公司管理平台的新思路和新方法。通过对各子公司业务的梳理，结合考核企业年度预算和目标，有针对性细化、量化各板块，从上市公司的要求及漳州发展加强内部控制的角度，按母子公司管理平台的要求，制定和实施了各子公司的经营责任制及考核方案，并将年终绩效考核与经营责任制完成情况紧密挂钩。同时，建立各下属企业的经营业绩档案，做好日常的经营跟踪考核，协调处理下属单位在运行时遇到的问题。通过定期和不定期的巡回检查及年度的穿行测试，实现总部与下属企业的有效沟通；逐步向各下属企业的管理团队转移，从业绩、制度建设、安全、预算、费用控制等全方位考核，以定量与定性相结合，做好业绩档案，将考核结果与薪酬挂钩，推进合理的业绩导向。并且，从制度、流程面上不断补充、完善，涉及经营投资管理、人力资源管理、财务管理、内部审计管理等29部规章制度，新拟党务管理等6部制度。12月4日，完成《漳州发展制度汇编》。为公司稳中求进、依法合规、从严务实提供制度保证。通过夯实漳州发展母子公司管理平台，确保各下属企业与总部在战略、目标保持一致，协调发展；导入流程管理，防范经营风险，保证资产安全和投资回报，稳健发展。

【排查整治，安全生产】

年初，制定《2017年度安全生产工作计划》。2月份，在芗江酒店召开年度各项责任书下达专题会议，公司主要领导与分管副总，分管领导与各子公司负责人签订了《2017年安全生产目标责任书》，形成各司其职、各负其责、齐抓共管、层层抓落实的工作局面。公司总部年安排30万元专项资金，重点用于安全宣传、培训、安全设备设施的添置，以及劳保用品、员工职业健康预防、安全检查等方面的投入，并要求下属各子公司根据各自行业特点，制定相应的年度安全专项资金预算。3月6日，召开贯彻落实安全生产大排查大整治"二个百日"行动部署布置暨第一季度安全生产会议。4月18日，召开安全生产工作暨防范重特大生产安全事故和迎"国检"相关准备工作部署会。10月17日，召开传达和落实市国资委安全生产第四季度会议精神和工作部署。

根据《2017年度安全教育培训计划》，公司先后举办专业老师或安全工程师讲课的消防安全知识培训班；举办由市消防协会防火中心老师讲课的消防安全知识培训班。全年公司开展安全生产大排查大整治，全面摸排危险化学品安全风险、高层建筑消防安全综合治理和电气火灾综合治理、企业施工升降设备使用专项检查，以及防台风、暴雨洪涝灾害和节假日安全保卫等事项。共检查下属子公司32家100多家次，排查出隐患300多项，下发整改通知100多份，提出整改意见、建议300条，100%完成。

安全月期间，公司总部在汽贸大晟汽车城开展"消防火灾应急逃生和处置演练"。其中水务集团开展"氯气泄漏事故应急演练"、汽贸各子公司及地产子公司等举办"消防应急预案演练"、漳发建设、漳浦水务集团组织开展"安全生产事故应急演练"。通过演练，进一步提高对应急管理工作的认识，增强应急救援部门、人员之间的协作能力，提高了整体应急救援的反应能力和指挥水平。

【奉献爱心，扶危济困】

践行国有企业社会责任，持续推进减贫脱困工作。全年捐助市扶贫开发协会29.4万元，用于扶贫项目建设；捐助挂钩扶贫村龙海市隆教乡黄坑村9.5万元，子公司诏发置业捐助30万元，用于诏安县重点扶贫霞葛镇天桥村村部店面出租，华河村、溪林村光伏发电等三个项目。捐助6万元，用于改善南靖县草前村基层党组织活动阵地等。这一年，对外捐赠78.9万元。

漳州市旅游投资集团有限公司

【概 况】

2017年，漳州市旅游投资集团有限公司进一步整合优化资源配置，合理调整产业布局，强化辖属企业优势互补，提升重要业务板块市场竞争力，对接县区优质旅游资源开发，推动省市重点旅游项目建设，打造集旅游景区、旅游酒店、旅行社、旅游电子商务、旅游基础设施建设、旅游休闲养生等全方位一体的旅游价值链，全面覆盖旅游"吃、住、行、游、购、娱"各个环节。注册资本20亿元，资产总额55.65亿元，旗下拥有13家二级公司、11家三级公司，在岗职工2000多人，年营业收入2.44亿元。

【战略合作，无缝对接】

拓宽外部融资渠道，与平安国际融资租赁有限公司、远东国际租赁有限公司分别签订战略合作协议，意向融资规模达到20亿元，其中取得10年期的融资2.15亿元；取得多家银行授信合计6.6亿元；探索设立漳州旅游产业基金，筹划搭建约6.5亿元规模的基金，吸引优质投资机构、社会资本和经营管理团队进入旗下旅游产业；加快人才战略，与闽南师范大学商学院签署“应用型人才培养基地”共建协议书，实现学校人才培养目标和企业人才需求的无缝对接；拓展周边商业合作，与厦门建发国旅集团签署战略合作协议，双方旗下企业率先开启“教育＋旅游”合作模式，全力在东南花都打造全省第一个示范性、国际化研学旅行示范基地。

【拓展经营，提升服务】

致力承办、协办国际级活动3场、市（区）级活动13场，主办活动13场，参与省、市旅游推介活动2场，与网络新媒体、漳州电视台、《闽南风》杂志合作，从多个角度进行宣传推广及舆论造势。

漳州宾馆不断提高经营效益，增加婚庆内容，研发亲民食品，做精伴手礼品牌，加大网络营销力度，不断提高企业经济效益和提升接待服务水平。完成“市两会”“全省纪委书记会议”“省委省政府工作检查”“第四届海峡茶会”“国家安全生产督察组”“国家环保督查组”“市纪委巡视组”“农博会、花博会”等重大接待任务，承接各类会议942批，接待党和国家领导人1批，省部级领导29批，厅军级81批。注重经济效益同时，也注重社会效益，接管、承办市、县（区）行政机关多处食堂，获得较高的社会评价，增加营业收入836万元。完成年经营收入1.14亿元，被授予“芗城区纳税大户”“漳州市两学一做示范基地”“省级文明单位”等荣誉称号。

芗江酒店深挖潜能、严控成本、提升服务，积极转方式、调结构、促转型、增效益，实施员工积分制管理激励机制，利用时间空当创办午间机关食堂，推进客房“套改标”增加入住率，克服大环境下的不利

第九届海峡论坛、第四届海峡（漳州）茶会开幕仪式现场

条件，实现年营业收入6898万元。

东南花都公司密集举办各类活动，做到“季季有花展、月月有活动”，树立品牌凸显卖点，提升景区盈利能力。成功举办漳州迎春花季·第二届郁金香花展、春天生态漳州全民植树文化节、“映山红”杜鹃花展、炫彩“风车节”、漳州第二届国际车展、稻草奇缘文化节、柳叶马鞭草花展、第九届海峡论坛·第四届海峡（漳州）茶会、熊猫嘉年华、首届大型水幕电影暨绝美灯光节等活动，经济收益明显提升，实现年营业收入1855.8万元。

东南花都旅行社着力加大营销力度，努力开发新客源，于5月升级为国际社。同时，重点拓展地接业务，加快营业部拓展和营业平台运营，积极考察调研域外市场，全年完成营业收入1802.74万元。

【综合规划，投资发展】

积极参加省政府PPP项目推介会、9.8投洽会、旅博会等各类论坛及会议，交流学习先进经验，吸引优秀的社会资本合作方；按计划稳步推动东山马銮湾旅游综合体、漳州市东部景观区域项目、龙文区郭坑旅游综合开发项目、诏安项目、东南花都景区改造提升项目、漳州双第百耕休闲农业园项目、酒店装修及配套工程等7个项目规划建设；策划、规划东山马銮湾旅游综合体、金銮湾、东门屿、马銮湾项目及岸上业态项目、云洞岩风景名胜区总体规划修编、郭坑旅游地产、郭坑康养旅游特色小镇、漳州双第百耕休闲农业园、芗江酒店改建、南靖土楼宾馆旅游综合体、南靖云水花间项目、原诏安宾馆装修改造、新建诏安宾馆、东南花都总规划、华安新圩旅游等15个项目；主动对接、考察全市各县域旅游资源66处，学习考察江浙、四川等旅游项目5处，为统筹旅游景区布局和提升景区规划设计能力打下坚实基础。

【严格落实，安全生产】

严格落实安全生产主体责任，加强组织领导，强化宣传教育，推进安全生产标准化建设，不断整改完善安全管理工作中存在的突出问题和薄弱环节，防范和遏制安全事故发生，实现安全生产零事故。这一年，集团顺利取得安全生产标准化三级证书。组织开展应急救护培训和企业安全生产管理人员持证培训，同时以宣传栏画报张贴，组织

观看警示片，开展专项应急演练等形式，深化“安全生产月”活动，全年参与安全生产活动超过2004人次，54人通过考核取得安全管理人员合格证书。严抓全国“两会”和节假日、防台风暴雨洪涝期间的安全生产工作，全年共组织8次安全生产专项检查和开展2次安全生产大检查，发现问题、隐患232条，均一一整改。

漳州投资集团有限公司

【概 况】

2017年，漳州投资集团有限公司有员工206人，拥有融资担保、典当、产业股权投资、财务管理、信息化服务、PPP项目咨询、房地产、健康产业和现代农业等全资、控股子公司12家，参股招商局漳州开发区、华福证券、福建广电网络集团、福建新华发行集团、漳州农商行、小额贷款和股权交易等13家公司，总资产28.58亿元、净资产24.31亿元、营业收入35.45亿元、利润总额0.68亿元，年人均创造税利额位居全市国有企业前列。12月27日，漳投集团首次荣获“2016年度漳州市纳税大户”。

【基金运营项目】

应急周转金、助保贷、小微贷款保险、小额担保贷款业务、个人创业担保基金　全年办理工贸企业资金链应急周转金57笔，发放金额达12.1亿元；中小企业贷款风险补偿基金规模9000万元，共授信14家企业，发放贷款4550万元；累计办理完成14家小微企业贷款保证保险基金业务，获得贷款5620万元，破解企业融资难、融资贵问题；顺利开展小额担保贷款基金业务，专门为符合政策规定并具有创业能力的人员提供担保贷款；个人创业担保贷款基金共受理27笔，总担保金额为310万元。

产业股权投资引导基金　现有4亿元母基金规模，已出资和拟出资累计2.5亿元，主要投向漳州开发区生态智慧产业基金、漳州旅游产业基金、漳州环境产业基金等，其中漳州开发区生态智慧产业基金是与招商局资本、漳州开发区合作设立，系全市第一支真正意义上以产业引导为目的的私募股权投资基金。另设立的产业股权投资引导基金专项基金规模1亿元，已出资7300万元，投向漳投股权投资基金，并成立市首只食品产业基金—龙海绿鑫健康投资基金。

省企业技术改造投资基金　借助技改基金投资于漳州进行技术转型升级的企业及新能源行业企业达11家，签约金额合计14.99亿元，实际投放金额6.55亿元，为实现新漳州建设再上新台阶提供金融支撑。

政策性融资担保基金　基金规模为5亿元，由漳投集团牵头设立漳州市瑞信融资担保有限公司作为市级政策性融资担保公司，承接全市政策性融资担保业务，解决企业融资难问题。与5家银行签订了合作协议，有意向合作4家银行，以每家银行基金存款规模为基准放大10倍比例，可另外提供4.5亿元的配套信用贷款授信额度。12月26日，已经受理7笔业务，其中2笔业务经合作银行审核通过并发放贷款到位，标志着全省政策性融资担保业务开展实现零的突破。

【金融和类金融】

投资参股银行、证券、小贷业务　漳投集团参股的华福证券、漳州农商行，均有不错的年收益，每年能为集团带来较稳定的分红，参股的芗城区华兴小额贷款公司和长泰县华兴小额贷款公司，这一年经营状况持续向好。

融资担保业务　做好传统融资性担保业务外，不断拓展不动产、动产、股权、票据抵（质）押、工程担保等业务。全年累积对外提供担保1.37亿元：继续推进与漳州农商行合作开展的股权质押担保业务，已在保总金额合计1.22亿元，比上年增长25%，代偿率为3.87%；开展二手房交易资金监管服务，有效保证房产交易客户的资金安全，资金监管380万元，阶段性担保额度为5359万元；建设工程担保业务有效拓展，探索与国有集团、各县（市、区）合作开展工程担保业务合作，出具保函金额为1082万元；贸易融资担

7月7日，漳州投资集团公司PPP项目融资合作协议签约仪式

保业务持续增长，担保金额为3800万元。

典当业务　上半年顺利完成对原漳龙集团下属企业福建晟发典当公司的划转接收工作，并经省经信委批准，股权正式变更给漳投集团和下属企业金信财务公司，晟发典当公司和集团下属企业漳信典当公司可实现资源共享、业务互为补充。福建晟发典当公司年累计发放当金2152万元，典当放款余额为5492.83万元，积极拓展新业务，加速清收不良当金，共收回逾期当金2576.17万元；漳信典当公司年累计发放当金4635.17万元，典当放款余额为4199.71万元。新拓展不动产典当业务10笔，共发放典当金额989.8万元，新增不良率3.14%。

会计代理记账业务　借助年初财政系统开展的部门决算、政府采购等会议培训，继续推广单位会计代理记账业务，现代理记账范围已从原来的市直单位和龙文区两地，扩展到华安、平和、高新区和台投区等多个县（市、区），已代理记账单位套账212个，比上年增长48%。

PPP项目咨询业务　控股企业漳州中财嘉丞咨询公司已入选财政部PPP咨询机构库，系全市唯一一家入库企业，全资子公司福建漳财咨询公司入选了中国政府采购代理机构。全年共承接平和县基础设施组团、华安县基础设施建设等14个PPP项目咨询，项目金额达110.77亿元，合同金额近千万元。

【产业股权投资】

PPP项目业务　10月，集团下属企业漳州鑫信房地产开发有限公司牵头组成的联合体，代表社会资本方中标南靖县S318（联十四）线靖城棋盘社至牛崎头段公路工程（全长6.35公里）PPP项目（项目总投资约4.76亿元），实现集团参与PPP项目建设领域取得零的突破。已于12月动工，仍有多个意向合作的县（市、区）PPP项目在进一步商谈中。12月31日，由鑫信房地产开发公司承建的漳华东路路西改造工程，全线试通车。

11月23日，南靖县S318（联十四线）靖城棋盘社至牛崎头段公路工程PPP项目举行开工仪式　（漳投集团 提供）

医疗健康产业　投资2000万元的高端母婴护理中心即将正式投入使用。

转型升级现代农业　漳投集团增资1200万元控股福建中润农业公司，拟拓宽公司蜜柚种植经营范围，打造集生态农业、观光旅游、科普展览为一体的生态园区，推动中润农业公司朝挂牌企业方向发展。

拓展“互联网+”业务　下属企业漳州易融通金融服务公司中标运营管理漳州市中小企业公共服务平台，全力服务全市中小企业发展，并开展数字化营销业务，发展“互联网+广告+电商”平台。时机成熟后，将争取拓展“互联网+金融”业务。

此外，在股权投资方面，还持有招商局漳州开发区有限公司5%股权、华福证券3.59%股权、漳州农商行1.26%股权、福建省新华发行集团1.04%股权、福建省广电网络集团公司1.08亿元出资额，以及芗城区华兴小额贷款公司和长泰县华兴小额贷款公司各10%股权等，产业投资多点开花、效果显著。

“工业和国有资产管理运营”类撰稿人：

曾睿捷　陈　珺　蒲　乾　陈庄园

供稿单位：

市经济和信息化委员会

市国有资产监督管理委员会

国内贸易

·综 述·

【概况】

2017年，全市社会消费品零售总额982.43亿元，比上年增长12.2%。其中，限额以上消费品零售额472.87亿元，比上年增长19.3%；限额以下消费品零售额509.57亿元，比上年增长6.4%。从限额以上主要消费品零售情况看，粮油、食品、饮料、烟酒类实现零售额80亿元，比上年增长25%；服装、鞋帽、针纺织品类实现零售额25.4亿元，比上年增长15.2%；家用电器和音像器材类实现零售额24.9亿元，比上年增长7.7%；石油及制品类实现零售额59.7亿元，比上年增长12.6%；汽车类实现零售额106.4亿元，比上年增长19.1%。

全市批发业销售额完成1146.59亿元，比上年增长10.1%；零售业销售额完成1140.55亿元，比上年增长13.4%；住宿业营业额完成16.09亿元，比上年增长20.8%；餐饮业营业额完成146.48亿元，比上年增长12%。

·商 业·

【商贸政策】

8月25日，市政府下发《漳州市促进商贸流通业发展八条措施》（漳政综〔2017〕108号），以促进商贸流通业的发展。

【电子商务】

2017年，全市电商企业1880家，从业人数3.73万人。电子商务交易额321.32亿元，比上年增长20%。全市有4个国家级农村电子商务示范县，分别是漳浦、云霄、平和、诏安；2个省级农村电子商务示范县，分别是南靖、龙海；6个农村淘宝试点县，分别是漳浦、龙海、平和、诏安、云霄、华安。全市建有农村电子商务服务站点554个，规模居全省第二位，三分之一的农村实现快递“村村通”。全市电商从业人员近40%为女性，农村电商服务站负责人中女性占比52%。为了助推电商发展，开展“漳州市十佳巾帼创业能手评选”，举办全省首场“巾帼电商创业培训班”。10月26日，举办“互联网+漳州味”食品产业产销对接会，邀请京东、阿里巴巴、敦煌网、知名电商企业、漳州传统食品企业等近300家企业参会，现场签约13个项目，意向成交金额达2870万元。

【农贸市场】

4月24日，市委、市政府就农贸市场提升改造出台《漳州市2017年农贸市场提升改造项目竞赛方案》（漳政办〔2017〕92号）。27个农贸市场提升改造竞赛项目至年底，全部完成，并投入运营。改造营业面积11.11万平方米，实际投资6897万元，占年度计划的180%。

【家政服务】

6月21日，召开漳州市家庭服务业协会成立大会。着力健全家庭服务体系，提升家庭服务质量，提高行业整体水平，促进家庭服务业繁荣发展，推动全市就业工作再上新台阶。6月，推荐上报漳州市芗城亿佳乐家政服务有限公司、漳州群力劳务服务有限公司和漳州市富万佳家政服务有限公司为2017年度示范性家政服务站创建单位。12月3日，市商务局联合市人社局、妇联和总工会举办了“家政服务提质扩容系列活动”。开展家政助残、国际残疾人日“一助一、送温暖”助残等公益行动，成立“市家庭服务业协会助残志愿服务队”，与30户残疾人家庭签订帮扶协议；组织20余家家政企业参加提质扩容拓展训练；组织4期家政服务企业走进社区开展便民服务活动；组织45名企业员工参加2017年度家政员职业技能竞赛，并评选出“十佳育婴员”、“十佳家政员”和“十佳家政企业”。通过一系列活动展示了漳州市家庭服务行业的整体形象，提升家政服务人员技能，有效推动家政服务行业发展。

【餐饮小吃】

6月30日至7月4日，2017年海峡两岸（漳州）小吃文化节在漳州牛庄文创园隆重举行。本届小吃文化节由市委宣传部、市商务局、市委台办、市旅游发展委员会、市文化广电新闻出版局、芗城区人民政府主办，芗城区委宣传部、市小吃协会、漳州牛庄文创园承办，汇集近百种闽台特色美食。8月11日，2017年度“金牌小吃”、2017年度“兴名吃”漳州最佳人气名小吃授牌仪式在兴业银行私储中心举行；8—10月，由漳州市商务局主办、漳州市小吃协会协办的2017年漳州市“十佳名小吃”评选顺利开展；10月28—29日，为促进漳州市饮食文化的传承弘扬和餐饮业持续健康发展，在市二职校举办“漳宾杯”古早味漳州特色菜肴烹饪技能大赛。

【展销活动】

8月24—28日，在新疆乌鲁木齐市举行2017亚欧商品贸易博览会，紫山集团等13家企业参加。参展产品有茶叶、水产食品、冻干果蔬、蘑菇罐头、肉制品、颗粒柚饮料、土楼特产等。参展企业接待采购商、经销商约600余家，企业现场销售约15万元，签订意向购销合同额约4000万元，签订代理商36家。11月18—22日，举办第九届农博会•第十九届花博会“漳州味”食品展。组织41家名优特食品企业参加，参展产品有果蔬加工品、肉制品、水产干品、休闲食品、罐头食品、保健食品、茶叶、饮品等。展会共吸引市民及客商20多万人次，现场成交30多万元，签订销售意向和协议400多万元。12月15—21日，举办第26届中国食品博览会暨中国（武汉）国际食品交易会。组织近30家优质食品企业参加，参展产品有蜜柚制品、茶叶、糕点茶点、果蔬罐头、即食海产品、酒类产品、肉制品、笋制品、调味品、蜂蜜、地瓜类制品等。为期7天的展销活动共接待采购商、经销商超过500家，现场销售额约30万元，意向合同金额900余万元。

【商贸安全】

10月12日，市委、市政府联合下发《关于表扬厦门会晤服务保障工作先进集体和先进个人的通报》（漳委〔2017〕54号），漳州市商务局被评为先进集体，3名个人被评为先进个人。

【“菜篮子”工程】

全市78家城市副食品调控基地出栏商品猪52万头、上市蛋品755万公斤、上市蔬菜13.85万吨，上市禽肉1800万羽，上市肉牛7200头。全面完成“菜篮子”工程任务。

•供销合作•

【概　况】

2017年，漳州市供销社紧紧围绕服务“三农”工作，认真贯彻落实《中共中央、国务院关于深化供销合作社综合改革的决定》《福建省委、省政府关于深化供销合作社综合改革的实施意见》和《中共漳州市委、市政府关于深化供销合作社综合改革的实施意见》（以下简称《实施意见》）文件精神，积极推进供销社综合改革，拓展提升为农服务能力，综合实力不断提高。全年销售总额135.0901亿元，同上年比增长34%；年利润总额4390万元，同上年比增长34.3%。培育漳浦县社为全国总社“先进集体”、南靖县社为全国总社“百强县社”、龙海市角美供销社、漳浦县深土供销社为全国总社“基层标杆社”。

【供销综合改革】

落实省委、省政府《关于深化供销合作社综合改革的实施意见》要求，持续推进，确保实效。出台《实施意见》。在省社领导指导和市政府督查室的督查下，各县（市、区）党委政府均已出台《实施意见》，落实综合改革财政专项资金。复制推广改革试点经验。依据总社、省社《关于做好供销合作社综合改革试点经验复制推广的通知》要求，制定《漳州市供销社复制推广全国供销合作社综合改革试点经验工作方案》，复制推广改革试点经验取得初步成效，出台《加强社有企业产权合作上下贯通，不断拓展为农服务领域》《关于进一步大力度推进领办创办农民专业合作社指导意见》的做法，受到省社充分肯定。树立先进典型。按照总社和省社综合改革创新评先的标准要求，加大培育力度，总结提升11条改革试点经验，取得较好成效。芗城区社、漳浦县社被省社评为“改革试点经验工作”先进单位。

【基层组织建设】

加快发展农民专业合作社联合社，加快推进农村社区综合服务平台建设，基层组织基础得到加强。提升改造基层社。按照基层社的“五有”（有场所、有人员、有项目、有制度、有工作成效）要求，提升改造基层社6个；“五有”基层社达58个，占总数51.3%。出台《漳州市供销社关于做好全市系统经营网点提升改造工作的通知》《2017年新建庄稼医院计划》和《漳州市惠农工程市级专项资金管理暂行办法》，分阶段对872个网点进行提升改造。发展壮大农民专业合作社。针对各县（市、区）供销社领办、创办农民专业合作社占全市比例偏少，观念滞后、动力不足，出台《加快推进农民专业合作社建设实施意见》，加快农民专业合作社发展建设步伐。全市领办创办农民专业合作社新增了106家、联合社3家，2个专业合作社获得省供销社专业合作社示范社。整合完善农村综合服务社。整合日用品门市部、庄稼医院、综合维修点、电商网点等组建新型农村综合服务社，实行多店联网、一网多用，节约工作成本，方便了农民生活。全市现有综合服务社1152个，覆盖率达85%。投入35万元完成南靖县省级综合维修示范县建设，提升为农服务水平和显示度。

【为农服务体系】

坚持“为农服务”宗旨，着力在充实服务内容、优化服务功能、提高服务质量上下功夫，为农服务能力明显增强。拓展农资服务方式。在保障全市供应化肥达到80万吨指标的基础上，积极开展“春耕农资下乡”活动，全市系统组织农资下乡活动8次，发放农技知识宣传单3万多张，聘请农业专家授课8场次，赠送优质化肥30多吨，大力推广高效低残留新肥新药。平和县社在海峡两岸（福建平和）“五新”技术推广活动中，主动对接省、市、县相关部门，以宣传推介新肥新药为载体，以技物结合为重点，积极开展普及农技知识及赠送优质复合肥活动，取得较好的成效。推广“互联网＋”服务模式。复制推广长泰县城关庄稼医院“互联网＋”形态服务模式，通过“测土配方”方式为农户建立基础数据档案，利用现代微信手段，采用信息提示、远程问症、体会交流等方式，及时将农技知识传送到农户手中，让农户在家里也能足不出户得到技术人员的帮助辅导。全年庄稼医院开方问诊达1.5万次，深入田间地头指导用肥用药达1万多人次，有力解决了农资技术进村入户难题。解决项目发展资金瓶颈。按照“项目带动＋政策扶持”的思路，形成《漳州市供销社关于上报2017年省社项目库项目入库的报告》，华安供销贸易公司综合大楼建设项目等11个在建项目、漳浦县石榴供销社日用消费品配送中心等7个拟建项目入库，投资总额达4500万元。漳州茶厂“漳州乌龙茶精制工艺”申遗展示中心等3个项目，10个县（市、区）的示范庄稼医院网点建设，分别获得市级“新网工程”“惠农工作”第一批项目专项补助资金。诏安县供销社建立与农信社、农民专业合作社“三社联动”机制，协助农民专业合作社实行阳光信贷服务，县财政还安排了50万元作为“三社联动”的专项贴息资金，已累计协助166户合作社社员申请贷款2114万元。

【农村电子商务】

顺应商业模式和消费方式深刻变革的新趋势，加快推进供销电商线上线下融合发展。全市电子商务销售额达到9.07亿元，同上年比增长93%。加大“网络建设”有新发展。依托县供销社或县供销社直属企业，采取股份合作制形式，实现全市各县（市、区）均建立了供销社电商企业。加大农村村级电商服务点建设力度，整合提升改造村级综合服务点和各类经营网点，完成185个农村电商点建设，农村电子商务网络建设更趋合理。主打“品牌运行”有新举措。漳州一枝春电子商务有限公司承接市供销社入驻“供销E家”电商平台，开设“漳州特产馆”，并负责对“供销E家—漳州特产馆”的业务指导和监管工作；芗城区供销社充分发挥4个基层社和5个直属公司的网点优势，完成50个农村（社区）电商站点建设任务；平和县供销社以“供销人人通”和“供销外卖”电商服务平台为抓手，通过一站式团购、同城外卖、维修、家政、生鲜配送等同城化生产生活综合服务形式，突出抓好农业社会化服务和农产品销售，推进线上线下融合，提升为农服务水平，形成供销合作社电商的核心品牌和鲜明特色，成为服务“三农”的一个新亮点。2017年，全市已上线商家284家，产品达1万多种，关注量有15000多人次。推进“示范建设”有新突破。漳浦县供销社组建“供销云仓”电商股份公司，建立“六个一”（建立一个交易平台，建立一个系统阵地，建立一个运营中心，建立一个物流系统，建立一个培训学校，建立一个新农人组织）机制，创建本县同城物流系统“速递驿站”，组成供销“新农人”团队，积极开展农村电商工作，快速促进本地农产品品牌化、电商化。通过一年多的电商运营，漳浦六鳌地瓜、乌叶荔枝、龙眼、枇杷等十几种农产品，已成为电商主打产品销往全国各地，价格比上年翻一番，有效解决了大宗农产品“丰产不丰收”的现象，特别是六鳌红蜜薯（地瓜）已成为网红，是全国地瓜三大品牌之一，仅此一项全年电商快递件达4100万件，占全县快递件的16%，农产品电商销售额1.3亿元。培训“电商人才”有新推进。重视电子商务业务培训，选派相关人员参加总社、省社举办的各类培训班。11月，市供销社举办了“漳州市供销社农产品交易市场（线上线下）模式初探研讨班”。2017年，全市系统举办业务培训18期，参训人员达350人次，有力提高了电商队伍人员素质。

【企业转型升级】

加强社有资产监管，促进社有资产保值增值。加强社有资产监管。制定社有资产清查工作计划和《漳州市供销社关于进一步加强直属企业管理的暂行规定》，下达《漳州市供销社直属企业2017年度目标任务考核办法》，重新清查整理社有资产台册台账。针对历史余留问题，成立挂钩帮扶直属企业领导小组，下设三个工作小组（办理资产与安置房“两证”工作协调小组、企业下岗职工安置工作协调小组、化解企业债权债务工作协调小组）。按照先易后难、分类处理的方法逐步推进各项工作落实。规范投资管理行为。制定《漳州市供销资产投资管理有限公司投资管理办法》，严格按照该办法规定的程序评估论证。组建成立漳州润投生态农业服务公司，探索打造供销为农服务的样板；扶持发展漳州茶厂“老字号、老品牌”传统产业，加大产品展销，拓展营销网络，实现品牌和效益双丰收；开展直属企业项目管理培训，规范项目资金使用。加强社企之间的联结。制定《加强社有企业产权业务合作，促进供销合作社上下贯通》方案，先后与南靖县供销社、芗城区供销社及其基层供销社农民专业合作社和龙头企业合作，组建成立漳州天资农农业公司、漳州润投生态农业服务公司，通过产业融合实践，推动社企转型升级，促进社企经济发展。

·粮食流通·

【粮食安全考核】

根据《漳州市人民政府办公室关于开展2016年度粮食安全省长责任制考核工作的通知》（漳政办〔2016〕250号）的要求，经过县自评、部门考评、现场复核和市考核工作组审议等环节，综合评出各县（市、区）2016年度落实粮食安全省长责任制情况的得分。经考核，各县得分均在90分以上，为优秀等次。

【粮食流通改革】

为加快漳州市粮食流通创新转型发展，自2017年7月，全市粮食行业开展“深化改革、转型发展”大讨论活动（延续至2018年6月）。大讨论活动以新发展理念为指导，以“学中央精神、明方向大势，转思想观念、谋改革发展，强责任担当、提工作水平”为总要求，坚持问题导向和底线思维，加快“三个转变”（转变观念：自觉解放思想、更新观念，改革创新、与时俱进，切实强化市场意识和法治思维，不断提高解决实际问题的能力水平；转变职能：尽快转、真正转、转到位，切实做到放权更彻底、监管更有力、服务更优质；转变方式：转变管理方式、发展方式和经营方式推动粮食行业从传统向现代、从粗放向集约、从低效向高效迈进。结合部门、产业、企业实际，把“三个转变”有机统一起来进行深入研讨，推动粮食部门不断深化“放管服”改革，提高依法履职能力，不断增强创新力、执行力、公信力；推动粮食产业加快创新发展、转型升级、提质增效，增加绿色优质粮油产品供给，不断走向高端高质高效；推动粮食企业主动参与市场竞争，增品种提品质创品牌，不断提高核心竞争力，倡导“三破三立”（破除计划经济思维惯性和“吃政策饭”路径依赖，牢固树立市场经济意识，充分发挥市场在配置粮食资源中的决定性作用和更好发挥政府作用；破除过多依靠行政手段推动工作的方式方法，牢固树立依法管粮、依法治粮的意识，建立经济、行政、法律等多种手段综合协同运用的机制，加快推进粮食流通治理能力和治理水平现代化；破除不想为、不敢为、不善为的消极状态，牢固树立粮食安全忧患意识，敢于担当、善谋实干、锐意进取，努力营造干事创业、争创一流的浓厚氛围），推进“六项任务”（落实国家粮食安全战略，提高粮食安全保障能力；完善粮食宏观调控，不断提高调控精准性和实效性；加强政府储备管理，确保管得住、调得动、用得好；强化粮食流通监管，营造公开透明、竞争有序的市场环境；搞好规划引领和规范建设，促进粮食行业转型升级、健康发展；服务粮食产业经济发展，促进一二三产业深度融合），强化“三个保障”（强化法律法规保障，为深化改革、转型发展提供法律法规体系支撑；强化体制机制保障，不断深化粮食流通体制改革，完善科学决策、组织协调、推进落实、考核评价机制；强化人才队伍保障，认真落实全面从严治党“两个责任”，扎实推进“两学一做”学习教育常态化制度化，大力弘扬粮食行业优良传统，建设忠诚、干净、担当的粮食干部队伍）；努力破解粮食行业深化改革、转型发展中的难题，为建设富美新漳州提供更高质量、更有效率、更可持续的粮食安全保障。

【粮食安全整治】

8—12月，市粮食局联合发改、财政、农发行等部门在全市范围内开展政策性粮食安全隐患大排查、快整治、严执法集中行动（简称“大快严”）。全市检查政策性企业15个，检查库点98个；涉及存粮211648吨，其中小麦57629吨，早籼稻121493吨，中晚籼稻32526吨（含应急大米5000吨），食用油2000吨。各政策性粮食企业都能执行国家有关安全储粮和安全生产法规，严格按照“一规定两守则”（《粮油储存安全责任暂行规定》《粮油安全储存守则》《粮库安全生产守则》）工作要求，建立健全各项安全储粮和安全生产管理制度、风险防控措施、隐患排查机制和应急处置预案。

【光伏发电储粮】

在全省首创将光伏发电与粮食储备相结合。利用漳州市粮食储备库房及油脂、机修车间约2万平方米屋面来建设10千伏光伏电站，既可年发电247万千瓦时，供储粮空调、鼓风机、充氮气调等高耗能设施的使用，有效减少储粮成本；又利用仓库屋顶铺设光伏板降低粮仓内温度2～3摄氏度，有利于低温储粮技术的应用，最大限度保持储备粮的品质。

【储备粮轮换】

2017年，全市地方储备粮轮换任务86370吨，其中市级储备粮轮换11950吨。

【引粮入漳】

2017年，“引粮入漳”总量达270万吨。

【爱粮节粮宣传】

开展粮食科技活动周、粮食质量安全月、世界粮食日、粮食宣传活动周等活动，大力宣传爱粮节粮工作。全年发放宣传册（品）20000多份，发送宣传短信、微信近百万条次，在电视台播放宣传专题节目2次，在《闽南日报》刊登宣传专版1次。加快爱粮节粮平台建设，完成市粮食教育基地主体工程建设。

·烟草专卖·

【概　况】

2017年是中共十九大召开之年，漳州烟草在全行业卷烟市场供大于求，整体发展态势低迷的情况下，漳州市烟草专卖局（公司）党组坚定信心，保持定力，锐意进取，全面落实从严治党，全面提振队伍活力，促进经济效益高位增长，以实际行动高效维护专卖法和行业体制机制，以良好的成绩迎接中共十九大的召开，全市行业持续健康发展。全年实现税利20.63亿元，同上年比增长5.43%，超额完成省局下达的税利增长目标。

【党的建设】

始终坚持党的领导，深入践行习近平新时代中国特色社会主义思想，推动全面从严治党向纵深发展，党的建设持续深化。掀起学习宣传贯彻中共十九大精神的热潮。组织制订实施《市局党组关于全市系统学习宣传贯彻党的十九大精神的通知》，召开全市系统学习宣传贯彻中共十九大精神电视电话会议、党组专题会议、机关党建工作领导小组会议，认真组织学习中共十九大报告、中纪委工作报告、党章修正案。通过制作宣传专栏、举办辅导讲座、专题党课等形式，组织党员干部联系实际学、带着问题学、不断跟进学，引导全市系统坚持以习近平新时代中国特色社会主义思想为指导，旗帜鲜明讲政治、努力同心谋发展、尽职尽责抓落实。党的建设全面推进。牢固树立坚持党的领导，增强党的建设是国有企业的“根”和“魂”的理念，强化“抓好党建是最大政绩”的根本取向，形成“领导班子的集体责任、党组织书记的第一责任和班子成员的‘一岗双责’”的责任体系；组织开展基层党组织书记党建述职评议考核，推动党建工作责任制的有效落实；扎实推进“两学一做”学习教育常态化制度化，努力做到党员教育管理监督抓在日常、严在经常；认真贯彻落实国有企业党建工作会议精神，召开全市系统首届党建会议，制定印发《全市系统坚持党的领导加强党的建设的实施意见》，成立党建工作科，将党建工作要求写进公司章程，坚持重大决策事项全部经党组会前置研究，确保党组织把方向、谋大局、定政策。有效落实“两个责任”。针对省局党组专项巡察反馈意见，主动认领，主动对照检查，不折不扣抓好巡察整改。成立巡察整改专项工作领导小组，印发专项整改方案，制定22项整改措施，下发27份整改文件，修订18项制度规范，召开开门整改座谈会12场257人参加，满意率99.6%，22项整改措施已全部整改并销号。从严监管干部。严格落实函询诫勉、个人有关事项报告、谈心谈话等制度，制定科级领导干部选拔任用实施办法、领导干部交流任职的方案、绩效管理办法，从严从实抓好干部经常性管理监督；严格落实党风廉政建设责任，签订2017年落实全面从严治党主体责任责任书、廉洁从业承诺书，开展防治系统性廉洁风险和“三个作斗争”工作，抓好教育、提醒、管理和监督，持之以恒落实中央“八项规定”精神，驰而不息纠正“四风”，把“两个责任”向基层延伸。全市系统加强对公车使用、业务接待、作风纪律等方面的监督检查。全年没有发现违反中央“八项规定”问题。

【专卖管理】

着眼长远治本，积极推动各级组织守土尽责，全市专卖管理管控有力。抓打假严追刑。漳州三年打假工作成效受到国家局肯定，实现云霄卷烟打假“三年巩固根治”既定目标。2017年，全市累计查获制假烟机22台、假烟5402件、烟叶烟丝132吨，同上年比分别下降74%、59%、64%；查获假烟案件436起，其中5万元以上案件172起，同上年比分别下降27%、31%。加大专项整治，打假重点区域云霄县2017年境内制假烟机保持零查获，假烟查获2373件、烟叶烟丝42.3吨，同上年比分别下降47%、39%；重点区域漳浦县查获制假烟机10台、假烟879件、烟叶烟丝17.3吨，同上年比分别下降81%、81%、84%。坚持重点打击，开展寄递渠道卷烟打假专项治理，全年查获运输中转环节假烟2235件。坚持破网追刑，建立涉烟重点案件报告制度，推动地方党委政府督促有关部门加大案件办理力度，全市查获11起烟机制假案件，破获网络案件8起，办理部督案件2起、省督案件9起；逮捕95人，协助兄弟省市抓获涉假烟逃犯114人，判刑195人，判刑比例55%，同上年比提高18个百分点。守规范强自律。坚持投放策略源头监督、投放过程监控、重要事项监察，坚决打击真烟非法外流，严格执行“一案双查”。2017年没有发生流出区外的大要案。管市场促净化。全年查处行政处罚案件835起，其中5万元以上真烟案件38起。坚持治理大户，依法取缔18户违法违规卖烟大户。加强真烟非法流通治理，全市查获真烟680件，同上年比下降4%，其中区外卷烟408件，占查获总量的60%，同上年比下降3.2%。加强物流寄递环节专项监管，查获涉烟违法案件80起，查获违规卷烟1537件。组织四期“清网打非”专项行动，开展稽查联动，组织力量在重点时期，对重点区域和重点对象开展执法检查，净化市场终端，保持守土有责的高压态势。

【卷烟销售】

坚定落实省局“五保”经营指导思想，卷烟销售稳中提质，实现销量稳、结构升、税利增、状态好。销售态势平稳。全市系统卷烟销售24.15万箱，同上年比持平。销售品质结构稳步上扬。一、二类烟销售13.48万箱，同上年比增长4.23%，占总量比重55.79%，同上年比提高2.26个百分点；条均价132.02元，同上年比增加4.44元/条，增长3.48%，比全省条均价高出5.34元。创新品种快速成长。尤其是细支卷烟实现销售4027箱，同上年比增长153%。核心规格保持强势。“灰狼”“硬中华”“硬芙蓉王”3个一类卷烟规格的销量在原有较高基数上仍然保持较高的增幅，同上年比增长13.19%、7.25%、9.16%，有力拉动税利增长。市场状态保持良好。深化“五要素”在最小市场单元上的运用、在品牌培育上的运用、在货源调拨上的运用，调控好市场状态。漳州市场主销规格集市价格坚挺，社会库存基本保持在2周以内，正常月份商业存销比均控制在0.4以内。智能物流创新推进。提升仓储分拣业务数字化、配送调度柔性化、作业监控可视化、服务追溯自动化、数据共享智能化的水平，成功承办全省“精益改善—智能物流”工作交流会，着力推动智能物流建设进程。全年物流费用率0.81%，同上年比下降4.71%；全年物流费用降低70万，完成年初目标任务的233%；完成纸滑托联运9.64万箱，完成省局下达目标的120%；库存周转次数、配送车辆满载率居全省前列。

【企业管理】

重视管理创新，强化降本增效，企业管理创新推进。精益管理稳步推进。深化对标工作，通过全省区域对标、全市专业部门对标等补齐短板；大力推进精益改善，员工提出合理化建议743条，精益小改善72项，改善课题37项，2017年选送省局参赛的QC课题分别荣获全省二等奖、三等奖；优化资源配置，严格控制各项费用，全年完成降本增效1739万元，超额完成省局下达的900万元目标任务。三项费用率4.36%，同上年比下降2.9%。管理创新稳步推进。推进“互联网+专卖”等7项创新课题，探索构建专卖数字监管体系；深入探索“互联网+营销”，打造消费驱动、数据驱动、技术驱动的数据营销新模式；深入探索一体化数字烟草建设，聚焦“纵向顺畅、横向贯通、数出一门、数据共享”，积极推动信息化与经营管理深度融合。规范管理稳步推进。全面应用新版采购系统，优化采购流程，提升项目管理水平；强化审计，发挥审计监督职能；建立精细化预算管控、常态化预算执行分析、标准化全面预算管理机制，顺利承办全省“实物资产五全数字化管理”经验推广会，提升财务管控水平；加强信息支撑，完成前置环境数据集中和共享环境建设，推进移动平台应用，加强安全域边界统一防护，做好网络安全应急演练，重大会议期间网络安全稳定有序。海晟转型稳步推进。坚持做实主营，做强非烟，全年实现销售收入5810.6万元，比去年增长16.33%。非烟销售额1136.41万元，占比20%，比去年增长4个百分点。法治烟草加快推进。构建法律风险防控体系，出台《行政执法重大复杂案件集体讨论制度》，细化行政执法案卷评查标准，审查执法案件847起，评查行政执法案卷100份、许可案卷70份，发现和整改问题266个，全年未发生行政诉讼或复议、未发生经济合同诉讼或仲裁案件。和谐烟草扎实推进。深化安全生产隐患排查治理体系建设，强化平安单位创建，获评省级安全文化建设示范企业2个，市级安全文化建设示范企业4个，实现“九个为零、一个控制”责任目标，市局荣获福建省第十二届职工职业道德建设先进单位、烟草行业离退休干部工作先进集体等荣誉称号，全市系统有10个单位上榜新一届省级文明单位公示名单，比上一届增加2个；加强综治维稳，落实24小时值班制度，营造平安和谐的良好氛围；强化对外宣传，在东方烟草报等行业媒体刊发文章信息37篇，省局内网等行业省级媒体刊发文章信息1526篇，积极传递行业正能量。

“国内贸易”类供稿单位：

漳州市商务局
漳州市供销合作社
漳州市粮食局
漳州市烟草专卖管理局

对外、对港澳台经济贸易与合作

·招商引资·

【利用外资】

概　况　2017年，漳州市新设立外商投资企业121家，比上年增长5.2%；合同外资68.8亿元，比上年下降37.8%；实际到资82.26亿元，比上年增长10.3%。

投资形式　2017年，新设立中外合资企业55家，合同外资24.2亿元；外资企业65家，合同外资42.95亿元；中外合作企业1家，合同外资1.65亿元。

投资行业　外商在漳州投资农林牧渔业项目21个，合同外资5.41亿元；制造业项目40个，合同外资42.39亿元；建筑业项目1个，合同外资0.37亿元；批发和零售业项目10个，合同外资0.67亿元；租赁和商务服务业项目9个，合同外资8.3亿元；水利、环境和公共设施管理业项目2个，合同外资0.77亿元；金融业项目1个，合同外资4.63亿元。

投资来源　到漳州新投资对象主要来自韩国、马来西亚、澳大利亚、英国、印度尼西亚、新加坡、菲律宾、日本、文莱、塞舌尔、美国、德国、萨摩亚等国家和地区。

【招商引资】

招商活动　2月16—17日，漳州市委书记檀云坤带队赴深圳，与相关企业洽谈合作、对接项目。先后走访招商局集团、华侨城集团、红岭创投深圳总公司、JSP株式会社东莞公司等，考察“星河领创天下”、深圳航天科技创新研究院、“深圳湾创业广场”、源创力智能汽车研究院、甘坑客家小镇等，会见部分漳州籍企业家代表。

3月1—5日，漳州市委书记檀云坤带队赴北京招商，走访中海油集团、中国华电集团、敦煌网等，深入洽谈对接漳州核电、云霄抽水蓄能电站、海西天然气二期管网和漳州LNG接收站、华电分布式能源站等项目，推动敦煌网、华电天然气分布式能源站、云霄抽水蓄能电站等项目签约。

6月4—8日，漳州市长刘远带队赴长江三角地区招商，先后到南京、苏州、上海等地，走访“上海石化”“上海化学工业区公共管廊”、“上海碧科”、“东方食品”、协鑫集团、“爱登堡电梯”、宝龙集团等企业洽谈对接项目；考察上海石油天然气交易中心、“苏州名硕电脑”、“中化药品工业”、诚品书店、明基医院等知名台资企业，邀请在苏州投资台商代表座谈，共谋发展。漳州市长刘远一行还到苏州漳州商会，看望漳州籍企业家。

6月16日上午，在第九届海峡论坛·第四届海峡（漳州）茶会开幕式上举行招商项目现场签约仪式，全市现场签约“三维”项目40个，总投资232.5亿元。具有3个特点：一是大项目多。投资额亿元以上项目35个（10亿元以上项目3个），总投资229.8亿元，分别占比例87.5%和98.8%；二是工业项目占主体。工业项目28个，总投资193亿元，分别占比例70%和83%，农业项目3个，总投资9.5亿元，分别占比例7.5%和4.1%，服务业项目9个，总投资30亿元，分别占比例22.5%和12.9%。工业项目涉及漳州市食品、新能源、装备制造、生物科技等主导产业。三是投资项目以台湾香港项目占主体。签约项目11个，占比例75.6%。

9月18—21日，2017年厦门国际投资贸易洽谈会期间，全市共签约合同项目50个，项目总投资20.91亿美元，合同外资7.44亿美元。敦煌网“网上丝路”数字贸易项目落地，成功举办漳州（南靖）精密机械产业投资说明会。

11月18日上午，在第九届农博会·第十九届花博会开幕式上，举行招商项目现场签约仪式，现场签约项目40个，投资总额294亿元。其中，外资企业15个、民营企业18

个、中央国有企业7个。

引进重大外资项目 2017年引进投资总额1000万美元以上的企业有36家（包括增资11家），比上年增加13.6%；合同外资59.04亿元，比上年下降35.5%。

外商投资企业增资扩产 2017年，办理增资企业33家，比上年下降25.6%；合同外资增资额18.32亿元，比上年下降25.2%。

·进出口贸易·

【进出口贸易】

进出口额 2017年，漳州市进出口总额634.3亿元，比上年增长9.4%；其中出口512.6亿元，比上年增长7.1%；进口121.8亿元，比上年增长19.9%。

出口主体 民营企业出口289.9亿元，比上年增长3.7%，占比例56.6%；“三资”企业出口213.4亿元，比上年增长13.5%，占比例41.6%；国有企业出口9.3亿元，比上年下降14.7%，占比例1.8%。

进出口贸易方式 全市一般贸易出口400亿元，比上年增长5.5%，占比例78%；一般贸易进口86.2亿元，比上年增长29.5%，占比例70.8%。加工贸易出口112.2亿元，比上年增长14.6%，占比例21.9%；加工贸易进口29.9亿元，比上年下降3.1%，占比例24.5%。

进出口市场结构 对六大主要贸易伙伴出口407.7亿元，占比例79.5%；进口70.2亿元，占比例57.6%。其中对美国出口97.5亿元，比上年增长8.1%，占比例19.0%，进口10.9亿元，比上年下降2.1%，占比例8.9%；对欧盟出口71.9亿元，比上年增长16.6%，占比例14.0%，进口14.7亿元，比上年下降0.7%，占比例12.0%；对日本出口39.8亿元，比上年下降2.1%，占比例7.7%，进口6.4亿元，比上年增长16.1%，占比例5.3%；对东盟出口67.9亿元，比上年下降7.2%，占比例13.2%，进口11.4亿元，比上年增长9.2%，占比例9.3%。

出口商品结构 2017年，食品出口223.5亿元，比上年下降0.5%，占比例43.6%，其中水产品出口173亿元，比上年下降0.6%，占比例33.7%；罐头制品出口26.8亿元，比上年增长0.7%，占比例5.2%；钢铁及钢铁制品出口41.0亿元，比上年增长44.0%，占比例8.0%；钟表产品出口7.1亿元，比上年下降9.4%，占比例1.4%；家具产品出口40.3亿元，比上年增长28.9%，占比例7.8%；机电产品出口128.7亿元，比上年增长19.7%，占比例25.1%；光电产品出口41.1亿元，比上年增长14.8%，占比例8%；高新产品出口19.2亿元，比上年增长5.5%，占比例3.7%。

【贸易促进】

扩大外贸经营主体 2017年，漳州市新办理进出口经营权备案登记企业302家。

办理出口退税 2017年漳州市办理出口“免抵退”税54.84亿元，比上年增长0.6%，其中退税45.74亿元，比上年增长7.6%。

经贸促进活动 6月16—19日，市商务局开展“漳州味·澳门行”活动，组织39家企业（50个摊位）参加第九届澳门国际家居及美食展，精选罐头、果蔬冻干食品、农特产品、家居用品和钟表电子产品等上百种优质产品展销，现场成交60万美元，意向成交200万美元。

7月20—23日，开展“漳州味·澳洲行”活动，组织26家企业（36个摊位）参加澳大利亚墨尔本国际家具及家居用品展，精选家具、家电、照明等漳州名优特产品设立“漳州味”专区，统一标识集体展销，现场成交100多万美元，意向成交2500万美元。

9月11—14日，开展“漳州味·东欧行”活动，组织18家企业（28个摊位）参加俄罗斯莫斯科食品展，以“福建品牌海丝行”和“漳州味”形象集体展销，打造“漳州味”区域集群品牌，现场成交330万美元，意向成交2800万美元。

10月7—11日，开展“漳州味·欧洲行”活动，组织19家企业（21个摊位）参加德国科隆国际食品展，展销罐头、面条、速冻春卷、水产、冷冻果蔬、干制食用菌等漳州特色名优产品，现场成交300万美元，意向成交2800万美元。

此外，还组织企业参加其他51场重点展会，推介漳州名优产品，开拓东盟、拉美、非洲，以及中国台湾地区等市场。组织企业参加121届和122届广交会，分别有110家企业（237个摊位）和110家企业（238个摊位）参展。

出口信用保险 2017年，全市有248家企业办理出口信用保险，比上年增长55%，出口申报额16.8亿美元，比上年下降5.8%；保单融资7.5亿美元，比上年增长31.8%。

2017年漳州市及县（市、区）外贸出口情况表

表12　　金额单位：亿元

全市及县（市、区）	出口计划	出口实绩	完成计划	上年实绩	比上年±%	增幅名次
全　市	496.0	512.6	103.3	478.5	7.1	—

续表

全市及县（市、区）	出口计划	出口实绩	完成计划	上年实绩	比上年 ±%	增幅名次
招商局	19.0	26.0	136.8	14.0	86.2	1
芗　城	55.0	51.6	93.8	51.4	0.4	12
龙　文	34.0	34.1	100.1	32.7	4.2	10
龙　海	30.0	31.6	105.3	28.3	11.6	7
云　霄	12.7	13.8	108.6	12.5	10.0	8
常　山	27.0	31.0	114.7	26.6	16.4	5
漳　浦	38.0	43.0	113.0	34.8	23.5	3
诏　安	30.0	30.3	101.0	29.6	2.4	11
东　山	105.0	95.8	91.2	103.8	-7.7	13
南　靖	19.0	16.6	87.2	18.7	-11.5	14
平　和	3.9	5.0	126.9	3.6	36.2	2
长　泰	58.0	61.6	106.2	58.8	4.9	9
华　安	1.4	1.5	106.4	1.3	15.8	6
台商投资区	63.0	71.7	113.7	60.1	19.3	4

·经济技术合作·

【对外投资与合作】

境外投资　市商务局实施“走出去”战略，支持企业通过并购、对外投资等途径在境外设立营销网络、生产基地。2017年新设立境外投资企业4家，注册资本161万美元，中方投资额498万美元。主要投资地为中国香港地区、印尼和美国。主要从事电子商贸、国际贸易、皮革及化工贸易、牛蓝湿皮新技术加工、摩托车电池及太阳能电池、轴承产品分销、货物及技术进出口等。

承包劳务合作　2017年，共签订劳务合同692份，合同金额5570万美元，共外派劳务人员2437人次，实现营业额4106万美元，期末在外人数为3928人。

【对台湾经贸合作】

利用台湾资金　2017年，新设立台资企业（包括第三地）84家，比上年下降8.3%，占比例69.4%；合同外资26.08亿元，比上年下降51.1%，占比例37.9%；实际到资33.56亿元，比上年增长96.9%，占比例40.8%。

对台湾贸易　2017年，漳州市对台湾输出95.6亿元，比上年增长19.3%，占比例18.7%，输进26.6亿元，比上年增长16.1%，占比例21.8%。

【对港澳经贸合作】

利用香港资金　2017年，新设立港资企业22家，比上年下降8.3%，占比例18.2%；合同外资36.94亿元，比上年下降51.1%，占比例53.7%；实际到资45.47亿元，比上年增长96.9%，占比例55.3%。

漳州香港贸易　2017年，漳州市对香港输出34.0亿元，比上年增长6.3%，占比例6.6%，输进0.13亿元，比上年增长19.0%，占比例0.1%。

2017年漳州市利用外资情况表

表13

名称	新设立项目（个）		合同外资（万元）		实际到资（万元）			
	实绩	增减%	实绩	增减%	实绩	增减%	年计划数	完成年任务%
全市合计	121	5.2	688000	-37.8	822608	10.3	783093	105.0
芗　城	3	-62.5	106630	330.8	35000	12.1	62700	55.8
龙　文	4	-60.0	71100	555.8	49806	0.4	52470	94.9

续表

名称	新设立项目（个）		合同外资（万元）		实际到资（万元）			
	实绩	增减％	实绩	增减％	实绩	增减％	年计划数	完成年任务％
龙海	9	-18.2	23460	-6.2	59520	2.1	75240	79.1
漳浦	27	-6.9	66970	-17.7	86222	1.9	87120	99.0
云霄	3	50.0	20990	-38.0	46020	2.6	47520	96.8
诏安	3	-40.0	23920	-16.0	35402	13.9	34320	103.2
东山	6	20.0	27480	-25.8	41636	3.1	42900	97.1
平和	5	150.0	15140	243.3	14480	3.6	14850	97.5
南靖	17	13.3	106310	317.9	44520	1.4	46530	95.7
长泰	11	-15.4	67450	36.6	85580	6.0	87120	98.2
华安	5	25.0	26120	-12.9	6682	3.6	6390	104.6
漳州开发区	2	100.0	12750	13321.1	15000	-57.4	38280	39.2
常山开发区	1	0.0	9080	1493.0	12960	1.1	19800	65.5
台商投资区	21	162.5	20350	-88.5	110000	18.4	105600	104.2
古雷开发区	1	0.0	67920	-88.2	115240	净增	74580	154.5
漳州高新区	3	50.0	13520	1001.0	—	—	—	—

“对外、对港澳台经济贸易与合作”类撰稿人：
叶丽云

外事侨务·港澳台事务

·外事侨务·

【概 况】

2017年，漳州市外事侨务工作服务大局，配合开展中共十九大期间来访团组接待，配合开展“金砖”安保及接待工作，选派翻译骨干参加金砖会晤筹备及保障工作，受省委、省政府表彰。创新“农业外交”思路，举办“不丹王国农业技术培训班”，服务重点团组赴外对接农业合作及产业、经贸、人文对外交流。服务开放发展，接待外国政府官员、企业代表及重要侨领侨商、侨社代表超700人次，引导开展新能源、生物医疗、现代农业、酒店服务等领域对接。推动漳龙集团等赴欧美、亚洲9个国家开展业务洽谈；与商务、经信部门联合组织102家企业赴外开展“漳州味·世界行”经贸活动。接待国外政府官员、友好人士、媒体记者近200位，宣传“生态+”，推介特色产业与文化，获外交部致函感谢。成立外语翻译组，启动部门网站“走进漳州”英文专栏。推动漳州与意大利林堡市正式签署友城结好意向书；联合教育部门组织中学生赴匈牙利格德勒参加国际青少年夏令营，与日本谏早市学生组队参加“中日友好交流城市初中生乒乓球友谊比赛大会”。涵养侨源侨谊，支持成立泰国南靖同乡会，促成漳州二中与美国海滨中学结为姐妹学校。编修《漳州华侨史》近100万字的中华人民共和国成立前章节，收集涉侨文献1000多册，推动漳州华侨华人文献中心正式挂牌，双第华侨农场侨史馆对外开放。

规范涉外涉侨服务，执行中央因公出国（境）管理规定，严把审核审批关口；落实福建省因公出国（境）正向激励机制，服务重要团组赴“海丝”沿线国家开展经贸洽谈、产业对接、侨务联谊等工作。联合公安局、旅发委开展“领事保护宣传月”活动；为外向型企业办理APEC商务旅行卡84张，推行“邀请外商来漳‘四零’服务”，相关工作经验获外交部、省外办刊文肯定。配合开展侨务专项经费使用情况检查和华侨农场危房改造项目审计；妥善解决部分印尼华侨在漳房产处置等历史遗留问题；推动华侨捐赠确认、来闽定居、身份认定等服务事项全部下放县区；指导常山、双第、丰田开展“侨”文化推介和招商活动，对接签约合作项目。

【国际交流】

1月，市外侨办组织编撰的对外宣传画册《见证——漳州对外开放》正式出版。画册共汇总30年来漳州对外交往图片350张，配中英文图片说明2万多字。

3月23日，美国驻广州总领事白智理率领该馆代表团一行4人参观南靖土楼，表示将介绍更多美国朋友到南靖土楼参观访问。

4月20日至5月2日，市外侨办、农业局、林业局联合承办2017年首期不丹王国农业技术培训班，邀请7名不丹农业官员及企业家参训，培训内容包括农业发展政策、产业技术、实地考察。4月，漳州市外侨办联合公安局出入境管理支队开展全市领事保护宣传月活动，发放领事保护宣传册1000多份，宣传涉外安全和领事保护知识。4月28日，俄罗斯卡累利阿自治共和国经济发展及工业部长日尔涅利·叶夫根尼·维克多洛维奇率团考察食用菌贸易加工产业，市政府副市长王文刚与交流推进两地产业合作相关事宜。

6月9日，加蓬国家电视台、团结报等媒体组成的媒体团一行5人到访龙海市双第华侨农场、福建紫山集团股份有限公司、龙海市忠雄农机专业合作社，对漳州现代农业发展情况进行宣传报道。6月28日，“南靖土楼文化与‘一带一路’国际接轨”专场旅游推介会在泰国举行，南靖县有关部门负责人组团开展推介，泰国科技部部长安察卡．诗文良博士以及泰国相关机构、旅行业企业代表、30 多家主流媒体记者参会。

7 月 26 日至 27 日，外交部新闻司组织金砖及其他地区 14 个国家驻华媒体代表团一行 20 人访漳，对市东方科技、科华、紫山、福贞金属等外向型企业进行采访报道。

8 月，漳州市外侨办整合各科室、不同语种翻译力量，成立外语翻译组，为重要对外交流活动提供翻译服务。

9 月 26 日，漳州市委书记檀云坤赴中联部，向 300 多位外国政要、驻华外交官宣介漳州“生态＋”发展模式，获普遍关注与肯定。

10 月，漳州市外侨办深入机关、企业、学校开展海外领事保护知识宣传月活动，向公安、海洋渔业等政府机关及旅游公司、学校、外向型企业发放领保宣传材料 1500 份。

11 月 30 日至 12 月 1 日，老挝总理府部长阿伦乔·吉提坤一行 5 人访漳，与市政府市长刘远、副市长王文刚座谈，探讨推动漳州与老挝农业、经贸深入交流事宜。

12 月 22 日，越南广宁省人民委员会副主席武氏秋水率代表团一行 21 人来漳考察世界文化遗产福建土楼。12 月，漳州市外侨办部门网站“走进漳州”英文专栏正式开通，向国外网络用户介绍漳州旅游资源、民俗文化、经贸投资信息，提供相关涉外服务信息。

【国内侨务】

5 月 15 日，双第华侨农场场史馆正式对外开放，共收集展示上百件实物及新、旧照片 132 幅，反映农场原住民生产生活，再现其发展各阶段历史。

6 月 28 日，福建省侨办、漳州市外侨办联合云霄县有关部门组织“侨爱工程——送温暖医疗下乡暨侨法宣传活动”，开展义务诊疗 80 余人次，解答涉侨政策近 100 人次，发放侨务宣传册 200 多份。

11 月 9 日，福建省侨办、漳州市外侨办、长泰县外侨办联合在长泰县坂里乡举办侨乡农业技术培训班，为 70 多位归侨侨眷和群众传授蔬菜种植及虫害防治知识，发放侨法宣传材料 350 多份。11 月 30 日，市政协副主席江龙辉率团到双第华侨农场就“如何充分挖掘、保护和利用本地文化历史资源，助推全市现代生态农业、都市农业、生态休闲山庄旅游业发展课题”进行专题调研。

【海外侨务】

1 月 24 日，市委常委、统战部长黄水木邀请回乡过年的南美洲、英国及东南亚国家 6 名侨团领袖座谈交流。

3 月 2 日，漳州市海外交流协会与市图书馆在市图书馆联合设立“漳州华侨华人文献中心”，开展漳州华侨华人历史文献收集、整理和研讨、宣传、交流活动，及时抢救侨史文献资料。3 月 12—13 日，美国华美半导体协会雷俊钊博士率考察团一行 9 人访漳，市长刘远、副市长吴卫红会见考察团成员。3 月 17 日，马来西亚福建社团联合会总会长丹斯里邱财加一行 36 人来漳考察漳州开发区、龙文区闽南水乡及马来西亚伟成油脂责任有限公司。市政府副市长吴卫红与联合会一行座谈，探讨推动漳州与马来西亚各领域交流合作。

5 月 1 日，马来西亚拿督斯里李培华率马厦门商会代表团一行 10 人访漳，并与漳州市外侨办主任何少华等座谈，探讨推动漳州与马来西亚两地交流合作事宜。5 月 2 日至 12 日，龙海市举办 2017 年菲律宾华裔青少年“中国寻根之旅”夏令营（龙海营），邀请 13 名菲华裔青少年在祖籍地开展寻根谒祖游学活动。

6 月 15 日，波兰华沙中国商城副董事长吴江来漳参加海峡（漳州）茶会，市政府副市长王文刚与其座谈，探讨加强合作相关事宜。

7 月 8 日，菲律宾漳厦龙同海总会举行成立五十五周年纪念暨第五十六连五十七届理事会洎商会庆祝成立一周年纪念及职员就职典礼，市政协副主席杨胜华率漳州市代表团赴菲庆贺并致贺词，日本、新加坡、马来西亚等地同乡会代表团及众多旅菲乡亲到会庆贺。8 月 2 日，美中工商联合会荣誉会长刘伟敏率团访漳州，市政府副市长王文刚与其座谈，探讨美国漳州同乡会联合会成立以及推动漳州与美国在经贸、教育、文化领域交流合作相关事宜。

8 月 1 日，南非福建同乡会理事长沈雄生访漳，考察紫山集团、立兴集团及平和蜜柚基地和冻干食品生产基地，与当地农业部门及企业负责人探讨开展食品加工及蜜柚种植合作事宜。

9 月 16 日，美国、加拿大、澳大利亚等 14 个国家和地区的 50 多位海外华文媒体代表到漳参访考察，市委书记檀云坤会见代表团，介绍漳州历史文化和经济发展现状。

10 月 6 日，新加坡漳州总会举行成立 88 周年纪念庆典，菲律宾、马来西亚等地同乡会代表团等参加庆典，漳州市外侨办组团赴新庆贺。10 月 6—11 日，漳州市外侨办组团赴马来西亚开展侨务联谊活动，拜访马来西亚槟榔屿漳州会馆及重点侨领，与乡亲们座谈交流。10 月 12 日，经加拿大厦门海外联谊会会长谭坚毅、加拿大安省漳州同乡会会长林静波牵线，加拿大白求恩医学发展协会 3 位专家到漳州 175 医院开展义诊及学术交流活动。10 月 22 日至 11 月 2 日，2017 年海外华裔青少年“中国寻根之旅”冬令营——乡音故里（五）“人文依旧”闽南师范大学营在漳举办，邀请泰国 23 位华裔青少年、领队老师来漳交流。

11月5日，意大利福建总商会会长吴建成、澳大利亚漳州同乡会会长杜高昇一行11人访漳，市政府副市长王文刚与其座谈交流，希望海外社团融入当地社会，服务侨胞，推动自身发展及家乡建设。11月18日，新加坡漳州总会、加拿大安省漳州同乡会、日本闽南同乡会、菲律宾漳厦龙同海总会等海外侨社的15位侨领来漳参加第十九届花博会、第九届农博会，并赴龙海双第华侨农场参观考察。11月2日，马来西亚沙捞越诏安会馆主席陈日枝率会馆一行76人访漳，赴诏安县青梅产业基地、咸金枣基地、印尼风情园等地考察。市政府副市长张翼腾与会馆一行座谈，鼓励乡亲积极融入"一带一路"倡议，支持家乡经济社会发展。11月20日，美国华人妇女联合会、印尼锡江漳州慈善基金会暨崇本堂汤氏宗亲会一行40人回乡参观考察，市政府副市长王文刚与其座谈，鼓励乡亲抓住"一带一路"机遇，加快自身发展，支持家乡发展。11月24日，南非洲闽南总商会会长朱佳龙访漳，与市外侨办负责人座谈，探讨发挥商会纽带作用，带动漳州钟表、食品等产业走向南非。

【友协友城工作】

6月，漳州市与比利时林堡市共同签署友城结好意向书，两市达成共识，将积极探讨旅游、经贸、文化等交流合作。

6月17日，美国南俄勒冈中国联席会副主任约翰·马洛尼率"2017年福建省国际友城联络员研修班"成员访漳，考察海峡花卉集散中心及荔枝海，了解花卉苗木培育、交易情况。

11月7日，荷兰瓦格宁根大学原校长、荷兰农业与食品支柱联盟委员会主席、福建省政府科技顾问阿洛托·戴克豪森访漳，市委书记檀云坤会见戴克豪森并探讨推动第二届全球未来食品高峰论坛和绿色蛋白中心等项目落户漳州。

11月19—22日，漳州国际友城日本伊达市日中友协会长大越郁夫一行18人访漳，赴闽南师范大学交流并参观花博会展馆。市人大常委会副主任李珊珊、市政府副市长王文刚与访问团座谈，就推动两市民间交往进行交流。

【业务会议】

2月21日，漳州市召开全市外事侨务工作会议，贯彻落实省会议精神，总结2016年工作情况并部署2017年工作。市政府副市长吴卫红出席会议并讲话。

7月6日，福建省省市外办主任会议在漳召开，全省各设区市、平潭综合实验区外侨办负责人，省外办各处室、中心负责人参加并汇报工作，省外办党组书记、主任王天明主持会议并讲话。

【领导下基层】

1月5日，省侨办副主任郑惠文率处室干部到龙文区、双第华侨农场开展"暖侨心·送温暖"慰问活动，市政府吴卫红副市长陪同。1月9—10日，以中国常驻联合国代表团大使刘结一为团长的驻外使节调研团一行45人到访漳州，市委书记檀云坤与调研团座谈，探讨运用驻外使节们资源推动漳州对外交流合作。3月7—8日，省侨办主任冯志农到漳开展侨务工作调研，参观诏安泉盈（福建）科技有限公司水产研发和养殖现场，走访常山华侨经济开发区，对漳州侨务工作提出要求。5月11日，市政府副市长王文刚带队赴常山华侨博物馆、书画院、侨资企业正霸建材有限公司、天窗坪生态山庄，梅州华侨农场危旧房改造点、梅州侨场书画院考察调研，对华侨农场改革发展提出意见。

·港澳事务·

【港澳事务概况】

市外侨办指导澳门漳州同乡总会举办首届庆典活动，促成漳州实验小学与香港保良局陆庆涛小学开展青少年交流。

4月5—11日，香港陆庆涛小学3位老师和12位学生到访漳州，与漳州市实验小学师生们开展姊妹校"一对一"交流活动，共同参访漳州历史古迹及革命教育基地，了解漳州非物质文化遗产及书画艺术。

6月，澳门特区政府海域规划工作小组到访漳州开发区，与开发区管委会交流海域规划和人工岛建设经验。澳门漳州同乡总会顾问施家伦、曾志龙、赖寒光和会长魏荣华、理事长林文玲率同乡总会骨干返乡恳亲，参观考察东山、南靖、平和，了解各地发展成果，拍摄山水田园风光。6月16—18日，"漳州味·澳门行"漳州名优特产品展在澳门举办，漳州数十家企业上百种优质产品集中参展，现场零售80万澳门币，成交意向达到200万美元。6月24日，香港漳州同乡总会组织香港青少年一行24人到平和参观林语堂故居、小西天观光园、广兆中学和三平寺，引导在港青少年感受家乡发展变化，促进与家乡青年交流。

8月10日，澳门漳州同乡总会举行成立大会暨首届理监事就职仪式，全国政协副主席何厚铧，中联办副主任陈斯喜，外交部驻澳门特派员公署副特派员潘云东，福建省委统战部副部长翁雄宇，澳门多个社团的负责人、嘉宾等参加活动，漳州市政府副市长兰万安出席活动并致辞。8月12日，香港长泰联谊会举办庆祝香港回归20周年、本会成立8周年暨第三届理监事就职典礼，郑成才任会长。8月13日，香港龙海市同乡会举行第五届理监事暨第二届青委会委员就职典礼，施文裕任会长。

5月8日，台湾青溪总会大陆事务部到漳州参访考察

·对台工作·

【经贸合作】

2017年，漳州市对台工作把经济合作作为漳台合作的基石，抓好产业园区、政策支持、体制机制等建设，推动产业合作纵深发展。截至2017年底，全市累计引进台资企业3028家，实际利用台资112.5亿美元，居全国地级市前列。古雷石化园区的腾龙翔鹭集团腾龙芳烃PX项目、PTA项目整改修复基本完成，两岸合作最大的石油化工项目、一期项目总投资218.8亿元的古雷炼化一体化项目顺利开工。台商投资区发展势头良好，累计引进台企168家，总投资超过70亿美元，福欣特殊钢、长春化工、凯景钢铁增资、永宝养生文化村等项目取得进展；漳浦台湾农民创业园举办26期两岸新型农民培训班，培训2000余人次，累计引进农企270多家，资金3亿多美元，该园区在全国28家台湾农民创业园中名列第二位；南靖闽台精密机械产业园与台中工业总会建立合作关系，积极引进装备制造、电子信息等重点产业，新签约台资项目16个，总投资20.8亿元。2017年，漳州市主动邀请台湾29个经贸团组来漳考察，组织全市45个团组赴台开展经贸交流活动，全年新增台资项目84家、实际利用台资3.36亿美元，均位于全省第二名。

6月16日，举办第四届“创青春”中国青年创新创业大赛（福建赛区）启动仪式暨海峡两岸（漳州）青年创业交流大会

【人文交流】

7月4—13日，“2017年海峡两岸青少年夏令营（漳州营）”在漳举办，活动为期10天，共美和科技大学、大叶大学、溪湖高中等4所台湾学校及大陆学生共50多名营员参加。

充分发挥祖地优势，突出闽南民俗、文化特色，以推动情感融合为目标，打造林语堂文化产业园、闽南文化研究院等项目，举办海峡论坛·海峡（漳州）茶会、海峡两岸（福建东山）关帝文化旅游节等特色活动。海峡（漳州）茶会活动期间签约项目40个，总投资232.5亿元；关帝文化旅游节活动奠基剪彩项目23个，总投资55.5亿元；现场签约项目10个，总投资26.79亿元；以基层、民间、宗亲为交流重点，开展以同名村、同姓村、宗庙交流为重点的漳台交流活动66次。同时，主动组团上岛交流50次，开展恳亲拜会、项目洽谈、参观学习活动，广泛接触台湾各界知名人士、企业家和在台乡亲，东山关帝庙获得第一批“福建省对台交流基地”；重视做好台湾新生代工作，创新载体方式，举办青年交流周系列活动，打造海峡影视基地、东南花都台湾青年体验式交流中心、漳州科技学院天福茶产业基地等台湾青年创业基地，累计吸引78个台湾项目入驻，服务两岸就业创业青年1万多人次，漳州市龙文区青创基地和“漳州东南花都”分获省级“台湾青年就业创业基地”和“台湾青年体验式交流中心”。

全年全市共接待来漳参访考察、寻根谒祖、经贸、文化、宗教、人文交流等台胞近9.6万人次。

【服务台胞】

创新服务机制，在全省率先成立涵盖40个市直部门的“漳州市台胞台商服务中心”，并进驻市行政服务中心，实行集中统一窗口服务，提供政策咨询、法律咨询、投诉协调、急难救助等综合服务，为台胞台商提供了便利的服务条件。2017年共协调解决台胞台商投诉求助51件、办结率94.4%，台商子女就学39人、台籍子女升学加分证明50人、台籍子女户口改籍108人、服务台商就医21人，得到台胞的广泛认同；服务台企发展，围绕“三抓三比、十项竞赛”，结合“帮台企渡难关、帮项目破难题”，积极开展台企调研活动，深入台商企业了解存在的困难和问题，并形成《创新交流合作机制，打造漳州对台新优势》调研报告，及时协调解决台企发展难题，共走访台企100多家，召开台商座谈会9场次，解决实际问题24个。组织11家台企参加海峡两岸企业家峰会，展示漳州市台企30年来的发展成果，开拓台企产品的市场影响力；保障台胞权益，进一步完善司法维权机制，建立“台胞台商权益保障中心”“台胞权益保障法官工作室”、台籍被告人近亲属会见制度。同时，发挥全市11个涉台法庭和涉台矛盾纠纷调处队伍作用，切实维护台胞台商合法权益。审结涉台案件346件、两岸司法互助案件47件，认可台湾地区民事判决5件，涉台案件服判息诉率97%。以“三个允许”（允许台胞台商纳入医保范围，允许在漳台籍人士缴纳住房公积金，争取到住建部允许台湾建筑专业人士来漳开展业务）为先行，推动在漳台胞率先实现同等待遇，已有8名台胞获准缴交住房公积金。

“外事侨务·港澳台事务”类撰稿人：
张艺彬
供稿单位：
漳州市委台湾工作办公室

口岸与海防管理

·漳州海关·

【概　况】

2017年，漳州海关在厦门海关党组领导下，全面贯彻落实全国海关关长会议和关区工作会议部署的各项工作，以年初制定的工作思路和重点工作项目为指引，以建设“学习型、服务型、法治型、创新型、廉洁型”海关为目标，强化监管，忠诚履职，真抓实干，改革创新持续用力，队伍建设严格要求，关爱民生凝心聚力，把关服务再上台阶，较好地完成全年各项工作任务。

全年接受申报进出口报关单7918票，同上年比增长0.9%；监管进出口货物939.6万吨、总值13.6亿美元，分别比上年下降3.4%和增长24.6%；监管进出口集装箱9.2万标箱，比上年增长4.2%；两税净入库12.4亿元，比上年增长15.8%，完成全年预测数的105%。反走私绩效评估进入厦门海关前四名，“8·25”专案组获评集体三等功；角美监管科党支部获评先进基层党组织；团支部获评厦门海关先进团组织。1人获评优秀党务工作者；1人获评优秀团干部；3人获评优秀共产党员；2人获评优秀团员。在全体人员的共同努力下，漳州海关已连续三届获得“全国文明单位”荣誉称号。

【学习宣传中共十九大精神“新内涵”】

注重学习引领，切实提高政治站位。把学习宣传贯彻中共十九大精神作为首要政治任务，先后制定《漳州海关学习宣传贯彻党的十九大精神工作方案》、《漳州海关学习宣传贯彻党的十九大精神任务分解表》和《“1＋6”系列安排》3份文件，推动学习宣传活动扎实开展；创新学习宣传载体，采取“指尖微课堂”“寄语十九大留言板”“三小活动”等多种形式，提高党员参与度，确保在“学懂、弄通、做实”上取得实效。注重品牌建设，提升党建工作水平。各支部强化争先创优意识，积极参与“五星党支部”争创活动，其中角美监管科党支部代表漳州海关参评厦门海关“五星党支部”入围前十一名；积极推进“一支部一品牌”建设，各支部围绕党建工作对海关中心工作的推动作用，结合自身业务特点扎实推进，提炼出“提高三个力、打造综合CPU”、“创无止境、服务用心”等7个品牌，并在中共十九大召开前将建设成果制成展板进行展示。

【开展海关改革】

推进漳州关区海关功能化改革。认真贯彻海关全面深化改革部署，根据《厦门海关隶属海关功能化建设实施方案》，加强调查研究。12月14日，在《方案》出台后，切实做好机构调整后海关业务的切换和人员保障工作，确保隶属关相关业务顺利过渡。积极贯彻“创新强关”发展战略。坚持创新驱动，为谋划漳州关新一轮发展出谋献策，研究上报《以加工贸易联网监管模式加强对一般贸易进口固体废物监管》创新驱动展示项目1篇；撰写《建议将保税维修政策复制到漳州招银港区》《巩固自贸区成果加速推进开放型经济新体制建设》等《我为关区发展献良策专题征文》2篇；提交《培育新兴业态，推动漳州加工贸易转型升级》政协提案，被提案委员会采用并入选《重要提案摘报》，受到市委书记檀云坤、市长刘远批示。

【提升监管效能】

监管通关高效到位。不断推进全国通关一体化、税收征管领域改革，“自报自缴”报关单量大幅增加，“审价文书电子流转”运行顺畅，各项业务“去繁就简”，进出口通关时间较2016年缩短50%以上。持续深化监管场所规范管理，确保相关设施条件满足监管要求。严格落实各项安保管理措施，积极做好“金砖会晤”、中共十九大会议期间安保工作；密切配合，有效发挥武警海关执勤作用；优化"双随机"查验机制，"非侵入式查验设备"(H986)调试完毕，进一步优化海关查验方式和手段，提升通关效率；根据总署、总关部署，做好"固体废物""煤炭"等重点商品的管控工作。稽查工作取得实效。2017年，漳州海关完成稽查作业21起，发现应追征税款15起，涉及税款约264.7万元，已审核入库税款67.8万元；移交缉私局案件3起，查获率达71%，超出总关下达指标的21%；开展核查作业35起，已办结35起，补办相关手续10起；开展企业主动披露23起，以书面核实和实地核实相结合，转专项稽查1起，涉及税款43.1万元人民币。加工贸易业务不断创新。办理首本出境加工贸易手册；主动申报合并初审复核简化流程、简化内销征税手续和取消异地加工贸易审核环节3项改革试点项目；与加贸处开展关区加贸企业对"保税研发""维修服务""以企业集团为单元的总部式一体化模式"等新兴保税监管模式需求的调研；形成《一带一路背景下东南沿海加工贸易转型升级契机——从优化漳州市加工贸易产业链视角探索》调研文稿，并获得厦门海关学会2017年优秀征文二等奖，同时获得吴卫红副市长的批示肯定。全年关区内开展加工贸易经营企业139家，核发电子手册164份，同上年比增长9%；合同备案金额6.5亿美元，同上年比增长60%。打击走私成效明显。积极开展打击走私"国门利剑2017"联合专项行动，并密切与缉私分局联系，推进监管打击协同化，严厉打击"洋垃圾""成品油"等走私违法活动；漳州分局2017年刑事立案6起，完成年度目标120%；查扣旧服装约354.2吨，船舶1艘，缴获各类枪支18把及枪支配件、弹药一批；抓获犯罪嫌疑人39名，刑拘22人，执行逮捕15人。分局侦办的陈增强走私成品油案、"8·25"走私塑料米案分别被总局列为一级、二级挂牌督办案件；"5·26"走私旧服装案引起社会广泛关注，受到时任副总理汪洋和副署长胡伟的肯定，《中国海关杂志》公布该案被列入"中国'洋垃圾'走私"七大典型案例。2017年，漳州海关反走私绩效评估成绩大幅提升，位列关区15个现场业务单位第四名。

【服务漳州外贸发展】

服务"全面开放新格局"。主动对接，大力支持漳州市构建开放型经济新体制综合试点试验工作，撰写《构建开放型经济新体制综合试点试验架构下漳州外贸发展的思考和探索》研讨文章，率先向市委、市政府报送《漳州海关贯彻构建开放型经济新体制综合试点的建议》；与地方政府人员一起前往武汉、大连、济南、乌鲁木齐、广西防城港等地学习支持构建开放型经济新体制试点试验工作的经验；根据漳州市政府办《关于报送提请上级部门支持事项的通知》及《漳州市构建开放型经济新体制综合试点试验第二批项目清单》要求，在深入调研和充分论证的基础上，向总关改自办提请上报"率先复制保税维修政策"，得到省商务厅、地方政府、总关职能部门的支持。4月25日，厦门海关关长吴海平率队到漳州关区调研。深入漳州关、局和漳州海关驻外科室角美监管科，听取工作汇报。并视察海关进口废纸专用堆场，了解进口废纸的监管模式及企业运营状况。还拜会漳州市委、市政府主要领导，商议共同发展大计。服务重大项目。优化发展环境，对地方重大项目漳州台商投资区保税物流中心（B型）的申请、审批、建设、验收等环节实施专人联络、专项对接。2017年7月，漳州台商投资区保税物流中心（B型）正式获批后，漳州海关关主动沟通，采取措施跟进"B保"建设进度，建立海关、台商投资区管委会、漳州市龙池港务发展有限公司三方联系配合机制，建立周报制度，编写漳州海关保税物流中心（B型）工作专报3期，力求共同打造立足台商投资区，服务漳州市，辐射闽西、赣南、粤东北等周边地区的保税物流中心。破解生产难题。针对企业生产需要，帮扶发展。为福建福欣特殊钢有限公司办理关区首本出境加工账册，助力企业转型升级；针对货物价格波动，为路易达孚完税原糖提出暂存保税仓库申请，解决企业燃眉之急；针对货物集中到港滞留量大费用高的情况，及时调配监管人员对联盛纸业采取周末加班常态化服务，每月帮助企业节省滞港费近千万元；针对国家2017年底对燃料煤的调控，及时为辖区内的电力企业采取担保放行，解决了企业生产急需和燃料煤滞港自燃的难题。

【办理首本出境加工账册】

1月16日，为福建福欣特殊钢有限公司，办理出境料件不锈钢热轧白皮卷，价值约6万美元，出口至台湾进行冷轧压延加工。这是漳州海关为经营企业办理首本出境加工账册。

【启用出口转关货物运抵报告新系统】

4月12日，漳州海关正式启用出口转关货物启运地运抵报告功能，首票由漳州灿坤实业有限公司申报的果汁机通过系统申报并自动放行。此前，监管场所经营人在出口转关货物进场后需要手工填制转关运抵报告，通过扫描后再向海关进行传输。新系统启用后，不仅减少通关所需的纸质单证，提高关区通关无纸化比例，同时也有利于实现出口转关货物的有效监管。

【全国首台深水软铺系统在漳州关区顺利交付】

4月17日，豪氏威马公司研发生产的全国首台深水软铺系统在漳州关区顺利交付，该套设备是我国第一台深水垂直软铺系统，它将显著提升国内海工深水施工能力，满足南海深水油气田开发和竞标国际市场需要。

【首本出境加工纸质手册正式启动核销手续】

5月24日，漳州关区首本出境加工纸质手册正式启动核销手续。该手册为福建福欣特殊钢有限公司于2016年1月申请设立，备案出境货物为不锈钢热轧白皮卷，金额61376.68美元，复进境货物为不锈钢冷轧2B卷，金额71961.83美元。该手册为复制推广自贸试验区优惠政策以来漳州关区办理的首本出境加工业务手册。依托该手册，企业得以在节约成本的前提下顺利完成出境加工业务。

【开展厦门金砖会晤期间监管通关专项督查】

5月25日，漳州海关启动厦门金砖会晤期间监管通关领域专项督导检查，当日在漳州关区先后检查联盛纸业（龙海）有限公司进口废纸专用堆场等11家监管场所的规范管理情况，与各监管场所经营负责人进行会谈，要求企业严格按照监管场所的相关文件，切实做好监管场所的安全保障工作。

【办结首个监管场所注销手续】

漳州海关根据《中华人民共和国海关监管场所管理办法》（署令171号）规定，对漳州招商局码头有限公司“漳州招银港进口货物分流监管堆场”，在场所土地租赁合同到期后，根据业务发展需求不再续租并将关停场所，通知并指导经营企业向监管通关处办理注销申请。6月7日，经监管通关处材料审核与实地核查，办结漳州关区首个监管场所注销手续。

【举办首期加贸企业经理人培训班】

6月8日，漳州海关首期加贸企业经理人培训班开办。着重介绍加贸监管改革方向，针对参训企业的业务特点，有针对性地提供日常业务提示。漳州关区诺尔起重设备（中国）有限公司、豪氏威马（中国）有限公司等7家重点加贸企业，以及招商局码头有限公司、厦门湾港务有限公司等单位的总经理、报关经理23人参加培训。

【启动机构职能划转交接工作】

12月28日，漳州海关和东山海关根据《厦门海关隶属海关功能化建设方案》及《厦门海关隶属海关功能化建设实施方案》相关要求，正式启动机构职能划转交接工作。原东山海关驻漳浦办事处划转至漳州海关管辖，漳州市漳浦县的海关业务（不含古雷口岸业务）划转至漳州海关管辖，转型为属地型科室并赋予稽查等相关职能。两关主要负责人于当日出席专题工作会议，协商部署该办业务、人员、技术设备、固定资产等到的相关移交工作，以及科室职能转型、人员培训及与地方、企业的沟通工作。

·东山海关·

【概 况】

2017年，东山海关办理进出口报关单12238份，监管进出口货物

7月14日，东山海关关员在东山港码头监管远洋捕捞鱼获　（许方馨 摄）

39.8万吨，货值22.9亿美元，征收税款1.37亿元。融入全国通关一体化改革，企业自报自缴率保持在50%以上。

加大对物流线路途中的监管力度，排除监管风险；开展贸易调查，打击虚假贸易。同时，抓好“厦门会晤”准备阶段东山关区进出口货物的风险排查工作，并支持环东山岛经济区域建设。配合东山海关缉私分局密切配合，开展多次非设关地联合巡查；“多查合一”改革取得初步成效。

积极推进供给侧结构性改革，相关呈阅件获得市委书记檀云坤和市长刘远的批示肯定。

【监管效能持续提高】

开展监管场所规范整改工作，重新规划堆场物流，加大对物流线路途中的监管力度，排除监管风险；开展贸易调查，打击虚假贸易，引导企业主动披露。抓好“厦门会晤”准备阶段东山关区进出口货物的风险排查工作，在漳州市综治工作考评中获评一类平安单位，1名关员被漳州市评为“厦门会晤服务保障工作先进个人”。

【服务地方有力有效】

支持环东山岛经济区域建设，全年监管水海产品出口22.5万吨，货值21.2亿美元，节假日安排人员加班累计200余人次。快速验放台湾进口活青斑鱼，全年进口量、值分别比上年增长1.8倍、1.9倍。指导和推进海腾码头监管作业场所建设，该码头已通过海关监管作业场所验收。落实促进外贸发展举措，指导多家企业成为海关高级认证企业和一般认证企业，全年配合商务部门为查验正常的标箱免除查验费用109万元。

【打私工作保持高压态势】

与东山海关缉私分局密切配合，开展多次非设关地联合巡查；“多查合一”改革取得初步成效，查获一起保税料件缺仓案；全年共移交行政案件27起，超额完成全年移案目标。

·漳州海关缉私分局·

【概 况】

2017年，漳州海关缉私分局持续打私高压态势，打私缉私成效显著。全年，刑事立案6起，案值13538.69万元，涉税5087.98万元，抓获犯罪嫌疑人39名，刑拘22人，执行逮捕15人，取保候审19人；行政立案13起，案值1971.19万元，涉税416.71万元，大要案1起，罚没入库20.034万元；协查协办案件48起（其中一级挂牌督办案件2起，二级挂牌督办案件1起，被列入2017年中国打击洋垃圾走私七大经典案例1起）。1名民警被评为全国缉枪治爆先进个人，3人次荣立三等功，9人次被授予嘉奖。

【严厉打击涉税走私】

2017年1月，厦门海关缉私局联合中国海警局在福建、浙江等地对陈某等团伙走私成品油案集中收网，其中陈某案被海关总署缉私局列为一级挂牌督办案件。分局集中骨干警力全力侦办该系列案之陈某、邱某两个团伙案，合力攻坚，成功侦破案件，分别查实陈某案合计走私成品油约14118.04吨，案值9473.69万元，偷逃税款3437.98万元；邱某案合计走私成品油5557吨，案值4000万元，偷逃税款1650万元。

【大力开展“蓝天”行动】

端午节前夕，漳州海关缉私分局在漳州中银港附近海域查获走私入境台轮“亿发”号，查扣源自韩国的旧服装354.15吨，全案共查获涉案旧服装1299.97吨，被海关总署缉私局列为一级挂牌督办案件。该案引起社会广泛关注，受到时任汪洋副总理、胡伟副署长的肯定，福建省副省长李德金对该案作出批示，取得良好的社会效应。9月19日，分局在厦门、晋江、诏安开展打击洋垃圾走私收网行动，现场查获账册一批，抓获犯罪嫌疑人8人。同时，查实诏安某公司涉嫌走私进口废塑料271.94吨。

【深入开展缉枪行动】

2017年，漳州海关缉私分局深

漳州海关缉私分局查获“5·26”走私旧服装案涉案旧服装

入开展“国门勇士 2017”缉枪行动。全年查处涉枪案件 12 起，缴获各类枪支 18 把及一批枪支配件、弹药；向相关缉私部门移交情报线索 99 条；与青岛、宁波、呼和浩特海关缉私局等单位开展涉枪案件侦办经验交流。

【着力开展追逃工作】

分局秉持“天涯海角，一追到底”的决心，持续摸排、综合分析研判在逃人员活动轨迹，多措并举，追逃到案 18 人，其中“猎狐行动”目标逃犯到案 7 人，带动一批案件的侦破。

【持续深化反走私综合治理】

认真落实“井田式”管理责任制，加强与其他执法部门沟通协作。与漳州市边防支队签订《缉私办案协作办法》及开展联勤协作；组织党员深入海山村开展学习宣传贯彻中共十九大精神共学共促活动，持续推动海山村反走私综合治理示范村建设升级，先后有省打私办主任年度会议与会代表以及厦门、福清市等多地打私办到该村参观学习；努力践行宣传就是打私的理念，与市打私办和厦门海关共同开展厦门海关 2017 年禁毒宣传走进海山村活动，该项活动得到当地群众、学生积极参与和社会广泛关注，新华社、经济参考等中央及地方多家主流媒体及时给予宣传报道。

·漳州出入境检验检疫·

【概 况】

2017 年，检验检疫出入境货物 7.76 万批、34.43 亿美元，同上年比分别增加 7.18% 和 11.65%。其中，出境货物 7.28 万批、24.74 亿美元，同上年比分别增加 6.82% 和 9.49%；检疫集装箱 9.08 亿标箱，同上年比增加 5.98%；检疫出入境交通工具 633 艘次，同上年比增加 12.33%。检出不合格进出口货物 1315 批、4.19 亿美元，同上年比分别下降 61.59% 和 31.6%；截获有害生物 291 批次；截获医学媒介生物 72 艘次。签发原产地证书 3.4 万份、货值 15.97 亿美元，同上年比分别增长 1.91% 和 6.74%。

口岸卫生检疫。检疫出入境船舶 633 艘次，同上年比下降 28.7%。其中，入境 328 艘次，出境 305 艘次，同上年比分别下降 25.1% 和 32.2%。查验出入境交通员工 1.19 万人次，发现有症状 9 人次，确诊 6 人次。截获医学媒介生物 72 艘次，占入境船舶 21.9%，截获 9 个种类 564 只。出入境船舶卫生处理 72 艘次；出入境人员健康体检 845 人，同上年比下降 29.1%，其中出境 411 人，入境 434 人；检出传染性疾病 30 例，其中艾滋病 1 例，性病 8 例、病毒性肝炎 21 例，发现率 0.08%，确诊率为 66.7%，检出率为 3.55%；另外检出乙型肝炎表面抗原阳性 52 例；出入境人员预防接种 473 人次，同上年比上升 13.1%。

入境货物检验检疫。检验检疫入境货物 4829 批、9.47 亿美元，同上年比分别增长 6.79% 和 9.51%。其中检出不合格 912 批、3.92 亿美元，同上年比分别下降 34.15% 和 22.78%，不合格率分别为 18.88% 和 41.39%。辖区进口以植物产品、废纸、矿产品为主，占入境货值的 50.56%、24.04%、18.76%。入境大宗产品占辖区入境货物比重，按货值计依次为原木 19.32%、煤炭 12.02%、金属矿砂 6.51%、油菜籽 6.18%、大豆 5.62%。

进境植物检疫。2017 年，截获进境植物有害生物 180 种 2634 种次。3 月 15 日，对 1 艘 1.4 万方 198 万美元的新西兰原木实施查验，现场截获大量活体昆虫，经实验室鉴定为检疫性有害生物长林小蠹。5 月 3—6 日，连续在 3 船次共 10.2 万立方、1302 万美元的新西兰和乌拉圭进口原木中截获长林小蠹、橡胶材小蠹等多种检疫性有害生物。长林小蠹是松树黑根病菌和蓝变真菌的传播媒介，不仅极易导致树木死亡，而且还严重影响成品木材品质，被称为“林木杀手”，而漳州局在辖区半个月内集中截获多次活检疫性有害生物实属罕见。

进境原木检疫查验。加大进境原木检疫查验力度，掌握辖区原木主要进口国疫情基本情况，力促进境原木疫情报检批检出率创新高；利用进境植物疫情上报系统进行风险分析，努力提高进境原木疫情截获覆盖面；根据风险分析结果，有针对性加大对高风险检疫对象检疫查验。2017 年，检疫查验进口原木 152 批、131.5 万立方。截获检疫性 24 种，197 种次；非检疫性 146 种、2367 种次，有效防止外来生物入侵。

进口工业品检验。加强进出口危险化学品检验监管并举行应急演练，在灿坤、豪氏威马、诺尔等大型企业开展试点进口工业品“符合性声明＋抽批检验＋事后监管”检验监管新模式；特事特办跟进古雷港石化产业复产工作，“一企一策”跟踪服务漳州联盛纸业、福欣特钢等百亿产业项目。2017 年，检出进口工业品不合格 867 批，其中 5 批实施退运或销毁处理。检出进境煤炭、铁矿等大宗资源性商品不合格 22 批次、125.37 万吨，对外出证索赔 206 万美元，对影响生态环境的不合格产品坚决给予退运、销毁。

出境货物检验检疫。辖区出口以食品农产品为主，占出境批次的 76.27%，货值的 72.26%。出口大宗产品占辖区出境货物比重，按批次计依次为罐头 24.69%、家具 19.75%、保鲜蔬菜 15.09%、保鲜水果 13.31%、木材 7.82%、蔬菜水果

6月27日，食品安全科普宣传活动 （吴刚 摄）

制品 5.90%；按货值计依次为罐头 20.07%、冷冻水产品 18.59%、家具 12.77%、保鲜水果 8.95%、蔬菜水果制品 6.62%。全年，检验检疫出境货物 7.28 万批、24.74 亿美元，同上年比分别增加 6.82% 和 9.49%；检出不合格 401 批、1251 万美元，同上年比分别下降 80.33% 和 88.13%，不合格率分别为 0.55% 和 0.51%。

出口食品安全监管。扎实推进质量帮扶提升行动，推动漳州市政府将出口食品企业内外销“同线同标同质”工程纳入《政府工作报告》，辖区 290 家企业，18 家企业获得 AA 级信用企业，78 家获证企业全部登录“三同”平台，展示产品达 366 个。扎实推进示范区建设，创建漳州市首个工业品示范区“漳州出口食品包装容器质量安全示范区”，帮扶平和蜜柚、南靖麻竹笋、漳浦榕树和蔬菜质量安全示范区通过总局年审，联合地方政府启动平和县有机产品认证示范创建。该示范区的建立及运营不仅成为地方政府招商引资的一张重要的名片，也成为检验检疫部门服务外贸产业、促进产业转型升级、服务地方经济健康发展的重要平台。2017 年，检验检疫出口食品 5.74 万批，被国外不合格通报 2 批，出口合格率达到 99.99%，出口罐头、水产品等权重产品实现国外零通报。

【建立口岸单位反恐联勤合作机制】

7月28日，与漳州市公安局、漳州海关、漳州边检站、漳州海事局、漳州海关缉私分局等在漳州宾馆举行口岸反恐联勤合作机制签字仪式。会上各口岸单位代表签订《漳州口岸重大活动安保联勤协作备忘录》，进一步完善联勤机制，做好日常工作的协调，加强联合演练、反恐训练，形成口岸反恐合力，护航“厦门金砖会议”及促进漳州口岸大通关建设改革。

【实施出口食品检验检疫模式改革】

推行出口食品“即报即放”模式改革，是根据出口食品风险特性和检验监管要求，分类制定相应的检验监管作业指导书和企业自检自控指南，突出企业主体责任落实和过程监管，只针对存在高风险隐患的极少部分出口食品实施临时性抽检，企业自检自控合格的产品即报即放，产品通关时间可减少 8-10 天，化解出口食品农产品保鲜期短、市场变化快、出货期紧等矛盾。漳州局这一模式改革，1月19日被中央深改组内刊《改革情况交流》刊载；6月16日获国家试点试验第三方评估组确认为可操作、有意义、可复制的典型经验；7月3日，汪洋副总理在国务院中期评估会议上点评肯定出口食品“即报即放”让企业享受“零等待”服务；10月，商务部等 13 部门联合下发通知，向全国推广构建开放型经济新体制综合试点经验，包括 24 项典型试点经验和模式，其中漳州局出口食品“即报即放”检验检疫模式入选。出口食品“即报即放”管理模式改革实施以来，已有 280 家生产企业 3 万批出口食品享受“零等待”服务。

9月27日，漳州出入境检验检疫工作人员前往平和蜜柚出口加工厂检验

【持续开展优惠性原产地证书签证业务】

2017年，签发优惠性原产地证书25543份，签证金额9.08亿美元，为企业减免进口国关税约4500多万美元，其中签发自贸协定原产地证12130份，签证金额4.74亿美元，同上年比分别增长8.7%和24.8%，可为贸易伙伴带来约3793.5万美元关税红利。随着国家自贸区战略的加快推进，漳州局2017年区域性优惠原产地证书签证量略有增长，签发12130份，同上年比增长8.7%，签证金额增加幅度更大，达到24.8%。其中签发亚太证书439份，签证金额达1463万美元，同上年比分别增长60.22%和72.73%；签发中国—秘鲁证书415份，金额3477万美元，同上年比分别增长40.2%和110.44%；受益于两岸经济合作愈发密切，海峡两岸经济合作框架协议（ECFA）原产地证书签证量迅速增长，签发此类证书204份，同上年比增长29.11%，可为台方进口商减免关税约18.7万美元。对信用等级B级以上的原产地签证企业实行"网上申请、在线审核、双向寄递"模式，实现申请、审核、签证全过程检企"零见面"，惠及900多家企业。

【实现备案办理检企"零见面"】

3月1日起，开始实施报检企业备案"零见面"工作模式。拟申请备案的企业，只需登录中国电子检验检疫业务网提交备案信息，申请材料可以通过电子邮件或邮件快递的方式寄至漳州局，无须派人前往漳州局办理递交手续，备案申请经审核通过后，漳州局出具的备案表采用邮政快递的方式寄给申请人，实现备案办理全过程检企"零见面"。这是漳州局借助信息技术手段，为企业提供优质便捷服务的新举措。新措施为每家企业节省办理业务时间至少3小时以上。

【正式启动"两证合一"】

"两证合一"，即对外贸易经营者备案和原产地证企业备案实施合并办理。"两证合一"前，企业要携带申请材料分别到商务部门办理对外贸易经营者备案手续后，到检验检疫部门办理原产地证企业备案；实施"两证合一"后，商务部门在办理企业对外贸易经营者备案时，将审核结果传输给检验检疫部门原产地管理系统，检验检疫部门直接采信商务部门审核结果。实践证明，这种办理模式实现部门之间信息共享、执法互认，让企业少跑腿，让数据多跑路，有效提升外贸企业原产地证利用水平，对服务国家自由贸易区和"走出去"战略具有积极意义，可以激发企业充分应用原产地证书带来的自贸协定关税减免待遇，增强漳州出口产品国际市场竞争能力，助力漳州产品走出国门，开拓国际市场。7月5日，漳州商检局全面实施"一次受理、一次审核、两证合一"的办理模式。启动当日，就新增加1500多家原产地证企业备案。

【加强实验室建设】

1月14日，CNAS评审小组宣布漳州局实验室顺利通过CNAS认可、食品检验机构资质认定二合一监督扩项现场评审。不但原获认可的57个检测对象，943个项目的检测能力均获得再次确认，在此基础上又新增3个检测对象，1652个项目。合计之后，实验室获得法定检测资质的对象达到60个，项目2595个，新扩项目涵盖食品添加剂、农药残留、兽药残留、重金属、常规理化、微生物、生物毒素及非法添加剂等31大类食品检测全部领域。2017年，漳州局综合技术服务中心实验室参加CNCA、CNAS、FAPAS等权威机构组织的能力验证16次，其结果均为满意。其中参加A类能力验证项目5次；参加国家食品药品监管总局组织的盲样考核测评项目10个。这些项目包括菌落总数、沙门氏菌、铜绿假单胞菌、有机氯农药残留、镉、糖精钠、瘦肉精、氯氰菊酯、呕吐毒素、黄曲霉毒素B1等内容，漳州局综合技术服务中心实验室检测水平得到进一步提升。同时，完成福建省食品药品监督管理局"2017年食品抽样检验服务项目""2017年食用农产品及其他食品抽样检验服务项目"及漳州市"2017年食品安全监督抽检与风险监测项目"、漳州市8个区县"2017年食品安全监督抽检与风险监测项目"的检测任务，总计涉及金额727.34万元。

【着力口岸卫生应急能力建设】

8月18日，与漳州边防站、漳州开发区卫生局、漳州开发区第一医院、漳州开发区码头公司等口岸联防联控单位共同在漳州招银口岸联合开展疑似登革热病例处置演练。参演单位就事件核实、报告、紧急部署、现场警戒、现场流调、采样快筛、病人移运、卫生处理等多个环节开展应急处置。10月，漳州局卫生检疫实验室参加认监委能力验证计划项目CNAS-15-B02疟原虫检测，并以满分通过该项能力验证。

【助力漳州产业发展】

协助美方专家开展中美实蝇检疫处理技术合作研究，推动中国柑橘类水果输美工作。帮扶3家企业顺利通过美国FDA官方检查。为28家意向出口食品企业建立国际先进的质量管理体系并获得相关认证。指导水产品出口企业对外注册开拓欧美高端市场，2017年辖区水产品出口货值4.62亿美元，同上年比增长14.64%。帮扶漳州蘑菇罐头产业时隔四年重返美国市场。帮扶漳州鲜葡萄、冻干猕猴桃、荔枝汁等11种水果及其制品首次进军欧美等高端市场。对华阳电厂进口煤炭实行一次性检疫及抽查验，有效缩短船舶停港时间，全年进口烟煤138万吨，货值1.07亿美元。指导隔离检疫场建设，督促企业完善防疫设施和制度，成功进口大型海洋哺乳动物日本瓶鼻海豚14只。

【首次从鲈鱼苗中检出病毒性神经坏死病阳性】

4月，漳州局辖区首次从一批120千克、13.2万尾的台湾进口鲈鱼苗中检出病毒性神经坏死病（VNN）阳性，该病为《中华人民共和国进境动物检疫疫病名录》规定的二类动物疫病。病毒性神经坏死病是海水鱼中最常见、危害最严重的病毒性传染病之一，对多种鱼类具有感染性和有较强的致病力和死亡率。漳州局将该批鱼苗作焚烧销毁处理，并将进一步加强进境水生动物疫病监测和隔离检疫监管工作，降低水生动物疫病传入并危害我国水产养殖业的风险。

【确诊首例入境船员丙型肝炎病例】

8月27日，对一艘来自菲律宾马尼拉港的巴拿马籍“德润”号入境散货船进行靠泊检疫时，发现该轮1名中国籍呈疲劳状态，并伴有食欲欠佳，腹胀等症状。通过对其进行初步流行病学调查和医学检查，无法排除肝炎嫌疑，经其本人同意采集血样送漳州局保健中心检测，确认系丙型病毒性肝炎（丙肝病毒抗体阳性、GPT 47 U/L）。这是漳州口岸首次检出入境船员丙型肝炎病例。漳州局按照传染病监测工作规范，第一时间上报疫情，并对该船员进行防治宣传、行为干预、防止传染病的进一步传播。

·东山出入境检验检疫·

【概 况】

东山出入境检验检疫局是福建出入境检验检疫局下属分支机构，辖区有漳州市南部的东山、诏安、云霄三个县和常山华侨经济开发区。局本部在东山县铜陵镇，内设办公室、综合业务科、食品检验监督科、卫生检疫监督科、动植物检验检疫科、检务科、人事政工科7个科室和1个综合技术服务中心（检验检疫技术分中心、国际旅行卫生保健分中心、机关服务分中心），并分别在诏安县和云霄县设国检办。

2017年，检验检疫出入境货物16268批、27.66亿美元，同上年比分别增长5.7%和下降2.2%。其中，出境货物14588批、27.02亿美元，同上年比分别增长2.3%和下降1.9%；进境货物1680批、0.64亿美元，同上年比分别增长53.4%和下降15.4%。检验检疫批次和货值分别居福建检验检疫局系统各分支机构第四位和第三位。

2017年，东山出入境检验检疫局党建和队伍建设上新台阶。首次取得省局系统、漳州市绩效考核“双优秀”；首次获评漳州市综治考核“平安单位”，“免检”通过省级文明单位届终检查；首次牵头完成总局政研课题，成功举办中央媒体“一带一路”福建行采访活动，信息宣传政研工作水平显著提升。2017年，1人获得“漳州市金砖会晤安保服务先进个人”。

【深入开展教育实践活动】

深入学习宣传贯彻中共十九大精神。中共十九大结束后第一时间召开党组中心组学习，认真组织各类学习活动，深入研读专家关于中共十九大精神的精彩解读，系统掌握主要内涵，撰写心得体会。联合东山海关共同举办“学习十九大，青春建新功”系列活动，并通过漫画展、知识竞赛和策划宣讲、研讨、主题党日等系列活动，掀起学习宣传贯彻热潮。同时，学以致用，将中共十九大精神中“落实质量强国战略”“深化供给侧结构性改革”等一系列有关质量工作和检验检疫工作的重要精神落实到实际工作中。持续抓好“两学一做”学习教育常态化。党组率先垂范，做到带头深入学习、带头讲党课、带头严格党内政治生活、带头担当作为、带头改进作风，在思想上政治上行动上同以习近平同志为核心的党中央保持高度一致；推出“学习弘扬谷文昌精神、做合格检验检疫人”自选动作，建设福建局系统党性教育学习新基地。

【强力推进党建和队伍建设】

坚持从严治党。抓好规定动作，以“两学一做”为主要内容，以“三会一课”为主要制度，党组中心组全年组织学习18次，支委会、党小组坚持每月一个主题教育，形成常态化学习机制；引导党员干部在政治、执行纪律、品德、发挥作用等四个方面检视自身，对标看齐；严明党的纪律，党组班子把严守党的政治纪律和组织纪律作为思想和行动的准则，自觉依照党的组织原则和党内政治生活准则办事，出去一个声音，行动一个方向，确保政令畅通；落实一岗双责，牢固树立不抓党风廉政建设就是严重失职的意识，强化责任担当，党组成员自觉履行“一岗双责”，坚持党风廉政建设与业务工作同研究、同部署、同检查、同落实，制定《党风廉政建设工作要点》，逐级签订《党风廉政建设责任书》和《包保责任书》，层层传导压力；落实中央“八项规定”，深入学习领会总局新修订的《实施细则》和省局党组的相关规定，对现有的制度进行梳理修订，进一步简化公务接待，2017 年支出同上年比减少 19.7%；主动接受监督，党组带头落实全面从严治党主体责任，主动接受派驻纪检组在干部选拔、政府采购等环节加强纪检监督。坚持从严治检。深入开展“精细管理年”活动，坚持干事创业争先创优的主基调，完善综合管理系统，打造“互联网 + 督查督办”，推动年度工作要点、重点工作任务、党组重大决策部署等全面贯彻落实到位；建立健全绩效、督察督办、办公例会等制度，建立和完善未完成工作通报、亮点点评、可复制推广经验提炼等配套机制，强化目标责任管理，推动工作高标准落实；继续实施“三支队伍”（行政执法人员、评审员、专业技术人员）建设工程，围绕选人、用人、育人打造一流队伍，提高能力、优化结构，进一步优化行政队伍年龄结构和配备，行政执法人员向一线倾斜，行政正科级干部全部轮岗交流，进一步打开事业干部成长空间，全年 2 人取得副高级和中级职称，3 人提任科级领导岗位，3 名混岗事业人员回归技术岗位，提高团队的创新能力，增强团队的凝聚力；主动与漳州市和辖区党委政府的沟通汇报，努力营造外部协调发展环境；盯住逢年过节关键时间节点和一线监管高风险岗位，发送廉政倡议书和廉政短信，加强谈心交流及时“咬耳扯袖”，把问题消灭在萌芽状态，全力推进党建和队伍建设。

【推动口岸公共卫生安全体系建设】

不断完善多部门联防联控机制，与 10 部门签订《金砖会晤安保口岸联勤协议书》，与口岸联检单位签署《东山口岸国际航行船舶联合登临检查协作备忘录》；针对重点疫情疫病加强风险分析、检疫查验、疫情监测和防疫处理，首次对来自寨卡病毒疫区集装箱进行熏蒸处理；通过建立口岸医疗急救网络、口岸固液体废弃物卫生管理制度，提升口岸业主饮用水卫生安全管理能力。

【着力维护国门生物安全】

创新国门生物安全精准宣传，先后深入常山华侨中学和漳州市出入境管理支队，针对侨胞侨眷、出入境办证民众开展精准宣传；加强进境货物、木包装、集装箱、船舶查验力度，1 批进境植物产品中截获有害生物 1 种次，船舶检疫截获植物疫情 9 批次 35 种次，其中检疫性有害生物 5 批次；提高进出境动植物产品疫情和质量安全管理能力，开展进境小麦仓储地区外来杂草和进出境水生动物疫病等监测工作，在 1 批进境活鱼中检出禁用药，1 批进境活鱼中检出二类寄生虫病；与东山县签署加强动植物疫情防控合作备忘录，加强口岸动植检规范化建设。

【打造产品质量安全防护网】

探索分支机构层面进出口食品农产品风险管理新模式，不断完善风险信息收集、分析、应对机制，建立总局警示通报、日常监管情况、国外通报、国内外重要技术法规变化等多种风险信息收集渠道，综合运用多种措施应对。2017 年，根据国外通报情况对出口俄罗斯等地水产品进行强化监管，首次在输美鱿鱼产品中检出沙门氏菌并开展输美产品专项检查，根据邻近海域赤潮情况开展双壳贝类贝毒素普查监测。全面实施食品农产品进口商备案制度，已备案 35 家，检出进口食品农产品卫生安全项目不合格 11 批次，均做退运或销毁处理。对出口金属玩具车、儿童安全座椅等产品开展法检目录外商品抽查，对出口蓄电池、危险化学品等采取强化监管措施。

【加强宏观质量管理】

“质量月”期间，开展“塑造‘四检合一’平台，支撑区域质量提升”特色活动，提升社会质量文化氛围。开展出口食品企业“逐一帮扶”行动，推荐对外注册，引导“三同”发展，新增 8 家“三同”上线企业，总量达 12 家；新增出口备案企业 2 家，新增对外注册企业 9 家次，对外注册企业总量 280 家次，居福建局系统首位。强化信用信息采集，提升信用管理水平，帮促顺发、荣华两家企业获评“信用等级 AA 企业”，总数达 4 家。加强质量品牌建设和推广，推进出口食品农产品品牌培育提升工作，建立品牌标准体系为核心的培育计划，鼓励企业扩大自主品牌产品出口。

【持续优化通关环境】

全面上线中国检验检疫无纸化系统，覆盖辖区全部进出口企业，报检批次覆盖率 87.98%。开展原产地惠企重点帮扶行动，“一对一”帮扶 19 家，其中 8 家实现原产地证申领“零突破”。全面推广检验检疫资质管理“多证合一”，83 家企业受益。多措并举压缩检验检疫流程时长，取得较好成效，1—11 月出境、入境全流程时长分别为 7.68 天、14.9 天。

【着力促进优进优出】

靠前服务促进急需动植物优质种苗资源引进，首次进口马来西亚鲈鱼苗、美国夏威夷亲虾和水草组培苗；扩大粮谷等资源性产品进口，帮助诏安大北农公司首次进口大麦。促进优势特色农产品扩大出口，枇杷叶茶、饵料鱼、冰鲜黄鱼、甘鱼苗、保鲜荔枝、保鲜龙眼等多种农产品实现首次出口，辖区首家供港蔬菜基地成功备案首批蔬菜顺利输港。

【大力扶持重点产业】

围绕地方政府产业规划出台系

5月，东山出入境检验检疫局指导东毅公司通过美国FDA检查打入美国市场　　（司超 摄）

列帮扶举措，建立招商引资、项目对接、落地服务等多项配套机制，与常山开发区签订《促进特色产业发展合作协议》。辖区经济支柱水产品产业形成出口企业137家，年出口额25.6亿美元的产业集群，占福建省一半左右，全国八分之一以上，成为全国最大的水产品加工出口基地。帮扶3家新能源企业落户诏安县形成产能，猛狮科技从韩国引进价值3360万美元生产线顺利通关，动力宝电源实现首批电池产品顺利出口。推动东山口岸对台贸易做大做强，小额贸易进出口产品1509批、3666万美元，比上年分别增长40%和48%。

【提升实验室建设水平】

构建“四检合一”平台，被认定为漳州市构建开放型经济新体制试点试验工作4个可复制推广项目之一，并在商务部、发改委中期评估中，获“站位高、定位准、方法新、机制活、效果好”评价，在国务院构建开放型经济新体制试点试验工作中期汇报会上获副总理汪洋肯定，福建省副省长李德金亲临视察并要求全省复制推广。正式获批筹建总局水产品检测区域性中心实验室；云霄农产品检测中心项目一期和诏安富硒产品检测中心完工并对外开展业务；东山县同意划拨15亩土地，投资3500万元以“交钥匙”形式兴建1万平方米检测研发大楼，以双方共建的东山县水产品检测中心为主体，申报建设国家重点实验室，其前期规划设计工作有序进行。

6月，新试点项目“四检合一”云霄农产品检测中心成立，省出入境检验检疫局宇方成局长、漳州市副市长吴卫红参加揭牌　　（司超 摄）

·漳州边检·

【概 况】

2017年，漳州边防检查站，主要承担漳州715公里海岸线上1个一类口岸（包含招银港区、后石港区、东山港区、古雷港区等4个港区），4个二类口岸（冬古、旧镇、石码、宫口），3个临时对外开放作业点（国安、紫顺、兴明船厂），共32个泊位的出入境边防检查任务。

全年，验放出入境（港）船舶865艘次、人员16131人次；查获各类案件12起117人，同上年比增长267%。

【边检服务管控举措推陈出新】

2017年，漳州边检站创新“五层递进式”管控体系，建设外海锚地、卡口智能管控等系统，提升口岸管控硬实力。全面启用“单一窗口”网上报检，积极跟进古雷港区复航、后石港区新增泊位工作。工作成效得到漳州市委副书记、政法委书记，副市长等领导批示肯定。

【口岸维稳管控能力稳步提升】

7月28日，召开由漳州市政法委牵头、漳州边检站主办的漳州口岸重大活动安保联勤推进会。厦门“金砖”会晤期间，漳州边检站构建“五维共防式”联勤机制，国家海空域管控组来函感谢该站重大活

7月，漳州边检站牵头召开漳州口岸重大活动安保联勤推进会

动安保工作所作出的贡献。

【政治工作助推“中心”成效显著】

站党委强化务实作风，安保决战期间，班子成员进驻一线统筹协调、督促检查安保措施落实到位，确保党委决策末端落实。投入20万元建设“军民融合书法工作室”“军民融合心理咨询室”，升级机关及招银执勤点影音室，解决基层官兵文化需求。在重大安保任务期间，1个集体、13名个人获总队和地市级以上政府表彰。全年，该站获省级以上媒体刊发宣传文稿35篇，市级47篇，新媒体平台34篇，思想政治工作鼓动效果明显。

·漳州海事局·

【概　况】

2017年，辖区船舶进出港16370艘次，同上年比减少19.57%。国际航行船舶进出口岸查验1237艘次，同上年比增加24.32%；辖区港口货物装卸量3098.88万吨，同上年比增加9.19%；港建费收入3515.6万元，同上年比上升2.09%。

【服务地方】

全力支持古雷发展，保障古雷100万吨级乙烯项目、填海造地、大型码头泊位、深水航道的顺利建设；对进出古雷港区的危险品船舶实行全水域、全时段跟踪监管，保障古雷石化园区顺利恢复生产。服务省、市重点工程，保障后石港区20万吨级码头、漳州LNG等重点涉海项目顺利建设。漳州市委书记檀云坤对该局呈送的《漳州海事局服务富美新漳州建设情况报告》作出重要批示，充分肯定了漳州海事局保安全促发展，助推富美新漳州建设取得的成绩，并对漳州海事的发展提出殷切希望。

【安全监管】

完善管理法规，漳州市政府颁布实施福建省首个“非标船”管理法规——《漳州市乡镇船舶安全生产管理办法》，建立船舶污染物接收、转运、处置电子联单制度。加强通航秩序管理，联合海洋渔业局开展安全知识进渔村活动，协同打造防范商渔船碰撞安全监管链，充分利用VTS，有效应对商渔船碰撞多发苗头，2017年辖区商渔船碰撞事故仅发生2起，同上年比下降72%。狠抓船载易流态化货物申报、取样检测、现场监督3个环节，保障403艘次925000吨高岭土运输安全。

【应急处置】

促成龙海市、漳浦县海上搜救分中心挂牌成立，漳州市一个中心、三个分中心（东山、漳浦、龙海）海上搜救架构基本形成，海上搜救指挥体系进一步完善，基本覆盖了漳州沿海县（市、区）海域，有效提升海上应急反应能力，最大限度地减少或避免了海上人命伤亡、财产损失和海域污染。

【党风政风】

落实党风廉政建设责任制。制定“两个责任”清单，落实领导干部“一岗双责”考核评价机制；加强非法船舶代理整治，推行现场综合执法信息备查机制，推行与船方廉政共防共建制度，共同抵制非法船舶代理；加强廉政监督检查，采取执法联系单、视频监控、执法回访、基层明察暗访等方式，有效防控执法廉政风险，全年明察暗访18次，未发现违反廉洁从政有关事件；加大海事正风肃纪力度，配齐配强专兼职纪检员，弛而不息抓好作风建设，持续两年实现了信访举报案件的“零投诉、零举报”。

·港口管理·

【概　况】

2017年，厦门港口管理局漳州分局，超额完成在建工程投资任务。其中，漳州环东山湾3个港区（古雷、东山及诏安港区）在建项目累计完成投资60532万元，完成年度计划52509万元的115%；漳州6个港区（古雷、东山及诏安3个港区和招银、后石、石码3个港区）在建项目累计完成投资87631万元，完成年度计划81509万元的108%。

在建工程项目全面推进。全年，环东山湾3港区水运在建工程项目10个（古雷港区古雷作业区南-3号和南-4号2个1万吨级液体化工泊位工程、南8号15万吨级通用泊位工程、南9号5万吨级散杂货泊位工程、北1号和2号泊位工程、南3号泊位液化罐区填海造地工程、漳州核电3000吨级重件码头及配套工程、东山港区福建省大东3000吨级液体化工码头仓储工程、漳州液化天然气项目接收站填海造地工程、厦门港后石港区3号15万吨级通用泊位工程和厦门港后石航道二期工程）。其中，漳州液化天然气项目接收站填海造地工程于12月完成交工验收；厦门港后石港区3号15万吨级通用泊位工程于12月投入试运行。

拟建工程前期工作有序推进。2017年，开展前期工作的水运工程项目9个。其中，厦门港古雷港区古雷作业区北1号和2号泊位工程取得项目核准、初步设计和施工图设计批复并开工建设；古雷港区六鳌作业区漳浦六鳌重装码头工程取得项目核准；厦门港东山5000吨级对台客货码头工程获得施工图设计并开工建设；厦门港东山港区冬古裕华油品码头工程获初步设计及施工图设计批复；厦门港东山港区东山引航工作船码头工程获得初步设计批复；漳州液化天然气（LNG）项目码头工程获得项目核准。

港口生产有所回落。2017年，漳州市7港区完成货物吞吐量4726.2万吨，比上年减少6.75%。其中，外贸货物吞吐量818.2万吨，比上年减少6.01%；集装箱吞吐量完成435843TEU，比上年增长20.79%。环东山湾4个港区完成货物吞吐量1331.5万吨，比上年减少1.64%，其中外贸货物吞吐量完成15.2万吨，比上年增长45.62%。

“口岸海防”类撰稿人：
林冰劼　叶莉萍　王振宇
供　稿：
东山海关
漳州海关缉私分局
东山出入境检验检疫局
漳州边防检查站
漳州海事局
厦门港口管理局漳州分局

城乡建设

·城乡规划·

【规划编制】

深化“多规合一” 2017年，中心城区686平方公里“一张图”成果已完成省住建厅组织的专家技术审查；启动规划区范围1986平方公里内龙海市、漳州开发区等区域“多规合一”1张图编制和信息平台建设，完成调研及基础资料收集，开展差异比对协调及控制线划定。“多规合一”信息联动管理平台已开发完成，并在政务网云平台部署上线，结合审批制度改革投入使用，形成“一张图、一个平台、一张表格、一套机制”。

强化空间管制 启动城市总体规划修改工作。根据漳州社会经济发展实际情况，启动《漳州市城市总体规划（2012—2030）》修改工作，市政府2017年第十次常务会议已研究通过，年底已完成总规修改实施评估工作。加大重点片区和节点城市设计编制，重点区域、重要节点的城市设计覆盖面积在60平方公里以上，相继开展西湖生态园片区城市设计（约4.9平方公里）、高新区总体城市设计（约27平方公里）、角美台商投资区中心核心区城市设计（约5平方公里）、台商投资区地铁6号线沿线地区城市设计（约12.6平方公里）、九十九湾“闽南水乡”沿线整体城市设计（约10平方公里）。

全面推行“生态+”模式 集中力量服务好“五湖四海”（碧湖、西湖、西院湖、九十九湾湖、南湖，荔枝海、香蕉海、水仙花海、四季花海）建设。《漳州市“五湖四海”达达通绿道连通规划》已完成阶段性成果，西湖片区城市设计获市政府批复，西院湿地公园（一期）、市民公园及九十九湾湖—湘桥湖设计方案已通过审查及批复工作。编制完成《漳州市中心城区海绵城市专项规划》，加快漳州市中心城区海绵城市建设。全力清查代征代建绿地占用情况，调查核实中心城区迎宾路、胜利西路、九龙大道等6条城市主干道共22处道路两侧开发项目代征绿地建设存在被占用问题，并与相关部门联合督促开发单位按要求建设或退让公共绿地。为扎实推进漳州“城市双修”工作，配合市政府出台《漳州市生态修复城市修补实施方案》，通过探索“生态+”模式，进一步完善和提升城市功能。

加强规划研究 努力解决“四难一差”（上学难、看病难、养老难、出行难、公共配套差）问题，加强公交枢纽站点、垃圾转运站、公共停车场、公办幼儿园、农贸市场等为民办实事项目的研究，有序统筹具体项目的落地建设，增进民生福祉。组织开展“畅通城市三年行动计划”研究，重点做好都市区综合交通体系规划研究。改善中心城区出行条件，完成主城区停车场（库）近期建设项目选址、公交枢纽站选址公示工作及控规编制。完善中心城区慢行系统规划，配合完成达达通公共自行车二期115个规划布点优化工作。加强各项民生工程规划研究，根据加快社会事业补齐民生短板要求，结合《街道、社区公共服务设施配置指引》，对教育、医疗、社会福利设施规划优化提升，合理规划布局，做好用地保障，强化规划配套。

完善各专项规划编制 《漳州市中心城区电力设施布局规划（2016—2030）》《漳州市中心城区地下综合管廊规划（2017—2030）》《漳州市中心城区地下空间利用专项规划（2016—2030）》已获市政府批复；《漳州市中心城区海绵城市专项规划》通过专家技术审查并形成正式成果；漳州市中心城区给水、污水、雨水、燃气、绿地系统专项规划整合提升已征求相关部门意见，形成阶段性成果。

历史文化保护成效可喜 漳州古城保护建设（一期）项目荣获住建部公布的“2017年中国人居环境

范例奖”。完成漳州市区第一批17处历史建筑公布及定线落图工作。组织新华东路（岳口段）历史文化街区申报第三批省级历史文化街区。积极申报2018福建省重点改善提升历史文化名镇名村，梅林镇及阳下村成功入选，其中梅林镇以得分全省第一入选。

【规划管理】

提升规划管理水平 落实漳州市规划委员会制度，起草漳州城市规划委员会议事规则，市政府已正式公布调整后的城规委组成名单及议事规则。出台相关技术文件。修订《福建省城市规划管理技术规定〈漳州市实施细化规则〉》，已获市政府批准实施并于2017年8月1日起施行。2017年9月由市规划局、住建局、国土局、质监局、财政局和行政服务中心5个部门联合印发《漳州市城市既有住宅增设电梯指导意见》。实现规划管理信息化，完成漳州市规划管理一体化协同平台建设，2017年12月在省级城乡规划设计奖评选中获得全省规划信息类最高奖。

深化“放管服”改革 投资建设项目审批全流程提速，打造良好营商环境。实行“零等待”。针对出让项目，推行办理用地规划许可证零等待。实行“书证齐发”。将《建设工程开工前验线意见书》发放与建设工程规划许可证合并办理，每个项目可免1个审批环节并缩减10个工作日。开展合并联审。针对规模相当、进度相近的建设项目，推行“合并联审”制度，对多个建设项目的建设工程设计方案进行联合审查。推行网上备案。率先推行省外规划编制单位在闽承担城乡规划编制任务备案事项从申请、受理、审查、批准、办结全部实行“一网通办”全流程网上备案。

加大简政放权力度 全面梳理市局行政审批和服务事项，及时报送市审改办，经审核后向社会公开。调整后共保留17项（其中行政许可事项10项，其他行政权力事项6项，保留的公共服务1项）、下放（含委托）和调整8项。同时根据简政放权要求，下放高新区行政许可和公共服务共12项。推进“两单融合”。依据有关法律、法规、规章和“三定”规定，清理权力事项，落实责任主体。按照权责一致，有权必有责的要求，对照行政许可、其他行政权力和公共服务事项等13＋N类的权责分类，在已公布的纵向清单基础上，进一步完善市局清单管理，推进漳州市城乡规划局权力清单和责任清单融合优效。

推进城乡规划法制建设 健全落实（党组）理论中心组学法、法治讲座、学法考试等制度，局中心组学法形成制度。局党组召开专题会议听取本局依法行政推进法制建设情况，并部署2017年度法制工作。制定《漳州市城乡城乡规划局法律顾问工作制度》，聘请专业律师为漳州市城乡规划局常年法律顾问。着力提高城乡规划系统干部职工特别是领导干部依法行政和依法办事能力，保证城乡规划法律法规规章全面正确实施。同时，加强对干部法治思维和依法办事情况的考核，一并纳入年度工作考评。

【指导与服务】

加强规划指导 指导各县城乡总体规划修编。漳浦县、华安县总体规划分别于2017年4月和5月通过市政府批复实施。组织特色小镇创建规划评审工作，会同发改委先后组织完成南靖县山城兰古、长泰县古琴、诏安县渔乡休闲和东山县海洋运动4个特色小镇创建规划的成果专家技术审查。指导名镇名村保护规划编制，指导云霄县完成和平路省级历史文化街区保护规划初步成果，各县（市）完成第一、二批历史建筑公布工作。东山县铜陵镇、南靖县石桥村、长泰县林溪村3个村镇入选省厅重点改善提升历史文化名镇名村名单。严格落实风景名胜区规划管理工作。加强对各省级以上风景名胜区总规编制的指导，确保景区规划建设依法有序实施，同时做好各风景名胜区违规建设排查。

做好规划帮扶和精准脱贫 贯彻落实中央和省、市委关于扎实推进精准扶贫、精准脱贫的部署要求，市局做好村庄规划引领编制《平和县秀峰乡三联村富美乡村规划》《平和县秀峰乡三联村小流域整治规划及环境提升工程》。扎实推进“三帮扶”。以“帮生产、帮生活、帮就业”为目标，对挂钩贫困户进行申请扶贫小额信贷推荐确认，使其及时获贷款发展生产；多次组织局挂钩干部进村入户慰问，帮扶困难无业村民就业。帮扶产品助销。倡导单位员工及其亲朋好友自愿伸出帮扶之手，踊跃自费认购土鸡蛋、红蓬子，为帮扶对象产品销售出力。筹划帮扶产业。结合村庄实际与外地学习经验，以主打绿色生态养殖、种植新兴产业为模式，拟新增的“林下定点、脚环网上追踪生态肉鸡养殖”等2个项目，主动与各帮扶单位一起力筹资金，积极推进新项目实施。

【队伍建设】

加强培训学习 科级干部轮岗及培训，多岗位历练，提高素质和业务水平，增强干部队伍活力。开展行政执法培训，增强行政执法能力，3月，举办全体干部职工参加《关于完善国家工作人员学法用法制度的实施方案》《住房城乡建设行政复议办法》等专题学习讲座。组织全体干部职工学习新修订的《福建省安全生产条例》。举办城市综合管廊规划建设专题培训会、闽南古建筑专题培训会。抓好“七五”普法工作，增强城乡规划干部职工学法用法意识，11月，组织规划系统全体人员普法统一考试。

廉政教育　开展节日期间的廉政警示教育，元旦春节期间，组织党员和干部职工学习中央“八项规定”，省委反腐办、市委反腐办、市直纪工委关于“两节”期间廉洁自律、厉行节约的规定和要求，向全局党员和干部职工发廉政提醒短讯。

强化“一岗双责”　按照“可执行、可检查、可整改、可督办、可追究”的要求，采取清单管理，实时跟踪履职情况，实现上下掌握、了解全局党风廉政建设情况。开展党风廉政专题学习会，4月印发《漳州市城乡规划局落实党风廉政建设主体责任清单》。明确领导班子党风廉政建设主体责任清单，推动规划系统党风廉政建设工作。对党风廉政建设负总责，履行第一责任人的职责，做到重要工作亲自部署、重大问题亲自过问、重点环节亲自协调、重要案件亲自督办。全体班子成员带头自觉履行好“一岗双责”，对职责范围内的反腐倡廉工作承担起应有的领导责任，对本系统的违纪违法行为严格责任追究，切实将党风廉政建设与业务工作同部署、同检查、同落实。开展党政领导班子述廉述责、民主测评，增强党委主体责任和班子成员“一岗双责”意识。制定《2017年漳州市城乡规划局所属单位反腐倡廉工作责任书》，各下属单位党政一把手与局领导签订抓党风廉政建设责任状，明确下属单位责任人的具体责任。

·城乡建设与市政公用事业·

【概　况】

2017年，漳州市住房城乡建设加快补齐城乡民生基础设施短板，扎实开展宜居环境建设，探索“生态＋”模式，以中心城区“五湖四海”生态环境建设作为践行“生态＋”的先行示范项目，延展“生态＋”效益，统筹城乡发展，加大农村人居环境建设，抓好房地产市场调控，加快保障性安居工程建设，推进建筑业转型升级，建筑工程质量安全监管水平稳步提升。

【宜居环境建设】

2017年，全市1874个宜居环境建设项目完成投资551亿元，占年度计划投资的106%，1331个项目完工，461个项目在建；市本级228个宜居环境建设项目完成投资171.5亿元，占年度计划投资的122%，132个项目完工，89个项目在建。漳州古城保护建设（一期）项目荣获2017年中国人居环境范例奖，圆山大道地下综合管廊2公里开工建设，漳州西区污水处理厂二期扩建工程投入试运行、漳州市餐厨垃圾处理厂、漳浦县垃圾焚烧发电厂二期、平和县自来水厂改造工程、台商区龙池垃圾中转站、南靖县生活垃圾转运系统等一批环境基础设施项目成效明显。

【市政基础配套设施建设】

2017年，全市新建改造道路221公里、雨水管网179公里，污水管网172公里，新建供水管网158公里，改造供水管网93公里，燃气管网137公里、绿道网211公里，新增城市公厕135座。为民办实事项目公共停车设施建设工程建成4281个停车泊位，超额完成省委省政府下达的2500个停车泊位建设任务。

【园林绿化】

将生态文明建设细化、实化、具体化，以中心城区“五湖四海”生态环境建设作为先行示范项目，进一步凸显漳州生态优势和闽南文化特色，“五湖四海”以“花”为媒，提升城市宜居指数和城市品位，丰富提升漳州“田园都市、生态之城”的内涵。至2017年底，全市各县（市）均建成6.67公顷绿地、6.67公顷花海，建设水域面积6.67公顷的湿地公园。南湖、西院湖、荔枝海、香蕉海、水仙花海、四季花海、碧湖提升工程、芝山公园二期、九龙江畔“双百”绿化工程（一期）、圆山林下生态园等一大批项目建成开放，西湖、九十九湾湖等加快推进。全市新增城市园林绿化面积352公顷、花海

2017年第二季度全市“拉练”活动中，市委书记檀云坤（前排右二）、市长刘远（前排右一）率调研组在南山文化生态园建设现场听取该生态园的建设情况汇报　（林忠　摄）

228.47公顷、城市片林28处38.02公顷，城市绿道211公里。诏安县、华安县顺利通过省级园林县城验收。

【内河整治】

全市14个黑臭水体整治项目完成投资6.64亿元，占年度计划的176%，主城区黑臭水体整治基本完成。2014年至2017年，市区累计清淤156公里、拆违7.44万平方米，拓通拓宽河道约15公里，增设截污干管11公里，关闭拆除养殖场17704家、面积528万平方米，建成北京路引水泵站（20万吨/天）、三湘江引水泵站（30万吨/天）、内林双向泵站（129.6万吨/天），基本实现市区所有主干河道有活水冲灌。启动销号工作，委托专业水质检测机构对市区10条40公里黑臭水体进行水质检测，待检测数据完整后将向省住建厅申请销号。2017年底，市区实施水环境综合整治提升工程，全面启动污染源溯源整治攻坚，对城区各种污染源和排水管网进行普查。至12月底，污染源逆向溯源，污染源正向排查工作完成工作量约40%，连科港、塔后港、骆滨村、梧店支渠4个启动段项目开工建设，小梅溪南湖段、程溪镇东马新村2个启动段项目完成方案设计。

【垃圾污水处理及配套设施建设】

市区全年处理生活垃圾约24万吨，蒲姜岭生活垃圾焚烧发电厂全年处理生活垃圾48万吨，日处理生活垃圾1350吨，生活垃圾无害化处理率99.70%。以“垃圾不落地、垃圾不外露、沿途不渗漏”为目标，主城区于2017年启动实施生活垃圾清洁直运工作，关闭市区原有的27座小型垃圾转运站，开通直运线路96条，日清运垃圾超700吨，通过定时定点定次公交化密闭机械化清洁直运，在全省率先实现主城区垃圾直运全覆盖。高标准、精细化实施主城区道路机械化清扫保洁作业，采取全天候机械和人工结合巡回保洁，提高主城区道路机械化清扫（洗）保洁作业水平，提升主城区道路环境卫生品质。市区东墩、西区污水处理厂总处理污水量达4606万吨，比增20%。开展全市县（市）生活污水处理厂提标改造工作，漳州西区（金峰）污水处理厂扩建提标于9月21日完成，其他8个县（市）污水处理厂提标改造项目均在年内开工建设。

【供水行业管理】

市区全年供水8800万吨（其中：漳发水务供水7148万吨，南华水务供水1652万吨），比增11.5%。全年全市新建供水管网158公里以上，改造93公里以上。强化全市城镇供水规范化管理考核，全市和市区末梢水合格率分别为98.5%和99.5%，年度供水行业规范化管理考核和供水企业安全运行评估工作，南靖县评为良好，其余地区均合格，水质检测均合格。

【燃气管网建设及行业管理】

市区燃气设施建设项目年度完成投资额2120.8万元，铺设燃气管网64公里，其中市政中压管13.9公里，庭院管道50.1公里，通气管网总里程达809公里。至年底，居民开通天然气用户为97987户，年度供气量天然气为3791万标方，液化石油气为14566吨。市区新增2座CNG汽车加气站，分别位于丹霞路和水仙大街，市区CNG汽车加气站总数达到4座，全年加气量为9559.49吨。继续推进老旧小区管道燃气设施建设，全年完成改造13418户。推进瓶装液化气信息化管理建设和销售实名制，建立起信息化管理平台，市区建档气瓶19.19万个。深入开展安全督查、检查及专项整治行动，全年共组织2次全市督查和4次市区检查，开展3轮专项（反恐、消防、危化）整治行动，共发出督促整改通知书24份，安全检查表85份，提出隐患整改意见363条。开展打击“黑气”专项行动，市区查处黑气点14个，查扣钢瓶744瓶，罚款5.785万元，责令5家供应站点停业整顿。加强对餐饮场所、用气场所安全检查，市区共检查用户10464家，提出整改意见建议566条。

·村镇建设·

【概 况】

全市持续开展美丽乡村建设，推进乡镇污水处理设施以及农村污水治理，开展乡镇垃圾转运系统建设，改善农村人居环境。至年底，小城镇（建制镇）建成区面积为177.57平方公里，建成区人口为87.37万人，全市共有75个乡镇建成污水处理设施，其中：有7个乡镇（角美、岩溪、靖城、丰山、杜浔、山格、安厚）建成污水处理厂、有54个乡镇建成人工湿地或微动力小型污水处理设施、有14个乡镇纳入城市污水管网统一处理；全市所有乡镇均建成乡镇生活垃圾转运系统，共建成垃圾中转站104座，配置垃圾运输车辆142部。芗城区、龙文区、龙海市、漳浦县、东山县、长泰县等县（市、区）基本实现全域内所有村庄垃圾收集并运到焚烧厂（填埋场）进行无害化处理。生活垃圾处理率96.32%，其中无害化处理率53.27%，公共厕所1182座。全市农村新增住宅建筑面积205.143万平方米，人均住宅建筑面积38.08平方米，用水普及率86%，燃气普及率58.17%，村内硬化道路3595公里，硬化道路面积2151平方米，606个村的生活污水进行处理，1355个村有垃圾收集点，供水管道长度约 4.4 万公里。

【美丽乡村建设】

继续实施“千村整治、百村示范”工程，全年全市 178 个村开展美丽乡村建设，累计完成投资 9.09 亿元，占年度计划投资的 118.92%；2 条美丽乡村景观带累计完成投资 4480 万元，占年度计划投资的 102.2%。自 2014 年开展美丽乡村建设以来，至年底，全市累计已有 534 个美丽乡村（其中 47 个村为示范村），累计完成投资 31.41 亿元，整治裸房 8513 栋，整治建筑面积 129.73 万平方米；新建集中污水处理设施 276 个，新建污水管网长度 341.13 公里；硬化村道长度 662.8 公里，硬化村道面积 357.4 万平方米；新增绿化面积 130.3 万平方米；建设 14 条美丽乡村景观带，累计完成投资 7.46 亿元。各村按照“五清楚”（即扫清楚、拆清楚、摆清楚、分清楚、粉清楚）要求开展环境整治，重点整治村庄脏乱现象，开展村庄公共空间整治，完善村庄道路和垃圾污水处理设施，农村人居环境明显改善，涌现出漳浦县轧内村、南靖县坪埔村、云霄县内洞村、诏安县西梧村、东山县湖尾村、华安县官畲村、长泰县珪后村等一批具有示范带动效应的美丽乡村示范村。

【乡镇污水垃圾处理设施建设】

全市建成 28 个乡镇污水处理设施建设(其中省下达任务 12 个乡镇)，完成投资 2.186 亿元，占年度计划投资的 109.8%；建成 32 个乡镇垃圾转运系统（其中省下达任务 31 个），完成投资 4075 万元，占年度计划投资的 117%。

【村庄生活垃圾污水治理】

全市完成 500 个村庄污水治理（其中省结合美丽乡村建设下达漳州市任务为 178 个村），累计投资 3.92 亿元，占年度计划投资的 133.9%；完成 61539 户三格化粪池的新改建任务。全市推广 PPP 模式进行污水处理运作，共推出 16 个 PPP 污水工程包，其中长泰县 2 个项目和台商投资区 1 个项目启动实施，配套建设污水管网及一体化提升泵站。全市 1080 个行政村开展垃圾治理，累计完成投资 2.51 亿元，占年度计划投资的 121%。各村已完成垃圾清理、非正规垃圾堆放点排查和整治，完成村庄垃圾收集和转运设施建设，建立保洁队伍，开展垃圾收费，实施常态化保洁。芗城区、龙文区、龙海市、云霄县已实行全域垃圾市场化运作，漳浦县、诏安县、平和县、南靖县、华安县、长泰县、常山开发区有部分区域或部分项目实行垃圾市场化运作。

【农村危房改造及村镇住宅小区试点】

全市有 10476 户开展农村危房改造，完成危房改造投资 42680 万元，占年度计划投资的 116.4%，当年竣工 6350 户，占年度竣工任务的 153.38%。全市新增 2 个省级村镇住宅小区，分别为诏安县四都镇西梧村梧桐小区、桥东镇含英村英山小区。至年底，全市共有 26 个省级村镇住宅小区。新增 3 个省级优秀村镇住宅小区，分别为龙海市东园镇厚境村、诏安县四都镇西梧小区、长泰县陈巷镇谷龙村谷仓小区。至年底，全市共有 5 个省级优秀村镇住宅小区。

【传统村落保护】

2017 年，漳州市又有 16 个村落被省厅列入第二批省级传统村落，分别是云霄县和平乡内洞村、火田镇白石村、下河乡七高磜村；南靖县梅林镇梅林村、磜头村，船场镇坑头村、南坑镇葛竹村；华安县仙都镇招山村、大地村；长泰县枋洋镇赤岭村、林溪村，马洋溪生态旅游区后坊村、陈巷镇石室村；东山县前楼镇径里村、康美镇康美村；漳浦县官浔镇红霞村洪田自然村。至年底，全市共有省级传统村落 33 个，中国传统村落 25 个。全市 25 个中国传统村落和部分省级传统村落，按照住建部《历史文化名镇名村保护规划编制要求》和《传统村落保护发展规划编制基本要求》，开展传统村落保护发展工作。

·保障性安居工程建设·

【住房保障工作制度建设】

3 月 17 日，印发《关于下达漳州市 2017 年住房保障工作目标的通知》，将省政府下达的任务分解到各县（市、区）、开发区（投资区）和市直有关部门。强化督查工作制度，建立日常督查巡查、质量安全抽查等各项工作制度，全年开展了 8 次全市保障性安居工程专项督查，督促各地加快前期工作，制订项目建设及公租房分配倒排计划等，指导各地采取货币化安置、项目调换、制定公租房分类保障及面向企业分配等措施落实任务，及时将督查中发现的问题发函至各地政府（管委会）并抄送主要领导，确保完成年度工作任务。

【保障性安居工程实施情况】

全年全市计划开工建设保障性安居工程 14735 套（户），均为棚改项目，年度基本建成 3500 套（含往年开工结转 2017 年续建基本建成套数），年度任务总量及开工总量均为全省最高。全年开工建设保障性安居工程项目 16605 套（含提前开工 2018 年项目 1461 套），开工率 112.69%，位居全省第二；年度基本建成 11675 套（含往年开工结转今年续建基本建成套数），基本建成率333.57%；年度计划投资34.68亿元，实际完成投资69.37亿元（含2018年提前开工项目投资3.49亿元），占年度计划投资的200.03%，投资完成率位居全省第一；历年累计开工各类保障性住房53500套，已配租配售50632套，配租配售率94.64%，位居全省第一。

【棚户区改造和公租房分配】

全年实施城市棚户区（危房）改造项目24个14735套，已签订拆迁安置协议7898户，其中货币安置7758户、实物安置140户，完成投资34.59亿元；开工建设城市棚户区改造安置房14573套（含统购商品房安置6298套、货币补偿安置1460户），其中竣工7758套、封顶装修173套、主体施工234套、基础施工6408套。全年实施垦区危房改造项目11个571套，完成投资1.22亿元；其中竣工341套、基本完工96套、封顶装修37套、主体施工55套、基础施工42套。8月21日，市住建局会同市发改委、财政局、国土局出台《关于进一步加快推进公共租赁住房分配入住工作的实施办法》，以市政府名义对部分项目进行盘活并报省住建厅、发改委、财政厅、国土厅。同时，指导各地进一步降低公租房准入"门槛"，制定公共租赁住房分类保障、定向供应的具体办法。至年底，全市已保障外来务工人员4162户、计划生育特殊困难家庭141户、环卫工人468户、公交司机163户、青年医生177户、青年教师215户、见义勇为人员等各类先进模范人物2户。

【住房保障资金筹措】

漳州市建立起以财政预算安排为主、多渠道筹措住房保障资金的渠道，积极争取各级资金补助，全年全市累计向上争取到住房保障各项补助资金85917.5万元，其中：中央保障性安居工程专项补助28343万元、中央保障性安居工程基础设施配套补助52537万元、垦区危房改造及配套设施建设补助582.5万元、省级保障性安居工程专项补助4334万元、省级保障性安居工程工作补助经费121万元。同时，加大棚改融资力度，及时把握国家对棚户区改造融资优惠的政策窗口期，主动与国开行、农发行等金融机构开展融资沟通衔接工作，督促各地加快项目前期审批手续工作，全年促成7个当年度的棚改项目争取到各项信贷资金67.51亿元。

·房地产市场·

【加强市场调控】

贯彻落实中央"房住不炒"的政策和住建部相关会议精神，按照省政府《关于进一步加强房地产市场调控八条措施的通知》及全省房地产市场调控工作会议的要求，出台《关于扎实做好房地产市场平稳健康发展的通知》，多措并举确保房地产市场稳健发展。强化商品房预售监管，探索以科学价格评估办法进行分类指导，在中心城区房价预售申请备案时，按照第三方评估机构将市区商品房划分为13个区域并结合原土地楼面地价提出控制均价，报市政府同意备案后进行指导；配合国土部门加大市区地块出让力度，采取"限地价、竞配建、控房价"和"限地价、竞房价"的办法稳控房价；指导去化周期小于12个月的县域适度增加商品住房供应量；建立市场违规约谈制度，开展多部门联合执法，立案查处6家中介机构，约谈87人次，责令6家中介和27家房企限期整改，有效打击市场违规违法行为。

【商品房投资销售与房地产去库存】

开发投资保持适度增长。全市完成房地产开发投资504.55亿元，比增9%；其中市区完成房地产开发投资222.15亿元，比增27%，占全市房地产开发投资44.02%。全市房地产新开工面积785.17万平方米，比增26.9%；全市房地产施工面积4018.01万平方米，比增6.9%；全市房地产竣工面积647.39万平方米，比增80.5%。市场交易总体平稳。全市新建商品房批准预售面积964.43万平方米，比增22.09%；其中新建商品住房批准预售面积762.23万平方米，比增29.13%。全市新建商品房完成销售面积786.83万平方米，比增5.6%。市场库存持续消化。至年底，全市商品房存量面积为651.4万平方米，去化期限为12个月，相比2016年底分别减少21.65万平方米、5个月。其中商品住房存量面积为362.95万平方米，去化期限8个月，相比2016年底减少17万平方米、2个月；非住宅存量面积为288.45平方米，去化期限为34个月，相比2016年底减少38.64万平方米、26个月。

【房屋交易与权属管理】

全年全市新建商品房买卖合同网签备案面积684.26万平方米，套数78677套；其中市区新建商品房买卖合同网签备案面积144.09万平方米，套数20268套。全市二手房买卖合同网签备案面积319.28万平方米，套数30349套；其中市区二手房买卖成交合同网签备案面积122.09万平方米，套数12436套。8月3日，市住建局成立协调领导小组，积极配合国土部门做好市区28个小区的房屋首次登记历史遗留问题办理工作，负责协调、跟踪、督促房屋首次登记历史遗留问题中的城建档案归档、竣工验收备案、测绘成果审核等项工作。继续配合不动产历史问题集中处置领导小组完成了市区6个商品房项目共2831套历史遗留办证问题。

【国有土地上房屋征收】

全年市区新开展的房屋征收项目52个（含龙文区的集体土地项目），征收总面积393.96万平方米，总户数14598户，已完成征收面积364.87万平方米，户数13746户。其中芗城区开展了29个房屋征迁项目，征收面积253.8万平方米，征收户数8990户，已完成征收面积228.7万平方米，户数8810户；龙文区开展了23个房屋征收项目，征收总面积140.16万平方米，征收户数5608户，已完成征收面积136.17万平方米，户数4936户。促进和谐征迁，龙文区长福棚户区改造项目和云霄县实小片区项目获评“2017年度福建省创建和谐征收示范项目”。

【物业管理】

为规范物业服务行业发展，组织开展全市物业服务企业信用综合评价，共评出AAA级企业1家，AA级企业15家，A级企业156家，B级企业4家，C级企业3家。组织对各县（市、区）、开发区（投资区、高新区）物业主管部门开展工作检查，实现全市全覆盖；指导龙文区、漳州开发区房管局先行先试，采用“政府购买服务”的方式委托市物业管理协会组织实施专业化现场检查，建立健全常态长效管理机制。全年累计新创建4个物业管理示范项目，其中“芗城区人民法院”等市级示范项目2个，“龙海市海峡国际湾区一期”等省级示范项目2个。代拟并报市政府同意，于9月22日出台《漳州市城市既有住宅增设电梯指导意见》以及财政补贴、手续办理等相关配套文件，对既有住宅增设电梯给予每梯10万元的财政补贴，牵头多个部门，整合审批环节，简化办理手续，为群众申办增设电梯工作提供便利。全市归集住宅专项维修资金185385.72万元，其中市区归集77951.46万元；全市使用492.21万元，其中市区申请使用409.83万元。

·住房公积金监管·

【归集使用情况】

2017年，全市新增开户单位805个，新增开户职工5.7万人，住房公积金归集35.26亿元，完成年度归集计划的106.85%；至年底，全市已累计归集住房公积金236.26亿元，实现缴存余额94.66亿元，全市共有7073个单位25.74万职工正常缴交住房公积金。全年申请提取住房公积金24.01亿元（其中住房类消费提取18.52亿元），完成年度提取计划的96.04%，至年底，全市累计提取住房公积金141.60亿元。全年全市共发放公积金贷款1357户6.23亿元，发放住房公积金贴息贷款8685户35.76亿元，完成年度计划的104.98%。至年底，全市累计发放公积金贷款142.2亿元，发放住房公积金贴息贷款37.4亿元，住房公积金贷款余额79.19亿元，公积金贴息贷款余额36.45亿元。全市住房公积金资金使用率84.16%，比降17.03%。全市实现增值收益1.47亿元，比降11.98%，累计提取城市廉租住房（公共租赁住房）建设补充资金4.69亿元。

·建筑业和勘察设计、工程建设管理·

【服务促进建筑业发展】

2017年，完成建筑业总产值522.85亿元，比增10.9%，其中完成省外产值151.94亿元，比增19.9%。完成建筑业增加值270.73亿元，现价增长12.3%，位居全省第2位。重点企业、重点区域发挥了支撑作用，15家骨干企业完成建筑业产值349.1亿元，占比66.77%；“建筑之乡”龙海市完成产值253.67亿元，占全市总产值的48.52%；泷澄建设集团有限公司完成产值173.26亿元，占比33.14%。全市资质晋升特级总承包资质企业1家、晋升一级总承包资质企业10家，晋升二级总承包资质企业20家。市政府对2016年度建筑业企业产值税收贡献和升级创优创标建筑企业进行奖励并在新闻媒体宣传褒奖，鼓励建筑企业资质升级及创优创标工作。至年底，全市共有建筑业企业645家，其中特级总承包企业1家、一级总承包企业34家、二级总承包企业84家。

【建筑产业现代化试点加快推进】

2017年，推进建筑产业现代化试点，全市确定7个项目采用装配式建造方式，总建筑面积为28.39万平方米，占省下达指标的94.62%。先行先试开展建筑工业化设计阶段认定工作，分别于9月7日和11月17日两次组织专家对采用装配式建造方式的龙海市月港新区棚户区改造工程、紫云片区棚户区改造工程A08地块工程以及漳州开发区职工之家、“招商局·芯云谷”信息技术产业园一期工程等四个项目进行评审认定，其中预制混凝土结构项目被评审认定为全省首例。市住建局会同市直各相关部门开展推进装配式建筑发展有关政策的研究制定工作，起草发展装配式建筑实施意见的征求意见稿呈报市政府研究审定。

【建筑市场综合管理】

2017年，开展两次全市建筑市场违法违规行为督查，共抽查37个项目，下发整改通知书13份，查处建筑市场违法行为5起共处罚金5万多元。审查招标文件备案139项，完成审查整改42项，处理招投标投诉3宗，净化建筑市场。开展清理规范建设领域保证金专项活动，积极推进创建无欠薪项目部，督促施工单位完善农民工工资发放管理机制，开展建筑行业农民工欠薪执法行动，妥善解决了8个在建项目拖欠农民工工资问题，涉及金额925.9万元，涉及农民工414人，维护社会稳定。积极推进劳务实名制，开展建筑施工企业信用评价工作，对817个项目实施合同履约评价，发出整改通知书520份，信用扣分11281分，办理建筑施工企业信用综合评价体系中通常行为奖励加分8件。

【工程质量安全监管】

2017年，全市房屋建筑工程在建受质量安全监管项目1041个，建筑面积3208万平方米；新报建项目477个，建筑面积1095万平方米。市政工程在建受监项目211个，总长度43.9万米；新报建市政项目123个，总长度18.5万米。共开展“双随机”监督检查2640次，完成动态抽查抽测2218份、填写违规事实确认单2214份，发出责令改正通知单2401份、记分告知单8509份，分别给予项目经理记31668.46分、总监记21869.55分、施工单位记24360分、监理单位记17489.16分。开展建筑施工安全生产大排查大整治专项行动，全市共发出责令改正通知书2514份，排查出各类施工安全生产隐患11499条，已整改到位11394条，所有隐患问题均持续跟踪落实整改。市区立案查处了西街立体停车楼等17起工程参建单位违法违规案件，共处罚金146.52万元。鼓励支持施工企业争创优质工程，全年有1个工程荣获“鲁班奖”国家优质工程、2个工程荣获“2017年度华东片区工程质量监督工作年会”示范样板工程、4个工程获得“闽江杯”省优质工程奖、45个工程获得“水仙杯”市优质工程奖，12个工程申报创建省标准化文明优良工地。

【施工扬尘整治】

2017年2月，与市环保局联合下发《漳州市进一步开展施工扬尘专项整治工作方案》。实行局领导挂钩工地制度、成立施工扬尘巡查组，建立网格化监管机制，重点从健全围挡、全时喷淋、进出洗车、场地硬化、裸露覆盖、实时监控等六个方面开展巡查工作。采取“文明施工黑名单”管理办法，9月份，制定《漳州市建设工程责任主体不良记录“安全黑名单”“文明施工黑名单”管理实施办法（试行）》，强力推进建筑施工扬尘专项整治。全市住建部门累计检查在建工程6108个次，发出责令整改通知书705份，对施工扬尘整治不力的8个在建工地立案查处，共处罚金53万元。督促各地建筑面积在4000平方米以上，或施工周期大于6个月的房建工程逐步安装扬尘在线检测设备，并建立联网监管平台，至2017年底，．需安装监控的市管工地，均已安装监控设备。

【工程造价管理】

2017年，编辑出版《漳州建设工程材料信息》14期，出具预算定额、费用定额等计价规定使用的解答共54份，电话解答有关定额方面的咨询600多次，协调工程造价纠纷100余起，发布工程造价指标24个。抽查工程造价咨询企业从业行为及相应工程造价咨询成果文件质量56份。发展建材供应商99家，可供上网查询的企业96家，每月发布建筑材料价格信息2万多条。指导、协助造价管理协会举办钢筋16G新平法应用专题讲座一期、2017版新定额宣贯培训活动三期，BIM助力造价咨询企业转型高层交流会一期，共有3600人次参会。向省站上报业绩未备案工程项目41个，受理了10家省外企业进漳备案。

【勘察设计行业】

引导扶持勘察设计企业通过资质升级、增项等方式提升市场竞争力。2017年共核准9家勘察设计单位9项资质，其中首次申请资质的3家，分别为福建省禹澄建设工程有限公司风景园林工程设计专项乙级资质、福建闽合电力工程设计有限公司工程设计专业资质丙级（送电工程、变电工程）、漳州城投景观工程有限公司风景园林工程设计专项乙级资质；资质增项的5家，分别为：福建尚园建设发展有限公司风景园林设计专项乙级资质，福建佳园生态建设有限公司风景园林设计专项乙级资质，福建泷澄集团设计院有限公司风景园林设计专项乙级资质，漳州市建工程勘察院工程勘察劳务类凿井（不分等级），福建天健工程设计有限公司工程设计专业资质丙级（市政给水工程、排水工程）；资质延续的1家：福建大农景观建设有限公司风景园林工程设计专项乙级资质。至年底，全市勘察设计单位中，具有工程勘察综合甲级资质的有1家、专业甲级资质2家、乙级8家、丙级2家；工程勘察劳务6家；具有工程设计专业甲级资质的有6家、乙级21家、丙级9家；具有工程设计专项资质19家；原一体化资质企业123家。资质范围涉及工程勘察、建筑、市政、公路、水利、电力等行业，以及建筑装饰、建筑幕墙、建筑智能化、风景园林、消防设施工程、轻型钢结构等专项设计资质。

【施工图审查】

根据福建省施工图审查信息管

理系统，2017年，外地及漳州市施工图审查机构共审查通过全市工程项目1639项，其中勘察工程709项；建筑工程697项，总建筑面积1773.7万平方米；市政工程192项；专项工程41项。漳州市施工图审查机构共审查通过漳州市工程979项，占总项目的59.7%，其中勘察工程455项，占勘察工程总项目的64.2%；建筑工程494项，占建筑工程总项目的70.9%，建筑面积841万平方米，占总建筑面积的47.4%。全年全市通过施工图审查绿色建筑项目239项，建筑面积共1056.4万平方米，占通过施工图审查的建筑工程总建筑面积的59.6%。

【工程抗震设防】

强化新建工程抗震设防管理，全年参加了漳州市新城广场、漳发名都、碧湖·玺院等20个项目的联审会，对联审中发现的漳州市新城广场、漳州恒大御景半岛01地块二期项目、漳州锦绣碧湖D区3个超限高层项目，及时告知建设单位应按规定报送专项审查。抓好新建工程抗震设防认可工作，全年完成毅达新城三期C区11#—19#楼、F6#—F9#楼及地下室等32个项目的抗震设防许可，总建筑面积182.7万平方米。按照省住建厅要求对2014年版的漳州市住建局破坏性地震应急预案进行重新修订，积极参加全市第九个“5·12”防灾减灾日暨漳州市第六个防震减灾宣传月活动，科普建筑物抗震常识。

【建筑节能与绿色建筑发展】

新建建筑严格执行节能50%的强制性标准，加强建设项目相关建筑节能的闭合式监管，新建建筑设计和施工阶段节能强制性标准执行率达100%。贯彻落实《漳州市建筑节能和绿色建筑“十三五”专项规划》，开展建筑节能、绿色建筑与装配式建筑实施情况专项检查，共检查项目7项（其中绿色建筑3项），发出督促改正通知书3份，督促各方主体限期整改落实。全年竣工绿色建筑共48项，总面积为98.15万平方米，竣工绿色建筑面积占当年民用建筑面积比例为14.39%。

鼓励绿色建筑评价标识认证，2017年3月，福建东旺食品有限公司一期车间获得三星级绿色建筑设计标识，建筑面积1.92万平方米，实现漳州市绿色工业建筑标识零的突破。5月，漳州大唐·印象获得一星级绿色建筑设计标识。至年底，全市共有15个项目获得绿色建筑评价标识，建筑面积164.45万平方米。抓好示范项目建设，根据省住建厅印发《关于公布第二批建筑信息模型（BIM）试点示范项目的通知》（闽建办科〔2017〕18号），全市有福建省泷澄建筑工业有限公司办公综合楼，福建省漳州体育训练基地改建项目一期工程（1#、2#楼），富山·滨海明珠（2009-B5地块）第一标段1#、2#、4#、6#、8#、9#、12#、13#、16#—21#、29#—34#楼及对应地下室3、门卫，龙海市紫云片区棚户区改造工程A—08地块安置小区，“招商局·芯云谷”信息技术产业园一期，城投·碧湖城市广场，龙海市月港中心小学、幼儿园，福建猛狮新能源科技有限公司厂房等8个项目被确定为第二批建筑信息模型（BIM）试点示范项目，并纳入省住建厅科技示范工程计划。

【新型墙材运用推广】

市区全年征收新墙材基金634.77万元，返退新墙材基金工程14家，返退金额435.01万元。市区18个工程项目使用新型墙材，建筑面积178.84万平方米。全年全市加气混凝土砌块产量54.52万立方米；混凝土砖1.76亿标准砖；烧结废渣多孔砖及保温砖1.05亿标准砖；石膏砌块5万立方米；保温混凝土砌块10万立方米。全市新型墙材产量约7.57亿标准砖，占墙材总量的65.41%。

·信息化建设·

【住房城乡建设网站建设】

整合部门资源，提升网站服务人性化水平，完善政策发布、信息公开、网上办事、办事进度查询、政民互动、电子刊物、专题专栏等栏目功能。开发完成施工扬尘整治、风景园林学会、双百工程网上苗木认植、建设执业资格注册管理中心网站和继续教育平台等子站点，全年网站访问量2700万人次。漳州市住房和城乡建设局网站在全省住房城乡建设系统政府网站绩效考核中，荣获2017年度省住建类网站考评第一名。

【电子政务管理和服务平台建设】

全年主动公开信息达443条，历年来累计主动公开政府信息4332条，全文电子化率100%，全年发行电子期刊14期。信息主动公开共设一级目录7个，每个一级目录下设若干二级目录。持续加强栏目建设，完善“在线查询、公共服务、招标专栏、建材行情动态”等栏目，设置“施工扬尘整治”栏目，加强信息公开工作意见箱管理，全年受理咨询和投诉回复152条。于6月份开始住建OA系统建设，10月份投入试运行，分为电子公文交换系统和邮件系统，可以和业务经办人短信互联互通，及时提醒收发电子公文，并通过政务内网，实现与省住建厅及市政府系统的实时对接，提升了部门公文的安全性和传送效率。

【网络安全和信息保障系统建设与完善】

多次开展住建信息系统安全综合应急演练，模拟机房空调故障、机房突发火灾事故、信息系统供电故障、网络突发攻击和数据库异常等多个情景，检验信息系统维护人员的综合应急处置能力，继续对重要岗位工作人员实地进行机房安全、网络安全和数据库异常应急处理在岗培训。保障房信息系统在全市范围全面推广上线运行，进一步优化升级住房专项维修资金系统；做好预售资金监管系统的日常维护工作，开发完成存量房资金监管系统，助力我市房地产市场健康发展。2017年初，以原有的智慧房管系统平台为基础，空间数据（GIS）管理子系统上线投入使用，形成了基于GIS和楼盘表的房屋全生命周期的住房和城乡建设信息管理系统。住建大系统已完成27个子系统的开发建设，经用户最终确认投入使用的有24个子系统。

·法治和队伍建设·

【简政放权】

全年取消物业服务企业资质核准、城市园林绿化企业二级资质认定等5个审批事项，取消散装水泥专项资金、新型墙体材料专项基金等2个收费项目，进一步降低企业经营成本，营造惠民利企的营商环境。重新梳理漳州市住建局（含市人防办、市公积金中心）行政审批和服务事项清单目录，10月13日，《漳州市人民政府关于公布市级行政审批和服务事项总目录的通知》（漳政综〔2017〕129号）下发，漳州市住建局行政审批和服务事项重新公布为：行政许可34项，公共服务36项，其他行政权力2项。累计上报公布三批共93个“最多跑一趟”事项，占全部审批事项的80%以上，实现审批增效提速。推进电子证照建设，加强数据共享，累计生成电子证照28万余份，完成情况位居全市前列。

【行政执法监督及法规培训】

全年办理行政处罚25件，共处罚款169.52万元。积极推进网上执法平台建设，经过修改、完善，完成行政处罚权目录、行政自由裁量权规范标准、行政执法业务流程调研表、行政处罚文书、行政处罚相关法律法规、行政执法人员资格证号、行政处罚网络环境调研表等电子材料，于10月30日如期完成与市政府网上总平台的对接。结合“国家企业信用信息公示系统（福建）”信息归集工作的要求，将“双随机”工作相关抽查结果及时在“国家企业信用信息公示系统（福建）”予以通报，至年底共归集录入抽查检查信息2186条。12月1日，开展全市住建系统行政执法案卷评查工作，按照省政府法制办制定的《行政处罚案卷评查标准》、《行政许可案卷评查标准》，评出一等奖单位1个，二等奖单位3个，三等奖单位4个。12月15日举行全市住建系统行政执法培训，特邀市住建局常年法律顾问、罡言律师事务所章小燕主任授课，机关各科室、直属事业单位、各县（市、区）、开发区（投资区、高新区）建设局近120人参加学习培训。

【行政复议、行政应诉及人大、政协提案议案办理】

全年共发生行政诉讼案件3件，均委托工作人员出庭应诉，未发生行政败诉案件；共办理行政复议案件4件，未发生所作出的具体行政行为被提请行政复议的情况。全年受理人大、政协提案议案74件，其中：人大议案、建议32件，政协提案42件，联系率、办结率、满意率均达100%。做好信访工作，共受理群众来信来访（含“12345政务服务平台”、行政多元调解）共计751件，942人次，已全部办结。圆满完成金砖会议厦门会晤期间漳州市住建领域的安保维稳工作，漳州市燃气管理处、市住建局法制科苏海森同志分别被市委、市政府表彰为先进集体和先进个人。

【干部培训和专业人才队伍建设】

全年445名干部参加网络教育学习，直属事业单位409名专业技术人员完成专业继续教育，较好完成了系统干部任职培训。加强建设系统人才培训，全年全市完成建设行业各类从（执）业人员继续教育12000余人次。全年共办理二级建造师变更、延续、注销注册5000余人次；办理建筑施工企业专业管理人员（八大员）和园林绿化管理人员（四大员）相关业务6000余件；办理建筑施工企业主要负责人、项目负责人、专职安全生产管理人员（三类人员）5000余件；办理建筑施工特种作业人员共计1200余件；发放一二级注册建造师、造价师、监理工程师、电气工程师、公用设备工程师、勘察类一级建筑师、房地产估价师、二级结构师证章约900余件。

·纪检监察·

【健全制度】

建立驻在部门干部廉政档案，完成对驻在部门直属单位的走访调研，了解各单位机构编制、职责权力、领导分工、党风廉政建设责任制及队伍建设等基本情况，掌握驻在部门基层单位第一手信息资料。制定年度纪检工作要点，与驻在部门共同探讨落实全面从严治党、将党组织监督与纪委派驻监督紧密结合的方法措施，形成合力推动工作落实。督促驻在部门党组织围绕落实主体责任和“一岗双责”立规矩、建制度，通过签订《党风廉政建设责任状》以及督导驻在部门开展干部述廉工作等方式，层层传导压力，强化责任担当，逐步形成业务工作和党风廉政建设工作“两手抓”的制度化、规范化新常态，形成“一级抓一级，层层抓落实、责任全覆盖”的领导机制和工作格局。

【执纪问责】

纪检组主动协调驻在部门，加强日常教育引导，通过党课教育和党规党纪、案例剖析、以案释纪等廉洁纪律教育学习，强化干部队伍的政治意识和纪律意识。与驻在部门建立起以微信群、QQ群等为载体的联络机制，及时报送重大事项、廉政隐患和工作信息。在元旦、春节、五一、中秋国庆等重要节日组织明察暗访、抽查督查，传导压力，防微杜渐，督导驻在部门通过局域网、手机短信、工作微信群、驻在局大厅LED屏幕发出过节廉洁自律提醒，增强干部职工贯彻执行中央八项规定精神的自觉性。认真开展廉政谈话，全年共组织谈话40人次，其中提醒谈话18人，对其中一名事业单位科级干部建议延长任职试用期、两名一般干部建议调整工作岗位；对提拔、调入和新录用干部廉政谈话22人；组织新提拔干部廉政知识考试1人；组织中层干部集中谈话3次。

【案件查办】

强化巡察监督整改，对驻在部门直属事业单位开展三个方面9项内容的巡察工作，督促被巡察单位限时抓好问题整改。认真办理信访举报件，全年共办理市纪委转办阅处信访件6件（重复件3件），已办结6件，其中谈话函询4件，涉及科级干部4人。严格按照程序核实查处问题线索，全年共受理查处问题线索4件，新立党纪案件1件，均已结案；协助市住建局对非党科级干部政纪处分1人，核实市纪委党风室移交的“1＋X”党风政风专项督察问题线索2件。积极配合上级开展工作，全年共派员13人次共86天参加市纪委组织的节日期间明察暗访检查、执纪审查安全工作监督检查、党风政风监督工作综合检查、全市扶贫领域专项巡察以及办案点管控等工作。

·党建和精神文明·

【组织建设】

抓好党建常规工作。2017年，市住建局机关党委、省七建党委顺利完成换届，指导8个党支部完成换届，调整成立支部2个，撤销1个；严格按照指标发展党员，全年共发展党员18名；严格党费收缴，累计上交党费33.8万元。深入开展“党建促住建”活动。针对住建项目规模大、战线长的特点，以七建集团党委的《党建引领促发展 三抓三促争先锋》为案例范本，做到工程建到哪里，党员干部就派到哪里，充分发挥党组织在建设一线的核心作用和保障作用。完善“五好”党支部评选活动。全年共评出“五好”支部33个，针对评选过程中发现的不足和问题形成4条问题清单，列出3方面整改措施。深入推进城市基层党建工作。制定《关于进一步加强城市基层党建工作的通知》，发动直属事业单位在职党员到社区服务，与4个社区签订共建协议书。扎实做好“两新”组织党建工作。严格按照市委《三抓三评创六好》党建工作机制要求，精心制定“党组织评星、党员评分、党建之友评优”等活动实施方案，将下属非公企业和社会组织“兼合式”党组织全部纳入五星级党组织创建活动，党员纳入积分制管理。

【廉政建设】

落实《关于新形势下党内政治生活的若干准则》，抓好局党组2016年专题民主生活会6方面19条问题的整改，并全部整改到位。组织开展“落实党风廉政建设责任制巡察”以及“三会一课”、“两学一做”开展情况等专项督查；对直属26个基层党组织书记年度履职情况进行评议，促其履职尽责。落实领导干部双重组织生活制度，局班子成员累计以普通党员身份参加支部“三会一课”60余次，局党组书记、局长累计开展集体谈话和个别谈话25次。制定党组（党委）委员挂钩基层支部制度，每个党组成员、党委委员挂钩一个基层党支部，指导帮助其开展活动；组织签订《党风廉政建设责任状》，落实廉政教育全覆盖制度，做到党员干部一人一表，全程记录廉政学习活动情况。

【学习教育】

学习贯彻中共十九大精神。组织系统全体党员通过多种形式观看大会直播，邀请市委讲师团团长为系统副科级以上干部作专题学习辅导报告；局党组书记、局长先后2次讲授学习贯彻中共十九大精神专题党课，其他局领导也结合工作，开展专题宣讲，持续掀起学习贯彻中共十九大精神热潮。扎实推进“两学一做”。系统各级党组织以“两学一做”学习教育常态化制度化建设为抓手，以“书记讲党课”活动为载体，通过专题部署、举办培训讲座、组织学习交流、下发学习资料等，推动思想政治教育工作常抓不懈。加强意识形态工作。深入开展“向廖俊波同志学习”“进一步学习弘扬‘四有’书记谷文昌精神”主题活动以及“树清廉家风创最美家庭”等活动，加强对党员干部的思想引导。发挥示范引领作用。开展系统“一先两优”“敬业奉献之星——十佳建设岗位先锋标兵”“立足岗位争先锋，我为住建添光彩”主题演讲比赛和“学习十九大，岗位争先锋”十佳先锋岗和十佳举措竞赛等活动，全年累计开展评先评优108人次，其中1人被评为全国住建系统先进工作者，1人受市委市政府表彰。

【综治、文明和行业创建活动】

2017年漳州市住建局机关、质监站、园林局、环卫处等4家单位顺利通过省级文明单位考核，市政工程管理处等4家单位顺利通过市级文明单位考核。先后组织省七建集团、环卫处、质监站等下属15家企事业单位前往江滨公园、中山公园和西溪湿地公园等公共场所开展创城志愿服务活动；2017年春节前，市住建局机关干部挂钩帮扶西桥街道延安社区困难户，筹集1万多元慰问20户困难家庭。积极开展平安志愿者活动，支持综治平安挂钩联系点——漳浦县绥安镇平安建设经费10万元，漳州市住建局获评2017年度综治考评工作一类“平安单位”。鼓励干部职工参加省、市各级岗位技能比赛等活动，在11月22—24日举行的全省燃气行业“中国燃气·中燃宝杯”燃气具安装维修工岗位技能竞赛中，漳州安然燃气有限公司荣获燃气具安装维修工团体一等奖，夏旭灿获燃气具安装维修工“十大标兵”。

·城管行政执法·

【概 述】

2017年，漳州城管执法工作紧紧围绕市委、市政府的决策部署，依法行政，忠诚履职，攻坚克难，奋勇争先，城管执法体制改革取得突破性进展，首法“门前三包”（包市容市貌、包环境卫生、包绿化亮化）顺利落地实施，新一轮“两违”综合治理开局良好，党的建设和精神文明建设成果丰硕——连续三届蝉联省级文明单位，城管指挥中心荣获“全国巾帼文明岗”和“全国青年文明号”称号。

【城管执法体制改革大势框定】

按照中央和省关于城管执法体制改革的部署要求，市城管执法局牵头起草城管体制改革草案，先后三次征求市直有关单位和芗城、龙文两区意见建议，提交市政府专题会议审议后形成送审稿，9月市政府常务会和市委常委会先后研究通过，以市委、市政府名义印发。《漳州市深入推进城市执法体制改革 改进城市管理工作实施方案》（漳委发〔2017〕12号，以下简称“实施方案”）。《实施方案》确定市级理顺管理体制、强化队伍建设、提高执法水平、完善城市管理、创新治理方式、完善保障机制等6方面28项改革任务，也提供县级城管执法体制改革的“坐标系”，截至12月底，各县（市）的实施方案已经全部提交属地政府常务会议研究通过。

实施方案强调整合设置城市管理机构，作为我市城市管理主管部门，负责对全市城市管理工作的业务指导、组织协调、监督检查、考核评价。明确市城市管理机构未组建之前，由市城管执法局先行履行本方案中城市管理主管部门相应职责。积极创造条件将市、县（市、区）城市管理部门纳入政府机构序列。同时确定城市管理整合范围，市政公用、市容环卫、园林绿化、城市管理执法等城市管理相关职能，按照法定程序，成熟一项，整合一项。县（市）城市管理机构也上下对应，同步配套，明确整合职能，纳入政府系列，作为工作部门，确定人员配比，制定权责清单。

【开展岗位轮训】

8月21日至9月8日，全市城管执法系统副科级以下执法人员549名分3期在漳州市人民警察学校开展为期一周的封闭式岗位轮训，请市委党校、市中级人民法院、市检察院、市城管执法局专家学者开6个专题讲座，长泰县、云霄县作基层经验介绍，采用“培训＋军训”模式，既增长执法业务知识，又强化廉政教育，还开展军事基础训练，培养队员令行禁止的工作作风和严格规范的行为举止。

【城管执法统一换装】

市城管执法局牵头全市城管执法制式服装统一招标，上市企业江苏箭鹿制衣有限公司中标；招标过程阳光透明，特邀县（市、区）城管执法局全程见证，确保公正、公平、公开。制定出台《漳州市城管执法制式服装着装管理规定》，编写《着装须知》，开展着装教育，牢记管理规定，规范着装行为。12月15日举行市、区两级城管执法人员换装仪式，400名城管执法队员身着新装，整齐列队，面对国旗，庄严宣誓，展示出漳州城管人迈进新时代、开启新征程的信心和力量。

【建立城市管理工作联席会议制度】

市长任联席会议召集人，常务副市长任副召集人，市委政法委、组织部、编办，市发改委、经信委、公安局、住建局、城管执法局等22个部门为成员单位，联席会议办公室设在市城管执法局。办公室发挥沟通协调作用，深入县（市）逐一指导城管执法体制改革，下发城管执法体制改革进展情况通报3期，并组织开展全市城市规划建设管理督查考核。各县（市）也同步建立联席会议机制，均由属地政府主要负责人担任召集人，及时协调解决城管执法体制改革遇到的具体问题。

【“门前三包”首法实施】

漳州市首部地方性法规——《漳州市市容和环境卫生“门前三包”责任区管理若干规定》(以下简称“门前三包”管理规定）9月1日正式实施。主管部门，把握节奏、踩住节点，扎实推动首法落地实施。

主管主抓，充分履职 将“门前三包”管理规定实施作为城管职责调整后的工作新重点，广告科更名城市管理科，召集得力工作团队，负责全市“门前三包”管理规定实施的组织指导和监督检查工作。组织首法学习和骨干培训，拟定责任书（牌）文本格式，制定《情况通报制度》和《考核评价办法》，下发“门前三包”管理规定实施相配套的指导性文件30份，召开模拟考评、执法业务等专题座谈会，实施达标街创建计划，开展达标街指导服务，牵头制定“门前三包”管理规定行政处罚自由裁量权指导意见，组织首法实施启动仪式，发动征集“首法实施·系列第一”，组织实地观摩，开展与实施相配套的市容环境整治主题活动。

梳理清单，准备就绪 提前梳理并以市政府办名义印发“门前三包”管理规定实施前期准备十项工作，未雨绸缪，摆兵布阵：确定11个县（市、区）城管执法部门为属地主管部门；明确分管领导和联络员，并专门建立微信群，及时共享“短平快”信息；划定11个责任区，面积287.21平方公里；把299条主次干道列入重点管理范围，全长443.7公里，涉及37691个责任人；建立投诉反馈、值班执勤等制度，开通投诉举报电话和微信公众号24个；建立督查考评机制，发出督查通告1份；统一“一书一牌”的规格、内容、文本，签订责任书25726份，上墙责任牌25963块；突出实施重点，明确每年不少于20%的主次干道开展达标街创建；设立街长制，已有212名街长走马上任。

试点先行，积累经验 印发试点工作实施方案，试点为期一个月，分准备工作、全面实施、归纳总结三个阶段；市区南昌路先行试点，全长4.62公里，涉及3个街道（镇）、18个居委会、1111户商家和企事业单位；试点采用“劝导不处罚”方法，开具模拟执法警示单113份，违停罚单670张，劝导占道经营523次，拆除违规广告、招牌23处，纠正其他违反“门前三包”管理规定行为1500多次；通过模拟执法试点，既是“门前三包”管理规定实地宣传教育，更是检验执法人员依法行政和规范执法办案能力，为“门前三包”管理规定实施提供“样板”。

宣传发动，营造氛围 构建市、县（市、区）、镇（街）、村（居）四级宣传网络，发放宣传单（册）160061份，悬挂标语横幅781条，出动宣传车2245车次，录制电视节目102期；精心组织首法实施启动仪式，现场发放手摇扇40000把、购物袋20000个，设置6666份100M流量包的答题活动；充分利用主流媒体阵地，漳州电视台开播《门前三包·记录簿》，每周三次围绕“门前三包”主题深度报道，已播出48期，漳州广播电台开设《“门前三包”你我他》栏目，已播报26期，还建立微信群，设立公众号，发布《“门前三包”管理规定》实施工作动态338条；《八闽快讯》专题刊发《漳州市在全国率先对“门前三包”进行实体立法》，经验做法直呈省领导。

考核评价，纳入绩效 拟定《“门前三包”管理规定》实施考核评价办法，以市政府办名义印发征求意见，市效能办纳入2017年度绩效考评察访核验扣分项目。提前组织执法人员考评培训，学习考评办法，统一考评原则，熟悉考评指标，会商具体问题，明确解决办法。开展两月一次的考核评价，坚持“不通知”等“八不”原则，真实客观实地采集市容市貌、环境卫生、绿化亮化三大方面50个事项信息，对照《考评指南》整理汇总数据，产生评价结果。考评结果纳入市对县级绩效考核内容，还加以深度分析，印发情况通报9期，编辑资料汇编2册。

改善设施，成效初现 全市累计投入“门前三包”管理规定实施专项经费1532万元，用于完善公共设施建设和信息宣传费用，修补人行道2393处，设置隔离防护栏38.4公里，设置停车位7201个，增设停车标识5701个，补植绿化树木、花草112190株，维修绿化设施9687.5平方米。全市开展整治行动899次，整治占道经营26066处，规范、纠正违反“门前三包”管理规定的行为21834起，立案查处2046起，开具车辆违停处罚单32745张。

【“两违”治理换轮深化】

2017年全省“两违”（违法建设、违法占用土地）综合治理转入新一轮三年专项行动。开局之年，全市累计拆除“两违”762.4万平方米，完成省目标任务198%、市目标任务127%，位居全省第三，其中实体建筑662.9万平方米，占比91%，全省第一。

完善架构，谋划新局 出台实施方案，以“无违建”创建全覆盖为抓手，围绕主题治违深化提升、历史存量处置提升、审批疏导机制提升、拆后土地利用提升和常态长效机制提升等五项任务，继续深化“两违”综合治理；及时调整充实市“两违”综合治理专项行动领导小组成员单位，市长担任组长，分

管副市长担任副组长，成员单位总数达到47个；调整更换市“两违”治理办专职工作人员，补充新鲜血液，最大限度发挥市“两违”治理办参谋部作用。

记功表彰，激励鞭策 首轮“两违”综合治理专项行动圆满收官，漳州治违成果连续三年位居全省前列，累计拆违2150万平方米。为鼓励先进、激发士气，市委、市政府从全市557个参与治违的集体和13908名参加治违的干部中，对照条件，层层把关，好中选优，优中选强，34个先进集体和117位先进个人荣记三等功，全市“两违”综合治理现场会上高调表彰，为全省首次，引起强烈反响。

“无违”创建，夯实基础 从最小单元着手，从以拆为主向以防为主过渡，不失时机地开展“无违建”村（居）创建活动，明确达标创建内容，细化考核，统一标准，严格规范，621个村（居）申报“无违建”示范村（居）核验，超全市村（居）总量1/3。市“两违”治理办组织考核验收小组，进村入户，逐村核验；同时开展“无违建”示范县创建。经过市级初评，东山县、云霄县、龙海市、长泰县、龙文区申报省级“无违建”示范县（市、区），通过省级验收。

综合治理，分类处置 年初，市委、市政府召开推进“三抓三比、十项竞赛”暨工业首季“开门红”工作动员电视电话会议，“加大‘两违’整治力度”再次成为新年中心工作的热门话题。市、县、镇、村四级打出“组合拳”，创新处置方式，疏堵结合，全市补办手续12.3万平方米，没收1.7万平方米，封存20.1万平方米，虽然数量不大，但涉及8个县份，方法灵活可行，是历史遗留“两违”建筑物分类处置的有益尝试。遵循“宜耕则耕、宜建则建、宜绿则绿、宜储则储”的拆后利用原则，坚持“拆、建”同步，拆后利用面积662.9万平方米，利用率高达91%，实现拆后利用效果的最大化。

高压监管，消化存量 10月19日，市委、市政府召开全市“两违”综合治理现场会，刘远市长总结过去三年“两违”治理经验，部署加温下一步工作。全市上下“两违”治理工作持续攻坚克难，一方面深化主题治违，拓展治违内涵，护航“五湖四海”项目建设，拆除“两违”建筑219宗51852平方米；嫁接“水环境综合治理”，拆除“两违”生猪养殖场3282处127.5万平方米。另一方面严控新增“两违”，遏制存量增长，全年拆除当年新增“两违”123.32万平方米，拆除率高达97.33%，同时拆除历史遗留“两违”639.08万平方米，占全年拆除总量83.8%，“两违”综合治理呈现遏制蔓延，消大于长，持续向好的局面。

【职责下放架构重塑】

2017年6月，市委、市政府作出决策，主城区城管执法职责重大调整，绝大部分行政处罚权下放芗城、龙文两区，实行区一级执法。全局上下平稳过渡，城管执法工作实现提速换挡。

重组机构队伍 优化内设机构和执法大队，腾出广告科、直属执法一大队和直属执法四大队，嫁接城市管理科、综合执法大队和颜厝、九湖、靖城三个执法片区；全局人员按照“双向选择，服从安排”的原则，岗位大轮换，队伍新组阁，重组重点倾斜一线执法力量，颜厝、九湖、靖城三个片区按照大队建制配备执法人员，共126人。

调整工作职责 明确城市管理科负责指导、监督和考核市容管理工作；综合执法大队组织重点拆除、跨区域的案件以及市规划局转办案件查处；漳州高新区三个片区分别负责龙海市颜厝镇、九湖镇和南靖县靖城镇的规划监察工作。9月1日，漳州首法实施，城市管理科再挑重担，主抓“门前三包”管理规定落地实施的日常工作。

加强规划监察 2017年，全局累计拆除违建2290宗455266平方米，比2016年增加793宗39753平方米，增长9.6%。直属执法二大队坚守西湖生态园违建管控，广受好评，全年拆除772宗145427平方米；直属执法三大队在英桥花海等重点项目建设中，全年拆除285宗56022平方米。调整后的三个片区联动机制更牢固，下半年拆除违建累计903宗176266平方米，其中颜厝片区708宗137415平方米，月均拆除超百宗；九湖片区99宗21532平方米；靖城片区96宗17319平方米。

做好下派磨合 直属执法二大队（含直属执法一大队三中队）、直属执法三大队的35名执法队员和61名协管员成建制下派芗城、龙文两区，下派人员同时办转党员组织关系，由两区城管执法局管理考核，37个参公编制划拨两区城管执法局。在芗城区，直属执法二大队服从属地管理，对应街道辖区，拆分五个工作片区，承担主城区规划监察工作日常巡查，及时向属地镇街以及区局通报巡查情况，全力配合执法行动。在龙文区，直属执法三大队执法人员分派到镇（开发区），接受区局驻地中队管理，协同参与“两违”综合治理和市容管理工作；做好传帮带，指导重大疑难案件处置。下派以来，两个直属执法大队与属地城管执法局无缝对接，配合默契，初显预期成效。

改善队伍管理 加强党建工作，重组后的综合执法大队以及颜厝、九湖、靖城三个片区都同步成立党支部，配备专职党支部书记，通过健全的支部活动，加强党风廉政教

育和思想政治工作。工作上策略灵活，善于分析结症，寻找解决对策，实行“轮战制”“黑名单”会战、存量会战等，成效显现。内务管理严格，中队队员同吃同住，凝聚力大为提升。

【紧扣中心服务发展】

数字城管“出彩”　数字城管平台继续保持国内领先水平，2017年5月，协办全国数字化城市管理技术应用培训班，专题介绍经验，接受实地参观。继去年摘得“2016年中国地理信息产业优秀工程金奖”后，又夺得“全国青年文明号”“全国巾帼文明岗”荣誉。完成城市部件更新补充普查，增补城市部件29133个，总量达到305961个；发挥数字城管“大管家”作用，全年受理案件127566件，其中信息采集板块121035件、公众举报板块6531件，处置率和结案率均在99%以上。县（市）域数字城管平台建设纳入民生补短板项目，东山县完成一期建设，云霄县、南靖县、平和县、漳浦县完成可行性研究报告评审，进入招标，一张市、县互联的数字城管平台即将并网。

共享单车“入笼”　3月份，共享单车陆续登陆漳州，城管指挥中心快速反应，倒找运营商，召开座谈会，建立微信群，纳入数字城管监管之中。面对停放混乱加剧的问题，及时向市政府提出“规范共享单车管理建议”，引起领导重视。10月24日专门组团赴福州取经，学习借鉴管理经验。12月8日联合市住建局、交通局、工商局、质监局、交警支队等六部门，出台主城区共享单车管理的实施意见，一度“脱缰”的共享单车终上“辔头”。将芗城区确定为共享单车管理试点区域，在胜利路、钟法路等主要道路施划停车线，设置11处（个）停放（禁停）标识。将共享单车运营企业纳入数字城管信息平台统一管理，后台接入数字城管指挥平台，实行大数据监管。发挥信息采集员网格管理走街串巷的优势，随手规范共享单车乱停放9092起。

环保督察“给力”　开展滴洒漏、露天烧烤、燃烧煤烟等专项整治。开展建筑工地调查，召开54个在建工地自动洗车台建设观摩会。组建应急机动大队，异地交叉，凌晨执法，连续奋战，紧急增援。建立快处模式，第一时间接件，24小时反馈，41件中央环保督察信访件全部按时办结。落实省住建厅跟踪督查24件中央环保督察信访件，按照属地原则，全部转办并汇总反馈办理情况。

渣土、广告“交卷”　市局起草出台《关于严厉打击中心城区渣土处置违法行为的通告》，渣土处置违法行为依法依规顶格处罚，查处渣土车“滴、洒、漏”203起、道路遗撒3起，核准渣土处置20起110.81万方。规范户外广告，拉网式整治中心城区沿街两侧店招牌、霓虹灯广告、破损广告及乱拉挂布幔，清理占道广告、灯箱广告、布条布幔等93处；推行“互联网+行政审批”，提高审批效率，受理户外广告审批208件，指导招牌设置15处，办理招牌备案6宗。6月28日，因中心城区城管执法职责调整，渣土管控、户外广告管理职权交还市住建局。

“金砖”“两会”执勤　成立以综合执法大队为主，抽调城管科和颜厝、九湖、靖城片区，组成24人的机动大队，打响蓝天保卫战，连续25天“无日无夜”，查处渣土车“滴、洒、漏”133辆次，批评教育40人次，赢得厦门金砖会晤的天更蓝、水更清。发挥城市管理主管部门作用，协调芗城、龙文、龙海和漳浦城管执法队伍做好“农博会·花博会”会前环境整治，会中执勤巡逻，劝离占道经营，保障“两会”秩序。

【从严治党正风肃纪】

巡察整改重落实　针对市委巡察反馈提出“党的领导弱化、党的建设缺失、全面从严治党不力和其他方面”的4个方面50个具体问题，局党组多次专题研究，问题逐一整改，按节点推进，直至问题解决，确保严格规范不反弹，党风廉政建设走向“严实硬”。

党建引领筑基本　广泛深入学习贯彻中共十九大精神，开展“做合格党员、当干事先锋”为主题的纪念中国共产党建党96周年系列活动；开展“学习廖俊波，争做合格党员”主题实践活动；观看《将改革进行到底》政论专题片，队员撰写观后感；走进长泰装甲旅过军事日。不断凝聚向上向善正能量。

加强党组织建设　“两学一做”学习教育常态化制度化，党组成员集体学习13次，坚持民主评议党员，党纪处分4名违法违纪党员，停止2名因党员关系档案缺失的党籍，重视发展积极分子入党，发展党员3名，6名预备党员转正。

廉政建设保安全　下发《2017年落实党风廉政建设责任书》，落实责任主体，开展述责述廉，做到知责明责、守责履责、担责尽责；开展违规公款购买消费高档白酒等“四风”问题集中排查，严格执行公务接待规定；组织学习《关于新形势下党内政治生活的若干准则》《中国共产党纪律处分条例》《中国共产党廉洁自律准则》等党内法规；抓好警示教育，强化党员干部纪律红线意识，做到敬法畏纪、遵规守矩。

争先创优结硕果　践行社会主义核心价值观，涌现一批优秀的城管标兵，24人被授予“优秀公务员”称号，18人被评为先进工作者，33人被评为优秀协管员，此外，还有8

个单位被评为先进单位。

【依法行政规范管理】

严格依法行政　制定贯彻《法治宣传教育第七个五年规划目标任务分工方案》的实施意见和学习计划；结合全市城管执法队员轮训，将法律法规纳入轮训内容；协调并联合市法制办举办执法证考试，市城管执法局17人全员通过；全市范围推进城管执法全过程记录试点工作，创建城管执法示范中队，推荐龙文区城管执法局步文中队申报创建省级示范中队，芗城区城管执法局、平和县市容管理局、漳浦县市容管理处申报创建市级示范中队。

案件把关审核　审核违法案件369件，其中规划类案件90件、市容类案件279件，纠正不合格案件19件；健全集体评议案件制度，集体研究拟改建并处罚金类案件3批46件，重大疑难案件52件；指导规范化制作违法建设、“滴、洒、漏”和噪声油烟污染案件；向市政府法制办梳理报备罚款金额超过5000元的案件72件，录入行政执法平台一般程序案件346件；申请法院强制执行未履行罚款类案件9件。

公布权责清单　推行“两单融合”，将权力清单、责任清单融合，梳理行政处罚1项6个子项，行政强制1项，行政监督检查4项，报审改办审核确定，并在市政府网站公布；清理14份以市政府名义发布的规范性文件，建议废止6份，修改2份，继续有效6份。

及时督查协调　开展“周清月结”考核评比12次，组织规划监察“回头看”4次，核实举报件1282件；受理信访、投诉482件，接待群众来访2人次，牵头办理信访复核9件；受理市人大代表建议1件、政协委员提案9件，指定专人办理，一条龙对接服务，件件办结。

致力精准扶贫　继续帮扶平和县秀峰乡坪东村，领导现场办公，共商发展对策，解决具体困难，引进蜜柚套袋厂设备投资生产，以产业带动脱贫攻坚，解决坪东村白马石集中安置点建设资金15万元；干部结对帮扶，排忧解难，个人捐款慰问39户贫困户，每户1000元，帮助解决贫困户基本生活问题。同时，还挂钩平和县山格镇土田民族村和云霄县火田镇圆峰村，分别给予4万元和2万元的项目资金补助。

搞好后勤保障　办理参公人员入职6人，公开招聘协管员3名，对接做好96名队员下派两区工作；完成年度财务预算、决算编制，按时公开“三公”经费，全年“三公”经费支出32.78万元，比上年减少15.66万元；终止长运公司租赁车辆合同，交接高新区新配执法车辆15部，抓好日常维护，保障执法用车；正式启用档案室，规范档案管理，7290件案件卷宗、426册文书档案、612册财务凭证、696份文件、9册书籍入住“新家”；规范文件办理，提供法律文书81048份。

加强宣传信息工作　2017年，对外宣传报道698篇次，分别在《闽南日报》、漳州电视台、《漳州信息》、《漳政要讯》、省委办《八闽快讯》、手机报、官方微信公众号“漳州城市管理”、住建部官方微信公众号“大城管”、省住建厅微信公众号“福建城乡建设”刊用。

“城乡建设”类撰稿人：
吴子忻　张俊炜　蔡建福

交通运输　邮电

·交通运输·

【概 况】

2017年，全市交通运输工作坚持以习近平新时代中国特色社会主义思想为指导，深入贯彻落实党的十八大、十九大精神，按照中共漳州市委、市政府“三抓三比、十项竞赛”活动部署，扎实开展交通先行工程竞赛，有效推动全市交通基础设施网络进一步优化，交通精准扶贫、行业管理、运输服务实现新提升，圆满完成各项工作任务。当年，被交通运输部、公安部、国家安监总局评为“道路运输平安年”活动成绩突出市级管理机构。全市交通运输系统在全省交通运输系统绩效考评中，获得设区市系列第三名；文明行业创建成绩在全市名列前茅，蝉联新一届省级文明单位称号；完成重大活动保障任务，被市委、市政府评为厦门金砖服务保障工作先进集体；工程创新取得突破，漳永高速公路漳州段西陂特长隧道荣获“2016年—2017年度国家优质工程奖”。

漳永高速西陂隧道获“2016—2017年度国家优质工程奖”

全年完成道路客运量2079万人次，同上年比下降10%；客运周转量160372万人公里，同上年比下降7.8%。完成货运量7178万吨，同上年比增长9.46%；货物周转量988704万吨公里，同上年比增长10.91%。公路客货运输换算周转量居全省第二。全市完成水路客运量83万人次，客运周转量2370万人公里，货运量1207万吨，货物周转量94393万吨公里。漳州七港区完成货物吞吐量4726万吨，同上年比下降6.75%，其中外贸货物吞吐量818万吨，同上年比下降6%；集装箱吞吐量完成43.58万标箱，同上年比增长20.79%。

【基础设施建设】

全市完成交通基础设施建设投资190.2亿元，同上年比增长5.5%，投资量占全省五分之一，创历史最高纪录。其中铁路建设完成投资2亿元，福厦（漳）高铁全线开工，厦门地铁6号线漳州（角美）延伸段获国家发改委批复；高速公路完成投资30亿元，续建厦蓉高速公路改扩建工程、漳州云霄至平和（闽粤界）高速公路、漳龙高速公路与沈海高速公路连接处长洲互通改造工程等项目，漳武线永定至南靖高速公路南靖段于2017年12月19日动工；普通公路完成投资138.2亿元，

漳江湾特大桥钢栈桥于2017年3月17日合龙

沿海大通道漳浦段、联六线龙海段、东山环岛路新厝至径口等项目建成通车，新增通车里程102.3公里，续建厦漳同城大道、漳江湾特大桥、G324漳州九龙岭段公路等交通重点项目，新开工联十一线长泰段二期、纵四线芗城段、联十四线芗城、南靖段、G319线高新区境内改线段一期（象镇互通—南江滨路）等7个项目（标段）59.7公里；港航建设完成投资10亿元，推进古雷港区古雷作业区南-3号、南-4号泊位、南8#泊位工程、漳州核电3000吨级重件码头及配套工程、厦门港后石航道二期工程等项目，厦门港东山港区福建省大东3000吨级液体化工码头仓储工程（库区部分）、漳州液化天然气项目接收站填海造地工程及后石港区3号泊位工程通过了交工验收；运输场站（物流园）完成投资10亿元，漳龙物流园一期项目基本完成，进驻的部分企业开始运营，冷链仓库加快施工建设，鑫展旺物流园基础工程加快推进。

【民生工程建设】

全年投资4332万元，新购置公交车116辆；投资4791.5万元，续建漳州蓝田（樟山）公交首末站、新建市区东部公交枢纽站、南靖汽车站公交首末站和云霄汽车站公交首末站；投资626万元，对市区626辆公交车载智能终端进行升级改造；全市新增公交线路12条，优化延伸公交线路24条。围绕创建“四好农村路”目标，加快新农村路网建设，全年完成投资12.14亿元，建成农村公路281公里；完成危病桥改造22座、安保工程204公里；推动农村公路灾毁保险，全市投保县道、乡道、村道9096公里；加强“四好农村路”示范创建，长泰县被评为省级示范县，长泰县枋洋镇、马洋溪旅游开发区及云霄县和平乡被评为市级示范乡（镇）。

【行业管理】

开展安全生产大排查大检查“百日行动”、“平安交通”专项整治、“道路运输平安年”、“全市交通运输行业安全生产大检查”等一系列大排查大整治活动，着力抓好安全隐患排查治理，顺利完成国务院环保督查及国务院和省政府安全生产巡查、省政府安全生产目标考核等一系列督查与巡查。2017年，全市交通运输安全生产事故起数、死亡人数、受伤人数同上年比分别下降90%、90%、100%；内河水路运输和交通在建工程保持安全无事故，全市交通运输行业安全形势持续平稳向好。根据市委、市政府总体部署，以最强的组织保障、最严的监管措施、最硬的工作作风，全力以赴投入重大活动交通保障工作，严格落实物流安全“2个100%”（100%实名登记，推行寄运物品100%先验视、后封箱）和客运实名制，为全市1060辆公交车、141条公交线路配备安全员，筑牢安全防控屏障，完成各项安保任务。

【党建与精神文明建设】

坚定不移推进全面从严治党，以增强党员干部“四个意识”为主线，推进“两学一做”学习教育常态化制度化。加大干部培养力度，选派10名干部到西藏、项目一线、基层单位等多岗位挂职锻炼。以道路客运站、出租汽车、公交汽车子行业为抓手，积极开展第八届文明行业创建活动。

【普通公路归类移交接养】

根据《福建省普通公路归类移交接养工作方案》，移交各县（市、区）养护里程968.7公里；各县（市、区）移入公路局的养护里程193.6公里。接养完成后，全市逐步形成管养层级清晰、责权匹配、分工明确、运转高效的普通公路管理体系。

【漳武高速公路南靖段开工建设】

2017年12月19日，漳武线永定至南靖高速公路南靖段举行开工仪式。该项目是《福建省高速公路网规划（2016年—2030年）》“六纵十横”中的第十横。项目起于漳州市南靖县山城镇五川，通过设置南靖东枢纽互通与沈海复线高速公路相连，经南靖山城镇、南坑镇、船场镇、书洋镇，终于南靖县书洋镇曲江附近，与漳武线永定至上杭高速公路顺接，路线全长58.8公里，其中新建里程约50.4公里，概算总投资53.44亿元。主线采用双向四车道高速公路标准建设，全线设南靖东复合枢纽、南靖、南坑、书洋4处互通及南靖、书洋（预留）2处服务区。计划2021年3月建成通车试运营。

·邮 政·

邮政管理

【概 况】

2017年是实施“十三五”规划的重要一年。漳州市邮政局认真贯彻落实中共十八大、十九大会议精神，认真落实《国务院关于促进快递业发展的若干意见》，实施各级《邮政业发展“十三五”规划》和市委、市政府的有关要求，创新驱动、补齐短板、联动融合，以深化供给侧结构性改革为主线，通过“四下功夫”抓实效，着力防范和遏制重大安全事故发生，打好组合拳推进行业健康发展，各项工作取得较好成效，全面完成省局部署的各项工作。全市邮政业呈现持续快速增长势头，快递业发展保持高位增长态势。

2017年，邮政业务总量累计20.59亿元，同上年比增长31.48%；业务收入累计完成12.81亿元，同上年比增长21.34%。其中，快递业务量累计完成8528.16万件，同上年比增长38.54%；业务收入累计完成7.84亿元，同上年比增长21.63%。

【突出发展】

在服务“三农”经济上下功夫，助力漳州快速发展。发挥漳州作为“田园都市、生态之城”的产业优势，积极引导全市邮政快递企业打通“快递下乡”的快行道，努力打通绿水青山向金山银山的转换通道，使贫困地区变等靠“输血”为强身“造血”，有效借力农村电商助力精准扶贫。优化政策软环境。以项目带动推进“十三五”规划落地实施，发挥利好政策带动效应，指导速递易栈、漳州易栈、漳州财贸学校获得省市两级快递扶持资金46.5万元，为行业发展注入新动力；与市商务局等多部门联合草拟《关于推动电子商务助力精准扶贫六条措施》征求意见稿，并经多次调研后提出“打通贫困地区物流最后一公里”的三个推进举措（对在贫困村布点备案运营半年以上的邮政快递网点一次性补助5000元；对在一个贫困县的5个以上贫困村或在3个贫困县跨县设20个网点的邮政快递企业额外一次性奖励5万元；对贫困地区价格控制在6元/3千克/件以内的农产品上行件每件补助2元）。夯实硬件基础。着力完善的末端网络建设，为农产品流通进程提供有力的支持，全市累计建设村邮站436个，村级便民服务站2867个（其中接入“邮掌柜”系统1734个），“三农”服务站21个；推进各民营快递企业在全市118个乡镇设立快递网点945个、快递综合服务站210个，快递业寄递种类日益增多（主要有花木、水果、蔬菜三大类），其中以漳州水仙花、平和琯溪蜜柚、南靖兰花等为代表的农产品进城项目63个。推动快递电商融合发展。引导快递企业大胆创新向下拓展农村业务，大力推动“农户＋淘宝电商平台＋快递配送”和“农户＋快递企业销售平台＋快递配送”两种服务模式的发展，指导漳州速递驿站打造“农村电商＋快递配送＋电商培训”“农村电商物流2.0版”新模式，已延伸到村级，建成107个农村站点，覆盖全县150个行政村，服务近40万村民，服务内容涉及农资下乡、农产品上行、群众网上代购，日均下行件超10000件，农产品日均上行4000多件，占所有上行件总额的75%。仅在6月荔枝滞销时，速递驿站就凭借自己电商销售网络和配送优势在短短两周内就以高于市场的价格帮助农户卖出30万公斤，发出荔枝快件11万件；经该配送网络发出的地瓜也占到全市地瓜快递业务量的2成，速递驿站的运作模式和经营理念带动漳浦县农村电商迅速发酵。推动邮政企业创新经营模式。结合邮政公司包快中心市县一体化经营改革，确立“一县一品”农产品寄递专项营销工作方案，着力构建“县乡村三级物流体系”。指导平和邮政分公司获得省商务厅批准的100万元快递服务综合站点补助金，用于邮政营业场所改造和快递综合服务站点建设。2017年，漳州邮政包裹快递累计实现业务收入1.16亿元，比上年增长54.3%，完成收入进度112.6%，全省名列第二位，其中电商快包累计完成收入1801.3万元，比增60.4%，完成收入进度102.7%，排名全省第二位。服务农产品进城。把服务农产品进城作为漳州邮政快递业的重头戏之一，2017年，全市快递服务农产品项目业务量完成1002万件，占全行业快件量比重近12%；产生快递业务收入7836万元；支撑农产品产值14亿元，其中蜜柚、地瓜和多肉植物3个项目均超过100万件；产值超亿元项目1个（蜜柚）、超5千万元项目3个（兰花、茶叶、水产品）。是年，全市各寄递企业累计发出地瓜快件144万件，360万公斤。农产品寄递良好增长态势，推动农村快递业和农村电商的良性互动，带动农村经济发展、促进农民增收，为助力精准扶贫提供原动力。漳浦地瓜通过寄递后从滞销到供不应求，每斤单价从0.5元涨到3元，仅此一项为农户增收1800万元；漳州顺丰通过与云霄电商办的战略合作，实现快递、供应、媒体、电商、农产品一条龙生态链，助力云霄枇杷走向全国，在帮助果农增加收益的同时也增加业务收益；平和蜜柚仅9—11月产生快递业务量达317万件，快递业务收入1698万元，支撑产值1.7亿元。

【突出安全】

在落实企业主体责任上下功夫，提高全市寄递业安全管理水平。以厦门金砖会晤和中共十九大会议等重大活动期间寄递渠道安保工作为核心，以寄递市场清理整顿“铁腕行动”和落实“开箱验收+实名收寄+过机安检”3个措施为抓手，重防控、严执法，全力确保全市寄递渠道安全畅通。提高企业安全责任意识。坚持“分支机构违规也要处罚所属许可企业”的原则，牵住独立许可企业这个“牛鼻子”，以固化处罚主体倒逼独立许可企业树立安全生产主体责任；配齐安全队伍和设备，强化对基层网点的教育培训，严格落实“三项措施”，强化日常管控力度。全年组织开展各类安全培训6次，邀请公安、国安、反恐、禁毒等部门专家进行授课，累计培训邮政管理干部和企业从业人员700余人次；开展了2次全市机要通信保密安全专项检查，检查全市机要通信营业、处理场所13处，转运交接场所2处，监控系统13套、摄像头52个、机要通信人员15人、机要通信投递车辆13部，均符合机要通信保密安全规定。积极构建联合监管格局。充分发挥联席会议作用，用好寄递安全综治季度考评机制，将重大活动期间寄递安保工作、辖区内寄递企业落实三项制度、打击卷烟寄递工作等情况纳入综治考核范围，大大提高各县（市、区）对寄递渠道安全专项治理工作的重视程度；联合市公安局、国安局制定了《漳州市进一步规范寄递行业发展实施意见》，建立了联席会商、线索移送、重大活动时期寄递联合监管3项机制，与国安局完善企业申请经营快递业务联合审查机制；联合工商局落实“先证后照”和“一照多址”制度，严格快递行业安全许可准入，推进网络市场监管工作；与市烟草局建立卷烟打假打私日常协作机制，设立寄递卷烟云陵（云霄）整治工作队，联合开展全市寄递卷烟打假专项整治行动。对长泰中通等违规收寄假烟企业处罚款15万元，假烟寄递势头得到初步遏制，初步实现查处一大批教育一大片的良好整治效果。强力推进“三项措施”。建立季度测寄长效机制，3次委托第三方调查公司对寄递企业执行开箱验视、实名收寄和违禁品检出情况进行压力测试，累计测寄890个网点，做到县域、品牌、备案网点三个“全覆盖”，测寄结果作为每季度各县域综治考评和下阶段重点监管对象的重要依据报送市综治办，同时责令各企业对执行不到位的揽收员进行内部惩罚；协调市公安局，将实名收寄系统使用列入基层派出所日常巡检范围，向各县域基层公安民警开通实名收寄系统监管版使用权限384个，督促一线揽收员全面落实开箱验视和实名收件措施，大大提升了全市寄递安全监管效率；强化巡回检查和处罚力度，对违反“三个100%”的企业一律按照《福建省禁毒条例》和《福建省促进快递业发展办法》从重从快顶格处罚，取得良好的震慑教育作用。全市累计开展执法检查1129次，立案寄递企业违法违规案件57起，下发处罚决定书52件，处罚款76.4万元，其中安全监管类案件53件，占到93%，检查规模、执法频次、处罚力度均达到历年最高水平，行业主体管理水平得到明显提升，全市有62家寄递企业配备安检机64台，寄递企业安检机配置率达83%，未配置安检机企业实行就近委托安检，对未使用安检机或安检员脱岗的漳浦百世等7家企业进行立案查处。有力促进企业落实过机安检制度，推进出漳快件全面过机安检。

【突出规范】

在强化行业监管上下功夫，加快提高行业服务水平。推动落实新修订《邮政普遍服务》标准。通过委托调查和开展专项检查相结合，确保新标准落到实处，当年委托专业第三方公司对全市117个乡镇每个乡镇抽取2个行政村开展普服新标准执行情况专项调查，调查显示已达到新标准要求；成立邮政普服对标专项检查组，按照双随机的方式，选定2个区、2个县、5个乡镇和20个建制村开展实地检查，检查情况良好，并对检查中发现的问题要求邮政公司限期整改。摸清市场底数基本扫除无证网点。为堵塞“黑快递”的管理漏洞，市局与公安、国安部门联合开展“铁腕行动”进行乡镇街道快递网点清理整顿；执行与市公安局、市国安局建立的联席会商、线索移送、重大活动时期寄递联合监管3项机制，将全市所有快递企业及网点信息按乡镇区域划分，经市公安局发至各基层派出所，由一线民警督促企业严格落实“三个100%”，主动到市邮政局办理许可备案手续。仅清理整顿期间，全市新增快递许可企业3家、分支机构38个、末端网点461个，责令关停无证网点154个，基本扫除全市无证专营快递网点，进一步夯实基层快递网点安全基础。至2017年底，全市有73家快递法人企业，备案快递分支机构282个，快递末端网点643个，建成智能快件箱340组，行业从业人员已近万人。持续提升快递服务质量。积极开展2017年漳州市快递服务质量专项整治行动，重点针对“三不”（不摆摊、不着地、不抛件）及“两率”（申诉率、被举报率）问题认真开展专项治理，加大对主要申诉率及侵害消费者权益行为等重要指标和信息的披露力度，努力提升消费者申诉处理满意率。漳州7家高校已全部完成“快递进校园”工作。邮政、中通等6个品牌企业在漳州职业技术学院、城市职业技术学院、卫生学院3所高校的大学城学生公寓区开办“快递服务一条街”，解决高校师生取件难题。全年，未发生新闻媒体曝光邮政快递服务质量问题的事件。

【突出政治】

在加强党建上下功夫，强化行业队伍建设，以党建带动行业监管工作，引领行业发展。常态化开展“两学一做”学习教育。围绕学习贯彻中共十九大精神，以夯实“三会一课”制度为基础，通过多种学习形式努力提升教育的生动性和感染力。开展主题党日活动确保学习教育学深悟透，通过组织集体学习习近平总书记“7·26”重要讲话、中共十九大精神、廖俊波先进事迹等；组织党员干部赴漳浦县“漳浦两帝师廉政教育基地”及佛昙镇轧内村、大埔村等“廉村”参观学习，到龙文检察院预防职务犯罪中心、漳州监狱等开展职务犯罪预防警示教育，让全体党员干部不断受教育、受警醒，强化“四个意识”，多管齐下美化党员干部的“精神长相”，使党员干部们以滴水入海、众志成城的决心融入实现伟大复兴的宏伟蓝图，推动全面从严治党；开展党员志愿者服务活动，开展“迎七一党员志愿者宣传活动”，党员志愿者顶着烈日进村、进网点、上街头宣传邮政业安全“3个100%”；积极构建“平安邮政”参与以“弘扬志愿精神， 共建平安漳州”为主题的平安志愿者巡防活动，领导干部亲自带队，带领全局完成54个小时群防任务和162个小时巡逻任务，为平安漳州建设贡献力量。严格落实“八项规定”精神。拧紧落实中央“八项规定”的紧箍咒，净化机关发展环境，按有关规定和要求推进公车改革；办公场所搬迁至交通大楼，强化交邮融合；加强机关内部管理的规范化，特别是资产管理、财务预算管理；积极开展平安单位创建工作，获评2016年度市级一类平安单位；继续争创新一届市级文明单位，营造良好的机关工作氛围。通过载体灵活、内容丰富的教育活动，使忠诚、干净、干事、担当的精神扎根于心、融入于行，进一步内强素质外树形象。

邮政经营

【概 况】

2017年，中国邮政漳州分公司在中国邮政福建省分公司、中共漳州市委、市政府正确领导下，坚持“一体两翼”经营发展战略，通过全面深化改革、加快转型发展、实施创新驱动，推进漳州邮政科学发展。全年实现邮政总收入4.93亿元（不含邮储银行、邮政速递收入），完成年度预算指标与利润目标。全市50%以上邮政企业被授予第十三届“省级文明单位”称号。

【经营业务】

代理金融业务。坚决贯彻“以存款为核心”的发展理念，加大政策支持力度，强化网点经营管理和指标管理，精心组织，上下联动；积极开展主题营销活动，提升网点产能，抢抓地方特色资金；加快代理保险业务转型发展，着力补齐短板；根据节点战役安排，靠前指挥，提升督导力度，加强过程管控；进一步完善全市代理金融内控体系建设，强化安全管理、合规经营。营造良好的发展氛围，代理金融发展持续向好。包裹快递业务。紧紧围绕包裹快递“十大目标、十大任务、十大方法”开展工作，调结构、强能力、提效益，包裹快递发展取得新成效，成为支撑全市规模发展的强力支柱。电商快包以项目运作为抓手，推进“仓储＋寄递”营销服务模式，夯实基础客户群，平和蜜柚寄递项目、母婴产业带以及漳州味等寄递项目收入比增均实现翻番；漳浦片仔癀仓储寄递项目“双11”期间入仓发货量占片仔癀公司总发货量的50%。国际小包进一步优化客户结构和线路，单一的规模客户发展至7户，WISH仓客户日平台收入呈现快速增长趋势。农村电商业务。重点抓好“建渠道、做批销、促代购、助返城、抓培训、带业务”。全市建设优质站点105个，立足“邮掌柜”加快批销业务发展，积极推动“邮乐919购物狂欢节”等活动，大力推进农特产品返城。基础邮务类业务。积极推进报刊、函件、集邮等基础邮务业务与包快、金融、农村电商的整合发展，组织架构改革后更加注重综合营销、综合协调，更加注重邮务类业务转型发展、联动发展。其中函件业务积极对接“千万市百万县”函件传媒转型升级工程及省分公司六大创新项目；报刊业务主抓项目拓展和节假日营销；集邮业务重点围绕“一带一路”“建军九十周年”“金砖国家厦门会晤”和2017年集邮文化季组织开展项目营销；增值业务积极拓展代售彩票、代开增值税普通发票、代办车险业务。

【企业改革】

根据集团、省分公司的工作部署，2017年7月实施经营组织架构改革。按照“综合职能上收、经营权限下放”，进一步推进“以客户为中心”的经营体系，理顺市场经营和经营支撑的关系，优化明晰各个架构的职能，平稳、高效、有序地完成机构编制调整和人员调整、分流安置工作，及时调整各项财务数据，并根据市场经营和经营支撑部门职责的不同出台配套的考核办法。

【企业管理】

强化财务管理。优化绩效管理体系，对各经营单位按照收入规模进行分档设置，对各支撑部门实行双挂双考核。将成本和资金向重点业务和重点环节倾斜，压缩高标准的装修费用、非生产性费用和库存欠费。规范劳动用工管理。加强薪酬分配管理，完善多种分配模式，充分调动员工生产经营积极性，促进企业与员工的共同发展。强化安全服务管理。完善安全管理工作机制，夯实“金盾”“红盾”“绿盾”、平安邮政创建等专项活动，确保全国“两会”、“一带一路”、“厦门金砖”、中共十九大等重大活动期间邮政生产、寄递安全。强化日常基础管理，认真做好邮政普遍服务工作。

【核心能力建设】

加强网运作业组织管理。加大对金融、包快重点专业及营投能力建设的投入，在全省率先开展县域“三合一”流程优化工作，大力实施转运、分拣、投递、快包收寄“3＋1”生产流程和作业组织优化，县域邮件处理能力大幅提高。6月1日开通漳州至广州直达邮路，漳州寄广州地区快递包裹提前一天到达。抓实基础建设。完成中央预算5个支局改造项目、龙海角美收投部仓储场地建设、东山综合楼业务用房改造、4个金融营业网点改造，以及蓝田仓储配送中心建设项目前期筹备工作。

【党建与企业建设】

加强党建工作。切实履行党委主体责任，增强管党治党意识，持续推进“两学一做”“四风”问题回头看等活动。加强党风廉政建设。严格执行“三重一大”决策制度，落实党风廉政建设责任制、落实中央巡视反馈整改和“四风”问题回头看责任清单。和谐企业建设。组织开展了职工文化艺术节、“创新孵化器”项目评选等主题实践活动，全面深化“职工小家”建设，不断丰富企业文化内涵，增强企业凝聚力和向心力。

·中国电信·

【概 况】

2017年，中国电信漳州分公司围绕“三个始终”（“始终关心关爱员工”“始终关注划小承包”“始终盯紧关键事项”）工作中心，进一步激发活力、提升能力、强化执行力，全体员工同心同德、奋勇拼搏，公司规模发展再上新台阶，主要经营指标居全省前茅，新兴ICT荣获集团嘉奖，互联网＋大单喜讯频传，精品网络让广大用户尽享信息美好生活。

【智慧城市建设】

以“数字漳州”为引领，借力“互联网＋应用”推进漳州智慧城市顶层设计，先后建成“互联网＋政务”“互联网＋医疗”“互联网＋教育”“互联网＋工业”等信息化项目，为地方经济、民生发展和社会进步发挥积极作用，得到了社会各界的广泛认可。互联网＋政务。深化智慧城市建设。根据市政府全面推进网格化管理和综合治理信息化建设工作要求，以建设漳州市社区网格化服务管理平台为基础，不断延伸拓展，先后建成东山、台商、华安、云霄等网格化服务管理中心，通过平台陆续拓展环保、消防、平安、气象、城管、纪委党员信息管理等模块，助力当地政府对社区人、地、物实现全方位的服务和管理；积极探索社会管理信息系统融合定位、视频多种技术，把城市综合管理向旅游、公共设施管理、司法、便民服务等领域扩展，承建漳州市中级人民法院集控中心与科技法庭建设，实现全省法院司法信息集控管理信息化零的突破；积极探索警务信息化，建设公安交警卡口及道路治安监控项目，涵盖漳州全区城市道路、卡口监控（交警、公安等），服务民生安全，实现公安信息化建设应用“进一步向基层延伸，打破警种间壁垒，突破信息共享，服务好社会群众”。打造便民服务项目。8月18日上午，由漳州市人民政府主办、中国电信漳州分公司承接建设的漳州“12345”便民服务平台（升级版）在中国电信漳州分公司枢纽大楼正式启动。漳州市市长刘远、市委副书记阮开森、副市长黄华安，中国电信福建公司饶东副总经理等领导出席启动仪式。12月5日下午，国家信访局副局长范小毛一行在福建省信访局副局长郑敏，漳州市人民政府副市长黄华安等人陪同下到漳州“12345”便民服务平台中心调研，听取了由中国电信漳州分公司承建运营的“12345”便民服务平台运营专题汇报，并予以高度肯定。“12345”便民服务平台（升级版），依托中国电信漳州分公司网络资源和客户服务优势，以“12345”呼叫中心为核心，整合29个单位60个民生服务热线、近百项服务事项，设立全市“12345”热线电话座席、派单座席、回访座席、督办座席；实行一号对外，创新了漳州智慧民生公共服务新模式，民众通过“12345”一键呼入，足不出户就可随时、随地、随需享受政策咨询、投诉举报等服务，实现政务信息资源共享，有效提高便民服务效率；承接市政府网站统一技术平台项目，为各区县政府建设门户网站，后续将接入“12345”便民服务平台。打造电子证照系统创新政务工作模式。全力落实“为民办实事”，充分利用网络优势，助力漳州市建设市级电子证照系统，有效简化工作流程，实现政务工作模式创新，从根本上解决当前政务活动中社会公众多次往返、反复提交纸质材料的顽疾，减少社会成本与资源浪费，有助于减轻群众负担，提高办事效率。积极开展居家养老项目。协同漳州市民政局以“互联网＋养老”信息化为抓手，以居家养老、助残服务为切入点，通过“12349”呼叫中心、移动通信、天翼定位等业务，建立社会化养老服务体系，向全市近4万名低保的空巢老人和高龄、病困老人免费赠送天翼老人机，积极履行尊老敬老、为老服务社会责任。建设数字家庭示范村。协同市财政局、经济和信息化委员会，连续三年承建漳州市数字家庭示范村项目，建设20个数字家庭示范村，覆盖村民1800余户，累计投资400万元，全面提升农村家庭信息化水平，促进农村经济发展。助力精准扶贫。积极响应政府号召，“送资金、送政策、送技术、送信息”。加大投资推进贫困村全光网络覆盖，加大补贴为贫困村贫困户提供互联网接入、4G智能机、高清ITV，助力贫困户通过信息化手段实现脱贫致富。互联网＋教育。教育信息化基础网络初具规模。为漳州市各级各类学校提供网络服务，覆盖边远农村中小学，并实现教育网络100%全光网络改造。打造首个县级教育云平台。承建漳州首个县级教育云项目——“漳浦县教育信息化综合管理云平台项目”，为漳浦县教育系统提供教学管理、考务管理、视频会议、远程互动教学、校园安全、OA办公、网站公开、档案管理、量化考评等监管等功能。创新家校沟通新模式。为各级教育机构免费提供移动互联网宣传应用平台，建设学校公众号和校园微门户，为教师、学生、家长实现实时互动、信息推送、资源共享等服务，打造健康、绿色的家校沟通平台，已与7个区县教育局签订“智慧校园”公众号服务协议，免费为100万户师生、家长提供家校互动服务。实现中小学生校内绿色通讯。充分利用自有移动通信网络、技术优势，免费为学校提供学生通讯管理平台，可实现上课、休息等时段通讯管理，并为学校提供仅可通话不可上网的学生定制手机、校内公话、宿舍话机等通讯终端。已为25所学校提供学生校内通讯服务，覆盖5.5万学生。助力构建和谐平安校园。利用福建电信全球眼视频技术优势，为各级各类学校提供校园安全监控网络和平台；并利用物联网、可穿戴设备等先进技术，为学校提供平安考勤服务，为学生提供位置信息服务，构建和谐平安校园。已免费为209所学校提供考勤、监控平台，为25所学校提供考勤服务，为184所学校提供校园平安监控服务。互联网＋医疗。推出医疗影像云存储业务，该云服务能够向医院提供影像大数据（热、温、冷）存储、归档、备份，以及提供医生桌面、移动智能终端基础影像调阅和高级影像应用处理功能，不仅方便医生进行诊断辅助、病案讨论等，还解决了医院影像数据存储难、应用难问题，已承接漳浦县中医院单体影像云项目。物联网。2017年6月，中国电信漳州分公司NB-IoT网络正式商用；11月1日，召开物联网产业联盟大会。已建成并开通入网NB-IoT基站3000多个，已覆盖全市各城区、各乡镇等多个区域。分公司与深圳德诺迈斯科技有限公司签订战略合作框架协议，双方将在新兴物联网NB-IoT的创新应用、云计算、智慧园区、智慧环保、智慧养老等多个领域开展联合营销推进业务合作。

11月1日，中国电信漳州分公司举办NB-IoT网络商用启动仪式

【智能网络建设】

光纤宽带。扎实开展光宽＋ITV端到端业务感知提升，打造端到端高品质网络。全年新建光端口15.4万个，行政村光改比例达100%，布局城市千兆接入能力，规模部署10G EPON，优化ODN网络，提升ODN光缆组网灵活性。同时，持续开展网络健壮性和网络能力双提升。

4G网络。2017年6月15日，提前完成省公司800兆建设任务，完成建设2508个站点，初步实现不低于C网覆盖水平的建设部署；结合室外1.8G及800兆部署及需求楼房的建设进度，继续进行室分系统的建设，并根据市场需求主导建设，做好CA部署调整；按照NB-IoT网与LTE 800兆同步部署、同建设，初步完成全市窄带互联网网络的业务支撑能力。

【网络运营保障】

全力保障重大活动。树立“全方位、全过程”的保障意识，主动作为，勇于担当，做到“统一指挥，分工明确，组织严密，高效协同，及时反馈，保障有力”，完成了厦门会晤、中共十九大、花博会、古雷石化项目等重要活动期间通信服务保障任务，确保网络保障、业务保障、信息安全、安全保卫万无一失。

【客户服务】

发布“金牌宽带”服务新标准。5月17日，中国电信漳州分公司发布“金牌宽带”服务新标准，公开宽带“全受理、当天修、次日装、违约赔、全天候”5项服务承诺。同时，上线“天翼宽带智能组网”业务，可以由家庭智能组网工程师上门，帮客户进行家庭无线环境现状评测，以及无线智能组网设计。创新开展总经理服务接待日活动。7月起，中国电信漳州分公司每月在全市13个主营业厅同步开展“总经理服务接待日”活动，由市公司总经理、各县市区分公司总经理、相关部门主要负责人到场，零距离接触客户，接受客户对电信网络、产品及服务的咨询、建议和投诉，做到有问必答。漳州分公司10000号客服中心被漳州市“110”社会联动工作领导小组评为“2015—2016年度漳州市‘110’社会服务联动工作先进单位”。

【党风廉政】

扎实开展中共的十九大精神“大学习、大宣传、大落实”，深入学习贯彻中共十九大精神和习近平新时代中国特色社会主义思想，进一步增强“四个意识”，坚定“四个自信”，坚决维护党中央权威和集中统一领导。2017年，中国电信漳州分公司党委履行主体责任、书记履行第一责任、班子成员履行“一岗双责”意识得到增强；党建基础工作得到提升，“三会一课”等组织生活日趋经常化制度化规范化。持续推进基层党建规范化达标工作，以基层党支部党建规范化达标为抓手，不断加强培训教育，着力推行党支部工作办法，规范“三会一课”制度，同时辅以“互查互帮”促进整体提升，有效提升基层党建队伍能力。

·中国移动·

【概 况】

2017年，中国移动福建公司漳州分公司拥有GSM、WLAN、TD-LTE网络，提供移动、固定、数据等多种通信服务。公司有10个职能部门，下设9个县级分公司、2个区营销中心，基层班组90个。公司有员工1385人，大专以上学历员工占94.47%。

不断提升服务水平和发展能力。漳州分公司秉承“正德厚生，臻于至善”的企业核心价值观，致力推动地方社会经济全面发展和人民生活水平提高，以优质的网络、多元化的产品和综合信息服务，推动富美新漳州建设上新台阶。公司的通信客户总量317.4万户，使用中国移动手机的客户占全市通信客户的66%；业务收入24.94亿元，净利润4.70亿元；已建成社会渠道服务网点2600余个，覆盖全市121个乡、镇，其中还设置600余家农村服务站，为广大农村客户提供便利服务；已建成无线基站13000余个，覆盖全市主城区、各区县城镇、乡村及省道、国道、高速、高铁等主要交通干线和各大主要风景区，打造一张四通八达的精品网络；大力推进“宽带中国”建设，已建成宽带端口106万个，覆盖全市主城区、县城及部分乡村，宽带用户数达46.5万户；深化“互联网+”信息化发展与服务模式，推动政府、金融、教育、旅游、交通等各行各业信息化进程。

不断完善企业社会责任体系。积极落实“提速降费”，全力保障重大自然灾害、重要活动通信畅通，推动文化与信息下乡。公司成立以来，累计上缴税收超32亿元，税收贡献居全市企业前列。漳州分公司先后荣获“全国文明单位”“全国

11月，中国移动漳州分公司华安分公司经理助理方阿树（右三）获中国社科院颁发的“最美扶贫人”荣誉称号

五一劳动奖状”“全国模范职工之家”“全国安康杯竞赛先进集体”“全国通信行业用户满意企业”“全国实施用户满意工程先进单位”等称号，还被评为2017年中国企业社会责任“最美扶贫人”。

加快提升通信服务能力。主要是，推进通信网络加速升级，近4年来漳州分公司投入超过20亿元建设4G网络，截至2017年底，已建成9000多个4G基站，实现乡镇、行政村100%有效覆盖，主要交通干线100%连续覆盖，福广、靖海、厦成、沈海等10条高速公路全面实现4G覆盖，国道省道实现基础覆盖；漳州分公司积极顺应“互联网＋”发展趋势，不断加大投入，推进“宽带中国”建设，城区宽带接入能力为100兆，农村宽带接入能力为50兆，宽带村通工程加快推进，截至2017年12月底，公司100%完成全市行政村光纤宽带覆盖，全力打造全光网城市。提升基础网承载能力。加大基础资源储备，开展县级第二传输核心节点机房储备；加快全业务汇聚机房建设，全年累计完成60余个机房建设，新建高速公路光缆400多公里，新建华为PTN二平面网络，完成核心层网络与60多个汇聚环搭建，解决大颗粒专线及FDD 4G、5G初期业务承载问题。持续提升通信保障能力。以汛期乡镇不全阻为目标，从干线多路由保护、纤芯资源置换、搭建乡镇应急调度路由、部署新技术应急手段等方面构建多场景调度方案，合理调配抢修资源，提升网络健壮性和应急抢修能力。完成金砖厦门会晤、中共十九大，以及各类重大节日等通信保障任务。防范打击电信诈骗。深入排查实名入网真实性，联合龙岩公司查处关停15000多户涉嫌诈骗号码，进一步落实实名制要求。同时，通过外呼回访、短信告知、前台引导等多种方式开展一证多号客户清理，已于2017年9月份全面完成清理工作，清理3万多户，确保移动号码实名登记真实性。

塑造和谐企业形象。主要是深化精神文明创建。公司顺利通过“全国文明单位”复评，蝉联三届“全国文明单位”称号。全年涌现出一批先进集体和个人，其中竹围营业厅荣获“全国级青年文明号”称号、网络部获“福建省工人先锋号”荣誉、方阿树荣获“福建省优秀共产党员”称号。加强员工关爱工作。深入开展“幸福1＋1”活动，员工参与率达95%以上，顺利承办首届全省员工足球比赛；推进“职工小家”“暖心工程”与“五小”建设，其中“妈妈小屋”项目在福建省总工会“我最喜爱的妈妈小屋”创建活动中获得表彰；持续推进困难职工爱心帮扶，全年共计募集帮扶基金10万余元，提供帮扶资金4.4万多元。勇担企业社会责任。2017年，漳州分公司选派檀钟清前往诏安县红星乡石楼村任驻村第一书记开展扶贫攻坚工作；福建移动向漳州慈善总会定向捐赠52万元，向诏安县雄鸡、五通村两村提供配套扶贫资金；积极组织“两学一做党员先锋队”“青年志愿者服务队”，深入村部开展“文明共建 ，文化共享”结对帮扶，在2017年扶贫日开展图书捐赠及关爱贫困户活动，为扶贫村村部、幸福院捐赠图书1000多册；以“结对帮扶圆梦行动”为主题，开展困难家庭长期结对帮扶活动，春节前走访挂钩村，慰问驻村书记及困难户，为20户困难家庭发放困难补助6万元。

8月，中国移动漳州分公司承办全省应急通信技能比武竞赛，模拟在台风、洪水、泥石流等自然灾害发生后的通信抢修保障

【打造党务政务OA平台】

2017年，漳州分公司全面完成全市党务政务OA平台四级协同建设，实现覆盖全市11个县区、22个党委及政府办公室，合计接入约1100家政府单位。通过建设全市统一公文交换平台及各县县委办、政府办OA系统，满足公文流转、信息采编、督查督办及值班管理等业务系统的跨部门协同办公，并且首次实现省、市、县（市、区）、乡镇四级公文电子化传输与交换，全面提升党务政务办公效率。

【打造市政府“应急会商”平台】

为漳州市政府打造一套“功能全面、资源整合、服务领导、方便指挥”的应急会商平台，协助政府及时掌握突发事件实时动态，满足市政府进行日常应急管理和突发事件应急处置的需求，对突发事件进行预测预警、综合研判、方案研讨等，为政府领导提供辅助决策支持，提升远程指挥调度效率，实现由“责任单位分散监管”到“整合平台综合管理”的快速转变。

【打造新型行政服务平台】

与漳州市行政服务中心联合搭建“全市统一行政服务软件系统”，为社会公众提供政务服务门户、手机APP、自助终端等多种业务办理渠道。该平台可实现网上办事大厅、网上审批、资源大数据、公共资源交易等功能，并与省级网上办事大厅、省投资项目审批监管平台、财政非税系统等平台实现无缝对接。实现全市13个县（市、区）行政服务中心，约800家职能单位接入该系统，形成覆盖市、县、镇、村四级机构的行政审批服务体系。同时，通过无线网络、无线WIFI及漳州分公司开发的手机APP，可为群众提供事项信息查看，支持在线预约、实时咨询、投诉，以及办件进度查询服务，变“群众跑腿”为“信息跑路”，系统的成功使用，提高政府的办事效率，让群众和企业共享“互联网＋政务服务”发展成果。

【打造“海上执法”新利器】

为漳州海事局量身定制“海事执法终端”，与移动“海上信息网”双剑合一，助力海事执法人员实现移动执法，提升掌上办公信息化管理水平。漳州分公司提供的“海事执法终端”，借助3G、4G网络的端到端双向认证机制，接入漳州海事局专网，实现与其二级云数据中心的通信，并可实时采集、传输执法现场的音视频数据等，大大减少海事执法人员现场取证“二次录入”的工作量，执法效率与透明度显著提升。

【助力政府深化公车改革】

漳州分公司紧抓政府实施“互联网＋”行动的有利时机，快速推进智慧交通服务应用，助力完善公务车综合服务基础设施建设，提升行业监管效率和治理能力。采用中移物联公车调度管理平台、北斗卫星定位导航等应用，实现公车调度管理、车载数据采集等功能，同时针对公务出行、社会化管理等多种服务形式进行二次开发，强化“政府监管平台，平台管理车辆与驾驶员”的管理模式，实现公务出行社会化，进一步缓解群众“打车难”问题，营造良好的公众出行环境。

【助力远程施工安全监管】

漳州分公司与漳州市住建局合作，依托省住建厅“省工程项目建设监管信息系统”平台，开展房建与市政工程质量安全远程视频大数据管控项目，为全市在建工程提供远程监管服务。项目通过施工现场的智能摄像机等终端智能设备，采集视频信号、传感与测控数据，经移动传输网络接入千里眼平台及住建厅平台，主管部门及建设单位可通过平台发现、分析和处理施工现场质量安全问题，并实现实时动态、可追溯的远程视频大数据管控。2017年，全年实现全区85个在建工地远程施工安全监管。

【助力提升食品安全监管力度】

与漳州市食品药品监督管理局达成“食品溯源”监控项目合作，为全市食品企业的流通及安全生产监管提供信息化管理手段，有效提高全市食药主管部门监管效能。该项目通过将漳州分公司“千里眼”平台成功接入市食药局的“食品溯源”监控平台，实现对食品企业的生产、流通进行全程远程监控，并通过移动链路将视频信息实时传输至监控中心，为食药主管部门和生产企业提供追溯数据，实现对全区145家食品企业食品安全风险监测分析与预警。

【助力社区养老服务】

公司联合市民政局、厦门智宇信息技术有限公司，对80岁以上的孤寡、五保户等特定群体提供老年人专属套餐及一部养老专用具有SOS求助功能的4G终端，对老人行动轨迹等实时定位，当老人按下SOS求助键或拨打“12349”养老服务热线时，平台将第一时间收到警报，老人立即可获得养老服务中心的及时救援或提供相应的家政服务。全区已与各县签约2.5万多养老终端，并已派发1万多部，为老人日常生活提供及时的帮助及服务和发生意外时能够得到及时有效的救援。

【全省率先启动电商扶贫新模式】

漳州分公司作为全省首个、全国首批开展“扶贫网上行”的运营商，与漳州市商务局合作实施“互联网＋电商扶贫”项目。该项目运用了“互联网＋”新技术、新模式、新渠道，借移动互联网发展趋势，推动农村一二三产业融合，助力贫困地区脱贫。首期已对云霄县10944户建档立卡的扶贫户推出“扶贫套餐”，提供“宽带＋互联网电视机顶盒＋手机终端＋话费”业务模式，并完成83户扶贫户的“一店一户一码”（一个扶贫户、一个微店、一个二维码）教学与实践工作。贫困户可通过“扶贫套餐”实时了解线上买卖活动信息、收看惠农节目，具备开设网店能力的贫困户还可配备智能终端。

“交通邮电”类撰稿人：
林俊河　张彩云
供稿单位：
漳州市邮政管理局
中国电信漳州分公司

金融　保险

·金 融·

金融业

【概 况】 2017年末，漳州全市金融机构本外币各项存款余额2854.90亿元，比年初增加296.65亿元；金融机构本外币各项贷款余额2484.35亿元，增加317.06亿元。其中，涉农贷款余额1223.57亿元，增加65.30亿元；县域贷款余额1384.94亿元，增加218.38亿元；小微企业贷款余额435.42亿元，增加65.72亿元。

2017年漳州市全部金融机构本外币存贷款情况表

表14

指 标	年末数（亿元）	比上年末增长(%)
各项存款（本外币）	2854.90	11.6
1. 住户存款	1421.78	9.4
2. 非金融企业存款	837.28	19.2
3. 政府存款	571.35	8.1
4. 非银行业金融机构存款	8.25	-15.9
各项存款（人民币）	2812.43	11.6
各项贷款（本外币）	2484.35	14.6
1. 住户贷款	1376.87	33.6
(1) 短期贷款	368.47	22.5
(2) 中长期贷款	1008.39	38.2
2. 非金融企业及机关团体贷款	1106.66	-2.9
(1) 短期贷款	571.45	-6.9
(2) 中长期贷款	496.19	9.3
(3) 票据融资	36.62	-42.3
3. 非银行业金融机构贷款	0.04	-61.3
各项贷款（人民币）	2463.15	15.1

说明：本资料录自漳州市统计局、国家统计局漳州调查队编2018年3月9日发布的统计公报

2017 年漳州市金融系统年末分项存贷款余额情况表

表 15　　　　单位：万元

1. 各 项 存 款	28549047
企业存款	8372810
活　期	4185554
定　期	706105
财政存款	669755
机关团体存款	5043718
储蓄存款	13777981
其他存款	244927
2. 各 项 贷 款	24843536
# 短期贷款	9399283
中长期贷款	15045767

说明：本资料录自漳州市统计局、国家统计局漳州调查队编 2018 年漳州统计年鉴

·中国人民银行漳州市中心支行·

【概　况】

2017 年，中国人民银行漳州中心支行（以下简称“漳州中支”）以中共十九大精神和习近平新时代中国特色社会主义思想为指引，坚持抓党建促发展，形成党建引领、业务工作推进、文明单位创建再上新台阶的可喜局面。漳州中支全年有 57 项创新和特色工作得到人民银行总行、福州中支、漳州市领导的充分肯定和推介，其中 9 项得到人民银行总行范一飞副行长的批示和福州中支单强行长等 5 位领导的批示肯定，金融工作得到漳州市主要领导 5 次批示肯定。当年，漳州中支连续第 13 年在全省综合业绩考评中获 A 等级行，外管局漳州市中心支局连续第 11 年荣获“全省外汇管理先进单位”称号。漳州中支支付结算科（营业室）获得全国“巾帼文明岗”“总行级女职工文明示范岗”荣誉称号；纪委监察、会计财务、人事（老干部）部门被总行评为 2017 年度工作先进集体。同时，党建工作成效显著，漳州中支被中央文明委授予“第五届全国文明单位”荣誉称号，被人民银行总行党委宣传部选定为全国基层央行“抓党建促发展”典型宣传单位，新华网等 6 家中央媒体进行现场采访和宣传报道；漳州中支党委被福州中心支行党委授予“‘两学一做’学习教育先进基层党组织”称号。

【金融服务实体经济发展】

2017 年，漳州中支着力贯彻实施“货币政策＋宏观审慎政策”双支柱调控政策，综合发挥货币政策工具导向作用，稳步推进宏观审慎评估政策评估工作，营造良好的货币金融环境。紧扣服务实体主体发展这一主线，会同政府相关部门组织开展 14 场政府银行企业融资对接活动，相关工作得到刘远市长批示肯定。全面推进绿色金融发展工作，建立健全绿色金融服务工作机制，辖区绿色信贷业务较快增长。深入推进金融精准扶贫，提升扶贫小额信贷覆盖面，设立全省首家“金融青年产业扶贫示范基地”，相关工作成效，《经济日报》、新华网、《福建日报》等媒体均予以报道。漳浦县土地经营权抵押贷款试点工作取得新进展，业务增量、增速均居全省前列，被《金融时报》等媒体关注报道。跨境资金流动本外币一体化管理，促进跨境资金流动双向平衡。辖区企业发债融资较快增长，全年辖区企业发行各类票据 75 亿元，历年累计发行总量居全省第 3 位。全市各项贷款连续 7 个月增幅位居全省第 1 位，市委书记檀云坤 2 次批示肯定推动金融服务实体经济发展的新作为。

6 月 1 日，市人行、市经信委联合组织开展的“助保贷”“无还本续贷”银企融资对接会

【维护区域金融稳定】

2017 年，漳州中支坚持把主动防范化解系统性金融风险放在更加重要的位置。一是加强金融风险监测排查和预警。共计向银行机构发出各类风险提示 9 次，20 多次配合市政府处置化解风险企业资金链断裂问题，较好地防范和化解区域性金融风险，全市银行业不良贷款率控制在 3% 以下。二是加强对金融机构的主动管理，依法做好辖内 16 家投保机构存款保险评级、风险差别费率实施和保费缴纳工作，促进风险防范关口前移。三是打击金融领域违法犯罪活动。会同公安机关持续深入开展防范和打击电信网络新型违法犯罪活动，共同建立和推动“双轮驱动”工作模式，该做法得到福州中支分管行领导的批示肯定。履行反洗钱工作职责，全年收集重点可疑交易线索 70 条，报案 18 条、立案 8 起、破案 3 起，其中推动“洗钱罪”案件破案、起诉、判决各 1 起，反洗钱工作有效性进一步提升。

9 月 25 日，人行漳州市中支联合市银监局、市公安局、市金融办、闽南师范大学开展的金融知识进校园宣传活动

【提升金融服务水平】

2017 年，全辖人民银行系统金融统计数据质量显著提升。漳州中支在省内打造对台研究和国际金融研究两大特色研究品牌，全年有 24 篇调研文章被《中国金融》《上海金融》《福建金融》等刊物采用，6 项课题调研成果在省、市级相关课题评选中获奖，1 篇领导调研报告得到福州中支行长批示肯定。持续深化农村支付体系建设，在全辖集中开展助农取款服务宣传活动，致力打造漳州特色农村支付服务。指导涉农金融机构推进信用工程创建工作，有关做法《金融时报》予以报道，总行征信管理局加以推介。举办漳州市征信宣讲比赛，聘请金融机构征信宣讲师，多件诚信文化作品被“信用中国”网站和微信公众号介绍。强化征信信息安全管理和制度建设，全年辖内征信安全无事故。完善硬币自循环环境，推动在云霄县成立全省首家小面额人民币物流配送服务点，做法被总行《分支行工作动态》推介。撰写上报《网络贩卖“1 亿硬币”现象应予关注》的信息得到人民银行总行范一飞副行长批示。率先在全省试点依托“农村金融服务点”销售推动国债下乡、非税收入就地缴等国库普惠便民金融服务，《中国金融家》对此作了报道。在平和县、长泰县、东山县支行试点开展“国库县支库示范库”建设，有效提升基层国库履职成效，相关做法得到总行国库局推介。在全省率先实现金融知识进入高校全覆盖，借助漳州电视台《金融视角》栏目平台，精心策划 14 期人民银行主题宣传，提升基层央行的社会影响力。加强政务信息和舆情监测，建立编译信息团队，政务信息总分居全省人民银行系统第二名。

【外汇管理改革】

积极开展外汇管理改革政策宣传，举办漳州市外汇“诚信兴商”宣传作品大赛评选活动，引导企业以宏观审慎管理模式借入外债资金，支持企业参与“一带一路”建设，外汇服务工作得到企业和政府肯定。银行内保外贷业务专项检查成果显著，中国外汇管理杂志社现场采访和报道。全年累计开展非现场分析调查 45 家次，约谈企业 15 家次、银行 6 家次，监测约谈工作取得“稳预期、防风险”预期效果。外汇管理局福建省分局经常处致函给予漳州市中心支局“事中事后专项核查工作表现突出支局”的表扬肯定。打击外汇违法违规行为，发现一起涉嫌地下钱庄的个人分拆购付汇行为，被作为全省典型核查案例上报总局。推进外汇管理和业务创新，开展内控内审创新和外汇业务数据专题分析，分别在外汇总局培训会上作经验介绍。研发“外汇检查随机抽查软件”在全省外汇管理局系统推广运行。上报调研文章《提高银行对个人外汇监管有效性的方法探讨》，得到福州中支分管行领导批示。

【内部监督管理】

整合“一岗双责”任务，完善“大监督”工作机制，相关做法得到福州中支行长批示肯定。组织开展各类专项审计9场，做到重要业务全覆盖，有效提升风险防控能力。加强审计分析调研，撰写的《IIA关于组织文化审计的观点综述》被《中国内部审计》刊用，上报的《固定资产绩效审计案例》被总行内审司《人民银行内审案例汇编》（第二辑）采用。改进会计财务监督管理方式，“加减乘除”破财务监督瓶颈的做法得到福州中支分管行领导批示肯定。科技服务保障方面，自主研发8项业务辅助软件，其中4个在全国、全省人民银行系统推广运行。优化IT基础设施管理，相关做法被总行《科技简报》推介。在全省率先推进县支行办公大楼能耗监测综合管理系统建设，获得“2017—2018年中央国家机关及所属公共机构节约型公共机构示范单位”创建资格。落实综治和“创安”工作责任制，确保“行泰库安”，保卫安全检查工作法得到福州中支分管行领导的批示肯定，中支被漳州市综治委评为“一类平安单位”。

【党建和群团工作】

2017年，漳州中支党委坚持以党建统领工作全局，严格履行管党治党主体责任。在辖区深入开展学习宣传贯彻中共十九大精神，经验做法被人民银行总行《“两学一做”学习教育情况通报》刊介。持续推进“两学一做”学习教育常态化制度化，党委班子成员带头讲党课8场，创新召开党委（党组）理论学习中心组学习暨学习档案展示会，开展“学习廖俊波，争做合格党员”“学先进、树典型”“主题党日+”等主题实践活动，党员活动室示范点示范引领，完善“党建微课堂”，组织党员开展公开承诺践诺，“一个党员，一面旗帜”。漳州中支党建工作经验在2017年全省人民银行系统党建工作会上发言交流。坚持落实党风廉政建设主体责任，层层传导压力，推动党风廉政建设责任制贯彻落实，中支党风廉政建设责任制落实在全省考评中位居第一名。坚持文明单位创建为抓手，持续推进行风行貌建设，形成全行上下“尽职全行履职、奋力拼搏、开拓创新、无私奉献”的良好风气，漳州中支文明单位创建先进事迹被《金融时报》、总行网站介绍。

·漳州银监分局·

【加强党建工作】

党委履行党建主体责任，专题研究制定党建工作意见，听取党口部门工作汇报，年度工作计划全部落实到位。一是从严落实政治生活。组织学习宣传贯彻中共十九大精神；开展“两学一做”学习教育常态化制度化、“做守严”专题教育，组织集体学习100多次；认真落实“三会一课”制度，创新“把党支部建立在微信上”，建立“线上督导员”制度，“主题党日”活动100多次。二是从严开展思想作风教育。落实意识形态工作第一责任人的责任；分局领导到基层调研并形成调研文章；党委书记、纪委书记分别组织廉政和提醒谈话、廉政谈话。三是从严进行干部管理。按照规定选拔干部和轮岗交流；调整设立8个支部，支部建设验收全部达标。

【提升金融服务】

一是引导加大信贷投放。2017年，各项贷款余额2484.35亿元，居全省第4位；比年初增加317.06亿元，增量完成市政府提出目标的122%，居全省第3位；同比增幅14.63%，增速居全省第一位。完成小微企业贷款考核目标。二是引导加强服务创新。创新无还本续贷“名单制”管理，推动全年累计办理无还本续贷超百亿，余额增长1倍，业务笔数、金额占比均比年初上升6个百分点以上，超额完成省局“上升5个百分点”的考核目标，为企业节约融资成本1.388亿元。三是引导减费降息让利。督促银行业金融机构严格执行有关规定，做到“四有两清”（收费有依据，收费有服务，收费项目看得清、说得清，投诉有渠道、投诉有回复）实现对公加权平均利率同比下降324个基点，为企业节约融资成本近1亿元。

【防控金融风险】

坚持“政府主导、银行主体、部门联动、强化会商”工作思路，通过“强化监测预警、强化联合会商、推动企业加快处置闲置资产、推动银行加快处置不良资产、推动完善

3月24日，召开2017年漳州银行业小微企业金融服务工作推进会

11 月 1 日，召开 2017 年漳州辖区银行业精准扶贫暨林业金融服务推进会

部门绿色通道、推动完善司法绿色通道、推动有效信贷投放”措施力控信用风险，全市不良贷款率控制在省政府下达的目标内；召开或参加风险企业化险处置协调会 100 多场，推动 26 个企业集群缓释信贷风险；推动古雷腾龙翔鹭项目债务重组框架协议签订；累计组建 150 家集团债委会；创新开展案防“严管行动”有效防范案件风险，辖区银行业金融机构实现“零案件”。

【推进精准扶贫】

通过突出目标引领、突出典型带动、突出优势互补、突出考核激励，助力金融扶贫实现 3 个重点县贷款增速高于全市贷款平均增速 1.25 个百分点；农村中小金融机构扶贫贷款增速高于各项贷款增速 0.91 个百分点；贫困户贷款增速高于农户贷款平均增速 27.98 个百分点；全市有贷款意愿且符合信贷条件的 4724 户贫困户和 607 户贫困户学生贷款满足率达百分百；全市设立 21 个金融扶贫示范点，实现县域和重点扶贫机构覆盖率百分百。

【推进普惠金融】

深化“普惠金融工作站”建设，在全市乡镇设立 116 个普惠金融工作站，提升辖区基层“最后一公里”金融服务质量；深化“普惠金融学校”建设，设立 61 家普惠金融学校，开展宣传活动 1623 次、受益群众 35.12 万人，提升普惠金融知识宣讲成效；深化“金融视角”建设，在漳州电视台开设“金融视角”栏目并播出节目 78 期，提升普惠金融宣传覆盖面和影响力。

【提升监管能力】

一是提升现场检查能力。部署开展“EAST 系统应用推广深化年”活动，2 支队伍在福建银监局 EAST 系统劳动竞赛获评“优秀应用分析团队”；对 5 家银行业金融机构处以罚款 270 万元。二是提升非现场监管能力。建立“149”月度监测分析制度、“网格化＋补丁”监管制度和监管员“监管四单”（提示单、警告单、现场检查单、处罚单）制度，发现辖区银行业金融机构经营管理的问题 108 个；强化与政府其他部门和银行内审的联动，强化功能监管与机构监管联动，约谈银行业金融机构负责人 53 人次，走访银行业金融机构 125 次；强化监管预警通报和统计质量通报；落实重点领域授信风险监测和重点机构监管制度。三是提升市场准入监管能力。建立“银行业从业人员不良信息报送”制度，有效防范银行业金融机构员工“带病流动”“带病跳槽”。

·中国建设银行漳州分行·

【概 况】

2017 年，中国建设银行漳州分行贯彻全国、全省建设银行工作会议精神，以党建为引领，以转型创效为核心，着力提升全行价值创造力和市场竞争力，各项业务实现健康快速发展。

主营收入提升 至年底，全行主实现营业务收入 16.68 亿元，同比增加约 1.38 亿元，增幅 9.0%，计划完成率 104.6%。其中净利息收入 12.84 亿元，实现中间业务收入 3.96 亿元，同比增长 1.37%。实现税前利润 3.84 亿元，经济增加值 0.24 亿元。

存款份额明显提高 至年底，全行一般性存款时点余额 371.1 亿元，当年新增 37.42 亿元；一般性存款日均余额 360.34 亿元，当年新增 40.96 亿元。

信贷增长创历史最好 至年底，全行各项贷款余额 432.11 亿元，贷款新增 100.9 亿元（含总行下发的信用卡业务数据），贷款增长列全省系统第一，创历史最好水平。四是信贷风险管控有效。至 2017 年底，按照审计调整口径，不良贷款余额 12.87 亿元，不良贷款率 2.95%。全年共处置不良资产 1.99 亿元，其中：不良贷款现金回收 5354 万元，盘活上迁 2412 万元；信用卡核销处置 1706 万元；批量转让 1.04 亿元。实现表外业务无垫款，未出现当年审批纯新发放不良贷款。

【全量资金营销】

个人存款方面，突出抓好七个重点：一是抓住旺季。制定《“金鸡报晓 建行迎春”大个金旺季营销活动》方案；多次召开片区工作座谈会，加强对重要时点个人存款新增的管控力度。二是加强考核。出台个人金融业务每季度考核、代发工资业务专项营销等考核办法，对重点产品，全部实行买单制考核；开展基金定投、重点产品大单奖等活动。三是强化管理。制定《基层机构个人金融业务分管负责人考评方案（试行）》，将网点经理的绩效与网点业绩挂钩，持续完善网点分类管理；逐步充实和优化个人客户经理队伍，力争AUM20万元以上个人客户专人维护全覆盖，加大集中培训和送教上门力度，提升新上岗客户经理履岗能力和全辖客户经理的营销技能；四是夯实基础。做好借记卡发卡工作，提升一类卡发卡比例。全力推广移动支付、芯支付，强化借记消费功能，开展常态化营销活动，持续提升客户活跃度和贡献度。全力推进代发工资业务拓展，推进聚财业务、特色储蓄、薪享通1号、智存通等个人存款产品的全覆盖度；加大对厚利型产品基础客户的激励，实施综合评价约束机制。五是推进金融生态圈建设。持续开展银校、银医生态圈建设，重点做好漳州市医院、漳州城市职业学院两个生态圈建设，持续深化漳州职业学院、厦门嘉庚学院银校生态圈建设，将“龙支付”融入生态圈建设，用好二维码、钱包以及灵活嵌入第三方场景等特色功能，构建线上线下全渠道获客户、活客的发展模式。六是深化数据的使用营销。做好三大源头商机等营销数据客户的回访营销工作；充分应用新一代系统，做好到期客户、保险客户等维护，结合重点产品，开展业务营销工作。七是加快渠道建设。制定“一点一策”网点劳动组合优化方案，实现“减高增出”的目标。制定并印发《2017年度漳州分行物理渠道转型工作考评办法》等，持续推进网点智慧转型；做好星级网点创建工作和中银协银行业文明规范服务星级营业网点达标评估工作。以分行营业部创星工作为标杆，在其他候选网点进行复制推广；全行共有1个五星级、5个四星级、6个三星级通过验收，银行业协会发文确认分行营业部为银协五星级网点、芗城支行为银协四星级网点。同时，漳州行还加大网点建设力度，2017年完成诏安支行、侨村支行重装，新设诏安工业园、南靖三下、平和坂仔离行式自助银行。

对公存款方面，把握“四个注重”：一是注重存量客户挖潜。通过供应链融资产品，深入细致地抓好企业上下游的链式营销，最大限度地实现资金体内循环。二是注重拓宽存款来源。印发2017年市重点在建和预备建设项目、重点技改项目、重点后备上市项目、全年发改委新批项目等清单，密切跟进；抓好与工商、经贸、开发区管委会等源头部门的联系合作，实施精准营销。三是注重拓展机构业务。2017年，漳州行入围辖区所有区域土地保证金归集银行，全年通过市区、龙海等多个土地拍卖保证金账户归集保证金163.86亿元；西湖生态园建设工作指挥部落户我行，该账户累计承接迁建资金43.12亿元；诏安、东山、云霄、龙文等机关社保新增社保资金存款2.45亿元。新增“银校通”4户、掌上医院1户、新增漳州市中级人民法院“智慧法院”合作项目，设备已到位并已运行。四是抓对公有效客户，夯实对公客户基础。年末，单位人民币结算账户总量28308户（人行口径，下同），当年净新增3831户，账户总量占比34.45%，较年初提升1.84%；当年增量占比53.85%，较去年同期下降13.08%；两项占比均排名四行首位。其中，单位人民币基本结算账户总量23087户，当年净新增3746户。

【强化营销增储备】

围绕市委、市政府决策，密切跟踪央企、民企、外企签约项目，尤其是做好漳州市列入省重点建设项目的营销。建立重点项目营销清单制度，保证与重大项目主动衔接。当年累计申报大中型客户授信44户，项目储备新增22亿元，其中新客户项目储备新增11个，新增储备金额16亿元。发挥传统优势，加强房地产项目的市场营销，加大卫生、教育行业客户的信贷营销，进一步巩固漳州行房地产、教育、卫生行业领先地位。加大小企业业务营销力度。普惠金融贷款新增额全省系统排名第三；全面完成“无还本续贷”监管指标，小企业资产质量指标均控制在省行下达的目标值之内，小企业产品覆盖度全省系统排名第二。强力营销“小微快贷”，新增贷款1.94亿元。投行业务实稳步发展。承销福建漳龙集团10亿元短期融资券；对接九龙江集团私募债4.6亿元；成功获批全省首笔类永续信托贷款理财业务；成功发行全省第一笔票据理财产品；成功发行资产收益权理财产品2亿元。全年累计销售对公理财产品13亿元。

【统筹兼顾拓市场】

中间业务收入稳步增长。在与原有漳州市财政投资评审中心长期合作基础上，入围高新区、古雷开发区、龙海市和芗城区财政局的财政投资评审中心咨询机构库，签订年度服务合同，还新拓展诏安县财政投资评审中心、常山财政投资评审中心审机构库。2017年完成行外传统造价编审项目36个，编制类造价4899.14万元，审核类造价4330.15万元。实现传统造价自营业务收入100.19万元。制定《2017年中间业务对标活动考核办法》，加大重点产品营销力度，进一步优化收入结构。着力持续推进中间业务向“轻资本、创新型”转型，加大对厚利型产品的买单激励，当年全行累计办理票据贴现9.18亿元。

*房地产金融保持同业领先。*截至2017年底，个人类贷款余额271.62亿元，当年累计投放136亿元，新增80.89亿元。个人贷款新增额全省系统排名第一；快贷客户数排名系统第二、贷款余额排名系统第三。住房资金存款（含委托贷款基金，下同）余额75.74亿元，同业占比第一，住房资金归集比年初新增9.65亿元。以“抓户扩面增存”为主线，通过台商投资区公积金管理部成立的契机，进一步营销和服务客户。

*国际业务创新引领发展。*漳龙集团11882万美元外债资金落户我行，外汇存款时点余额及日均余额均创历史新高。新兴业务产品突破全省首笔人民币资产管理利率互换500万元；办理新型汇率业务折人民币3.4亿元，创收600万元；做好黄金租借客户储备，已通过金交所开立代理户6户。推进同业业务，突破全省首笔代理同业远期结售汇业务，全年累计办理同业福费廷业务17.3亿元。办理全省首笔票据池质押贸易融资业务，突破全市首笔出口双保理业务；累计境内外联动产品32.55亿元，月均余额同比新增5.26亿元。推进外汇汇款集中上线，全辖有外汇经营权限的13个支行的汇出汇款及部分支行的汇入款汇已上线。

*信用卡业务持续增长。*信用卡KPI条线考核位居系统第2位，比去年提升5个位次。全年完成信用卡分期交易额12.62亿元，交易额居系统第三，创历史最好水平；信用卡当年净新增客户数26439户，新增全省排名第二名；信用卡当年净新增发卡42392张，新增全省第二名；新增全省占比10.17%。本年新发展收单商户712户，当年净新增活动收单商户315户累计收单交易额95.85亿元，收单交易额连续三年居全省第一。

*电子银行业务加速推进。*移动金融替代率93.23%，提高值12.51%，居全省第三；手机银行日均交易额增幅71.91%，连续3年增幅第一。手机银行客户总量突破100万大关，新增14.56万户，新增总量全省第二。手机银行活跃客户30.71万户，总量全省第三。手机银行客户新增、手机银行活跃客户总量均为首次进入全省前三名。

*产品创新有效突破。*产品创新取得有效突破，营销福建省漳州市对外贸易有限责任公司成功办理“票据池质押项下信用证信托收据贷款业务”，该笔票据池质押融资业务已通过总行创新审核，纳入省行“总行级自主创新项目”之一；招商局漳州开发区供电有限公司于6月通过地方集中收付渠道成功发起全省首笔公对公的跨行收款业务。

*小额无贷户经营成效居系统前列。*小额无贷户有效客户净增1640个，日均存款增额7.63亿，增幅高达80.16%。

【风险管控严把关】

强化资产质量“一把手”负责制和信贷主体责任落实，层层落实《风险防控工作责任书》中各项责任要求，印发《各支行领导班子及机构与资产质量计划执行情况挂钩考核办法》，从实强化重点领域、重点行业、重点客户、重点指标管控，同时加快不良客户和潜在风险客户处置。

强化贷后管理　三色预警认定，信贷风险全面排查。制定《漳州建行信用风险专项排查实施方案》，推进民营企业和担保圈风险治理。开展信贷大规模检查。加强押品管控，对各支行设立专职押品管理岗负责押品管理。

强化稳健合规经营　严格落实授信审批条线守底线、防风险、保质量的主体责任要求。2017年审批信贷业务金额194亿元，总笔数17063笔，审批质量全省最优；未出现当年审批纯新发放不良贷款，是全省授信审批授权最高的二级分行，2017年“合规文化深化年”考核，连续二季度蝉联全省第一名。

加强营运核算管理　一是柜面监测及稽核系统预警信息回复及时率、稽核问题反馈及时率均达到100%。账户集中考核连续12个月排名全省第一。二是制定清机集中运营管理办法，有效缓解网点转型后的柜面压力。三是坚持集中采购“阳光操作”。 全年共组织集中采购34次，累计采购金额1794万元，节约资金约105万元，节约率为6%。

完善内部管理体制　一是印发《漳州分行2017年党风廉政建设和反腐败工作要点》，签订《案件防控和预防腐败责任书》。二是加强廉洁从业和“两防”教育，组织全行员工观看警示育片，组织员工参加省行党纪行规知识测试及竞赛活动，并在省行党纪行规知识竞赛中获得三等奖；编辑内部刊物《警钟长鸣》，全年刊发5期。三是建立廉洁档案。对187名六级专业技术资格以上人员在系统中建立廉洁档案。四是严格落实党务公开、行务公开制度。对涉及人事、绩效、费用开支等敏感的工作事项，以表格化形式进行管理，切实维护员工知情权。五是扎实开展合规文化建设年活动。落实“合规文化深化年”各项部署，开展“合规建行 知行合一”活动，签订《合规经营责任书》，举办“合规我践行”辩论赛等系列活动，全年组织合规大讨论32场、信贷大讨论35场；制定《反洗钱工作管理实施细则》，建立反洗钱工作奖惩机制成效与绩效工资挂钩制度。全年累计向当地人行上报重点可疑交易线索14份，已有12份被

人行采纳、2 份涉案。六是做好安保工作。层层签订《安全管理责任状》，把责任落实到岗位、员工。开展全行安全大检查。

【党建引领 培塑良好企业文化】

2017 年，漳州分行党委聚精会神抓党建，强化引领促企业发展。完善党建工作机制，全年召开党委会研究党建重大事项 23 次，按季召开党建工作领导小组成员部门联席会议，以推进党建工作 20 件事为抓手，实施党建重要工作清单化表格化管理，逐一抓落实。落实党建工作管理责任制，组织各党支部与分行党委签订《全面从严治党责任书》，实行党支部书记抓党建工作述职评议制度，严格落实考核问责机制。以《漳州分行党建工作考核办法》，对各党支部进行全面考核，促进各党支部提高党建工作水平，为实现转型发展目标提供坚强有力的组织保证。

学习贯彻中共十九大精神，通过成立领导小组、制定学习计划、领导带头宣讲，开展集中学习、组织交流探讨、举办专题讲座、打造党建书吧等多种方式，在全行掀起热潮。

加强组织建设，完成全辖各党支部换届选举；分行机关在 3 个独立党支部的基础上增设 5 个党支部，在龙池支行增设党支部，以提高营业网点独立党支部占比。重视将基层一线员工和业务骨干作为重点培养对象，发展 6 名中共党员。严格选人用人标准和程序，提拔 14 名八、九职等管理人员，并通过公开竞聘提拔 3 名六级个人客户经理。加强对拔尖人才培养和使用。有 1 位总行级拔尖人才提拔为分行副行长，8 位总行级骨干人才中 1 人提拔为支行主要负责人。在继续实施《中国建设银行漳州分行各支行领导班子市场竞争力监测办法》的基础上，出台《中国建设银行漳州分行基层机构个人金融业务负责人考评方案（试行）》，强化对分管负责人业绩贡献度的评价；组织对漳州分行委派营运主管岗位实施公开竞聘，提升营业网点的风险防控能力；对部分支行和直管网点负责人岗位进行公开竞聘，储备建立素质优良、数量充足、结构合理、奋发有为的城区网点负责人后备人才队伍。

出台《漳州分行挂钩联系基层党支部实施方案》，机关支部和支行支部结对子，通过开展“1＋N”先锋模范活动等主题活动，相互促进、共同进步。积极开展“学习·创新”—党建共创行动日活动，以柜面业务竞赛为载体，组织全行 403 名柜面八岗位人员通过新一代生产环境开发的仿真训练模拟系统进行在线业务考试，促进柜面服务水平提高；和分行老客户漳州外贸公司联学共建，共同举办“不忘初心”党性教育两期，把党性教育和客户维护相结合。积极开展扶贫工作，成立领导小组，建立工作机制。积极向上争取资金 17.5 万元协助平和县国强乡凤山村道路硬化，发动全行党员捐赠近 5 万元，为该村 1 户省标贫困户送去温暖。

加强反腐倡廉，改进作风抓党建。组织签订《全面从严治党责任书》，建立案件防控和预防腐败工作联席会议制度、领导干部任职廉洁谈话制度等，形成制度约束机制；逐步建立严格执纪的党建问责机制，对主体责任考核后两名的支行行领导进行约谈。制定《漳州分行党委成员关于严格执行中央八项规定精神和总行党委十项要求的若干规定》，开展违规公款购买消费高档白酒问题集中排查整治工作，对两名违反财务会计和采购、综合管理规章制度的违规人员，依据《中国建设银行员工违规处理办法》规定给予相应的行政警告处分。

抓好文明创建，培塑良好企业文化。重视文明行业、文明单位、星级网点创建工作。2017 年顺利通过第十三届省级文明单位验收；开展“最美建行人”评选活动，展示员工风采；落实“新关爱·心温暖—关心关爱员工”活动方案，继续实施夏送清凉、金秋助学、员工体检、生日慰问等品牌活动；组织开展各类职工文体、健身活动，参加省分行首届职工运动会，获得总分第四名；参加市运会、银行业协会等各类体育竞赛活动，丰富员工的业余文化生活。

·中国银行漳州分行·

【概 况】

2017 年，中国银行漳州分行围绕福建省分行发展战略，打响“存款业务拓展、非息收入提速、资产质量管控”三大战役，实现拨备前利润 8.48 亿元，较上年末增长 5.92%，净收入 11.14 亿元，较上年末增长 4.73%，不良资产化解 4.56 亿元。主营业务领跑同业，党建工作、内控管理、渠道建设、品牌文化成效可喜。

【主要成果】

求变创新，助力实体经济发展

该行积极跟进市委、市政府工作部署，加大对漳州市可持续发展重点项目、重点工程、重点企业的金融服务力度。至 12 月末，全行存款达 335 亿元，总量排名居全市前列。全力跟进古雷 PX 项目债务重组，采取由高层协作到基层执行的立体化联动模式，由省行领导带队与重组方、15 家债权银行沟通 50 余次，先后召开 9 次债权人委员会主席团及全体会议，9 月底签订债务重组框架。该行则全程参与各方谈判联络和材

9月6日，中国银行漳州分行领导会见外资企业豪氏威马有关负责人

料筹备工作，跟进各个账务处理环节，促成项目债务重组落地，推动企业顺利复工。信贷投向，退出产能过剩行业及县域中小民营房地产开发贷项目，支持优质企业推进转型转产、技术改造、节能减排步伐。为九龙江集团、高速集团等市重点企业提供授信百亿元以上。为古雷石化、华阳电业等大型企业提供资本金及利润汇出业务服务，国际结算与跨境人民币结算量及市场份额均居当地同业第一。综合运用助保贷、渔融通宝等“中银信贷工厂”系列产品，采取“名单制”管理无还本续贷客户，帮扶小微企业解决融资难、融资贵、融资慢问题。

发挥特色，服务社会民生工程

该行凝聚特色业务优势，发挥450万张社保卡作用，为城镇化拆迁补偿、农补资金、新农合、新农保等政府补偿项目提供账户、代发和结算服务。深入挖掘社保卡功能，在全市1700多个行政村布设2358个农村金融服务点，提供“一卡通用”和“足不出村”的便利，满足当地群众社保卡查询、取现、转账汇款、公共缴费等金融需求。与第175医院合作开发微医疗项目，满足就诊群众的结算服务需求。开发平和农村淘宝店模式，并向各县机构迅速推广，在提升农村金融服务能力、保障民生服务需求的同时，获得大量低成本稳定资金来源。此外，金融服务满意行动、金融知识进万家等普惠金融活动有序开展，GPI跨境汇款、中小企业渔船贷、个人金融消费贷款等多项便民服务多家媒体予以报道，服务社会民生工程能力持续提升。

严实化风险，维护金融市场稳定 该行全年不良资产化解取得实效，实现现金清收2.61亿元，占全省现金清收总额近四分之一，其中泰华交通作为今年全省最大单户现金清收项目之一，成功入选总行2017年度不良清收典型案例，也成为漳州中院2017年度最大的一笔执行款。同时，专项治理、员工异常行为排查、案防周例会、案例警示教育等合规宣导活动深入基层、融入人心，打造出内控管理特色，再次实现零案件、零处罚的“平安年”目标。

【企业文化】

党建引领，凝聚事业发展合力

围绕“抓党建、带队伍”主线要求，把党建纳入全年计划和绩效考核，充分发挥党建工作内引外联作用，先后与多家军警和企事业单位签订党建共建协议，开展联学共建活动，宣讲“复兴壹号”“公益中国”平台，开拓业务营销第二场景，实现与党政司法机关重点领域的全方位合作拓展。组织专题党课培训、党建研讨班、党建座谈会及一系列党团活动，推进“两学一做”学习教育常态化、制度化。规范选人用人程序，开展12次职位公开竞聘和后备干部选聘，有序推动轮岗计划。对贡献突出、表现优异的员工予以隆重表彰，营造勇当先锋、争做榜样的工作氛围。

巩固基础，彰显百年品牌效应

全年更新11家网点、5家离行式自助银行，投产63台智能柜台全面投产，网点服务效能全面提升，手

10月，中国银行漳州分行与漳州交通集团签署党建共建协议

机银行、易商理财、网络金融、GPI业务等多元产品让客户获得新体验。持续推广公益中国平台，集结公益人士145万人，公益捐赠近90万元，公益消费近8600万元，建立起贫困地区农特产品销售的快捷通道，助推贫困地区群众脱贫致富。揽获省级文明单位、工人先锋号、五一劳动奖章、敬业奉献之星、五星级文明示范窗口、巾帼文明示范岗等多项荣誉。制作“砥砺奋进的五年”专刊，专题报道《百年品牌，始终如一》，获闽南日报专版刊登，文化影响力显著增强。

·中国工商银行漳州分行·

【概 况】

至2017年末，中国工商银行漳州分行拨备前利润5.61亿元，同比增加1.18亿元，同比增幅26.64%，增幅比2016年末提升21.3个百分点，增幅比全省平均水平多5.18个百分点。

本外币全部存款202.97亿元，比年初增加17.91亿元，增幅9.68%，增幅比全省平均水平多2.11个百分点。

本外币各项贷款余额323亿元，比年初增加59亿元，增幅22.35%，增幅比全省平均水平多16.02个百分点。全部贷款四行占比由第四名上升到第二名。

中间业务收入账面实现1.9亿元，同比增加514.73万元，增幅2.7%，与全省平均水平持平。四行占比18.28%，排名第三。

不良贷款余额18.7亿元，比年初减少4.9亿元，不良率5.79%，比年初下降3.15个百分点，实现双下降，均完成3年规划目标任务，今年以来现金清收3.5亿元（包括资产包现金清收2.95亿元）。剪刀差额1.96亿元，比年初减少4.69亿元，剪刀差率0.61%，比年初下降1.91个百分点。

【队伍建设多维度提升】

改变领导作风 各项工作各级领导亲力亲为、率先垂范，解决部门墙、打破部门墙，带动各项工作的有序开展。分行领导班子带头营销重点项目、重点客户，上门服务高端客户，同时亲自讲课、检查服务、抓案防等工作；分行部门经理熟悉、精通各自专业业务，成为专家，亲自讲课、培训；支行行长对市场情况、存在短板充分了解，对新产品亲自推动。

改变分配机制 进一步完善人员、绩效的考核分配机制，全行营销全产品计价，充分调动全行的积极性，形成多劳多得的分配机制、人人想营销会营销的氛围，并对营销重点项目颁发突出贡献奖。在此机制下，特别是按揭贷款方面，客户经理加班加点，在二手房贷流程烦琐，一笔堪比三笔工作量的情况下，2017年二手房累放笔数5901笔，累放金额30.57亿元。（同业存量占比57.12%，增量占比64.56%，其中市区二手房按揭增量占比高达83.62%）；不良贷款处置实行序时与结果相结合、全流程控制的管理模式，对及时处置进行奖励，反之处罚。

加强专业团队建设 分行各部门均成立专业团队，并将团队成员延伸至支行，强化了专业条线管理，利用微信平台对团队成员进行评价、排名，并在群里进行交流总结、及时提出要求。

改变培训机制 私人银行团队进行一周一次培训，大客户、机构、信用卡等营销团队每月进行一次以上的专业培训、经验交流，分行专业团队每个季度至少一次培训，涵盖了面授、视频、送教上门等形式，师资涵盖了本行业务骨干、总省行专家、行外培训师等，2017年共计举办大小培训100余场，培训人次9000余次，其中全行性的培训有4场，在全行上下形成新产品、新业务马上培训、及时推广，重点产品、重点业务全员培训、人人知晓的培训文化。

【各项业务稳健拓展】

零售业务持续稳健发展 客户基础快速增长。个人客户质量进一步提升，星级客户在去年全省第一的基础上稳定增长。截至2017年末，有效客户数101.2万人，比年初增加5.63万人，增量全省第3，增幅5.9%，增幅全省第3；四星级以上客户数23.2万户，比年初增加2.12万户，增加数全省第3，增幅10.03%，增幅全省第1；六星级以上客户数1.56万户，比年初增加3710户，增加数全省第2，增幅31%，增幅全省第一名。

按揭保持竞争力 2017年持续加大对房地产按揭市场的营销力度，在市场份额低、客户基础薄弱的艰苦情况下，从二手房入手，通过加班加点提升整体服务效率，通过利率调控拿到更多的规模，从而形成一个良好的互动循环。二手房按揭业务在漳州房地产市场中取得较好口碑，开发商、房产中介也开始认可工商银行。其中个人住房贷款余额150.16亿元，累放住房贷款笔数13229笔，累放额74.89亿元，比年初净增55.82亿元，个人住房贷款余额同业占比26.25%，增量占比32.98%，存量和增量占比均居同业第二；其中二手房按揭贷款余额达47.07亿元，比年初净增26.34亿元、当年翻番，同业存量占比57.12%，增量占比64.56%，其中市区二手房按揭增量占比高达83.62%，存量和增量同业占比均居第一，今年二手房累放笔数5901笔，累放金额

30.57亿元。

信用卡转型快速发展　紧紧抓住行政事业单位、公积金、预授信、住房按揭户等优质客户群体开展发卡获客工作，采用互联网化营销办卡方式大大提高获客效率，发卡获客指标在全省位居前列。截至2017年末，信用卡总量28.52万张，较年初新增7.97万张，全省排名第三，全年累计新发卡10.03万张，全省排名第三。一是找准优质发卡对象。以行政事业单位人员、医院、学校、烟草、电力、金融、央企、地方国企正式员工；按揭贷款客户；单位预审批客户；持有C照以上驾驶证群体；公积金客户等群体为主要发卡对象，批量发卡。二是讲求启用率、动卡率，发有效益的卡，通过对有效卡进行计价奖励，无效卡不奖励的方法提升卡片有效率动卡率。三是抓住财政公务用卡改革的时机，大力营销公务卡业务，全年新发公务卡2300多张。四是抓住总行新产品“房贷客户定制分期卡”推出的有利时机，大力营销本行优质房贷客户，短短二个月发卡近1300张。五是充分使用二维码、码上赢、码上荐、微信公众号、网银、手机银行等互联网化办卡方式，极大提升了获客效率。全年通过互联网方式申请办卡7.7万笔，已审核通过4.4万笔，新增获客2.48万户。

强化对公优质资产营销　公司方面。公司存款41.42亿元，比年初增加7.55亿元，增幅22.29%，公司贷款154.91亿元，比年初增加17.01亿元，增幅12.33%。一是抓国有企业、房地产企业，四大国有集团和招商局及其关联企业等核心客户的存款贡献度持续提升，漳龙、九龙江、城投共增加1.2亿元，万科、碧桂园等房地产公司较年初增加8.52亿元。二是抓对公结算有效户新增1122户，日均金融资产5万元以上客户比年初增加116户。三是抓项目贷款，2016年审批项目于2017年提款共计12.4亿元，2017年新审批项目6个，共计发放5.04亿元。机构方面。一是军改保卫战取得全面胜利，原有军队账户均无流失。二是住建系统金融业务又有新突破，2017年漳州市直管公房租金代收系统又成功上线，同时对住房维修基金代缴收系统的升级实现了批量缴交，12月12日完成首笔漳州市住房专项维修资金批量缴交业务，均为全省首例；新增存款约6000万元。三是对住房公积金业务进行系统升级公积金“月还报销式冲还贷”和“自动支取”业务，完成打破建行一统公积金业务的局面，实现我行全面办理公积金业务，还新增设台投区管理部，实现地区业务新突破；新增存款1.3亿元。国业方面。一是积极做好拓户和存量客户的维稳工作，根据网络化名单制管理和客户分层营销要求，上下联动，与支行一起跟踪客户，找到业务切入点。对存量客户，挖掘潜力，以稳定和提高份额为目标，提高竞争力；在融资配套受阻的情况下，通过产品和服务，积极维护重点客户的业务量，如通过积极营销和优质服务，在授信未获批的情况下，分别营销凯景、灿坤在漳州行办理结售汇业务共计9935万美元。二是抓住市场机遇，发挥漳州行即若结售汇，T+3远期结汇等产品的价格优势，优化业务办理流程，积极拓展交易业务，与客户签订远期结售汇业务1.24亿美元。

【创新实现业务落地】

一、二手车创新发展。漳州分行积极拓展一、二手车汽车分期业务。在巩固好“购车分期付款履约保证保险业务”基础上，创新引入“合作机构担保模式”开办二手车分期业务。业务开展过程中不断总结风险经验，确保业务健康发展。2017年全年办理一手车分期2.37亿元、二手车分期1.57亿元。

车位分期流程创新。除汽车分期外，漳州分行也抓住车位分期做文章，通过“优化流程”抢争优质楼盘车位分期业务，从简化客户提供材料、快速发卡、授信政策、优化分期流程等方面取得突破，效率大为提高，实现7天放款；2017年5月再次梳理业务流程，申请发卡批量启用及调额绿色通道，提高了发卡及调额审批效率，实现3天放款。全年办理车位分期4013万元。

二手房按揭创新。二手房履约保证保险贷款是指在保险公司提供履约保证保险项下，由贷款人向借款人分次发放的，用于购买二手个人住房的贷款。该业务能缩短放款时间近1个月，充分提升市场竞争力。目前省行已批复漳州分行与漳州市融资担保有限公司建立个人信贷业务合作关系，下阶段将大力推进该项业务。

【防控清收优化资产质量】

优化存量结构，贯彻落实潜风压降工作。加强潜在风险客户融资管理，多次组织潜在风险客户融资风险化解方案的专题会议，对各支行潜在风险客户进行逐户分析，一户一策，制订潜风化解方案。共涉及客户108户，融资总额43亿元。截至2017年末，漳州分行正常关注类潜风客户79户，融资余额34亿元。

提升存量融资增信措施。2017年漳州分行对3.43亿的存量融资通过追加房地产、机器设备抵押方式和追加第三方保证等增强了担保措施，缓释存量风险。其中追加房地产抵押涉及融资4155万元，追加机器设备抵押涉及融资3034万元，追加第三方保证或实质关系人担保2.71亿元。

强化清收处置，切实做好资产质量攻坚。常规处置、打包处置相结合。一是综合运用我行不良贷款处置核销、抵债等常规处置方式，做到成熟一户上报一户。在正常核销资源相对紧张的情况下，全年共申报并正常核销4户，金额1745.38万元；上报总行审批2户，金额3798万元。二是充分运用总行打包快速处置不良贷款的政策，用好用足漳州行打包政策，精准策划、积极运作、推介营销。全年打包处置不良资产2包，批量转让10.11亿元，现金收回转让处置款项2.95亿元，核销7.15亿元，对2017年漳州分行不良资产处置决定性胜利发挥关键作用。

强力推动依法诉讼清收工作。一方面要求每一户不良贷款在最短的时间内应诉尽诉，争取第一个查封债务人资产，对已诉案件要跟踪每一细节，遇到问题和困难及时沟通解决。同时，以分行处置中心人员加强与法院配合沟通，密切银行与法院关系；充分利用政府、金融办力量，推动法院采取有力措施，加快推进案件处置进程。2017年我行通过法院执行收回现金超1亿元，创历史最好水平。

【抓党建塑企业文化】

分行党委坚持党建为工作中心，学习贯彻中共十八大、十九大和习近平总书记系列重要讲话精神，贯彻落实总行和省分行年度工作会议精神，推进基层服务型党组织建设，加强党风廉政建设，为全行转型发展提供坚强的组织保障。

分行机关作风进一步改进。从加强考勤纪律管理入手，强调直线管理者人力资源管理职能，从提高服务基层行主动性入手，实施了每周例会制度，并开展执行力提升整治活动，对各项工作特别是基层行提出的问题做到实时反映、快速解决，有效提高上下协同作战能力。

服务考核各项指标快速提升。加强营业网点规范化服务管理，改善客户现场服务体验，提升客户满意度，加大对落后网点的帮扶与整治力度，着力提升全分行整体规范化服务水平，服务考核排名位列全省第二。

组织开展文体活动，加强企业文化建设，增强凝聚力。2017年，以羽毛球、篮球、乒乓球、书画摄影、棋牌、游泳等多个协会为平台，认真组织开展文体活动，满足员工各类活动需求。开展了“新春团拜会”“每季员工生日汇”“六一亲子会”“送文化 下基层”“送文化进军营”等活动。同时，组队参加各类竞赛，均获得不俗成绩，如获得漳州市第二届银协杯游泳比赛团体第二名、漳州市金融消费者权益保护知识竞赛第一名等奖项，提升工行美誉度。

·中国农业银行漳州分行·

【概 况】

2017年，中国农业银行漳州分行全行本外币各项存款余额305.87亿元，比年初增加19.95亿元，个人存款日均余额189.51亿元，四行份额29.73%。本外币各项存款日均增量20.93亿元，其中对公存款日均增量12.16亿元。本外币各项贷款余额309.41亿元，比年初增加23.49亿元。实现营业收入12.22亿元；实现拨备前利润7.85亿元，同比增盈3370万元。

【信贷投放持续加强】

该行按揭贷款和非按个贷双轮驱动、双线发力，实现个人贷款较快增长，年末个人贷款余额110.79亿元，比年初增加32.9亿元，其中个人按揭贷款增加29.73亿元，非按个贷增加3.17亿元。小微企业金融服务能力有效提升，全面实现“三个不低于”（贷款增速不低于各项贷款增速，贷款户数不低于上年同期水平，申贷获得率不低于上年同期水平）目标。

【存贷款持续优化】

该行存款结构持续优化，对公活期存款日均余额96.16亿元，比上年增加19.59亿元，占全行对公存款日均余额的86.34%；机构类存款日均余额46.74亿元，占全行对公存款日均余额的42%。个人贵宾客户存款96.63亿元，比年初增加

11月10日，中国农业银行股份有限公司漳州分行在东山县发布金穗快农贷（渔民）产品 （简银蕉 摄）

7.05 亿元，占比 49.77%。贷款投向持续优化，中长期贷款余额 196.24 亿元，占全行贷款的 63.43%，比年初增加 33.31 亿元，提高 6.44 个百分点。个人贷款余额 110.79 亿元，占全行各项贷款 35.81%，比年初增加 32.90 亿元，提升 8.57 个百分点，占各项贷款总增量 140.05%。

【服务“三农”】

该行涉农贷款较年初增加 15.06 亿元，增速 8.74%，实现“两个不低于”目标。创新服务“三农”及普惠金融模式，推出金穗快农贷“平和柚农贷”“东山渔民贷”等惠农支农系列产品，为农民提供更方便、更快捷、低成本的贷款；为 1521 户农民累计发放贷款 1.56 亿元，居全省农行第一位。做好精准扶贫工作，向全市 710 户建档立卡贫困户累计发放扶贫贷款 3201 万元，向平和县安厚镇美峰村捐赠 10 万元。

【企业文化】

该行强化作风建设。完善市分行领导班子成员党建工作联系点制度，为基层提供有针对性的督导帮扶。加强廉政建设，以公款、公车使用情况为重点，严格监督检查，防止“四风”问题回潮。落实人文关怀，加强支行“职工之家”建设，满足基层营业网点职工就餐、文体活动和单身职工周转宿舍等需求。完善困难职工档案，发放困难员工集中帮扶 31 万元，救助对象 69 人次。积极参加全省农行各类比赛，取得较好成绩，2017 年在全省农行职工运动会上获得乒乓球团体赛第一名；在全省农行消费者权益保护工作技能提升竞赛中获得柜面业务审核第一名。组织举办职工运动会、演讲比赛、知识竞赛等各类职工文体活动，增强全行员工凝聚力、向心力、执行力、战斗力。

2017 年，农行平和支行张耿汉被中央金融团工委、全国金融青联评为“全国十大金融青年服务标兵”，是全国农行系统唯一获此荣誉的个人。同时，该同志还荣获“全国金融青年服务明星”称号。

·兴业银行漳州分行·

【概 况】

截至 2017 年底，兴业银行漳州分行账面资产总额 344.44 亿元；本外币各项存款余额 316.82 亿元，同比增加 44.23 亿元，增长 16.23%；全年存款 291.14 亿元，同比增加 30.83 亿元，增长 11.84%。本外币各项贷款余额 255.24 亿元，同比增加 17.34 亿元，增长 7.29%，全年日均贷款余额 247.01 亿元，同比增加 27.42 亿元，增长 12.49%。

【从业资格】

2017 年，该行举办各类培训 50 场次，参训人员 8280 人次。共有 16 类 263 人次参加全行岗位资格考试，共有 571 人次通过总行的各类岗位考试，取得岗位资格证书。

【公司业务】

按照“企金做精”的经营思路，整合投行业务、资产管理、财富管理和资金业务等资源，提供一揽子、全流程、订制化、高附加值综合金融服务，积极探索产业基金、省技改基金、PPP 服务工具、资产证券化等新型融资模式，积极参与政府融资项目。瞄准地方特色经济及地区主导产业中政府政策扶持优势显著、产品技术突出、具有较强偿债和还款能力的优质民营龙头企业，通过优化金融服务方案，扩大合作广度和深度。紧紧把握漳州市政府启动医改项目这一业务机会，经过 6 轮磋商，赢得漳州医保局和市政府认可，成为医保“三保合一”独家合作银行。以客户结算为抓手，努力拓展低成本结算型存款，分行获“2017 年度企金客户稳存拓新先进分行”称号。

截至 2017 年末，分行本外币企金存款余额 234.15 亿，比年初新增 42.13 亿元，存量市场份额继续稳居当地金融机构第一位。信用业务余额 301.39 亿元。分行企业金融客户比 2016 年新增 1772 户。全年累计完成本、外币跨境结算业务量 20.97 亿美元。

【零售业务】

围绕“优化机制、沙盘作业、授信铺底、强化场景、公私联动、VIP 突破”的发展策略，推动零售业务新一轮体制机制改革和业务创新发展。推进传统网点转型，提高网点产能。以支付结算、储蓄创新产品和“织网工程”建设为抓手，大力拓展零售负债。围绕“客户和收益”的发展主线，整合、优化业务流程，加大零售资产发展力度。推进信用卡业务发展，做大生息资产规模，提升盈利能力。截至 2017 年底，零售综合金融资产余额 197.23 亿元，同比增加 24.03 亿元，全年综合金融净资产日均余额 189.94 亿元，同比新增 25.18 亿元；零售个人存款日均余额 91.58 亿元，同比新增 12.87 亿元，储蓄日均余额 85 亿元，同比新增 9.52 亿元；零售贷款余额 141.22 亿元，零售核心客户数 14.98 万户，同比增加 9765 户，零售 VIP 客户数 4.75 万户，同比增加 5592 户。信用卡收入持续攀升，截至 2017 年末，信用卡发卡量 4.68 万张，同比新增 14180 张。生息资产余额 10.4 亿元，同比新增 3.35 亿元。实现信用卡收入 17508.24 万元，净营运收入 11319.91 万元，效益类收入居同类行第一。

【信贷资产风险管理】

积极主动适应内外部环境变化，坚持合规经营、稳健经营，持续完善体制机制建设，继续做好资产质量管控，按照“风险管理与业务发展紧密融合”的总体要求，将支持业务发展和强化风险防控有机结合。一是继续从“风险、收益、前景”三个维度加强对信用项目的审查，把好准入关。顺应政策导向，把握市场机遇，调整优化信贷结构，将工作服务重点落实到服务实体企业上。二是强化授信业务合规性管理和存续期风险管理，切实落实“专业致胜、合规致胜、效率致胜”理念，不断提升风险管理精细化水平。认真落实监管要求，按时有效推进市场乱象整治；持续监控，反复摸排，摸清存量信用客户的风险数量和风险点；切实做好风险分类管理，真实反映风险状况。三是致力提高特殊资产经营能力，“抓紧、抓早、抓实”具体工作，提升不良资产处置成效。坚持清收、重组、转让、减免多策并举，清收为重导向，根据项目情况应用转让、减免等手段，制定一户多策，适时调整方案，推进处置序时进度。2017 年，在总行企金信用业务存续期管理考评上，继续保持总行 43 家一级分行第一名，全年累计成功退出风险项目 6 户，金额 10299 万元、压缩风险贷款 4867.24 万元，累计处置不良贷款 14099.77 万元。

【综合管理】

以合规内控提升年活动为主线，坚持目标导向、问题导向、责任导向，着力构建全员、全流程合规内控管理体系，对内保障业务健康持续发展，对外营造良好合规内控管理形象。一是通过“合规下基层”、典型案例传播等形式强化合规意识宣传贯彻，加强合规传导；二是通过现场突击检查，非现场交易数据排查相结合的方式强化分行员工行为排查，防范员工异常行为风险；三是通过完善案防工作机制、加大内控检查监督管理力度，并通过合规与内控考评指挥棒作用督促合规经营，有效防范各类案件发生；四是定期开展家访，加强对员工异常行为排查，保持队伍的稳定性；五是不断完善安全保卫机制，加强对营业场所的日常安全管理，经常性组织开展员工安全教育、应急演练和安全专项检查，强化各类安全隐患的排查整治，严防各类安全事故，做到警钟长鸣、常抓不懈，为分行稳定发展提供安全保障。

·邮储银行漳州市分行·

【概　况】

2017 年，邮储银行漳州市分行紧扣服务实体经济、服务地方重点建设项目、防控金融风险三大任务，充分发挥覆盖城乡的网络核心优势，主动融入漳州经济发展。是年，全行各项存款余额 194 亿元，各项贷款余额 103.04 亿元，当年新增贷款 17.11 亿元，增幅 20.74%。全行不良贷款率 0.77%，低于全市同业平均水平 2.39 个百分点。

该分行获“2017 年全国通信行业用户满意企业”、福建金融总工会授予“福建金融先锋号”称号。

【总体发展情况】

2017 年，该分行加强与各级政府部门合作交流。与市农业局签署战略合作协议。根据 2015 年所签合作协议，5 年内，对漳州市“一园两区”，累计投放不低于 60 亿元人民币的意向性融资支持。全市各支行与当地政府签订了数十个战略合作协议，加大对全市 24 个国家现代农业核心示范园的资金投入。

推进精准扶贫。研发针对建档立卡贫困户的扶贫小额信贷产品。推进“信用户”“信用村”评定与创建，抓好金融扶贫示范典型。2017 年累计发放扶贫类贷款 1727 万元，贷款余额 1400 万元。其中直接对建档立卡贫困户发放 249 笔、贷款余额 715 万元，帮带贫困户的专业大户发放 28 笔、贷款余额 682 万元，累计支持农户达到 2.12 万户。在全市 3 个重点扶贫县新增贷款 1.79 亿元，增幅达 13.54%。

持续发展小额贷款。推出信用村特色产品—农户小额信用贷款。已形成农户贷款、新型农业经营主体贷款、涉农商户贷款、县域涉农小微企业贷款和农业龙头企业贷款 5 条产品线，每条产品线下又分别包含多项贷款产品，实现对所有涉农市场主体全覆盖，解决“三农”融资担保难题，有效促进小额贷款业务的发展，支持农户已达 4 万多户。2017 年小额贷款新增放款 1.46 亿元，余额 13.11 亿元。新增新型农业主体贷款 1.55 亿元、贷款余额 7.1 亿元。

【提升服务实体质量】

该分行始终围绕服务实体经济这条主线，专注“小微”谋发展，为小微企业提供“融资”支持。截至 2017 年末，该分行小微企业贷款余额 10.01 亿元。一是做“深”合作服务平台，推进政银合作，主动对接财政局、经信委、国税局、地税局等部门，推进“税贷通”“财补贷”“保证保险”“助保贷”“排污贷”“医院贷”等业务，增强小微企业获贷能力，让利好政策切实惠及小微企业，在行内率先突破全省首笔财政补贴账户质押贷款、全省首笔法人保证贷款等等。二是做“专”特色服务体系。该分行创新特色行业集约化服务举措，创建特色支行并给予专项政策支持，实行

9月11日，云霄县某社区开展金融知识进万家活动　　（吴志强 摄）

名单制管理，并匹配专属特色产品，进行差异化、特色化管理，在小水电、农业养殖等行业取得重要突破。2017年，累计为小水电企业发放小水电抵押贷款2158万元。三是做“优”金融产品创新。根据漳州市小微企业特点，分行加大产品创新力度，针对民生工程，推出排污贷、水务贷、医院贷等民生金融贷款；针对无抵押物的小微企业推出税贷通、发票贷等信用贷款；针对漳州现代农业补贴情况，推出财补贷业务，解决小微企业的融资需求。同时，推进平行作业机制，加快业务审查审批流程进度，业务受理时效性大幅提高，服务小微企业更便捷高效。

【助推全市重大项目建设】

一是不断加大对“两基一支”（基础设施、基础产业和支柱产业）领域资金投放。2017年，新增完成云平高速、古城保护项目等重点项目的授信工作，共计获批29亿元。

二是坚持把握“三个重点”：即重点把握市属国有企业（四大国企：漳龙集团、交运集团、九龙江集团、漳州城投）；重点盯紧传统行业龙头企业和战略新兴行业；重点跟随国家战略、适应区域经济发展变化。为公司信贷客户量身定制综合金融服务，提供流固贷、PPP、贸融、债券投资、现金管理、理财、票据等全面覆盖个性服务。2017年累计发放公司贷款17亿元，积极对接漳州市漳武线、中海油、长福棚改等项目。

三是加大对漳州辖区票据贴现量大的钢铁、玻璃、电子制造等重点产业的开发，2017年，分行累计贴现达12.11亿元。

【筑牢金融风险防火墙】

以“降旧控新”为总体要求，强化对不良贷款压降目标管控。建立支行预审制度，平行作业模式和一级支行长不良贷款责任追究制度，实行信贷员和审查审批人员评价考核和准入退出机制，推行新业务开办前的风险评估和开办后的后评价制度，多措并举，把控信用风险。同时，加大不良贷款处置力度，细化重点逾期和不良客户的处置，借助司法、工商等力量，进行清收和核销。全年共核销贷款4001万元，化解不良贷款1554万元。

·中国农业发展银行漳州市分行·

【概　况】

2017年，中国农业发展银行漳州市分行全面贯彻落实市委市政府和省分行部署要求，围绕“规范管理年”总体要求，坚持在防控风险的前提下谋划发展，各项工作稳健推进、有序提升。至年末，各项贷款余额59.81亿元，比年初增加6万元；对公存款余额16.02亿元，比年初增加1.04亿元，增幅6.93%；成功收回不良贷款710.3万元。

【支农资金投放】

支持漳州市政府做好“米袋子”工程，全年累计投放各级粮油储备贷款20724万元，支持中央和地方轮入储备粮油8046万公斤，促进产销对接。支持地方粮食仓储设施现代化标准化建设，获批2700万元支持东山粮食储备库建设、累计投放3400万元支持龙海中心粮库、华安丰山粮食储备库及东山粮食储备库建设。

【服务地方经济】

按照“执行国家意志、服务‘三农’需求和遵循银行规律‘三位一体’”的要求，以“打造一流现代农业政策性银行”为愿景，以“建设新农村”为使命，弘扬“尽职、务实、创新、自强”精神，为漳州市经济发展提供农业政策性金融支持。加大对辖内3个省定贫困县信贷支持力度，全年累计发放各项贷款11.35亿元，致力于服务漳州粮食安全、棚户区改造、脱贫攻坚、海洋生态环境等社会民生领域。

·漳州农商银行·

【概 况】

漳州农商银行是漳州唯一一家“本土银行”，是在拥有 60 年发展历史的农村信用社基础上改制而来，于 2011 年 3 月挂牌开业。全行注册资本 11.40 亿元人民币，总行设置 15 个职能部门，下辖 1 个营业部、26 家支行、1 个分理处，分布于芗城、龙文、龙海、漳浦及台商投资区。

截至 2017 年末，该行总资产 222.19 亿元，各项存款余额 170.76 亿元，各项贷款余额 114.54 亿元。银监会监管指标良好，监管评级为 2C 级。贷款拨备覆盖率 539.85%，拨贷率 5.18%，资本充足率 15.22%，不良贷款占比 0.96%，资产质量保持同业先进水平。漳州农商行被中国银行业监督管理委员会评为“2017-2018 年全国农村商业银行标杆银行”，被中央文明委授予“第五届全国文明单位”荣誉称号，被全国妇联授予“全国巾帼文明岗”被共青团中央授予“全国青年文明号”称号，获中国银行业协会授予“全国农村合作金融机构服务三农和支持中小企业优秀奖”。2017 年，该行荣获“中国服务小微企业十佳农商行”荣誉称号，被省联社评为“经营管理十强”“业务增长十佳”行社。

2017 年度，该行上缴各项税金 1.61 亿元，对地方财政的贡献度不断提高。2007 年以来连续 10 年被中共漳州市委、市政府授予“纳税大户”荣誉称号。

【特色业务】

漳州农商银行坚持服务“三农”、

漳州农商银行交通一卡通联名卡项目启动

小微企业和社区居民的经营宗旨，积极落实“创新、协调、绿色、开放、共享”发展新理念，结合地方产业特点、客户结构和金融需求，完善创新金融产品服务，不断加大对地方经济的支持力度。

不断推进支农支小，服务地方实体经济。截至 2017 年末，涉农贷款余额 73.72 亿元，增长 13.05%，小微企业贷款余额 47.3 亿元，增长 14.5%，总体完成目标要求。

持续推进精准建档及信用村镇评定工作。截至 2017 年末，精准建档采集信息 31051 户，评定信用户 52779 户、信用村 98 个、信用镇 7 个、信用家庭农场 2 个，不断优化农村金融生态环境，推进农村信用体系建设。

强力推进普惠金融服务与业务转型创新。明星产品“普惠金融卡”强劲增长，截至 2017 年末共办理 39471 张，累计授信金额 43.44 亿元，用信余额 20.55 亿元，有效满足客户便利快捷的融资需求；与漳州交通一卡通公司联合推出漳州交通一卡通联名卡，兼具金融服务与公共交通支付功能于一体，为市民日常出行提供便捷服务；获得大额存单发行主体资格，满足客户多样化投资需求。

·保 险·

保险业

【概 况】

2017 年，全年内外资保险公司保费收入 73.11 亿元，比上年增长 6.3%，其中寿险保费收入 45.76 亿元；健康险和意外伤害险保费收入 9.05 亿元；财产险保费收入 27.35 亿元。支付各类赔款及给付 23.97 亿元，其中寿险业务给付 10.22 亿元；健康险和意外伤害险赔款及给付 0.93 亿元，财产险赔款 13.75 亿元。

（注：以上保险业资料录自漳州市统计局，国家统计局漳州调查队编 2018 年 3 月 9 日发布的统计公报）

2017年漳州市保险公司寿险业务情况表

表16

序号	公司名称	寿险保费收入（万元）	市场占比（%）
1	中国人寿保险股份有限公司漳州分公司	165895.46	36.37
2	平安人寿保险股份有限公司漳州中心支公司	104212.13	22.84
3	中国太平洋人寿保险股份有限公司漳州中心支公司	46314.36	10.15
4	泰康人寿保险有限责任公司福建漳州中心支公司	5871.21	1.29
5	新华人寿保险股份有限公司漳州中心支公司	20637.85	4.52
6	富德生命人寿保险股份有限公司漳州中心支公司	25630.70	5.62
7	民生人寿保险股份有限公司漳州中心支公司	10435.86	2.29
8	太平人寿保险有限公司漳州中心支公司	12745.82	2.79
9	农银人寿保险股份有限公司漳州中心支公司	10573.99	2.32
10	平安养老保险股份有限公司漳州中心支公司	2188.00	0.48
11	人民人寿保险股份有限公司漳州市中心支公司	17718.88	3.88
12	中英人寿保险有限公司福建分公司漳州营销服务部	1423.58	0.31
13	中国人民健康保险股份有限公司漳州中心支公司	4193.57	0.92
14	陆家嘴国泰人寿保险有限责任公司福建分公司漳州营销服务部	551.66	0.12
15	华泰人寿保险股份有限公司漳州中心支公司	6398.60	1.40
16	合众人寿保险股份有限公司漳州中心支公司	2582.08	0.57
17	英大泰和人寿保险股份有限公司漳州中心支公司	3485.30	0.76
18	君龙人寿保险有限公司福建分公司漳州营销服务部	1743.31	0.38
19	阳光人寿保险股份有限公司漳州中心支公司	1543.33	0.34
20	信泰人寿保险股份有限公司漳州中心支公司	1027.21	0.23
21	幸福人寿保险股份有限公司漳州中心支公司	8089.15	1.77
22	百年人寿保险股份有限公司漳州中心支公司	2931.93	0.64
	合　计	456193.97	

说明：1、公司顺序按入会先后顺序排列，此表填写数据保留到小数点后两位

本资料由漳州市保险行业协会提供

·中国人保财险漳州市分公司·

【概 况】

2017年，漳州人保财险突出“创新驱动、供给升级、服务引领”三大主题，立足稳健、聚焦市场，着眼长远、强化布局，稳步推进各项工作有序进行。2017年，漳州人保财险保费收入14.07亿元，同比增长9.23%，规模和增速排名全省系统第三；车险保费收入8.51亿元，增速5.31%，增量份额40.18%，全省排名第三，商业非车险保费收入21513万元，增量4071万元，增速25.79%；市场份额51.38%，累计处理各类赔案10.47万件，支付赔款7.61亿元，上缴各类税收1.31亿元。该行荣获2017年全省系统市级分公司综合经营管理先进单位三等奖。

【党建引领】

开展学习贯彻中共十九大精神活动，党建引领持续强化，组织保障有力。一是举办“微课堂”，共学中共十九大。由中层以上领导干部带头宣讲中共十九大精神，普通员工分享学习心得，为贯彻落实中共十九大精神、助推公司发展更上新台阶出谋划策。二是党委书记分享学习心得。党委书记走进青年员工学习课堂，将理论知识与自己多年的工作经验相结合，同普通青年员工分享学习心得体会，以自己的成长激励年轻一代敬业、勤奋有为。三是组织专题活动，领悟中共十九大精神。党员代表前往龙岩市上杭县古田村参观古田会议旧址，

重温党的光辉历史，接受革命传统教育。四是深化“两学一做”。深入开展“两学一做”学习教育活动，出台并推进常态化制度化实施方案，深化对党内法规制度新体系的理解把握，自觉用党规党纪规范言行举止。五是深入推进区域党建协调工作，强化价差互动合作，联合开展主题实践活动，构建区域一体化的基层党建新格局。

8月29日，全省首个精准扶贫保险服务站在漳州平和长乐乡正式揭牌，首批精准扶贫保险项目成功签约

【作风建设】

加强效能建设。出台《进一步改进机关工作作风助推基层业务发展实施方案》，落实机关“八条禁令”，采取有力措施推进解决市公司机关本部存在的工作作风问题，提高机关办事效率和服务质量。

强化员工考核。完善本部员工绩效考核方案，修订支公司领导干部年度考核办法，强化领导干部考核；完善基层组织架构，制定区县支公司组织架构及岗位设置管理办法，进一步优化完善县域机构部门及岗位设置。

强化人才储备。全面启动建立青年人才储备库，着力解决区县级经营机构干部队伍年龄老化、青黄不接、人才匮乏等问题，为公司未来发展培养干部、积蓄能量。

完善合规管控。组织签订《依法合规经营承诺书》及《反洗钱责任状》，对照《基层机构内控体系框架及常见问题解答》开展对标评估，确定改进计划。不断完善公司内控合规制度体系，不断提升公司上下的风险管理意识，有效控制、防范、化解各类风险。

【服务民生】

主动融入大局，全面战略合作。与市政府签订战略合作协议，从“保险＋融资、产业升级、精准扶贫、医疗、综治、生态、服务”等7个方面构建双方全面战略合作体系，为建设“活力、富裕、和谐、健康、平安、绿色、宜居”的富美新漳州提供保障。

推进绿色保险，落实环保责任。结合辖区企业实际，探讨建立环境污染责任保险的长效机制，推动环境污染责任保险的发展。2017年6月，环境污染责任保险实现零的突破，成为全市首家承保环境污染责任保险的保险公司。

建立扶贫工作站，推进“五保工程”。与市扶贫办联合出台《关于开展精准扶贫综合保险行动的实施方案》，推动开展精准扶贫。2017年8月底，漳州平和支公司与政府部门合作，在平和县长乐乡建立全省首个精准扶贫保险服务站，研究制定扶贫保险项目。截至2017年底，漳州人保财险已在长乐乡完成落实建档立卡贫困人口意外重疾综合险、特困供养人员意外伤害综合保险、新农合大病补充医疗保险、政策性农村住房保险、水稻种植保险、商品林综合保险8个项目，保障金额达5.4亿元。

创新扶贫险种，助力农民脱贫。根据平和县支柱产业需要，开发琯

12月8日，漳州市“空中120”启动仪式暨高速公路交通事故直升机紧急救援演练在漳州举行，人保财险直升机救援服务项目正式落地漳州

溪蜜柚价格指数保险，为贫困户种植的琯溪蜜柚加装一道“保护网”，该险种惠及长乐乡建档立卡贫困户150户。2017年9月底，为琯溪蜜柚价格指数保险客户暨首批长乐乡建档立卡贫困户成功理赔。“政融保”率先落地，助力农业发展。总公司10亿元“政融保”支农融资项目在全国率先落地漳州，推进漳州现代化农业发展，助力漳州打赢脱贫攻坚战。

升级客户服务，首开直升机救援。与市卫计委、高速执法支队等部门联合举办“空中120”启动仪式，在私家车优质客户中开通免费救援，只要家用车在人保财险投保，一旦发生道路交通事故，客户可拨打人保客户热线95518或者金汇通4009120999呼叫直升机救援，直升机救援将会普及到自然灾害伤者事故、企业安全生产事故、重大伤亡事故领域。

·中国人寿保险股份有限公司漳州分公司·

【概 况】

2017年，中国人寿保险股份有限公司漳州分公司以加强党的建设和加快转型升级、跨越发展为统领，以改革创新驱动为手段，紧紧围绕省公司提出的“系统先进、市场领先、队伍壮大、基础扎实、风险可控”目标，以“转观念、树信心、强发展”为主线，全市系统上下同心同德，信心坚定，落实责任，强化担当，发展经营取得超预期的成效。实现股份总保费收入16.59亿元，同比增长16.5%；长险首年标准保费1.86亿元，同比增长44.42%；首年期交保费3亿元，同比增长30.6%；10年期及以上首年期交保费2.3亿元，同比增长35%；短期险保费9998万元，同比增长32.56%。

【业务发展】

2017年，公司业务实现高位增长，首年期交保、10年期交保、首年交保、短期险等核心指标增幅均高于全省系统平均水平。

个险渠道。销售方面，坚持“2＋1”产品策略，推进主销产品多元化。响应“保险姓保”号召，统筹抓好分红型产品、保障型产品和短期险的“长短结合”。队伍建设方面，深入落地队伍建设3.0体系，以集中增员和常态增员相结合的方式，人力保持快速增长状态，截至2017年底，持证人力6841人，同比增长47%，人力规模居全省系统第四。

银保渠道。销售方面，强化渠道合作，提升网点项目运作能力。强化销售组织，提升渠道自营创费能力。优化业务结构，实现效益并重。队伍建设方面，以“常态增员、新人育成、主管培育、制度经营”为体系，以“国寿企业家”为主要核心发展理念，以“新锐计划”为主管培育抓手，以常态增员和季度集中增员相结合的模式推动队伍发展。2017年末，在册保险规划师1212人。

团险渠道。销售方面，做大做优项目平台。拓展新农合补充意外伤害险，共承保114.46万人。队伍建设方面，转变管理追踪模式，指定专人管理，每月定期、定时通报追踪；组织招募15名大短险专员，配套专项考核办法与管理要求，派驻个、银职场推进大短险业务的跨渠道发展。

【经营管理与服务】

持续推进体制机制改革。公司大兴创新之风，鼓励各渠道、各岗位积极创新，落实创新。“扶贫宝”被评为首届福建金融创新项目十个项目之一。个险渠道加强岗位配置，科学制定考核和薪酬激励方案，分平台考核，分特色经营。银保实施城区改革，激发发展动力。团险把加快转型发展作为公司一项战略性工作，坚持“四个着力推进”（着力推进主管自主经营、促销平台创新、主销产品多元、队伍有效扩军），增强公司可持续发展能力和核心竞争力。

倾斜基础，确实提高资源使用实效。持续优化人力资源配置，完善市场化考核机制，牢固树立“能上能下”管理理念。创新年度述职考评方式。优化资源配置。落实万元及增量绩效政策，充分发挥薪酬激励作用促进业务发展。坚持向销售和基层倾斜，精心设计薪酬管理办法、阶段业务推动绩效奖励方案及普惠政策，有效发挥薪酬的杠杆作用。坚决落实薪酬分配放权，激发基层活力。推进渠道管理者的考核分配权，打破薪点值分配体系，绩效工资全部由营业单位分配，充分利用薪酬杠杆调动员工工作热情，牢固树立“干好干坏、干多干少不一样”的理念。加强考核管控费用成本，加强预算管理，确保公司业务健康发展。加强考核导向，确保公司经营指标考核成效。加强过程管控，确保公司预算有效执行。加强宣导与辅导，提高预算政策及相关制度的执行力。

强化观念引领意识，提高服务水平。抓柜员技能提升，加强学习培训，全年召开柜面统一运营视频会议92期，优化客户服务水平，提升公司品牌形象。加强柜面现场管理，提升服务效率，柜面平均等待时间，年末比年初降幅达75%。主动服务客户，提升公司服务形象。积极联动外部单位，主动寻访并服务1.19万名满期未付客户。主动靠前服务，提升销售满意度。开展送培训进职场工作，全年共计培训336场，参训人员1.68万人次。

【理赔给付】

2017年，漳州分公司合计共

处理长期险赔案1649件，给付金额3965.15万元（内有长期寿险1414件，给付金额3033.02万元）；短期险赔案11914件，给付金额3959.07万元，包括短期健康险8879件，给付金额1560.05万元；短期意外险3122件，给付金额2399.02万元；全年合计共处理赔案13563件，给付金额7924.22万元，其中死亡重疾赔案2069件，给付金额5427.95万元。

【管控经营风险】

依法合规，健全管控防范经营风险。注重宣导部署，强化销售人员第一次风险选择的宣导，从源头上降低风险；实施承保后排查、差异化体检，全年共发现阳性件371件，解除问题保单187件，涉及风险保额2699万元；加大短期内出险案件调查力度，经调查减少死重险种理赔赔付103万元。强化廉洁教育，在工作部署上，召开年度工作部署会议，制定监督检查工作方案；在廉洁教育上，抓好规章制度学习，抓好反腐倡廉教育，抓好案件警示教育，要求领导干部认真领会，增强政治敏锐性，严格执行廉洁自律规定，做到自警、自律、自戒，不触碰底线和红线。注重作风建设，强化检查督导，开展反“四风”落实情况监督，深入基层一线进行督导、检查，对苗头性、倾向性问题及时预警、及早纠正，持之以恒纠治“四风”问题；开展专项清理排查，在2017年巡察暨落实保监会监管要求检查和销售合规专项检查中，对问题涉及的57名管理人员进行责任追究。开展领导人员经商办企业清理排查、落实中央“四风”问题整治情况“回头看”工作。

【履行社会责任】

为社会创造更多的就业机会。公司共为社会提供8733个就业岗位，较上年同比增长45%。服务经济发展功能不断提升。2017年上交地方各种税费2833万元，较上年同比增长33.88%。持续开展志愿服务、社会公益活动。开展捐资助学活动，支持生育关怀、见义勇为事业，通过帮扶结对、慈善捐助、关怀慰问等方式参与公益事业，树立良好的企业形象。2017年，漳州分公司回馈社会（向灾区、红十字会、见义勇为基金、困难助学、扶贫、创建文明城市、创建卫生城市、军民共建等捐款捐资）金额总数达到121.33万元。

【文明建设成果】

2017年，漳州分公司获得总公司“城市领航奖”“优质服务先进集体”“福建省金融五一劳动奖状”；在省公司系统2017年度“双文明”建功立业劳动竞赛，获得“市分公司优胜奖”第二名，营销总部获得“营业单位优胜奖”一等奖；在省公司的“五好公司”创建活动中，获得“市分公司金奖”、6个下属营业单位获奖；获得省公司综合金融开拓“寿代年金互动开拓优胜奖”。个人方面，黄瑞金荣获“全国金融五一劳动奖章”和总公司“感动国寿十大人物”称号；石惠君荣获集团公司“综合金融先进个人”，陈韶华荣获总公司“财会工作先进个人”，张伟贞被总公司评为“优质服务先进个人”。

·中国太平洋人寿保险股份有限公司漳州中心支公司·

【概 况】

2017年，太平洋寿险漳州中支实现总保费收入46314.36万元，位居市场第三。其中个人代理渠道新保收入9581.12万元，位居市场第三；团体直销渠道保费收入4375.38万元，位居市场第二；意外险保费收入4149.50万元，位居市场第三。

客户服务 2017年理赔3257件，赔款总额3174.91万元。细分承保契约、客户服务、理赔调查专业版块，强化队伍专业建设和服务一线的作业能力；致力太平洋寿险APP、电子信函、移动保全的推广，努力改良新技术应用指标，不断改善客户体验；加强营运作业流程及品质管控，持续推动服务评价体系建设；关注客户权益保护，通过妥善处理客户投诉及开展3.15消费者权益日及7.8保险公众宣传日、总经理接待日等活动，提升客户信赖度和美誉度；开展门店各类主题客服活动，为业务部门提供多形式、多样化的展业平台。

财务管理 持续关注中支经营的投产比优化，关注过程性的业务指标变化，提供更有价值的财务分析，实现中支效益最大化；为各业务部门有效使用上级机构的资源配置提出合理化的建议。

机构建设 持续推进四级机构的职场建设，探索机构资源整合和、优化投产比的新方式，年内完成诏安支公司、佛昙、杜浔营销服务部的续租以及芗城支公司迁址等相关工作。

合规管理 建立定期的内部合规宣导、考试、检查制度，反洗钱工作、综合治理销售误导、防范打击非法集资等工作长抓不懈，同时以各项审计、检查为契机，不断健全和完善中支合规制度体系，落实责任追究，确保公司合规稳健发展。

爱心公益，依托中支“水仙花”爱心互助会，对内对外持续开展爱心公益事业，取得良好社会效应；不断扩大与外联单位的合作，为业务条线获客提供平台，陆续开展新春、重阳社区慰问、捐助困难客户等公益活动，在当地引起较好反响，进一步展示公司良好品牌形象。

【经营情况及队伍建设】

传统营销　严抓基础管理稳扎稳打，夯实队伍提升团队产能；聚焦城区机构的发展策略取得明显成效，芗城支公司、新华西支公司、龙海营销服务部、龙文营销服务部四家城区机构均超额完成年度目标，并且各项基础指标均大幅度增长；坚持常态化增员持续推动晋升工程，主管队伍进一步扩大。

非传统营销—服务营销部　客户服务模式多样化；该部人力发展有显著突破，业务团队自主经营意识不断加强。

非传统营销—服务营销部　顾问营销部坚持客户经营理念，持续服务，不断创造接触、服务机会，增强客户黏度，关注客户体验，提升加保和转介绍率；年末人力201人，较年初净增长46.71%。

法人渠道　整体呈稳中有进发展态势，不断深化与合作渠道合作，传统金融渠道稳步发展，2017年金融渠道非健达成4274万，在本系统全省各家中支中排名第一。燃气险、计生险、个法交叉板块均实现业务突破。

·平安产险漳州中心支公司·

【概　况】

平安产险漳州中心支公司成立于1998年，营业区域覆盖漳州市区及各县域，包括龙海、漳浦、云霄、南靖、长泰、诏安、东山、平和、华安等十家四级机构。有产险、寿险、养老险、银行、普惠金融、汽车金融等服务网点，公司在融资租赁、信托、证券、资管等领域的业务也能辐射漳州。2017年，公司人力已达250人，全年公司总保费5.4亿元，市场份额接近19.9%。

2015年以来，漳州平安产险连续三年被评为漳州市纳税百强企业，整体纳税规模逐年高速增长，三年纳税总额超过18659.18万元。2017全年纳税支3396.3万元。

漳州平安产险积极组织开展爱心公益活动，在春节期间开展精准扶贫公益活动，为贫困户送去春节慰问。平安产险漳州中心支公司东山营销服务部，携手东山县公安边防大队，开展“爱心点燃希望，关注寒门学子”的扶贫助学公益活动。向贫困学子送去爱心助学金，践行企业公民职责。

【经营业务情况】

2017年公司保费收入54437万元，增速17.6%，其中车险44231万元（占比81.3%），财产险9317万元（占比17.1%），意键险899万元（占比1.6%）。

全年公司为161543个团客户提供逾628亿元风险保障，全年平安产险赔款支出2.4亿元。

公司支持漳州中小企业发展建设，小微企业综合保险种数开办33个，2017年保费620万元，承保件数1856件。与漳州市中小企业公共服务平台建立合作伙伴关系，解决小微企业融资难题，服务小微企业，向中小企业推广保费贷、安心贷等融资产品。

公司致力服务民生。2017年平安公众责任险承保件数40件，诉讼保全责任险承保件数97件。工程投标履约保证保险承保件数181件，担保金额0.93亿。

公司利用保险参与社会管理。通过推动环污、安全生产、食品安全、环卫工人责任险等保险产品参与社会管理，2017年，承保各类责任险保额13亿，服务客户数232个。

公司在服务方面，围绕“安心•简单•温暖”的价值主张，致力于打造极致的客户服务体验和品牌口碑，上半年重点打造2个爆款服务（510城市极速现场查勘服务；车险理赔一键包办服务）。

“金融 保险”类撰稿人：
游志强　陈嘉昀　李　欣
吴玮频　李焱森　吴榆斌
蒋世妹　王志敏　郑惠民
林建宁　简　洁　朱建忠
薛舒静　汤晓玲

财政 税务

·财 政·

【概 况】

2017年，全市各级财政部门深入学习宣传贯彻习近平新时代中国特色社会主义思想和中共十九大精神，盯紧中共漳州市委、市政府确定的奋斗目标，实施积极的财政政策，加强财源建设，全力组织收入，优化支出结构，创新支持方式，提升资金绩效，着力支持深化供给侧结构性改革，着力支持打好三大攻坚战，着力保障和改善民生，财政各项改革扎实推进。全年预算执行情况稳中向好，较好实现了“保位次、保增速、保质量”要求。

全市一般公共预算总收入318.08亿元，完成预算105.3%，比上年增长10.6%，超出5.5%增幅目标5.1个百分点；比2012年增加112.6亿元，年均增长9.1%。地方级收入204.04亿元，完成预算104.6%，自然口径比上年增长8.7%（同口径比上年增长11.1%），超出4.5%增幅目标4.2个百分点；比2012年增加72.33亿元，年均增长9.1%。上划中央收入114.04亿元。全市一般公共预算支出430.71亿元（含省级专款和上年结转等），比2016年增支60.5亿元，增长16.3%；比2012年增加208.93亿元，年均增长14.2%。

全市政府性基金收入282.82亿元，完成调整后代编预算144.5%，比2016年增收172.55亿元，增长156.5%。全市政府性基金支出255.55亿元（含省级专款和上年结转等），比2016年增支127.92亿元，增长100.2%。

全市国有资本经营预算收入8.14亿元，完成调整后代编预算104.7%，比2016年减收0.28亿元，下降3.3%。全市国有资本经营预算支出7.87亿元，完成调整后代编预算99.7%，比2016年减支0.91亿元，下降10.4%。

全市社会保险基金收入85.76亿元，完成调整后代编预算101%，比2016年增收11.94亿元，增长16.2%。全市社会保险基金支出74.61亿元，完成调整后代编预算95%，比2016年增支8.04亿元，增长12.1%。

【收支规模实现新突破】

财政运行总体平稳，财政收入增速加快。地方一般公共预算收入、一般公共预算总收入、公共预算支出分别突破200亿元、300亿元、400亿元大关，增幅分别位居全省第2位、第3位、第1位，位次为漳州市“十二五”以来“最优”；总收入和地方级收入完成情况是2011年以来“最好”，增幅是近3年来“最高”，扭转了收入增速逐年放缓的态势。总收入、地方级收入税性比分别为82.13%和72.14%，同上年比下降1.51和2.77个百分点。财政实力的提升，后续将对漳州经济社会发展带来积极影响。

【出台组织收入新举措】

创新税收征管方式。用好税收征管激励措施，全市国、地税部门实行“一窗通办、多点服务”联合办税模式，方便公众纳税，其经验做法得到全国复制推广。落实财税收入协调工作机制。坚持依法征收、应收尽收，建立百家重点税源企业每月联系监测制度，深化非税收入收缴电子化和财政电子票据管理改革，加强非税收入征管。税与非税收入“双提高”。2017年，全市税收完成261.23亿元，比2016年增长8.6%，增幅提高3.4个百分点。按国、地税汇总并适当调整计算，一、二、三产税收分别比2016年增长6.1%、6.2%、10.5%，占总税收比重分别为0.4%、42.6%、57.0%；二产中，制造业税收比2016年增长16.5%，增幅近5年来首次超过房地产税收，创2013年以来最高水平。非税收入完成56.85亿元，比2016年增长20.8%。

【落实降低成本新政策】

继续落实税收优惠政策。落实“三去一降一补”（去产能、去库存、去杠杆、降成本、补短板）重点任务，全面推开“营改增”，继续暂免征收小微企业增值税，将享受企业所得税减半征收政策优惠的小微企业年应纳税所得额上限由30万元提高到50万元；对科技型中小企业研发费用加计扣除比例由50%提至75%；落实固定资产加速折旧等税收优惠政策，2017年7月1日起实施简化增值税税率结构政策，将农产品、天然气等23种产品税率从13%降至11%。

强化涉企行政事业性收费项目清单动态管理。在门户网上常态化公开涉企行政事业性收费目录清单、政府性基金清单；建立涉企收费公示制度，向社会公开收费项目、收费标准、收费期限和收费依据，使各项收费执收有据、动态调整。取消、停征41项中央设立的行政事业性收费，对商标注册费减半征收；取消4项省定收费项目；取消城市公用事业附加和新型墙体材料专项基金等2项政府性基金；对工业企业停征江海堤防工程维护管理费2年；2017年7月1日起落实降低国家重大水利工程建设基金和大中型水库移民后期扶持基金征收标准的政策。

继续实施阶段性降费政策。对失业、工伤、生育保险费继续实施阶段性降费政策，全市失业保险费率在2016年5月1日始由2%降至1.5%基础上，从2017年1月1日起，单位缴费部分再降0.5%，即用人单位缴纳0.5%、个人缴纳0.5%；继续落实2015年10月1日起执行的工伤保险基准费率调整政策，并将政策期限再延长至2018年12月31日止；继续实施生育保险降费率政策、失业保险援企稳岗政策，允许困难企业一年内缓缴养老保险费。

【改善民生呈现新亮点】

继续压缩一般性支出。认真落实中央八项规定精神和厉行节约反对浪费要求，一般性支出压减5%，全市“三公经费”比2016年下降22%，其中市本级下降35.4%，集中财力用于保障市委、市政府重大战略决策部署落地见效。进一步保障和改善民生。2017年，全市民生支出346.25亿元，比2016年增长18.5%，比公共预算支出增幅高出2.2个百分点；占公共预算支出比重80.4%，比2016年提高1.5个百分点，有力保障精准扶贫脱贫、惠民生补短板等重点社会事业支出，顺利完成20件市委、市政府为民办实事项目，着力缓解上学难、看病难、养老难、出行难。

保障各项重点支出有力。“八项支出”320.09亿元，比2016年增长23%，比民生支出增幅高出4.5个百分点，居全省第一位，为全市GDP增长做出贡献。其中，教育支出比2016年增长11.6%，科学技术支出比2016年增长70.9%，社会保障和就业支出比2016年增长12.4%，医疗卫生与计划生育支出比2016年增长5.2%，城乡社区事务支出比2016年增长67.3%，交通运输支出比2016年增长56.5%，节能环保支出比2016年增长31.3%。

民生社会事业保障水平稳步提高。提高社会保障待遇标准，城乡居民医疗保险财政补助标准从2016年的每人每年420元提高到450元，基本公共卫生服务财政补助标准从年人均45元提高到50元，城乡居民大病保险个人年度累计最高报销封顶额达到30万元，从2017年7月1日起城市居民最低生活保障标准按县别分两档达到每人每月630元、580元（人均补助水平分别达到每人每月420元和386元）；提高教育生均经费标准，从2017年春季学期起城乡义务教育学校生均公用经费基准定额提高100元，小学生均公用经费达到每人每年750元，初中生均公用经费达到每生每年950元，市级公办高中生均公用经费标准提高300元（达到每人每年900元，提前一年达到省定标准）；市级公办中职学校（技工学校）生均公用经费标准提高800元，达到每人每年3500元。

【推动三大攻坚战取得新进展】

支持精准扶贫脱贫。加大财政扶贫资金投入，强化资金使用管理，支持推广精准扶贫“养鸡生蛋”工程，医疗救助、医疗叠加保险补助等健康扶贫政策有效落实。2017年，市县两级实际安排财政扶贫资金3.67亿元，实际支出3.79亿元，为市定3‰筹集标准的6.7倍、省定2‰筹集标准的10倍。农村低保标准稳步提高，从2017年起，全市三个省级扶贫开发重点县的农村低保标准由现行的家庭年人均收入2800元提高到3930元，人均补助水平提高到290元/人/月；其他县（市、区）保障标准从2800元提高到4050元以上，人均补助水平提高到300元/人/月以上，达到省定扶贫标准，提前实现低保线、扶贫线两线合一。支持防范重大风险。强化政府债务预算管理和限额管理，全面深入开展规范地方政府举债融资行为清理整改，整改工作得到了财政部驻福建省专员办和省财政厅政府债务风险防控督导组的充分肯定。2017年，全市政府债务余额538.59亿元，严格控制在省定限额586.51亿元之内。同时，新增债券资金65.93亿元，比2016年增加23.23亿元，增长54.4%。全市综合债务率明显下降，债务风险总体可控，政府债务风险防控绩效排名居全省第3位。支持污染防治。统筹9.72亿元，支持开展“清新水域、洁净蓝天、清洁土壤”三大工程，保障“三铁治污、提升三质”专项环境整治行动顺利开展；落实“河长制”“湖长制”，推进农村污水、垃圾治理及农业面源污染整治；支持构建国家生态文明试验区，推进“五湖四海”、九龙江畔“双百”绿化工程等一批“生态+”先行示范项目建设，加强环境管控和生态修复，着力提升水、大气、土壤三质量，放大“生态+”效益，优化宜居城乡环境。

【深化改革展现新作为】

预算管理持续完善。落实各项税制改革部署，健全完善预算管理制度，政府和部门预决算信息实现在市级统一平台集中公开；率先完成2017—2019年中期财政规划试编，跨年度预算平衡机制进一步健全；预算绩效目标重点评审扎实推进，市本级财政资金绩效管理覆盖率达84.9%。支出绩效得到提升。出台支持农业转移人口市民化的财政政策，清理规范重点支出同财政收支增幅或生产总值挂钩事项；市级财政专项资金清理整合初见成效，整合专项资金1.17亿元，盘活存量资金1.73亿元；预算执行动态监控得到加强，366家市直预算单位的国库集中支付电子化管理全面上线，市本级财政资金拨付程序进一步规范；财政内控制度体系不断健全完善，会计信息质量检查、“1+X”财政专项督查和扶贫资金专项检查深入开展；政府采购网上公开信息系统全面推广。财政支持方式不断改进。印发《政府购买服务、PPP知识要点》宣传手册，PPP项目累计落地18个，总投资209.21亿元，吸引社会资本162.43亿元，居全省第3位；实施政府购买服务项目270个，基本涵盖各服务领域；推动总规模为13.3亿元的5项政府引导性基金市场化运营，有力引导和推动民间扩大投资，缓解中小企业融资难、融资贵问题。医保管理体制改革取得阶段性成果。医保管理中心县级经办机构相继成立，完成23家医保经办机构整合及235个在编人员划转，医保基金实现市级整合和统筹，医药阳光采购扎实推进，按病种收付费的医保结算方式初步形成，医疗卫生保障服务能力显著提高。财政“放管服”改革持续深化。落实全面从严治党管党要求，常态化制度化开展“两学一做”学习教育活动，用好监督执纪“四种形态”，机关工作作风进一步改进；财政权责清单融合加快推进，医保窗口服务实现标准化，7个财政行政审批和公共服务事项全部实现“最多跑一趟”。全年办理代表建议、委员提案77件，走访率、满意率均100%。

·税务·

国税

【概况】

2017年，全市国税总收入完成181.41亿元，比上年增收36.15亿元，增长24.90%。扣除海关代征后国税部门组织税收收入172.80亿元，完成年度预期目标的102.86%，比上年增收36.64亿元，增长26.91%。其中，中央级收入入库98.17亿元，比上年增收14.71亿元，增长17.63%；地方级收入入库74.63亿元，比上年增收21.93亿元，增长41.61%。全年超额完成政府年度收入计划。按照财政口径计算，2017年全市国税收入完成154.32亿元，比上年增30.45亿元，增长24.58%，完成年度计划154亿元的100.21%。共组织非税收入1634万元，比上年增收545万元，增长50.04%。其中，征收文化事业建设费1449万元，税务部门罚没收入151万元，废弃电器电子产品处理基金34万元。

【法治建设】

出台“十三五”时期依法治税工作实施方案。全市国税系统从依法全面履行税收职能等10个方面提出40项工作任务，并对其中的34项重点工作进行分解。规范税务行政许可。全年核准类或审批类项目共受理了5275件。其中对纳税人变更纳税定额的核准受理了490件，增值税专用发票最高开票限额审批受理了4785件，法定办结期限分别为20日或10日，承诺办结期限为10日，均实现承诺办结率100%。推进《重大税务案件审理办法》贯彻执行。2017年受理重大税务案件数14起，维持初审意见数12起，退回补充调查1件、终止审理件数1件。落实《漳州市国税系统行政首长出庭应诉暂行规定》。办理复议案件4件，诉讼案件6件，行政机关负责人出庭6件，出庭应诉率达100%。规范进户执法工作。清理取消20项进户执法项目，并对15项进户执法项目向上级机关提出了清理建议。扎实推进税收法治创新。华安局率先出台《重大税收执法决定国地税联合法制审核制度》，着力打造“法治税务”；南靖局和长泰局不断巩固和深化“学法、宣法、用法”，积极推进税收行政执法公示制度试点，先后出台了《行政执法公示制度》，着力打造“阳光税务”。

【税收征管】

组建14个快速响应风险团队，积极开展纳税评估工作，完成纳税评估1444户，评估入库税款2.66亿元，占直接收入的2.28%，比上年同期同口径（1.17%）提高了1.12%，评估入库税款绝对数增加1.51亿元，比上年增长130.63%。开展行业重点区域整治、打击发票违法犯罪活动、打击骗税、违规退税特别是水产品出口企业区域专项整治行动等，推进定向精准稽查，全年稽查共查结各类案件146起，同上年比增长33.94%，查补各项收入22741.46万元，同上年比增长48.37%；入库21544.38万元，占直接收入比重1.38%。加强企业所得税管理，顺利完成2016年度企业所得税申报工作，全市应参加、已参加汇算清缴企业36654户（含查账征收35990户、核定应税所得率664户），汇算面100%，差错率0；应补（退）所得税额53869.95万元，比去上年同期40373.58万元，增加13496.38万元，增长33.43%，达到预期工作目标。强化货物劳务税管理，做好增值税发票管理新系统推行工作，规范发票开具、系统升级，全年增值税发票管理新系统累计已推行35727户。加强对非居民企业税收管理，建立非居民税收工作质量台账，全年扣缴非居民企业税收收入11694.69万元，比上年同期增收206.98万元，增长1.80%。与漳州灿坤签订2017—2019年度预约定价安排协议，这是第5次续签，也是全省目前唯一一例预约定价安排，有效帮助企业消除双重征税问题。落实车辆购置税新政，自2017年1月1日起至12月31日止，对购置1.6升及以下排量的乘用车减按7.5%的税率征收车辆购置税，相比于2016年对于小排量的汽车车购税上浮2.5%，全年入库车辆购置税75982万元，同上年比增加25837万元，增长51.52%。

10月18日，漳州市国地税合作推进会在云霄召开

【国地税合作】

全面深化国地税合作。着力打造具有漳州特色的纳税服务优质品牌，全市14个县（市、区）国税局、地税局的28个办税服务厅、259个办税窗口，全部成功运行“一窗通办、多点服务”联合办税模式。10月24日，商务部、财政部、税务总局等13部门正式发文，将漳州市“推行国地税联合办税”经验做法入选全国首批复制推广构建开放型经济新体制综合试点经验；该项目入选“点赞漳州2017十大民生实事”，市委、市政府主要领导为之点赞。创新税银协作机制。牵头成立漳州市国税、地税、人银协作机制联络办公室，联合制定《税银三方打击危害税收征管犯罪和涉税洗钱犯罪活动暂行办法》，确定银行在资金查询、反洗钱协作机制等方面为税务部门开启“绿色通道”。加强第三方信息应用。依托国地税联合开发的“涉税信息交换平台”，主动获取财政、电力等29个政府部门各类涉税信息85万余条，利用大数据分析筛选纳税风险企业。在全省首创国地税联合委托邮政“双代”业务，全市开通邮政代开代征网点119个，基本实现乡镇全覆盖。

【纳税服务】

深化便民办税春风行动。市局班子成员分头走访部分重点税源企

9月4日，漳州国、地税在全省范围内率先联合推出手机APP代开发票，图为龙文区国税局办税大厅干部和第三方技术人员

业和营改增企业代表，基层分批次开展大走访活动，全面完成57347户“双覆盖”和“五必访”纳税人的走访任务，收集纳税人意见建议221条；落实营改增“精准辅导”，辅导纳税人8226人次，发放辅导资料2万多本。加快推进“互联网＋政务服务”。做好电子税务局一期推广应用，投入使用自助办税机80台，纳税人可任意选择时间自助办理20多项国地税涉税业务。转变征管方式。全面推行“纳税人分类分级”管理，先后在东山、云霄、芗城、龙文等地开设电子税务体验中心，积极推进网上办税，实现全市一般纳税人网上申报率达到95%；在全省范围内率先联合推行“易办税”APP手机代开发票业务，扩大020线上发票申领覆盖面；建立税企联络员制度，分组建立税企微信群196个，覆盖全市1.4万户纳税人。开发应用纳税人涉税维权信息管理系统，打造纳税人维权新平台。积极开展“两星创评”活动。在全市国税系统共评出5个“星级办税服务厅”、22名“服务之星”。持续提升纳税人满意度，龙文区国税局在2017年全国纳税人满意度专项调查中位列全国非省会城市第7名。

【助力发展】

深入推进“放管服”改革。聚焦营商环境建设，积极落实国务院6项减税政策等各项税收优惠，全年办理各项减免税收收入25.27亿元。其中支持三农减税9.41亿元，促进小微企业发展减税3.86亿元，鼓励高新技术减税3.26亿元，节能环保减税3.20亿元，支持金融资本市场减税1.95亿元，支持改善民生减税0.92亿元，支持其他各项事业减税2.67亿元。积极落实企业出口退税审批权限下放改革。从5月1日试点到7月1日全面下放至各县（区）局，顺利实现“放得下、管得好、优服务、促发展”的工作目标。进一步推进出口企业分类管理。对1801户出口企业开展分类评定调整工作；全面推进无纸化申报工作，全市出口企业无纸化申报户数1188户（除依规定四类企业不能实行无纸化申报外），占全市出口企业申报户数的94.66%，无纸化申报退（免）税65.30亿元，占96.29%；加快出口企业退税审核审批办结时间，较以往平均减少5天左右。全年办理出口退税45.7亿元，比上年增长7.6%，增速快于外贸出口0.5个百分点。主动服务“一带一路”。提请省局帮扶漳州旗滨玻璃集团融入“一带一路”建设，助力漳州旗滨玻璃集团“走出去”的经验做法上报总局，并分别被5月6日晚央视《新闻联播》、5月8日《人民日报》及福建综合频道《新闻启示录》等主流媒体登载引用。

【从严治党】

组织收听收看十九大工作报告，订阅辅导教材，开展“不忘初心，牢记使命”主题党日活动，重温入党誓词，进一步强化共产党人的初心和本色。认真落实“三会一课”等学习制度，组织党员在主题党日活动开展缴纳党费、民主议事、义务献血、志愿服务等活动；大力开展创先争优活动，积极创建“1236”党建机制示范点，便民办税春风行动、党员走前头等项目获得漳州市直工委“十佳创新”项目奖，党建工作连续2年获得漳州市直工委“六比六看”竞赛优胜单位。制发《漳州市国税系统落实全面从严治党主体责任和监督责任实施办法（试行）》等14项配套文件，落实干部廉政谈话提醒制度，督促领导干部“少数人”落实个人有关事项报告制度。严格落实中央八项规定精神，配合纪委开展“1＋X”专项督查，加强“三公经费”管理。积极开展“纪律教育月”活动，组织参观国税文化展厅廉政板块、观看《巡视利剑》警示教育片等，有效提升干部拒腐防变能力。组织开展了4次全系统作风整顿大巡查，有效促进了工作作风明显好转。狠抓执纪监督问责，完善巡察工作规范，认真做好总局、省局巡视“回头看”整改工作，全面完成对14个县（区）局的巡察工作，实现全市国税系统巡察工作全覆盖。

【队伍建设】

文明创建再上新台阶。在连续6届获评省级文明单位的基础上，市局机关摘取中央文明委第五届“全国文明单位”荣誉称号。开展喜迎中共十九大文体活动。举行“税收好故事”朗诵会暨征文比赛、组队参加漳州市第十三届运动会男女气排球比赛，组织青年志愿者服务队积极参加文明创城宣传、“树文明新风 迎金砖宾客”等公益活动，充分展示漳州国税人良好的精神风貌。加强干部素质提升。认真开展“岗位大练兵、业务大比武”活动，有4位干部入围省局2017年纳税服务业务大比武前20名；依托省内外院校加大干部队伍培训力度，组织9期业务骨干素质能力提升培训，培训人数达500余人。加强国税文化建设。建成一个面积近300平方米的全新漳州国税文化展厅，编制《税务文化理念手册》，出版税官论坛、新闻纵横、芗江语丝、税苑拾艺等4册文化丛书，形成文化建设成果结晶。加强老干部管理，修订《离退休干部管理办法》。

地税

【概况】

2017年，漳州市地税局在中共漳州市委、市政府和省局的正确领导下，全面贯彻中共十八大、十九大精神，深入学习宣传习近平新时代中国特色社会主义思想、习近平总书记系列重要讲话精神，紧紧围绕“稳收入、推改革、优服务、激活力、树形象”工作要求，主动谋事，勇于担当，各项工作齐头并进，取得了较好成绩，得到了市委书记檀云坤和市长刘远批示肯定。全市地税系统提前54天完成全年税收任务，市地税局蝉联全国文明单位称号；被市综治委授予平安单位建设“一级达标单位”称号；龙文区地税局、平和县地税局、长泰县地税局3个单位办税服务厅分别荣获“全国青年文明号”“全国工人先锋号”“全国巾帼文明岗”。

【组织收入平稳增长】

面对经济放缓形成的压力和“营改增”全面推开后管征主体税种缺失的困难，市地税局强化攻坚克难意识，以科学审慎的态度、迎难而上的勇气抓好组织收入工作。从年初开始，加大对基层单位组织收入工作的指导、督导力度，科学测算分析各地区税收潜力，并对有潜力的地区适时调增收入目标。充分利用行业税收与税源数据、征管数据以及重点税源数据等，对收入情况进行深入分析，积极寻找税收风险点，努力挖掘潜力，着力提高税费预判能力和管控水平，积极创新工作方法和措施，取得了较好成效。2017年，全市地税系统共组织入库各项收入182.86亿元，比上年减收2.17亿元，下降1.17%（扣除“营改增”影响，可比口径比上年增收24.07亿元，增长15.16%）。组织税收收入115.17亿元，比上年减收9.49亿元，下降7.61%（扣除“营改增”影响，可比口径比上年增收16.75亿元，增长17.01%），完成年度收入目标104.93亿元的109.76%，超收10.24亿元，税收总量居全省第四，可比增幅排名全省第四。社会保险费收入57.15亿元，比上年增收5.68亿元，增长11.03%。基本养老保险费收入33.76亿元，比上年增收3.65亿元，增长12.12%，完成省政府下达任务的100.48%。组织公共财政总收入113.04亿元，比上年减收9.21亿元，下降7.54%（扣除“营改增”影响，可比口径比上年增收12.71亿元，增长12.66%），完成年度收入目标110.22亿元的102.56%，超收2.82亿元；其中地方级公共财政收入83.72亿元。组织市本级地方公共财政收入18.93亿元，比上年减收3.27亿元，下降14.72%（扣除“营改增”影响，可比口径比上年增收1.07亿元，增长6%）。

【深化国地税合作】

落实《深化国税、地税征管体制改革方案》，深化国地税合作。在“一窗一人一机”联合办税服务厅、建立增值税发票信息共享长效机制、探索房地产协同一体化管理、邮政“双代”业务、联合风险应对、联合大企业风险管理常态化、联合开展税收宣传等7项工作实现了国地税深度合作；在联合建立“税银协作机制”，提升打击涉税洗钱违法犯罪力度；联合建立涉税维权管理机制，推广涉税维权信息管理系统；联合建立涉税信息交换平台，共享各职能部门涉税信息等3个方面创新示范项目先行先试。漳州市国、地税“一窗通办，多点服务”联合办税模式被全国复制推广，并入选漳州2017年十大民生实事。

【持续推进“放管服”改革】

立足完善法治基础建设。深入开展“加强法治建设，化解税收执法风险”专题研究；进一步完善法律顾问制度和公职律师制度，全面推进依法行政、创建法治税务基地；强化执法督察，畅通法律救济渠道，税收法治环境持续改善。长泰县地税局、南靖县地税局被确认为福建省法治税务基地，东山县地税局申报参评全国法治税务基地。深入推进简政放权。清理行政审批项目，对该单位行政权力进行排查，制定发布清单，注重强化事中事后管理。强化风险防范和应对。不断提高后续监管的精细化、专业化程度。督促企业做好减免税备案登记，对贯彻执行减免税备案管理情况进行检查监督，确保放得下，

6月1日，漳州市国地税办税服务厅合作共建推进会在长泰县召开

（姚雪花 摄）

市地税局深入推进"放管服"改革，图为税务干部深入企业，辅导涉税业务
（杨融融 摄）

接得好，管得住，依法维护纳税人的合法权益。

【营商环境不断优化】

积极落实国务院6项减税政策和省局10条减税降负措施，帮企业降本增效。在全市地税系统开展上半年重点工作完成情况督导和全年重点工作完成情况调研，加强对落实减税降费政策工作的督导检查，层层传导压力，确保减税优惠政策落实到位。2017年，全市地税系统减免税20.77亿元，其中改善民生类优惠达13.77亿元，占优惠总额66.30%；支持供给侧改革，高新技术类优惠达1.47亿元；落实小型微利企业优惠政策，有1710户盈利的小型微利企业，预缴申报优惠减免1667万元，优惠受益面100%，激发企业经济活力；认真落实企业所得税月份改季度申报制度，季度申报入库企业所得税44890万元，相当1.5亿元资金3个月免息，减少企业资金占用；落实失业保险降费阶段性调低费率的政策，全市减负13351户，费款23450万元；落实残疾人就业保障金免征的政策，免征2137户，免征金额662万元；免征江海堤防维护管理费8454户。

【全面推行从严治党】

把学习宣传贯彻中共十九大精神作为首要政治任务，扎实开展学习宣传活动，迅速掀起学习热潮，切实把全市地税系统干部职工思想和行动统一到中共十九大精神上来。坚定不移推进全面从严治党，牢固树立"四个意识"，严格执行《准则》《条例》，推进"两学一做"学习教育常态化制度化。全面落实"下抓两级，抓深一层"工作机制，制定各级党组织书记抓机关党建工作责任清单管理制度，完善机关、基层党组织及班子成员抓党建主要职责，健全党组统一领导，党组书记负总责、分管领导具体抓、班子成员履行"一岗双责"，协同抓好分管范围的党建工作，机关基层党组织抓落实的领导体制和工作机制。同时，开展机关党建系列活动，进一步完善党建绩效考核体系，做到党务工作与业务工作同频共振、平衡发展。推行全面从严治党两个责任清单"分开制定、定期报告"新办法和"异地审查、集中整档"新模式，建立干部廉政档案，持续压紧压实"两个责任"。抓好节日等关键节点教育，发布案件通报警钟长鸣，加强对落实中央"八项规定"精神的监督检查，加强对"三重一大"的日常监督，积极推进"1＋X"专项督查机制常态化运转，积极发挥税务部门在查处违反八项规定精神中的职能作用。改进绩效管理，完善常态化的督查督办机制，不断提高队伍的执行力。

"财政 税务"类撰稿人：
吴崇炼　黄雅妮
供稿：
漳州市国税局

经济管理

·宏观经济管理·

【概　况】

2017年，全市发展改革系统践行“生态＋”模式，持续深化“六抓六促”（抓重点促投资、抓融资促投建、抓策划促支撑、抓改革促发展、抓政策促落实、抓作风促服务）重点工作，有效促进经济平稳增长，全年完成地区生产总值3563.48亿元、增长9.1%，增幅位居全省第一。

【项目投资】

全年完成固定资产投资3328.1亿元、增长17.7%，增幅位居全省第一。548个市级在建重点项目完成投资1526.7亿元，124个省级在建重点项目完成投资484.3亿元，124个省行动计划项目完成投资374.4亿元，均超额完成年度计划任务。新开工亿元以上项目260个、建成或部分建成150个。29个补短板投资工程包完成投资570亿元，十大惠民特色工程包完成投资190亿元。33个特色小镇竞赛项目完成投资339亿元，31个现代服务业竞赛项目完成投资84.4亿元。新增“五个一批”（谋划一批、签约一批、开工一批、投产一批、增资一批）项目2625个、总投资13358亿元，居全省第一。

【争取融资】

全年共有141个项目获中央和省级各类补助资金13.02亿元、增长24.6%。太龙照明在深交所上市，实现民营企业境内上市“零”突破；傲农生物科技在上交所上市；新增新三板挂牌企业4家、海交中心挂牌4家；培育省级重点上市（挂牌）后备企业58家、市级47家。推动台商投资区10亿元企业债券发行申请获国家发改委批复。成功争取设立总规模100亿元的福建省现代服务业产业发展基金、20亿元的福建省闽招龙海战略新兴产业基金、3.5亿元的招科创新生态智慧创业投资基金，实现省级产业基金在漳州市设立“零”突破。推出PPP招商推介项目83个、总投资758.4亿元，促成22个项目签约，其中16个项目开工落地。漳浦县万安生态开发项目一期市政道路工程项目列入国家发改委重大市政工程领域重点PPP项目。

【策划对接】

围绕补齐产业短板和民生短板，开展新经济100个典型案例及对漳州发展的启示、产业培育发展补短板、“生态＋”模式等7个重点课题研究，深度策划生成一批招商项目和产业对接项目。一产（第一产业）方面，精心组织开展“生态＋漳州味食品”产业对接活动，策划生成食品产业链招商项目47个，对接技术项目83个、总投资16.93亿元，资本项目26个、意向融资额15.39亿元。漳浦县列入首批国家农村产业融合发展示范园创建名单；芗城区天宝镇等5个乡镇列入全省农村产业融合发展试点示范乡（镇）创建名单。二产方面，“6·18”征集企业技术需求296项，对接科技成果项目541个、总投资187.2亿元；“11·18”签约央（国）企项目7个、总投资47.7亿元。三产方面，策划生成109个现代服务业招商项目、总投资1062亿元，“9·18”现代服务业专场对接会签约项目17个、总投资122.4亿元；漳龙物流园等6个现代服务业园区列入省级现代服务业集聚区。同时，委托福建中咨公司策划生成“生态＋”项目152个。

【改革试验】

牵头协调推进经济体制、生态文明体制、城乡统筹体制三大领域改革任务。经济体制改革方面，协同市商务局抓好构建开放型经济新体制综合试点试验工作，推动试点试验工作通过商务部、国家发改委中期评估，争取到30项省级经济管理权限下放漳州市实施。生态文明体制改革方面，把探索实践“生态＋”

模式与落实国家生态文明试验区改革试验任务有机结合起来，九龙江—厦门湾污染物排海总量控制试点、华安县全省林业碳汇交易试点、东山县自然资源资产负债表编制试点、绿色发展指标体系和生态文明建设目标评价体系等年度改革任务清单进入具体实施阶段，23家纳入全省碳排放权交易管理的企业圆满完成履约任务。城乡统筹体制改革方面，漳浦县获批全国市政领域PPP创新中小城市，龙文时间小镇等4个特色小镇纳入第二批省级创建名单（全省最多）。与此同时，扎实推进电力体制改革，蓝田开发区、古雷石化产业园区分别列入全国第一批、第二批增量配电业务改革试点园区，漳州高新区列入全省首批购售电业务改革试点园区。协调推进闽粤经济合作区建设，促成省委编办批准诏安县政府加挂闽粤经济合作区管委会牌子。

【政策宣传】

围绕市政府发展改革，联合漳州电视台推出大型系列电视新闻报道50集重点。在漳州电视台开辟《发展改革大家谈》专栏，推出防治看病难、看病贵和交通防堵、农贸市场提升改造等7个专题。围绕“生态+”、重点项目建设、企业上市等热点问题，在闽南日报开辟“发展改革大家谈”13期专版。围绕深化供给侧结构性改革，邀请专家开展专题讲座13场、项目策划专题讲座5场，参训人员超过1100人次。同时，印发融资运作、企业上市、投资审批改革、招标投标、特色小镇、碳排放权交易管理等政策汇编手册，借助市发改委政务网站、微信公众号、《漳州发展改革信息》等平台，及时解读政策与发布政策。

【创新服务】

促进审批服务提速，率先在市直部门实现审批类、核准类、备案类项目“一趟不用跑”，全年共完成市级审批98项、核准15项、备案55项。特别是强化重大项目前期保障，全年共上报国家和省里16个重大交通能源设施项目，其中6个项目获国家发改委批复、7个项目获省发改委批复，推动福厦客运专线漳州段全线开工、厦门轨道交通6号线漳州（角美）延伸段上位规划获批。靠前服务重点区域。积极保障中心城区、厦漳同城化先行示范区、古雷开发区等重点区域建设，主动服务“五湖四海”、南山水岸、“双百”绿化工程等“生态+”先行示范项目；协调推进65个厦漳同城化项目，推动长泰枋洋水利枢纽工程加快建设；会同古雷开发区编制产城融合协调发展规划、产业链招商报告和石化产业招商策划方案，主动跟进服务腾龙翔鹭项目重组、PX项目整改修复。创新项目管理机制。针对市级以上在建重点项目，建立分片挂钩、动态管理、快速反应、问题快办、督办通报“五大机制”，全年共召开重点项目调度会14场次，协调解决重点项目建设问题80多个。同时，办理人大代表建议16件、政协委员提案20件，办复率、满意率均达100%。

·审计监督·

【项目审计】

漳州市审计机关完成审计项目377个，其中审计项目309个，专项审计调查项目68个。出具审计报告和专项审计报告479篇。审计处理处罚金额170681万元，其中应上缴财政23164万元、应减少财政拨款或补贴6909万元、应归还原渠道资金33965万元、应缴纳其他资金2245万元、应调账处理金额104396万元；移送司法机关、纪检监察机关和有关部门处理事项38件，移送处理人员24人，移送处理金额46978万元。审计促进整改落实有关问题金额116571万元；审计促进拨付资金到位886万元；审计后挽回（避免）损失16599万元；核减投资额15805万元；移送处理落实事项11件。审计提出建议1011条，被采纳858条，推动被审计单位制定整改措施45项；促进被审计单位制定、完善规章制度21项；提交审计信息422篇，被批示、采用272篇。向社会公告审计结果2篇。

【国家重大政策贯彻落实审计】

组织11个县（市、区）审计局同步开展审计，全年共开展国道324线漳州九龙岭段公路工程、漳州圆山大道工程、漳州公共卫生服务中心、漳州沿海大通道（纵一线）漳江湾特大桥及连接线工程、漳州台商资区第三水厂及配水管网工程（一期）、国道319线漳州段一期工程（厦漳同城大道）圆山段等23个省重点项目和漳州市城市生活垃圾处理费征收管理使用情况审计调查、漳州市直国有企业重点项目投资建设执行情况审计调查、林业专项资金审计、税收优惠政策落实审计、精准扶贫政策落实情况审计调查、漳州市中小学幼儿园建设情况跟踪审计、非户籍人口在城市落户情况和相关配套政策措施落实情况审计调查、政府投资设立的四项基金审计调查等20个专题审计，共投入审计人员332人次，抽查资金143.8亿元，及时督促整改，共促进出台完善各类制度26项，促进33个项目加快审批、新开工和完工。

【财政审计】

2017年“同级审”首次聚焦财政事权和支出责任划分、BT融资项目建设管理、预算单位专项工作经费和部门发展专项支出压缩等情况，并充分利用通过联网审计系统开展预算执行审计，提高了工作效率，实现有重点、有步骤的审计监督全覆盖，共对96个预算单位开展了审计，审计结果受到各级人大、政府的充分肯定。其中在市人大常委会提出《关于2016年度漳州市本级预算执行和其他财政收支的审计工作报告》审议意见后，市局积极按照市政府工作部署，强化审计发展问题整改工作，督促各级各部门加强整改，取得突出成效，8个单位的部门预算执行审计发现问题整改率首次达到100%，审计部门提出的23条建议全部被采纳，规范规章制度6项，通过审计为国家增收节支8644.63万元。“同级审”整改成果得到市人大常委会的充分肯定，在市人大常委会首次进行的审计整改成果满意度测评中，满意率达100%。

【经济责任审计】

共完成常山开发区管委会党政主要领导、团市委原书记、市环保局原局长、市信访局原局长、市司法局原局长、市电大原校长、市广播电台原台长、云霄县法院原院长等89个单位126名领导干部任期经济责任审计，查出主要问题金额13.49亿元，其中负直接责任1998万元、负主管责任5.34亿元、负领导责任7.95亿元。积极探索自然资源资产离任审计，开展对南靖县委、县政府2013—2016年履行自然资源资产管理和生态环境保护相关责任情况审计试点，促进领导干部守法、守纪、守规、尽责，切实树立绿色发展理念。

【固定资产投资审计】

共对城镇保障性安居工程、援疆资金和项目、漳州市BT融资建设项目、厦漳同城大道先导段（漳州台商投资区滨江快速公路）、漳州沿海大通道（纵一线）漳江湾特大桥及连接线工程、圆山大道和国道324线九龙岭公路等59个政府重点投资项目进行审计和跟踪审计，进一步扩大了政府投资审计覆盖面，核减工程款1.57亿元。在审计中，落实审计署《进一步完善和规范投资审计工作意见》要求，促进项目业主单位加强管理和落实问题整改，如：在厦漳同城大道先导段竣工决算审计中，以揭示工程建设投资领域管理问题，促进政府投资规范为目标，及时反映项目建设单位在建设中存在的问题，督促项目建设单位积极落实整改，已追回建设资金5092.26万元。

6月28日，常山华侨经济开发区原书记、主任任期经济责任审计进点会召开

【民生资金（项目）审计】

继续把关注民生、体现民意、维护民利作为审计工作的重要目标，组织开展精准扶贫、中小学幼儿园建设、村镇垃圾治理等政策和资金专项审计，揭示了一些地方和单位政策执行不到位、管理不规范，以及挤占挪用专项资金等违纪违规问题，并从制度层面提出整改建议，促进了惠民利民政策资金的落实。其中，围绕精准扶贫、精准识别、精准脱贫基本方略，以扶贫攻坚政策措施为重点，开展2016年度全市精准扶贫和城乡医疗救助资金“最后一公里”审计，此次审计涉及31项扶贫政策措施，重点关注贫困人口建档立卡准确性和贫困退出机制执行、精准扶贫工作机制落实、精准扶贫具体措施落实、扶贫项目安排的精准性、可行性和合规性。共审计117个单位、49个乡镇的8.21亿元扶贫资金，进村入户调查262个村、947个贫困户和126个扶贫项目，从精准识别、资金安全及拨付、项目绩效和管理、政策落实等7个方面揭示扶贫领域存在的问题，并向相关县（市、区）纪委移送村级干部套取美丽乡村建设资金、伪造征地补偿事项等6件“蝇腐”案件线索，促进各级各部门建章立制，规范扶贫资金管理和使用。

【企业审计】

共开展漳州投资集团有限公司等10家国有企业审计，审计查出主要问题金额124947万元。

【信息化建设】

出台《漳州市审计局审计业务电子数据管理实施细则》《漳州市审计局数据分析团队管理暂行办法》，加强对审计电子数据和计算机人才的制度管理。继续推进多行业联网审计和数据中心平台建设，全面开展AO与OA交互工作。计算机审计案例获省厅优秀奖1个、应用奖6个、鼓励奖8个。全市累计通过审计署计算机审计中级考试共37人，通过审计署高级数据分析师考试1人，为更好地开展大数据环境下的审计工作打下良好基础。

【内部审计】

一是配合《审计署关于内部审计工作的规定》颁布实施，做好内部审计法治宣传工作。二是大力加强对各内审单位内审业务的指导。三是积极组织各内审单位选派内审人员参加3月、12月在厦门国家会计学院举行的内审人员培训班。四是2017年1月召开常务理事会，报告协会2016年工作，提出2017年的工作意见。

·统计工作·

【概　况】

2017年，紧紧围绕市委、市政府中心工作，以市直机关绩效考评为总抓手，连续4年获得全省统计业务综合考评第一名，顺利完成第三次全国农业普查登记工作，并荣获全国农普先进集体。

【农业普查】

2017年，农业普查正式入户登记，各县（市、区）分管领导靠前指挥，全市1.4万普查“两员”（普查指导员、普查员）查清全市“三农”家底。从传统的悬挂横幅标语、张贴宣传画、发放宣传物品、电视广播宣传，到微信、LED屏等新兴事物助力，有效提高农业普查的知晓率。同时，各县（市、区）还结合当地实际情况，开展特色宣传活动，如：全市开展百所中小学校一堂课活动、组织10011名参加全国农普统计法律法规知识竞赛、长泰县的方言快板、漳浦的剪纸等活动。其中有5件农普宣传作品入选全国农普征集优秀作品（全国100件），成为福建省唯一有作品入选的地市。自行购置普查方案教材、数据处理手册和流量卡，提前在全市范围内对近4000名普查“两员”开展22场培训，为普查“两员”争取更多的时间，提早学习了解普查方案基本内容，提早掌握数据操作技术，为正式入户登记奠定坚实的基础。科学制定时间节点，确保全市各阶段普查工作在进度上和统计数据质量上均走在全省前列，获得省领导的好评。

【统计改革】

及时组建投资统计改革试点工作协调小组，举办试点工作推进会，邀请省统计局投资处处长及专业负责人就试点相关业务进行培训，为试点工作有序开展提供有力保障。全市各县（市、区）共召开培训会议40余场次，印发一封信和改革试点业务指南，发放给全市投资统计改革基层单位的相关人员。积极深入基层企业调研指导，深入分析造成新、旧制度数据差距的原因，提高数据的准确性和代表性。根据《福建省编制自然资源资产负债表试点实施方案》及《2016—2017年福建省编制自然资源资产负债表试点任务工作台账》文件要求，继续积极探索与实践自然资源资产负债表编制工作。在补充和完善编制方案的基础上，积极复制推广自然资源资产负债表试点已取得改革经验和成果。通过在东山县开展自然资源资产负债表编制工作，进一步积累经验。根据闽委办文件要求，市统计局起草制定《漳州市生态文明建设年度评价指标体系（征求意见稿）》，并在征求相关县区及部门意见建议后，经市政府专题会议研究及再次征求部门意见建议后，最终形成《漳州市县（市、区）生态文明建设年度评价指标体系》（修改稿）和《漳州市开发区（投资区）生态文明建设年度评价指标体系》（修改稿）。通过聚焦资源节约集约循环利用、污染治理和生态保护等重点问题，兼顾指标选择的科学性与可行性、代表性与可比性，并考虑地区发展的差异性，全面客观地反映绿色发展的总体进展情况。

【巩固统计基础】

从完善考评制度入手，按照考评量化办法，每个季度对县级工业统计工作完成情况进行监控考评，实施计分排位，在肯定成绩、总结经验的同时，列出问题清单，要求县级提出具体整改措施和目标。根据列出的问题清单，厘清工作思路，努力整改问题，有力提升工业统计工作质量。召开农业、工业、贸易、投资、核算等各类基础规范化业务培训会，印发相关培训材料，多形式、有针对、分类别对基层统计人员进行培训，进一步提高基层统计人员业务素质和业务技能，并继续推进为期3年的全市规模工业统计规范化建设年活动，使全市规模工业规范化建设工作向制度化、常态化轨道迈进。为确保做好申报与核验工作，严把新增规模工业企业申报工作，印发《关于进一步加强申报新增规模工业企业资料审核及现场核验工作的通知》，抓好“三个具备、两级核验”。细化入库标准，做好新增投资项目申报，严格执行“一套表”企业和有500万元以上项目的非联网直报企业的审批流程和审批标准，规范标准填报审批材料，不简化审批程序，不变通处理审批环节，确保基本单位名录库单位真实、指标完整、数据准确。部门联动，做好新增商贸企业申报，定期向工商、税务等部门收集新登记注册单位的基本信息及纳税情况，通过实地查看，对达不到规模、专业界定不清、材料不齐全或手续不完备的予以退回，确保入库企业真实可信。

【提升专业水平】

市统计系统继续公开出版统计年鉴，充实线上统计资料。在市局官网、开通3G手机版网站以及统计微信的基础上，漳州统计年鉴、每月经济运行简况等统计资料全部上线，便捷满足公众对数据的需求。共撰写了《数说十八大，喜迎十九大—党的十八大以来漳州经济社会发展成就回顾》系列统计分析文章10篇，并编印成册，主要内容包括统计图、统计表和系列统计分析三大部分。在年初开展统计调研课题征集活动，《厦门湾南岸加强生态环境建设提升发展竞争力研究》《漳州高技术产业发展研究》2个课题被社科联确立为经济发展类一般课题。其中《厦门湾南岸加强生态环境建设提升发展竞争力研究》获评一等奖。在2017年全省优秀统计分析报告评比中，市局有1篇获得一等奖，1篇获得二等奖，2篇三等奖。全年共有8篇统计分析报告获得上级领导批示，其中有2篇文章获市委书记檀云坤批示；有1篇文章获得市政府市长刘远、常务副市长梁伟新（时任）批示；有4篇文章获市政府市长刘远批示；有1篇报告获得省局局长和省局副局长的批示。4篇文章被市委办专报件采用，9篇分析被政府办《漳政要讯》（增刊）及《政讯专报》采用。全年共撰写统计分析132篇，统计信息415条，被《中国信息报》采用5条，被各市级以上刊物采用344条次，其中被“两办”刊物采用141条次；政务信息被采用203条次。积极做好咨询服务工作，主动向市委、市政府及有关部门和社会各界提供各种加工整理的统计数据、文字材料等有关资料，提供统计咨询服务180多人次。

【业务培训】

全年共举办60场全市性统计业务及相关写作培训班，培训4000余人次。另外，市统计局邀请闽南日报社及福建农林大学管理学院等两位专家教授作文化力量与文化自信与乡村旅游两场讲座，不仅让全局干部职工在认识了解到统计以外的内容，还拓宽了眼界和见识。沿用2016年下发的《漳州市统计局关于下发〈漳州市统计局信息工作考评办法〉的通知》《漳州市统计局办公室关于进一步规范信息报送要求的通知》等文件要求，每月继续通报全局各科室及个人信息撰写采用情况，并把考核结果纳入年终综合考评，有效提高干部职工撰写信息的积极性、主动性和创造性。

【依法行政】

制定下发2017年度法治宣传教育计划，针对不同的普法对象，确定不同的普法内容，提出切实可行的方案，有计划、有步骤地推进统计普法工作。以《中华人民共和国统计法实施条例》颁布实施为契机，认真落实《中华人民共和国统计法》进党校的要求。结合第三次全国农业普查、人口抽样调查以及“9·20”统计开放日、“12·4”国家宪法日、“12·8”统计法宣传旬等时机，通过发放统计法治宣传材料，制作宣传展板、举办谜语竞猜等活动向社会大众宣传农业普查知识和统计法律法规。根据年度统计监督检查计划，全市共抽查统计调查单位共115家，立案查处统计违法行为40件，其中给予警告40件，给予经济处罚28件，罚款9.02万元。通过执法检查，极大地震慑了统计违法行为，达到“查处一个，教育一片”的目的。根据国家统计局的要求，全市共选拔33名符合条件要求的统计执法骨干（市局5名）参加省统计局举办的统计执法证资格培训班，共30名执法人员通过考试（市局全部通过），通过率居全省前列。对全市统计法制人员进行《中华人民共和国统计法实施条例》《统计违法违纪责任人处分处理建议办法》等新颁布的统计法律法规知识培训，提高基层法制人员的统计法律知识水平，为依法行政、规范执法打好基础。

·工商行政管理·

【概 况】

2017年，市工商系统推进改革，认真履职，积极作为，各项工作取得良好成效。市场主体大幅新增，全市现有市场主体361308户。全市新增注册商标7010件，地理标志商标6件，集体商标1件。全市商标总量达44496件，其中地理标志商标110件，居全国地级市第三位；集体商标320件，居全国地级市首位。

【深化改革】

2017年，全市新增市场主体69626户，同比增长48.31%；其中内资企业14532户、外资企业169户、个体工商户54925户，分别增长29.58%、26.12%和54.30%。全市现有市场主体361308户（内资企业76386户、外资企业2457户、个体工商户282465户）。在省里“十七证”合一的基础上，结合漳州市实际，推进“一照一码”登记制度改革。实现“五十一证”合一，全面实行个体工商户“两证整合”。全市现已发放加载统一社会信用代码的个体工商户营业执照90503户，其中新开业63955户，换发26548户。大力推行电子营业执照和全程电子化登记。2017年，全市共核准市场主体名称22432件，其中网上申报名称并核准通过20902件，核准率93.18%。全市现有67440户企业领取了电子营业执照，占企业总数的85.54%。着力推行企业简易注销登记改革，进一步降低未开业、无债权债务市场主体的退出成本，全市现有939户企业办理了简易注销登记。持续优化服务举措，严格落实服务承诺制、限时办结制、首办责任制、一次性告知制、责任追究制等制度，推行预约项目马上办、紧急项目加班办、重大项目跟踪办，对古雷石化项目、西湖片区建设等重点项目实行全程跟踪服务。其中服务古雷石化项目建设得到了刘远市长的批示肯定。

【监管执法】

全市企业年报率92.98%、个体工商户年报率96.74%、农民专业合作社年报率95.48%，其中，企业、个体户年报率全省第一名，农民专业合作社年报率全省第二名。事中事后监管取得实效，省工商局局长黄培惠及漳州市委书记檀云坤、副市长吴卫红都给予了批示肯定。联合全市42个部门制定并由市委办、市政府办下发《关于对失信市场主体实施联合惩戒措施合作备忘录》，推动市政府办出台《关于进一步做好我市涉企信用信息归集与运用工作的通知》，着力加强“一张网”信息归集。2017年，全市共归集各类涉企信息106694条，累计归集涉企信息179230条，居全省前列。全面实施“双随机、一公开”监管。全面开展跨部门双随机抽查，组成联合检查组85个，检查企业1361户，列入异常名录158户。深化“1＋X”常态化督查，加强对宾馆饭店、商场超市等日常经营行为的监督检查，共检查市场主体1217户次，向纪检监察部门移交线索8条次。扎实推进协会、商会共建工作。在全省率先制定出台《漳州市工商局与行业协会商会联合开展创建守信营商环境工作实施方案》，依托行业协会、商会组织，推进守信营商。现已在市家居商会、食用菌商会、市广告协会3个单位开展行业协会商会诚信共建试点工作。严格落实安全生产监管职责，先后召开3次会议，下发5份文件，研究部署开展无照经营大排查大整治，查处无照经营案件231起，罚没174万元。研究制定《漳州市乡镇查处无照经营工作暂行规定》，目前已提交市政府及相关部门征求意见。此外，针对漳浦县发生“赤潮”引起的疑似食物中毒事件，立即组织对全市经营藻贝类商户进行排查整治，有效预防类似事件发生，得到了市委书记檀云坤的批示肯定。

全市工商（市场监管）系统共查处各类经济违法违章案件850起，罚没893.28万元。组织开展房地产市场秩序专项检查，重点整治房地产企业和中介组织的违法广告和虚假宣传问题，查处案件21起，罚没121.58万元，得到市长刘远的批示肯定。强化网络商品交易监管。牵头推动市政府建立市网监工作局际联席会议制度，主动做好市网监服务平台的筹建工作。项目通过市政府批准，硬件部分与华为公司签订申请单，软件部分列入2018年财政预算。严查网络市场交易违法违规行为，共查处网络违法案件71起，罚没83.19万元。加大打击传销工作力度，先后3次召开维稳工作会议，部署开展打击传销工作。共立案查处传销案件15起。在省政府打传综治考评中，漳州市名次排在全省第一梯队。积极开展“红盾护农”专项行动，加强农资市场监管，共查处各类农资违法案件126起，罚没款116.85万元，案件数及罚没款数居全省前列。严厉打击虚假违法广告，加强对大众媒体发布广告的监管，共监测广告19630条，查处虚假违法广告案件57起，罚没127.24万元。加强反不正当竞争执法，查处不正当竞争案件98起，罚没126.15万元；严查假冒他人注册商标、侵犯商标专用权等违法行为，

3月15日，市工商局工作人员现场受理群众咨询、投诉

6月14日，市工商局“2017-2018年度漳州‘12315’消费维权直通车单位”揭牌

查处案件93起，罚没99.9万元。

2017年，全市共受理咨询、投诉、举报31708件，为消费者挽回经济损失245.98万元，各项绩效考评指标均居全省前列。重新修订消费维权直通车管理办法，根据当前消费领域出现的新特点，把涉及民生的公共企业、商圈、电商、汽车4S店等作为直通车的工作重点，确定中国电信股份有限公司漳州分公司等25家企业为2017—2018年度漳州12315消费维权直通车单位。加强旅游投诉处置工作，落实消费维权联席会议制度，加强部门沟通协调，共答复游客咨询52件，接收、登记旅游类投诉38件，举报4件，均及时分流至承办单位处理，未出现重大旅游投诉事件。在全市范围开展“诚信商家 放心消费”创建活动，发挥典型示范作用，推动消费领域诚信建设，各县（市、区）共上报11个市级示范单位，并由市局选送4个单位参评省级示范单位。组织开展“抽检商品我做主”活动，加大流通领域商品质量抽检力度，抽检商品460组，查处产品质量案件167件，罚没178.22万元；查处侵害消费者权益案件16起，罚没28.1万元。

【服务大众创业创新】

深入实施商标品牌战略，推动优惠政策出台。参与制定、推动市政府出台《漳州市加快知识产权强市建设实施方案》，为下阶段商标战略的实施提供有力保障。深化商标注册便利化改革，在全省率先开通商标注册申请受理窗口，2017年共受理商标注册申请636件，得到李德金副省长的充分肯定。加强商标注册指导，先后指导市旅发委注册“花样漳州”商标、市行政服务中心注册“政证快”商标、市文广新局注册“水仙花艺术团”商标，并主动开展“新福达汽车”“三龙工业”等重点企业商标规划指导，均同步完成注册申请。注重商标品牌建设。2017年全市新增注册商标7010件，地理标志商标6件，集体商标1件。全市商标总量达44496件，其中地理标志商标110件，居全国地级市第三位；集体商标320件，居全国地级市首位。“双标”数量均居全省首位。

推进非公党建工作，将非公党建工作挂靠到注册科，加挂“非公党建办公室”牌子，并增配1名专职干部。指导已建立党支部的企业将工作重点放在党员培养长效化、活动开展常态化、制度建设规范化上，并引导符合条件的企业建立党组织。选择党建工作积极、发展势头强劲的企业作为典型示范单位，以点带面推进党建工作开展。截至年底，全市小微企业已建立党组织808个。发挥动产抵押等职能作用，通过开展咨询会、座谈会、企业走访等方式积极搭建银企对接和融资交流平台，全年共办理动产抵押登记242笔，助企融资77.15亿元。

以建立一套行之有效的管理制度、一系列基础过硬的硬件设施、一项创新的创建举措等“三个一”为重点，扎实开展诚信示范市场创建工作，加强诚信体系建设，公示“华安九龙国际奇石城”等6个漳州市诚信示范市场，并推荐其中2个市场接受省级诚信市场考评组的复核考评。

【弘扬工商文化】

举办红盾讲坛系列活动，积极弘扬工商文化，努力在全局营造“爱工商、重学习、讲敬业”的良好氛围。制定干部年度培训计划，开展法治工商、商事制度改革、消费维权、商标广告、监管执法等业务培训，增强干部队伍的履职能力和综合素质。2017年共举办、参加各类培训班17期，累计参学758人次。

【案件核审】

市局共核审案件64件，核审率100%；共受理行政复议申请18件，现已审结16件；全市系统共行政应诉22件，已审结15件。认真执行案件集体审议工作制度，将重大行政执法行为决策纳入局长办公会议事范畴，实行民主决策，化解执法风险。清理整合市局及各分局权力清单、行政审批和公共服务事项清单以及责任清单，梳理各类职权共计146项（含649子项）。积极推行柔性监管方式，编制“致全市电商企业的一封信”和网络营销相关法律规章摘要，引导电商企业增强防范网络营销风险意识。全力抓好维稳工作。规范建设维稳信息员、维稳群众工作队、网络舆情引导员及平安志愿者队伍，开展各类安全维稳行动。加大法制宣传力度。部署开展“七五”普法教育，强化党内法律法规和工商类法律法规宣传。

【维权宣传】

2017年，市消费者委员会开展形式多样、内容丰富、消费者喜闻乐见的系列纪念宣传活动。全市各级消委会共印发宣传材料4.5万份，对《中华人民共和国消费者权益保护法》《中华人民共和国广告法》《中华人民共和国商标法》《中华人民共和国产品质量法》等法律法规进行宣传，解读《工商行政管理部门处理消费者投诉办法》《侵害消费者权益行为处罚办法》等保护消费者合法权益的重要举措，督促经营者自觉履行法定义务，引导消费者增强维权意识，营造良好的社会氛围，并分发到各县（市区）市场监管局，指导宣传活动。通过电视台、各大报纸、微信公众号等主流媒体公布“2016年漳州十大典型案例”，解读网购7天无理由退货等法律法规，让不法经营无处藏身。市消委会领导作客漳州政府网政务访谈节目，就2016年消费维权工作成效、消费维权的热点、消法、2017年年主题、网购7天无理由退货等进行详细解读，并回答了网友的提问。

【消费引导】

市各级消委会创新消费教育引导方式，通过开展消费维权进校园、进社区、进农村活动，向青少年、老年人、农民朋友传播科学消费知识，引导他们树立安全、健康、消费观念。围绕投诉热点、维权难点，结合对商品和服务的消费调查结果，向社会发布消费警示和提示，引导消费者规避消费陷阱，促进经营者守法经营。

【消委会组织建设】

市消委会在做好消委分会和站点建设的基础上，指导各基层分会建立《消委会分会工作人员工作细则》《受理消费者投诉制度》《统计工作制度》等各项规章制度，保证分会工作的正常运作。举办讲座、培训提高分会工作人员的消费维权水平。按照《漳州市消委会律师团工作规则》，组织律师团成员有序开展工作。在消费者权益保护法律法规宣传、热点难点问题点评、消费者评议活动等工作中充分发挥律师作用，为消费维权奠定更为坚实的法律保障。师团成员积极参与一些疑难投诉案件的调解工作，并在支持消费者诉讼方面发挥了较大的作用。加强对志愿者队伍的管理，提升志愿者的维权工作能力，并积极引导志愿者根据自身的特长和条件在一定的消费领域或区域开展消费体察、消费调查、消费评议等维权活动。

·技术监督·

【概　况】

2017年，全市质量技术监督管理系统主动融入区域经济社会发展，充分发挥质量、标准、计量和特种设备等技术优势，不断延伸质监工作触角，积极拓展质监工作领域，认真选准服务切入点，着力在质量提升、标准引领、节能降耗、名牌创建、安全保障等方面，提高质监工作对经济社会的贡献力，各项工作有序推进，较好地完成了各项工作任务。

【协调指导】

2017年3月份，根据国家自2017年4月1日起停征计量强制检定收费，由地方财政对停征后所需经费予以保障的决定，市政府从市级财政资金列支1000万元专项补助市质量技术监督管理局2017年度的强检费用及检定设备投入，并从2018年度开始将计量强检费用列入当年的政府预算，同时及时召开市县两级协调会，以文件的形式重新明确强制检定工作计量器具范围，并对法定计量检定机构（含授权机构）如何认真履职、强检计量器具使用单位如何规范送检和县级计量行政管理部门如何从严管理作出具体的要求，计量监管责任得到有效落实，切实维护了经营单位和消费者的合法利益。

【排查隐患】

落实安全生产“党政同责、一岗双责”制度，按照“全覆盖、零容忍、严执法、重实效”的要求，以开展安全生产大检查和专项整治为抓手，突出问题导向和重点领域，强化隐患排查整治，认真开展气瓶数字化、电梯安全和油气管道“三大攻坚战”，扎实推进危险化学品相关特种设备综合治理和涉氨特种设备专项治理，把厦门周边地区的龙海、长泰、台商区、漳州开发区作为重点区域，对特种设备进行全面的摸排和统计，建立设备档案，对隐患列出问题清单，落实整改时限、责任单位和责任人，有效落实了厦门会晤、中共十九大等重大活动会议的安全保障工作，顺利通过国务院和省政府安全生产工作巡查。截至2017年12月，全市共有登记在册特种设备40167台套（其中电梯14985台套、压力容器13936台套、起重机械6259台套、锅炉2514台套、厂车2409台套、大型游乐设施64台套），压力管道2379千米，全市未发生特种设备事故或社会影响较大的特种设备事件。

【监管执法】

2017年，把质量提升工作作为“一把手”工程，召开了全市质量强市工作联席会，成立了以各单位“一把手”为组长的质量提升行动领导小组，稳步推进质量提升活动。一是通过问卷调查、企业调研等多种形式，深入了解企业质量管理状况，做到家底清、数据准、情况明。二是以辖区内电线电缆、卷帘门机等8类产品和国抽、省抽中产品质量不合格的生产企业为重点监管和提升对象，通过开展现场检查、督促整改、约谈和专家质量问诊等方式，推动产品质量安全区域监管责任的落实。三是组织市计量所专业技术人员深入企业生产一线开展计量精准施测服务，帮扶企业解决计量检测技术难题。四是举办公益讲座，指导推动全市深化标准化改革、培育发展团体标准工作；在芗城、龙海两地举办两期新版质量管理体系宣贯公益培训，助推中小企业提升质量管理水平。五是以“质量月”活动为契机，广泛宣传贯彻质量政策，推动龙溪轴承、漳州科华等省、市政府质量奖获奖企业开展质量提升活动，营造良好质量文化氛围。质量提升工作取得初步成效：2017年8月，省政府对漳州市政府质量考核工作结果为A级，得分位列全省第三名。“漳州制造”的市场竞争力进一步彰显，漳州片仔癀药业股份有限公司入围第三届中国质量奖受理名单公示。圆满完成国家、省组织的安全质量督查工作。

【规范引导】

着力推进“标准化+”行动，不断提高标准和标准化的技术支撑能力，较好地助力漳州经济社会发展，共指导企业参与制修订国家标准6项、行业标准5项、省地方标准3项，漳州市企业通过参与国家标准、行业标准和地方标准的制修订，在技术上获得领先地位，在市场竞争中赢得主动权。示范项目建设有了新成效。9月底，国家级福建鑫展旺物流一体化供应链服务标准化试点高分通过省局组织专家组的评估验收；大正冷冻国家级农产品冷链流通标准化试点企业，福乐家省级家政服务标准化试点，龙海小盆栽栽培、南靖高山茶种植、南靖甲鱼养殖3个省级农业标准化示范区项目建设进展顺利。新增1个国家级、2个省级农业标准化示范区，其中：双孢蘑菇栽培标准化示范区获批为第九批国家农业标准化示范项目，金萱茶种植标准化示范区、南坑咖啡种植标准化示范区获批为第九批省级农业标准化示范区建设项目。

【技术支撑】

在古雷石化项目中，按照“优质服务、强化监察、规范许可、重点整治、保障安全”的工作思路，充分依托好省局处、院特种设备技术专家力量，切实做到服好务，把好关，努力实现整改修复“三个100%”：2017年2月，腾龙翔鹭整改修复动员会召开后，立即成立腾龙翔鹭特种设备整改修复协调服务小组，根据有关要求和企业现有设备的实际情况，本着不走错路、少走弯路、加快进程、顺利安全复产的指导思想，制订了隐患排查、整改修复、设备注册“3个100%”的目标，综合有关领导和专家的意见进行多次修改完善，向腾龙翔鹭项目整改修复指挥部提出了10点建议，切实从源头规范，有效把好重大项目的安全关，同时持续跟踪督促翔鹭石化恢复生产整改修复闭合事项，认真为企业早日复工达产积极献言献策。5月25日，市长刘远在安监局就腾龙翔鹭整改修复工作的工作报告上批示：市质监局服务重点项目工作认真、有效。此后，又多次得到市委、市政府的批示和肯定。翔鹭石化（PTA）已于11月18日开车试生产，腾龙芳烃（PX）整改修复正全力推进中。

·物价管理·

【概 况】

2017年，全市价格系统围绕全

6月12日，市物价局在红星社区设立价格争议调解工作站

省物价工作要求及市委市政府提出的各项工作任务，贯彻《中共中央国务院关于推进价格机制改革的若干意见》，认真履行价格职能，在清费减负降成本、强化市场监管、稳定市场价格以及拓展价格职能促进社会和谐等方面发挥积极作用。2017年，全市居民消费价格总水平上涨1.2%，实现市委、市政府确定的价格调控目标。

【价格改革】

按照省局10项重点价格工作任务按月督查通报要求，全市价格系统明确任务、明确标准、明确责任，全面落实完成省政府提出的价格改革各项任务，重点价格任务有序推进。制定出台市级机动车停放服务收费管理办法、农业水价综合改革方案，出台漳州市贯彻落实公平竞争审查制度的实施意见，并建立联席会议制度；全市设立价格争议调解处理工作示范站14个，聘请30余名兼职调解员，做到站牌、流程、台账、制度四统一；管道天然气成本交叉监审工作按时完成。

【清费减负】

全市价格部门认真落实国务院、省政府有关清费减负政策，年减轻企业、个人负担约8.77亿元。一是落实收费目录清单制度。公布了行政事业性和经营服务性收费目录、行政事业性收费单位以及涉企收费优惠政策等“三个清单”，实行常态化公示和动态调整，用“清单”清权、亮权、控权，确保“涉企收费进清单，清单以外无收费”。2017年开展3次收费公示专项督查，及时纠正政策过渡期间收费行为不规范的问题。二是落实价费减免政策。落实国家、省级取消和减免行政事业性收费57项、经营服务性收费10项、暂停征收价格调节基金、落实省政府《关于进一步降低实体经济企业成本的若干意见》，年减轻企业、个人负担约2.51亿元；落实上级有关规模工业电价、一般工商业用电价格下调政策，年减轻企业负担约6亿元。三是落实节能环保价格政策。在实施天然气价量动态调整机制的基础上，进一步优化天然气价格联动机制，两项政策叠加，年减轻终端用户负担600万元以上。

【稳价控价】

2017年，全市居民消费价格总水平上涨1.2%，实现了市委市政府确定的价格调控目标。一是健全价格监测体系。全市设立213个价格监测点，在继续做好粮食、主要畜产品及饲料、城市居民食品、工业及农业生产资料、城市及农村居民服务等八大类重要商品和服务价格监测的同时，建立景区门票、劳动力市场、药品、货物运输、食盐、家庭耐用消费品、建筑砂石7个项目的价格监测报告制度，形成了以定点单位为主体、动态性监测点为补充的网络体系。二是抓好民生价格信息发布。每天在“漳州菜篮子”网站发布菜、果、肉等60余种商品市场价格行情，与《漳州广播电视报》等媒体合作，开辟《物价速递》《特价淘》栏目，加强价格宣传，引导市场预期。8月，漳州市砂石原材料市场价格出现异常波动，市局快速建立监测点，启动应急监测机制，为稳定砂石市场价格发挥了作用。三是推进平价商店建设。全市建成平价商店80家，辐射常住人口约180万人，做到启动有保障、销售有方案、应急有措施。

【监督检查】

2017年，查处价格违法案件27件，实现经济制裁221.6万元，是近三年来成效最为突出的一年。开展涉企收费、电力价格、机动车停放服务收费、抑制房地产价格炒作行为和商品房销售价格行为等5个专项检查，其中查处房地产企业不按规定明码标价、公示成交价格与实际成交价格不符、价外收取本应由开发商缴纳的代办费等问题34件，社会效果良好。“12358”举报电话实行座席专人值守、市县两级联动、限时办结反馈等办法，有效提高了价格举报办理质量。全市价格举报与投诉咨询1284件，办结率达

节日市场价格检查

99.3%，做到有报必查、有查必果。根据停车收费、交通运输类投诉比例高达42.34%的情况，市局着重开展专项检查，处理处罚8个停车场，有效促进行业规范。

【公共服务】

全年受理涉案价格认定2063起，涉及金额4.51亿元；涉纪案件价格认定4起，涉及金额198.85万元；完成存量房涉税价格认定1293起，涉及金额5.28亿元。农本调查、成本监审得到规范。完成了水稻、花生、香蕉、蔬菜、生猪、禽蛋等农产品调查任务；开展定点屠宰加工服务、公办幼儿园教育及机动车安全技术和工况法排气检测等项目的成本监审，共核减不合理成本4497万元。全市价格系统建立信息联络员制度，信息投稿量和省局采用量均较往年有所增加，全年被省局门户网站、微信公众号采用超100篇次。

·安全生产监督管理·

【概　况】

2017年，市安全生产监督管理系统以防范和有效减少事故为目标，以推动安全生产领域改革发展为导向，以国务院和省政府安委会巡查为契机，按照上级有关部署，开展安全生产大排查大整治和大检查等重点工作，扎实推进安全生产责任落实有效，消除和整治了一批安全隐患和问题，全市安全生产形势较为平稳。

2017年，全市发生各类生产安全事故161起，同比减少35起，下降24.3%；死亡140人，同比增加19人，上升11.8%；发生较大事故4起，控制在省政府下达的安全生产责任目标之内。

【落实责任】

市委常委会、市政府常务会多次听取安全生产工作情况汇报，研究解决安全生产重大问题。市政府细化安全生产责任考评指标，明确考核权重，在各类评先评优、文明单位评选和人大代表、政协委员人选中严格把关，实行安全生产“一票否决”，市政府效能办将安全控制指标纳入KPI考核内容，对因事故调查处理受到党政纪处分的，取消当年度绩效奖金和评先评优资格。制定《企业落实全员岗位安全生产责任制的指导意见》，推动安全责任、管理、投入、培训和应急救援“五到位”。通过加强组织领导、宣传教育、监管执法，保持高压态势，采取高密度、高频度的监督检查和“回头看”等措施，督促企业加强安全管理，深入开展隐患自查自纠，推动大排查大整治工作在企业“末端”得到落实。严格按照“四不放过”原则，严肃开展事故调查处理工作，启动“一案双查四问责”，不仅问责当事人责任、企业主体责任，同时追究监管单位责任、领导干部责任，有效倒逼安全生产责任落实。市安办相继完成4起较大事故调查，移送刑事追责4人，移交10家单位和29名人员责任追究，组织对诏安“8•17”火灾、台商投资区“8•18”天然气管道受损泄漏等两起事故调查工作，查明事故原因，认定事故性质，并对相关责任单位和责任人员进行严肃追责。对安全生产大排查大整治“百日行动”迟缓、工作不重视、不落实、不作为的漳浦县长桥镇、龙海市颜厝镇，以及龙海市、诏安县等2起渔船涉险事故进行追责、问责，并在全市进行通报；对漳州长运集团旅游分公司驾驶员驾车时接听手机和公司动态管理不到位等问题，也进行追责。

【隐患排查整改】

针对第一季度接连发生3起较大事故的严峻安全生产形势，按照省政府安办的约谈要求，2月19日至5月31日在全市开展安全生产大排查大整治“百日行动”，在“百日行动”期间共制作发放27期工作简报，并按照省政府安委会部署，制定下发《安全生产大排查大整治工作方案》《全市安全生产大检查工作实施方案》，将大排查大整治和大检查工作延伸到2018年春节前。9月15日，市政府安办制定下发《关于印发漳州市安全生产大检查第二阶段工作方案的通知》，进一步明确大检查第二阶段的工作目标和要求。持续加大交通运输、学校、人员密集场所、消防、危险化学品、非煤矿山、烟花爆竹、油气输送管道、建筑施工、特种设备和冶金等重点行业领域、重点单位和重点部位的安全隐患排查治理。按照“企业自查、行业检查、政府督查”方式开展，推进企业按照大检查要求，对重点场所，要害部位、关键环节，进行全面检查，检查发现并及时整改问题和隐患，全市共组织1434个督查组，组织各类安全生产检查组3890个次，检查生产经营单位31186家次。先后排查各类隐患32614项，完成整改31654项，整改率97%，对排查发现重大隐患55项，已完成整改49项，停产停业整顿94家，取缔关闭71家，有效消除一批安全隐患。

4月26—28日，国务院安委会第五巡查组对漳州市开展延伸巡查；省政府安委会第一巡查组于6月26日至7月10日进驻漳州市开展安全生产驻地巡查和延伸巡查。巡查组从责任落实、强化安全基础能力建设、贯彻落实遏制重特大事故制度措施、重点行业领域专项整治等多个方面着手，查找问题、列出清单。市政府安委会第一时间制定《问题整改工作方案》，将问题和建议清单进行分解，明确具体责任单位，按时完成前期国务院安委会通报巡查发现的16项政府和企业的问题已整改；6月26日国务院正式通报巡查问题后，漳州市于7月20日、8月18日分别向省安委会两次反馈了整改情况，28项问题（建议）中已完成22项，剩余6项主要是安全监管、执法机构及涉及推进企业落实安全生产主体责任等需长期落实的问题；省政府安委会巡查反馈的163项问题隐患，已完成整改160项，其中涉及政府（含乡镇）72项问题中已完成整改69项，剩下3项也需长期落实整改；涉及26家企业91项问题，已全部整改到位。对于国务院和省里的督查、检查、考核通报的问题均严格按照要求整改并反馈。上级领导高度重视翔鹭石化整改修复工作，中央书记处书记、中央统战部部长尤权，全国人大常委会原副委员长盛华仁，省委书记于伟国、常务副省长张志南多次听取古雷腾龙翔鹭整改修复工作情况汇报，作出批示指示。省政府安委会专题下发了《关于全面强化腾龙芳烃和翔鹭石化公司安全管理 促进企业健康发展的意见》，省政府安办多次牵头组织省安监、质监等部门深入企业督导。原中石化董事长王玉普、总经理戴厚良派出整改修复指挥部进驻腾龙芳烃和翔鹭石化，加大了整改修复工作领导力量和技术力量。漳州市委书记檀云坤召开市安委会专题会议，审议制定了《省政府安委会意见贯彻落实方案》；市长刘远每两周召开整改修复工作现场协调会，召集3次专题会议，组织市安监、质监、消防等部门靠前指导、严格监管，对翔鹭石化落实省政府安委会文件情况进行了一次性联审。在各方的关心、支持下，翔鹭石化按照 “应检必检、检必检全，应修必修、修必修好”的要求，全面完成整改工作，于2017年11月28日开车试生产。对全市渔业船舶、非煤矿山、重大危险源企业实施安全风险分级分类管控；加快推进古雷应急救援基地建设，于年初开始起草编制《漳州市古雷港经济开发区石化事故三级响应应急操作指南（征求意见稿）》，经广泛征求市危险化学品应急领导小组各成员单位和漳浦县政府、古雷开发区安委会意见，副市长陈水树主持召开专题会进行深入研究、探讨和完善，并再次征求相关县区和部门的修改意见，制定出台《古雷开发区石化事故三级响应应急操作指南》；召开现场会，确定3家企业为试点，扎实推进危化品从业单位“一图一卡一册”（应急处置图、应急处置卡、应急处置手册）工作；开展用人单位职业健康基础建设，整治“四类粉尘”（陶瓷生产、耐火材料制造、石材加工制造、水泥制造）企业职业病危害，全市共有75家“四类粉尘”企业整治达标。要求企业对发现的问题和隐患建立台账、整改落实，整改落实情况由企业主签字后上报当地安全监管和行业管理部门；各县（市、区）、开发区和市直各部门也相应建立台账，制订整改计划，由主要领导和分管领导签名后报市政府安办，切实跟踪督促隐患整改到位，实现闭环管理。

【专项整治】

在道路交通安全整治方面，采取国道24小时全程巡查、发生亡人事故24小时之内启动责任倒查机制等“十大刚性举措”，并在全市集中开展大中型货车专项整治，2017年，全市共查处“五类十项”严重交通违法行为39.183万起。道路交通事故死亡人数485人，与去年同期对比减少55人、下降10.19%。在危险化学品安全整治方面，狠抓危险化学品安全综合治理，研究制定建立完善危化品安全监管档案、组织全员培训教育、探索政府购买服务等5项监管新举措，并先后召开联席会和现场推进会，对危险化学品安全综合治理工作进行再部署、再推进。至年底完成对全市危险化学品生产经营、涉氨制冷和城镇燃气等危险化学品从业单位的摸排普查，对752家重点单位建立了监管档案。39项整治重点中，已有重大危险源排查、人口密集区危险化学品生产企业搬迁等4项完成治理，其余35项整治工作正按序时进度扎实推进。通过“明察暗访”等措施，持续加大了散装汽油销售安全管理执法检查力度，共抽查加油站40家次，发现各类隐患37条，立案查处

12月21日，召开全市乡镇船舶安全生产管理现场推进会

23件，实施行政处罚19余万元；深入开展醇基液体燃料安全专项整治工作，及时印发《关于集中开展打击“黑气”和醇基燃料专项整治行动的通知》，于8月11日在芗城区召开醇基燃料整治现场推进会，并先后组织多个督察组，对各县（市、区）醇基燃料整治情况进行专项督察，全市共摸排发现醇基燃料使用单位554家，全部落实整改，对查获的3家非法经营单位移交司法机关查处。全市共检查危险化学品、烟花爆竹企业1134家次，排查整改隐患1057条，关闭非法危险化学品经营及烟花爆竹零售单位15家。在消防安全整治方面，密集开展“三合一”（仓库、生产车间和宿舍在同一建筑物上）场所、“九小场所”（小学校或幼儿园、小医院、小商店、小餐饮场所、小旅馆、小歌舞娱乐场所、小网吧、小美容洗浴场所、小生产加工企业）、人员密集场所、居住出租房及住宅小区、易燃易爆场所5类消防火患清剿行动。全市共检查社会单位3.2万多家，排查整改火灾隐患28252处；督促整改“三合一”场所17852家，迁出27008人，技术改造5762处。同时，抓好乡镇船舶安全治理，制定出台《乡镇船舶安全专项整治工作方案》，明确县乡两级政府及行业主管部门乡镇船舶安全监管主要责任；突出12项整治重点，检查53家非煤矿山和尾矿库6座，排查整改隐患263条；检查粉尘涉爆企业212家，排查整改隐患356项。从3月中下旬开始对辖区涉尘涉毒重点企业的职业健康工作开展市县联合专项执法检查。共发现隐患72项，对3家企业作出警告的行政处罚，经努力全部整改到位。

【监管执法】

严格依法治安，着力提高安全生产法治化水平。一是提升监管执法能力。依托市安全生产执法支队开展执法调度分析，通过剖析典型案例、研讨处罚依据、探索执法方法等方式，提高执法水平、转变执法方式、规范执法行为。印发《漳州市安全生产大检查执法实施方案》，市局执法支队持续出击，以危险化学品、非煤矿山企业为重点，结合职业卫生开展一体化执法检查，并针对国巡、省巡中发现的问题整改情况，采取联合执法、融合执法、执法“回头看”“双随机”执法等多种形式开展执法检查。二是提升执法规范化水平。先后制定执法监察、行政处罚等17项规章制度，出台《关于进一步加强安全生产执法工作实施意见》，推动各级各有关部门加强安全生产执法工作，编印《安全生产日常工作制度汇编》，从源头上遏制执法随意性。整合市县两级执法力量，推行季度联合执法行动，并深入开展安全生产执法机构规范化建设考评。三是提升监管执法实效。实行委托执法、联合执法、交叉执法等多种方式，推进安全生产与职业健康一体化监管执法，形成综合监管和专项监管的联合互动、市县两级互动。出台《漳州市安全生产监管系统推进安全生产监督检查随机抽查工作实施方案》，推行安全生产执法检查机制，建立随机抽查对象名录库和执法人员名录库，明确随机抽查事项清单、随机确定执法对象、随机选派执法人员。保持执法高压态势，定期组织开展安全生产“打非治违”专项行动，对发现问题的企业严厉处罚，并曝光一批违法违规生产经营单位。2017年安监部门就处罚生产经营单位88家次，罚款495.81万元，有效震慑非法违法行为。

【基础建设】

市政府安办出台《漳州市安全生产标准化创建规划工作意见》，要求通过推进企业安全生产标准化建设，进一步提升企业防范事故能力。狠抓非煤矿山、工贸行业、危险化学品安全生产标准化建设的巩固、提升，制定下发《漳州市人民政府安全生产委员会关于深入开展安全生产标准化建设促进企业自主安全管理的通知》，在引导企业自主创建的同时，把推动企业标准化建设融入日常监管、专项整治工作中。危险化学品标准化按照证书到期换证程序，考评通过13家；共有5家非煤矿山企业和93家工贸企业申报企业安全生产标准化三级达标考评，市局按计划组织对5家非煤矿山企业和36家符合申报条件的工贸企业进行考评，5家非煤矿山企业100%通过了安全生产标准化三级达标，30家工贸企业通过安全生产标准化三级达标，标准化创建达标率为83%。制定下发《漳州市安全生产监督管理局推进失信被执行人信用监督、警示和惩戒机制建设实施方案》，成立市安全生产监督管理局失信被执行人信用监督、警示和惩戒机制建设工作领导小组，有效地保证对失信被执行人信用监管、警示和惩戒工作的落实；根据国家安监总局和省局部署要求，及时制定并印发《漳州市安全生产领域守信联合激励和失信联合惩戒制度实施方案》，对生产经营单位及其有关人员从11个失信行为方面实施联合惩戒；同时，为激励守信，对有关部门和单位从评优评先、政策优惠、优化检查频次、优惠金属信息等四个方面实施褒扬和激励，为统筹兼顾，将“黑名单”作为联合惩戒对象的一部分，实现联合惩戒对象和“黑名单”统一管理。根据漳州市信息归集工作方案要求，制定《对安全生产领域失信行为开展联合惩戒信息管理制度》，进一步规范联合惩戒信息报送依据和方法，为实施安全生产失信行业开展联合惩戒工作提供了依据。市、县两级全部建立应急救援中心，全市11个县（市、区）及5个开发区，共有非煤矿山63家，危险化学品生产企业58家，危险化学品经营企业461家，这些需安监部门办证的企业均已按照规定完成预案修订、评审及备案工作。出台《漳州市古雷港经济开发区石化事故三级响应应急操作指南》。经常性组织开展多层级、多形式的应急处置综合演练，6月22日，福建省质监局在芗城区金峰开发区漳州安燃LNG气化站内举行举办漳州市特种设备突发事件省市区三级应急处置演练，漳州海事局在漳州开发区举办2017年海上综合应急救援演练；6月29日，福建省经信委在芗城区漳州久依久化工有限公司举行民爆行业生产安全事故应急救援演练；7月27日，省市安监局在龙文区共同举办液氨泄漏生产安全事故应急演练，此次演练共出动应急救援车辆12辆，参演人员180余人，现场观摩人员270余人。全市共举办608次应急演练，其中综合应急演练16次，专项应急演练151次，现场处置方案演练441次，参加人数12万人次，投入演练资金112余万元。9月15日，在市政府安办和古雷开发区管委会的指导下，翔鹭石化进行了试生产前的大型综合应急演练，古雷安监、消防等部门，以及腾龙芳烃等周边企业联合参与演练，进一步提升古雷石化园区的应急联动处置能力。出台《关于全面加强安全生产监管执法的通知》，推动各县（市、区）设立乡镇（街道）安全生产监督管理办公室，每个乡镇确定不少于2名专职人员负责安全生产监管工作。推动各县（市、区）设立乡镇（街道）安全生产监督管理办公室，每个乡镇确定不少于2名专职人员负责安全生产监管工作。至12月底，全市121个乡镇（街道）均成立安全监管机构，共有监管人员279名；推广云霄县安全生产经验，开展乡镇安全生产基层基础规范化建设。加强执法培训，提升监管水平，8月至9月，分四期组织全市95名安全生产系统监管人员到福州参加福建省行政执法资格培训及考试。积极助推“机械化换人、自动化减人”模式，在对金属非金属矿山日常监管过程中，严格按照国家法律、法规、规章及标准，不断推进企业向“机械化换人、自动化减人”转变，如必须使用机械二次破碎和铲装作业；禁止手工凿岩、人工装药等原始措施；所有矿山作业禁止采用人工运输，采用小型铲运机代替人工运输。

7月27日，2017年漳州市液氨泄露生产安全事故应急演练

【宣传教育】

10月20日，市委编办批复同意设立漳州市安全生产宣教中心，为市局所属的正科级公益一类事业单位，核定人员编制3名，编制结构为：行政管理人员1名，专业技术人员2名；核定正科级领导职数1名，主要负责全市安全生产宣传教育工作，切实增强了安全生产宣传力量。认真宣传贯彻《关于推进安全生产领域改革发展的意见》（以下简称《意见》）和《福建省安全生产条例》（以下简称《条例》）。国务院安办《意见》宣讲团莅临漳州市进行宣讲，漳州市市长刘远主持，随后召开全市贯彻落实会议；市县两级安委会多次召开宣讲会，要求把《意见》《条例》的宣传贯彻结合到安全生产日常监督检查工作中，将宣贯落实不断引向深入。制定《漳州市宣传贯彻落实〈中共中央国务院关于推进安全生产领域改革发展的意见〉工作方案》《〈福建省安全生产条例〉学习宣贯工作方案》。市安办将《意见》《条例》宣贯落实情况纳入2017年度安全生产责任目标考核内容，要求各级各部门将《意见》《条例》纳入党委（党组）中心组学习内容、纳入干部培训、各项安全业务培训和企业员工三级教育计划。同时，采取集中学习、专家解读、制作分发宣传手册（折页）等多种形式，借助安全生产月活动，依托微信、电视、报纸等媒体，广泛开展宣贯活动，把《意见》《条例》精神宣传到干部职工和企业员工当中。精心组织开展“安全生产月”、《中华人民共和国安全生产法》实施周年、《中华人民共和国职业病防治法》宣传周、“安康杯”竞赛以及安全知识集中宣传活动，围绕安全生产常识的普及，围绕生产安全事故案例分析，围绕安全生产违法违规行为的曝光，多角度开展宣传教育，培养规范广大民众和企业员工安全行为。与市电视台合办《莹

6月16日，副市长陈水树（右一）、安监局副局长（主持工作）张文力（右二）参加安全生产宣传月咨询活动

莹说安全》系列新闻采访播出313期，与市广播电台合办《聚焦安全生产》播出104期，与《闽南日报》合办的“安全生产之窗”刊发60篇稿件。与漳州政务网合作，今年6月份由市安监局新闻发言人张文力参加政务访谈，制播解读《关于推进安全生产领域改革发展的意见》；每个工作日推送3条安全生产前沿资讯的“漳州安全生产”微信公众号，已发送778条微信。与漳州移动合作，定期通过移动短信平台，向各安委会成员单位一把手、全市安监系统及万名安全生产标准化企业负责人发送安全生产宣传短信。6月6—7日，由中央驻闽及省内主要新闻媒体组成的“海西安全发展行”记者团到漳，宣传采访漳州市安全生产好经验好做法，并对漳州市安全生产宣教工作给予充分肯定。

·食品药品监管·

【概 况】

将食品安全工作纳入市、县政府绩效考核和综治考评的重要内容，围绕“食品安全放心市”创建方案，着力开展食品安全“十大体系”建设，加强“从农田到餐桌”全过程的质量安全控制。组织协调各有关单位全面落实治理“餐桌污染”、建设“食品放心工程”的各项任务，扎实开展治理工作。各部门各负其责、紧密配合的协作机制进一步完善，食品安全齐抓共管的格局进一步形成，全年无发生食品安全事故。

【百日会战】

成立厦门会晤食品安全监管领导小组，组织开展食品药品安全专项整治“百日会战”。从6月份开始，对全市307家产品销往厦门地区的食品生产企业，逐家登记建档，与企业签订食品质量安全承诺书，强化培训和监管；督促食品销售者特别是供厦食品批发企业以及旅游景点、宾馆酒店的食品经营者严格依法经营，认真落实进货查验等制度，加强食品溯源管理；根据厦门会议所需的食品品种名单，走访31家企业，征求意见建议，并严格筛选标准；完成26家食品生产企业的监督评审和整改复查，完成4家有赞助意向食品生产企业的监督评审；对6家正式与夏商集团签订供会协议以及3家与厦门会议组委会签订赞助协议的企业，及时启动全程监管，顺利完成供会食材安全保障工作。厦门会议期间，无发生群体性食品药品安全事件。

【日常监管】

全面规范事中事后监管，将新增药品生产、化妆品生产、医疗器械生产等3个监督检查主体库和14家药品生产企业、20家化妆品生产企业、16家医疗器械生产企业纳入“双随机”抽查范围。全市共上报药品不良反应病例2849例、医疗器械不良事件418例，录入药物滥用报表173例，化妆品不良反应报告98例。市级食品安全抽检任务计划批次数共计4645批次，药品（含药包材）监督抽样任务905批次，药品检验任务365批次。完成市级食品安全抽检任务2302批次，药品（含药包材）监督抽样907批次，药品检验365批次。完成全市1400多家食品生产企业进行风险等级评定；在全省率先完成食品经营企业首次风险分级工作，其经验做法在全省推广。

【专项整治】

治理农村市场、城乡接合部、学校周边地区销售假冒伪劣食品药品和“三无”食品等违法违规行为，加大对“黑窝点”的打击力度。建立完善风险分析研判制度，组织开展食品药品安全风险排查，重点开展蜂产品、婴幼儿辅助食品、糕点、饼干等12类重点产品专项整治，小作坊治理整顿，春秋季开学学校周边食品安全专项检查，小餐饮专项整治，药品流通领域综合整治行动，医疗机构制剂和使用未依法注册医疗器械专项整治，特殊药品流向专项检查以及违法使用中药提取物监督检查等，对违法违规行为及时给予严厉打击。全市查处食品药品案件552件，案值173.7万元，罚没款1291.6万元，移送公安机关23起。

1月23日，市长刘远（左二）、副市长吴卫红（左三）检查节日市场

【示范创建】

推进龙海市、东山县第二批食品安全社会共治示范县创建；在大型食品连锁超市开展创建“放心肉菜示范超市”活动，抓好每县（市）区1个试点市场和5个以上品种的准入工作；在全市创建12家省级餐饮服务“明厨亮灶”示范单位，积极创建220家幼儿园食堂网络视频“明厨亮灶”示范单位，并列入漳州市为民办实事项目。健全完善百家“示范药店”和百名“诚信药师”评选工作机制，出台《漳州市家庭过期失效药品回收管理办法》及《漳州市家庭过期失效药品回收服务工作实施方案》等相关制度，推动药品回收工作落到实处。

【溯源建设】

运用“互联网＋监管”，奋力打造“智慧监管”，巩固和提升信息化监管水平。截至12月，全市共有204家食品企业接入食品安全溯源系统数据监管，197家企业接入视频溯源监管系统。推动智慧监管仪与“省局食品安全监管与社会共治（一期）系统”的检查项目对接，做到“线下现场监管”与“线上远程监管”有机结合，并在全市8个农贸市场配备8台食品安全检测仪，检测结果实时上传到漳州市食品安全全程可追溯平台，监管效能得到提升。

【营商环境】

制定市县两级行政审批和服务事项清单，协调审改部门将食品风险等级低和较低风险的食品生产许可权限下放龙海市、漳浦县试点实施，将第三类医疗器械经营许可和第二类医疗器械经营备案委托县级具体实施，将药品零售企业GSP认证事项委托县级实施。在符合法律法规的前提下，精简食品生产许可审批工作，缩短许可审批时限至12个工作日，让食品生产从业者将享受到更加方便快捷的服务。深入探索使用网上办事大厅、“政证快”等平台，积极为办理对象提供“最多跑一趟”服务。全年，局行政服务中心窗口共受理办件1142件，办结1113件，共实现“最多跑一趟”办件919件，占所有办件数的82.57%。

【应急能力】

在龙海市开展应急管理知识和网络宣传员培训，举行漳州市食品安全Ⅳ级应急演练，副市长吴卫红到场指导，不断提高处置突发事件能力和应急管理综合能力。针对6月8日龙海、漳浦有多人因食用青蛤引起中毒，局第一时间启动应急响应，及时发布食品安全风险预警，迅速派出督查组分赴各县（市、区）开展专项督查，严禁赤潮发生区域水产品流入市场，事态很快得到有效控制。

【社会共治】

在全市所属的医院、商超、药店、社区、餐饮服务及农村等人员聚集的地方和场所，建立食品药品公益宣传牌（联播网）305个，广泛开展食品药品公益宣传活动；集中销毁一批假冒伪劣的食品药品，涉及过期失效、假冒伪劣食品药品共600多个品种、700多件，货值达20多万元；加强舆情监测与应急处置工作，借助省局“舆情监测QQ群”的作用，快速、高效地做好22件舆情监测信息的直报与处置工作；认真做好人大建议和政协提案办理工作，完成11件政协提案及2件人大代表建议的办理，均在法定时限内答复。同时，充分发挥“12331”、“12345”和政府网站平台作用，推动形成食品药品社会共治大格局。

“经济管理”撰稿人：
李伟光　黄雅雅　许　悦
梁勇鹏　周建勇　郑若青
吴永泰　王梅英

资料提供：
市发展改革委员会　市审计局　市统计局　市工商行政管理局　市质量技术监督局　市物价局　市安全生产监督管理局　市食品药品监督管理局

·科学技术·

【概 况】

2017年，漳州市深入实施创新驱动发展战略，推进大众创业、万众创新，连续出台《漳州市科技计划项目管理办法》《漳州市级科技项目经费管理办法》《漳州市自然科学基金计划项目管理办法》等多份文件，强化漳州市科技计划项目管理，促进科技计划项目管理的规范和科学，增益科技计划项目管理效率和项目实施成效。全市一般公共预算科学技术支出45000万元。申请登记省科技成果17项。推荐23项优秀成果申报2017年度福建省科学技术奖，入围14项，其中技术发明奖2项，科技进步奖12项。根据国务院办公厅通知，从本年度开始取消市级科技进步奖评奖表彰。

【科技项目立项与实施】

2017年，漳州市获省级及以上科技项目立项219项，共争取资金5210万元。其中争取到2017年中央引导地方发展专项资金、省科技重大专项等8类科技计划项目3053万元；研发投入分段补助等7类补助1837.19万元；科技人才补助2项320万元。下达市级科技计划项目57项，安排经费816万元，其中科技重大专项第一批资助6个项目300万元；第二批资助8个项目400万元；2017年市自然基金项目资助43个项目116万元。

【高新技术产业】

2017年，漳州市深化实施“科技型企业—高新技术企业—创新型企业”成长路线图，健全政府资金引导、创业投资机构和社会资本融合的扶持机制，培育一批科技型企业。新增省级科技型企业备案127家，新增“科技小巨人领军企业培育发展库”50家，全市省级科技型企业备案332家，市级科技型企业备案644家，“科技小巨人领军企业培育发展库”企业98家；新认定高新技术企业62家，截至2017年底，全市高新技术企业总数达154家，其中产值上亿元的70家。全市高新技术产业产值突破1650亿元，高新技术产业增加值约为450亿元。

【农业科技】

2017年，中央引导基金1项、省区域重大专项1项、省区域发展项目3项、省级星火计划立项6项、设区市农科所专项5项，获省级科技经费925万元资助，安排市级重大科技专项4项，资助科技经费200万元。这些项目实施，将培育壮大一批重点科技型农业产业龙头企业，提升本市农业科技的整体水平，促进农业增效、农民增收。

【科技企业孵化器】

2017年，漳州市掀起创新创业平台建设新高潮，建成“形式灵活多样、服务功能争奇斗艳”的创新创业孵化载体。漳州市科技开发服务中心引进4家企业，入驻漳州市高新技术创业孵化基地，2家企业毕业，现在孵企业13家。永润众创空间获评省级互联网孵化器，至2017年底，全市共有3家省级认定的科技企业孵化器，15家省级备案企业孵化器，7家市级孵化器，省级互联网孵化器3家。2017年，漳州市金峰众创园、图灵互联网众创空间被列为国家备案众创空间，茶之序、硒博士被列为国家级星创天地，新认定的省级众创空间3家，市级众创空间3家。至2017年底，全市已建成并投入使用众创空间30家，其中国家备案众创空间2家，国家级星创天地4家，省级众创空间13家，市级众创空间14家，福建省示范创业创新中心1家。孵化面积9万多平方米，工位3500多个，入驻创业团队总数400多个、创业人数3000多人；拥有创业导师200多人。

【高新技术产业开发区】

漳州市着力引导科技资源向高新区聚集，推进漳州高新技术产业开发区及全市科技事业快速发展。2017年，漳州高新区引入世界五百强企业Oracle公司，建设甲骨文（漳州）技术人才双创基地，该双创基地是基于产学研一体化的科创+文创基地，是一家集Oracle技术实训与软件产品于一体，为创新孵化企业和产业升级提供一站式、全流程诊断咨询的科技信息服务平台。一期建设用地1.13公顷，2017年11月14日开园，同时举办第三届海峡两岸（漳州）工业设计创新大赛。

【漳州国家农业科技园区】

2017年，重点产业建设项目取得新发展：漳龙林业循环经济产业园累计完成土地征收130.89公顷，已完成固定资产投资5793万元；海峡花卉集散中心一期133.33公顷项目区已建成投用，引进花木企业142家，已入驻企业有142家；现代农业硅谷项目引进台湾食用菌优良品种、生产技术和设备；海峡花木休闲小镇已完成固定资产投资2275万元；闽台兰花产业园规划用地100公顷，已完成基础配套设施固定资产投资4044万元。对台对外合作交流培训成效显著：组织园区企业参与厦门第九届海峡论坛对接会、6•18海峡论坛交易会、北京农产品交易会、南京国际博览会、第九届农博会、第十九届花博会，成功签约项目13个、20多亿元；举办4期海峡两岸新型农民培训班培训，新型职业农民200多人次；承办4期国家援外培训项目，培训外籍学员89人次。

【科技扶贫】

2017年，漳州市实施市级科技扶贫计划项目，安排科技扶贫专项经费100万元，建立科技扶贫项目示范点。从在漳科研院所、高校、市直农业技术推广机构共选派42名科技人员，专业领域涵盖农业技术推广、植物保护、农产品加工、果蔬、园艺、食用菌、食品等；职称方面有正高级5名、副高级25名、中级12名；服务于云霄县、诏安县和平和县3个省级扶贫开发重点县。全市科技系统开展科技帮扶行动，向17个欠发达乡镇、183个贫困村下派科技特派员，做到贫困村科技特派员全覆盖，广泛开展科技“三下乡”活动。在3个省级扶贫开发重点县范围内，开展“17个欠发达乡镇挂职处级干部精准扶贫（科技）培训会”、青梅、淮山、蜜柚、芭乐、百香果、辣木等栽培技术，科学种养、疫病防治等6期科技实用技术培训。

【技术市场交易】

2017年，组织19人参加省科技厅举办的技术经纪人培训班，加强我市技术转移和成果转化储备业务人才。完成技术合同认定登记24项，其中技术开发合同18项，技术服务合同6项，合同成交总额2084.91万元。推荐漳州市舟锋技术经纪有限公司、福建省蓝火企业管理咨询服务有限公司、福建万安化工科技有限公司3家单位申报省级技术转移机构，并获确认。

【科技交流合作】

2017年，漳州市组织企业携带技术需求参加海峡项目成果交易会、中科院稀土科技成果推介座谈会、中国农科院现代农业技术成果对接会、福建省微电子产业推介对接会、上海—福建技术转移圆桌会议、中国国际高新技术成果交易会、中国—阿拉伯国家技术转移与创新合作大会、中国—东盟国家技术转移—创新合作大会等展会，拓展渠道，加强国际交流合作。当年，推荐正兴车轮集团有限公司“汽车轻量化车轮研发中心”、漳州科华技术有限责任公司“军事工程装备特种电源关键技术研究开发中心”申报2018年省引进重大研发机构资助项目，获得立项资助经费1345万元。推荐富顺光电科技股份有限公司“基于物联网的智慧LED隧道灯开发应用及产业化”、福建扬基生物科技有限公司“云南紫花三叉白芨引进、育苗、栽培的产业化研究”4个项目申报2018年省对外合作项目，富顺、扬基公司项目获得立项资助经费180万元。

【漳州市“蓝火计划”】

2017年，漳州市组织蓝火计划产学研活动38场次，中国海洋大学、江南大学、天津科技大学、解放军军械工程学院、厦门大学、集美大学、中国林业科学研究所、北京机电研究所10多个高校、科研院所参与，派出10多批次100多位院士、教授先后来漳现场调研指导。组织漳州市10家企业20多人次赴清华大学、北京机电研究所、中科院海西分院等高校科研院所洽谈对接，“新能源汽车锂电池包可控微胶囊相变式集成热管理系统的研发”“基于运动强度和疲劳监测的虚拟实景跑步机”“乳酸菌发酵果蔬汁生产技术”等66个项目成功签订合作协议或达成合作意向。从高校、科研院所新选派“蓝火计划”科技特派员21名（总数达184人），进入企业联手开展项目技术合作攻关。

【漳州市创新创业大赛】

2017年，漳州市以中国创新创业大赛福建漳州分赛区的方式举办漳州市创新创业大赛，评选出一等奖2名、二等奖8名、三等奖13名，并投入近400万资金扶持获奖项目，有效推动在创新创业大赛这个平台上，实现国家、省、市三级赛事联动。当年，全市共获评第六届中国创新创业大赛先进制造、电子信息和新

6 月 28 日，漳州创新创业大赛举行颁奖仪式

能源及节能环保全国行业总决赛优秀企业（团队）奖 2 项；第五届福建省创新创业大赛成长企业组一等奖 1 项、三等奖 3 项、优胜奖 6 项。其中从北京传来捷报，漳州市福建昌达光电有限公司还荣获第二届国际第三代半导体创新创业大赛全球总决赛企业组冠军。

【漳州产学研工作推进会暨项目成果对接会】

2017 年 5 月 19 日，漳州产学研工作推进会暨项目成果对接会召开，部署推进全市产学研工作，开展对接项目签约活动。市直有关部门、高校、科研院所负责人和部分高新技术企业代表近 200 人参加会议。市科技局陈艺章局长作全市产学研工作情况报告，兰万安副市长作重要讲话。此次对接活动共征集企业技术需求 187 项，厦门大学嘉庚学院等 7 所高校重点推介 106 项科技成果，有“新能源汽车锂电池包可控微胶囊相变式集成热管理系统的研发”等 4 个项目现场签约。

【知识产权推进情况】

2017 年，全市申请专利 9958 件，同比增长 24.49%；其中发明专利申请 1238 件，实用新型专利申请 6816 件，外观设计专利申请 1904 件。授权专利 4904 件，同比增长 14.53%；其中发明专利授权 249 件，实用新型专利授权 3289 件，外观设计专利授权 1366 件。有效发明专利拥有量 1199 件，同比增长 20.26%。出台了《漳州市人民政府办公室关于印发漳州市加快知识产权强市建设实施方案的通知》（漳政办〔2017〕212 号）文件，加强对知识产权运用、创造、保护。共调处专利侵权案件 2 件，查处假冒专利违法行为 119 件次，营造权利人、创新者、投资者和广大消费者放心的商务环境。

·教 育·

【概 况】

2017 年，漳州市教育系统学习贯彻习近平新时代中国特色社会主义思想和中共十九大精神，坚持党要管党，从严治党，发挥领导班子统揽教育全局作用，深化教育改革，推进建设教育强市，全面提升教育质量，促进教育公平，办好新时代人民满意的教育，为全市经济社会发展作出重要贡献。

幼儿教育 幼儿园 1867 所，并有 236 所学校的附属幼儿园（班）429 个班；入园幼儿 7.48 万人，在园幼儿 21.45 万人，入园率 97.78%，同比增加 0.57 个百分点。

基础教育 小学 845 所，共招生 5.9 万人，在校学生 35.84 万人，入学率 100%。特殊教育学校 10 所，招收 518 人，在校学生 3314 人。初中 137 所，招生 5.56 万人，在校学生 15.82 万人，毛入学率 101.41%；初中学生 3 年巩固率 99.35%。普通高中 71 所，招生 2.74 万人，在校学生 8.62 万人。高中阶段毛入学率 95.6%。

中等职业教育 中等职业学校 17 所，完成招生 8501 人，在校学生 2.62 万人。

地方高等教育 市属高校 5 所，招生 12354 人，在校学生 34145 人，同比增加 977 人。

【教育教学质量提升】

完善中高考质量评价内容，加强中小学校内涵建设，落实中小学实验教学课程，开展教育质量检测工作，积极应对高考使用全国卷和中考全省统一卷工作，确保教育教学质量保持稳定提高。全市高考继续保持优异成绩，高考本一上线率 23.39%，比全省高出 1.2 个百分点；本科（不含艺体）上线率 59.14%，达到全省平均水平；艺体类考生本科上线率达 72.52%，大大超过全省平均水平。高中学科奥赛成绩突出，在全省 5 个项目比赛中，共获得 19 个一等奖、55 个二等奖、81 个三等奖，获奖面和获奖档次均创历史最好成绩，其中厦大附中的艾宇旸获全国化学奥赛金牌并直接保送北京大学化学系。职业院校学生职业技能水平大幅提高，在全国大赛中共获得一等奖 1 个、二等奖 4 个、三等奖 11 个，在全省大赛中共获得一等奖

21个、二等奖53个、三等奖89个。

【学前教育资源供给增加】

多措并举，提升公办幼儿园学位供给能力，缓解入园难问题。2017年，全市共有公办幼儿园271所，比增57所，在园幼儿数增加13419人，增长26.88%，高出全省平均20.88个百分点，新增公办幼儿园就读幼儿数和增长比例均位居全省第一。推进政府购买民办园教育服务试点，其中芗城、龙海、东山共投入448.44万元，向111所普惠性民办园购买学位服务，弥补公办园学位不足，共有5625名幼儿受益。不断提升幼儿园办园层次，评估验收2所省级、7所市级示范性幼儿园。漳浦县第二实验幼儿园课题《传承漳浦剪纸文化，开展幼儿剪纸活动》荣获省级基础教育教学成果一等奖。

【基础教育优质资源覆盖面扩大】

加快发展优质高中，指导5所学校创建省级示范高中学校，推动创建厦大附中省一级、厦门双十中学漳州校区省二级、云霄四中省三级达标高中学校，指导漳浦一中等8所学校申报省高中课程改革基地学校，申报创建一批省普通高中优质学科课程项目等。推进中心城区义务教育学校扩容，加快实施漳州三中初中教学楼等改扩建工程和芗城区实验小学元光校区、新华北校区等项目建设。支持高中名校或优质高中学校建立集团化学校，支持30所薄弱初中学校改造提升。56所中小学校通过省教育厅“义务教育管理标准化学校”认定，55所学校成为首批“福建省义务教育教改示范性建设学校”。

【职业教育服务能力增强】

市政府支持漳州职业技术学院增加用地21.33公顷、漳州卫生职业学院增加用地26.67公顷。漳州城市职业学院、漳州理工职业学院顺利接受第二轮人才培养工作评估。5所高职院校新设置非国控专业点11个，在5所中职学校增设7个新专业。出台市属高校5年制高职招生录取办法。创建一批省级服务产业特色专业群和产教融合示范专业点。开展“职教活动周”“教学公开周”活动，加强公共课教学管理，举办2017年漳州市职教管理干部和骨干师资素质提高培训班、信息化教学比赛等。在全省教师信息化教学大赛中共获得一等奖2个、二等奖53个、三等奖89个，在全国大赛中共获得一等奖1个、二等奖4个、三等奖11个。重视发展终身教育，举办终身教育活动日活动，创建一批福建省社区教育示范基地，完善社区教育网络，支持社区大学发展。

【教科研工作推进】

以深化高中新课程实验和基础教育课程改革实施为重点，积极研究中、高考的特点，组织学科教师全员培训。加强教研队伍建设，积极组织参加新课程培训，聘请高中各学科兼职教研员34名。开展市级首批基础教育学科教学研究基地学校的实验工作。教科研课题立项与研究成效显著，6项优秀教学成果受省厅表彰(一等奖2项，二等奖4项)。组织开展教师教学技能大赛、优质课评比、一师一优课评选等系列活动，选派教师参加教学技能比赛，获得全国一等奖9人次、省级一等奖20多人次，近60节“一师一优课”被教育部评为优秀。

【教育体制机制改革推进】

落实公车改革任务，第一轮公车改革后机关保留的两部公车于8月底全部上交。梳理确定局权责清单，目前共有权责事项91项，其中行政许可4项、行政确认3项、行政处罚9项、行政奖励2项、行政监督检查12项、其他行政权力8项、公共服务12项、内部审核1项、其他权责事项40项，进一步完善了清单管理。梳理11项随机抽查事项清单，制定随机抽取检查对象、随机选派执法人员“双随机”工作方案和实施细则；开展抽查18次，并公示随机抽查结果。重新梳理行政审批和服务事项目录，大幅压缩承诺时限至原承诺时限的50%，精简审批环节至受理、审核、决定三个环节，加快审批速度，放宽市场准入。31个行政审批和服务事项全部实行“最多跑一趟”，推进快审、快办、快批。局驻行政服务中心窗口全年共受理办结审批事项3038件，接受咨询700多人次，96123咨询件6件。以服务申请人方式加快审批工作，全年主动服务总共70多人次。大力推进电子证照汇集，全年存量增加127205条，总归集量192875条，签章推出共享完成100%，群众满意率达100%。漳州教育局在全省教育系统行政审批制度改革培训会上做典型发言。

【德育工作全面加强】

深化社会主义核心价值观教育，开展“砥砺奋进的五年”宣传教育、“我为核心价值代言”主题读书演讲、争当“五好小公民”(好小伙伴、好小主人、好小帮手、好小标兵、好小卫士)教育实践等活动和第三届“发现身边的美”微拍大赛，评选“最美少年”“最美学生”，汇编社会主义核心价值观融入学科教学优秀案例，推动核心价值观“三进”(进教材、进课堂、进学生头脑)工作。创新中华优秀传统文化教育，开展“少年传承中华传统美德”系列教育、“传承家书文化 涵养美好家风”书信征集、“诵读经典名篇 弘扬传统美德”经典诵读和“中华情·少年梦”青少年诗文书画作品交流展示等活动。强化法治与毒品预防教育，联合建立“全市青少年法治教育基地”，启动“法治进校园”巡讲，对“校园欺凌”问题展开了为期6个月的专项治理。组织23万名中小学生参加全国青少年毒品预防教育知识竞赛，组织4.76万名中小学生到各禁毒基地接受教育。重视学生心理健康教育，开展未成年人心理健康知识百场公益巡讲，实施“中小学心理健康教育特色学校争创计划”，组织3045名中小学班主任参加心理健康教育通识培训。发挥全市教育系统关工委作用，局关工委被评为全国“五好小公民”主题教育活动先进集体。

【体卫艺语工作内涵提升】

抓好学校体育工作，创建全国校园足球特色校18所、省青少年校园足球特色校32所，省体育传统特色项目学校44所（53个项目）、省体育传统特色项目学校先进单位9所（9个项目）。举办全市中小学生体育联赛、第13届科技运动会、全省中学生校园足球赛市级选拔赛，组织参加全省中学生校园足球精英赛、中小学生体育联赛、阳光体育活动等比赛。实施国家学生体质健康标准，及时做好学校落实情况监测工作。组织参加第五届全省教育系统“局长杯”乒乓球比赛并获得团体二等奖，参加市第10届老年人体育健身大会荣获“优秀组织奖”并分获男女气排球金奖等。改进学校美育工作，全市452所中小学参与实施美育设施设备补缺与提质工程，30多所学校入围全省中小学生乐团培育建设、校园文化美育环境（培育）、中华优秀文化艺术传承（培育）示范校等项目，并获得700多万元的省级项目资金。联合举办美术教师书画作品展。重视学校卫生和健康教育工作，举办学校艾滋病、重点传染病、结核病防治工作师资培训，做好学校传染病防控工作，落实“门前三包”宣传教育工作，开展第29个爱国卫生月和全国爱眼日活动。加强国防教育，创建全国国防教育特色学校24所、全国中小学国防教育示范校3所，加强和规范高中阶段及高等学校学生军事教育工作，配合做好2017年征兵业务工作。推进语言文字工作，创建15所省级语言文字规范化示范校，举办首届小学生规范汉字听写大赛。开展第20届全国推广普通话宣传周活动；组织参加全省学生规范汉字听写大赛、规范汉字书写大赛和经典诵读等比赛。

【文明创建及安全工作落实】

创建第十三届（2015—2017年度）省级文明单位，提高全局干部职工文明素养。市教育局（教育工委）获评省级文明单位。参与新一届全国文明城市创建工作，深化文明校园创建活动，制定《漳州市中等职业学校、中小学、幼儿园文明校园测评细则》，推荐评选首届省、市级文明校园，漳州市实验小学入选首届全国文明校园。开展“公共生活好习惯”主题教育实践活动，《修筑中小学生良好行为习惯养成的实践平台》的经验做法，被评为全国中小学德育工作优秀案例，并入选福建省中小学德育建设十佳示范项目。协助北京社区开展创城工作。组织4次校园安全大检查，共检查学校2898所，发现一般安全隐患699处，已全部整改。开展学校用室及周边治安综合治理、校车及道路交通安全、防溺水安全、危化品安全、消防安全、食品安全等专项整治，共排查整改危化品和易燃易爆物品安全隐患11处，整改率达100%；排查消防隐患共45处，均已整改。开展丰富多彩的安全教育活动，全市召开动员会、举办启动仪式895场次，开展专题教育讲座1470场次，制作专题展板、板报5522条（期），发送安全短信549401条，发放致家长一封信612536封，组织观看安全宣传片6220场，投入活动日（周）经费146.2万元。联合举办应急演练、开展“宝贝说气象”比赛活动。组织760人举办4期专题培训班，提高校长和安全管理干部的安全管理工作水平。全市投入人防、物防、技防和联防建设资金共计3400多万，其中市直学校投入技防设施就达325万元。

【教育民生工作推进】

一是加快教育补短板工作。突出硬件抓项目和项目清单化；软件抓政策和政策清单化。全市共梳理出补短板建设项目577个、总投资121亿元。在资金、用地、人事、质量等重要方面，详细梳理出一系列政策清单，初步研究制定12份配套政策文件，并出台《漳州市实施第三期学前教育行动计划（2017—2020年）》《漳州市普惠性民办幼儿园认定和管理办法（试行）》《政府购买学前教育服务实施办法（试行）》等文件。分别成立漳州市职教园区和漳州一中高中部异地迁建两个重点项目的服务保障工作组，做好项目的服务和保障工作。二是加快完善教育经费保障机制。统一城乡义务教育“两免一补”（免收杂费、免费提供教科书，补助寄宿生生活费）政策，将全市城乡义务教育学校生均公用经费基准定额，提高到普通小学每生每年750元，普通初中每生每年950元，在此基础上，对公办寄宿制学校按照寄宿生年生均400元标准增加公用经费补助，特殊教育学校生均公用经费拨款标准达到普通初中的8倍。从2017年春季起，市级公办普通高中生均公用经费标准提高到900元，中职学校生均公用经费标准提高到3500元。全面落实免费特殊教育政策，共下达特殊教育学校“两免一补”和其他补助资金1097.75万元。对6所市直学校进行财务内审。三是加快实施教育惠民工程。贯彻落实市委、市政府“三抓三比、十项竞赛”工作部署，制定《漳州市教育系统民生项目“十项竞赛”评分办法》，逐月对项目实施情况进行考评通报，年度统一对目标任务完成情况进行总评，多次召开“十项竞赛”教育项目现场推进会，及时协调解决项目实施过程中遇到的困难和问题，加快17个新建公办幼儿园项目、33个中小学校舍安全长效机制项目建设进度。50个项目已全部开工，其中21个项目竣工，25个项目封顶装修，2个项目主体在建，2个项目基础动工，完成投资35568万元，占年度投资额192%。2017年全面改造薄弱校（以下简称“改薄”）项目实际完成投资3.7亿元，完成率185%。项目竞赛全市评比第六名。完成投资2029.9万元，改善87个贫困村薄弱学校的办学条件。市级下达90万元作为配套支持3个重点县的教育专项资金。选派10名优秀教师赴重点县支教。继续开展国家级、省级重点职校帮扶重点县职校活动。继续由机关51名党员领导干部挂钩帮扶坑河村的19户贫困户。大力支持市教育局两位处级领导干部扶贫挂钩诏安县和平和县，选派局1名干部到诏安县贫困村驻村挂职扶贫。坚持把扶贫与学生的扶智、扶志结合起来，把助学与育人结合起来，进一步加强农村留守儿童关爱和教育工作。以建档立卡家庭经济困难学生为重点，严格落实各项资助政策，及时发放各类补助资金，进一步减轻了学生的上学负担，确保所有学生不因家庭经济原因而失学。2017年全市共发放各类免学费资金和助学金1.38亿元，受益学生7.06万人次；大学生生源地助学贷款人数达16396人（2017年新增5282人），贷款总额1.15亿元。

【教育技术装备和信息化建设取得进展】

加大力度推进教育信息化基础设施建设和教育信息化融合创新发展，全市新增宽带千兆出口学校87所，新增教师教学用计算机7110台，新增录播教室49间，新增远程互动教学系统8套，建设微课工作室6间、智慧教室4间。举办中小学教师信息技术应用能力提升工程全员培训、第六届信息技术与课程整合三优联评、优秀网络空间评选、中小学生电脑制作和教育信息技术课题研究等活动。加大督导力度，建立中小学教育信息化工作月报制度。加强教育装备建设，投入市直学校装备采购资金4294万元，落实市直义务教育学校全部学生免费提供作业本工作。制定《漳州市直中等职业学校、中小学校校服管理办法》，指导学校规范校服采购工作。投入校方责任保险660.8万元，覆盖全市2334所学校（幼儿园）82.6万名学生。在全国实验教学说课活动中获金质奖、银质奖各1枚，在省中小学实验教学说课活动中获得二等奖6名、三等奖1名。

【教育督导强化】

抓好政府督导，开展南靖等县的教育“两项督导”评估工作，督促各县（市、区）做好乡镇督导工作。推进龙文区、东山县、长泰县加快“教育强县”创建步伐。开展全面“改薄”、中小学幼儿园招生入学工作、春秋季开学工作、教育信息化、学校安全教育等工作专项督导。抓实学校督导，指导长泰县做好创建挂牌督导创新县国家评估认定，开展“责任督学挂牌督导”优秀案例征集。抓细评估监测，组织对县域2017年义务教育资源均衡配置8项差异系数进行动态监测，指导云霄、华安两县做好义务教育质量“国测”工作。抓强能力建设，聘任新一届市特约督学和市属中小学校责任督学，做好市级督学队伍换届工作。

【教师队伍建设加强】

组织遴选51名中小学校长、61名学科带头人以及3名教学名师，分别参加福建省“十三五”中小学名校长后备培养人选、学科带头人培养人选，以及国家万人计划教学名师的省级评选。开展第五批漳州市中小学名师选拔工作，共选拔44名研究型名师、3名培养对象，274名学科带头人、29名培养对象。开展名师工作室送培送教下乡活动，全年共800人次参与，课时近1000节，培训人数近1.5万人次。健全教师专业培养体系，安排247.4万元教师培训专项资金，共举行培训项目12个，培训人数1424人。开展第四批38名研究型名师华东师大个性化指导和论文答辩总结工作。组织第五批47名研究型名师前往西南大学进行个性化专业培训。组织285名第四批学科带头人到闽南师大开展第二阶段培训。组织全市1500多名校长、教师参加市级以上各类培训22项。招聘1325名新教师，进一步解决城镇中小学校教师结构性失衡和农村中小学紧缺学科教师不足的问题。在漳州城市职业学院开展免费师范男生试点教育，完成首批50名5年专科免费师范男生招生工作。落实学校工勤人员实行政府购买服务的政策，做好市直有关学校工勤人员实行政府购买服务66人、教师休产假请代教人员85人和中职校聘请兼职教师43人财政补助等工作。完成2017年“福建省农村紧缺师资代偿学费”165人的经费补助工作。做好评优评先工作。开展福建省优秀教师和福建省优秀教育工作者评选推荐工作，73名教师荣获福建省优秀教师、12名教师荣获福建省优秀教育工作者。云霄县陈岱中心小学李碧辉等15名教师荣获福建省实事助学基金杰出教师奖。漳州市实验小学兰臻等3名教师荣获福建省首届“最美教师”提名奖。评选400名漳州市优秀教师、80名漳州市优秀教育工作者；125名漳州市直优秀教师、23名漳州市直优秀教育工作者。择优推荐30名教师参加“漳州市敬业奉献之星—十佳师德标兵”评选活动。

【教育党建工作推进】

开展迎接中共十九大召开系列主题教育和中共十九大精神宣传系列活动，成立市委教育工委中共十九大精神宣讲团，开展宣讲活动26场，参加人数达5200多人。举办高校“推进中共十九大精神进课堂”研讨会。学习贯彻习近平总书记重要指示精神、深入开展向廖俊波同志学习活动。组织观看《将改革进行到底》《榜样》等电视专题节目及微电影《廖俊波》等。深入学习贯彻全国、全省高校思想政治工作会议精神，召开全市高校思想政治工作会议，制定《关于进一步加强和改进市属高校思想政治工作的实施意见》（以下简称“意见”）。举办学习贯彻习近平总书记重要讲话精神和意见研讨会，组织高校思想政治理论课教师教学技能比赛。举办党委（党组）落实意识形态工作责任制培训班，开展责任制落实情况专题督查。全力做好厦门金砖会晤和中共十九大教育系统安保维稳工作。教育党建工作不断强化。配合市委对部分市属学校领导班子成员进行调整充实。考察选派新一批民办高校及民办高中阶段学校党组织负责人政府督导专员。推进“两学一做”常态化制度化，开展调研督查，召开交流汇报会。理顺全市学校党建工作归口管理，完善县级教育行政部门党组织设置。规范基层组织生活制度，落实“三会一课”和主题党日活动，指导市属学校各级党组织开好民主生活会、组织生活会和开展民主评议党员，指导市属学校做好党组织换届和与社区党建共建对接等工作，持续抓好发展党员、党员教育、党费管理、党员e家及党务管理系统信息维护整改。组织全市中小学校65名党组织书记参加首届全国中小学校党组织书记网络培训示范班，联合举办全市中小学校党务干部业务培训示范班。依托漳州城市职业学院网络教育平台成立漳州市直教育系统在线党校，得到市委肯定。完成2017年度教育工委、教育局党组干部选拔任用工作“一报告两评议”（干部选拔任用工作情况报告、单位干部选拔任用工作民主评议和新选拔任用干部民主评议）。开展市属学校党组织书记抓学校党建工作评议考核，指导各校逐级建立基层党组织书记抓党建评议考核机制。漳州实小党总支、漳州三中优秀党员卢劲文被列为漳州“两优一先”（优秀党员、优秀党务工作者和先进基层党组织）示范引领工程项目。抓好人才工作，选派22名高校教授副教授参加全市高校与企业“双向挂职”。做好统战工作，落实与民盟漳州市委、民进漳州市委对口联系制度。漳州实小党委书记兰臻作为列席代表光荣出席中共十九次全国代表大会，并当选福建省第十三届人大代表和第十三届全国人大代表。

【教育政风行风持续好转】

党风廉政建设不断深化。抓好廉政廉洁教育，坚持在敏感节日前向机关干部和市直学校领导发送廉政提醒短信，组织党员干部参观龙江风格纪念馆和龙文区警示教育基地。进一步落实中央八项规定精神，严禁违规发放领取考试津补贴，严禁违规操办或参与“升学宴”“谢师宴”，严防“四风”问题反弹回潮。严格监督执纪，全年共立案2起，给予党政纪处分2人；共开展函询7次，谈话提醒8人次。围绕精准扶贫这一中心工作，坚持每月开展监督检查工作。组织对市属6所处级以上学校开展2016年度从严治党落实主体责任情况回头看督查和2017年度从严治党落实主体责任情况检查。机关效能与作风建设成效明显。转变机关工作作风，落实委局领导联系挂钩基层、学校制度和领导班子定期听取和研究解决干部群众反映突出问题制度，定期不定期深入基层、学校，调研了解情况，协调解决基层、学校和师生的实际困难和问题。做好局机关绩效考评工作，制定《漳州市教育局内设机构及直属单位绩效考评办法》，开展内部绩效考评工作，形成人人讲绩效的良好氛围。进一步规范修订公文签发程序，提高行政办公效率。推行机关办公电子化、信息化，改造升级、推动电子公文平台建设，创建“漳州教育微言”微信公众号建设，推动教育网络统一改版建设。进一步改善局机关办公条件，推进办公楼加装电梯工程建设、网络安全系统建设、办公用室维修等工作。深化机关效能建设，解决机关干部慢作为、不作为、乱作为、“庸懒散”等问题，促进“马上就办”，形成务实作风。落实法治政府建设任务，创新管理方式，提高管理透明度。回应群众诉求，化解矛盾纠纷，全年共答复“12345”便民服务平台诉求件179件，受理信访件13件，信访量明显下降。通过政府信息公开网公开信息161条，通过机关公开栏等公开政务、党务重要信息52条。

【荣誉与表彰】

龙海市：龙海市海澄中学、龙海市石码中心小学、龙海市东园中心小学、龙海市海澄镇珠浦小学4

5月21日，福建省舞蹈协会副主席、秘书长缪丽容（左）与时任闽南师范大学副校长李顺兴（右）共同为研习基地授牌

所学校获教育部评选的“2017年全国青少年足球特色学校”称号；龙海市程溪中学、龙海市程溪中心小学、龙海市隆教中心小学3所学校获教育部评选“2017年国防教育特色学校”称号；龙海市紫泥中心小学获教育部评选“2017年第二批全国中小学中华优秀文化传承学校”。

南靖县：南靖县教育局荣获第二十届全国青少年“五好”小公民主题教育读书活动先进集体；南靖县实验小学荣获第二十届全国青少年五好小公民主题教育读书活动示范学校；南靖第一职业技术学校荣获教育部评选国防教育特色学校。

长泰县：2017年2月，在全国宣传推选学雷锋志愿服务“四个100”先进典型活动中，长泰县山重小学的“福建省漳州市长泰县红领巾志愿‘小信鸽’项目”，被推选为最佳志愿服务项目。

市　直：漳州第一职业中专学校被中国共青团中央委员会评选为2017年大中专学生志愿者暑假“三下乡”全国优秀团队；漳州实验小学被国家文明办评选为全国文明校园；漳州一中被国家体育总局评选为全国群众体育先进单位。

闽南师范大学

【概　况】

2017年，闽南师范大学有18个教学院系，全日制在校本科生、研究生20300余人，专任教师1111名。设有62个本科专业，建立4个一级学科硕士授予点，30个二级学科硕士点，5个硕士专业学位授权点，4个博士人才培养方向；拥有国家级特色专业1个、国家级专业综合改革试点项目1个、国家级创新教师培养模式示范项目1项，省级专业综合改革试点项目8个、省级教学团队5个，省级人才培养模式改革创新实验区7个，省级精品课程、在线课程27门，省级实验教学示范中心15个；建有2个省部级人文社科基地，3个省级重点实验室、1个省级工程技术研究中心、4个省高校重点实验室、2个省高校人文社科基地、1个省高校工程技术研究中心、1个省级“2011协同创新中心”、1个福建省高校特色新型智库、1个省大数据研究所。1个省级特色重点学科，4个省级重点一级学科，6个省级重点二级学科，6个省级研究生教育创新基地。

【人才培养】

全面落实本科教学工作审核评估整改工作。改革通识教育课程，2门通识类课程获得省级精品在线开放课程立项。加强教学信息化建设，完成了全新教学教务管理系统的采购、3间智慧互动教室的论证、贵重实验仪器设备信息化管理系统使用等工作。注重师范生技能培养，获省级基础教育教学成果奖特等奖1项、省级高等教育教学成果奖二等奖3项，省级重大教改项目1项，省级实验教学示范中心和虚拟仿真实验教学中心各1个。鼓励全校学生参加各级各类竞赛，共获得国家级奖项49个，省级奖项139个。出台《考试招生制度改革招生专业（类）选考科目设置方案》，主动应对招生制度改革。深入实施毕业生就业创业促进计划，大力举办各类型就业指导第二课堂活动和招聘会，牵头成立漳州市大学生创新创业联盟并担任首届理事长单位，被省教育厅授予福建省高校创新创业园区。2017年毕业生年终就业率达到96.6%。

【师资队伍建设】

学校大力实施人才强校战略，通过“培、引、聘”并举，逐步建立了一支素质良好、结构合理、充满活力的教师队伍。实施引进人才“一院一策、一人一策”，强化院系办学主体地位，出台《闽南师范大学人才引进暂行办法（修订）》，引进人才14名、全职聘用台湾师资5人，以年薪制聘用校内外专家17人，以课时制聘用外校授课教师56人。申报福建省“百人计划”1人、“闽江学者”讲座教授5人、台湾“百人计划”1人、台湾优秀人才来闽创业创新2人、福建省高校台湾全职教师资助10人。制定（修订）

职称评审、聘期考核、学科带头人和学术骨干管理等制度。健全师德建设长效机制，开展2017年评优表彰工作及“最美教师”的寻访工作。加快推进教师队伍国际化进程，共推荐40人次申报各层次、各类别国内外访学进修项目。

【学科专业建设】

制定并发布闽南师范大学“十三五”学科建设规划，明确学科建设的主要目标和任务。主动对接福建省“双一流”建设思路，出台《闽南师范大学一流学科建设学校建设方案》。完成全国教育硕士水平评估工作，开展博士学位授予单位培育建设工作。专业设置进一步优化，2017年共有3个工程类专业进入福建省评估中心组织的IEET认证，5个专业参加第二批省级专业评估，7个专业增列学士学位授权，4个专业完成动态调整。获批社会工作、应用心理、新闻与传播3个硕士专业学位授权点。服务国家特殊需求的博士人才培养项目2017年录取博士生15名，在校博士生达到27人。

【科研服务能力】

建立健全科研工作长效管理机制，出台一系列规范科研管理办法。创建平台基地，新增2个省级创新平台，1个校级创新平台。以“优秀”成绩通过福建省社会科学研究基地考核，顺利通过科技厅重点实验室和教育厅重点实验室考核。深入落实乡村振兴战略，成立乡村振兴战略研究院。科研项目稳步发展，2017年全校获准立项的纵向项目共195项，项目批准经费584万元，其中共承担国家级科研项目10项、省部级科研项目35项，项目经费584万。重视科技成果验收鉴定，获授权专利23件，新申请各类专利共32项。持续在社会服务结合点和提高社会服务质量两大方面下功夫，学校参加第15届“6·18”海峡成果交易会，新增15个技术成果推介项目。2017年度共签订横向技术合同35项，合同经费201万元，达成多项合作意向。积极与厦、漳、泉地区相关政府部门合作，开展服务地方社会文化建设的专题调研与学术研究。

【思想政治教育】

制定学校意识形态工作党委及职能部门主体责任清单，牢牢掌握党对高校意识形态的主导权。深入贯彻全国、全省高校思想政治工作会议精神，制定出台学校《关于进一步加强和改进新形势下思想政治工作的实施意见》。深入实施思想政治理论课建设创新计划，努力打造“中国经济大讲坛”“传统文化与核心价值观讲堂”两大特色课堂，获评福建省高校中华优秀传统文化教育示范基地。制定实施《闽南师范大学班主任工作条例》，完善全员育人工作机制。加强思想政治工作“两支队伍”建设，分别按年人均绩效总量的1%和1.6%落实专职辅导员和专职思想政治理论课教师的工作补贴及业绩奖励，辅导员荣获国家级表彰2人、省优秀思政论文优秀奖2项。

【教师教育改革】

学校将师范生实习支教与留守儿童关爱教育紧密结合，借助“童享阳光”网站—闽南师范大学协同支教留守儿童关爱教育信息平台，创新构建“基于实习支教的农村留守儿童关爱”教育协同创新驱动体系，着力培养培训一支留守儿童关爱教育专业队伍；在促进留守儿童相伴成长的同时，培养师范生的职业认同和专项能力，实行“协同支教+留守儿童关爱教育”的乡村教师培养模式，牵头构建的“基于实习支教的农村留守儿童关爱”教育协同创新驱动体系，在实践工作中有效有力地带动了乡村教师缺乏、农村留守儿童关爱缺失等系列社会瓶颈问题的解决，赢得上级有关领导和社会各界人士的高度肯定。以该校为成果主持单位完成的《实习支教促进留守儿童阳光成长的实践与研究》项目获2017年福建省基础教育教学成果特等奖。乡村教师培养专项计划稳步落实，将师范生实习支教与留守儿童关爱教育紧密结合，进一步推进乡村教师

6月14日，校园话剧《谷文昌》汇报演出

培养机制创新，实行“协同支教＋留守儿童关爱教育”的乡村教师培养模式。

【闽南文化研究】

学校依托服务国家特殊需求“闽南文化与两岸交流研究”博士人才培养项目，构建了国内高校中唯一一个从本科到硕士、博士完整的闽南文化特色人才培养体系；地方文化影响进一步扩大，承办2017年闽南文化学术研讨会、2017闽南文化青年论坛，协办漳州高新区建设与闽南文化暨福建省闽南文化研究会2017学术年会。深化与福建漳龙集团合作，加强东南花都“闽南文化展示馆”建设。闽南文化研究水平进一步提升，参与《漳州华侨史》《漳州慈善史》等漳州地方文史专著的编撰，参与闽南文化生态保护区建设规划。

【创新创业教育】

2017年，学校牵头成立漳州市大学生创新创业联盟，并担任首届理事长单位。学校先后成立创业服务中心和创客俱乐部，各院系也纷纷成立了创业中心等学生组织，通过学生社团的带动，形成一个以创新创业兴趣为中心的学生群体。先后举办第二届、第三届互联网＋创新创业大赛、第二届文化创意创新创业大赛等比赛，创新性举办“闽师创客汇”等品牌活动，以创业朋辈的力量来引领带动在校生，先后邀请近五年毕业校友和在校创业的大学生做客12期创客汇活动，在创客群体中引起良好的反响。学校积极推进创新创业园区建设，当年建有18个创新创业培育中心、1个“互联网＋”创新创业学院和1个大学生创业孵化基地，建立从培育—实践—实战的创业孵化链条；建立完善大学生创业孵化基地管理机制，优化基地项目的进驻和退出机制，该校大学生创业孵化基地已入住项目20多项，团队成员100多名，2017年项目实现营收300多万元。在第二届和第三届“互联网＋”创新创业大赛中，该校分别获得2枚铜牌和1枚铜牌；在第二届“互联网＋”创新创业大赛中，该校荣获优秀组织奖。在福建省首届大学生文化创新创意设计大赛中，该校荣获两银一铜的佳绩；在海峡两岸首届女性创新创业大赛中，该校分别获得创业组和创意组创新奖；在福建省人社厅组织的2016年大中专毕业生创业省级资助项目中，该校物信学院校友巫海燕和体育学院校友兰炳强分别获得资助；在漳州市评选的2016年十佳创客和十佳创业导师中，该校校友黄志刚、邓波及教师熊传兵、张华林等榜上有名。

【市、校融合发展】

作为地处漳州的省属重点建设高校，秉承“以服务求支持、以贡献求发展”理念，进一步推进市、校融合发展。2017年5月，该校提交的《闽南师范大学校区功能定位》已经漳州市政府正式同意，“一校两区”功能规划初步确立。加快漳州农业学校并入工作步伐，积极开展与漳州市辖各县（市）区战略合作，落实与长泰县战略合作协议，与芗城区签订战略合作框架协议。

【对外合作办学】

广泛开展海外交流合作，在拓宽合作交流渠道的基础上，成功与英国普利茅斯大学、日本岛根大学、中国驻拉瓦格领事馆等签订合作协议或达成合作意向。强化留学生招收和管理，共有31名外国留学生到校参加学习。

【校友工作】

顺利召开闽南师范大学校友会第一届理事会，进一步加强与各地校友会及优秀校友的交流联系。持续加大对各地校友会建设工作和活动开展的指导力度，充分发挥各地校友会的积极作用。主动谋划，创新形式，深化广大校友合作交流平台建设，邀请优秀校友回校开设校友论坛讲座24次，召开校友班级理事聘任大会，举办“校友之夜”晚会，广大校友对学校的归属感进一步增强。

漳州职业技术学院

【概　况】

漳州职业技术学院前身为创办于1984年的漳州职业大学，是由漳州市政府举办的一所全日制公办普通高职院校。2017年全日制在校生近1.3万人；拥有国家级教学成果奖1项，省级教学成果奖9项；国家示范性高等职业院校建设计划项目重点专业6个，省级精品专业7个；国家级示范课程1门，省级精品课程29门；中央财政支持的实训基地7个，高等职业学校骨干教师国家级培训基地2个，省级实训基地6个；省级“现代学徒制试点”项目5个、省级高等学校创新创业教育改革项目5个；省级教学团队7个、省级教学名师10名、省级专业带头人16名。毕业生当年就业率每年保持在95%以上。学院的办学综合实力和办学规模位居全省同类院校首位，先后获评全国职业教育先进单位、国家示范性高职院校、全国毕业生就业典型经验高校、全国职业教育师资培养培训基地、黄炎培职业教育优秀学校。

【教育教学改革】

组建10个二级学院，建设对接漳州主导产业和新兴产业的八大特色专业群，专业数量优化调整为50个，建设“校中厂”“厂中校”各1个，新增校外实习基地14家。学校入选教育部“工业机器人”应用人才培养中心和福建省第一批 VR/AR 职业教育实训基地；旅游管理专业被确定为全国示范专业；“工业机器人技术专业群”“创意设计专业群”和“应用电子技术专业现代学徒制试点”入选省级职业教育重点建设项目；荣获2017中国物流业“物流人才教育教学创新奖”；荣获福建省职业教育教学成果特等奖1项、二等奖1项，信息化教学“国赛”三等奖1项、“省赛”二等奖2项、三等奖5项。学生荣获2017年“国赛”一等奖1个、二等奖4个、三等奖4个，“省赛”一等奖12个。根据中国高等教育学会《高校竞赛评估与管理体系研究》发布的“2012—2016年全国普通高校竞赛评估结果”，该校以138个奖项位居全国高职院校第18位。

5月19日，福建省“6·18”虚拟研究院食品产业技术分院在漳州职业技术学院成立

（胡志超 摄）

【内部治理建设】

以创建福建省示范性现代职业院校建设工程为契机，坚持依法治校与强化内部治理相结合，推行精细化管理，与市委党校联合举办了副科级以上领导干部办学治校能力专题研讨班，提升学校办学治校能力和水平。召开第二届教代会暨工代会第二次全体会议，研究通过学校《章程》《“十三五”发展规划》以及《校院两级管理实施办法》《绩效管理考核办法》，进一步激发内生活力，为下一步改革打下基础。同时，编制学校《服务事项流程图》，便于师生和群众快捷办理校园事务，切实提高师生满意度和社会认可度。制定《廉政风险防控文件汇编》，狠抓重点环节和关键岗位廉政风险防控。加大督查和诚勉谈话力度，持续开展慵懒散浮拖等问题的专项治理，提升服务效能。

【师资队伍建设】

选派10多位专业带头人、骨干教师赴中国台湾地区、美国、德国、新加坡等培训进修，选送近200位教师赴国内短期培训，150名教师到企业实践锻炼；落实市委“双向挂职”工作，遴选15名教师赴重点企业挂职，接收企业挂职人员7人。加大人才培养引进力度，顺利完成2016年专业技术职务自主评聘工作，聘任正高职称6人，副高职称8人，中级职称29人；聘请8位知名企业家为该校首批客座教授；新建1个名师工作室、3个“文化传承与创新工作室”、1个技能大师工作室等服务平台；招收录用17名专任教师和6名辅导员；推荐4位教师入选漳州市中青年领军人才和急需紧缺专业技术人才培养计划；9位教师荣获省市优秀教师和优秀教育工作者称号。

【校企合作与科研服务】

学校分别与漳州五县一区签署校地战略合作协议，在人才培养、

12月7日，漳州职业技术学院、漳州市经济和信息化委员会联合举行推动校企合作框架协议签约仪式暨漳州智能制造职教集团成立大会

（胡志超 提供）

技术研发、成果转化、社会培训等方面开展深度合作；与漳州市经信委签订推动校企合作框架协议，并确定首批16家校企合作试点示范企业；与华为技术有限公司合作共建“华为ICT学院”，与三龙集团合作成立“三龙集团能源汽车学院”。积极推动科技开发与社会服务工作，福建省“6·18”虚拟研究院食品产业技术分院、恒丽工业设计中心等一批应用技术协同创新平台相继落户，牵头成立漳州智能制造职教集团，设立7个校级应用技术协同创新中心和3个校级研究机构，实现专利成果转化8项，获省教育厅立项课题24项、市科技局立项课题4项、市社科联课题6项，发表论文167篇，提供技术咨询与服务20余项，为大闽食品等20多家企业提供产品研发及技术服务，为企业培训员工15000多人次，全年技术服务及社会培训收入360多万元。

9月，漳州职业技术学院派出30名学生出色地完成了金砖国家领导人厦门会晤接待任务 （漳州职业技术学院 提供）

【招生就业创业工作】

2017年，该校所有专业的最低投档线都在全省名列前茅，共录取新生4493人，其中，技能大赛获奖免试生24人，是当年全省录取免试生人数最多的高校。连续举办近百场企业专场宣讲招聘会、行业及综合招聘会；根据就业跟踪统计，2017届毕业生就业率为99.36%，在漳州地区就业率稳步提升；在2017年福建省高校毕业生网络调查中，我校名列全省第一。同时，进一步完善学生创新创业园硬件建设，改造大学生创业园16间，入驻28个项目，其中1个项目进驻漳州金峰众创园。积极选送项目参加各级各类创新创业及文化创意大赛，荣获第三届全国高等院校工程造价技能及创新竞赛1个一等奖、1个团体二等奖；荣获省级各类创新创意大赛金、银、铜奖各2项；5名毕业生创业项目入选福建省大中专毕业生创业省级资助项目，3个项目入选福建省优秀创新创业资助项目；1名学生获评福建省第六届“创业之星”提名奖，获得2万元创业资助金。

【精准扶贫工作】

实施“阳光资助、精准帮扶”工程。2017年，共有1986人获得国家助学金，其中特别困难学生623人，困难学生1363人，资助1500多万元；建立“双困”毕业生求职援助专项基金，当年发放补贴81万元。启动实施每月180元“爱心助学套餐”工程，受到各级媒体的广泛关注和社会好评。向市委市政府提议实施精准扶贫“三千工程”，得到市委市政府高度重视，还写入政府工作报告。

【基础建设】

东区1－2号实训基地已进入装修阶段，3—6号实训基地完成设计方案工作。投入900余万元改善教学条件，新建智慧教室1间、先进录播室1间；新建校内实训室5间、改扩建2间。为缓解校园用地面积不足的问题，校园三期扩建工程也正有序推进，用电扩容一期工程已经竣工，学校后勤管理正逐步实现社会化，校园无线网络体系实现全覆盖，校园环境文化建设正有序推进。

【党建工作】

围绕学校中心工作，持续推动“两学一做”学习教育常态化制度化。深入开展学习贯彻中共十九大精神系列活动，成立中共十九大精神宣讲团和“青马学社”，邀请中共十九大代表黄志丽入校宣讲，福建省“新时代新风采”中共十九大精神宣讲文艺巡演莅校演出，举办科级干部知识竞赛，组织中共十九大精神干部教育培训班；通过举办知识竞赛、辩论赛、图片展，运用新媒体实时推送等方式，迅速在全校兴起学习宣传贯彻中共十九大精神热潮，被省、市主流媒体先后报道近20条。2017年，学校推荐党支部参加全国“两学一做”支部风采展示4个，省委教育工委“三个好”（党员好故事、书记好案例、支部好案例）评选3个，漳州市“两优一先”示范引领典型6个。校团委获评“福建省五四红旗团委”；1名辅导员获评“第五届福建省高校优秀辅导员”。

漳州城市职业学院

【贯彻党的十九大精神】

学院贯彻落实全国、全省、全市高校思想政治工作会议精神，党委理论中心组学习13次，专家辅导讲座3场，网络测试竞赛3场，成立马克思主义学院和形势与政策课教育教学领导小组，丰富党校培训，坚定社会主义办学方向。规范基层党支部建设，健全和规范“三会一课”制度，突出抓住日常，突出集中教育，突出严在经常，全力抓好基层党建7项重点任务落实。先后开展党费清缴活动，跟踪联系毕业学生党员，顺利完成学院党总支、党支部的换届选举工作。学习贯彻全国、全省、全市高校思政工作会议精神，完成思想政治工作自查报告。学院成立马克思主义学院，加强思想建设；成立学院社科联，新建8个校内研究所，积极开展市科技·人才活动周推介活动。

【学院领导干部调整】

根据2017年2月15日《福建省人民政府关于刘惠河、黄振杰职务任免的通知》（闽政文〔2017〕94号），免去黄振杰漳州城市职业学院院长职务，任命刘惠河为漳州城市职业学院院长。根据《中共漳州市委关于刘惠河等同志职务任免的通知》（漳委干〔2017〕28号），刘惠河任中共漳州城市职业学院委员会委员、副书记。

根据2017年10月31日《漳州市人民政府关于罗道焜等职务任免的通知》（漳政综〔2017〕141号），林良海任漳州城市职业学院副院长。

【迎评促建工作】

学院坚持“以评促建、以评促改、以评促管、评建结合、重在建设”原则，把迎评促建工作作为学院发展的一次难得机遇，予以高度重视，成立以党委书记洪亚勇、院长刘惠河为组长的评建工作领导小组，统一指挥，结合实际，制定评估方案，统筹推进各项评建工作。夯实办学基础条件，在8个月左右的时间内，完成建设3个示范性实训中心和7个实训基地的改造升级，建设宣传园地复兴园、校史馆、建筑楼名称标识等；全面提升内涵建设，举办2轮专业剖析和说课比赛，开展3次拉练检查和1次评建档案检查，完成学院迎评促建各类报告、材料等的准备、编制工作。全院上下齐心协力，认真工作，圆满完成福建省教育厅第二轮高职院校人才培养评估工作现场考察评估，获得评估专家组的高度评价，顺利通过第二轮高职院校人才培养评估工作。

【思想政治教育】

学院落实立德树人根本任务，推进培育践行社会主义核心价值观，成立马克思主义学院，推动思想政治教育课程改革。学院先后在国家、省、市等一系列思政比赛中获奖：在全国大中专学生“三下乡”（文化、科技、卫生下乡）暑期社会实践“镜头中的三下乡”活动5个奖项中，先后获得优秀报道奖、优秀摄影奖、优秀指导教师、优秀通讯员等4个奖项。在全省高校大学生学习党的十九大精神竞赛活动中，学生许财铭获个人第一名，学院获团体第二名。在福建省“一‘马’当先”知识竞赛中，2名学生选手均在半决赛中取得第3名（全省高职院校中仅有4所院校有2名选手获奖）。在漳州市“我为核心价值观代言”读书演讲比赛中，2名学生分别获得高职组第一名和第二名。在纪念中国共产党成立95周年暨红军长征胜利80周年诵读活动中，两个诵读作品获诵读活动大赛大学生二组三等奖。青年志愿者服务中心的“小马甲相约星期六”获第二届福建省高校学生社团嘉年华“百优社团项目”银奖。

【产教融合、校企合作】

学院推行班导师、试行学分制，深化产教融合、校企合作。教育类专业承接漳州市教育局五年专公费师范男生教育，首届招收50名学生。文化创意类专业与漳州电视台合作共建校园广播电视台，学生直接参与策划、拍摄《看漳州》栏目。电子商务专业与漳州市电子商务协会、互联网协会及多家企业进行战略合作，校企双方共同打造“水仙花网”自主品牌；与漳州片仔癀公司合作成立生产性实训基地，“双十一”期间，学生完成200多万元的销售额。

学院推行“一县一协议”，与长泰等县区签订合作协议框架，强化政校合作；与加拿大希尔克学院签订合作办学协议，强化中外合作办学；与台湾杰出农业专家发展协会、厦门市漳州商会、四元影像集团等签约，强化闽台合作、校企合作。

食品营养与检测专业“能力为重、知行并进、学用合一、服务发展”人才培养模式改革与实践获教学成果奖二等奖，《视频分析》和《蒙台梭利教育法》获精品资源共享课（创新创业教育与专业教育融合类）立项。

【创新创业教育】

建成学院大学生创新创业园，面积1700平方米，现有12个学生团队入驻。学院学生团队“漳州市花卉病虫害防治服务平台”等4个创新创业项目获得福建省教育厅2017年大学生创新创业优秀项目资助。“企业模拟经营挑战创业沙盘大赛”获第二届福建省高校学生社团嘉年华“百优社团项目”铜奖。

【试点体育教学改革】

学院试行体育课程组改革，打破班级、专业、系别界限，由学生灵活选择体育课程。学院女子气排球队参加2017年福建省“中标杯”大学生女子气排球比赛，获一等奖。

【传承百年校史文化】

校史馆建成开馆。校史馆坐落于图书馆三楼，分别有“序厅”“百年回眸”“十年辉煌”“人才璀璨”“未来展望”五大展厅的布局设计，再现学院发展轨迹，彰显学院在不同历史时期为教育事业发展和区域经济发展所做出的贡献，体现学院在内涵建设、人才培养、服务社会等方面所取得的成就。经过各方材料收集，专题片《百年老校焕新采—奋进中的漳州城市职业学院》制作完成，再现学院百年老校的办学历程与文化传承，承载着斯文一脉的高等学府精神，激励砥砺奋进，再谱华章。

【社会实践和志愿服务】

开展文化“三下乡”活动，学院青年志愿者服务中心青年志愿者暑期前往云霄县竹塔村开展“三下乡”青春扶贫社会实践，团队和优秀学生代表获福建省大中专学生志愿者暑期“三下乡”社会实践优秀团队、先进个人称号；电子信息工程系“保护母亲河，有我河小禹”队伍获全国大中专学生“三下乡”暑期社会实践“镜头中的三下乡”活动优秀报道奖等四项团中央奖项。

持续开展“小马甲相约星期六”社区志愿服务活动，有8支具有专业特色的志愿者队伍和相对应的8个项目，同时开展“小马甲课堂”，促进我校学生思想政治素养、社会责任感、创新精神等全面发展。2017年“小马甲相约星期六”共开展21场志愿活动，组织志愿者493人，服务人次达到953人，服务时数1479小时，项目获得首届福建志愿服务项目大赛入围奖，漳州城市职业学院“互联网+”大学生创新创业大赛银奖，福建省高校学生社团嘉年华银奖等。

【招生工作】

2017年，学院实际录取新生2587人，录取率达89.61%，报到2393人，报到率达92.5%，比上年提高2.13个百分点。

【科研、培训服务社会】

承接漳州市教育局师资培训任务，举办第六、七期中小学、幼儿园教师心理健康教育通识培训，共有3242人参训；市直中小学教师信息技术应用能力提升工程培训，共有2741人参训；市中小学新教师见习期培训，共有520人参训；漳州市督导评估人员培训，有97人参训；市中小学法治教育与毒品预防教育师资培训，来自全市各县（市、区）教育局和中小学德育教师94人参训；市幼儿园园长和骨干教师培训，有126人参训；中小学教师继续教育培训，采用远程学习平台进行网络培训，各县区有86人参加了网络学习；市高校师生和中小学教师党员发展对象培训，共有115人完成培训。继续做好新型职业农民学历教育，2017年招收95人。成立学院社科联，建成9个研究所。积极参加漳州市科技·人才活动周启动仪式及科研成果展。2名教师评选为福建省科技扶贫特派员。举办漳州市第一届大学生“黄道周书法奖”高校作品巡展。

【校园安全管理】

学院进行一系列的安全主题宣传教育活动，加强食品安全管理工作、防电信网络诈骗和防溺水安全知识宣传、校园网贷的宣传教育；印发《漳州城市职业学院2017年防震减灾知识培训及应急逃生演练方案》，加强师生防震减灾知识培训与宣传，多次举行防震减灾应急逃生演练；开展系列反恐防恐专题知识讲座，提高自我保护能力；举办全院教职员工安全知识网上答题竞赛，以及对新生进行法律法规和安全知识宣传教育，分发《漳州城市职业学院安全宣传手册》，切实增强广大师生的国家安全意识。依托新建的校园视频监控系统，安保人员加强对监控系统的学习与操作，对全院进行全方位的安全管理，及时纠正安全隐患和规范学生不良行为，保障安全稳定的校园秩序。

【师生技能竞赛获奖】

2017年，学生在福建省职业院校技能大赛中共获得2个一等奖、7个二等奖、14个三等奖和13个优秀奖。学院党委书记洪亚勇的书法、篆刻作品在全省第五届大学生艺术节中荣获校长风采奖；12名教师获得省市表彰，其中被评为“省优秀教师”1人、“市级优秀教师”2人、“市直优秀教师”7人、“市优秀教育工作者”和“市直优秀教育工作者”各1人。

漳州卫生职业学院

【概　况】

2017年，漳州卫生职业学院有护理系、临床医学系、药学系、医学技术系、健康与保健系、基础医学部、公共基础部、思想政治理论课教研部、现代教育技术中心、继续教育与培训中心及临床技能实训中心等11个二级教学系部、中心。设有护理、助产、临床医学、口腔医学、医学影像技术、药学、生物制药技术、药物制剂技术、康复治疗技术、中药学、医学检验技术、眼视光技术、卫生检验与检疫技术等医药卫生健康类专业（含方向）共21个。有全日制在校高职生8000多人，教职工300多人。学院有省级优秀教师1人，省级教学名师2人，市级师德标兵4人，市直优秀教师10人，市直优秀教育工作者4人，护理专业教学团队、中药专业教学团队、医学检验技术专业教学团队、临床医学专业教学团队为省级专业教学团队。学院现有1门国家级精品课程，3个中央财政支持实训基地，2个中央支持建设专业，4个福建省财政支持实训基地，5个福建省高等职业教育示范专业，6个省级教学改革试点项目，10门省级精品课程，4个省级精品专业。

学校占地面积54.13多公顷，总建筑面积20万平方米，拥有比较完善的临床教学和实践教学条件，有直属附属口腔医院、医学检验所和3所非直属附属医院，各类教学实习医院、药企、公司133家。校内实训室面积达5万余平方米，建有大型综合性临床技能实训中心及药学、健康与保健、医学技术、基础医学、现代教育技术等多个实训中心，设立药学、医学检测两个科研平台，教学科研仪器设备总值5000多万元，校内实训室面积4.15万平方米。基本形成以全日制高职高专医学教育为主，本专科函授、各种医学继续教育、短期技能培训与鉴定为辅的办学模式。

【专业课程建设】

学院大力开展专业内部诊断与改进工作。承办2017年全国助产专业技能大赛，新增中药生产与加工专业，在医学技术类、食品药品监督管理类、药品制造类3个专业类中试行大类招生，医疗设备应用技术专业入选福建省现代学徒制项目试点，老年健康专业群获批省职业院校服务产业特色专业群建设项目立项，临床医学与护理专业群实训基地入选省职业院校专业群实训基地培育项目，体育教研室划归健康与保健系，探索健康促进类课程融入运动元素，全年共计100余门课程部署上线，微课视频点播平台投入使用，题库新增20余门，题库质量评价不断完善，开展课程标准评比，承担国家级高职高专药学专业教学资源库建设，助产专业教学资源库及妇产科护理在线课程获省级立项。

【校企共育】

学院坚持“人才共育、基地共建、人员互聘、协作服务”原则，深入推进校企合作内涵建设。中药学、眼视光技术专业入选福建省“二元制”人才培养改革试点；首次承办漳州市职业教育周启动仪式；与广州天成、宝岛眼镜、厦门华视、明视眼镜等九家企业签订人才培养协议；与市医院、市人民医院、漳浦县医院、九鼎药业、大参林药业等多家单位联办订单合作班。

不断优化校企共育模式。根据专业特点，实行“1.5＋0.5＋1”“1＋1＋1”“2＋1”“校企双师带徒”等多元培育模式，将企业意见作为重要依据，融入人才培养方案、课程标准和教学计划，采取学分管理、弹性学制，做优校企培养模式，确保校企合作持续健康发展。

【师资队伍建设】

学院以深化人事制度改革为抓手，统筹推进人才队伍建设。职称评聘引入竞争机制，营造“激励、竞争、择优”的评审环境。加大高层次人才引进力度，建设优质师资队伍，组建多个教授团队，领军人才队伍建设持续完善。加强双师型队伍建设，对内鼓励教师深入行企锻炼，实施优秀人才、青年人才培育计划，对外出台兼职教授、副教授聘任政策，吸纳一线专家、能工巧匠入校兼职，增强实践经验分享，丰富师资队伍结构。2017年共引入兼职教授23名，兼职副教授55名，对外招聘教师22人，其中专任教师10人、辅导员9人、实验员3人。学院有10名教师已取得或正在攻读博士学位，获得上级表彰的教师11人，其中省级优秀教师1人、市级优秀教师2人、市级优秀教育工作者1人、市直级优秀教师6人、市

11月，漳州卫生职业学院新建的35000平方米教学楼、实训楼正式投入使用　　（洪艺君 摄）

直级优秀教育工作者1人，1名教师入选福建省“新世纪优秀人才”计划。

【招生就业】

2017年度高职招生计划3026人，其中省外计划404人，省内计划2622人，实际招生2861人，是福建省为数不多的第一次投档即完成招生任务的高职院校；2017届高职毕业生2851人，毕业生就业率97.51%，对口率89.19%，毕业生就业情况稳中有升；学院注重就业信息服务供给，鼓励引导毕业生面向基层就业，举办漳州市医药卫生人才供需见面会，参会单位157家，提供各类就业岗位6087个，岗位提供数量为历年之最；学院举办创新创业研讨会和相关赛事，开展就业创业指导月系列活动，新建“药健康”创新创业基地，成立创新创业教育中心，设立教学和实践部门，引入相关在线课程，推动创新创业教育向“实体化”迈进。

【人才培养成果】

2017年6月，学院接受福建省第二轮人才培养工作评估“回头看”现场考察，获专家一致认可。在全国职业院校技能大赛中，学生获个人二等奖5项，三等奖7项，获团体三等奖2项，优胜奖2项，在省级大赛中，获个人一等奖1项，二等奖2项，三等奖2项，优秀奖4项以及团体二等奖1项；学院教师在全国各类大赛中取得较好成绩，全年共获一等奖2项，二等奖3项，优胜奖4项，参加省级比赛获一等奖1项，2项成果获2017年省级职业教育教学成果奖，女子气排球队在“超级杯”气排球联赛中荣获全国青年组亚军，福建省冠军。

【科研工作】

学院年度科研配套经费投入56万元，院本课题立项40个，省市科研立项23个，同比增幅28%，新增国家实用新型专利1项，达成横向科研合作1项，科研数量、经费稳步增长；出台《科技成果转化管理办法》，引入实验设备共享管理系统，建成药学科研平台及医学检测科研平台，转化医学检测应用技术协同创新中心获省厅批准建设；出台《教授团队建设与管理暂行办法》《科研工作量化考核管理办法》，以教授团体为主体，推动“团队、平台、项目”的有机结合，林美珍教授主持的“长泰砂仁授粉技术研究”获漳州市科技进步奖；积极实施引智工程，聘中科院尹慧勇博士为学术顾问。

【社会服务】

学院以地方经济社会发展需求为导向，紧紧围绕漳州市建设“富美宜居幸福漳州”的发展目标，不断扩大卫生健康服务供给，大力开展专业、科研服务社会活动。对接南靖县政府、福康医院、实验幼儿园、漳华福利院等单位，走社区、下基层，开展心理健康教育与卫生知识宣传，举办具有卫生健康特色的亲子活动14场，完成3500人次的马拉松赛后机能保障服务；加强科技服务企业发展，深入南靖药企开展科技调研，帮助企业解决工艺技术难题；举办新一轮临床教师教学能力培训班，完成4608人次的国家医师实践技能与理论考试，完成2017年卫生专业技术资格人机对话考试及3600人次的职业技能鉴定工作，学院3个项目被列入省教育厅终身教育项目培育名单。

【基础建设】

校园二期B区教学楼、实训楼及配套工程竣工投入使用；10月，市政府常务会议通过学院扩地方案，校园北侧金峰中路以东、北仓路东边两侧用地划归学院，新增土地面积约26.67公顷，校园面积突破53.33多公顷。学院大力推进绿色校园建设，新增校园绿化面积约12000平方米，完成闽南地道中草药长廊建设，推进东大门及周边景观建设，优美校园、舒适校园进一步营造。

【和谐校园建设】

2017年4月，学院召开第三届教代会、工代会；11月，通过第一届省级文明校园评估；学院重视关心教职工民生问题，大力推进教工之家建设，开展离退休老教师相关活动，改善旧校区老教师住宿条件，完成老年活动室装修改造工程，举办教职工趣味运动会、迎新年晚会及中秋节师生联欢会，学院中医馆全年接待师生1638人次，医务室

4月8日，漳州卫生职业学院第三届教代会、工代会顺利召开（王彬 摄）

接诊5629人次，有力确保了师生员工的健康安全；学院建立和完善“三位一体”安全防范体系，做好各项隐患排查，开展道路交通专项整治，强化安全教育宣传，及时预警和疏导网络舆情，开展安全应急疏散演练，启动一期消防验收工作，推进二期B区监控系统建设，12月，学院被评为福建省AAAAA级“平安校园”。

福建广播电视大学漳州分校

【概 况】

漳州电大创办于1980年，校园多次搬迁、置换，2008年5月搬到新华南路现校园，占地15794平方米。在职教职工62人，离退休干部46人。全市电大系统现有开放教育在校生近7000人，分校直属在校生近2000人。每年非学历培训累计近2万人次，组织考试考生共约1.8万人。另外，漳州社区大学依托在漳州电大，学校承担全市社区教育、终身教育的指导、推动工作。

2017年，学校领导班子，由李然任党委书记、校长，配备一位副书记、两位副校长。设立办公室、教务处、培训处、中专处、总务处、学生处、团委会、保卫科等八个中层科室，根据管理工作需要设立奥鹏中心、网络中心、招生办等内设科室，根据教学需要设立社科系、英语系、财经系、理工系4个系。

【发展理念】

2017年10月，学校班子配齐后，党委进行换届。新的领导集体明确提出新时代下漳州电大办学指导思想。发展理念：“不忘初心，开放致远，牢记使命，立德树人”；发展定位：做开放教育的先行者，继续教育的开拓者，社区教育的推动者，终身教育的支撑者；奋斗目标：建设具有全球视野、全国领先、全省示范、全面发展的地市级电大分校。

11月16日，漳州电大召开全体党员大会

【组织建设】

开好党委换届大会：经市委批准，2017年11月中旬，漳州电大召开全体党员大会，并按照《中国共产党章程》和有关规定选举产生新一届中共漳州电大委员会委员。新一届党委规划了新时代下漳州电大的发展蓝图，确定今后五年的指导思想、奋斗目标、重点工作。健全工会组织：12月上旬，经市总工会批准，学校工会组织顺利换届，工会组织力量有效加强。加强中层干部队伍建设：按照干部管理任免程序，正式任命试用期副科级干部4名。加强离退休党支部组织力量：根据工作需要任用原学校正职领导张德群为离退休党支部书记，专职负责离退休党支部和离退休协会工作。

【招生办学】

学历教育 学校致力抓好招生办学和内涵建设，推进开放教育招生，拓展“一村一名大学生”、学前教育、退役士兵教育培训、农民工求学圆梦行动、奥鹏招生等项目。2017年，全市共招生2847人，招生人数居全省前列，被福建省电大授予“招生组织工作先进单位”和“招生先进集体”称号；“漳州电大招生”官方微信公众平台的开通，使更多的人可以通过手机微信了解漳州电大，关注漳州电大的招生情况、优惠政策并直接在微信上预约报名。学校加强教学管理，加强学生实践基地建设，精心组织参加国家开放大学、省电大的各种教学研讨、教学比赛、案例分析比赛，取得好成绩。如我校柯菁老师指导的学生谢团东作品《小企业大品牌 两根槌子打天下》在国家开放大学案例分析大赛中荣获一等奖，指导教师获优秀指导教师奖，全省电大只有我校获此项奖。

非学历教育培训、考试 继续做好现有培训或考试项目，如会计初级职称考试、计算机模块考试、计算机等级考试、专业技术人员远程继续教育等。2017年共组织全国计算机一级考试、计算机模块考试、会计初中级职称、经济师初级职称考试等，参考人员共计7442人次；组织开展专业技术人员远程继续教育公共课、专业课累计1126756学时。同时，该校作为全省唯一的地市级培训机构，成功入选省人社厅2017—2018年全省公共必修课培训

"9·28"终身教育活动日，漳州社区大学组织图书捐赠

的推荐实施机构。由此带动和吸引更多专业技术人员参加我校远程继续教育平台的培训。

【社区教育】

学校配合省教育厅、省社区教育指导中心开展老年教育专项调研工作，为今后加强老年教育决策提供合理的意见建议。积极响应市终促会的号召，在"9·28"终身教育活动日活动期间，举办内容丰富的实体书店赠书、民俗文化讲座、木偶剧团进社区等活动，组织社区教育规范化学习点成果展。学校组织优质教学资源参加首批省级继续教育优秀网络课程和校本教材评选，有八门微课和一部校本教材入围获奖，并获得省教育厅专项资金资助。

【文化建设】

学校深入开展文明单位创建活动，营造文明和谐、民主公平、团结友爱、充满活力的环境和氛围。结合校园是近代漳州地方师范教育学校旧址，是漳州重要文脉所在的特色，积极开展"美丽校园"建设，修缮校园内的池塘、古榕树、小红楼、古井、古桥，保护弘扬"丹霞文化"，使其百年学脉得以延续。加强学校硬件设施设备建设，进一步改善学校办学条件。

【获得荣誉】

2017年，获漳州市"第13届市级文明单位""一类平安单位""AAAAA级平安校园"称号。

"科技 教育"类撰稿人：
刘英杰　张文忠　陈露明
孙建荣　曾紫蓉　黄　煌
苏　莉

文化 新闻

·文化与出版·

【中共十九大精神宣传】

2017 年 11 月 30 日至 12 月 29 日，市文广新局组织开展宣讲中共十九大文艺轻骑兵下基层巡演，文艺工作者结合中共十九大精神创排群众喜闻乐见的节目，深入全市各县（市、区）宣讲巡演，所到之处均获好评。

12 月 29 日，市文广新局组织开展全系统宣传中共十九大精神书画展，紧扣中共十九大主题，展出漳州市文广新系统干部、职工及其家属的作品近百幅。

【文化活动】

4 月 1 日，市文广新局发动全市 400 多名播音员、主持人和记者开展“喜迎十九大　我说新福建”活动，选送周福城、赵家传两名优秀选手参加省赛，周福城的《富美永续　文脉相承》获福建省新闻出版广电局该项活动优秀作品。

4 月 2 日世界读书日期间，市文广新局举行漳州市“读书节”启动仪式，开展精品图书展销、各书店捐赠图书（价值 30 万元）和“中国梦·经典诵读”“书香漳州·阅读的力量”等系列活动。

4 月 9—10 日，市文广新局邀请文化部扶持精品剧目云南舞剧《诺亚阿美》在市人民剧场演出。

4 月 19 日，邀请中国梅花奖艺术团在市人民剧场演出。

6 月 4 日，邀请河南舞剧《关公》到漳展演。

8 月 26 日，市文广新局在漳州台商投资区举办中国画名家作品邀请展，活动以“和平发展，共圆梦想”为主题，主要展出刘大为、冯远、许钦松、徐里等国内 60 多位著名书画家专题创作的 130 余幅艺术作品，作品以传统中国画、油画为主。受到参观者好评。

10 月 13 日，由漳州市承办的全国第四届青年书法篆刻在漳州市美术馆开幕，这是漳州市承办的最高级别的全国性权威书法大赛，活动持续大半年，影响广泛，中国书协来信表扬。

10 月 18 日，市文广新局在漳州牛庄举办福建人物画四届作品展，展出翁振新、黄启根、王新伦、赵胜利 4 位艺术家所创作的中国人物画作品 200 多幅。受到参观者好评。

11 月 7—22 日，“闽籍书画名家抢救工程”沈耀初书画展在漳州市美术馆举行，展出书画作品近百幅，有中堂、条幅、斗方，或花鸟、人物、走兽，或书法，作品技法精湛，广受参观者好评。

11 月 19 日，市文广新局、市委宣传部联合在漳州市博物馆举办“世界观　观世界”和“蚁王归巢”现代公共艺术展，参展作品为陈志光先生所精心创作。展览分为 5 个部分，第一部分“乌合之众”，展出陈志光先生之前在乌镇艺术节展出的大型蚂蚁雕塑作品。第二部分“游园惊梦”，展出大型公共雕塑，比如《圆荷泄漏》以及《古戏台》。第三部分“蚁王蚁民”，展出大型的蚂蚁单体雕塑，以及众多具有福建民俗和人格化的蚂蚁雕塑。第四部分“人如残木”，展出以残木为描绘对象的油画作品以及雕塑作品，这部分雕塑作品为首次展出。第五部分“镜花缘”，展出墙上雕塑 40 余件，呈现不一样的风景。

12 月 11 日，在漳州市美术馆举办董希源国画作品展，展览精心挑选董希源先生 300 余件精品力作，涵盖红色旋律、青山绿水、花香鸟语三大题材。作品画面大气磅礴，笔墨语言丰富多彩，洋溢着对党和人民、对伟大祖国、对新时代的热爱与讴歌，展现画家的创作成果和艺术魅力。

2017 年 4 月起，以“花样漳州·绽放幸福”为主题，市文广新局、九龙江集团创新举办全市群众文艺展演。活动历时 8 个月，经过全市各县（市、区、开发区）层层选拔，组织相关专家深入各地艺术指导，从中挑选出舞蹈《穿灯新娘》、对唱《新新云霄》、器乐演奏《大广弦畅想曲》等12个优秀节目，2018年1月12日汇聚市人民剧场进行演出，座无虚席。

2017年，市文广新局组织市芗剧团、木偶剧团、艺术馆等文艺单位深入基层开展公益演出50多场，演出范围覆盖山区、海岛、军营、社区、学校。

【文艺创作】

芗剧经典剧目《保婴记》再次入列由国家艺术基金评选的2017年度传播交流推广资助项目。

8月，由王文胜创编的芗剧《谷文昌》入选2018年新年戏曲晚会。

2017年，漳州人民广播电台广播栏目《红蜻蜓》被国家新闻出版广电总局评为全国少儿节目精品扶持栏目，由李伟制作的公益广告《环保的四则运算》被国家新闻出版广电总局与国家发展和改革委员会评为“全国节能公益广告”优秀作品奖，由邓捷良制作的《以海为邻 以海之名》被国家新闻出版广电总局、环境保护部评为“美丽中国”环境保护公益广告作品征集“广播类”优秀作品奖；由刘丽贞、张婷姝、洪爱娜、李志军制作的广播剧《法医刘龙清》在漳州人民广播电台播出，社会反响强烈。

【文化产业】

2017年，全市有文化企业4206家，占全市企业总数的5.92%，固定资产超500万以上的文化企业达223家。全市134家文化规模工业完成增加值97.97亿元，增长15.8%。

2017年3月，世界500强公司甲骨文（漳州）双创基地落户漳州高新区。

11月3—6日，在“第十届海峡两岸（厦门）文化产业博览交易会”上，漳州市22家文化企业及相关社会团体赴厦门参会。市文广新局以“在新的起点上加快建设富美新漳州”为主题，布置漳州展区55个国际标准展位。展区布局突出3个亮点：一是主题贴近漳州本土传统与现代文化装备制造业，体现“一脉传承•创意未来”；二是展区呼应“在新的起点上加快建设富美新漳州”，独具文化创意衍生内涵和深度；三是展中展结构，大展套小展，创新展会新模式。22家文化企业分布于彩虹中独具特色大写意闽南红砖燕尾脊下的55个展位，展馆集中展示龙人古琴、玉石雕、东美糕等数十种独具“闽南风•漳州味”的特色非遗文化产品。在本届文创旅游展区中，书画、九龙壁等彰显着历史文化名城福建漳州的文化产业多元性。市文广新局获“最佳组织奖”。展会期间，漳州共10件作品获“福建文创奖”中的“文化产品奖”系列3个一等奖，占全省一半。充分展现了漳州近年来文化产业、文化事业的发展成果。

11月3-6日，“2017第十届海峡两岸（厦门）文化产业博览交易会”漳州展区

2017年，漳州市民营文化企业发展取得新进展。漳州牛庄文化创意产业集团有限公司，投资2.5亿元，打造8万平方米的“漳州牛庄文创园”；福建省永润文化产业投资有限公司，投资兴建特色文创园，园区位于漳州市区云洞岩风景区入口，占地面积约35333平方米，规划总建筑面积36000平方米。计划投资2亿元，重点建设发展全国沙画产业基地以及闽台文化交流平台项目，填补福建省文化产业在这方面的空白。

【文物保护】

2017年，配合市行政服务中心开展地块审核、特色文化小镇等文物前置联合审批65次。

2017年，市文保单位组织开展福建省级重点文物保护单位中山桥修缮工程。中山桥建于1925年，为全国第一座中山桥。修缮工程由交通集团承接，2017年11月10日开工，投入资金920万元。计划于2018年完成修缮工程。修缮后的中山桥将成为漳州历史文化名城一处靓丽景观。

2017年围绕漳州市开展的“五古丰登”（古街、古牌坊、古厝、古桥、

6月10日，2017年文化和自然遗产日活动　（朱盛 摄）

古树）行动项目建设，全年完成投资量10.21亿元，超额超序时完成目标任务。

1月，完成编制“海丝”申遗文本和管理规划，制作《漳州海丝申遗》宣传片。

6月10日，组织开展全国第一个文化和自然遗产日活动，现场展出漳州市海丝申遗、红色文化、文物、博物馆等图片，播放海丝申遗宣传片，还有漳州哪吒鼓乐、大鼓凉伞、闽南童谣、漳浦剪纸表演、畲族舞蹈、民间舞蹈等表演活动。

7—11月，联合市住建局通过网络投票、专家评审等方式开展“十佳古村落”评选活动，评为“十佳古村落”的分别是：芗城区天宝镇洪坑村、龙海市东园镇埭美村、漳浦县湖西乡城内村、云霄县和平乡内洞村、诏安县西潭镇山河村、平和县霞寨镇钟腾村、南靖县书洋镇塔下村、南靖县书洋镇田螺坑村、长泰县马洋溪生态旅游区山重村、长泰县岩溪镇珪后村。

【非遗传承】

2017年春，市局组织诏安、云霄、漳浦、长泰等县申报国家、省“民间艺术之乡”。

2017年3—8月，经各县（市、区）初选、申报推荐、专家评审、网上公示等程序，评出漳州市“十佳民俗表演”，分别是：芗城区的“大鼓凉伞”、龙文区的“威风战鼓”、漳浦县的“大车鼓——昭君和番”、云霄县的“闽南成人礼”、诏安县的“圣侯巡安民俗”、平和县的“平和龙艺”、南靖县的“土楼娶亲·抛绣球”、长泰县的“闽南喜宴”、华安县的“高山族民俗表演：抛陀螺竿球”和“畲家民俗表演：婚俗打枪担”。花博会期间，组织“十佳民俗表演”动态展示。

2017年6月11日，组织开展“漳州非遗走进福州三坊七巷”“古城·记忆”“漳州非遗技艺展”等活动，让漳州传统文化瑰宝穿越时空再现夺目光彩。

12月9—10日，文化部雒树刚部长、国家文物局刘曙光副局长、国家文化部非遗司陈通司长等一行7人莅漳调研文化文物工作情况。部长一行调研了省级文物保护单位漳浦黄道周讲学处，全国重点文物保护单位赵家堡、蓝廷珍府第，国家级历史文化名村龙海市东园镇埭美村、芗城区内全国重点文物保护单位东路军机关旧址、历史文化名城核心保护区漳州古城片区，以及台商投资区全国重点文物保护单位白礁慈济宫等。在调研中，雒部长肯定漳州市文化建设工作及文化遗产保护工作，赞赏漳州市在文化建设中凸显闽南文化、在弘扬保护中传承优秀文化、在合理利用中保护文化遗产等方面取得的成果。

【文化交流】

2016年12月29日（活动至2017年元月4日），市文广新局组织、市艺术馆承办、漳州市星梦影视艺术职业培训学校协办漳州非遗赴台交流活动，分别组成“漳州市青少年非物质文化遗产赴台展演团”和“漳州南词赴台交流团”，两个

1月，漳州市非遗团员赴台湾交流　（许丽君 摄）

团38人，同时赴台湾台北、高雄开展交流。

在台北，交流团进入2所学校，进行4场展演；在高雄，参加隆重的“漳台南词十全腔交流基地”授牌仪式和海峡两岸南词艺术家同台表演、交流、切磋，是整个活动的重要内容。现场进行漳台南词十全腔展演交流。漳州霞东均社南词古乐队表演了南词经典唱段“禄星”“福星”“天官赐福”，以及十全腔器乐演奏“梅雀争春”等。高雄市中油大林埔康乐活动中心的十全腔老艺人演出南词十全腔器乐合奏。现场气氛热烈，掌声不断。许多观众动情表示：漳州南词首次入台，穿越百年，跨越海峡，我们第一次看到祖地演唱的南词，真是太美妙啦。希望漳台两地的南词十全腔爱好者经常往来，交流创新，共同弘扬宝贵的非物质文化遗产。

这次漳州非遗赴台交流活动，十分成功，增进海峡两岸文化的认同感。

2017年6月，漳州首届海峡（漳州）茶会期间，举行市文广新局、市体育局、市漳台文化交流协会等五家承办的“2017年海峡两岸（闽台）少数民族体育文化节暨海峡两岸少数民族青年舞蹈大赛”，漳州参加的有华安县高山族舞蹈队、华安县畲族舞蹈队、龙海市畲族舞蹈队、漳浦县赤岭畲族歌舞团4支参赛队约80人；台湾参加的有金门县台湾少数民族协进会舞蹈队、台湾宜兰县东岳社区—山野趣舞蹈队等两支参赛队约60人。活动以两岸少数民族青年舞蹈展示及比赛为重要内容，突出少数民族特色文化艺术交流和青年舞蹈互动，增进两地青年友谊。

8月，市文广新局组织文艺团队35人到云南红河州进行交流展演。

【市场执法】

2017年，开展“打非治违”专项行动、文物安全大排查、“扫黄打非”、普法宣传教育、对口交流能力提升行动、案件查办行动等，取得良好成效。文化市场监管有力，全市共出动执法人员3447人次，检查单位1750家次，取缔游商地摊50多处。漳州市“扫黄打非”工作实现两个百分百的工作目标［百分百的乡镇（街道）建立联络站，百分百村（社区）建立工作站］，全部通过省级验收，有11个点位被评为省级示范点，工作居全省前列。

·电视台·

【对内宣传】

2017年，漳州电视台新闻中心共开办新闻专栏25个，播出相关节目410期（条），策划推出大型系列报道3个，播出相关节目300集。其中围绕“党的十九大”这一主线，开辟《砥砺奋进的五年》《十九大时光》等新闻专栏，播出相关新闻近180条，并在“漳视新闻”、“V虾米”等微信公众号同步推出，摄制播出30集系列报道《喜迎十九大漳州1＋1》及十九大专题节目《漳州重点项目建设巡礼》《基层党员的中国梦》等；围绕市委、市政府中心工作，推出大型系列报道《三抓三比 十项竞赛·春之声、夏之潮、秋之果、冬之火》120集、《莹莹说安全》150集，开辟《漳州快办》《门前三包·记录簿》《红黑榜》等电视新闻专栏；围绕漳州“生态＋”主题宣传，开辟《宜居漳州进行时》新闻专栏，拍摄制作《花样漳州 生态漳州》，以及关于漳州市食品工业转型升级的电视专题片，全新推出《品牌漳州》栏目，《花样漳州》栏目新增《十大最美乡村》和《红色之旅》系列专题，《看漳州》栏目推出《看漳州·新发现》系列报道，全面反映漳州生态文明的建设成果。

【对外宣传】

漳州电视台围绕扩大外宣，继续密切与央视、省台的联系与合作，主动策划宣传漳州，彰显漳州品牌形象。2017年农博会·花博会期间，特邀中央电视台中文国际频道（四套）、《海峡两岸》栏目记者赴漳采访，合作做好农博会·花博会在央视的宣传报道，通过“央视新闻移动网”平台和新华社“现场云”直播体系对农博会·花博会盛况进行直播，并将相关信息及时上传“央视新闻移动网”，扩大漳州对外宣传影响力。与央视四套《国宝档案》栏目合作拍摄片仔癀专题，宣传漳州国宝名药片仔癀。

【作品获奖】

2017年，共组织44件次的作品参与“福建新闻奖”“福建省广播电视艺术奖”“第十届中国旅游电视周优秀旅游电视节目”“2017年度“中国梦 福建故事”“第五届亚洲微电影艺术节金海棠奖”等15个项目的评奖活动，共有15件作品获得省、市奖项。其中省一等奖3件，二等奖5件，三等奖2件。2017年6月3件作品同时获福建省广播电视艺术一等奖分别是陈俊杰、杨晖、兰佩蓉、杨时清合力主创的《大美漳州》之《印象古村落》系列获电视文艺节目一等奖；曾光炜、杜同山、胡瑞龙、柯艺萍、崔晶合作主创的《我想有个家》获省微视频一等奖；陈俊杰撰写的《论纪录片创作与人类学研究的关系》一文获广播电视艺术论文一等奖。

【渠道拓展】

漳州电视台新闻中心构建“三屏共享、多方联动”的“微信＋”（微信＋电视＋微博＋APP＋网站）传播系统。“漳视新闻”微信公众号入驻“央视新闻移动网”平台和新华社“现场云”直播体系。2017年，利用“微信+”平台开展经常性的网络直播活动，锻炼、培养具有社会影响力、充满正能量的记者网红，打造“双莹”“沈沈”“五朵金花”组合，网络直播常态化。网络直播《莹莹带你逛花博》《“五朵金花”邀您品茗》，系列微直播《“五朵金花”逛五湖四海》，每次微信直播同步在线观众都在20万人以上。

【高清改造】

2017年，漳州电视台加快融媒体平台建设，以先进技术为支撑推动媒体深度融合，以最好、最新技术提升采编能力，拓宽传播领域。构建全媒体互动高清新闻演播室、虚拟演播室高清系统、新闻节目高清编辑系统、自办栏目高清编辑系统和媒体资产系统、二迅道卫星直播车，播出系统升级为高标清同播模式，全台网和融媒体系统初步建成，实现采编播全流程数字化、网络化、高清化。

·新闻报社·

【中共十九大精神宣传】

2017年，闽南日报社重点组织策划“与新时代同行 为新时代放歌”十九大精神学习宣传4个系列活动，即“送党报下基层 谈发展话征程”“我为老人读党报”“与新生代共话新时代”三大主题宣传，制作“与新时代同行 为新时代放歌”公益广告等系列活动。此外，还开展“与新时代同行 共创诗意田园—秋天的赞歌”田园朗诵会、礼赞十九大—闽南日报社“凤凰之约”读者日活动等主题活动，策划推出“学习贯彻党的十九大精神 奋力建设富美新漳州”“党报记者基层共学十九大”等栏目，组织报社记者、通讯员，围绕“七进”下基层宣讲十九大精神，实现从“线上宣传”向“线下宣传”拓展，从“纸上宣传报道”向“与读者面对面宣传”拓展，从传统读者向新生代读者拓展，从新闻报道向公益广告拓展。省委办公厅主办的《八闽快讯》、漳州市委办主办的《漳州信息》专报件均推介了报社的做法和成效。

【生态建设宣传】

2017年，闽南日报社围绕漳州“率先建成全国生态文明先行示范区”的目标，突出宣传市委提出的在中心城区建设“五湖四海”的决策，相继推出《一城花海半城湖》等图片专版，展示漳州五湖四海生态之美。连续推出《“三铁”治水 河畅水清》《美丽家园这样打造》《让漳州的天更蓝、地更绿、水更清》《大步迈向全国生态文明试验区》等专题报道，展示近年来漳州市委、市政府在生态建设方面的举措和成就。2017年8月，报社在系统学习市委、市政府主要领导关于“生态+”论述的基础上，开辟新栏目“探索‘生态+’模式 延展‘生态+’效益”，这一提法得到全市上下的认可。9月，漳州市九龙江畔“百花齐放、百树成荫”绿化工程树木认植启动，报社推出两个大联版和评论《把“生态+”理念植入心田》。9月26日，中共中央外联部举办专题宣介会和“生态+”发展模式研讨会。报社社长陈惠贞与骨干记者赴京全程参与活动，浓墨重彩进行报道，将“生态+”宣传推向高潮。

【“三抓三比、十项竞赛”宣传】

闽南日报社将宣传好“三抓三比、十项竞赛”作为贯穿2017年活动的一条主线，全力营造浓厚氛围。年初，组织刊发《话说“突破3000亿”》《做强生态优势 实现永续发展》《打造一流营商环境》等一系列评论，为“三抓三比、十项竞赛”深入开展营造浓厚氛围。派出记者深入一线采访，并推出“十项竞赛一线行”栏目，刊发50余篇报道，全方位展示各地加快富美漳州建设的好经验、好做法。

【出版安全管理】

闽南日报社对近年来出台的有关意识形态工作管理的规章制度进行修整汇编、修改充实，结集成册。同时，结合开展意识形态责任制检查回头看自查工作，完善相关采编制度的梳理，草拟修改完善《新媒体工作实施办法》和《报社党组落实意识形态责任制实施细则》，落实政治家办报办网，确保出版安全。在保证政治上安全的前提下，抓好印刷出版时效，严控印品质量，成效显著。一是印刷安全有保障。全年报纸印刷图文无重大政治差错。同时，印刷时效和印品质量显著提升，在全省报协报纸印刷质量评比会上获得印刷质量精品奖。二是较好地完成技术服务保障、网络安全运行和项目建设协作等职能，确保厦门金砖会晤、中共十九大等重大活动期间的网络安全，做到全年无重大网络安全事故。

【人事改革】

2017年，闽南日报社深化人事改革。一是吸收两个副高人事代理人员入编，成为报社人事工作一项创举。二是公开招考8名事业编制人员。三是录用4个人事代理人员，报业队伍强实力，增活力。

【媒体融合】

2017年，漳州新闻网全力推进媒体融合发展步伐，与闽南日报社旗下各类媒介互相借力，形成立体传播新格局。新闻网不断强化与报社各采编部室的合作，网站记者经常性地与纸媒文字记者联动采访，制作文字、图片、视频等新闻，使报纸与网络互通有无、互相补充，并在报纸、网站、微博、微信、APP（闽南云报）等进行全媒体发布。漳州新闻网借助新华社“现场云”这有力的平台，在东山的“关帝文化节”直播浏览量达到20多万、第十九届花博会直播浏览量突破200万，进一步提升报道传播力和影响力。

【密切通联】

闽南日报社有针对性地开展舆论监督。《读者之声》版《民声焦点》栏目先后刊登20多篇具有一定深度和力度的调查性文章，内容涉及城市建设，百姓衣食住行等方方面面。及时准确客观反映群众愿望、诉求，民声畅达到相关部门，重视并解决问题。同时，对群众来信来访的线索进行核实筛选，转给有关部门进行处理，来信来访件件有着落，提高党和政府在群众中的威信。

·党 史·

【学习贯彻中共十九大精神】

中共十九大召开期间，组织全室干部职工观看收听，并进行交流讨论。中共十九大闭幕后，11月下旬，安排全室科级以上干部到福州参加省委党史研究室举办的学习贯彻中共十九大精神专题培训班。12月中旬，室主要领导到市委党校参加干部学习贯彻中共十九大精神专题研讨班。室领导结合单位工作实际，亲自上党课、与干部职工交流谈心，深化对全室党员的宣传教育，凝心聚力，奋发作为，推动全市党史工作开创新局面。

【书籍编纂】

2017年，漳州党史室以挖掘漳州本地红色文化为工作重点之一，着力编撰《漳州红色文化读本》，全书8.5万字，通过“平和暴动”“红军进漳”“闽粤边三年游击战争”等红色历史故事和朱积垒、王占春、李林、高捷成、卢叨等红色革命人物，展示漳州红色文化独特魅力，弘扬漳州红色传统，传承红色基因，激励昂扬作为。

漳州党史室组织骨干力量，精心编辑出版《中共漳州市委执政纪要·2016卷》，共40万字，保存治理一方的珍贵资料。

【专题资政】

配合省政协红色文化课题调研。漳州党史室密切配合由福建省政协发起的“我省红色文化遗址保护与开发利用”课题调研活动，提供调研资料、参与座谈会，从党史部门角度介绍漳州市革命遗址保护开发利用的基本情况，为进一步做好该项工作建言献策。

【理论研究】

加大对漳州红色文化历史和精神价值的挖掘研究。室骨干撰写理论文章，7月，共有9篇论文入选“重温红色经典，弘扬红色文化——2017年度芗江论坛理论研讨会”。

围绕中国人民解放军建军90周年，室骨干精选课题，深入研究，共有3篇论文入选福建省纪念中国人民解放军建军90周年座谈会、纪念中国人民解放军建军暨南昌起义军入闽90周年学术研讨会。分别是《闽南革命武装在建军史上的地位和贡献》（曾一石）；《南昌起义军回师入闽对福建革命的影响》（曾一石）；《漳州对中央红军发展壮大的贡献》（江细珍）。

【宣传教育】

召开理论研讨会　7月28日，漳州党史室召开以“重温红色经典，弘扬红色文化”为主题的2017年度“芗江论坛”理论研讨会。此次研讨会有40篇论文入选，入选论文从红色文化宣传、红色旅游、红色历史等多角度对漳州红色文化进行挖掘和研究，有利于推动漳州红色文化资源的宣传、保护和利用，做大做强漳州红色文化品牌。

开展红色文化媒体宣传　8—11月，漳州党史室与市文广新局、漳州人民广播电台联合进行漳州红色文化暨漳州重要革命遗址主题宣传工作，在漳州电台新闻综合广播节目播出《漳州·红色圣地》，在微信公众号“享听漳州”同步推出同名专题，在漳州新闻网开辟专栏同步推送，整理出版《漳州·红色圣地》，选取闽南工农革命委员会旧址、中共靖和浦县委旧址等15处革命遗址作为专题内容，分15期，展现光荣的历史事件、独特的人文情怀、各地保护建设实况等，凸显漳州重要革命遗址的特殊价值。

申报第四批省级党史教育基地　5月，漳州党史室推荐报送第四批省级党史教育基地，平和红军三平会师纪念馆、漳浦中共闽粤边特委旧址暨中共靖和浦中心县委旧址、诏安“月港事件”纪念旧址等3处遗址入选。截至2017年底，全市共有省级党史教育基地20处，成为我市广大党员干部开展党性教育、党史教育的重要场所。

附：漳州市省级党史教育基地名录（截至2017年12月）

芗城区2个：毛主席率领红军攻克漳州纪念馆、中共福建临时省委旧址。

龙海市3个：苏静故居、王占春故居、龙海一中红军楼。

平和县4个：平和暴动纪念馆、朱德率南昌起义军回师入闽纪念馆、红军三平会师纪念馆、中共平和第一支部暨上坪村农民协会旧址。

漳浦县2个：漳浦县革命历史纪念馆、漳浦中共闽粤边特委旧址暨中共靖和浦中心县委旧址。

诏安县3个：诏安县革命历史纪念馆、中共闽粤边工委暨饶和埔诏革命委员会旧址、诏安“月港事件”纪念旧址。

南靖县1个：南靖树海中共闽南地委旧址纪念馆。

东山县2个：谷文昌纪念馆、东山县寡妇村展览馆。

云霄县2个：乌山闽南地委机关旧址、云霄县革命烈士陵园。

长泰县1个：长泰县革命烈士陵园。

·地方志·

【概 况】

2017年来，漳州市方志委继续贯彻落实省方志委和中共漳州市委、市政府工作部署，以推进“两全目标”（志书全覆盖、年鉴全覆盖）为工作重点，做好志鉴编纂工作，配合编纂专门志和地情书籍，筹建漳州地情文献馆和漳州方志网，发挥史志作用，服务经济社会发展，取得良好成效，受到省方志委领导的表扬，在全省地方志机构主任会上做典型经验交流。方志工作和内部管理也得到市政府领导肯定，获“2016年度漳州市平安单位”优秀等次、漳州市2016年度绩效考评政府系列优秀单位。

召开《漳州市志（1991—2007）》评稿会。2017年2月21—22日，漳州召开《漳州市志（1991—2007）》评稿会，省方志委领导以及来自各设区市、县（市、区）的70余名方志专家参加会议，会议取得成功。二是确定修改方案。漳州市志委积极落实于伟国书记提出的“精准、翔实、科学、严谨、求实”工作要求，迅速召开专家意见讨论会，归纳整理专家意见，形成评稿会处理意见表，制定修改方案和时间表，再次明确各篇目编辑责任，严格按照时间表对初稿进行修改。三是进一步补全资料稿。市志委严格把关，重新梳理未到年限的、数据矛盾的资料，向资料提供单位或承编者发出补充资料函，各篇目陆续修改完毕。2017年6月，市方志委将近年工作形成《市方志委着力提升治志水平成全省典型》信息稿，由市委办公室《漳州信息·增刊》和市政府办公室《漳政要讯·增刊》全文刊登，得到各方肯定及兰万安副市长批示鼓励。2017年12月份，志稿正式提交市政府审查验收，市政府专门成立市志审稿小组，并召开会议布置审稿工作。

各县（市、区）修志工作扎实推进。长泰县、漳浦县、云霄县、诏安县已经出版，《龙海市志》《龙文区志》交付出版，《芗城区志》正进行评审后的修改，《南靖县志》进入终审。

着力促进年鉴公开出版。2017年，漳州市志委认真学习落实省方志委陈秋平主任讲话精神，督促年鉴公开出版，提升年鉴质量。年鉴2016卷龙海、漳浦、云霄、诏安已公开出版，市本级、芗城区、龙文区即将公开出版。其中，《漳浦年鉴（2016）》获全国地方志优秀成果（年鉴类）特等奖。《漳州年鉴（2015）》《漳浦年鉴（2016）》被评为全省优秀年鉴。

漳州市方志委加大对年鉴公开出版工作的督查力度，发出《关于做好县级综合年鉴公开出版工作的通知》，并将文件发送至各县（市、区）人民政府，以此引起县政府分管领导重视。2017卷南靖、漳浦、龙海、长泰已交付出版，市本级、云霄、诏安进入总纂阶段，芗城、龙文、东山、平和、华安编纂工作正在积极推进中。各县（市、区）年鉴2017卷都可实现公开出版。

【《漳浦年鉴（2016）》荣获全国特等奖】

2017年8月5日，全国地方志优秀成果（年鉴类）评审结果揭晓，由漳浦县人民政府主办、漳浦县方志委承编的《漳浦年鉴（2016）》获得全国县区级综合年鉴类特等奖，成为全国17部之一、福建省唯一获此殊荣的年鉴。

《漳浦年鉴（2016）》经漳州市方志委推选，作为全省16部参评年鉴之一，参加全国评审。经专家组评审、全国地方志优秀成果（年鉴类）评审活动小组办公室复审、全国地方志优秀成果（年鉴类）评审活动小组终审，《漳浦年鉴（2016）》脱颖而出，获得此次评审的最高奖项—特等奖。

【编纂出版地情资料】

出版特色地情资料书。市方志委出版明嘉靖版《龙溪县志》（点校版），即将出版《漳州名产志》，有力配合漳州市政府开展的“漳州味·世界行”活动。南靖县方志委编辑《南靖革命画册》，今由海峡文艺出版社出版发行。南靖方县志委启动编辑《土楼家园》画册。搜集整理抗战革命歌曲。南靖县方志委退休干部江清溪深入到革命老区搜集抗战革命歌谣，一年中整理近10首歌曲珍贵资料。

云霄县方志委点校出版《云霄县志》（民国校勘本、纸质本），电子书清嘉庆《云霄厅志》、民国《云霄县志》，地情书《梅月诗卷》《巨贾春秋》《地方志专题灯谜作品集》《张贞一生》《刘文英诗词选》等。

长泰县方志委编纂出版《长泰大事纪略（唐至2016年）》和《长泰名产志》。《长泰大事纪略（唐至2016年）》主要记述县境内唐至2016年的大事，挖掘长泰县历史精华，归集百科大事，编成志书简本，约52万字。可称“小县志”。

2017年6月，《长泰大事纪略（唐至2016年）》印制500册。组织编纂长泰名特产资料。2017年，县方志委组织编纂《长泰名产志》，全书收集整理长泰农特产品、林特产品、牧渔特产品、工业名品、风味美食、地理商标、著知名商品、品(名)牌商品（产品）、专利产品、名特产大事录、活动纪实、风物故事等，记述传统特产、牧渔特产、工业名品、地方美食、风味小吃及山珍佳肴近60种，约10万字。

诏安县方志委编辑《诏安华侨志》和《诏安民间故事》。由诏安县政府主办、诏安县方志委编辑，收集50多万字的资料稿，完成《诏安华侨志（征求意见稿）》共8章24万字的编写并分发征求意见。为发掘诏安地方文化，县方志委组织新编《诏安民间故事》一书。全书包括“名人轶事”“名产传说”“名胜传奇”“俗语典故”“特俗由来”“坊间趣闻”。收集到民间故事300篇共45万字，其中选用、编辑民间故事145篇共22万字，另外收集图片100张，选用60张作为彩页及插图。12月，已经完成样书校对，正在出版印刷之中。

龙海市方志委完成《海丝月港资料汇编》的资料收集和初稿编写工作，找到十分珍贵的康熙《海澄县志》的底本，委托有资质的出版社整理影印出版。

配合并参与《漳州茶志》丛书编纂。2017年数次召开专家会议，汇集修改意见，市、县（市、区）方志委加强指导，配合组织做好县（市、区）《漳州茶志》审稿工作，《漳州茶志》2017年10月已出版。各县（市、区）《漳州茶志》已完成审稿工作，汇集成册。各县（市、区）方志委还配合编纂《闽南金三角系列》丛书。

配合《闽宁协作扶贫志》等资料征集。2017年3月召开《闽宁扶贫协作志》（漳州）资料征集工作座谈会，配合省方志委做好资料征集工作，明确分工，责任到人，按时上报，共收集纸质资料24页，电子文档16篇，图片84张；开展福建家风家训文化传承研究资料收集，共收集电子文档19篇，图片217张；开展福建土楼申遗资料征集，共收集图片18张。

【开展读志用志】

拓展读志用志服务。开展《漳州家训》《漳州乡规民约》的摸底调研和资料征集工作；向市委宣传部提供红色文化相关历史资料；参加漳州市粮食教育基地设计方案评审会议，为筹建中的粮食教育基地提供史实资料。提供地情资料查阅服务，提供可用资料3.2万字。方志发挥存史资政、服务当下的功能。

【地情文献馆、网建设】

夯实资金保障。2017年以来，投入3.84万元进行方志网站续建和文献馆电子图书编录，具体运用于文献馆电子版图书二次开发、图书资料分类整理和丰富内网图书查阅功能，使资料查阅更加方便快捷。

整理电子版地情文献。投入资金采购收集电子版图书，进行格式转换，指导与监督相关企业服务人员对图书的分类整理工作，截至年底，共收入2146册珍贵电子史料书籍。

编录方志网站栏目内容。漳州市方志委对漳州方志网进行调试，并入福建省方志网站，并进行升级。确定网站各栏目内容，陆续上传第一轮《漳州市志》和历年《漳州年鉴》内容，指定专人进行编录页码整理，共上传栏目内容2942条。

【编纂方志期刊】

《漳州今古》是由漳州市方志委主编的一本省级内刊，也是全省设区市中唯一连续十多年不间断的刊物。2017年，设置《志苑探隐》《史海钩沉》《乡邦文化》《名村风采》《漳台关系》《人物天地》等特色栏目，出版3期，共采集来稿60篇，采用入编40篇，分别于3月、7月、11月发行。

【开展学术研究】

漳州市志委郑美华撰写论文《精品年鉴关键在改革与创新》出席8月8—10日在黑龙江省齐齐哈尔市举行的2017年全国精品年鉴编纂与年鉴编纂创新研讨会，论文《周起元与东林党关系考辨》发表在《福建史志》2017年第二期。

2017年8月，龙海市志委柯少强、邱旺山撰写论文《旧志艺文志之特色及地方文化传承略论》，被邀请参加“继承中华传统，弘扬方志文化”全国地方志学术论坛。

【方志队伍建设】

党风廉政建设。成立党风廉政建设工作领导小组，制定委领导党风廉政主体责任清单，召开党风廉政建设专题会议，下发廉政工作要点，签订党风廉政建设责任状，将党风廉政工作跟方志工作和任务一同部署；学习《中国共产党廉洁自律准则》《中国共产党纪律处分条例》，组织观看反腐电视剧《人民的名义》、专题片《将改革进行到底》，撰写心得体会；加入“市政府办廉政微信群”，同派驻纪检组保持良好沟通，常态性开展党风廉政问题自查。2018年春节前，漳州市方志委召开主任办公会议，学习习总书记对“四风”问题新批示，强调过节期间的廉政纪律，并在微信群内转发3起违反中央八项规定精神的典型案例，引起党员重视与警醒，引以为戒。

队伍建设。2017年2月份，漳州市方志委挂靠市政府办遴选1名干部；6月份，与省方志委、平和县

方志委和镇村开展党建三级联创活动；7月份，组织全委干部、职工到龙海市龙江文化园开展党支部活动，学习漳州精神，提高干部职工政治素质和党性修养。12月份，市方志委申请招录1名干部获得批准（将于2018年通过省公务员考试招录1名硕士研究生）。

制度建设。认真遵守政务、财务公开制度，结合实际、突出重点，完善机关内部管理和业务质量保障一系列制度，先后制定市方志委值班执勤制度、公车管理制度和请销假制度等，强化自我约束。进一步完善主任办公会制度，重新明确出席列席对象，从2017年起，每次会议结束形成会议纪要，力促决策更加民主权威。

【积极承担社会责任】

2017年春节前，漳州市方志委向华安招坑村6个贫困户赠送慰问金，共计3600元，组织干部深入诏安县挂钩贫困户家中，分别赠送慰问金1000元和棉被等生活用品，共计6000元。端午节前后，漳州市方志委再次深入诏安县吴坑村5户贫困户，赠送慰问金、生活用品等共计3500元。为做好挂钩社区“创城”工作，委领导深入漳华社区，与社区干部开展座谈，实地走访了解创城情况，全年支持创城经费共计8000元。

·政协文史资料·

【发挥委员作用】

漳州市政协注意发挥政协委员作用。一是立足于新委员、新主任、新分管副主席的情况，及时发放包括“今年工作如何完成”“委员个人如何参与”“新一届学习文史工作如何谋划”3个方面的工作意见征求函，广泛征求每位学习文史委委员的意见和建议，认真梳理、消化、吸收并转化为工作思路和计划。二是组织委员参加调研活动，印发调研课题征求意见表、市政协委员“五个一”工作完成情况表、2018—2021年期间拟编撰出版漳州文史资料计划表、新一届市政协文史研究员推荐表4个工作表格，让委员对照“五个一”（至少提出一件提案、参加一次调研考察活动、提出一个工作建议、反映一条社情民意、为贫困弱势群体献一份爱心。下同）要求，采用社情民意、提案等形式建言献策。三是结合该委开展履职活动，分管副主席分批分期带领学习文史委人员走访该委委员，参加委员举办的画展，与委员面对面交流，了解委员工作、学习、生活、履职情况，并努力为委员提供服务和帮助。

【反映社情民意】

市政协开展调研考察，注意了解和反映社情民意，先后就涉及历史文化遗产、文物保护、优秀传统文化传承，以及人民群众关注的热点难点，主动向市委、市政府和有关部门反映情况，提出建议。7月，针对本市存在公交车不文明行车等现象，结合漳州“创城”迎接复核检查的关键节点，学习文史委主任与其他专委会共同提出《关于推进我市“创城”工作的几点建议》社情民意信息，对此市委书记檀云坤作出批示，并肯定该信息“建议很有针对性”。市长运集团、城管执法局等相关部门及时采取措施，对公交服务态度、开车速度、摊点摆放等进行全面整改。8月，市出台《关于印发〈漳州市优秀传统文化传承发展工程实施方案〉及其分解立项方案的通知》（漳委办发〔2017〕30号），鉴于水仙花是漳州市市花，承载着深厚的漳州历史文化情怀。9月，文史委提交《关于将漳州水仙花文化作为漳州优秀传统文化传承发展重要内容的建议》的社情民意信息，市委书记檀云坤作了批示，市委副书记阮开森、副市长兰万安、吴卫红也分别批示肯定，要求由市委宣传部牵头，市文广新局、市旅发委配合，结合贯彻落实漳委办发〔2017〕30号文件精神，加以吸收运用，力求实现“创造性转化、创新性发展”。市委宣传部、文广新局、市旅发委已研订具体方案抓落实。

【协助督办重点提案】

重点提案《关于把天一总局打造为“中华侨批博物馆”的建议》按分工由市政府、市政协分管领导负责督办，市政府办和市政协学习文史委为督办单位。市政协分管领导吴芳华副主席数次与市政府分管的兰万安、王文刚两位副市长沟通，研究联合督办事宜。市政府办和学习文史委制定《调研督办工作方案》，并与港澳台侨委（提案单位、提案者）以及市文广新局、市外侨办和漳州台商投资区（提案承办单位）等部门密切联系，跟踪工作进展情况。8月9日，吴副主席带领由市政府办、市文广新局、市外侨办和学习文史委、部分政协委员等组成的督办调研组，实地视察天一总局旧址现场，并召开重点提案督办座谈会。吴副主席强调：各承办单位一要借助政协提供的协商平台，按照“保护为主、抢救第一、合理利用、加强管理”的原则，切实保护好天一总局这一国保级文物。二要加强统筹规划，细化实施方案和目标任务，明确责任分工、工作进度和办理时限。三要加强配合，对文物抢救、修缮保护、人员安置、赔偿费用等前期性工作，同步考虑、同步实施，同时主动争取上级部门的支持和帮助，确保重点提案顺利按计划落实到位。

市文广新局、市外侨办和漳州台商投资区3个承办单位向提案单位、提案者和督办单位书面提交办理答复报告，同时做好各个时间节点任务落实的跟踪反馈工作。

【开展镇海卫遗址保护与开发调研视察】

开展镇海卫等卫戍遗址保护与开发调研视察活动。7月下旬，在市政协副主席吴芳华带领下，学习文史委组织市政协委员和市文广新局等部门领导赴龙海市隆教乡开展镇海卫等卫戍遗址保护与开发调研视察。实地考察镇海卫东门、西门、南门、古城墙和周围环境等遗址现场，听取龙海市文物局局长和隆教乡党政领导的工作汇报，了解镇海卫等卫戍遗址留存现状、近期开展保护规划设计情况，与保护性开发存在的问题，并提出建议。龙海市、隆教乡十分重视市政协调研视察提出的建议，组织有关领导和单位赴天津卫、济南卫考察学习。在调研和论证基础上，龙海市向漳州市文广新局报送关于镇海卫等卫戍遗址保护和开发的专题报告。

【开展“三馆”加强建设调研考察】

7月起，学习文史委组织开展“三馆”加强（图书馆、博物馆、艺术馆）建设情况界别、对口协商调研视察，市政协分管副主席、学习文史委、部分委员和市文广新局领导参加。调研组先后考察龙海、长泰、漳浦、平和、诏安、东山等县（市、区）的图书馆、博物馆、艺术馆。调研组认为加强“三馆”建设，补民生文化事业短板，应从规范建设“三馆”、建立管理制度、规范运行机制、优化软硬件设施、打造专业化管理团队等方面着力，以达到充分利用“三馆”优良资源、促进“三馆”社会效益最大化的建设成效。

【做好文史资料征集】

一是配合全国政协、省政协及其他相关部门开展各项文史资料征编征稿。主要有配合全国政协文史和学习委广泛开展《蒙古族百年实录》的协作征编征稿、协助省《政协天地》杂志社征集省政协委员《履职故事》史料、协助中国政协文史馆征集文史资料图书。二是协助湖南省株洲市政协副主席余群明一行到云霄县开展“秋瑾烈士年谱新篇”史料征集；陪同河南省固始县政协原副主席、开漳历史文化研究会会长陈学文一行来漳开展相关史料征集。三是主动参与漳州市长江支队研究会开展《长江支队回忆录》史料征集。

【加强文史工作联动】

2017年，学习文史委主动与市委宣传部、市社科联、闽南师大闽南文化研究院、市方志委、市文广新局、市旅发委联络沟通、交流协商。加强与各县（市、区）政协文史委的工作联系，印发调查表，对全市政协文史队伍建设和文史资料工作开展情况进行调查摸底。通过沟通联系，加强协作，重要会议互邀参加，重大事项相互通报，重点问题专题协商，工作相互支持，专委会与对口部门和上下级政协资源、信息共享，在协同中整合力量，在互动中有效履职。

【开展文史交流活动】

2017年，学习文史委积极与全国、全省各地政协的文史工作部门开展交流联谊，主动配合兄弟省、市来漳开展考察调研交流。一是陪同并参与省政协委员、省文史馆馆长陈澍一行开展漳州市文史资料工作的考察。深入漳台族谱馆、漳州古城、市政协海峡文史馆、东山谷文昌纪念馆、东山关帝文化、漳浦赵家堡、诒安堡等地，就文史资料的征集、展览、数据库建设等进行调研。二是陪同并配合省政协文史和学习委副主任罗健一行赴漳州市开展“福建省红色文化遗址开发和保护利用”的课题调研。召开座谈会，听取市委宣传部、市党史研究室、市文广新局、市旅发委等部门领导的意见和建议，并实地考察漳州纪念馆、红三团与红九团会师旧址、乌山革命博物馆、闽南地委机关旧址、龙海红军楼等，省调研组对漳州红色文化遗址开发和保护利用情况提出了宝贵的意见。三是陪同并协助河南省固始县委常委、统战部长苏锦峰一行到漳州考察交流，深入市博物馆、漳台族谱馆，考察我市根亲文化工作的经验及做法。四是陪同省政协文史和学习委副主任、宁德委员小组组长郑民生一行，深入漳州体育场、重竞技体育馆、龙海市西溪生态文化园、漳浦赵家堡、诒安堡、天福石雕园等，考察漳州市在承办上一届省运会中的做法及旅游产业发展情况。五是陪同苏州市政协副秘书长吴晨潮一行来漳考察古镇古村落保护与利用情况。六是陪同省政协副主席陈荣凯、陈义兴一行到漳开展“走进基层·走进漳州”调研采风活动。

·档案·

【依法治档与业务指导】

2017年，漳州市档案局加大依法治档，强化档案业务指导。一是抓重点建设项目档案指导，组织厦成高速漳州段等一批省重点建设项目的档案专项验收；二是抓农村土地承包经营权确权登记颁证档案工作，总结推广漳浦县的做法；对漳龙集团、城投集团等一批重点企业进行业务指导，对市委宣传部等10个机关单位进行档案工作执法检查。

各县（市、区）档案局切实开展档案执法检查。芗城区档案局指导区文明办、区经信局、西桥街道办事处进一步规范档案室管理，对7个机关单位、街道办事处开展执法检查；龙文区档案局对郭坑、朝阳镇一些村级档案进行执法检查；漳浦县档案局深入县直机关、古雷征迁指挥部、赤湖工业园区管理中心等单位进行现场督导；诏安县档案局联合县委办、县政府办督查室、县纪委效能办组成联合督查组深入全县各乡镇（区）、数十个县直单位进行内业档案资料指导；东山县对25个单位、南靖县对23个单位、云霄县对18个单位的档案开展双随机执法检查；平和县对4个乡镇和20家单位开展档案工作执法检查；长泰县对武安镇、枋洋镇、马洋溪生态旅游区等单位进行档案工作规范化指导。

【档案信息化建设】

一是数字档案馆建设取得阶段性成果。1月，国家档案局正式发文批准漳州市档案馆为“全国示范数字档案馆”。成为全国第九家、地级市档案馆第五家、福建省第一家。10月，全省市县级综合档案馆项目建设暨数字档案馆（室）建设推进会在漳州召开，推广漳州经验。二是打造资源共建共享格局。市档案局整合县级馆藏档案信息资源，建立档案信息资源共享平台，初步与芗城、龙文、漳浦、东山4个县（区）档案馆实现跨馆查档服务功能。三是出台《纸质档案数字化成果移交进馆暂行办法》（漳档〔2017〕22号），拟定“数字档案室推广建设方案”，启动全市数字档案室建设工作，首期建设20个机关单位数字档案室系统与市档案馆信息系统实现对接。四是投资36万元，采购一套蓝光光盘库及150张蓝光光盘，用于馆藏档案数据存储备份，加强档案数字化成果的安全保障。五是各县（市、区）档案数字化扫描工作有序展开。龙文区馆藏档案数字化100%，芗城区完成80%，龙海市完成230万页，漳浦完成320多万页，华安、南靖县也已经启动。

【档案征集、保护与资源建设】

市档案局积极开展珍贵档案征集工作。2月，市局领导带队深入各县（市、区）档案馆，逐县实地调研。分别拜访社会收藏界知名收藏家，了解全市档案资源分布和收藏珍贵档案情况。芗城区征集一批地方文献资料；龙文区征集第二届国际山地自行车邀请赛等11项重大活动档案；龙海市投入30万元资金对民国档案进行抢救修复，共裱褙档案1000余卷；漳浦县档案局举办书法家及社会人士走进档案馆活动，现场征集书法作品40幅；诏安县抢救修复房产证存根档案近10万份；平和县对188卷民国档案进行修裱抢救；南靖县征集一批珍贵档案资料，包括照片、古籍印章、光碟等档案资料；华安县抢救裱糊一批账本、家谱、侨批、地契等珍贵历时档案，裱糊民国档案718卷。4月，市档案局首次采用无人机航拍城市发展变迁，创新城建档案资源建设手段。

4月，市委常委、秘书长张琳光、市政府副市长兰万安在档案工作信息上分别批示，肯定档案工作成效。

1月，国家档案局正式发文批准漳州市档案馆为“全国示范数字档案馆”

【档案宣传、展览与爱国主义教育基地建设】

2017年，市档案局档案宣传由平面单一向多维立体融合方面发展。

组织“6·9”国际档案日宣传系列活动。一是开展漳州市首届“珍贵档案”评选活动等。联合《闽南日报》和漳州新闻网在全市范围内启动首届漳州市珍贵档案评选工作，全市有11大类46组420余件“档案宝贝”申报参评，分为提名奖23件（组）、组织奖4名、人气奖7件（组），在短短9天内共收到新加坡、美国、日本18万张选票。最后召开评选表彰会，分别评出珍贵档案20件（组），其中有清光绪三十一年（1905年）《漳泉日报》、清宣统三年（1911年）《录各报要闻》和民国二十四年（1935年）《海澄县己卯志稿本》等4件入选“福建省第二批珍贵档案文献”。二是联合省、市、县三级档案馆在市直及各县举办侨批展活动，吸引大批观众驻足观看，普及档案意识。三

7月6日，漳州市首届珍贵档案评选颁奖仪式

是举办“相约兰台 成长档案DIY”档案宣传学习活动。邀请闽南日报小记者走进档案馆进行档案宣传社会实践活动。6月2日的《闽南日报》用近2个专版选登小记者文章。四是联合芗城区档案局、龙文区档案局、市城建档案馆、闽南师范大学档案馆于6月9日在中山公园开展宣传活动，共展出45块展板，发放宣传材料近2000份，悬挂宣传横幅2条、灯谜1000条。五是开展“走进档案馆”宣传周开放活动，以《田园都市文化名城—漳州城市记忆展》《家的档案 家的记忆》等展览拉开国际档案日宣传周序幕，活动吸引中核国电漳州能源有限公司文档管理人员、漳州职业技术学院师生、闽南师范大学夏令营学生等12批次、近1000人次，广受社会的好评。

在闽南日报、漳州新闻网开辟《漳州档案》专栏，每周刊发一期漳州档案故事，一年多来共刊发74期，扩大漳州档案的影响力；

开通网络直播平台直播“漳州档案故事”。向全国前十名的直播平台申请2个直播间，于7月14日开播，讲述漳州档案好故事，已播出17期，提升漳州档案知名度。

10月建成省内设区市规模最大的实物档案展馆。面积500多平方米，主要分为实物、书画、图书和声光电四大功能展区。展出馆藏实物档案精品七大类共287件。

与漳州电视台合作拍摄电视专题片《兰台使命的漳州答卷》，被福建省委组织部作为党建“好片子”，列为全省党员教育观摩片。

12月27日，市档案局接受漳州政府网政务访谈，围绕“档案工作在新时代要展现新气象、新作为”主题，与主持人和网友进行互动交流，成为2017年漳州政府网点击率最高的节目，市长刘远点赞表扬。

【档案查询、利用】

2017年，市档案馆充分利用全国数字档案馆建成的档案资源优势，积极开展档案的查询利用服务，共接待查询利用566人次，调阅档案2503卷（册）。全市各县（市、区）档案局（馆）共接待查询利用22784人次，调阅档案44086卷（册）。

【学术交流与队伍建设】

4月，市档案局在芗城区、东山县举办2期档案专业人员岗位培训班，291人参加学习培训。5月，举办全市市直机关档案员业务骨干培训，提升参训档案人员依法治档、依法管档的能力。9月，省科协第十七届学术年会档案分会场研讨会在漳州举行，市局协助做好会务工作，漳州市档案局获评“优秀论文组织单位”称号。

【开展学习肖招鸿先进事迹活动】

2017年8月25日，福建省档案局作出《关于开展向肖招鸿同志学习活动的决定》，9月19日，省档案局又召开全省档案系统学习肖招鸿先进事迹电视电话报告会，并

闽南日报小记者走进漳州市档案馆系列活动

编印《肖招鸿同志先进事迹学习材料》，分发全省。省档案局原局长丁志隆在报告会上提出向肖招鸿学习活动的要求，指出：肖招鸿的先进事迹，是档案系统用身边人身边事教育引导广大档案干部忠诚党的事业，立足岗位担当尽责、建功立业的生动教材。漳州市档案局在漳州分会场召开漳州市档案系统学习肖招鸿先进事迹电视电话会，并发出《漳州市档案局关于深入开展向肖招鸿同志学习的通知》。全市各县（市、区）档案局和市直、县直档案单位纷纷开展写心得体会、演讲竞赛、主题实践活动等形式多样的学习宣传活动。之后，将有关材料汇编成《兰台先锋—肖招鸿先进事迹资料汇编》。《中国档案报》《中国档案》《福建档案》分别大篇幅报道肖招鸿事迹，社会上引起强烈反响。

【档案编研】

进一步挖掘馆藏档案资源，扩大档案编研成果的开发工作。2017年，全市档案编研工作得到有效推进，《漳州市档案志》(1949—2015年）完成定稿；编辑出版《我们这些年》《华侨抗日女英雄李林图传》《历史的缩影》（均为海峡文艺出版社出版）3本书。

【档案安全保管】

全市档案安全体系建设扎实推进。市档案馆贯彻落实全国、全省档案安全工作会精神，依法依规依制加强档案安全管理，按制度要求与物业、维保单位一起做好消防每日、每月巡查，组织开展消防安全演练、测试，并做好台账。定期邀请漳州消防支队特勤中队到市档案局开展消防安全培训及演练，按标准建成微型消防站。龙海市投入资金150多万元，对档案库房进行改造加固，改砖混结构为钢结构，添置密集架，安装烟感和监控设备，添置空调和除湿机，及时移存破案，确保档案实体安全。

【领导调研档案工作】

8月，省档案局副局长马俊凡带领档案安全专项督查组一行4人深入长泰、龙文、诏安、漳浦等县检查指导工作。10月，省档案局副局长黄建峰带领省档案局的工作人员督查龙海、漳浦新馆建设。11月，新任省档案局局长卓兆水来漳指导工作，深入漳浦县督查项目建设，并主动与市县主要领导和相关领导多渠道沟通协调，督促加快项目建设。

11—12月，国家档案局副局长胡旺林、刘鲤生分别来漳，调研督查指导国家重点档案保护与开发项目。

【档案馆建设与市档案馆过渡搬迁】

漳州市委、市政府高度重视档案工作，主要领导多次批示档案馆过渡搬迁和新馆建设，市长刘远在市政府常务会议上亲自主持研究新馆项目建设，强调要把档案变成活资源和生产力；市委、市政府对市档案馆搬迁安置和新馆建设召开4次专题会。

2017年，市档案馆做好新馆立项报批，完成征地与挡土墙建设项目。诏安、南靖、平和县档案局完成新馆搬迁工作；龙文、长泰县档案馆新馆大楼完成竣工；龙海、华安新馆项目正式开工建设；漳浦、云霄县新馆项目正在推进前期工作。

根据市委、市政府决策，11月，开始启动漳州市档案馆过渡搬迁工作。市长刘远作出批示：“库房临时过渡搬迁安置，安全思想要始终牢记确立，安全措施要长期到位”。局专门召开会议，组织开展一次搬迁后的档案资料安全大检查工作，分成6个小组对馆藏138个全宗、15家破产企业档案及图书、资料、杂志、报纸等共计24万卷（册）档案资料进行一次全面、系统、深入的安全隐患排查。市委主要领导对此充分肯定。

“文化 新闻”类撰稿人：

朱　盛　许培玲　赖雄伟
林　绿　郑美华　谢文英
刘舜全

·卫生计生·

【概 况】

2017年，漳州市卫生计生工作成效显著。全市新增床位1031张、卫技人员1089名。其中千人均床位数4.54张、执业医师数2.03人、注册护士数2.26人。国家基本公共卫生服务项目政府补助标准提高到每人每年50元。2017统计年，全市出生率17.6‰，自然增长率12.2‰，政策符合率94%，群众满意率94%，人口信息统计准确率97.5%，顺利完成中共福建省委、省政府下达的责任目标；全年查处“两非”（非医学需要的胎儿性别鉴定、人工终止妊娠）案件116件。援塞内加尔医疗队完成援外任务归国，被誉为“最可爱的人”。各项业务工作成效明显，全市中央投资项目完成情况位居全省第一，预防艾梅乙母婴传播工作位居全省第一，公立医院综合改革效果评价考核成绩位居全省第二，控烟工作成效位居全省卫计系统设区市系列第二，圆满完成金砖会晤维稳安保任务。漳州市经全国卫生城市复核再次荣膺“国家卫生城市”称号，并被评为“全国偿献血先进市”；市中医院荣获“全国卫生计生系统先进集体”荣誉称号，成为全省唯一获此殊荣的中医类医院；市疾控中心荣获省委、省政府授予的“先进集体”荣誉称号；市卫计委被中共漳州市委、市政府被评为“先进集体”。

【体制改革】

强化医管委公立职能。各县（市、区）均已成立或调整公立医疗机构管理委员会，推进医疗卫生体制改革。加快公立医院人事管理和绩效工资内部分配制度改革。制定出台《漳州市级公立医院院长目标年薪管理办法（暂行）》《漳州市级公立医院院长绩效考核管理办法（暂行）》《漳州市属公立医院工资总额管理办法（暂行）》（漳政办〔2017〕274号），在漳州市医院、漳州市中医院实行院长目标年薪、责任制考核和工资总额管理制度，做到多劳多得，优绩优酬。持续抓好公立医院控费工作。将分级诊疗指数、公立医院药品耗材收入占比、药占比、百元耗材比纳入政府绩效考核内容和公立医院院长年度绩效考核。2017年，全市药品耗材收入占比38.51%、药占比27.43%、百元医疗收入（不含药品收入）消耗卫生材料21.91元，分别比2016年下降6.56个百分点、5.3个百分点、2.34元。推进基层医疗卫生体制改革。出台《关于进一步深化基层医药卫生体制综合改革的实施意见（试行）》（漳委办发〔2017〕2号），进一步完善基层医改配套政策。

【项目建设】

*加快推进医疗卫生项目建设。*2017年，围绕补齐短板，全市安排建设项目66个，计划总投资46.84亿元，年度计划投资7.61亿元。截至2017年12月底，累计完成投资8.49亿元，超额完成投资。其中市直重点项目市医院龙文分院6月正式投入使用；漳州市第四医院8月30日正式开业；漳州市公共服务中心项目室内装修和各配套专业施工完成100%；漳州市急救中心项目完成地下室冠梁施工；市医院高新区项目完成发布勘察设计招标公告、勘察设计招标文件答疑、PPP咨询服务机构招标。推进惠民工程包建设。2017年纳入全市十大惠民工程包项目12个，项目计划总投资17.72万元，年度计划投资4.205万元。其中，疾病预防控制中心建设项目2个、妇幼建设项目1个、县级医院建设7个、社区卫生服务中心1个、卫生院建设1个。截至12月，12个项目全部开工建设。其中南靖县中医院重点专科建设、南靖县医院重点专科建设均完工投用。全年完成年度投资4.62亿元，超额完成年度计划投资的109.7%。推进信息化建设。

漳州市妇幼保健院和市医院龙文院区全貌

建成全省首家分级诊疗平台，对接全市2家三甲医院、25家二级医院和127家基层医疗机构，实现分级诊疗制度下的双向转诊和统一预约。

【医政管理】

加强医疗“创双高”建设。重点加强漳州市医院的血液内科、普外科、肾内科、神经外科、消化内科、儿科、超声医学科、泌尿外科和漳州市中医院的妇科、糖肾科、心病科、呼吸科、骨伤科、康复科等14个临床重点专科建设，提高市级医院医疗技术水平。加强县级医院综合服务能力建设。完成全市10所县级综合医院消毒供应室、心电诊断室、检验科、病理科、医学影像科（超声诊断）5个中心建设规划。2017年，10所县级综合医院分别最少完成2个中心建设，投入设备2843.5万元，房屋改造1200万元。2017年，漳州正兴医院、龙海市第一医院被省卫生计生委认定为三级综合医院，全市已有三级医院4家。改善医疗服务。继续推行预约诊疗服务，全市有29家医疗机构开展预约诊疗。其中，三级医院2家、二级医院27家；有16家医疗机构实现分时段预约，市级三级医院平均预约就诊率81.73%，平均复诊预约率84.63%。建立自助服务中心，全市29家县级以上公立医院配备347台自助服务机设备，提供病人预约挂号、自助取号、现金缴存、现金和医保结算、自助打印报告等功能，缩短病人排队等候时间，有效引导和分流病人就诊。大力推进优质护理服务，全市二级以上医院98个病房开展优质护理服务活动，三级医院优质护理覆盖率达100%、二级医院达到60%以上。加强医疗质量管理。及时消除安全隐患，组织全市公立医院、民营医院开展自查自纠工作，全面梳理排查医疗安全隐患，对33家二级以上医疗机构进行检查，对6家医疗机构进行行政处罚；加强医疗废物处置管理，全市收集医疗垃圾2380吨，全部由漳州市医疗废物处置中心收集、转运和处置，集中收集处置率100%；规范医疗机构服务行为，审查出证医疗广告5例，开展医疗机构执业许可变更登记14例、新执业登记1家，组织开展医疗卫生机构现场校验12家，对检验过程中发现的问题及时督促整改到位；推进“平安医院”和“三调解一保险”机制建设。加强临床用血管理和无偿献血工作。新增漳州市医院龙文院区和漳州开发区第一医院的临床用血资格，开展“热血送暖，为生命接力”无偿献血暖冬行动，全年无偿献血35928人次，献血12.89吨（其中机采血小板2004人次共3314治疗量），有效缓解临床采供血紧张局面。加强行风建设。继续对全市30家二级以上医疗机构开展社会评议，对全市规模较大的30家二级以上医疗机构出院患者进行短信回访，对群众提出的问题，督促医疗机构逐条整改到位。2017年，全市平均满意度为89.59%。大力推行临床路径。全市有2家三级医院实行临床路径管理、实行临床路径管理的出院患者比例为45.81%；有23家二级医院实行临床路径管理、实行临床路径管理的出院患者比例达32.15%，有效控制医疗费用不合理增长。做好征兵体检工作。2017年，全市400多名医务人员参加征兵体检工作，对4965名应征青年进行体检，体检合格人数2114名，合格率42.58%。

【基层卫生】

推进乡村卫生服务一体化建设。全市开展乡村卫生服务一体化管理全覆盖和50%的公办村卫生所达标建设、示范公办村卫生所标准化建设，并将130家示范公办村卫生所标准化建设纳入2017年全市“三抓三比、十项竞赛”项目之一。2017年，全市完成乡村卫生服务一体化管理全覆盖的村卫生所1597家、50%标准化建设的公办村卫生所939家，标准化建设累计完成投资1.23亿元，超额完成年度投资计划273.1%；130家示范公办村卫生所全部完工，累计完成投资3669.3万元，超额完成年度投资计划的346.9%。全面开展家庭医生签约服务工作。2017年，全市家庭医生签约服务已签约204.10万人，常住人口签约率为40.42%，户籍人口签约率为

“世界家庭医生日”宣传活动，群众现场测量血压

40.16%；重点人群已签约108.47万人，重点人群签约率为68.24%；建档立卡农村贫困人口已签约10.54万人，签约率达100%。

【妇幼保健】

组织实施妇幼重大公共卫生服务项目。截至2017年12月底，农村孕产妇住院分娩补助46519名；农村育龄妇女增补叶酸40664名，完成率114.9%；农村和城市低保妇女免费产前筛查诊断19823人，完成率102.71%；农村妇女和城市已婚低保妇女“两癌”检查项目，其中宫颈癌检查24745人、乳腺癌检查17342人，完成率分别为102.25%和102%；免费地中海贫血防控试点项目15825对，完成率65.93%；免费孕前优生健康检查项目，全市对符合条件的47172人提供了免费孕前优生健康检查服务，覆盖率75.91%，优生健康教育人数47904人，评估为高风险人数3729人，有效降低出生缺陷发生风险。加强妇幼卫生各项指标管理。2017统计年，孕产妇死亡率9.51/10万、5岁以下儿童死亡率4.21‰、婴儿死亡率3.23‰，孕产妇系统管理率达92.15%，住院分娩率达到100%，7岁以下儿童健康管理率达93.85%，3岁以下儿童系统管理率达92.47%。完成市妇幼保健院和市医院龙文院区的搬迁工作。漳州市妇幼保健院和漳州市医院龙文院区，总用地面积6.8公顷，总投资4.25亿元，其中市医院龙文院区面积75114平方米、市妇幼保健院面积6000平方米，于2017年4月底完成搬迁，4月30日试营业，5月1日正式投入运营。市医院龙文院区总床位560张，其中产科260张，儿科300张。

【疾病防控】

加强免疫规划建设。示范性规范化数字化预防接种门诊建设成为福建省预防接种工作一面旗帜，多次在省级培训班介绍经验；率先在全省开展11家“漳州市免疫规划实践教学基地”建设与验收工作。慢性病防控工作有新突破，2017年在全市全面开展死因监测工作。卫生应急检验检测能力有进一步提升。当年科学、规范处置了3起人感染H7N9病例疫情、1起新加坡输入性登革热疫情、14起校园诺如病毒暴发流行事件及漳州沿海地区贝类毒素中毒事件和闽南师范大学集体学生食物中毒事件。全市各项传染病发病率控制在历史最低水平。

【综合监督】

强化卫生计生综合监督工作。加大对医疗卫生计生机构、公共场所卫生、生活饮用水卫生、传染病防治、职业卫生、放射卫生、健康相关产品等综合监督检查力度，严肃查处违法违规行为。加强食品安全工作，食品安全风险监测范围已覆盖全市11个县级行政区域，食源性疾病监测哨点医院达到31家，全年完成监测任务的124.5%；办理食品安全企业标准备案475件。积极推进简政放权工作。继续深化“放管服”工作，组织开展市、县两级纵向清单（行政审批和公共服务事项）的梳理工作；加强事中事后监管，组织开展“双随机一公开”抽查事项16项，在网上刊登行政许可和行政处罚“双公示”信息53条，完成好“企业信用信息公示系统”归集和政务信息资源目录（9366条）编制工作。2017年，窗口行政审批和服务事项按时办结率达100%。强化安全生产工作。认真落实安全生产“党政同责、一岗双责”制度，以推动医疗卫生计生机构落实安全生产主体责任为主线；突出医疗卫生计生机构“治安消防、后勤保障、医疗安全”等安全生产工作重点，围绕季度安全生产督导、重要节日、厦门金砖会晤、中共十九大召开及市政府和市安办部署开展的“三合一”场所火患百日排查整治工作、安全生产大检查大排查大整治百日行动、危化品安全综合治理、电气火灾安全综合治理、高层建筑安全综合治理等项工作开展，扎实开展行业系统安全生产隐患排查整治工作。全年全市卫计系统无发生各类安全生产事故。

【卫生应急】

加强应急队伍演练。成功举办突发事件直升机紧急医学救援等13

8月6日，“漳州市应急救护知识‘六进’活动启动仪式暨应急救护知识与技能普及培训”在正兴医院启动，副市长王文刚（左三）参加启动仪式
（吴超 摄）

场演练；先后组织全市紧急医学救援技能竞赛等4期卫生应急与保障技能培训（竞赛），有310名卫生应急骨干参加培训（竞赛）。漳州市卫生应急队伍练兵模式、应急队伍处突保障补贴等工作在全省卫生应急现场会议上得到重点推介；3支应急队伍在全省卫生应急技能竞赛中获得团体第三和2个单项第二名的好成绩。妥善处置各类突发事件。跟踪处置36起突发事件，病例701人次，均得到及时有效的卫生应急处置。做好重大活动的医疗卫生保障工作。组织第九届海峡论坛、第十三届市运会比赛、国家环保专项督查、海峡两岸花博会等36场重大活动医疗保障工作，完成各项保障任务。

【中医药业】

推进中医“名医、名科、名院”建设。2017年，漳州市中医院跻身全国卫生计生系统先进行列。龙海市中医院严玉莲主任医师荣获“全国卫生计生系统先进工作者”；漳州市中医院中医妇科黄熙理主任医师及其2名继承人被国家中医药管理局确认为第六批全国老中医药学术经验继承工作指导老师及其继承人。漳州市中医院康复科被确认为福建省医疗“创双高”建设省级临床重点专科（中医类）建设项目；龙海市中医院康复科等6个专科被确定为第五批省级农村医疗机构中医特色专科（专病）建设项目。推进中医医联体建设。漳州市中医院与龙海市、漳浦县、南靖县、东山县四家县级中医院组建医疗联合体。2017年底，市中医院共与6家县级中医院签约组建医疗联合体，促进双方优势互补，相互协作，共同发展。推进师承带徒工作。截至12月，全市有39名专家和81名基层医师被省卫计委确认为福建省基层老中医药专家师承带徒指导老师及继承人。推进基层中医馆建设。当年，全市有20个基层中医馆建设项目列入中央补助项目，每个补助16万元。至12月底，全市建成52个基层中医馆。开展“社会办中医试点市”工作。2017年，漳州市被国家卫计委、国家中医药管理局确定为全省唯一的“社会办中医”试点市。4月27日，市卫生计生委印发《开展社会办中医试点工作方案》（漳卫中医〔2017〕2号），正式开展试点工作；12月27日，正式启动中医诊所备案管理工作。至年底，全市新举办中医一技之长诊所1家、中医诊所7家、中医门诊部1家、盲人医疗按摩所1家。启动实施“十三五”中医药提升行动。市卫生计生委与市发改委、人社局、食药监局、医保局联合印发《漳州市基层中医药服务能力提升工程“十三五”行动计划实施方案》（漳卫中医〔2017〕10号）。积极创新争优。3月21日，漳州市在全省中医药工作视频会主会场作典型发言，省卫生计生委工作报告中多次表扬漳州。

9月15日，漳州市中医院荣获“全国卫生计生系统先进集体”称号授牌仪式
（吴超 摄）

【社资办医】

2017年，新审批社会办医院（含血透中心）8家，设置床位（含血透床位）454张；为6家符合条件的社会资本办医医院争取补助金额373.86万元。截至2017年度，全市有社会资本医疗机构51家。其中，综合医院30家，专科医院14家，中医医院3家；营利性21家，非营利性30家。民营医疗机构总床位4847张，占全市医疗机构总病床位的21%。

【计生工作】

计生工作指标。据2017年度计生统计年报（2016年10月1日至2017年9月30日）显示，全市人口出生率17.15‰，政策符合率94.58%，群众满意率92.4%，出生人口总性别比110.42（以女性为100），人口信息统计准确率97.52%。全年无重大计划生育行政侵权案件发生，全面完成省委、省政府下达的年度责任指标。

继续保持高压态势。全市严厉打击“两非”行为，查处“两非”案件116件，其中重大案件3件。计生家庭奖励扶助。2017年，全市农村部分计划生育家庭奖励扶助26145人（其中低保户2066人），兑现金额3385.32万元（其中市级补助金额338.53万元）；城镇部分计划生育家庭奖励扶助17431人，兑现金额2131.80万元（其中市级补助金额213.19万元）；计生家庭特别扶助（省级）1378人，兑现金额935.52万元（其中市级补助金额93.55万元）；计划生育家庭特别扶助（市级增加）2116人，兑现金额1310.28万元（其中市级补助金额319.39万元）；手术并发症补助54人（其中二级4人，三级50人），兑现金额13.44万元（其中市级补助金额1.59万元）；计划生育家庭新农合补助518846人，市级兑现金额311.32万元；安居工程补助600户，拨付72万元；独生子女法定奖励发放326人，兑现金额32.60万元（其中市级补助金额7.36万元）；2015年以前二女节育户奖励发放142197人，兑现金额5119.09万元（其中市级补助金额511.90万元）；农村部分计划生育家庭贡献奖10311人，兑现金额371.21万元（其中市级补助金额37.11万元）。流动人口计生管理服务。推进长泰、龙文、东山3个省级重点联系县流动人口均等化工作，营造新市民同城格局的良好社会氛围。强化队伍培训，通过县乡村三级培训，促进全市流动人口协管员向健康助理员的职能转变。积极开展关怀关爱流动人口系列活动，围绕“人口流动健康同行”和“婚育新风进万家”主题，组织流动人口“关怀关爱暨健康促进”活动；结合“精准扶贫”工作，开展流动（留守）儿童健康关爱活动；联合市民政局，联合开展农村留守儿童慰问活动。推进流动人口（农民工）基本公共卫生计生服务“均等化”，联系综治、公安等部门，推进社区“一站式＋网格化”管理系统，圆满完成2017年国家流动人口动态监测工作，并取得较好成绩（在全国分县排名中，龙海市及台商区位居第9名、芗城区位居第11名、龙文区位居第11名、长泰县位居第12名）。全面开展“创流动人口（农民工）健康示范学校、健康示范企业”活动。2017年，全市分别有1家企业、1所学校及5个流动人口家庭入选全国第一批流动人口健康促进企业、学校和家庭名单。

7月11日，漳州市在第28个世界人口日举办“新市民健康城市行——漳州暨长泰在行动”启动仪式 （吴超 摄）

【爱国卫生】

2017年6月，漳州市、长泰县武安镇、东山县西埔镇、东山县西埔镇石埔村被列入省级健康城市（村镇）建设示范村镇。11月，漳州市国家卫生城市，长泰县和东山县国家卫生县城及东山县铜陵镇国家卫生乡镇获授牌。至2017年底，全市已成功创建国家卫生城市1个、国家卫生县城2个、国家卫生乡镇1个，省级卫生城市1个（龙海市）、卫生县城2个、卫生乡镇17个、卫生村108个、卫生社区4个。

【党建与精神文明建设】

加强政治建设。及时制定《2017年学习型党组织建设暨党组中心组理论学习意见》和2017年党组中心组理论学习计划安排表，落实党组中心组集中辅导理论学习。开展学习宣传廖俊波先进事迹活动，在全系统营造弘扬主旋律、传递正能量良好学习氛围；组织召开市直卫生计生系统推进“两学一做”学习教育常态化制度化工作座谈会，强化教育效果。认真学习宣传中共十九大精神，强化用习近平新时代中国特色社会主义思想武装头脑；举办“爱岗敬业，廉洁奉献——喜迎十九大再创新业绩先进事迹报告会”；收听收看中共十九大会议实况，广泛开展学习宣传中共十九大精神热潮和学习党内法规活动。注重基层组织建设，充分发挥党组织和党员的“三个作用”，及时制定出台《2017年机关党建工作要点》《漳州市卫生计生直属单位党委（支部）党建工作责任制》；强化党委（支部）领导能力，开展党内民主，认真落实党支部七项基本工作法，推进基层党支部建设规范化。

平和县卫计局、市卫生监督所、市皮防院顺利通过省卫计委对开展“1263”机关党建工作情况的考评工作。认真组织参加在“党员e家”，开展“六好”评选活动，全年审批14位同志转为中共正式党员，审批接收10位新党员，批准5个党支部按期换届、1个单位成立党支部（市第四医院），接转组织关系24人次，完成1392名党员信息采集统计工作。强化全面从严治党机制建设。认真召开全面从严治党工作会议，强化“两个责任”，抓好“责任清单”的落实，层层签订《2017年全面从严治党责任书》《履行“一岗双责”责任清单》，人人签订《廉洁自律承诺书》；认真组织开展“党章党规伴我行”——福建省党章党规网络答题活动，坚持每季度确定廉政警示教育主题，学习《中共党员的100条禁令》，观看《永远在路上》廉政警示教育，落实廉政提醒谈话，召开廉政谈话专题会。

开展文明建设。严格标准开展创建第十三届省级文明单位；参加市第十三届运动会，荣获好成绩；组织开展“热血送暖为生命接力”无偿献血活动、学雷锋文明交通劝导义务、“青年文明号优质服务示范月”“青年文明号开放周”活动，展现青春风采，提升卫生计生系统良好文明形象。

【计生协会】

夯实基层基础。持续开展“四联创”活动；提高女小组长补贴标准，从2017年10月起，按农村每人每月不低于100元、城区每人每月不低于150元标准发放。深化生育关怀。开展幸福工程和小额贴息捆绑救助模式，全市幸福工程累计筹集项目资金达6156.7万元，累计滚动投入帮扶资金28467.09万元，累计帮扶计生贫困母亲34473（户）。其中，当年新增筹集项目资金220.5万元；投入帮扶资金3428万元；帮扶计生贫困母亲1962人（户），脱贫率达87.16%。拓展创新服务领域。加强流动人口企业计生协会建设，利用计生协会服务平台和卫计委政策与医技专业人员等资源，积极落实培育企业流动人口计生协会工作，在全市辖区流动人口较多的企业建立流动人口计划生育协会示范点。推动儿童早期发展项目。通过幼儿园、“亲子小屋”、流动辅导等形式，建立儿童早教示范基地，设立儿童早期发展项目点并开展早教亲子活动。开展青春健康教育。建立青春健康教育示范基地，有效帮助青少年解决和防范在生理、心理上存在的问题，促进健康行为和健康心态的养成；关爱留守儿童、流动人口子女，通过建立“亲情联络室”“阳光心灵室”，设置关心孩子身心健康课程、举办兴趣班等，为留守儿童和外来人口子女提供良好的成长环境。开展法律援助项目。通过加强与司法部门合作，开展法律援助宣传咨询服务活动，为计生家庭提供法律援助服务，提高依法维权的意识和能力。

·体 育·

【概 况】

2017年，漳州市体育局深入实施全民健身国家战略，加快建设全民健身工程，广泛开展全民健身活动，加快发展体育产业，全市竞技体育和群众体育均取得优异成绩。市体育局荣获“2013年—2016年度全国群众体育先进单位”称号；全市5人被评为全国群众体育先进个人。

【竞技体育】

举办漳州市第十三届运动会。2017年10月31日开幕，11月7日闭幕。本届市运会竞赛项目22个，其中青少年部14个、行业部8个。代表团31个，其中各县（市、区）11个、行业系统20个。参加人数6350人，其中参赛运动员5200人（青少年部3300人，行业部1900人），比上届增加1000人；裁判员650人；嘉宾、工作人员500人。在第十三届市全运会上，漳籍运动员竞技类1人获金牌、5人获4个项目银牌（其中，黄建南获得跆拳道80公斤级金牌；刘小龙、韩呈恺获得羽毛球团体银牌，沈沐含获得女子田径七项全能银牌，卢云秀获得女子帆板RS：X级银牌，李买华获得帆船男子芬兰人级奥林匹克航线赛银牌）；群众体育类3人获2个项目金牌、8人获2个项目银牌（其中，陈昕获得羽毛球混双冠军、周丽红、高丽美获女子气排球冠军；以长泰、龙海运动员为班底的福建气排球获男子亚军，李思源获健身气功亚军），

4月28日，漳州市第十三届运动会开赛仪式　　（廖述丽 摄）

取得历届市全运会最好成绩。同时，全力保障50名漳籍运动员参加全运会决赛，有29名漳籍运动员获得前8名，保障工作得到福建省体育局通报表扬；承办2017年福建省青少年田径锦标赛；成功举办全市中小学生8个项目体育联赛。在2017年省年度比赛中，排球、体操、沙排等5个项目获得团体冠军，计入第十六届省运会5枚金牌。

【群众体育】

制定下发《漳州市全民健身实施计划（2016年—2020年）》。完成32个重点民生竞赛项目基础场地建设任务，完成率100%，投资率达249%。积极向国家体育总局申报长泰县林墩乐动谷体育特色小镇、东山攀岩训练基地、漳州西溪亲水体育公园、云霄县魏妈文化体育公园等建设项目，获得申请项目建设经费900万元。全力推进“十项竞赛”工作，较好完成为民办实事建设项目——2017年城市社区全民健身场地设施建设任务。举办“全民健身日”系列活动、2017年“三爱杯”漳州市第三届海峡两岸气排球邀请赛、全民健身运动会等200项体育健身比赛（活动）；组织大型体育场馆对外开放304天，接待健身人员28万人次，服务市级训练300天3.7万人次。市体育局配合市老体协做好漳州市第十届老年人体育健身大会的筹备工作，于11月16日开幕，11月19日闭幕。制订《漳州市体育局实施政府购买“非编教练员任教”服务暂行办法》，培训30名市级社会体育指导员，选送培训一级社会体育指导员10名。大力推进足球改革发展，制定漳州市足球改革发展实施方案，建立联席会议制度，建立青少年足球、社会足球、城市足球训练联赛机制。配合市发改委等部门，加快足球场地规划和建设。加强体育后备人才培养，市少体校、龙海市少体校、诏安县少体校被评为“国家级重点体育后备人才基地”。全民体育健身活动遍布全市城乡，不断提高群众的获得感和幸福指数。

【体育产业】

深入实施《漳州市人民政府关于加快体育产业发展促进体育消费八条措施》，出台《漳州市体育产业发展专项资金管理办法》，规范全市体育产业发展专项资金管理。积极推动“国家体育旅游精品赛事”和“国家体育旅游示范基地”创建工作，申报“南靖土楼国际马拉松赛”优秀项目。体育彩票销售持续提升，全年销售8.24亿元，完成全年任务114%，比上年同期增加1.08亿元，增幅达15.14%。向上争取体育产业资金补助，获国家体育总局补助132万元、省级补助570万元。推进体育产品制造业发展，东山县辉永泰体育用品实业有限公司获“国家体育产业示范单位”（全省只有两个）。创建“国家体育旅游示范基地”，长泰漂流龙凤谷小黄山被国家体育总局文化发展中心评为“2017中国体育旅游景区”。

“卫生 体育”类供稿：
漳州市卫生计生委
漳州市体育局

社会生活

·民政·

【脱贫攻坚和灾害救助】

“两线合一”全面实现。全市民政系统树立“民政为民、民政爱民”工作理念，落实市委、市政府决策部署，进一步提高农村低保保障标准。其中，云霄、诏安、平和3个县农村低保标准提高到每人每年3930元，其余地区均提高到每人每年4050元以上，实现“省定贫困线与农村最低生活保障线两线合一”。11月，龙文区把农村低保标准再次提高至7560元/年，在全市率先实现低保标准“城乡一体化”。按照上年度最低工资标准的42%提高城市低保标准。截至2017年12月底，全市共有城乡低保对象8.36万人，共发放低保资金3.53亿元。

社会救助持续加强。结合扶贫领域“1＋X”专项督查，深入开展农村低保对象的精准识别和清核工作，进一步提升低保救助精准度和公信力。全面建立市、县两级困难群众基本生活保障工作协调小组，统筹做好城乡低保、特困人员供养与医疗、教育、住房、临时救助、司法援助等其他社会救助政策有效衔接。特困人员供养政策、临时救助、医疗救助等制度有效落实，2017年共发放特困供养资金8346.83万元、临时救助金4031.08万元、医疗救助资金9648.45万元。

防灾减灾能力提升。2017年，共下拨救灾资金770万元，有效保障受灾群众基本生活。全市农房保险承保覆盖率达96.68%，农房保险共理赔1370户239万元。印发《漳州市自然灾害生活救助资金管理暂行办法》，提请市政府出台《关于进一步加强救灾物资储备工作的通知》，进一步健全完善防灾减灾救灾机制，规范救灾物资储备工作。推进救灾物资储备库建设，全市9个救灾物资储备库项目4个已投入使用，3个已竣工，2个正抓紧建设。投入65万元提升建设避灾示范点13个，全市5个社区被评为“全国综合减灾示范社区”。强化防灾减灾救灾宣传演练，开展以防灾减灾进社区、进乡村为主的“5·12”宣传周各项活动。

【构建养老和福利慈善体系】

养老事业快速发展。举全市民政系统之力，重点加快推进养老事业全面发展。首次以市委全会的规格部署养老工作，推动出台《关于加快养老事业发展的实施意见》《关于促进养老服务业发展的措施》《关于全面放开养老服务市场提升养老服务质量的实施意见》等一系列养老及配套文件，从政策层面破解养老事业发展难题，激发各类市场主体参与热情。有效落实房地产开发按比例无偿提供社区配套用房政策。对全市养老机构开展排查整治，推进“两项评估”（建筑安全评估、消防安全评估）鉴定工作。积极推进社区居家养老专业化服务，每个县（市、区）均有1—2家专业化组织落地服务，全市已发放老年服务手机3.15万部，开展实体服务5.74万单。以盘活用好乡镇敬老院为目标，建立健全包括县处级领导挂钩、县直单位帮扶的工作机制和奖补激励措施，乡镇敬老院床位使用率从7%提高到44.34%。利用漳州市被列入全国医养结合试点为契机，引导条件成熟的养老机构，采取内设医疗机构、派医生驻点、签约服务等方式实现医养结合，全市已签约养老机构、日间照料场所共467家，共有护理型床位1.97万张，占养老床位总数的83%。

养老服务设施全力推进。养老投资工程包累计完成投资3.53亿元，占全年目标任务的138%。市级社会福利中心、13个居家养老服务照料中心、30个农村幸福院建设，以及23个居家养老服务站完善提升项目被列为省、市为民办实事项目。其中市社会福利中心项目，年度完成投资1.067亿元，占年度计划213.4%，其余66个项目，年度项目53个已全部完工；跨年度项目13个，完工12个，在建1个。

儿童关爱保护政策有效落实。及时足额发放孤儿、艾滋病儿童基本生活费，全市共认定孤儿573名、艾滋病儿童3名。全面建立农村留守儿童关爱保护工作领导协调机制，深入开展“合力监护、相伴成长”专项行动，落实好家庭监护责任、强制报告责任、临时监护责任、控辍保学责任、户口登记责任并依法打击遗弃行为，全市共有留守儿童6926人，困境儿童3411人。

慈善事业发展稳中向好。指导市慈善总会申请办理认定为慈善组织、办理公开募捐资格证书，新建2所爱心慈善超市。全市销售福利彩票4.75亿元，筹集福彩公益金1.67亿元。做好残疾人“两项补贴”（困难残疾人的生活补贴、重度残疾人的护理补贴）发放工作，全市享受“两项补贴”人数共11.53万人，发放补助资金1.07亿元。

【落实优抚和安置政策】

优抚政策落实成效显著。优抚对象抚恤补助标准自然增长机制有效落实，全市各县（市、区、开发区、投资区）义务兵优待金全部纳入县级财政预算。紧贴中国人民解放军建军90周年，广泛开展各种走访慰问活动。将涉军群体维稳工作纳入党委政府维稳工作大局，做到摸排研判、工作机制、属地管理、动情管控“四个强化”，特别是厦门金砖会晤期间和中共十九大期间，漳州市没有发生涉军群体来市到省进京非正常上访问题，受到市委、市政府表彰。去年共接访168人次涉军人员，化解6起拟串联来市到省非正常上访问题，成功协助化解5人拟进京上访问题。

退役士兵安置和权益保障工作扎实推进。市、县两级均成立退役士兵安置和权益保障工作专班，做到情况排查、问题解决、督促检查“三个到位”，历史遗留的退役士兵安置问题实现“清零”，完成191名符合政府安排工作条件的2017年度退役士官安置任务，组织士兵参加技能和职业教育培训。

军供保障优质高效。采取与高校食堂合作的方式，进行社会化军供保障。针对部队演训活动频繁的情况，进一步加大军供保障力度，免费为过往部队提供餐饮服务，较好地完成军供保障任务，得到某集团军和过往部队的高度肯定。

【发展社区治理和社会组织】

社区治理工作推动有力。贯彻落实中央、省关于加强和完善城乡社区治理的文件精神，以市委、市政府的名义召开推进会，推动文件落实，檀云坤书记亲自出席并作重要讲话，对全市社区治理工作进行全面部署。龙文区扎实推进“创新社区养老服务新格局”为主题的省级创新实验区，东山县推出“一村一品一游”的农村社区建设发展新模式，芗城区探索“聚·联·融”党建“三字经”社区治理工作，提升全市社区治理服务创新水平。持续抓好全市27个城乡社区开展民主协商试点工作，确定32个农村社区为农村社区建设省级示范单位，指导长泰十里村申报“全国农村社区建设示范单位”并被民政部评为全国首届农村幸福示范社区。推动49个社区通过置换、购买、新建、租借等办法，解决社区办公用房面积不足的问题。落实省级补助120万元，推进4个社区综合服务站建设，市、县两级另外投入280万元，支持社区综合服务站建设。共招募40名高校毕业生到社区工作。

社会组织活力不断激发。建立市民政局社会组织党群活动服务中心和社会组织双孵化基地，采用多种方式建立党组织，实现主管直登社会组织党的工作全覆盖。对未参加年检的214家社会组织进行公示通报，行政撤销长期没有参加年检并开展活动的社会组织。开展对29家社会组织“双随机”抽查。全市已有242个市级社会组织，1448个县级社会组织启用统一社会信用代码。共评选出5家AAAAA级社会组织。组织近百家社会组织开展“百会帮百村”精准扶贫行动，挂钩帮扶市扶贫开发重点地区，创建扶贫品牌项目，着力打造“基础扶贫＋产业扶贫＋智力扶贫＋爱心扶贫”四位一体“造血式”扶贫，惠及贫困群众3500多人次，捐资金额上百万元。

社会工作力量逐步壮大。组织开展国际社工日主题宣传活动，动员社会工作服务领域各类人员参与社会工作职业水平考试，推动政府购买社工服务，社会福利院安宁照顾项目、“街友关爱行动”流浪乞讨人员服务项目等多个社会工作服务项目都有效开展，取得较好成效。

【推进社会事务和老区老龄工作】

婚姻收养登记和殡葬改革持续深化。进一步提升婚姻收养工作管理和服务水平，5个县（区）已按民政部AAA级标准完成场所建设。开展查找不到生父母的打拐解救儿童收养工作，及时送养符合送养条件的儿童。完成2017年清明祭扫接待工作，10个县（市、区）、开发区实行户籍人口基本殡葬服务费全免政策，成为全省户籍人口基本殡葬服务费全免最多的地市。

弱势群体救助工作扎实开展。健全完善肇事肇祸精神患者救治管理工作协调机制及工作制度流程，2017年，福康医院门诊就诊量5.33万人次，其中收治易肇事肇祸精神病人11人。加强救助管理机构站外托养的检查整改工作，将无法查明身份的受助人员100%推送到全国寻亲网，100%采集DNA血样。全市各级救助管理机构继续开展“夏日送清凉”、“冬季送温暖”活动，通过政府购买社工服务，加强街面劝导工作，全年共实施救助2581人次。

区划地名管理效能得到提升。各县（市、区）已全部完成“二普”县级自查、市级核查，全市采集地名多媒体数据近5万条，第二次全国地名普查成果入库率达90%以上，现已经上报国家和省级验收，并做好国家和省级验收准备工作。优化区划设置，稳妥推进龙文区增设碧湖街道办事处工作。对18个社区居委会、2个自然村、299条道路，101个住宅区进行命名，19条道路进行更名。11个项目已申报全省首批地名文化遗产保护名录。

老区老龄工作统筹推进。老区建设。提请市委、市政府出台《关于加大脱贫攻坚力度支持革命老区开发建设的实施意见》，推进老区村水泥路建设和特色产业发展，分别争取省级补助资金对4个老区革命遗址进行维修，对5个科技示范项目进行补助。落实“革命五老”优待政策，发放生活定补经费及医疗补助经费1395.5万元。推动市财政2018—2020年每年继续安排1200万元支持老区村水泥路建设。与市老促会就解决好老区村饮用水安全问题开展调研并形成书面建议，得到市委主要领导的批示肯定。调整出版《老区建设政策汇编》，为各地开展老区工作提供政策参考。老龄工作。推动《“十三五”漳州市老龄事业发展和养老体系建设规划》出台。抓好《中华人民共和国老年人权益保障法》《福建省老年人权益保障条例》的宣传贯彻，开展“爱老助老 与法同行”宣传教育活动。全市实现高龄补贴全覆盖，推进老年人卫生保健、生活、交通出行、文化休闲、维权等方面优待政策的落实。实施以老年人意外伤害保险制度为内容的“银龄安康工程”。组织开展以“关心关爱老年人，争创敬老文明号”为主题的敬老月活动。

·老年工作·

【概 况】

2017年，漳州市老龄工作在市委市政府正确领导、省老龄办和市民政局党组指导关心下，以中共十八大和十九大精神为指导，认真学习贯彻习总书记的指示、批示精神，坚持“党委领导、政府主导、社会参与、全民行动”的老龄工作方针，以实现“六个老有”（老有所养、老有所医、老有所为、老有所学、老有所教、老有所乐）为工作目标，结合该办实际，突出重点，真抓实干，取得一定成效。

【精心编制规划】

漳州市老龄委在全面评估《漳州市老龄事业发展十二五规划》实施情况的基础上，联合闽南师大老年学研究院、漳州市老年学学会开展全市老龄人口数预测、养老服务体系建设等系列调研工作、广泛征求老龄委成员单位意见，结合本市老龄工作的实际情况，研究制定《“十三五”漳州市老龄事业发展和养老体系建设规划》(以下简称“规划），并经报市政府同意，2017年10月19日印发给各县（市、区）人民政府和市直有关单位贯彻执行。该规划明确提出“十三五”期间我市老龄事业发展的指导思想、总体布局、基本原则、主要任务和保障措施，具有较强的科学性、实效性、前瞻性和可操作性，对本市今后五年做好老龄工作、发展老龄事业有重要指导作用。

【宣传贯彻“一法一例”】

漳州市抓好“一法一例”（2013年7月实施的《中华人民共和国老年人权益保障法》和2017年3月1日起实行的《福建省老年人权益保障条例》，简称“一法一例”。下同）贯彻实施。一是及时下发文件，并向市老龄委成员单位及各县区下发《关于〈福建省老年人权益保障条例〉普法宣传教育活动的实施方案》，确定宣传教育活动主题是：“爱老助老 与法同行”，时间自2017年3月1日起至2017年12月31日，为期10个月。二是组织学习培训活动，提高业务素质。市老龄办组织市县两级老龄办领导参加省办的”一法一例”学习培训活动，各县（市、区）也都以“以会代训”的形式开展“一法一例”学习。三是广泛开展宣传教育活动。市老龄办订购新条例单行本38000册，开展送法上门活动，免费发放各县区及相关部门单位和广大群众，各级老龄办都主动协调本地主要报刊、广播电台、电视台等媒体，开展保护老年人权益的宣传教育活动，使新“一法一例”宣传有阵地、有人气。通过发放新“一法一例”小册子、宣传单、在户外大屏幕上播放“一法一例”公益广告，全面宣传“一法一例”。2017年3月底，市民政局、老龄办、区老龄办联手，在市中山公园举办“爱老助老 与法同行”大型文艺演出，并现场发放“一法一例”书籍1000册，义诊、法律咨询、志愿者活动等配套活动同时开展，起到很好的宣传效果，促进社会形成爱老助老好风尚。

2017年11月，漳州市人大内司委开展“一法一例”贯彻实施情况的执法检查。以此为契机，市老龄办及时通知成员单位结合本单位工作职责，开展自查，梳理“一法一例”贯彻落实情况。组织有关人员，通过深入基层、看现场、查资料、听汇报、开座谈会、走访群众等方式，全面了解本市贯彻落实情况，形成总结材料上报市人大内司委。并通过查找并改进存在不足，提升老龄工作水平。

【加强老年优待工作】

漳州市注重推进老年人卫生保健、生活、交通出行、文化休闲、维权等方面优待政策的落实。全市各医疗机构普遍开辟70周岁以上老年人“就诊、检查、取药、收费、住院”绿色通道；公园、图书馆、纪念馆、博物馆等公共文化活动场所全部向老年人免费开放，主要旅游景区景点分别对60周岁或70周岁以上老年人进行门票优惠或免费优待；全市各县（市、区）全部落实70周岁以上老年人免费乘坐公交车政策，华安县还将优待面扩大到65—69岁老年人。

完善高龄补贴制度。漳州市实现高龄补贴全覆盖，补贴标准为80周岁以上老人每月每人不少于50元，90周岁以上每月每人不少于100元，百岁老人每月每人补贴300—500元。市级百岁老人老年节慰问金提高到每人1000元。南靖县还对无退休金老人的每年120元新农合医保费由财政统一支付，对基层老年协会会长由财政每月补贴50元。

漳州市探索建立困难老年群体福利制度。继续探索开展以老年人意外伤害险为内容的“银龄安康工程”，与中国人寿漳州市分公司联合下发《关于实施漳州市“银龄安康工程”的通知》，在全市范围内实施以老年人意外伤害保险制度为内容的“银龄安康工程”，80岁以上困难老人保费由政府买单。2017年已有龙文区、华安县、东山县、南靖县等开展此项工作。同时，各县（市、区）还积极推动有条件的村（居）建立健全对老年农民发放养老金或固定生活补贴两项制度，2017年，大部分村居都建立自己的高龄补贴制度。

【组织老年节系列活动】

2017年，根据省老龄委《关于开展“敬老月”活动的通知》精神，漳州市老龄办精心组织以“关心关爱老年人，争创敬老文明号”为主题的敬老月活动。一是及时下发《关于印发开展“敬老月”活动方案的通知》，对全市敬老月活动作出部署和安排。二是广泛开展走访慰问。2017年老年节，市委书记檀云坤、市长刘远亲自带队，分两路深入芗城区入户看望慰问百岁和高龄老人，各县区主要领导也在老年节期间，慰问辖区的百岁老人和高龄老人，送上党和政府的关心和温暖。三是举办形式多样的文艺活动。市老龄办联合市委老干局、市老教协举办以“助力新发展，喜迎十九大”为主题的“第三届全市老年文艺汇演”，各县区精选1个节目参赛，比赛最后决出金银铜3个等次大奖，通过活动，展示老年人风采。与市社会福利院联合举办“自在养老·健康天年”大型公益晚会，与芗城区老龄办在中山公园、九龙公园共同举办“庆祝2017年老年节文艺汇演”。各县（市、区）老龄委也都开展形式多样的庆祝活动。据统计，敬老月期间，全市各级老龄部门开展庆祝活动735次，文艺演出853场次，慰问老年人15.6万人，慰问金额约500万元。四是组织开展为老志愿活动。发动爱心企业参与，根据省办有关文件精神，与中国人寿漳州公司联合，在各县区开展“关爱老人健康公益讲座”活动共计13场，给老年人发放“健康卡”8573张。与市社工组织、法律援助中心、市老年医学会等联合，开展为老年人义诊活动4场、法律咨询2场、发放保健手册2000多本。

【加强老龄宣传工作】

一是利用新闻媒体宣传。利用报刊、电视、广播、墙报、宣传单等载体，大力宣传老龄事业，为《闽南日报》《海峡都市报》《海峡导报》等在老年节期间开设专栏提供资料、推荐采访对象，宣传老年法，弘扬尊老爱老精神。二是评先创优树典型。开展“全国敬老文明号”和全国“敬老爱老助老模范人物”活动，组织全市3个“全国敬老文明号”表彰单位前往省办参加表彰大会并领奖。开展第二届敬老文明号创建工作，及时向各县区、市老龄委成员单位下发《漳州市开展第二届“全国敬老文明号”创建工作实施方案》，并以开展养老机构建设、提高养老机构质量建设为抓手，推进敬老文明号创建工作。三以“长寿”金牌促敬老。诏安县积极组织协调相关部门和单位，参加中国老年学和老年医学学会编辑出版《相约美丽与幸福—第二届中国长寿之乡名录》大型宣传画册，展示诏安县做为第二届“中国长寿之乡”的长寿文化风采。四、加强理论研究。围绕老龄问题的热点难点开展调研活动，与市老年学学会联合，深入基层，开展养老建设供给侧改革专题调研活动，形成《漳州老年问题研究》文稿，编辑成书出版交流。

【漳州市老年学学会活动情况】

组织参加中国老年学学会和省学会2017年征文活动。中国老年学和老年医学学会2017年年会主题是“养老服务需求与供给侧改革”；省老年学学会2017年学术年会主题是“发展养老服务业和老龄产业——应对人口老龄化带来的挑战和机遇”。征文通知下达以后，立即转发并加强与各团体会员单位联系沟通，做好宣传发动和协调、组织、服务工作。各团体会员单位密切配合，全力以赴，精心组织，围绕两个主题，紧密联系本地实际撰写论文并把好质量关。按要求于5月31日前分别向中国老年学和老年医学学会报送论文74篇次，向省学会报送论文111篇次。

各县、区学会（研究小组）在做好两个征文组织工作的同时，发动老年学研究的热心者紧密联系当地老年人热点问题撰写研究文章，涉及老年人养老、养生、医疗保健、互联网+等。收到论文104篇，其中：市直17篇，芗城区7篇，龙文区9篇，龙海市4篇，漳浦县（含漳州科技学院）9篇，云霄县14篇，东山县8篇，平和县8篇，南靖县23篇，华安县3篇，长泰县2篇。

漳州市老龄办和漳州市老年学学会共同编辑出版《漳州市老年学学会2017年全体理事会及学术年会专辑》（2017专版），《漳州老年学研究文集（十五）》，以及老年医学专业委员会编的《老年健康保健知识（十五）》。

8月10日，漳州市老年学学会派8位代表出席在建宁县召开的福建省老年学会2017年学术年会暨四届三次理事会议。此次会议对年会优秀论文和优秀组织奖进行表彰，向获奖作者和获奖单位颁发证书和奖牌。漳州市老年学学会获优秀组织奖；18篇论文获奖，其中：一等奖1名、二等奖3名、三等奖4名、优秀奖10名；闽南师范大学黎春娴等获奖论文作者在大会上作交流发言。

11月24—26日，漳州市老年学学会陈钢铁副会长等9位代表出席在北京召开的中国老年学和老年医学学会第六次全国会员代表大会暨“养老服务供给侧结构性改革：研究与实践”学术论坛。会议选举产生新一届领导机构，刘维林当选为会长。漳州市朱福清会长当选为第六届理事。在综合学术研讨会上，漳州市老年学会等17个省、市级学会获组织奖，漳州市老年学会投稿数名列全国第6名，42篇论文获优秀论文奖。

【漳州市老年福利协会活动情况】

协会组织党员学习贯彻党的十九大精神，做到党的十九大文件汇编人手一册，在自学的基础上组织集体学习讨论，交流心得体会。党支部战斗堡垒作用和党员的先锋模范作用得到进一步发挥。2017年5月19日，组织党员到东山参观谷文昌纪念馆，缅怀和弘扬谷文昌精神。

2017年，协会积极运作资金，相对集中资金购买固收型的理财产品。坚持安全第一、保值增值的理念，资金运作安全兼具效益。截至2017年12月31日，总收入34.3万元（其中已到账的收入20.97万元，跨年度未到账的预收入11.33万元，财政拨款2万元），完成全年计划创收30万元的目标任务，总支出17.35万元，结余16.95万元（含预收入11.33万元）。

协会竭诚为老年人办实事。2017年，根据有关县（市、区）老龄办的申报，协会领导和相关人员深入实地调研，然后确定为老年人办实事的项目7个，补助资金7万元，分别为：南靖县山城镇翠眉村老年活动中心购置设备补助1.5万元；梅林镇梅林村老年活动室维修补助1万元；东山县樟塘镇下湖村老年活动设施建设补助1万元；陈城镇陈城村老年活动室添置设备补助1万元；华安县新圩镇玉山村新建老年活动室补助1.5万元；漳浦县沙西镇庄前村老年活动室添置设备1万元。此外，还参与市民政局“百会帮百村”精准扶贫行动，拨给挂钩的平和县大溪镇下村村（重点贫困村）3万元，帮助解决该村幸福园和老年活动室的配套设施问题。

·双拥工作·

【优化支前双拥服务】

2017年，漳州市各级按照“特事特办、马上就办、办就办好”的要求，坚持军改走到哪里保障服务就跟到哪里，部队需要什么就想方设法提供什么。一是聚焦备战打仗，支持部队战场建设。全市各级坚持把军事斗争准备急需的重点项目，优先立项、优先审批、优先拨款、优先施工。先后协调解决长泰综合训练试验基地二期扩建征地67公顷，某部陆航机场建设，某部、某部军用电缆迁改和某部军改换防路障清除。深入开展支前潜力数据调查普查，修订、重签供应协议，更新数据，完善资料，力求提供的数据资料准确、翔实，进一步奠定军需民供物资储备的工作基础。二是把握部队急需，全程跟进保障服务。入夏以来，东部战区某部所属的部队上万名官兵先后进驻东山岛开展训练和演习。东山县委、县政府高度重视，设立宣传秘书、陆上交通、通信保障、防奸保密、海上交通、水电保障、卫生救护、消防救护、物资保障、后勤接待10个保障工作小组，帮助解决部队演习的陆海清障、交通道路保障、安全警戒、防奸保密、供水供电、群众转移、民房厂房借住、停车停炮等实际问题，受到部队官兵的广泛赞誉。9月，陆军某部在我市诏安县举行“1709”活动，此次三军联合演习、规模大、规格高、要求严，历时1个月。诏安县多次召开军地协调会，根据部队要求，积极做好清场、群众转移、安全警戒、应急救护、善后赔偿等工作，确保演习取得圆满成功。9月底，市委檀云坤书记等市领导还亲自到演习地观摩演习。市里投入5500万元采购25部消防车，投入4000万元为古雷石化专职特勤大队配备首批车辆装备。完成“蓝军出击”摄影组拍摄、诏安梅岭镇集训、漳浦县六鳌镇抽象画廊海滩反恐维稳演练支前保障工作，先后为部队供应粮油132.5吨、蔬菜2.1吨、副食品1.6万公斤、场地55000平方米、饮用水井30口、停车场10处，抢修道路110公里，线路52公里，深受上级首长和参训部队官兵好评。当年全市扶持驻漳部队基层连队发展农副业生产项目22个，投入资金511万元。三是坚持多措并举，协助停止有偿服务。及时成立全面停止有偿服务工作军地协调领导小组，军地协力推动工作落实。专题召开小组会议，落实军地联合工作机制、推进阶段工作部署，按照“先易后难、以点带面、多措并举，稳妥推进”的思路和步骤，依据职能分工和路线图、时间表抓好落实，压紧推进、如期完成各项任务。南靖县积极协调县法院做好长泰坦克旅与地方两家土地租赁问题。

【做好优抚安置工作】

市委、市政府始终把做好优抚安置工作作为支持部队现代化建设的一项重要工作来抓，认真贯彻执行国务院、中央军委颁布的《军人抚恤优待条例》《退役士兵安置条例》《福建省拥军优属条例》等法律法规，全面落实优抚安置政策，促进社会安定稳定。重视做好转业退伍安置工作。2017年，全市共接收安置军转干部222人，其中副师级2人，正团级9人，副团级25人。对师、正团职干部，由市委安排处级实职职务；副团级干部，由市委组织部实行带编带职安置；在市区安置的团职和营职以下干部，实行“公开职位，依序择岗”，根据军转干部功绩量化分排序情况，由军转干部依序选择职位。接收退役士兵2046人，其中选择自主就业退役士兵1855人，发放自主就业一次性经济补助金约4000多万元，有1109人参加职业教育和技能培训。接收转业士官191人，均已按政策完成安置。同时，认真做好各类优抚对象的评定、认定工作。共办理5名此类对象，为新评残1名（对象是国家机关工作人员1名申请新评定残疾等级），更换烈士证4名，为49名残疾军人办理换证工作，审核上报农村籍60周岁退役人员735人。

【尽职尽责排忧解难】

认真做好“厦门金砖”会晤的安保工作。持续滚动深入开展排查和问题化解，通过排查，筛选出45名重点人员，按照“属地管理、部门分工、一人一策”的方法，把问题落实到具体责任人，通过上下沟通、左右协调，整合部门资源，共享情报信息形成齐抓共管、整体作战的工作格局。在厦门金砖会晤期间，劝阻化解4位曾参加对越自卫反击战的老兵，拟参加9月2日“福州市参战老兵总会”发起的厦门鼓浪屿“旅游”。尽心协调公安部门为某部11名军官家属子女办理户口迁移漳州市区手续，照顾178名军人子女就读市、县两级重点学校，部队官兵反映较好。

·民族宗教事务·

【多项政策出台助力】

漳州市民族宗教事务部门主动作为，积极争取市委、市政府重视。市委市政府制定《关于加强和改进新形势下宗教工作的实施意见》，转发《市委统战部、市民宗局关于做好民间信仰工作的实施意见》；及时调整市委市政府主要领导挂钩联系民族乡工作和部署第五轮市直机关挂钩帮扶民族村工作，挂钩帮扶民族村工作首次列入部门年度绩效考评；市政府制定《漳州市贯彻省政府“十三五”促进民族地区和人口较少民族发展规划的实施意见》，2014年制定的《关于进一步加快少数民族和民族乡村发展的意见》经规范性文件审查同意继续执行，为民族地区加快发展提供有力的政策支撑。

【民族乡村加快发展】

2017年，安排市级以上扶持资金3729.4万元，主要用于扶持民族乡村特色经济发展增收工程、基层设施建设、少数民族“造福工程”和人口较少民族高山族加快发展等项目；第四轮市直机关挂钩帮扶民族村的部门2017年投入330多万元，连同2013年以来5年共投入帮扶资金1228.4万元，支持生产性项目25个、社会项目20个，有力地促进民族乡村发展和脱贫攻坚工作。市民宗局、市财政局、派驻市委统战部纪检组联合开展“1＋X”全市少数民族扶贫资金监督检查工作，确保项目资金专款专用和使用效益。2017年3个民族乡实现国民生产总值12.27亿元，比增11.2%；民族乡农村居民人均年可支配收入16551元，比增9.7%，两项指标增长率均超全市水平。其中华安县官畲村人均年可支配收入1.9万多元。

【民族团结进步喜人】

9月，市民宗局以“中华民族一家亲，同心共筑中国梦”为主题，广泛开展民族团结进步宣传月活动，举办专场文艺晚会，联合漳州小鱼网在线宣传3个月，营造良好的创建氛围。加快少数民族特色村寨建设步伐，提升华安官畲村，漳浦顶坛村、赤岭村，芗城茶铺村等列入国家少数民族特色村寨的建设水平。列入第三批国家少数民族特色村寨试点村的芗城茶铺、华安坪水、长泰高层村等一批特色村寨建设进展顺利。全市树立华安官畲发展模式典型，11月，全省少数民族特色村寨工作现场推进会在漳州市华安县官畲村召开，漳州市宣传报道信息得到省民宗厅黄进发厅长批示肯定：

“漳州市努力打造少数民族特色村寨，工作做得好，有特色、有亮点、有成效，值得肯定和学习。”推进优秀传统文化传承发展，与市体育局联合在龙海、漳浦、华安县等地建立首批6个市级少数民族传统体育训练基地；选送节目参加第二届全国少数民族优秀舞蹈作品展演，华安县高山族表演队是全省唯一一支入围的舞蹈队，并被省民宗厅和体育局命名为福建省少数民族传统体育项目训练基地。

【宗教事务规范管理】

市民宗局以“规范”为主旨，和谐寺观教堂创建活动为抓手，开展佛教、道教活动场所“文明敬香、规范管理”活动，指导市佛教协会、市道教协会发出文明进香安全管理倡议书，营造佛道教活动处所更加文明安全环保的优美环境；贯彻落实国家宗教局《宗教活动场所财务监督管理办法（试行）》，开展宗教活动场所财务监督管理专项工作，提高宗教活动处所财务管理水平；开展规范和整治宗教、民间信仰活动场所建设工作，遏制乱建场所现象；开展民族宗教事务管理系统数据采集，建构宗教模块管理数据。累计完成91%，其中，宗教场所、宗教团体、宗教机构完成100%，宗教教职人员完成78%。在完成数据采集基础上顺利落实国家宗教局对全市484处宗教活动场所赋予社会统一代码工作。引导宗教界公益慈善活动形成新常态，2017年，宗教场所（团体）累计投放公益资金物品达3600多万元。

【普查建档对接交流】

按照“一座场所一份表，每个场所既有纸质材料又有电子版”的方法，对全市10平方米以上有人管理的民间信仰活动场所，进行全面普查建档，健全全市民间信仰活动场所数据库。坚持因地制宜、因俗而治、不搞一刀切，有针对性地开展试点管理工作。纳入县（市、区）民宗部门试点管理场所达到538处。采取“以点带面、典型引导、逐渐铺开”的方法，开展创建“优美民间信仰活动场所”活动，培育打造对台交流节会品牌。2017年，祖宫祖庙与市民间信仰宫庙接待台湾参访团304批次、19221人次，组团赴台参访48批次、1185人次。

【加强引导爱国爱教】

2月、12月，市民宗局先后指导市佛教协会、市道教协会顺利完成换届工作。继续推行市爱国宗教团体联席会议、宗教界人士约谈制度、各爱国宗教团体中心组学习制度。重视宗教界人士教育培训，协助办好福建省天主教第五期平信徒骨干培训班，指导各县（市、区）民宗部门和爱国宗教团体办好培训班并参加各类培训班学习。10月，开展以学习新修订《宗教事务条例》为主题的宗教政策法规学习月活动，参学宗教界人士达500人次。12月，举办市级宗教团体负责人参加的学习贯彻中共十九大精神暨新修订《宗教事务条例》培训班，市民宗局蒲少城局长作中共十九大精神学习辅导。在全市宗教界开展“践行核心价值观、坚持中国化方向”活动，加强爱国爱教思想引导。

【维护稳定创新模式】

市民宗局下达该系统《综治（平安单位）责任书》，加强矛盾纠纷排查和部门协作配合，积极稳妥处理宗教热点难点问题，做好金砖会晤安保维稳工作，确保民族宗教领域持续和谐稳定。强化属地管理责任，对全市宗教活动场所和试点管理民间信仰活动场所的安全工作组织抽查，占场所总量的15%以上。东山县以“互联网＋监管”为载体，打造“智慧寺观教堂”管理新模式，2017年，以各寺庙投资为主共投资近70万元，接入广电网络专线，在全县20家宗教活动场所，安装高清摄像头120多个，打造“智慧寺观教堂”，实现了防火、防盗、防诈骗以及预防外来人员监控盲区，消除寺观教堂监管“真空”，构筑起宗教活动场所“平安网”。此做法得到省民宗厅副厅长宋哩的批示肯定。

·旅 游·

【概 况】

2017年，漳州市旅游系统坚持以习近平新时代中国特色社会主义思想为引领，贯彻市委、市政府决策部署，加快推进旅游业供给侧结构性改革，加快全域旅游发展步伐，着力打造“花样漳州”旅游品牌，旅游业快速、高效、健康发展。全市全年累计接待游客总人数3268.94万人次，比增22.9%，增速位居全省第二，旅游总收入389.75亿元，比增30.9%，增速位居全省前三。漳州市登新华网2017年最美中国榜—“最美中国生态、自然旅游城市”“最美中国文化魅力、特色魅力旅游城市”。市旅发委获2017年“福建好礼”百佳旅游商品和百佳美食伴手礼评选活动“最佳组织奖”，第十三届海峡旅博会“最佳展台奖”“最佳组织奖”。承办中国旅行社协会2017年年会。市旅发委1名干部被评为金砖国家领导人第九次会晤筹备和服务工作先进个人。

【全域旅游大推进】

一是市委、市政府高度重视全域旅游。召开市委常委会议专题研究，市委檀云坤书记、市政府刘远市长多次听取情况汇报，亲自做指示、提要求，以“全域整合、全域规划、全域营销、全民参与”为工作思路，檀书记还对市旅发委推进全域旅游工作作出重要批示。二是强化组织领导。在全省率先成立全域旅游产业发展领导小组，下设办公室，并抽调6名干部专职负责，制定工作时间表和路线图，召开全域旅游产业发展领导小组第一次成员会议，定期通报工作进展情况，及时研究解决发展过程中遇到的困难和问题。三是注重示范推广。扎实推进1个国家级全域旅游示范区（东山）和2个省级全域生态旅游试点县建设（南靖、华安）。南靖县创新旅游综合执法机制，在全市率先组建旅游警察大队，成立涉旅价格争议处理工作站和两个台胞服务站，设立节日景区巡回法庭、景区法官服务室，聘请9名土楼楼长担任特邀调解员。确保景区有序、景点优美、游客游有所值，乐享山水人文之美。

11月，市旅发委举办庆祝党的十九大花样漳州摄影展

【旅游品牌更响亮】

全市以“花样漳州”品牌为统领，力求旅游精准、精细、精深营销，优质做全全域营销文章。一是“花样漳州”品牌内涵不断丰富。由市政府牵头成立组委会，市旅发委、农业局、文广新局、住建局、商务局、海洋渔业局、经信委等单位联合举行漳州市“十佳旅游线路”“十佳最美渔村”“十佳最美古村落”等10个十佳评选活动。持续3个月，吸引近500家单位、企业参加，收获1600万曝光量，全方位多维度展示“花样生态”“花样人文”“花样美食”“花样好礼”等“花样漳州”品牌内涵。二是多元营销体系日趋完善。广泛开展对接洽谈与产品串线合作，宣传推介漳州旅游，努力拓展国内外旅游客源市场。加强与媒体平台合作扩大宣传效果。策划拍摄《十大美丽乡村》系列宣传片，与漳州电视台、广电报合作开设《花样漳州》《最美乡村》等栏目，与省电视台旅游频道合作拍摄“花样漳州”专题旅游宣传片。通过移动、电信运营商向入漳游客统一发送欢迎短信。推出漳州旅游《闽南风》专刊，举办花样漳州摄影展，策划3条精品旅游线路。精心组织策划系列主题活动，花博会、东山关帝文化节、南靖土楼国际马拉松、华安畲乡火把节、露营季、漳州开发区露营音乐节、龙海首届月港文化节等活动精彩纷呈，做到“周周有活动、月月有高潮、季季都精彩、全年乐翻天”。三是会展营销成果丰硕。12月，2017年度中国旅行社协会五届二次理事会在漳举办，来自全国各地旅游业界知名专家学者、国内重点旅行社、网络旅游服务商、旅游机构等代表共300余人参会，开展百强旅行社走进漳州系列活动，向来自全国各地的旅行商全面展现“花样漳州”深厚的人文底蕴和丰富的旅游资源，广受好评。中国旅行社协会特给漳州市旅发委发来感谢信。

8月15日，花样漳州（厦门）推介会“十佳旅游线路”发布

（陈政虹　摄）

【旅游产品更丰富】

一是加快旅游项目建设。乌

山天池景区综合开发项目、东山县全域旅游基础设施建设项目2个全市旅游设施配套工程包项目，年计划投资1.3亿元，全年实际完成投资1.73亿元，完成年计划投资的133.08%。11个省级旅游休闲重大工程项目建设，年计划投资8.87亿元，全年实际完成投资10.26亿元，完成年计划投资的115.67%。同时，平和九龙江高峰生态谷、古雷欢乐岛旅游小镇、东山羊角山生态旅游公园、华安华特·九龙水镇4个项目入选《2017全国优选旅游项目名录》。二是抓实景区整改提升。开展“三抓三比、十项竞赛”活动，推进景区景点整改提升，全市15家A级景区顺利通过省级暗访复核，无被摘牌、降级、严重警告、通报批评等情况；鼓励各地积极开展景区创建及对外开展旅游宣传营销活动，漳浦Hooray欢乐岛获评国家AAA级景区。三是积极培育旅游新业态。漳州片仔癀中药工业园入选全国首批且福建省唯一的“国家工业旅游示范基地”，云霄金汤湾海水温泉度假区获评省级养生旅游休闲基地，漳浦Hooray欢乐岛、长泰十里蓝山、漳州开发区双鱼岛获评省级露营公园，华安二宜楼酒和诏安绿源梅之韵荣获省观光工厂称号。漳浦天福石雕园等荣膺“福建省首批优秀创意旅游产品”称号；八宝印泥、漳浦剪纸等旅游商品和美食伴手礼共计22件入围“2017年福建好礼”百佳旅游商品和百佳美食伴手礼，总数位居全省第一；平和“臣妾做不到”枕头饼荣获2017年首届特色旅游商品博览会暨中国特色旅游商品大赛银奖。

【旅游扶贫扎实推进】

一是大力发展乡村旅游。推进乡村旅游“百镇千村”创建工程，2017年新建1个省级乡村旅游休闲集镇、15个乡村旅游特色村和6个省级三星级乡村旅游星级经营单位。二是加快旅游扶贫项目建设。重点推进云霄县内洞村、诏安县官陂镇大边村、山河村、平和县芦溪镇蕉路村、霞寨镇钟腾村5个旅游扶贫村项目建设，年度计划总投资1144万元，实际投资1175万元，完成年度计划投资的102.7%。2017年共向上争取省级旅游扶贫资金230万元，重点扶持5个旅游扶贫项目建设及平和县财政扶贫试点整合工作。完成6个乡村旅游扶贫规划，为全市建档立卡的贫困妇女及从事农家乐服务和经营管理的60名贫困妇女提供旅游扶贫培训。三是加强旅游扶贫精准监督。开展自查自纠，认真梳理近3年来旅游扶贫项目，摸清所有扶贫资金项目总体情况，建立月报制度，联合市政府办纪检组对旅游扶贫资金使用情况进行两轮督查，对发现的问题进行正式通报，并提出整改建议和要求。完善长效机制，制定《关于建立省级旅游扶贫资金监管机制的办法》，从申报、监管、督查等环节加强旅游扶贫资金的监管，推进旅游扶贫资金监管常态化，确保省级旅游扶贫资金落到实处。

【公共服务更完善】

一是快速处理旅游纠纷投诉。2017年共收到12345、12315、12301旅游投诉41件，电话咨询投诉近百件，所有案件均已全部处理，无逾期处理或过期未处理现象，全市旅游投诉处理完成率及处理时间天数均排在全省前列。二是加强旅游市场监管。在全市开展旅游市场秩序综合整治行动和旅游安全隐患大排查，全市旅游部门共排查规范旅游生产经营单位84家，排查安全隐患45项，规范旅游经营行为8项，均已整改到位，无重大安全隐患与违规行为。三是配套设施逐步完善。推进旅游厕所项目建设。2017年建旅游厕所70座，已全部完工，完成计划投资的110.55%。推进旅游集散中心建设。芗城旅游集散中心通过省级验收。四是加快智慧旅游建设。推进旅游大数据智慧网评系统建设，利用大数据技术抓取网络用户评价、体验信息，归类按景区、酒店评论。与移动、电信、联通等运营商合作，向入漳的外地游客发送旅游宣传公益短信，合同数量超过700万条。与电信运营商合作定制运用旅游形象彩铃。

【提供服务更高效】

一是办事效率更高。弘扬马上就办的优良作风，推进简政放权，精简材料，缩短时限，便民利民。共取消20项材料，保留26项材料，取消率达43.5%；办事时限比法定时限提高60%以上。2017年500多名导游通过网上审批换发了电子导游证。二是加强导游人才培训。推进导游员年审培训工作，共611名导游员完成培训。开展“百名优秀导游培训计划”，分两期对全市100名优秀导游进行理论和实践知识培训。开展全国导游资格考试现场考试考评员培训；组织1人参加高级导游员考试；13人参加中级导游员考试；289人参加全国初级导游人员资格考试。

“社会生活”类撰稿人：

何　铭　王雪军　袁国满

陈映卿　张小聪

开发区

·开发区概况·

【开发区经济】

2017年，全市开发区规模以上工业增加值983.95亿元，比上年增长14.3%；固定资产投资完成额1460.15亿元，比上年增长20.9%；税收收入126.3亿元，比上年增长6.8%。

2017年漳州市重点开发区情况表

表17　　　　单位：万元

开发区名称	地区生产总值	工业增加值	税收收入	固定资产投资完成额（不含农户）
漳州台商投资区	2666200.0	1600100	305500.00	3053400
福建漳州蓝田经济开发区	793746.0	704720	71662.00	671775
福建漳州金峰经济开发区	2017794.0	1860699	144854.00	1358055
福建长泰经济开发区	1637214.0	1471147	132636.00	1877064
漳州招商局经济技术开发区	420984.0	204408	201281.50	588748
漳州古雷港经济开发区（古雷港）	438816.0	39918	61479.00	604042
漳州古雷港经济开发区（绥安）	1806276.0	921204	144387.00	1784306
福建云霄常山经济开发区（常山华侨）	350300.0	230825	20526.00	553024
福建云霄常山经济开发区（云霄云陵）	556620.0	305200	20110.00	817500
漳州高新技术产业开发区	894815.2	542459	31781.00	1050000
华安经济开发区	850889.0	393371	31418.00	621106
福建诏安工业园区	1800000.0	379350	15712.47	462278
东山经济技术开发区	967408.0	552805	68870.00	312030
福建平和工业园区	570543.0	570543	12816.45	970200
总　计	15771605.2	9776749	1263033.42	14723528

·漳州开发区·

【概 况】

2017年，漳州开发区坚持稳中求进总基调，以供给侧改革为主线，经济社会平稳发展。全年完成地区生产总值42.1亿元，增长7%；一般公共预算收入21亿元，增长0.1%；地方一般公共预算收入13.73亿元，下降4.7%；规模工业总产值71.15亿元，增长8.02%；规模工业增加值17.31亿元，增长7.7%；固定资产投资58.87亿元，下降13.63%；外贸出口总值26.05亿元，增长86.23%；实际利用外资1.5亿元，下降57.45%；社会消费品零售总额7.44亿元，增长9.23%。

双鱼岛累计实现投资19.85亿元，完成土地“换大证”工作，市政工程一期完工，整体开发方案基本形成。芯云谷一期实现投资2.3亿元，华为漳州云计算数据中心展示中心正式开放，芯云谷双创平台加快打造。

积极配合推进厦漳大桥免费通行和厦漳城际铁路R3线建设工作。持续提升厦门湾海上巴士运力，加密厦漳城际巴士K1线。沿海大通道（开发区段）竣工通车，疏港公路拓宽改造全面开工，漳州港客运中心完成提升改造。

加快推进总规修改，2010版总规实施评估报告已上报市政府审批，并提交总规修改请示；积极开展一区港口功能调整研究工作，增加产业用地比重。

开通直达漳州动车站等3条跨区公交线路，积极推动嵩屿航线开通。与龙海市开展生态建设合作，共同推进卓岐内湖及周边区域环境提升改造。

【产业格局】

*港区建设扎实推进。*后石港区3#泊位具备开港运营条件；大力推进招银航道二期、后石航道二期工程建设前期工作；海韵冷链21#、22#泊位获得福建省发改委立项核准。

*港口业务不断拓展。*深化闽赣海铁联运合作，打造“6＋3＋N”物流新模式，进一步降低物流成本。2017年海铁联运发运量达18万吨，居全省港口首位。全港货物吞吐量2403万吨，集装箱吞吐量41万标箱。招银港物流园区入选省级现代服务业集聚示范区。

*临港工业保持稳定。*持续加大对临港企业的扶持力度，协助企业向上争取补助资金3000余万元；协同豪氏威马举办国际海工论坛，提升临港工业影响力。2017年交通设备制造业完成工业产值16亿元，粮油食品加工业完成产值19亿元，金属制品加工业完成产值21亿元。

*营商环境更加优越。*新出台《发展文化影视产业扶持办法》等产业扶持政策7项；深化放管服改革，行政审批时限压缩50%，进驻行政服务中心网上办事大厅事项496项，“最多跑一趟”和“一趟不用跑”事项占进驻事项的80%。

*产业结构持续优化。*全年共引入冰雪乐园、华体电竞等项目23个，合同资金额2.28亿美元，实际到资额5.99亿美元，项目涵盖文化创意、互联网、先进制造业等高端产业业态。

*退二进三持续深入。*调整产业结构，逐步退出第二产业，进入第三产业，推动打造创业广场，IDC、爱果冻、泰智会等产业孵化器开业运营。策划检测认证园、科技金融园等产业园区。培育大健康产业，六维健康医疗项目落地。推进产融结合，推动福建省现代服务业基金、生态智慧基金在区内注册设立。

【经营管理】

*园区招商扎实推进。*围绕大数据、云计算、互联网等行业，重点对接国内相关龙头企业。3月30日与腾讯云签订战略合作协议；4月8日与软通动力签订战略合作协议；8月7日与白俄罗斯国家科学院信息研究所签订友好合作协议。与中关村e谷、中软国际、中智科技、上海积成能源、新港热能等5家企业均达成明确签订战略合作协议意向；与华唐集团盛唐信息技术有限公司达成入园意向。与厦门起势动画、厦门睿通科技、厦门美厨信息科技、中国移动通信集团福建有限公司漳州分公司、新港热能签订入园合同。

*生态保护优势凸显。*全年新增绿地近25万平方米，其中山体边坡绿化约10万平方米，投资约8000万元；新增花海3处，累计约11.5万平方米；新增体育运动场1处。对原有绿地进行花化美化改造近25万平方米，总投资约2000万元，其中建成海防长卷旅游景观1处，街心公园3个，荷花池一处，1.4万平方米花海一处。对静湖周边33万平方米山体进行封山育林管控，斥资4000多万元完成鼎仔内山、招商局创业广场等17处夜景工程，点亮漳州港夜色。

*环境治理取得实效。*开展“清水蓝天”等专项行动，落实最严格水资源管理制度，实施环保监管，征收排污费230余万元，淘汰黄标车186辆，大气PM2.5优良率达99.65%，居全市前列；开展24小时渣土车专项整治；强化“两违”（违法占地、违法建设）治理，腾出土地1.25万平方米，无违建专项检查考核居全市第二，全区交通秩序、安全环境持续优化。

*招商引资成果丰硕。*出台多项扶持办法，从政策层面助力招商工作。同时，聚焦五大百亿元主导产业，组织开展各项招商引资、论坛等相关活动，主动招商。陆续引进智能汽车小镇、腾讯云等招商引资项目23个，涵盖文化创意、互联网、先进制造业等高端产业业态，产业导

向实现转型升级；举办第八届海峡媒体峰会、ESCC 电竞场馆联赛年度总决赛等较具规模的招商引资论坛、研讨会等活动；通过参加厦洽会、花博会、北京服贸交易会等一系列展会，做好开发区的招商和推介工作。除传统产业招商外，开发区积极围绕 AR/VR、影视文创等项目，开展产业链招商。

【区域面貌】

生态环境更加美化。投入 5.5 亿元，实施海防文化墙、香山湿地公园等生态景观项目 25 个。完成半山片区山体复绿，完成造林绿化 7.6 公顷，新增城市中心绿地 12.9 万平方米。投入 8000 万元实施黄金海岸等重要地段夜景亮化工程。

环境治理更加强化。完善防洪排涝基础设施及雨洪防御体系。空气自动监测站建成投用。黄标车淘汰任务完成 128%，位列全市第一。加大违建清理力度，拆除违建面积 16485 平方米，继续实现新增“两违”零增长。

社区建设更加优化。投入 3930 万元完成大径社区宜居环境改造。投入 690 万元开展通源街商业业态引导。编制完成 4 个农村社区城镇化规划报告。推进社区智慧化，北斗卫星重大应用示范工程通过国家验收；与招商银行携手开发幸福家园卡，实现居民一卡在手，畅游全区。

区域宣传更加深化。持续提升开发区景观资源档次，光影艺术馆对外开放；成功举办全国山地马拉松、海峡两岸媒体峰会、华体电竞等多项国家性赛事活动，策划杨梅文化节等十余项品牌活动，提升区域影响力，打造多彩漳州港。

【社会管理】

精准扶贫有力保障。2017 年共发放优抚、残疾、低保补助资金 671 万元；发放城市居民及被征地居民养老补助资金 1452 万元。开启智慧养老、社区养老新模式，完成 1 个社区服务中心、2 个服务站建设。

民计民生全力改善。全年累计投入教育、卫生、文化事业资金 2 亿元。厦大附中本一达线率 82.05%，位列全市第一，通过省一级达标校评估验收；海滨学校正式开学，新增学位 1378 个；成功设立漳州开发区高考考点。第一医院二期加快推进；推进智慧医疗建设，创建 4 个社区“健康小屋”。举办全区性文体活动 26 项，建设社区活动中心、多功能全民健身场地，不断丰富群众的文化生活。

安全生产形势向好。严格落实“党政同责、一岗双责”安全生产责任制，组织开展安全生产大排查大整治百日行动，督促区内企业开展自查，共开展各类安全生产检查 109 家次，隐患整改 100%。

社会治理安定有序。投建网格化监控视频二、三、四期项目，整合治安视频监控“一张网”。组建应急处突巡特警队、平安志愿者等基层人员队伍，完成金砖五国厦门会晤、中共十九大等重要活动期间的安全维稳工作。抓好危化品管制、食药监管等工作，食品药品安全形势稳定。

【文化建设】

围绕全球首个城市级无人驾驶汽车社会实验室、腾讯云、软通动力等项目签约、全区节会活动、重点项目建设和重大事件热点，开展主题宣传和事件营销，不断拓展外媒合作领域，在中央、省、市各级主流媒体共发稿 1100 余篇（条），专版近 20 个，获得网络转载超 3000 条次。其中，《漳州开发区：致力打造厦门湾文创新高地》被选入《新华社内参》，并被《澳门日报》等主流媒体刊登转载。新制作招商引资宣传片受到高度肯定，并在福建新闻网推广，提升了城市美誉度。漳州港杨梅共 4 次在央视财经频道《消费主张》《第一时间》和央视国际频道《中国新闻》亮相播出，漳州港有机杨梅和优美生态环境备受关注。2017 中国山地马拉松赛漳州港站获主流媒体高度关注，中央电视台中文国际频道、体育频道分别对赛事进行报道，全渠道阅读量超 10 万次，转载率 300%。金砖会晤期间，精心策划，通过《福建日报》《厦门日报》《海峡导报》等进入厦门会晤会场的 3 张报纸，以专题报道、形象宣传等形式，积极开展区域宣传，发出开发区好声音，讲好开发区故事，进一步提升漳州开发区的影响力和知名度。

开展旅游项目招商，积极对接厦门由客、沉香小镇、花神赋影视基地、光线传媒影视主题乐园、渔人码头、双鱼岛海岛游、箱子客、童游湾等 30 多个旅游项目，部分项目已进入策划阶段，其中厦门由客度假空间、童游湾、全域自行车项目完成签约。策划举办了恐龙主题展、杨梅文化节、不一样的春天露营音乐节、斯柯达双鱼岛环保植树公益自驾活动、大唐悦跑活动、“出发吧船长”亲子真人秀、国庆主题展、双鱼音乐节、双鱼岛露营大会、第二届双鱼岛国际风筝节、海西房车红色之旅活动等主题活动，其中 5 场活动通过招商举办，1 场活动通过政策扶持。全年旅游接待 209 万人次，比增 38.41%，团队游客约 5.85 万人次，比增 14%，其中海梦湾接待游客 21 万人次，双鱼旅游公司全年收入约 50 万元。

围绕集团 145 周年和建区 25 周年精心策划开展系列文体活动，成功举办中国山地马拉松赛事、全国摄影大赛、“艺述 · 新港魂”书法美术作品展览、25 周年征文比赛、古堡音乐会、区庆晚会、焰火晚会、光影艺术馆揭牌仪式及25周年回顾展、航天摄影艺术展、老相机展等系列主题活动，编印《全国摄影大展作品集》《招商局漳州开发区宣传手册》《福建文学》漳州开发区特刊等25周年纪念书册。山地马拉松赛事荣获中国登山协会颁发的“最美海滨赛道”称号，赢得上级单位和社会各界的高度评价和广泛赞誉，向福建乃至全国充分展示漳州开发区的魅力。配合集团成功举办145周年集体婚礼，组织员工踊跃参加集团文艺演出、145公里全球接力健行跑、书画摄影大赛等庆祝活动。先后拍摄建区25周年形象宣传片、回眸25年、授勋颁奖VCR、《激情岁月》纪录片、漳州开发区宣传片，并构建立体宣传网络，推出《砥砺奋进廿五载 创业创新铸辉煌》《走过25年·忆》等系列报道，充分展示建区25年来的建设成果，进一步扩大影响力，向招商局成立145周年暨开发区建区25周年献礼。

·古雷开发区·

【概　况】

2017年，古雷开发区完成固定资产投资60亿元，规模工业总产值13亿元，净增长11.57亿元；公共预算总收入5.7亿元，实际利用外资17460万美元。石化启动区腾龙翔鹭项目逐步整改到位，PTA项目正式投料试产，PX项目“百日会战”全面铺开。陆台合资的古雷炼化一体化一期80万吨乙烯项目正式开工，古雷石化基地封关卡口建成试运行。

【产业发展】

石化产业加快集聚。将腾龙翔鹭项目整改修复作为全区“一号工程”，用好中石化与省、市建立的4项对接协调机制，全力以赴、合法合规、有理有序推进整改修复工作。至年底，PTA项目正式投料试产，PX项目“百日会战”全面铺开，一期资产重组工作接近尾声。12月26日，陆台合资的古雷炼化一体化一期80万吨乙烯项目正式开工。海顺德催化剂、中怡化工、济德污泥等一批石化中下游项目开工建设。福建春达化工30万吨/年DOP项目试生产。

【招商引资】

面对石化产业结构性矛盾突出等问题，找准打造全产业链薄弱环节，编制产业链招商规划，实行区主要领导“走出去”、项目“引进来”高位精准招商，重点锁定北京、上海、台湾、大连、深圳等区域，对有投资意向且提交投资计划书的项目，启动项目评审机制，集中征求评审意见，实现由招商引资向招商选资转变。全年新签约引进锦江石化芳烃一体化项、重油深加工及75万吨/高级润滑油、甲醇制烯烃生产及物流等3个大项目，合同总金额480亿元，位居全市领先。

【要素保障】

参照海关监管区运作模式，推动整岛封关管理由前期落实物理封关向规划封关拓展。协调配合漳浦县继续推进征地收海零星扫尾工作，加快古雷半岛耕地、林地、海域等规划和指标调整，调出基本农田3400公顷、基干林带262.5公顷、国家级公益林73.6公顷，古雷半岛东侧海洋功能区划和近岸海域环境功能区划调整获省政府常务会研究通过，基本实现项目落地无障碍。设立运行区行政服务中心，梳理86项目涉企审批事项进驻，构建“线上+线下”综合政务服务平台。紧密联系海关、边检、海事等联检单位，打造快速报关通关平台，特殊事项实行“一事一议”，全力保障企业建设生产。

【公共配套】

全年投入基础设施建设6.9亿元，公共配套持续完善，项目承载能力显著增强。实施完成杜浔高速互通口扩建工程，加快沿海大通道古雷段建设，推动北板派出所、杜浔公园、港口路、下堀路等开工建设，疏港路D2段、岱仔路及疏港路连接线实现通车。港口码头方面重点推进北1#、2#泊位开工建设，古雷航道三期工程完成报批，公务工作船基地、多用途公共堆场一期工程、公务管理园区配套项目前期工作加快推进。疏港公路古雷变至华港中学段1万伏以下高压电力管线一期工程完工，8条线路全部通电。古雷石化基地安全检查站（一期）工程竣工验收，50.9平方公里的石化基地内无常住居民，12月初，古雷石化基地封关卡口建成试运行。

【安全环保】

严格落实“党政同责、一岗双责”，坚持行业必须管安全、管业务必须管安全，推动安全生产责任落到实处。深入开展安全生产大排查大整治百日行动，全方位排产排查事故隐患，服务保障腾龙芳烃整改修复。借鉴上海石化园区经验，联合第三方协助监管单位，开展专业检测巡查。通过文件告知、集中学习、媒体宣传、通报督促等方式营造氛围，广泛提升安全生产意识。安全环保硬件进一步完善，启动公共事故应急池、工业污水处理厂等环保配套设施建设，在石化园区建设环境空气自动监测站，确保“全监控、有准备、防得住”。

【民生保障】

重点补齐医疗卫生、教育、安居等领域的短板，漳浦县实验幼儿园第二幼儿园竣工投用，新港城配套道路绿化一期工程竣工验收。加大经费保障新港城物业、城管执法及卫生保洁工作。协助指导古雷镇做好新港城社区组织建设。古雷医院、农超市场、杜浔中心卫生院急救中心启动前期工作。漳州市公安局古雷开发区治安办公室筹建进展顺利。协调解决企业农民工欠薪纠纷问题110多起，涉及金额2000多万元。全年实施27个宜居环境建设项目，累计投入5.44亿元，杜浔公园、石化基地绿化隔离带、40公顷生态景观湖等民生项目建设重点加快，古雷民生事业进一步改善。

·常山华侨经济开发区·

【概 况】

常山华侨经济开发区是全国第二、福建省最大的华侨农场，也是省级和漳州市属重点开发区之一。辖有15个管理区村，现有常住人口2.5万人，其中归侨及侨眷6000人。土地面积115平方公里，其中国有土地64平方公里。归侨人文独具特色，曾安置主要来自东盟的印尼、马来西亚、泰国、新加坡、越南等13个国家和地区的归难侨8000多人，这些归侨在国外、境外的亲属近16万人，并形成了具有东南亚风情特色的歌舞、美食、服饰等“侨”文化。体制政策优势明显，1953年元旦正式成立常山华侨农场，1999年7月正式挂牌成立“常山华侨经济开发区”，实行开发区、农场两块牌子、一套人马运作。2011年6月被定为福建省第一个“国侨办引智引资重点联系单位”。

【经济发展】

2017年实现地区生产总值35.03亿元，增长8.5%；固定资产投资完成55.3亿元，增长21.8%；规模工业总产值完成85.1亿元，增长9%；规模工业增加值完成23.08亿元，增长8.7%；财政总收入完成2.24亿元，增长11.6%；地方财政收入完成1.38亿元，增长11.5%；外贸出口完成31亿元，增长16.4%；实际到资1.3亿元；社会消费品零售总额完成7.82亿元，增长13.3%。城镇居民人均可支配收入29905元，增长8.4%；农村居民人均可支配收入15353元，增长9.3%。

【基础设施】

市政设施日趋完善，实施国道“白改黑”工程（水泥路面改为沥青路面），危房改造配套工程45个，铺设城区道路3.5公里、自来水管网7.8公里、燃气管道5.5公里、污水管网13.5公里，改造电网项目41项，新增公共停车位164个，公厕5座。投建双山农贸市场、改造提升常山集贸市场、完成北区多功能运动场和溪墘侨心小学校安工程的建设

【重大项目】

40个项目计划总投资97.1亿元，年度总投资17.6亿元，全年开工35个项目，开工率87.5%，完成投资25.7亿元，占年度总投资146%，超序时46个百分点。突出项目带动，录入全省“五个一批”（谋划一批、签约一批、开工一批、投产一批、增资一批）项目37个，谋划实施省市级重点项目16个，实际开工14个，完成投资19.2亿元，完成年度计划投资的101.4%。全年累计新签约项目17个，9个项目落地建设，工业发展后劲持续增强。

【产业特色】

工业转型加快推进。兑现企业奖励扶持资金1300多万元，带动全年完成工业投资22.09亿元，完成

常山旅游华侨城全景

常山乌山天池旅游专线建成通车路段

技改投资12.02亿元，投资1.5亿元的安盛海洋正式投产，投资2亿元的鹏凤食品试投产。持续推动技改创新，促工业转型升级。全年完成技改投资12.02亿元，参与创新转型竞赛的正霸新材料科技项目，技改完成后可新增产值超1亿，产能提升30%以上，东和食品智能制造项目完成投资1.95亿元，新研发生产线2条投入使用，新增产值近2亿元，新增出口额近3500万美元。推动东好、海之味、正霸、欣亿达等较大型、科技型、成长型企业再上新台阶，其中欣亿达2017年产值达2.4亿元，创税1530万元。同时孵化、促进美肯科技、亚热带果酒加工等项目加快落地见效。

旅游开发取得新突破。主动融入全市全域旅游开发大局。印尼侨美食、天窗坪仙境山庄分别入选特色风情游和康养度假游、清凉避暑游等十佳旅游路线，东南亚风味美食展销活动顺利入选漳州市“十佳旅游节庆”，“东南亚风情小镇”讲解员入选漳州市“十佳美丽乡村讲解员”，常山全域旅游休闲体系进一步完善。旅游项目有力推进。乌山天池景区综合开发项目获省旅游竞争性扶持重大项目专项资金3000万元，“三点一线”即坝头服务接待站、月眉池景观湖项目、白水寨游客服务中心和巴士专用车道已开始建设。乌山天池旅游专线完成年度投资1.75亿元，累计投资3.4亿元，完成工程总量的80%，下云至柘林段建成通车。天窗坪仙境山庄一期完成投资1.8亿元，基本建成并开园试营业。康养小镇、南洋民俗园、东南亚风情小镇等一批重点旅游支撑项目有序推进。

农业提升初见成效。加快国家现代农业示范区核心园区建设，投入8500万元，积极对接大乌山景区的配套项目建设，积极打造常山现代休闲农业大板块；建成包括占地面积20公顷获得过“国家农业部释迦种植示范园称号”的福建迦南农业发展有限公司在内的多个高优水果种植示范基地。建成2家市级优秀先进家庭农场和淡水鱼养殖基地。全区农业农村经济发展稳定，实现农、林、牧、渔总产值3.5亿元，比增4.5%，农民人均纯收入15200元，比增14.8%。总耕地面积741公顷，林地面积7638公顷。

【科技创新】

东好水产食品新建成虾粉等深加工生产线，提升生产效益，是公司由粗加工模式逐渐向精细化方向转型的转折点，该项目投产后可增加销售收入2亿元，新增出口3500万美元。正霸建材已建立起一支由专家、高级工程师和教授组成的研发团队，获得12项授权国家专利，荣获“国家高新技术企业”“福建省科技型企业”“福建省知识产权示范单位”等荣誉称号。竣源机械锻造新项目投产，产品多次荣获台湾精品奖及产品设计优良奖等奖项，并于2010年通过“福建省高新技术企业”认定。公司申报的专利约200项，近3年共转化科技成果18项专利。

【生态环保】

以中央环保督查为契机对区内存在的主要环境问题开展多个专项活动：一是开展牛蛙畜禽整治行动。

投入近300万元，关闭生猪养殖场、养鹅场、牛蛙养殖场137处，累计拆除养殖面积5.2万平方米。二是推进造林绿化。超额完成绿化造林40公顷，疏堵结合进行桉树的改种珍贵或乡土树种面积33公顷。三是实施生态建设提升工程。实施项目18个，完成投资9.15亿元，完成年度计划投资107.5%。四是开展生态与水系污染整治百日行动，累计清理河道24公里。五是实施农村垃圾污水治理专项整治，完成中外片9个管区道路清扫保洁收集清运以及内山片区生活垃圾收集清运一体化招标采购。此外，着力推进“洁净蓝天、清新水域、清洁土壤”三大工程，全面推行“河长制”。设立河长、副河长、河道专管员50余人，农村污水处理按PPP模式，以一级A排放标准进行建设，完成农户标准“三格化粪池”改建300户，美丽乡村、富美乡村建设取得新成效。

【管理与服务】

组织对区级行政权力和公共服务事项进行了全面梳理，梳理出全区权利清单事项156项、公共服务清单事项48项，“最多跑一趟”232项，“一趟不用跑”7项。推行政务信息公开，严格按照“法无授权不可为”的要求，做好服务的“加法”与权利的“减法”，严格依照清单行使权力，推进简政放权；加强事中事后监管，严格依照清单行使职权。加快组建常山行政服务中心，为企业、群众提供了便捷、高效的行政审批和公共服务，打通办事的“最后一公里”。

·漳州高新区·

【概 况】

2017年，漳州高新区（直管园区）完成固定资产投资105亿元，比增39.8%，增幅在全市开发区序列排名第一；一般公共预算总收入3.67亿元，地方一般公共预算收入2.22亿元；规模工业总产值完成169亿元，增长14.5%，规模工业增加值53.4亿元，增长14%。全年实施续建和新开工项目88个，其中省、市重点项目26个，建成或部分建成重点项目16个，完成投资56亿元，完成年度计划任务的105.7%。

【市政建设】

规划布局日趋完善。《国家级漳州高新技术产业开发区发展总体规划》经市委、市政府研究同意后，提请市人大常委会审议；圆山新城城市综合管廊等市政项目规划设计、圆山新城概念性城市设计等一批专项规划和片区规划扎实推进，为城市建设和产业发展提供科学的依据。

*交通路网逐步拉开。*实施道路交通项目26个，年度完成投资31.86亿元。南江滨路、圆山大道等交通主干道加快推进，金峰大桥、九龙岭隧道等对外连接线陆续开工；圆山新城东部组团和西部组团配套道路、靖城园区内部路网加快建设。

*市政配套协调推进。*注重地上和地下统筹协调，全面推动供排水、环保环卫、能源供应等市政配套设施建设。圆山大道综合管廊示范段开工建设，全年新增各类市政管网47公里；开工建设南区污水处理厂、工业废弃物处置中心、餐厨垃圾处理厂、污泥处置厂等项目，不断提升工业和生活垃圾处理能力；九龙江防洪工程、田沧高排渠、田边支渠等一批水利设施项目正加快实施；220千伏漳州坂后变电站基本建成即将投入使用，靖城园区燃气热能中心稳步推进，全区能源保障不断强化。

*民生事业统筹发展。*加快融入中心城区建设，坚持基础设施配套先行，加大住房、医疗、教育等民生项目投入。市级文体配套项目“五馆一歌”（博物馆、艺术馆、规划展示馆、图书馆、科技馆和歌剧院）项目顺利推进，圆山文化中心（博物馆、艺术馆、规划展示馆）已向市民开放，图书馆、科技馆主体工程竣工，歌剧院开工建设。龙江新苑、水仙花苑、莲浦小区二期、南

5月8日，市委书记檀云坤（前排右三）等市领导到南山文化生态园检查指导园区建设工作 （林忠 摄）

星小区等一批安居房项目主体工程相继完工，兰庭小区、廊前、武林、沧溪等一批棚户区改造项目进展顺利；白云小区建成投用，800多户居民实现当年拆迁，当年分房，有效促进和谐征迁。全年完成土地征收面积280公顷，征收房屋面积120多万平方米。

南山文化生态园开园后深受市民喜爱　（蔡文源　摄）

【生态保护】

全年投资24亿元，实施“一湖两海”（南山文化生态园、水仙花海、荔枝海）、“一台一路”（凤凰山观景平台、龙江南路景观花带工程）、南山水岸、圆山林下生态园等生态项目。全年累计新建绿道10公里，新增公共绿地面积30多公顷、花海面积13公顷、水体面积13公顷，生态环境的“高颜值”逐步展现。

在建设过程中，注重保持生态本底，因地制宜，创新理念和手法，发扬工匠精神精雕细琢，打造精品工程；推行“工程总承包”模式，南山文化生态园、龙江南路景观花带工程等项目创造当年度谋划、当年度开工、当年度竣工的“高新效率”。

在加强生态保护的同时，全面开展扬尘、渣土车、环境卫生以及生猪养殖污染等专项整治行动，圆满完成重大活动的环境质量保障任务，区内“气质水质土质”得到全面提升。

【招商引资】

成立招商引资工作领导小组，建立“一把手”招商、全员招商、平台招商、产业链招商等方式，着力打造招商引资“洼地”效应，持续优化营商环境。

集中成片打造特色产业平台，投资26.5亿元，实施健康食品产业示范园、智能制造产业示范园、中盟科技园等产业平台项目建设。10月，中盟科技园一期厂房主体封顶并开盘预售，健康食品和智能制造两个示范园项目开工建设。为进一步突出招才引智，漳州高新区加大投入，实施工业邻里、谋划“安得广”人才公寓等一批配套项目。

大力发展智能制造、电子信息、生物医药、智慧健康、现代服务业等高新技术产业，重点培育文化创意产业。用足用活国家、省、市优惠政策并优化升级，出台促进建筑业加快发展若干措施、促进总部经济和楼宇经济发展若干措施、招商引资工作实施办法和相应的优惠政策等，着力打造招商引资“洼地”。

漳州高新区主要领导全年共带队前往北上广深（北京上海广州深圳）等发达城市对接招商15次，对接项目70多个。组织参加“6·18”海交会、“9·18”厦洽会、“11·18”花博会，不断提升高新区的知名度和影响力。石墨烯产业园、力鼎光学镜头、中燃分布式能源等一批项目正式入驻。

【科技创新】

先后出台《漳州高新区大力推进大众创业万众创新若干措施》《漳州高新区创业投资引导基金管理办法（试行）》等配套政策，为培育更多科技创新经济增长点注入新动能。兑现高新技术企业、省级孵化器企业新认定奖励等资金约300多万元，拉动企业研发投入900多万元，让前来高新区的创业者充分享受高新发展红利。引导和鼓励股权投资、天使投资、风险投资等各类创新创业基金入驻，解决小微企业“融资难”问题。推进人才兴区战略，引进国家技术发明一等奖获得者熊传兵、地热院士滕吉文、多吉等高层次专家。

挖掘盘活存量资源，建立低成本、便利化、全要素、开放式的科技创新创业平台。改造已有“三旧厂房”，融众创空间和创新型孵化器为一体，打造创新型众创园，为高新科技特色初创企业提供全链条、全方位创业孵化服务。将原华艺钟表厂建设成为漳州第一个物联网示范园，配套有专家楼、展厅、餐厅等设施。将原大华蜜饯厂厂房改造为甲骨文双创基地，为周边地区的高校和企业提供云计算、大数据、互联网+等培训服务。在运营模式上，引入Oracle（甲骨文）公司等世界先进的第三方专业运营管理团队，确保科技平台“高新”、高效运营。众创园、甲骨文、物联网示范园3个科技平台入驻企业已超过百家。

在甲骨文双创基地成功举办第三届海峡两岸工业设计创新大赛的基础上，鼓励区内企业积极参加各类科技创新赛事和评审认定，并取得良好成绩。其中，昌达光电荣获第二届国际第三代半导体创新创业大赛企业组冠军，漳州高新区众创园百草堂星创天地获科技部认定，福建欧柏亚日化有限公司、福建省梦娇兰日用化学品有限公司入选“福建省科技小巨人领军企业培育发展库”。

【体制机制】

根据发展的实际需要，不断建立健全职能机构，配齐配强人员队伍，进一步制定和完善职责制度，切实为新区建设提供坚强的组织保障。

漳州高新区立区房产交易分中心、网信办等机构，职能体系得到进一步完善。通过强化一线考察和公开竞争上岗的方式，一批能征善战、敢于攻坚、勇打硬战的干部被提拔到中层领导干部的岗位上继续接受锻炼，一批德才兼备、忠诚可靠的好干部被提拔任命为处级领导干部，队伍的战斗力和凝聚力明显增强。

继续全面深入推进深化改革工作，做到全市“七个率先”，即率先启动“会审制”、率先开展“多评一表”、率先创新成立“益企办”、率先公布“最多跑一趟”办事清单、率先实行“一项一码”、率先启用全市统一审批系统、率先建立“超时默认”和“缺席默认”制度，得市委市政府的充分肯定。其中，“会审制”改革经验得到国务院推进职能转变协调小组办公室发文推广，并受到省、市领导签批肯定；“商务110”商机对接和招商服务平台模式作为全市构建开放型经济新体制试点首批典型经验，获得商务部等13部委发文推广。

·漳州台商投资区·

【概　况】

2017年，漳州台商投资区坚持以供给侧结构性改革为主线，全面完成年度目标任务，经济社会发展取得新成效。全年完成地区生产总值267亿元，增长8%；财政总收入33.16亿元，增长13.9%，地方级财政收入19.97亿元，增长9.6%；规模工业总产值700.8亿元，现价增长8.3%；规模工业增加值175.2亿元，增长8.0%；固定资产投资305.3亿元，增长13.1%；外贸出口71.6亿元，增长19.3%；实际利用外资11亿元，增长18.4%；社会消费品零售总额30.2亿元，增长15.3%；城镇居民人均可支配收入34435元，增长8.9%；农村居民人均可支配收入17469元，增长8.5%。节能减排降碳任务全面完成。

【实体经济】

坚持高质量发展，经济发展稳中向快向好。经济增长从第一季度的6.8%升至全年的8%。全社会用电增长19.6%，其中工业用电增长20.8%。发展效益同步提升，一般公共预算总收入一年一个台阶，突破30亿元，总量从2016年的全市第二跃升为第一，增幅高于GDP5.9个百分点，占GDP比重达12.4%，高于全市3.6个百分点。企业效益明显好转，全年税收收入30.5亿元，增长11.1%。149家规模工业企业有123家盈利，盈利面比上年提高了1.7个百分点。用占全市1.27%的土地，创造生产全市7.5%的GDP、10.4%的财政收入、11.8%的规模工业产值，14%的外贸出口。

【发展后劲】

开展“有效投资扩大年”活动，突出项目带动，140个重点项目完成投资305.3亿元，其中44个省市级重点项目完成投资153.3亿元，超额完成全年任务。落实“五个一批”项目186个，新开工亿元以上项目41个、建成或部分建成17个，泰禾国际医院、华夏高级技校等一批重大项目相继开工建设。坚持主要领导带头精准招商，新引办项目38个，总投资151.9亿元。新注册各类市

9月20日，泰禾国际医院正式签约落户台商投资区　（杨奕　摄）

场主体4005户，平均每天11户，增长61.4%，其中新注册企业805家，平均每天2.2家，增长48.3%。新增（新上）规模工业企业22家，占全市13.3%。加快企业上市，11家企业列入省重点上市后备，太龙照明成为全市第一家在A股上市的民营企业。国有企业进一步做大做强，经发、城发公司良性发展，新成立轨道交通、农业发展、角美建投3家国有企业。深入开展“征地拆迁攻坚战”和“遏制两违攻坚战”活动，实行“两违”网格化管理，全年完成征地341公顷，拆除“两违”建筑517宗，面积12万平方米。

【转型升级】

开展“转型创新发展年”活动，三次产业优化为3∶69∶28。规模工业产值突破700亿元，主导产业增长16.3%。以供给侧结构性改革为主线，兑现各类扶持资金3520万元，帮助企业争取技改资金1亿元、融资20.4亿元。推动工业技改提升、智能升级，69个技改项目完成投资92亿元。新增4家高新技术企业，3项产品获“省名牌产品”。出台建筑业发展扶持政策，新引进（注册）施工总承包企业19家，建筑业产值22.5亿元，增长113.5%。大力发展第三产业，万达名品折扣中心开业，万益吉家·家世界入驻经营户达400多家；银行对实体经济支持力度加大，年底贷款余额219亿元，增长37.8%，泰隆村镇银行即将开业；菜鸟网络等6家电商物流入驻龙江物流园。蘑菇产业化加快，设立首期1亿元的蘑菇产业基金，新增蘑菇工厂化试点4个，九冬蘑菇产业园一期工程将在春节前出菇。外贸转型加快，成为全市唯一的“福建省外贸转型升级示范县”。加快淘汰落后产能，淘汰“十小企业”125家，淘汰10吨及以下燃煤锅炉36台。

【民生改善】

加快民生补短板，全年民生支出16.42亿元，占财政支出80.7%。教育事业不断进步，总投资6.8亿元校安工程加快推进，7个项目竣工投用。中考、高考双双取得优异成绩，分别被评为“2017年漳州市初中、高中教育教学质量先进区”，角美中学和康桥学校通过“义务教育管理标准化学校”省级验收，双十中学漳州分校通过省二级达标校验收。稳妥推进医改工作，“药、价、保”融合成效明显，总投资25亿元的泰禾国际医院开工，第五医院病房综合楼封顶，新增床位70张、卫技人员100名。5个安置房和棚户区建设全面加快，完成投资9.5亿元，建成桥头安置房1808套、面积25.5万平方米。体育事业发展加快，黄建南获得十三届全运会漳州市唯一的金牌（跆拳道男子80公斤级冠军），成立气排球协会。实现村村设置交通安全劝导站，经验做法在全市推广。强化“三合一”（仓库、生产车间和宿舍在同一建筑物上）场所综合整治，整改率全市第一。扎实开展“护航金砖、共筑平安”四项行动（风险隐患排查、矛盾纠纷化解、治安问题整治、社会力量群防）、“六大专项行动”（坚决打击暴力犯罪、坚决打击“黄赌毒、盗抢骗”、坚决打击网络造谣传谣、坚决依法化解信访积案、坚决整治交通安全隐患、坚决铲除消防安全隐患），全区获市社会治安综合治理先进单位，区综治办被省委、省政府评为“服务金砖会晤先进集体”，龙池公安检查站被省公安厅授予战时集体二等功，环安局被省环保厅授予会晤环境质量保障“先进集体”。加大精准扶贫力度，扶贫资金支出2856万元，全区649户1272个贫困人口由政府兜底，提前脱贫摘帽。援宁、援疆和结对帮扶富有成效，区台商联谊会帮扶贫困家庭203户。设立住房公积金中心，挂牌运作医保中心。出台危房先行征收政策。解决自2007年遗留的10个村征迁补偿、4个村征迁安置和3个村提留地问题。解决32家企业历史遗留问题，为43家企业55个项目补办不动产权登记证。角美镇蝉联“第五届全国文明村镇”，鸿渐村连续两届获“全国文明村”。外事侨务、宗教等工作稳步推进。

【生态保护】

深入开展“环境整治提升年”活动，持续深化“生态+”模式。建成高干渠北侧近5公里的休闲步行道，改造提升“花田美事”和龙

2017年，角美中学通过“义务教育管理标准化学校”省级验收（郑文智 摄）

佳生态环境，市人大将中心城区“花田美事”等231公顷用地列入保护范围，给老百姓留下永远的生态空间。全面提升绿化等级，做到道路建到哪里、绿化做到哪里。深入推进污染整治百日攻坚，加大渣土车、建筑施工、道路扬尘、工业污染、生猪养殖、黄标车、露天烧烤、油烟直排等整治，空气质量明显好转。持续加大农村环境卫生整治，堵塞多年的河道得到清淤、沉积多年的垃圾得到彻底清理，农村环境全面提升。全面落实河长制，加快洪岱渠等PPP项目建设，启动农村污水3年行动计划，加大污水截污纳管，投资1.2亿元，新建、改建污水管网39.8公里，三达膜污水处理厂每天处理量达2万吨，内河水质明显好转。全面关闭非法采矿场。建立生态林储备库，开通直通省级的林政管理系统，购买267公顷生态林，完成造林绿化84公顷。

【行政管理】

深化构建开放型经济新体制综合试点，坚持马上就办、办就办快办好，持续简政放权，简化27项前置审批，提高审批效率。推行网上政务，328项审批事项全部进入网上办事大厅，实现“让数据多跑路，让群众少跑腿”。开辟角美镇便民服务中心，设立台胞台商服务中心。推出“双厅并行·一岗通办”国地税联合办税新模式，实现进一家门、办两家税。创新不动产登记，办理时限由30个工作日缩短为5个工作日。落实“一照一码”、“多证合一”改革，项目即办率达77%，最大程度实现“最多跑一趟”。对外对台开放合作迈出新步伐，全市第一家保税物流中心（B型）获海关总署等“四部委”批准设立。对台贸易额19.3亿元，增长44.4%，实际利用台资8.2亿元（含境外长期贷款）。外资增资扩建势头良好，新设立外资企业25家，增资企业8家。出台大众创业、万众创新扶持政策，设立两岸青年创业基地，23个台湾创业团队入驻，举办海峡两岸人才交流合作大会、福建省第四届创青春创新创业大赛，创新创业氛围更加浓厚。

“开发区”类撰稿人：
郑福祥　朱加良　黄秋根
供稿单位：
市商务局
漳州招商局经济技术开发区
古雷开发区
常山华侨经济开发区漳州高新区
漳州台商投资区

县（市、区）概况

·芗城区·

【经济社会概况】

芗城区全年实现地区生产总值592.93亿元，比上年增长8%；农林牧渔业总产值14.22亿元，规模工业总产值776.60亿元，规模工业增加值192.53亿元，固定资产投资236.21亿元，比上年增长25.45%；公共财政总收入28.72亿元，比上年增长12.59%，其中地方公共财政收入15.14亿元，比上年增长10%；实际利用外资3.5亿元，比上年增长12.1%，外贸出口51.6亿元，比上年增长0.4%；社会消费品零售总额200.85亿元，比上年增长9.3%；城镇居民人均可支配收入36968元，比上年增长8.7%，农村居民人均可支配收入16630元，比上年增长8.3%。三次产业增加值分别为9.20亿元、257.43亿元、326.30亿元，分别比上年增长5.0%、5.0%、10.6%。三次产业比例由2016年的1.7∶43.2∶55.1调整为2017年的1.6∶43.4∶55.0。全区纳税100万元以上的企业249家，共纳税40.32亿元，其中，纳税超亿元以上的企业有5家，5000万—9999万元的企业有5家，1000万—4999万元的企业有33家，500万—999万元的企业有34家，100万—499万元的企业有172家。全区年末常住总人口59.7万人。户籍总人口461352人，全区出生人口7762人，人口出生率为16.79‰；死亡人口7731人，死亡率16.72‰，人口自然增长率0.07‰。

工业经济　全年全区实现工业总产值855.89亿元。年产品销售收入2000万元以上的工业企业（以下简称“规模工业”）增长平稳，完成产值776.60亿元；实现规模工业增加值192.53亿元。年末规模工业企业数达214家，其中年内新增企业5家。产值超亿元企业59家，实现产值759.55亿元，占全区规模工业的92.62%，对规模工业增长的贡献率达175.79%，拉动规模工业增长14.06个百分点。五大主导产业与两大战略产业企业数共计125家，占总企业数的59.24%，完成产值645.45亿元，比上年增长7.63%。其中食品、家具、机械制造、电子、饲料五大主导产业企业数共101家，占总企业数的47.87%，完成产值178.90亿元，占全部规模工业产值21.82%，比上年增长26.51%；汽配、建材两大战略产业企业数共24家，完成产值466.55亿元，占全部规模工业产值56.89%，比上年增长0.10%。新增挂牌上市企业3家，振宇体育在海交中心成功挂牌，春天生态在新三板成功挂牌；傲农生物在上海A股主板上市，这也是芗城区第一家在国内主板上市的民营企业。

规模工业主要工业产品产量：家具2195.29万件，比上年下降7.26%；钟1332.83万只，比上年增长1.48%；比上年表954.39万只，比上年下降14.54%；电工仪器仪表1131.14万台，比上年增长7.36%；钢材232.23万吨，比上年下降4.53%；饲料267.41万吨，比上年下降3.86%。规模以上工业企业实现利润总额80.24亿元，比上年增长0.65%。全区获得新认定高新技术企业5家，累计高新技术企业30家，获得省级科技项目立项6项、获得市级科技项目立项9项，获得省科学技术进步奖3项，其中一等奖1项、二等奖1项、三等奖1项，成功入选新一批国家知识产权强县工程试点县（区）。完成工业技改升级项目45个，新增省名牌企业2家、名牌产品2个，专利申请数1269件，专利授权数598件，其中发明专利75件，实用新型专利380件，外观设计专利143件，有效发明专利322件，万人拥有5.394件。

内贸外经　2017年，全区社会消费品零售额累计完成200.85亿元，增长9.3%。其中限额以上社会零售额累计完成88.22亿元，比上年增长12.6%。限额以上单位分行业看，批发业销售额286.99亿元，比上年增长3.4%；零售业销售额133.26亿元，比上年增长15.1%；住宿业营业额3.42亿元，比上年增长5.2%；餐饮业营业额2.10亿元，比上年增长10.2%。限额以下社会零售额累计完成109.26亿元，比上年增长6.9%。在限额以上法人企业零售额中，书报杂志类比上年增长178.7%，中西药品类比上年增长56.8%，化妆品类比上年增长36.0%，汽车类比上年增长34.6%，体育、娱乐用品类比上年增长32.9%。全年新办“三资”企业3家；合同外资额106630万元，比上年增长330.8%；实际利用外资35000万元，比上年增长12.1%；外贸出口51.6亿元，比上年增长0.4%。电子商务交易额实现96亿元。

项目建设 芗城区围绕“三抓三比、十项竞赛”，以“五个一批”作为项目建设抓手，完善项目推进机制，形成项目管理常态。突出长中短项目统筹、大中小项目配套、政民外项目齐抓，以补齐基础设施、产业发展、社会民生、生态环境等领域短板为重点，全面推进项目建设提速增效。全年区级在建重点项目171个，累计完成投资157.44亿元，完成计划投资的65.11%，占全区投资比重的66.65%。市级在建重点项目39个，累计完成投资159.82亿元，完成率105.16%。省级在建重点项目7个，累计完成投资21.89亿元，完成率103.9%。纳入省级行动计划重大项目8个，累计完成投资22.25亿元，完成率103.16%。全年完成固定资产投资236.21亿元，比上年增长25.45%，其中第一产业投资1.21亿元，比上年增长119.62%；第二产业投资31.55亿元，比上年下降1.32%；第三产业投资203.45亿元，比上年增长30.61%。房地产开发投资88.58亿元，比上年增长34.73%，房屋建筑面积62.48万平方米，比上年增长36.6%，商品房销售面积68.47万平方米，比上年下降20.05%。商品房销售额73.46亿元，比上年增长3.49%。

完善招商工作体制机制，搭建招商服务中心，围绕现代服务业、先进制造业等产业重点，突出金峰开发区、漳州古城、芝山新城等发展增长极，持续推进一把手招商、靶向招商，举办4场大型招商推介会和7场项目签约活动，成功签约54个项目，总投资321.83亿元，其中16个项目实现当年签约、当年落地。围绕“五湖四海”目标，以西湖生态园建设为重点，把“生态+”理念贯穿项目建设，全年共完成41个项目约300万平方米的征迁任务。西湖生态园也创造了6个村庄、106家企业、205万平方米建筑物，当年谋划、当年动员、当年建设、当年基本完成和谐征迁的“西湖速度”。

城乡建设 全年实施城建项目211个，完成投资180亿元。在基础设施上，漳州古城保护建设取得新成效，古街、古庙、古桥、古厝彰显“闽南风、漳州味”，荣获2017年中国人居环境范例奖，成功入选财政部PPP示范项目。拓展城区内涵外延，加快10个片区、28万平方米旧城改造，联六线、联十四线、纵四线等城市对外交通项目有序推进，拓通提升城市道路7公里；完善市政配套设施，改造提升15个农贸市场，新增停车位700个，改造老旧小区供水管网2.38公里，完成燃气管道铺设11000户。在城市管理上，推进城管执法体制改革，全面承接高级下放职能，推行“门前三包”（责任人对责任区范围内的市容市貌、环境卫生、绿化亮化履行相应的责任要求）责任区管理，着力打造南昌路“门前三包”示范街；完成6米以下市政道路养护市场化动作；强化市容秩序监管，实现主干道严禁、次干道严控、背街小巷严管，查处各类违章案件近2万起，拆除“两违”面积61.7万平方米，城市管理逐步迈上法治化、规范化、精细化轨道，并获得第五届“全国文明城市”和“国家卫生城市”称号。在生态效益上，西院湖生态园一期工程完工并开园迎客、二期扩建已完成征迁；南山生态园完成签约21万平方米、南山水岸和南山寺花海全面完工；天宝香蕉小镇列入省第二批特色小镇创建名单，林语堂台北故居仿建工程竣工，“一城花海半城湖”初见雏形。强化“三铁治污”（以铁的决心、铁的措施、铁的纪律推进污染治理），全面推行河长制，拆除河道违章建筑物9万多平方米；投入资金1亿元，实施城市内河、小流域、黑臭水体整治，启动农村污水整治3年攻坚行动、完成7个试点村污水处理设施建设，九龙江流域Ⅲ类水质达标率和饮用水源达标率均为100%。开展扬尘专项整治，淘汰黄标车792辆，空气质量优良率平均为89.9%，顺利通过国家和省环保督查。在城乡统筹上，推进九龙江防洪工程漳州段（二期）芗城段等25个水利项目建设，持续开展“双百”行动，创建4个富美乡村示范村和3个环境整治村，天宝镇茶铺村入选第二批“中国少数民族特色村”；巩固提升农村生活垃圾专项整治成效，垃圾无害化处理率达100%；倡导移风易俗，深入开展农村社会风气突出问题专项治理，乡村文明建设成效明显。

交通旅游 2017年，芗城交通运输稳定增长，全年完成投资12.5258亿元，完成货运量554万吨，全区公路运输货运周转量54013万吨公里，客运量802万人次，公路运输客运周转量150750万人公里；完成农村公路改造提升工程12.92公里、农村公路安保工程56.5公里。投资约2700万元，完成机场路、博物馆路、浦南红绿灯工程等项目建设。截至年底，全区共有营运货车6678部，客车224部，出租车841部。新增或更新公交车56辆、出租车236辆、客车29辆，新增微循环公交线路2条，延伸优化公交线路2条，全年共发放道路运输许可证89本，办理新增货车664辆，报废、转籍457辆，换发运输证1031本，年审运输证4336本，办理44家物流相关企业的备案。按要求检查企业108家，发现隐患65个，整改隐患 65个。新建立车辆管理档案885件，二级维护报备4752辆/次，新签维修合同1895份、车辆等级评定6906辆。全年更新双燃料出租汽车752部，报废出租汽车778部；新购置小型公交车50部。结合交通安全综合整治三年行动和春雷行动、雷霆行动，加大对非法营运、超限运输、出租车、公交车、三轮车违规营运等违法违规行为的监管，维护市场秩序。全年共出动人员2430人次，查处违法违规案件307起。全年全区道路运输安全无事故，内河交通安全无事故，公路工程建设安全无事故。城市交通运输秩序及服务形象进一步提升，执法大队顺利通过省总队“全省交通执法机构规范化建设”验收。

芗城旅游业从重视旅游项目建设，完善旅游产品体系；强化宣传促销，拓展旅游市场；加强旅游行业管理，提升旅游企业整体实力和服务水平等几个方面，全力推进旅游行业的发展。全年旅游接待人数870.36万人次，旅游总收入1112100万元，分别比上年增长21.7%和31.9%。在重点旅游项目上，完成古城泮池夜景工程；完成汪春源故居修缮方案设计；完成旅游道路改造约2.5公里；完成沿街建筑修建总面积约1.8万平方米；完成沿街建筑立面整治约1万平方米；完成东宋河两侧房屋征迁及其河沟底冲水管道迁改工程。建设完成集接待、服务、城市形象展示、旅游商品展览、信息咨询、旅客换乘、休闲娱乐、旅游投诉等功能为一体的芗城区旅游集散服务中心。该项目利用漳州客运站内原有的职工停车场和外部停车场共约3500平方米的场地而成，总投资285万元，顺利通过验收。建设完成林语堂台北故居仿建工程并向市民开放。该工程总规划面积4666.67平方米，将“世界文化大师”林语堂位于台北阳明山的故居，按一比一的比例复制，整体“搬”回林语堂的祖籍地天宝珠里村。

农业经济　2017年，芗城区农林牧渔业完成总产值14.22亿元，其中农业6.71亿元。水果产量101870吨，比上年增长6%；食用菌总产量28283吨，比上年增长10%；蔬菜产量74422吨，比上年增长10.6%。林业产值0.81亿元，牧业产值5.28亿元，比上年下降0.4%；肉类总产量10749吨，比上年增长3.23%；禽蛋产量920吨，比上年增长183%。渔业产值1.15亿元，比上年增长9.4%。特色农业持续发展，投资1.4亿元，推进以现代农业示范区、智慧农业和生态农业为主要内容的特色现代农业竞赛。新增农业产业化省级重点龙头企业8家，天宝现代农业核心示范园功能不断完善，天宝镇被列为省级农村产业融合发展试点示范镇。培育新型经营主体，新增农民专业合作社20家，家庭农场26家。

社会事业　2017年，芗城区坚持教育优先发展，推动义务教育从基本均衡迈向优质均衡。全区普通中学25所，在校生43423人；普通小学69所，在校生47252人；幼儿园195所，在园幼儿23791人；特殊教育学校1所，在校生64人。普通中学办学条件不断改善，全区普通中学拥有教学用计算机2258台，普通小学有5333台；图书藏量普通中学有403079册，普通小学有858567册；电子图书藏量普通中学有367423册，普通小学有470042册。稳步推进招生改革，加强教师队伍建设，教育质量持续提升，被漳州市评为高中、初中教育教学质量达标区；扩大优质资源覆盖面，推动漳州一中高中部西移落位西湖生态园，实施新改（扩）建学校7所，新建公办幼儿园5所，增加中小学、幼儿园学位8100个，妥善安置康山小学等5所学校765名适龄儿童分流入学。深化基层医药卫生体制综合改革，成立区公立医疗机构管理委员会，统筹协调公立医疗机构服务、管理和发展，全区药品材料占比和药占比分别下降11.44%和8.97%；新建33所标准化公办村级卫生所，家庭医生签约服务工作成为全市典型，基层医疗卫生单位门急诊总量大幅上升，分级诊疗格局初步形成；帮助3900名困难群众参加城乡医疗保险，医疗救助11743人次，支出医疗求助金356.07万元。投入1300多万元的市人民医院新住院大楼手术室、ICU正式使用。公共文化繁荣发展，举办公共文化演出30场，全民健身赛事30场，新增市级以上文化产业示范基地7家，参赛作品获福建省第八届百花文艺奖二、三等奖和第四届福建文创奖“最佳文创产品金奖”，获第十三届市运会金牌、奖牌和总分“三第一”。

民生保障　2017年，芗城区聚力补齐“四难一差”（上学难、看病难、养老难、出行难、公共配套差）民生短板，努力增强人民群众的获得感和幸福感。坚持新增财力优先用于民生事业，强化民生保障兜底，民生支出占一般公共预算支出74%，新增就业人数5963人，城镇登记失业率控制在2.45%，全年发放养老、失业保险金、失地农民保障金和城乡低保金9.15亿元。加快建设“安得广”等惠民安居工程，完成金峰花园南区等安置房10万平方米建设，化解1159大商品房、安置房不动产登记历史遗留问题。强化脱贫攻坚，实施低保线和扶贫线“两线合一”，完成造福工程202户255人，累计为贫困户发放小额贴息贷款812.5万元。新建漳州市福利中心及1个老年人日间照料中心、2个农村幸福院，提升4所居家养老服务站，引进居家养老专业服务机构，为14065名60岁以上特殊老年人购买居家养老服务。“平安芗城”“法治芗城”建设持续深化，刑事案件发案率下降22%、破案率上升23%；排查调处纠纷932件。实施“雪亮工程”（以公共安全视频监控建设联网应用为重点的“群众性治安防控工程”），新建高清监控探头1136路，收编监控探头1396路，群众安全感满意度95%以上。

【全面启动西湖生态园项目建设】

按照市区“五湖四海”规划布局，紧扣“田园都市、生态之城”发展定位，芗城区委、区政府于2月3日召开西湖生态园项目征迁动员大会，拉开了西湖生态园项目建设的序幕。西湖生态园是利用地块沿九龙江西溪近4公里长岸线的自然落差和天然优势，通过打造100万平方米水体公园带动核心区近333.33万平方米用地的开发，全面实现金峰开发区老旧工业小区、城中村“腾笼换鸟”，着力将西湖生态园打造成漳州市海绵城市、绿色城市、智慧城市示范区，在中心城区西部形成一个新的增长极和隆起带，既可实现全域城镇化的均衡发展，又能提高城市西部片区的防洪防涝能力。全园征迁总面积200多万平方米。涉及6个行政村2860户居民、两个工业小区70多家企业，预期投资超500亿元，可实现利税超200亿元。

【漳州第一高楼破土动工】

2月初，位于九龙大道西侧、建元路北侧的新城苑南区项目，主体建筑高度150米，规划建设5幢，住宅建筑面积111157.56平方米、商业建筑面积9319.06平方米；地下两层，停车位978个，非机动车停车位1671个。由新城房地产集团承建，总投资7.5亿元。建成后将成为漳州市第一高楼和标志性建筑。

【芗城区行政服务中心首创全省“扫码办件”新模式】

5月起，全区所有进驻行政服务中心的窗口单位全部实现扫二维码在线申报及移动手机端申报办件。申办人可通过登录区行政服务中心网站获取二维码或手机扫描服务指南和窗口台面上的二维码，即可用手机在在线申报业务，窗口可即时受理办件，实现一事一码，即事即办。同时也可登录微信公众号办件，申办人可通过手机端微信公众号自助办件系统在线申请办件、实时查询办件进度，可24小时查询所需办理事项的申请材料、办理流程、常见问题等相关信息。还可在线申报镇、街便民服务事项。实现了基层服务网点与网上服务平台的无缝对接，使群众办事由过去“进机关求人办事”变为“不进中心也能接受服务”，办事更加简便快捷、公开透明。

【林语堂台北故居仿建工程竣工】

林语堂故居工程总规划面积4666.67平方米，选址位于天宝镇林语堂纪念馆东北侧，背靠“天宝阁”，面朝“心月湖”，是香蕉海项目“一带六区”中“语堂纪念区”的重要组成部分。该工程是由项目工作团队赴台考察后，将“世界文化大师”林语堂位于台北阳明山的故居，按一比一的比例复制，整体“搬”回林语堂的祖籍地珠里村。工程巧妙地将林语堂文化元素与香蕉海项目融合起来，引导游人们在重游蕉园故里的同时感受大师情怀，也进一步丰富香蕉海的景观内容和文化内涵，助力特色小镇的建设。该工程由金峰经济开发区开发总公司作为项目业主，漳州市腾峰建筑工程有限公司为施工单位，项目总投资500万元。工程于2017年7月27日进行基础开挖，8月5日完成基础混凝土浇筑，8月15日完成地梁混凝土浇筑，9月底主体工程完工，11月上旬室内装修及外墙装修完成，（将于2018年元旦开门迎客）。

【国内跨境电商敦煌网在芗城落地签约】

9月初，芗城区与国内跨境电子商务龙头企业敦煌网举行签约仪式。敦煌网是国内最领先的在线外贸交易品牌，是商务部重点推荐的中国对外贸易第三方电子商务平台之一，承接国家发改委“网上丝绸之路”国家跨境电子商务项目。其将在芗城设立区域运营中心，打造敦煌网“漳州特色馆”，建设DH pay跨境金融服务平台及设立跨境电商人才孵化中心等。项目一期投资3000万元，建成后有望带动实现约10亿美元规模的进出口量，吸引众多跨境电商、物流、金融等产业链配套企业落户漳州。

·龙文区·

【经济社会概况】

2017年，龙文区地区生产总值222.6亿元，规模工业总产值273.53亿元，规模工业增加值74.56亿元，一般公共预算总收入

15.7亿元，比上年增长0.2%；一般公共预算收入9.3亿元，比上年下降5.8%；固定资产投资261.2亿元，比上年增长7.5%；社会消费品零售总额133.9亿元，比上年增长15.1%；外贸出口34.1亿元，比上年增长4.2%；城镇居民人均可支配收入37907元，比上年增长8.1%；农村居民人均可支配收入18005元，比上年增长7.9%。

项目工作　全年落实“五个一批”项目560个，其中有95个新开工、68个新投用。开展朝阳湖生态园概念规划、开发区朝阳园区控制性详规、建元片区龙江新城城市设计、民生补短板项目规划等13个专项规划工作，生成“时间小镇”、上美湖、湘桥湖等一批区域发展项目，生成3个花海、“安得广”、第三水厂、水系连通工程等一批生态和民生项目。开展主题招商、外出招商13场，洽谈签约项目29个，总投资75.7亿元。推行“挂图作战、现场协调、每月调度、每季督查”等办法，稳步推动“三抓三比、十项竞赛”，有5个单项考评进入全市前三；完成征地180公顷、拆迁125公顷。

服务业发展　新修订《建立正向激励机制促进有效投资、进一步支持建筑业发展壮大若干措施》等6份政策文件，兑现扶持资金8100万元，新增注册企业和资本金分别比上年增长39%、36%，第三产业完成增加值104.1亿元，比上年增长12.5%。招拍挂土地20.27公顷，新建商品房110万平方米、销售138万平方米，引进民生银行等7家金融总部、漳州移动等4家企业总部。限上零售、餐饮、住宿业分别比上年增长20%、30%和100%；快递行业实现收派件量7040万件，占全市三分之一以上份额；阿里巴巴·漳州产业带入驻企业947家，全区电商交易额45.2亿元，比上年增长26.2%。

工业质量　英博雪津增资3.5亿元建成全球速率最快的啤酒生产线，年产能105万吨；大闽食品收购康师傅旗下5家灌装厂；金霸龙建成轻型载货汽车整车生产线，获工信部商用车整车生产牌照。为22家次企业办理应急周转金、助保贷1.2亿元，处理企业不良贷款4.8亿元。46家企业完成技改投资28亿元；全区R＆D比重1.56%，位居全市第二；新增3家高新技术企业、6家科技小巨人领军企业、9家省级创新型企业和1家院士工作站，思特电子院士工作站获评全国示范站；恒丽探索工业旅游模式，建成钟表博物馆，举办第三届中国钟表设计大赛。

城市配套　闽南水乡一期建成，九十九湾串串湖全面推进，人民广场、英桥和朝阳（一期）四季花海等项目投用，绿化闲置地块27个、面积60公顷，造林197.27公顷。新修成龙文南路、石仓南路、龙腾南路等14条城市道路和15条农村水泥路，分别新增里程11.6公里和18公里。公开配租公租房385套，新开工安置房1779套、交付967套。新运行内林双向泵站等水利工程，新增新划4个公共停车场和7534个停车位，新建17座公厕、4座农贸市场，投入5500万元开展19个村庄污水截污工程和3个“美丽乡村”建设。

城市管理　整合市区两级执法人员和执法权限，执法力量下沉基层一线，实行网格化、精细化管理。实行“河长制”，水治理专业化、信息化；关停砂厂、石板材厂、机砖厂等污染源118个，全区生猪禁养、矿砂禁采，有效控制土质面源污染；整治非清洁能源锅炉355台，淘汰黄标车376辆，加强工地、渣土车等扬尘来源管控；创建“无违镇村”，拆违54.8万平方米。步文撤镇设街、增设碧湖街道办事处获省、市批准，新设3个社区居委会；推动“门前三包”；通过中央和省环保督察；通过全国文明城市、省级文明城区验收。完成金砖会晤、中共十九大等重大安保任务。

民生事业　全年民生事业支出14.5亿元，为民办实事项目完成年度投资计划110%。开发区二实小、区机关幼儿园等6个学校项目加快推进。启动社区中医馆建设，市公共卫生服务中心竣工，建成29个公办村卫生所。区文化中心建成，承泽楼修缮、湘桥、梧桥古村落保护加快推进，全国沙画艺术考评管理中心落户我区，继续举办全国沙画赛、国际山地自行车赛。低保标准城乡一体化，发放基础养老金和被征地农民养老保障金5170万元；永大星城、联丰浩苑等小区“两证”办理历史遗留问题取得进展，物流城、万嘉世贸破产重整有序推进。

政府建设　办理人大代表建议37件、政协提案53件，法定期限办复率100%。推行“全流程网办”和智能审批。出台《法治政府建设实施方案》，完成建区以来政府规范性文件清理。加大行政监察和审计监督，严格执行中央八项规定精神；严肃整改省委巡视中发现的相关问题，公车改革有序推进，公务卡基本覆盖，“三公”经费下降20.4%。

【沙画品牌建设】

近年来，龙文区扶持沙画文化品牌建设，于2016—2017年连续举办两届“中国沙画艺术创意大师赛”，吸引20多个国家和地区的选手参加比赛。大赛作品放在永润文化旅游创意园举办中国沙画艺术展。2016年首届中国沙画艺术创意大师赛后，将沙画作为全区中小学艺术教育的重要内容，制定出台《龙文区沙画进校园实施方案》，同时，将大赛延伸至儿童赛事，设立中国沙画艺术漳州创作基地，在漳州二实小景山校区建立全国少儿沙画进课堂示

2月22日，中国沙画艺术创意大师赛在龙文区开幕

范基地，免费授课。2017年5月，中国专业人才库沙画艺术考评管理中心落户龙文区。

·龙海市·

【经济社会概况】

2017年，龙海市实现生产总值822.62亿元（含漳州开发区、台商投资区，以下数据同口径，括注除外），比上年增长8.4%；固定资产投资273.9亿元（不含漳州开发区、台商投资区），比上年增长17.4%；规模工业总产值645.33亿元（不含漳州开发区、台商投资区），农业总产值107.47亿元，比上年增长4.6%；一般公共预算收入33.46亿元（不含漳州开发区、台商投资区），比上年增长5.6%，地方一般公共预算收入22.58亿元（不含漳州开发区、台商投资区），比上年增长13.9%；社会消费品零售总额141.11亿元，比上年增长10.8%；出口总值31.58亿元（不含漳州开发区、台商投资区），比上年增长11.6%；实际利用外资5.95亿元（不含漳州开发区、台商投资区），比上年增长2.1%；城镇居民人均可支配收入34435元，比上年增长8.9%；农村居民人均可支配收入17469元，比上年增长8.5%；县域经济实力入选全省十强。

【重点区域竞相发展】

“一江滨两新区”（沿九龙江两岸江滨区域的石码紫云新区、月港风貌新区）实施项目63个，完成投资30.2亿元，全市最大的民生项目“四馆一中心”（龙海市博物馆、龙海市图书馆、龙海市工人文化馆、龙海市档案馆、龙海市新闻中心）开工建设，锦江大道石码段、海澄段快速推进，月港湿地公园、后港片区改造、新区路网配套工程等项目顺利实施，龙江文化生态园、龙翔路改造一期竣工投用。“南太武南溪湾”（包括浮宫镇、港尾镇、隆教乡）实施项目34个，完成投资68.9亿元，重新组建龙海经济开发区管委会，完成南太武滨海新城核心区控制性规划和城市设计，启动基础设施及安置小区规划，龙海汽车产业园基础设施PPP项目一期开工建设，南溪湾创业园“六路三河”［六路：浮南大道、工业中路（顺发路）、工业东路（兴发路）、圳发路、新兴路、兴安路；三河：帽内河、霞圳河、工业路排洪渠］完成总工程量75%。

【重点项目扎实推进】

实施重点项目94个，完成投资154.4亿元；纳入漳州“十项竞赛”项目72个，完成投资83.1亿元。工业项目取得新突破，金龙汽车和中海油LNG正式开工，正新橡胶二期全面投产，实施投资2000万元以上工业项目65个，竣工投产30个。交通项目投资创新高，实施重大交通项目11个，完成投资31亿元，省道208复线、沿海大通道龙海段春节前可全线贯通；城乡公交一体

浮宫创业园工业厂房

化改革成效彰显，基本实现“公车公营”，逐步形成互联互通的交通框架。服务保障再上新水平，梳理1070项“最多跑一趟”审批服务事项，全面启用行政服务云平台，推进全程电子化登记、“证件快”和周末无休制度改革；获批土地农转征457.07公顷，依法清理盘活闲置土地72.2公顷；全市89个“十项竞赛”征迁项目完成征地568.47公顷、拆迁102公顷。

【重点工作有效落实】

突出“抓增量、优存量、调结构”，开展工业百日攻坚活动，推进临界企业上规模，新增规模工业企业18家；组织234家企业参加成都、重庆糖酒会等展销活动，签订合作订单25亿元，荣获“中国休闲食品名城”称号；落实企业帮扶政策，兑现惠企资金984.5万元，11家企业荣获第三届海峡两岸（漳州）工业设计创新大赛各类奖项，正新橡胶、绿新食品荣获省科技进步三等奖。坚持“一把手”抓招商，出台工业用地统一地价政策，先后赴上海、深圳、台湾等地开展招商活动，成功举办“遇见龙海·厦漳同城”招商推介会，全年签约合同项目43个。建筑业加快发展，泷澄集团晋升行业特级资质，建筑工业化走在全省前列。开展现代农业竞赛，成绩位列漳州前茅，建成农业标准化示范区35个，基本完成第三次全国农业普查；推进农村土地确权，全市应确权的195个村全部完成合同签订。加快发展第三产业，三产增加值对GDP增长贡献率提高到50%，“电子商务进农村”省级示范县通过验收，旅游接待人次、收入分别比上年增长20.9%、25.7%，商品房销售面积、销售额分别比上年增长83%、40%；积极防控企业信贷风险，辖区银行不良贷款率控制在2%以内。扎实开展“护航金砖、共筑平安”4项行动和“六大专项行动”，完成厦门金砖会晤护城河、中共十九大安保任务，在漳州市金砖维稳表彰会上作典型经验介绍。配合做好省委巡视和省经济责任审计工作，积极稳妥落实边巡边改。集中开展“三铁治污、提升三质”专项整治，全面整改中央、省环保督察反馈的问题，顺利通过国家海洋督察。

【重要民生得到改善】

全年民生支出36.9亿元，占财政总支出的81.6%，26件为民办实事项目较好完成。开展精准脱贫攻坚竞赛，低保标准提高到4050元，实现低保线与扶贫线“两线合一”，全市21个贫困村和779个建档立卡贫困人口全部脱贫，基本实现“两不愁、三保障”（不愁吃、不愁穿；保障贫困户义务教育、保障基本医疗、保障安全住房）。建立大病保险制度，发放各类社会救助资金1.7亿元。建成保障性住房1511套，完成107户农村贫困户危房改造。加快补齐民生短板，石码中心小学和华侨幼儿园新校区等城区5所学校加快推进，农村6个薄弱校完成改造，出台实施乡村教师生活补助政策；第一医院晋升三级综合性医院，第二医院综合楼、榜山新卫生院建成投用，公办村卫生所标准化建设覆盖全市一半以上行政村；社会福利中心一期基本完工，建成3个农村幸福院；九九坑水库、城区供水管网改造等城乡基础设施加快推进。完成新、旧体育场改造提升，大型现代剧《生命》荣获田汉戏剧奖、百花文艺奖，全省农村精神文明建设现场会在龙海市召开。坚持城市抓创卫，整治提升一批农贸市场和临时便民市场，改造新建一批停车场、绿地公园、夜景工程，创建国家卫生城市顺利通过全国爱卫办技术评估。坚持农村抓宜居，持续深化“两违”综合治理，创建26个富美乡村，建成4个镇区污水处理设施，完成52个村庄生活污水治理，龙江文化生态园代表漳州接受全省工作检查，并纳入漳州生态空间立法保护。挂牌成立“河长办”，综合治理九龙江流域水系及城市内河黑臭

龙海市新建实验小学

水体，建成安全生态水系17公里，完成造林绿化1333.33公顷、水土流失综合治理200公顷。顺利通过省级平安县城考评验收和省政府安委会安全生产巡查，积极创建食品安全社会共治示范县。军政军民团结巩固发展，妇女儿童、青少年、民族宗教、外事侨务、台湾事务、新闻、地方志、档案、科普、社会科学、气象、残疾人、红十字、防震减灾等工作取得新的进步。

【自身建设持续加强】

牢固树立"四个意识"，扎实推进"两学一做"学习教育常态化制度化。践行"马上就办、真抓实干"，大力整治"庸懒散拖"，行政效能进一步提高。持续整治"四风"，严格落实《准则》《条例》和中央"八项规定"精神，"三公"经费下降42.5%。认真执行人大决定决议，自觉接受人大、政协和社会监督，政府与人大、政协、法院、工会互动联系紧密，各民主党派参政议政富有成效，共办理人大代表建议64件，政协提案72件，办结率均100%。行政监察、审计监督继续加强，党风廉政建设和反腐败工作取得新成效。

·漳浦县·

【经济社会概况】

2017年，漳浦县全年实现地区生产总值376.51亿元（含古雷开发区），固定资产投资318.87亿元（不含古雷开发区，下同，有括注除外），比上年24.9%，规模工业总产值305.28亿元，规模工业增加值83.09亿元，一般公共预算总收入23.11亿元，比上年增长16.5%，地方一般公共预算收入15.5亿元，比上年增长17.4%，社会消费品零售总额113.99亿元（含古雷开发区），比上年增长12%，实际利用外资8.6亿美元，出口总值43亿元（含古雷开发区），比上年增长23.5%，城镇居民人均可支配收入33573元（含古雷开发区），农村居民人均可支配收入18106元（含古雷开发区）。漳浦县被确定为全省唯一的"全国重大市政工程领域PPP创新工作重点城市"，新增PPP项目8个、总投资80.96亿元；石榴现代农业观光产业园成为全市唯一被财政部确认的省级田园综合体示范项目；彻底完成古雷整岛搬迁扫尾工作，实现古雷石化基地封关运行；成功举办中国皮革业发展论坛；沿海大通道漳浦段全线通车；朝阳水库正式开工；"三抓三比、十项竞赛"进入全市前列。获省级双拥模范县七连冠。在第十三届市运会上获得金牌28枚，杜浔籍运动员卢云秀获得女子帆船世界杯桂冠。赤湖镇老年活动中心被评为"第二届全国敬老文明号"，赤岭村被评为"第二批中国少数民族特色村寨"，《漳浦年鉴（2016）》获全国地方志优秀成果特等奖，县环保局被评为"全国环保系统先进集体"。

工业发展 完成工业投资115亿元，比上年增长47.4%。绥安工业区基础设施全面升级；万安工业园"五纵八横"道路建设全面铺开；赤湖工业园首批11家皮革企业全部投产，实现产值超30亿元。项目建设力度加大。解决34个项目落地难题，联创光电、绿泉食品等27个项目开工建设，中电光伏、致易电子、敏捷动漫等21个项目竣工投产；净增规模企业11家、高新技术企业4家。开展外出招商220场次，促成签约项目96个、总投资231.9亿元，落地项目36个、总投资64.1亿元。开展"追问题、解难题、促发展"活动，补办企业不动产证68家，盈丰、格联特、同溢堂、车城汽配等多家企业实现产值、税收双增长。

现代农业 实现农业总产值66.5亿元，比上年增长3.5%。石榴田园综合体完成投资1亿元，引进扬基铁皮石斛、康华芦荟等7个特色项目；赤土立体现代农业核心示范园建成光伏农业大棚60万平方米；海峡花卉集散中心入驻花木企业152家，实现交易额30亿元。投入3.4亿元，建成一批水利、渔港和农业综合开发建设项目，虎头山一级渔港投入使用，建成3335多公顷高标准农田。新增农业龙头企业21家、国家地理标志产品1个、省级名牌4个、省级示范家庭农场6家，基本形成六鳌地瓜、佛昙河鲀等"一地一品、一地多品"的特色产业格局。

第三产业 实现第三产业增加值154.30亿元，比上年增长12%。全年接待旅游总人数突破435万人次，实现旅游收入44.8亿元，比上年分别增长22.1%、31.7%。龙美湾旅游区开工建设，古雷欢乐岛入选全国优选旅游项目和国家AAA级景区，六鳌被评为省级乡村旅游休闲集镇，佛昙轧内跻身全省二十佳旅游特色村。长德商贸城、漳浦创客空间投入使用，香江物流园、四通创业港加快建设，大南坂汽车4S产业园初具雏形。电商服务中心和互联网经济产业园正式运营，建成201个村级服务站，实现电子商务交易额25亿元，比上年增长22.70%，国家电子商务进农村综合示范县通过考核验收。

城乡建设 实施城建项目119个，完成投资45亿元。启动创建国家卫生县城，打通"断头路"取得实质性进展。鹿溪两岸征迁同步推进，龙湖公园、蓝理路、滨江大道等市政项目开工建设。中心市场改造提升，青年农贸市场建成投用，标志标线、夜景工程、绿化美化全面升级，城市颜值显著提高。佛昙商贸城一期建成，深土碧水丹山、盘陀鹿水新城等城镇综合体加快建设。初步建成南浦大坪、佛昙人坪等一批新的美丽乡村。海峡花木小镇入围第二批省级特色小镇。佛昙湾、旧镇湾跨海特大桥建成通车，国道外甩、沈海高速万安互通口等项目前期进展顺利，漳浦汽车客运站主体竣工，新建农村水泥路120千米。强化“两违”治理，完成拆违58.9万平方米。完成造林绿化1067公顷。关闭拆除养猪场2449家，重点流域水环境治理和面源污染专项整治取得明显成效。

社会事业　2017年，漳浦县全年民生投入43.6亿元，占财政总支出85.5%。脱贫攻坚全面发力，落实产业扶贫项目19个、造福工程扶贫搬迁195户820人，实施异地商会挂钩帮扶和“百企挂百村”工程，全县4219户12390人和5个贫困村全部脱贫脱帽。基本建成绥安中学科学楼和佛昙第二中心幼儿园、万安中心幼儿园等一批中小学幼儿园项目，新招聘教师200人，推出首批人才公寓29套；武庙重建，文庙、旧县衙和锦江楼修复相继完成，举办首届孔子文化节；新招卫技人员257人，县疾控中心、赤岭、六鳌、官浔等5个卫生项目有序推进。新建停车场4个、停车位245个。全县城乡居民养老保险参保率超过95%，11189个低保对象实现应保尽保，发放农村低保金和高龄补贴3990万元。古雷新港城17个社区居委会挂牌试运行。开展维稳“八大专项行动”（坚决依法处理信访积案、打击制售假冒卷烟、整治交通安全隐患、打击虚假信息诈骗、打击暴力犯罪、打击“黄赌毒和盗抢骗”、打击网络造谣传谣、铲除消防安全隐患），省禁毒重点关注县和道安综合整治重点县均已脱帽，食药品监管得到加强，顺利通过国务院安全生产巡查和中央、省委省政府环保督察，社会保持安定稳定。

·云霄县·

【经济社会概况】

2017年，云霄县全年实现地区生产总值200.46亿元（含常山开发区，下同，有括注除外）；农业总产值55.2亿元，比上年增长5%；规模工业总产值213.59亿元（不含常山开发区），规模工业增加值56.81亿元（不含常山开发区），出口总值13.8亿美元（不含常山开发区），比上年增长10%；实际利用外资4.6亿元（不含常山开发区），固定资产投资254.42亿元（不含常山开发区），比上年增长27.2%；公共财政总收入9.1亿元（不含常山开发区），比上年增长12%；地方公共财政收入6.18亿元（不含常山开发区），比上年增长10.8%；社会消费品零售总额70.9亿元，比上年增长14.6%；城镇居民人均可支配收入29905元，农民人均可支配收入15353元。

产业发展提速升级　实施品牌农业、智慧农业、休闲农业战略，新增农民专业合作社7家、家庭农场118个，新建高标准农田1520.9公顷、设施农业53.6公顷，实施高效节水灌溉面积340.8公顷，成为首批省级现代蔬菜产业园创建县；积极推进下河杨桃公园等10个农业精品园区建设，东厦蔬果现代产业园入选省“3211”工程，绿州农业成功登陆新三板。顺利通过粮食安全省长责任制考核。农业总产值、农民人均纯收入增幅排名首次进入全市前三。加快打造标准化工业园区，建成高新技术创业服务中心，稳步推进污水处理厂、益树大道等一批支撑项目建设。实施“四换四带”（园区换挡、腾笼换鸟、产业换代、机器换工；创新带动、品牌带动、人才带动、政策带动）提升工程，推进工业企业向园区集中，土地和厂房集约、节约、高效利用，工业发展水平和档次全面提升。新增规模工业企业8家、规模产值5亿元，云星电子等6家企业列入省级高成长企业名单。电子商务发展迅猛，完成县级电商服务中心、供应链仓储中心、县镇村三级物流体系建设，实现农村电商服务站点全覆盖。旅游事业焕发活力，开展杨桃采摘季、番茄音乐节等活动，大山海景、金汤湾二期等一批重点旅游项目强力推进，接待游客人数、旅游总收入比上年分别增长21.1%和20%。

项目带动有力有效　开展“三抓三比、十项竞赛”“百个项目大比拼”活动，推动投资强劲增长。全县234个重点项目完成投资242亿元，占年度计划的100.4%，新开工亿元以上项目21个；新增“五个一批”项目149个，中福新材料等90个项目开工建设，志和药业、华锐二期等41个项目竣工投产；漳州核电取得用地预审意见，基本完成厂址四通一平。强化“一把手”抓招商，成立北京云霄企业商会，积极推动“云商”回归，推进招商常态化。全年共签约合同项目57个，计划总投资195.56亿元，其中央国企项目4个，计划总投资111.5亿元；落地项目28个，计划总投资34.57亿元。深化县领导挂钩帮扶，以“追问题、解难题、促发展”问题清单为抓手，全力保障项目建设提速提效。向上争取资金21.36亿元，完成土地报批235公顷，获批使用林地155.87公顷；全县各金融机构向35家企业意向授信18.6亿元，全年累计向180家企业兑现政策奖励1200万元，办理应急周转金1970万元，为7家企业补办不动产登记证。

宜居水平日益提升　实施222个宜居环境建设项目，完成投资30.74亿元，扎实推进城乡协同发展，优化人居环境。建成开漳大道，国道324线（非城关段）改造提升工程开工建设，漳州沿海大通道云霄段（二期）、漳江湾特大桥、和田路、云平高速等项目建设顺利推进，实施农村通达公路提级改造工程、安保工程，全县交通路网渐趋完善，群众出行更加便捷安全。建成复兴路东段安置房，相继启动旧实小片区、威惠庙片区、八卦山片区改造，完成江滨路、经堂口“白改黑”工程，打通复兴东路，建成11个美丽乡村和魏妈文化园等10个文化休闲公园，城乡面貌焕然一新。投入3000多万元建设“雪亮工程”、网格化服务和数字化城市管理平台，全面推行市容市貌“门前三包”，城市管理长效机制基本形成，群众生产生活环境大大改善。深入开展生态环境保护百日攻坚行动，全面推行河长制，成立生态环保综合执法队，加大对畜禽养殖、农业面源、水资源、土壤等重点领域污染的治理，关闭、改造生猪养殖场近千家，责令停产、关停污染企业10家，淘汰黄标车222辆。实施206个村污水处理设施PPP项目、峰头水源保护工程和24公里农村安全饮水巩固提升工程，全县饮用水源及地表水100%达标，县城区空气质量优良天数比例达到96.3%，森林覆盖率67%。

精准扶贫扎实推进　全面推进“三个五”扶贫工程，实施139个扶贫项目，累计投入资金3.3亿元，全年净脱贫人口4393人、40个贫困村顺利脱贫摘帽。突出产业扶贫，实施“特色农业+扶贫”“旅游+扶贫”“电商+扶贫”，助力贫困对象增产增收。强化金融精准扶贫，成立县支农信贷担保公司，新增担保放贷4732万元。开展贫困户自立增收工程，完成“雨露计划”培训955人，解决贫困人口就业1000多人。实施造福安居工程，搬迁安置建档立卡单人户、因病因残户125户、1405人。实施低保线、贫困线“两线合一”，财政全额支付贫困对象“新农合+保险”费用。深化干部结对帮扶，再成立8支社会扶贫志愿队，累计进村入户13000多人次，解决帮扶资金2380万元。实施“养鸡生蛋”工程，开展扶持12个贫困村村集体经济发展试点工作，建立精准扶贫长效机制。强化扶贫领域监督执纪，出台《脱贫攻坚工作问责办法》，全年查处扶贫领域问题59起114人。

社会保障方面　全年发放城乡低保、特困人员供养金3819万元，发放医疗救助金4166万元、重度残疾人补贴710万元。开展“情暖千家”“金秋助学助教”等活动，发放慈善物资252万元。建成7所乡镇敬老院，县社会福利中心、颐园服务中心陆续竣工投用；农村幸福院建设成效显著，工作经验在全省推广。城镇新增就业3360人，转移培训农村富余劳动力8800人。

文教卫生方面　投入教育领域资金6.52亿元，云霄职校、第二实验小学、第二实验幼儿园等一批学校相继投用，获评“漳州市中考教育教学质量先进县”。投入卫生领域资金3.76亿元，深化公立医院改革，实行按病种（组）总额包干，建设分级诊疗平台，启动新县医院建设项目，开工建设全县首家精神病专科医院，81个村级卫生所完成规范化建设，人民健康和医疗卫生水平大幅提高。加强文艺队伍建设，推动文艺创新创作，文化惠民工程扎实推进，完成县图书馆主体工程建设，建成县广电技术业务用房，和平路入选第二批省级历史文化街区。

社会管理方面　获评“省级双拥模范县”。举全县之力创建“省级文明县城”，社会文明秩序显著提高。深入开展维稳“七大专项行动”，有力保障厦门金砖会晤、中共十九大期间社会安定稳定。完成第二轮“三年卷烟打假综合治理行动”，全年保持制假烟机“零查获”。加强安全生产工作，严防各类安全生产事故发生，顺利通过国务院、省政府安全生产巡查；有效防范金融风险，不良贷款率控制在市下达指标范围内。人事编制、老干老龄、老区建设、民族宗教、外事侨务、红十字会、地方志、科技、档案等各项工作都取得新成效。

自身建设持续加强　深入开展学习践行中共十九大精神活动，推进“两学一做”学习教育常态化制度化。推进“放管服”改革，编制公布行政审批和服务事项总目录，保留行政审批和服务事项1128项，公布“最多跑一趟”事项877项。推进“四检合一”（将一个县域的市场监管局、农业局、海洋渔业局所属涉及食品农产品的检验检测机构整合为一个机构，与检验检疫部门所属实验室“四检合一”）试点试验，在全国首创县域农产品检测中心；开展“两证合一”（对外贸易经营者备案登记和原产地证企业备案登记合并办理）试点工作，深化商、检、贸合作（商品检验、商品检疫、商品贸易等相关部门之间的合作），提高服务效率；在全市首创“一窗一人一机”（由一名税务人员、一个窗口、一台计算机同时办理国地税业务）国地税联合办税模式，获全市地税创新项目一等奖，并在全国复制推广。加强机关效能建设，全年效能问责9人，点名通报48个单位，连续5年获评全市政府绩效管理考核优秀等次。出台《法治政府实施方案》和《政府工作规则》，强化审计监督和行政监察，坚持依法行政，规范高效施政。严格落实中央“八项规定”精神，持之以恒查纠“四风”、“三公”经费持续压减。积极主动采纳人大代表和政协委员意见建议，共办理人大议案建议57件、政协提案66件，办结率100%。

·诏安县·

【经济社会概况】

2017年，全县完成地区生产总值249.55亿元；三次产业比例18.8∶43.1∶38.1；规模工业总产值308.82亿元，其中规模工业增加值84.97亿元，固定资产投资312.21亿元，比上年增长28%；公共财政总收入9.28亿元，比上年增长13.3%，其中地方公共财政收入6.16亿元，比上年增长9.7%；实际利用外资（验资）3.54亿元，比上年增长13.9%；出口总值30.3亿元，比上年增长2.4%；社会消费品零售总额109.27亿元，比上年增长14.1%；城镇居民人均可支配收入27619元，比上年增长8.6%；农村居民人均可支配收入14749元，比上年增长7.6%。

产业发展　新增规模工业企业9家，总数达到165家；工业税收3.24亿元。猛狮新能源科技入选省级智能制造试点示范企业，锂离子电池项目（一期）正式量产。基本完成工业园区整合工作，白洋、深桥、西潭54家企业整合归并到诏安工业园区，林头、东湖39家企业整合归并到金都工业集中区。旅游产业破题发展，实施九侯山风景区改造提升工程和西潭山河村古村开发项目，“海上五台”文化智慧苑项目正式奠基。电子商务发展迅速，电子商务交易额15.4亿元，比上年增长18.5%，成功入选“国家级电子商务进农村综合示范县”。

项目建设　深入开展“三抓三比、十项竞赛”活动，全县192个参赛项目完成投资334.78亿元，占年度计划的176.7%，竞赛综合排名位居全市第三位。227个县级重点项目完成投资190亿元，占年度计划的100.4%；猛狮新能源科技（二期）、能裕实业等32个项目顺利开工建设，福润食品、楠宝湾食品等31个项目竣工投产。招商引资不断取得突破，共签订66个项目，总投资72.27亿元，其中亿元以上项目24个，10亿元项目1个。

城乡建设　完成《诏安县城乡总体规划（2017—2030）》编制评审稿和诏安县江滨新区（重点地块）等3个控制性详细规划、诏安县城市绿地系统等4个专项规划。新国道、九侯大道（一期）、金洋大道等公路全面竣工，江滨大道支线开工建设；南环城路改造工程实现通车，中兴大道、中山西路、玉峰路、梅园北路等城区主干道实施立面改造面貌一新；美化绿化中山公园、五厂区三角绿地等13个小公园，县城区绿化覆盖率超过41%，顺利通过省级园林县城考核验收。桥东镇等5个乡镇和建设乡坪路村等60个村庄污水处理设施全面竣工，15个乡镇全部建成垃圾转运系统，四都镇东峤村等151个村庄垃圾得到有效处理。西潭镇山河村获评漳州市“十佳最美古村落”，四都镇西梧村、梅岭镇腊州村获评漳州市“十佳最美渔村”，红星乡西埔村获评“省级乡村旅游特色村”。实施“门前三包”责任区管理，出台县城中心城区个人建设活动管理暂行规定，规范房屋建设和用地秩序。

农村农业　出台青梅、八仙茶、富硒蛋鸡三大产业发展扶持政策，安排3000万元扶持产业发展。出台《诏安县富美乡村建设实施方案》，推进50个富美乡村建设，安排5000万元补助资金，实施项目264个，涌现出四都镇西梧村、太平镇雄鸡村、霞葛镇司下村等富美乡村新亮点。积极推进品牌标准建设，新增13个省级、市级家庭农场示范场，新认证“三品一标”15个；《诏安八仙茶行业标准》通过全国茶叶标准化技术委员会审定；发起编制福建省《富硒农产品硒含量分类要求》并获批发布，建成富硒农产品检测中心，进一步促进富硒产业发展。脱贫攻坚深入推进，完成造福工程搬迁390户1600人，农村危房改造竣工610户，2997户8606人实现脱贫，15个贫困村摘帽。

社会事业　全年财政民生支出27.4亿元，比上年增长17.59%，占公共财政支出83.67%。城区文化体育配套、垃圾处理场改造等15个为民办实事项目完成投资9.6亿元。

硒博士众创空间主题创意展示馆

诏安文体中心规模初显　　（林蔚欣 摄）

荣获“漳州市高考教育教学质量先进县”称号，江滨教育配套工程、第二实验小学、南诏中心小学等项目开工建设；招聘录用教师194名。建成四都中心卫生院公共卫生大楼、西潭中心卫生院门诊综合楼；招聘录用卫生专业技术人员75名；巩固扩大医保覆盖面，城乡居民医保参合率保持100%。完成城乡养老保险制度衔接，全民参保登记完成100%，被省人社厅作为典型经验加以推广；农村低保标准由2800元提高到3930元；高龄老人及百岁老人寿星补贴标准大幅提高，90—98周岁由每人每月50元提高到200元，99周岁每人每月100元提高到300元，100周岁及以上由每人每月300元提高到500元。设立“翰墨薪传”专项基金扶持书画艺术人才，3名艺术特长生分别被中国美院、西安美院录取；成功举办纪念沈耀初110周年诞辰等21场书画作品展；复办丹诏书院，成立诏安书法研究院，建立五个书画写生基地。在漳州市第十三届运动会中荣获22枚金牌，创历届最佳成绩。

【蝉联福建省经济发展“十佳”县】

2017年，诏安县以习近平新时代中国特色社会主义思想为指导，认真落实中央和省、市的各项决策部署，一、二、三产齐发力，经济总量、均量和质量实现新提升。全县13项主要经济指标中，GDP、第三产业增加值、农林牧渔业总产值、固定资产投资、财政总收入、实际利用外资等6项指标增幅位居全市前两位，蝉联福建省经济发展“十佳”县。

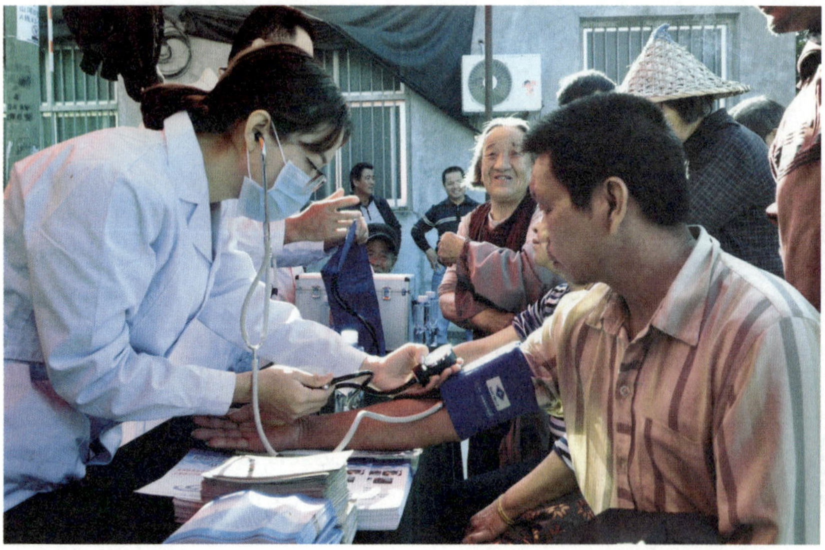

医疗服务走进乡镇卫生院，为老年人免费看诊

【入选“国家级电子商务进农村综合工作示范县”】

截至2017年底，诏安县电商企业170多家，电商网商总数近2400家，农村淘宝村级电商服务网点79个，电商从业人员1.5万多人，拥有配套服务“诏安品牌”产业链上下游企业40多家，网销产品涉及农副产品、食品、服装、水产品、婴童用品等品类，基本形成县、乡、村三级服务体系。2017年，全县电子商务交易额15.4亿元，比上年增长18.5%；网络零售额12.73亿元，比上年增长21.8%；成功入选“国家级电子商务进农村综合工作示范县”。

·东山县·

【经济社会概况】

2017年，全县完成生产总值202.7亿元，比上年增长8.6%；农业总产值67.23亿元，比上年增长5%；规模工业总产值292.07亿元，规模工业增加值76.66亿元，固定资产投资223.94亿元，比上年增长27.2%；社会消费品零售总额44.3亿元，比上年增长13.7%；一般公共预算总收入17.07亿元，比上年下降1.9%；地方一般公共预算收入11.4亿元，比上年下降4.7%；城镇居民人均可支配收入33343元，农民人均可支配收入19336元；金融机构人民币存贷款余额双双突破百亿元大关。

旅游发展　“旅游+”初现雏形，

6月1日，厦门大学东山海洋站揭牌　　（林华艺　摄）

“智慧景区”建设扎实推进，“一个庐”野奢帐篷营地开营，中驰生态农庄成为旅游新热点，谷文昌纪念馆入选全国红色旅游经典景区名录。《谷文昌》影视、热播综艺节目等在东山拍摄录播，关帝文化旅游节、企业家帆船赛、国际风筝冲浪公开赛等大型活动或赛事成功举办，国际半程马拉松赛在央视全程直播，东山名气人气大为提升，全年游客人次、旅游收入分别比上年增长6.8%和8.8%。

工业经济　协助办理企业应急周转金7亿元，落实政银企对接资金近50亿元，履约率超93%。全县产值上亿元企业52家、上5亿元企业17家。旗滨玻璃1线完成技术改造，新福、东兴被认定为省级工业龙头企业，海源等6家企业产品被授予省名牌产品，辉永泰获评“国家体育产业示范单位”。两个园区中4条道路通车、9条道路在建，长山尾污水处理厂投建，合声钢琴试投产，海尚水产等项目进入设备安装阶段。

农业经济　陈城镇入选全省农村产业融合发展试点示范乡镇，“东山亲营紫菜”获“地理标志证明商标”认定。新增农民专业合作社13家、家庭农场29家。建成宫前一级渔港、下西坑二级渔港。全县水产品总产量43.5万吨。

财政金融　开展“追解促”活动（即追问题、解难题、促发展），解决项目瓶颈问题230项，完成征迁14.73公顷，争取到位中央、省财政债券资金8.15亿元，PPP项目融资2.4亿元。

基础设施　环岛路下西坑至埔头段、冬古作业区疏港公路一期建成，国省干线横十一东山段全线贯通，金銮大道、砂矿路等道路提升工程投用，冬古作业区疏港公路二期、城南路南段、文昌路探石段开工，环岛交通框架基本形成。岛外引水第一水源改扩建工程试通水，第二水源项目、红旗水库扩容正式开工。新建或改造低压线路143.3公里、供水管网19.3公里、雨污管网31公里、天然气管道15公里，新增停车泊位600个。投入7300万元推进18个美丽乡村和14个富美乡村示范点建设。

生态环境　基本完成国家森林公园矿区生态恢复治理，中央环保督察反馈问题整改完成。新建提升绿道16公里，建成20.1公顷花海绿地，重点生态区位商品林赎买891.1公顷，植树造林和森林经营399.6公顷。清退马銮湾海域渔排超1.5万格，拆除鲍鱼场20场，收储土地18.76公顷，马銮湾与金銮湾岸线恢复贯通连接。农村生活污水垃圾、生猪养殖面源污染等专项整治持续推进，生态保护与建设示范区作为全国典型推广，澳角村获评“全国十大美丽渔村”。

社会事业　实施“七大攻坚工程”，产业帮扶带动贫困户239户、就业400多人，造福工程扶贫搬迁93户256人，提前一年完成790个建档立卡贫困户、1855人脱贫任务。“干部当师傅”做法在《人民日报》头版报道。建成厦门大学太古海洋中心一期，科技创新奖励117.9万元。一中新校区项目即将进入施工招投标，全市唯一示范性综合实践基地一二期开园，文昌学村11幢教学综合楼主体完工；成立教育发展基金会，奖教奖学超180万元，获评市“高中教育教学质量先进县”。东山关帝庙成为全省首批对台交流基地。妇幼保健院基本完工，新中医院等项目加快推进，建成10家示范公办村卫生所，推动人口计生工作转型升级，获评省“计划生育先进县”。开工建设保障性住房184套。新增城镇就业3521人。开展“文明东山·十大文明”行动，省级文明县城创建水平有效提升，马銮村入选第五届全国文明村。打好维稳“六大专项行动”（坚决打击暴力犯罪，坚决打击“黄赌毒、盗抢骗”，坚决打击网络造谣传谣，坚决依法化解信访积案、坚决铲除消防安全隐患），完成重大活动安保任务，社会治安总体形势平稳向好。认真落实安全生产责任制，整改重点领域隐患2667项，全年未发生较大以上生产安全事故。通过省级食品安全社会共治示范县验收。

队伍建设　出台法治政府建设

美丽的东山县城垵新村　（林华艺 摄）

实施方案，全面落实重大行政决策六项制度。办理人大代表建议99件、政协委员提案105件，均100%办结。加快“放管服”改革（简政放权、放管结合、优化服务），组织联审联办等创新办件76件，审批项目授权率100%、即办率90.5%，889个事项实现“最多跑一趟”，占总审批事项超8成，精简各类证明材料44项，精简率超4成。效能通报63人次、问责16人，责令8个单位整改。落实中央“八项规定”精神和党风廉政建设主体责任清单，严控“三公”经费支出，行政（参公）单位公务车精减132部。完成审计项目26个，增收节支2120万元。建设工程项目招投标152宗，政府采购69宗，资金节约率均超13%。

【重点项目】

112个县级重点项目完成投资81亿元，5000吨级对台客货码头等40个项目开工，谷文昌干部学院综合教学楼主体建成。恒大滨海休闲旅游综合体等31个项目签约，总投资127亿元，旅拍综合文创园等20个项目投建，科拓等11个项目实现当年投产或运营。

【外贸出口】

外贸出口总值95.8亿元，比上年下降7.7%；实际利用外资4.16亿元。

·平和县·

【经济社会概况】

2017年，全县实现生产总值202.43亿元，比上年增长9.6%；全社会固定资产投资214.31亿元，比上年增长19.3%；财政总收入8.46亿元，比上年增长9.7%，地方级财政收入5.91亿元，比上年增长3.6%；城镇居民人均可支配收入29623元，比上年增长7.5%；农民人均可支配收入16147元，比上年增长8.9%。

工业经济　完成规模以上工业产值175.77亿元，规模以上工业增加值49.19亿元。突出扩区整合，壮大发展平台，积极推进工业园区“一区多园”发展格局，完成扩区升级总体规划和区域环评评审，西蝉大道建成通车，园区承载能力有效提升。戎堃军用后勤保障设备、佑康企业、佳亿纸业二期等开工建设，工业固投完成80亿元；超优陶瓷、领峰食品等建成投产，新增规模工业企业8家。

农业农村　完成农业总产值122亿元，比上年增长5.5%。围绕创建国家级农产品质量安全示范县，扎实推进霞寨核心园、蜜柚土壤改良标准化示范园、智慧＋生态蜜柚等项目建设，推广商品有机肥6666.67公顷、测土配方施肥22666.67公顷、生草覆盖推广21333.33公顷，建成琯溪蜜柚出口基地66个、面积14666.67公顷。成立福建省蜜柚产销联盟，成功举办第十三届平和蜜柚节、第十届白芽奇兰茶王赛，全县“三品一标”（无公害农产品，绿色食品，有机农产品和农产品地理标志）认证使用达35个，位列全省前列。琯溪蜜柚入选2017年中国百强农产品区域公用品牌；白芽奇兰品牌评估价值24.86亿元，位居全国第13位，平和县被定为全国重点产茶县，高峰生态谷茶园被评为全国最美茶园。

第三产业　完成全域旅游示范区、太极峰旅游度假区等一批规划编制，持续推进九龙江高峰生态谷、大芹山旅游综合开发等项目建设，高峰生态谷入选全国优选旅游项目；坂仔镇“七星土楼”、南胜镇“神摇漂流”、九峰镇“印象半径”等乡村旅游迅速崛起，全县旅游接待人数268万人次、比增18%，旅游总收入26亿元、比增22%。实施“互联网＋蜜柚产业”试点项目，初步形成“一网四平台、一园三体系”（一网指中国溪蜜柚产业网，四平台指品控溯源监控平台、O2O便民综合平台、蜜柚营销大数据平台、经销商管理平台；一园指中国·平和蜜柚互联网产业园，三体系指互联网人才培养体系、品牌营销推广体系、新仓储物流体系）。成功申报创建国家级电子商务进农村综合示范县，电子商务交易额完成13亿元，比上年增长15.25%。完成社会消费品零售总额58.2亿元，比上年增长10.5%。金融机构本外币各项存款余额162亿元、比上年增长13.7%，各项贷款余额72.5亿元、比上年增长 11.5%。

城乡建设　践行“生态＋”理念，修编《平和县城乡总体规划（2015—2030）》，实施 82 个宜居环境建设项目，完成高南至溪州白改黑、奇兰路延伸段、天河路以及万商汇、长宏国际城片区配套等道路工程 23.8 公里，新建城乡公共停车位 900 个，建成河滨南路、柚博园、西环路等绿道 16 公里，高标准推进迎宾路改造、江滨公园景观工程建设。采用国际先进超低压纳滤（DF）膜技术，完成自来水厂改扩建工程，同步实施取水口上移、饮用水源及周边环境整治，有效提高出厂水质。推进坂仔林语堂文化小镇、大溪威士忌风情小镇、霞寨蜜柚小镇等建设，霞寨蜜柚小镇入选省级特色小镇创建名单。坂仔镇获第五届“全国文明村镇”荣誉称号。实施埔坪、心田、新陂等 18 个美丽乡村建设，改善农村人居环境。房地产市场保持稳定健康发展态势，完成投资 9.98 亿元，销售面积 21.38 万平方米，分别比上年增长 4%、19%。平寨至西蝉公路拓宽改造、西蝉铁路连接线公路二期和大灵线道路建成通车，五寨至观音亭公路改造、三平风景区至纵四线（文洋村）公路开工建设，云平高速公路建设全面铺开；农村公路拼宽改造工程完成 50 条共 120 公里。小溪、坂仔防洪堤建设和文峰、大溪等 6 个省级水土保持项目竣工，万里生态安全水系工程、九龙江防洪工程漳州段（三期）等项目持续推进。坂仔、霞寨、文峰 3 个 110 千伏变电站开工建设，五寨 35 千伏变电站和秀峰、九曲等 4 个配电站建成投入运营。

社会事业　平和一中教学楼、广兆中学教学综合楼等竣工投用，添置一批实验仪器设备；规范城区学前教育、义务教育招生，平和一中恢复初中办学，育英小学分校独立办学；教育质量持续提升，再获市高中、初中“教育教学质量达标县”称号。推进医疗改革，有效落实分级诊疗制度；加快县疾控中心业务用房、城关社区卫生服务中心等项目建设，建成秀峰卫生院门诊综合楼，完成 209 家村卫生所标准化建设；推进家庭医生签约服务、基本公共卫生服务，医疗质量有力提升。开展计划生育优质服务竞赛，完善利益导向机制，推动计生工作重点由管理向服务转变。加快县文博中心配套、陈列布展工程，县综合档案馆建成投用；持续推进“海丝申遗”，实施南胜窑申遗点的保护修缮、遗产展示、环境整治等工程。加快推进社区居家养老专业化服务工作。

民生保障　全面落实县、乡镇、村三级脱贫攻坚领导责任，层层签订责任书，推进挂钩帮扶工作，实现 39 个贫困村摘帽、5568 个贫困人口脱贫。创新实施精准扶贫“养鸡生蛋”工程，统筹整合各类财政资金 1 亿元，初步形成精准扶贫长效机制。实施 21 个产业扶贫发展项目，完成投资 4.72 亿元，开拓百香果、桑葚等新产业，带动建档立卡贫困人口近 4000 人增收。扎实推进 774 户、2400 人造福工程，建成秀峰乡坪东村易地扶贫搬迁集中安置区。发放扶贫小额贷款 3698 万元，带动 880 户贫困户发展生产。深入开展维稳“六大专项行动”，做好厦门会晤和中共十九大安保，注重初信初访工作，全力化解信访积案，社会保持和谐安定，县公安局被授予“全国优秀公安局”称号。增配 12 部消防车，组建 15 支乡镇专职消防队，构建“大消防”格局。做好新老农保衔接和全民参保工作，城乡居民社保参保 27.18 万人，参保率达 95.44%、续保率 94.71%。城镇居民住房保障逐步提升，226 户中低收入住房困难家庭获得保障性住房。城镇居民人均可支配收入 30036 元，比上年增长 9%；农村居民人均可支配收入 16161 元，比上年增长 9%。

【克拉克瓷—南胜窑址】

克拉克瓷名字的由来已经有 400 多年的历史，南胜窑址是平和县域明清时期生产漳州窑系瓷器的窑址，代表窑址主要分布在平和南胜、五寨两乡镇，已发现的窑址包括南胜花仔楼窑、洞口陂沟窑、田中央窑 6 处，以生产青花瓷、彩绘瓷和

平和县南胜窑遗址公园

平和县南胜镇克拉克之乡夜景

素三彩瓷为主，南胜窑址通常也称平和窑或平和“漳州窑”，2006 年 5 月公布为全国重点文物保护单位，2016 年 5 月，被国家文物局确定为“海丝”申遗。2015 年 12 月开始，依托古窑址融入海上丝绸之路文化，着力打造克拉克瓷文化休闲旅游区。

【第十三届平和蜜柚节】

9 月 27 日，第十三届平和蜜柚节在福建省平和县举行。现场签约项目 17 个，总投资达 34 亿元，现场签订鲜果 18.3 万吨，签订蜜柚订货协议约 32 万吨。

·南靖县·

【经济社会概况】

2017 年，南靖县完成地区生产总值 286.48 亿元，比上年增长 10.6%；固定资产投资 315.5 亿元，比上年增长 28%；一般公共预算总收入 11.7 亿元，比上年增长 3.5%；地方一般公共预算收入 8 亿元；规模工业总产值 411.26 亿元；外贸出口 16.6 亿元；实际利用外资 4.5 亿元；城镇居民人均可支配收入 30430 元，比上年增长 7.9%；农村居民人均可支配收入 15744 元，比上年增长 10%。年度节能减排任务全面完成。三产结构优化为 18.1:48.9:33。

项目建设　坚持把项目作为推动发展的重要抓手，深入开展“项目建设年”活动，进一步夯实发展后劲。开展“项目前期大比拼”活动，完成可研以上项目 127 个。完成“五个一批”项目 789 个，99 个县级以上在建重点项目完成投资 143 亿元。全力推进重点区域、重点项目征迁工作，全年共完成征地 1200 万平方米，拆迁 72.7 万平方米，累计征迁面积为历年之最。盘活闲置用地 128.57 万平方米、闲置厂房 19.5 万平方米，处置批而未供土地 117.57 万平方米，嫁接项目 48 个。加强招商引资工作，通过“一把手”招商、商会招商、委托招商、以商引商等形式，全年累计招引项目 161 个，总投资 222.5 亿元，其中已开工项目 81 个，已投产项目 30 个，履约率 50%。做大与农发行、国开行、九龙江集团等国有企业的融资合作平台，全年融资 12 亿元。全力推进政府存量债务的置换工作，完成存量债务置换 7.78 亿元。

工业经济　坚持把稳住基本盘、培育新增长点、整合提升工业园区作为工业主攻点，着力壮大工业实体经济，工业对经济发展的贡献率达 35.3%，完成规模工业增加值 105.39 亿元，净增规模工业企业 15 家，全市排名第一。工业平台逐步完善，累计投入 2.2 亿元，加大园区基础设施建设力度，高新园完成园区主干道“白改黑”等 15 个设施提升工程，丰田工业大道、西洪路等项目加快推进，山城启动区完成控规编制和主干道征迁；省级经济开发区申报材料已上报至省政府待批。转型升级步伐加快，全年完成工业投资 173 亿元，比上年增长 30.6%；工业技改投资 124.9 亿元，比上年增长 28.7%；新认定高新技术企业 3 家；2 家企业入选省级创新型试点企业。进一步加大精密机械产业招商和扶持力度，出台精密机械产业发展十条措施，挂牌成立闽台精密机械产业园管委会，全县 41 家规模以上精密机械企业产值达 110 亿元。企业帮扶力度加大，全面落实各项惠企政策，共拨付涉企奖励、扶持资金 7025 万元；为 28 家工业企业补办 68 宗不动产权属登记证书；为 20 家工贸企业办理应急周转金 3.9 亿元。

现代农业　在稳定粮食生产的基础上，积极发展现代农业，全年完成农业总产值 94 亿元，比上年增长 5.5%。投入 1.7 亿元，完成一批农田、水利项目建设，农业基础设施不断完善。投入 3000 万元，建成农业标准化生产示范基地 110 个。新引进农业企业 35 家，新增县级以上农业龙头企业 12 家。实施高标准基本农田建设 903.08 万平方米，补充耕地 207.07 万平方米；基本完成农村土地承包经营权确权登记颁证工作，流转土地 5733.33 万平方米，流转率达 37.7%；加大茶叶、香蕉、兰花等传统产业扶持力度，完成兰花交易展示中心建设，兰谷小镇创建规划通过专家评审，茶叶、香蕉、兰花等产业年产值分别达16亿元、10亿元、15亿元。

第三产业　大力推进“全域旅游、全面发展”战略，完成第三产业增加值91.4亿元，比上年增长18.3%。持续开展土楼景区专项整治和旅游服务质量提升行动，土楼AAAAA级景区通过国家复核验收；在漳州市率先成立旅游警察大队，设立南靖土楼院士专家工作站，出台规范民宿管理办法，景区服务管理水平进一步提升。春节期间，央视《新闻联播》《万家灯火》等多个栏目直播土楼居民过大年，展示土楼特色民俗活动，社会反响热烈；《航拍中国》《记住乡愁》等央视栏目、海外华文媒体和厦门金砖会晤采访团相继来南靖采风；全国百强旅行社、旅游业界专家陆续到景区考察交流，土楼景区入选2017年全国AAAAA级景区网络口碑十强，景区对外形象进一步提升。开展旅游主题特色文化系列活动，评选出“十佳”旅游伴手礼，4家企业产品入选全省“百佳旅游商品”；南靖土楼荣获中国最佳乡村旅游项目奖，梅林镇入选全省十佳旅游休闲集镇，书洋镇被列为省乡村旅游创客示范基地，景区吸引力进一步提升。全力打造电商生态圈，全县电子商务交易额8.6亿元，入选全国农产品电商销售50强县。房地产市场平稳健康发展，商品房销售面积比上年增长22.8%。全年新增限上贸易企业33家，完成社会消费品零售总额46亿元，比上年增长13.3%，城乡商贸日益繁荣。

城乡环境　深入开展城乡环境综合整治，城乡环境面貌进一步提升。累计投入2亿元，实施17个城建项目，基本完成4条县城主干道“白改黑”，城南片区改造、育新南路、中山北市场等基础设施建设加快推进；荆江生态园、湖心岛音乐喷泉等一批生态景观工程建成投用；环城路绿化、县城公园夜景改造等一批景观提升工程完成建设。全面开展“美丽南靖·文明先行”十项创建及省级文明县城创建活动，认真落实“门前三包”责任制，县城形象和管理水平日益提升，荣获“2017年中国最美丽县城”称号。山梅公路、葛山高速连接线“白加黑”工程建成投用；省道联十四线南靖段、县道马山线、梅书线等重大道路改建工程开工建设，靖城新区金峰大桥、南江滨路等建设项目加快推进。建成农村公路100公里，改造危桥7座。完成县城公交客运站主体工程建设，开通县城至金山的公交线路。投入1.3亿元，建成供水、雨水、污水、燃气等各类管网54公里；电力建设完成投资3.8亿元，比上年增长5.6%，基础设施日趋完善。实施15个美丽乡村建设。完成全县农村污水专项规划，全面启动污水、垃圾两个PPP合作项目，实施全县农村污水处理设施和污水管网建设，实现所有行政村生活垃圾治理全覆盖。深入开展“两违”综合治理专项行动，拆除“两违”面积68.3万平方米。传统村落保护发展经验做法得到住建部肯定，首届传统村落保护发展国际大会筹备工作启动仪式在我县召开，11个村入围第五批中国传统村落评审名单，船场坑头村等4个村入选福建省第二批传统村落。书洋镇被列入第二批全国特色小镇，并入选中国美丽休闲乡村。塔下村荣获“全国美丽宜居示范村庄”，田螺坑村入选2017年名村影响力300佳，溪边村获评全国文明村。

生态建设　积极践行“生态+”理念，荣获“全国森林康养基地建设试点县”称号。全年完成造林绿化2266.67万平方米，治理水土流失面积1933.33万平方米，森林覆盖率提升至73.16%；完成新富林场改革和生态环境损害赔偿工作试点。全面推行河长制，深入开展重点流域水环境综合整治，认真整改中央、省环保督察反馈问题。完成131家规模养殖场标准化改造任务，被农业部纳入2018年畜禽粪污资源化利用整县推进储备项目名单；和溪斗米溪等9条小流域水质持续提升，九龙江西溪（南靖段）流域Ⅲ类水标准达标率为98.3%。查处企业违法排污行为103起，淘汰黄标车390辆，改造企业燃煤小锅炉25台。县环境监察大队荣获“全国环境执法大练兵先进集体”称号。

民生事业　坚持以人民为中心的理念，预计全年财政用于民生支出19.2亿元，22项为民办实事项目得到有效落实。累计投入9900万元，推进脱贫攻坚工作，实现1892个贫困人口脱贫、22个贫困村摘帽，提前完成脱贫目标。实施贫困村旧村复垦212亩，增加村财收入7000多万元。全力推进安居工程，落实造福工程扶贫搬迁1639人。开展金融扶贫，建立南靖资金整合平台，为928户贫困户提供信贷资金2470万元。实行医疗保险救助、教育培训扶智、社会保险兜底等工程，保障贫困群众基本需求。全年新增城镇就业人员3300人，城镇登记失业率控制在3%以内。发放企业稳岗补贴、社保补贴、被征地农民养老保障金等各项资金2674.7万元。农村低保标准从每人每年3100元提高到4050元。配租保障房1241套。发放移民资金753.1万元。动工建设县残疾人康复中心，完成山城镇日间照料服务中心和江滨社区居家养老服务站建设，社会保障体系日益完善。

社会事业　继续落实教育“五大工程”（学校运动场塑化工程、教师待遇提高工程、教育技术装备提升工程、师生食宿条件改善工程、学校安保工作升级工程），投入1.8亿元，加快推进8个重点教育项目建设，第三实验幼儿园、金山河墘幼儿园建成投用；各类教育协调发展，连续10年荣获漳州市教育质量先进县表彰，漳州市基础教育内涵建设质量提升现场会在南靖召开。土楼青少年社会实践活动中心入选全国中小学生研学实践教育营地。投入4200万元，完善医疗卫生基础设施建设。完成县中医院搬迁，110家村卫生所实现标准化建设和乡村一体化管理，县级公立医院改革和基层综合医改深入推进，基本公共卫生服务更加均等。成功举办"海丝·东溪窑国际学术研讨会"；新增东溪窑遗址、靖城文昌塔等8个省级文物保护单位；新公布11处县级文物保护单位和6个县级非物质文化遗产项目。档案馆建成投用，东溪窑博物馆建设加快推进。兰谷众创空间挂牌运营；新增研发投入大于500万元以上的企业30家，三德利入选省知识产权优势企业，3家企业被列入省科技小巨人领军企业培育名单；全年专利申请436件，获得专利授权176件。

社会管理　深入开展"六大专项行动"，严厉打击和防范各类违法犯罪活动，完成厦门金砖会晤和中共十九大安保任务，社会保持安定稳定。认真做好矛盾纠纷排查化解，扎实推进"七五"普法、法律援助和社区矫正工作。严格落实安全生产责任制，认真开展安全生产大排查大整治百日行动，全面做好国务院、省政府安委会安全生产巡查问题整改，全县安全生产形势总体平稳。开展食品药品社会共治体系建设。建立"12345"便民服务平台，设立信访法律之窗，全县信访态势总体平稳向好。民族宗教工作平稳健康发展。军政军民团结巩固发展，荣获省级"双拥模范县"称号。

【举办海丝·东溪窑国际学术研讨会】

3月18—19日，海丝·东溪窑学术研讨会在南靖开幕。这是南靖县举办的第一场国际性学术研讨会。来自国外的专家学者共100多人参加本次研讨会。南靖东溪窑有着悠久的历史，是明清时期东南沿海著名的外销瓷产地。它见证南靖大陆文化与海洋文化相互融合的发展历史，留下了大量弥足珍贵的文化遗产，也为南靖与海丝沿路国家的文化交流合作创造很好的平台。2016年7月，南靖东溪窑遗址被国家文物局列为"海上丝绸之路·中国史迹"首批申遗遗产点。

·长泰县·

【经济社会概况】

2017年，长泰县实现地区生产总值241.50亿元，比上年增长10.8%；固定资产投资270.16亿元，比上年增长17.6%；社会消费品零售总额35亿元，比上年增长14.4%；限额以上消费品零售额18.9亿元，比上年增长21.8%；出口总额61.6亿元，比上年增长4.9%；实际到资8.558亿元，比上年增长6%；一般公共预算总收入20.1亿元，比上年增长9.4%；地方一般公共预算总收入12.7亿元，比上年增长9.2%；城镇居民人均可支配收入34638元，比上年增长9.6%；农村居民人均可支配收入17701元，比上年增长9.7%，长泰．获评国家卫生县城、全省"四好农村路"示范县，连续11年获评"福建省县域经济发展十佳县"称号。

产业经济　三次产业比例为6.9∶61.2∶31.9，规模工业产值573.13亿元，规模工业增加值140.45亿元。文体用品、光电照明、造纸包装、新型建材等四大主导产业产值273亿元，占规模工业产值的48%。培育省级高成长型企业12家、省级科技型企业18家、省级智能制造示范企业2家，产值超10亿元企业扩大到7家。完成技改投资70.5亿元，成功创建清华大学研究生社会实践基地。立达信获评国家级工业设计中心，立达信集团、宏发电声、大通互惠代表漳州市接受全省工作检查。农林牧渔业总产值25.55亿元。建设高标准农田243.33公顷，完成补充耕地42公顷，新增设施大棚49.67公顷，划定永久基本农田12466.67公顷，推广测土配方施肥12000公顷次、

长泰大通互惠工人正在调试机械手　　（王文强　摄）

珪后民俗——三公下水操

绿色防控技术2200公顷，建立13个标准化栽培示范点，新认证2个“三品一标”，合缘茶道荣获福建省名牌产品，新泰种植获评省级家庭农场示范场，大湖山蜜柚、福源绿化苗木专业合作社获评省级农民专业合作社示范社，鸿森蛋鸡建成全省最大设施化畜禽养殖基地，诚毅生态农业青茶、红心火龙果获第十八届中国绿色博览会金奖，获评国家农业可持续发展试验示范区。第三产业增加值78.1亿元，比上年增长17%。全年接待游客237.27万人次，游客接待量比上年增长25.7%，旅游总收入为24.15亿元，比上年增长28.3%。举办全国登山精英赛、芦柑节、红酒节、玉米节等旅游节庆活动，马洋溪生态旅游区获评省级现代服务业集聚示范区，十里蓝山景区获评省级旅游示范基地，漂流龙凤谷小黄山列入中国体育旅游精品项目。成立电商协会，电商交易额6.5亿元，比上年增长18%，林墩乐动谷小镇入选全国首批运动休闲特色小镇试点。

项目成效 开展“三抓三比、十项竞赛”，推行“一把手”招商、以商引商、产业招商、特色小镇招商，全年新签约项目64个、总投资183亿元，其中宝龙集团总投资50亿元、立达信科技小镇总投资30亿元、松霖智能家居总投资20亿元。新增“五个一批”项目124个、总投资399.26亿元，160个县级重点项目顺利推挤，完成投资237亿元，新开工金日食品、鑫立特蚊香等30个项目，新投产鸿星尔克电子商务工业园、客贝利休闲用品等30个项目。枋洋水利枢纽工程移民安置取得突破性进展。开展“追问题、解难题、促发展”活动，解决59个企业难题，使用工贸企业应急周转金2155万元，兑现各类扶持资金3220万元，政银企对接会签约56亿元，落实企业减税降费3.5亿元。

生态文明 实施44个“七个五”生态项目，完成投资28.5亿元。对6大污染源、10个重点领域实施重点监管，在坂里乡试行生态环境损害赔偿制度，实行排污权有偿交易，核发排污许可证101件，淘汰黄标车191辆，全年空气质量优良率98.8%。全面推行“河长制”，完成全民综合治水3年行动（2015—2017年），拆除猪舍100.6万平方米，全县饮用水源水质达标率100%，四大主要流域水质基本稳定在地表水Ⅲ类标准。乡镇污水管网、农村污水处理设施采用PPP模式建设，经验做法得到全省推广。吴田山矿区、南坑矿区如期关闭，启动全面治理，全年植树造林1633.33公顷、森林抚育1453.33公顷、封山育林666.67公顷、治理水土流失1633.33公顷，完成马洋溪、湖珠溪生态水系项目建设，珪后村“生态＋民生”创建经验在中联部作经验介绍。

城乡建设 联五线、京坂大桥及连接线等路桥工程建成通车，新开通县城至枋洋、林墩、台湾工业园、岩溪工业集中区4条公交路线。改造工业园区污水管网29.7公里，完成11条4.8公里县城区管网及道路改造，启动建设城西公园，龙津园二期、国泰路人行天桥便民设施建成投用，新增公共停车位270个。打造18个美丽乡村示范点，拆旧6.2万平方米，绿化4.9万平方米，立面改造2.1万平方米，道路硬化3.6公里。“垃圾不落地”做法得到全省推广，获评全国第一批农村生活垃圾分类和资源化利用示范县、省级首批农村垃圾减量化资源化试点。珪后村入选中国传统古村落，林溪村入选福建历史文化名村，古农村、上蔡村入选省乡村旅游休闲度假村，赤岭村、林溪村、后坊村、石室村入选省级传统村落。

民生保障 县财政民生支出18.9亿元，占公共财政支出的80.3%。开展千名干部“精准扶贫、结对帮扶”活动，对2016年退出的贫困人口，持续开展县镇村三级结对帮扶，建设3个造福工程集中安置区，造福工程易地扶贫搬迁290户1080人，农村危房改造竣工306户，配租配售保障性住房1082套。城镇职工医保、城镇居民医保、新农合实现“三保合一”。农村低保补助标准从254元提高到310元，城市低保补助标准从350元提高到420元。建设岩溪中心小学教学综合楼、欧山村幼儿园等15个教育项目，一中新校区、陈巷文教新区建成投用，新增中小学、幼儿园学位8000个。完成10家示范公办村卫生所标准化建设，获评全国计划生育优质服务先进单位。文博馆（文庙）三期建成投用，完成7个乡镇综合文化站、15个村级综合文化服务中心标准化建设，气排球男子中年组、青年组连续3年获得“超级杯全国气排球联赛”冠军。

【枋洋水利枢纽工程成效显著】

枋洋水利枢纽工程是全国172项节水供水重大水利项目之一，工程永久占地470.67公顷，需迁移人口289户、1406人，工程概算总投资约23.02亿元，2013年开工建设。2017年移民搬迁工作取得突破性进展，8月16日，溪口大坝试通水；10月1日，上洋库区移民进行第一批选房；11月16日，289户移民全部签订搬迁安置补偿协议；12月8日，已有273户移民完成选房，选房安置率94.46%。

【长泰一中新校区正式投用】

长泰一中新校区于2014年开工建设，2017年秋季正式投用。该校区占地面积10.39公顷，总投资4.06亿元，建有教学楼、实验综合楼、图书馆、艺术馆、体育馆等配套设施，总建筑面积近13万平方米，可容纳72个班级、3600多个学生。其中，图书馆现藏书86687册，采用微机化管理，被评为“福建省中小学示范图书馆”。

·华安县·

【经济社会概况】

2017年，华安县完成地区生产总值131.48亿元，比上年增长7.9%；一般公共预算总收入7.21亿元，比上年增长15.7%，地方一般公共预算收入4.6亿元，比上年增长5.1%；规模工业总产值191.88亿元，规模工业增加值52.99亿元，固定资产投资125.7亿元，比上年增长25.1%；外贸出口1.4亿元，比上年增长15.8%；实际利用外资6682万元，社会消费品零售总额29.55亿元，比上年增长13.1%；城镇居民人均可支配收入31333元，农民人均可支配收入16366万元，向上争取资金10.9亿元，其中新增债券资金3.6亿元。城镇登记失业率2%；人口自然增长率9.6‰。年度节能减排降碳任务预计可以完成。

重点工作实现新突破　抓招商比项目投资，组织外出招商110场次，新引进马文化旅游小镇、汽车文化小镇等56个项目、总投资151.8亿元；际诺思、日上锻造等15个项目开工建设，总投资22.7亿元；新增“五个一批”项目83个，总投资253亿元。抓生态比城乡环境，120个宜居环境项目完成投资18亿元。全面推行河长制，禁养区内生猪养殖场全部关闭拆除，丰山镇实现全域禁养，全县共削减生猪存栏39万头；九龙江（华安段）水质保持Ⅲ类水以上，竹溪、下樟溪、银塘排洪渠消除劣Ⅴ类水质。抓作风比营商环境，全面推行重大投资项目模拟审批、并联审批，全年受理项目78件，即办率90.6%，窗口延时服务1450件次。开展十项竞赛，全县62个市级竞赛项目，完成投资111.7亿元，占年度计划投资的148%。其中，比项目投资和创新转型竞赛位居全市前列。

产业发展呈现新态势　工业运行稳中向好，全年工业投资70.6亿

长泰一中新校区　（连俊清 摄）

元、工业税收3.5亿元，完成技改投资41.3亿元，预计新增产值亿元以上企业4家，总数达71家。开发区税收突破3亿元，盘活闲置土地68.73公顷、对接企业15家；新入驻企业33家，新开工企业17家，新投产企业11家。投入5000万元，完成南北大道等3条道路绿化提升；采用PPP模式，启动龙兰大道延伸线等6条总投资5.2亿元的道路前期工作。农业基础更加稳固，全县茶叶总产量1.5万吨，创产值16亿元；新建标准化生态茶园1333.33公顷；组织参加第四届海峡（漳州）茶会茶王赛，荣获茶王2个、金奖3个。实施坪山柚产业复兴5年计划，新增柠檬、茂谷柑、百香果面积613.33公顷。完成造林绿化1366.67公顷，森林抚育、封山育林1780公顷，全县森林覆盖率提高到72.72%，成为全市唯一碳汇资源开发试点县。完成农村土地承包经营权确权登记。第三产业蓬勃发展，收回华安土楼景区经营权，景区运营平稳交接。举办土楼新年音乐会、山地马拉松、村跑、山地自行车赛等活动，带动乡村旅游发展，预计全年接待游客181万人次，实现旅游收入12.7亿元。投入2000万元，设立乡村旅游示范村专项补助资金，收租五凤楼50栋。农村淘宝订单达25万单、成交金额2500万元。全年销售商品房7.7万平方米，销售金额3亿元。

城乡建设展现新面貌 旧城改造有序推进，县城中心区拆除危旧房17万平方米，首期6.71公顷土地成功出让，城区新农贸市场动工建设。投入5000多万元，实施一江两岸夜景、土楼3D裸眼投影秀、县城中心区立面改造。鹰厦铁路华安段外移工程可研报告通过中国铁路总公司初审。城乡环境持续优化，28个总投资7.2亿元的江东湖库项目顺利推进。创建农村“双百”行动行政村21个、美丽乡村17个，省级园林县城通过考核验收。完成罗溪村、沙建村等50个村污水垃圾治理，新建乡镇垃圾中转站2座、污水处理厂2座、公厕7座。新铺设市政道路8公里、雨污管道20公里，改造供水管网10公里，新增停车位300个、绿地4.5万平方米，拆除“两违”56.3万平方米。基础设施日臻完善，建设20公里安全生态水系，新建银塘溪、芹寨坂排洪渠3.9公里，综合治理水土流失500公顷；完成4座水库除险加固。基本完成金上线上雪新村、黄竹垵段灾害点治理，建成农村公路30公里、公路安保工程100公里；改造危病桥、水毁桥6座。后坑至城南隧道贯通，平湖路“白改黑”、龙浦大桥、芹新公路等项目将于近期完成；绕城公路二期基本完工，上坪至大地土楼公路近期可开工建设，湖林至仙都、高安至龙山等项目前期工作加快推进。

民生事业取得新进步 全年民生事业支出13.1亿元，占公共财政总支出的80%；实施为民办实事项目30个，完成投资8.2亿元。成立扶贫协会，全县96户333人、19个贫困村全部脱贫摘帽；完成地质灾害点和造福工程易地扶贫搬迁481户1841人。新建校舍工程7个，吉翔希望小学等9座综合楼竣工投用。建成标准化公办村卫生所50所、标准化预防接种门诊4所。建成保障性住房572套，配租到户421套。第三次全国农业普查通过验收，农村低保标准提高到每人每年4050元，城镇低保标准提高到每人每月580元，全年发放补助金638万元，1757人受益。组织参加全国和省青少年举重锦标赛、十三届市运会，获得金牌17枚、银牌15枚、铜牌18枚。新增城镇就业2400人，转移农村劳动力3800人。“平安华安”建设持续深化，信访维稳扎实开展，没有发生重大安全生产事故，社会保持安定稳定，全省少数民族特色村寨现场会在官畲村召开。工会、青少年、妇女儿童、广播电视、新闻出版、文明创建、外事侨务、防灾减灾、库区移民、社会科学、社会慈善、支前双拥、红十字会、残疾人、地方志、气象、科普、人防、物价等工作取得新进步。

政府效能得到新提高 全年“三公”经费下降5%，公务用车改革有效推进。办理人大代表建议90件，政协委员提案82件，办结率100%。行政服务中心受理业务8万次，当日办结率90.6%，审批时间压缩率88.2%。开展专项效能督查36次，效能问责10人。政府与政协、法院、工会互动机制不断完善；行政监察、审计监督工作力度持续加大，廉政建设和反腐败工作扎实推进。

“县（市、区）概况”类撰稿人：
吴水林　杨沛哲　李剑卿
罗春兰　柯书荣　郑雪慧
供稿单位：
龙海市方志委
漳浦县方志委
云霄县方志委
诏安县方志委
南靖县方志委

人物

·逝世人物·

蔡新生

蔡新生，1930 年 11 月出生于福建省漳州市长泰县枋洋乡，1947 年 10 月参加革命工作，1949 年 8 月加入中国共产党。1947 年 10 月至 1949 年 2 月在新加坡参加侨党地下工作，1949 年 2 月至 1949 年 10 月在闽南靖和浦游击独立大队任政治助理员，1949 年 10 月至 1951 年 5 月任漳浦县委秘书，1951 年 5 月至 1952 年 10 月任漳浦县委第一区委书记，1952 年 10 月至 1957 年 11 月任福建省侨委宣教科长，1957 年 11 月至 1964 年 2 月任漳浦县委宣传部部长，1964 年 2 月至 1968 年 10 月任漳浦县委副书记，1968 年 10 月至 1973 年 9 月任云霄县委常委，1973 年 9 月至 1975 年 10 月任龙溪地区教育局局长，1975 年 10 月至 1978 年 10 月任龙溪地委党校副书记、副校长，1978 年 10 月至 1983 年 9 月任龙溪地区科委副主任、地区科协主席（其间任中共龙溪地委处理地下党遗留问题领导小组组长），1983 年 9 月至 1985 年 9 月任龙溪地委统战部副部长，1985 年 9 月至 1991 年 12 月任漳州市政协副主席、市委统战部部长。1991 年 12 月离休。2017 年 8 月 9 日因病医治无效逝世，享年 88 岁。

蔡新生参加革命工作以来，经历新加坡地下工作、解放战争、社会主义革命建设时期和改革开放年代，在漳州工作期间，为社会主义建设事业努力工作。在具体工作中，他积极肯干、认真负责、谨慎细致，有魄力、有成绩，对每一项工作都能掌握政策，指导方向明确，他作风民主，团结党内外同志，密切干群关系，生活上朴素节俭，为政清廉，对党的事业忠心耿耿，矢志不移。

·新闻人物·

陈志伟

陈志伟，男，1971 年 11 月出生，籍贯漳州，从 2013 年起任兴业银行漳州分行党委书记、行长。他认真贯彻落实中共十八大、十九大精神，带领全行员工共同努力，不断促进分行业务发展。他深入解读兴业银行经营管理政策，把握经济发展规律，结合漳州当地实际情况进行业务推动和工作指导。加强金融支持，服务实体经济，2017 年，漳州分行重点支持的企业——傲农生物、太龙照明成功登陆 A 股市场，成为漳州地区前两家在 A 股上市的民营企业。专注绿色金融，创新融资渠道，按照“转型创新、政银企共赢、服务社会”的思路，积极、高效服务当地绿色金融项目，涉及污水治理、自来水改扩建、园林绿化、绿色照明、有机农业、资源循环利用、余热发电、废物利用等行业领域，为将漳州建设成“田园都市、生态之城”做出积极的努力。做好各类金融服务工作，不断加快零售转型，不断加大支付平台及消费场景建设力度，实施普惠金融，积极推进漳州市社会保障卡项目等民生工程建设，不断提升服务品质和服务水平。在陈志伟的领导下，漳州分行有效克服近几年来宏观经济面不振、实体经济下滑、同业竞争激烈等种种不利因素，各项业务实现了逆势增长。至 2017 年末，漳州分行本外币各项存款余额 316.69 亿元，各项贷款余额 255.24 亿元，分别比 2012 年底增加 155.5 亿元和 132.65 亿元，增长 96.47% 和 108.21%。特别是零售业务，更是实现了大幅增长。个人存款余额 91.22 亿元，个人贷款余额 147.56 亿元，分别比 2012 年底增长 115% 和 283%，零售核心客户从 2012 年底的 6.66 万户，增加到 2017 年末的 14.98 万户，增长 125%。短短 5 年时间，实现零售负债规模和核心客户数翻番，个人贷款增长两倍，大幅增长的零售业务为分行的可持续性发展奠定了坚实基础。自2013年以来，共实现考核利润46.47亿元，平均年创利润9.29亿元。2012年至2017年，兴业银行漳州分行屡获殊荣，连续多年荣获兴业银行同类区行年度综合考评第一名，还被评为“兴业银行先进职工小家”“福建省青年突击队”“漳州市文明单位”“市直平安单位”“漳州市金融五四红旗团委”等。

陈志伟积极履行社会责任，带领全体员工共同投身公益事业，树立兴业银行良好的品牌形象。通过每月爱心角、贫困助学计划、“双百”绿化工程认捐绿树、向漳州市民政福利院捐献爱心款、慰问百户贫困家庭等公益活动，扩大兴业公益活动影响力，提升分行社会形象。组建分行义工团队，开展困难救助、行外助学等形式多样的送温暖、献爱心活动。自2013年至2017年，漳州分行累计向有关慈善机构与个人捐助了261万元，约捐助了550户贫困家庭。

陈志伟本人在2013-2016年度连续四个年度荣获“兴业银行优秀管理干部”称号，并于2016年被漳州市总工会授予漳州市“五一劳动奖章”，于2017年被福建省总工会授予福建省“五一劳动奖章”。

陈晋辉

陈晋辉，漳州龙海人，1967年生，中共党员，工商管理硕士，高级经济师，现任福建龙溪轴承（集团）股份有限公司总经理。1984年9月至1988年7月，南京航空航天大学机械工程系学习；1988年9月至1991年5月，江苏省自行车公司职工中专教师；1991年6月至1997年12月，历任福建省龙溪轴承厂经营管理部销售员、主任助理、副主任、办公室主任、经营管理部党支部书记；1998年1月至2001年4月，任福建龙溪轴承股份有限公司市场开发部部长兼党支部书记；2001年4月至2002年1月，任福建龙溪轴承股份有限公司总经理助理兼市场开发部部长；2002年1至2003年3月，任福建龙溪轴承股份有限公司副总经济师；2003年4月至2007年4月，任福建龙溪轴承（集团）股份有限公司总经济师；2007年4月至2010年4月，任福建龙溪轴承（集团）股份有限公司副总经理兼财务负责人；2010年5月至2010年11月，任福建龙溪轴承（集团）股份有限公司董事、副总经理、财务负责人；2010年11月至2014年3月，任福建龙溪轴承（集团）股份有限公司董事、常务副总经理、财务负责人；2014年3月至今，任福建龙溪轴承（集团）股份有限公司董事、总经理。

陈晋辉着力实施战略经营，大力推进各项创新，为公司保持产品产销量全球第一、综合经济效益指数名列全国轴承行业前三名及年资产保值增值率达203.5%做出突出贡献。他创新营销策略，开拓跨国公司全球市场并成立龙轴美国公司，加速全球化进程，实现出口逆势增长；组织实施“四基工程”，推广“绿色设计”与“智能制造”；主持建立健全内控体系，建设成果在中国证券会网站推广；主持品牌建设，获福建省唯一的全国工业品牌培育示范企业；多次被邀请在全国、全省讲授品牌培育、内控体系和廉洁风险防控经验。

他作为一名龙轴人，不仅政治素养高、民主意识强、勤勉尽职、廉洁奉公，而且善于学习、勤于思考、敏于行动、勇于创新，为龙轴可持续发展、为福建省乃至全国机械行业的健康发展做出重要贡献。先后荣获漳州市劳动模范、漳州市第一批优秀人才、漳州市十大杰出青年企业家、中国轴承行业优秀企业家、全国机械工业优秀质量管理者银杯奖、中国轴承行业企业管理进步成果一等奖1项及二等奖3项，更在2016年获得第十六届福建省优秀企业家，以及福建省第二批特支人才“双百计划”之企业高级经营管理人才。

魏代余

魏代余，男，汉族，安徽无为人，1970年8月出生，中共党员，西安空军电讯工程学院有线电通信工程专业毕业，大学本科学历，1989年3月参加工作，现任漳州市科协普及工作部主任科员。

魏代余先后在办公室担负宣传信息工作、普及部担负青少年科技教育工作，他坚决服从组织工作安排，主动学习适应，认真学习中共十九大会议精神和上级文件、法规政策，学习党报和青少年科技刊物，学习中注重联系工作生活实际进行思考，不断提高胜任本职工作的能力和内在素质。按照省、市科协有关工作部署要求，他认真制定岗位工作计划措施，积极抓好工作落实，认真完成青少年科普工作。重视加强市青少年科技教师队伍建设重点，加强培训送训工作，紧紧利用和抓好青少年科技创新大赛、机器人竞赛、五项学科奥赛、科学素养竞赛等青少年科教活动载体和平台，积极组织开展本市青壮年科教竞赛活动，特别是青少年机器人竞赛活动，由于他的组织宣传有力，使此项赛事在全市不断兴起，云霄一中还取得第十四届全国青少年机器人竞赛综合技能高中组比赛冠军。他重视发挥青少年科学工作室科技基地校创建等作用，加强青少年科技教育的基础设施建设，搞好日常指导、管理工作，积极组织开展青少年科技影像节活动、科普进校园、科学调查体验、科学素养网络竞赛等活动，全市青壮年科技教育工作成效明显。魏代余因工作表现出色，多次受到省、市相关部门领导的肯定，自2011年以来，先后1次被科技系统评为优秀共产党员，2次被单位评为优秀公务员。2013年至2015年连续3年被评为福建省青少年科学素养网络竞赛先进工作者。2017年4月被人力资源和社会保障部、中国科学技术协会评为全国优秀科技工作者。

王科军

王科军，男，汉族，福建龙海人，1978年12月出生，中共党员，福建农林大学农学专业毕业。2001年8月参加工作，现任漳州市科协办公室主任，兼任漳州市企业科协联合会秘书长。

王科军注重业务学习，精读业务辅导资料，悉心领会工作中的每个细节，虚心向领导同事请教，从平时的办文、办事中熟悉、领悟和思考办公室工作，逐步加深对业务的理解。工作之余，兼修法律、文史哲、计算机等，全方位完善知识结构，增强履职能力。撰写多篇调查报告被中国科协《科协论坛》《科普动态》等刊物采用，为领导决策提供服务。他从创新工作入手，承担着创新驱动助力工程，联合市委组织部、市发改委、经信委等部门创建“企业创新服务中心”“漳州科助网”，推动创新驱动助力工程的深入实施，实现了对接效率的极大化，对接成本的极小化。针对全市相关企业技术项目需求，多次组织家企业赴高校、科研机构等邀请院士30多人次，专家100多人次来漳，开展食品加工对接会、林下经济产业对接会、海洋产业科技对接座谈会、新能源汽车产业对接会、辐照技术应用推介会等多样化的对接活动，为企业发展提供战略咨询、解决技术难题、开展项目成果对接，促成院士专家与企业达成合作意向近百项。同时，实施科技服务项目，免费为65家企业安装专利数据检索系统，还有100多家企业等待安装。从服务工作入手，建立学会分组联系挂钩制度，不断加强学会管理与服务，着力为科技工作者搭建学习交流、展现成果的平台。每年的“学术年会”均有30个多分会场、3000多科技工作者参与交流；两年一届的“漳州青年科技奖”“漳州市自然科学优秀学术论文”等，为科技工作者提供了展现科研成果的平台，也为发现人才、举荐人才、使用人才畅通渠道。

王科军从事科协工作近十年，始终保持热爱科协工作，忠于科协事业，勇于担当，创新工作，在各个岗位上发挥先进模范作用，2011年被福建省科协评为“2010年全省科协系统信息工作先进工作者”；2011年被漳州市直机关党工委评为“2008-2011年度优秀党务工作者”；2012年被漳州市公务员局、市科协评为“2008-2012年度漳州市科协系统先进工作者”；2014年被漳州市科技局党委评为优秀党务工作者。2017年4月被人力资源和社会保障部、中国科学技术协会评为全国优秀科技工作者。

王小平

王小平，男，汉族，江西瑞昌人，1973年6月出生，中共党员，中药学博士，教授。现任漳州卫生职业学院药学系副主任，省级百千万工程人才，首批全国中药特色技术传承人才，漳州市2015年高层次引进人才，2017年福建省高等学校新世纪优秀人才支持计划人选，中华中医药学会中药制剂分会委员、中药制剂分析分会委员、福建省中医药学会炮制分会常务理事、漳州市中医药学会副会长、全国职业技能大赛中药传统技能赛项专家组成员、国家中药药剂员职业技能标准专家组成员。长期承担中药药剂学、中药炮制学、生物药剂学等课程专业教学与科学研究工作。先后主持3项相关省级及5项市厅级科研课题，作为主要研究人员参与国家自然科学基金课题1项、省级自然科学基金课题4项及市厅级以上课题6项；主持省级教改课题2项，参加省级以上教改课题4项；获省级教学成果奖2项，市厅级以上科技成果奖3项；国家发明专利6项，实用新型专利4项；先后主编（著）教材1部，副主编3部，参编4部；在国家级专业期刊发表论文69篇。

林美珍

林美珍，女，汉族，福建漳州人，1965年8月出生，中共党员，福建师范大学，生物专业，教育硕士，教授。现任漳州卫生职业学院药学系教师，中药生产与加工专业骨干教师，国家职业技能鉴定“中药调剂员”高级考评员，全国高职高专院校药学类专业建设指导委员会委员，福建省细胞生物学学会常务理事，福建省药学会中药和天然药物委员会委员，漳州市第五批科技特派员。

1985年参加工作至今，承担药用植物学、天然药物学、民间草药、医学生物学等课程，主编高职高专教材4部，药用植物学获省级精品课程，2017年8月获“福建省优秀教师”荣誉称号，参加主持国家级、省厅级、市级科研课题多项，以第一作者发表学术论文40多篇。2项成果获国家发明专利，科研成果荣获漳州市科技进步二等奖、三等奖各1项，多篇学术论文荣获国家级、省级、市级学会的奖项，其中《高职教师反思性教学的现状调查与对策研究》获全国第五届“人卫社杯”卫生职业教育教学改革优秀论文二等奖，《医药高职生学习能力的现状调查与药用植物学的教学对策》获福建省高等职业教育研究会优秀论文二等奖，一项教学成果获福建省教学成果二等奖。

陈伟琳

陈伟琳，男，漳浦湖西人，1980年11月出生，中共党员，临床执业医师。自1998年漳州卫校毕业后一直扎根农村工作，始终牢固树立全心全意为人民服务思想，坚定“为村民解除病痛，服务全村村民”的理念，忠于职守，踏实工作，先后考取临床执业助理医师、临床执业医师，通过全科医师岗位培训，成为漳浦县为数不多的具有临床执业医师、全科医师资格，但仍在乡村工作的农村医生。他承担起村级卫生所的公共卫生服务工作，做好居民健康档案管理，配合卫生院做好慢性病、重性精神病的管理和随访工作，做好老年人的健康体检，使公共卫生服务这项民心工程深入人心。同时，积极参与无偿献血，近年来，累计献血总量101600毫升，成为漳浦献血第一人，2007年荣获漳州市无偿献血先进个人，2006—2011年连续6年3次荣获全国无偿献血奉献奖金奖，2008—2009年荣获全省无偿献血个人促进奖，2012年3月荣获首届漳州市优秀志愿者荣誉称号，2012年12月被人社部、卫生部、国家中医药管理局授予“全国卫生系统先进工作者”荣誉称号，成为全省唯一获此殊荣的乡村医生。2014年2月，荣获“感动漳浦”十大道德模范提名奖。

·先进集体与个人·

先进集体

【2017年先进集体名单】

2017年获得省部级以上表彰先进集体情况表

表

获奖单位	奖励名称	颁发单位
漳州市信访局	全国信访系统先进集体	人力资源和社会保障部、国家信访局
漳州市信访局	全国巾帼建功先进集体	中华全国妇女联合会
农工党漳州市委会	开展坚持和发展中国特色社会主义学习实践活动地市（县）级先进集体	农工党中央
漳州市妇联	全国维护妇女儿童权益先进集体	中华全国妇女联合会
漳州市妇女儿童活动中心	全国三八红旗集体	中华全国妇女联合会
漳州市科学技术协会	2017年全国科普日活动优秀组织单位	中国科学技术协会
漳州科技馆	国家防震减灾 科普教育基地	中国地震局
漳州市总工会	全国工会财务工作先进单位	中华全国总工会
平和县公安局	全国优秀公安局	公安部
市公安局巡特警支队直属大队	全国优秀公安基层单位	公安部
漳州市委政法委	厦门会晤筹备和服务保障工作先进集体	福建省委省政府
漳州市公安边防支队	基层建设先进支队级单位	公安部边防管理局
漳州市公安边防支队石坑边防派出所	基层建设标兵单位	公安部边防管理局
漳州市公安边防支队龙海边防大队	爱民固边先进单位	公安部边防管理局
漳州市公安边防支队	拥政爱民模范单位	福建省委省政府、福建省军区
漳州市公安边防支队	先进支队级党委	福建省公安边防总队
漳州市公安边防支队石坑边防派出所	厦门会晤筹备和服务保障工作先进集体	福建省委省政府
漳州市公安边防支队石坑边防派出所	集体三等功	公安部边防管理局
武警漳州支队	基层建设先进支队	武警总队

续表

获奖单位	奖励名称	颁发单位
漳州市农业局	全国农业先进集体	农业部
漳州市绿化委员会办公室	全省造林绿化工作先进集体	福建省委省政府
福建漳州市长运集团有限公司客运中心站售票组	全国五一巾帼标兵岗	中华全国总工会
福建龙溪轴承（集团）股份有限公司	全国文明单位	中央文明委
福建龙溪轴承（集团）股份有限公司	高端自润滑关节轴承研究及产业化获福建省二〇一六年度科学技术进步奖一等奖	福建省人民政府
漳龙集团福建大农景观建设有限公司承建的“闽南文化生态走廊示范段”项目	中国人居范例奖	住房和城乡建设部
漳州市城乡规划局	全国住房城乡建设系统先进集体	人力资源社会保障部、住房和城乡建设部
漳州市城管指挥中心	全国巾帼文明岗	中华全国妇女联合会
漳州市交通运输局	“道路运输平安年”活动成绩突出市级管理机构	交通运输部、公安部、国家安监总局
中国电信漳州分公司	2017 年校园秋季营销劳动竞赛智慧校园标杆打造先进地市	中国电信集团公司
漳州银监分局团委	“主席讲话记心中、青春共筑银监梦”感言活动组织奖	中国银行业监督管理委员会
漳州市统计局	第三次全国农业普查宣传作品平面设计类优秀奖	国务院第三次全国农业普查领导小组办公室
漳州市统计局	第三次全国农业普查先进集体	国务院第三次全国农业普查领导小组办公室
漳州电视台	2016 年度基层广播影视统计工作先进集体	国家新闻出版广电总局
漳州市体育局	2013—2016 年度全国群众体育先进单位	国家体育总局
龙海市海澄中学	2017 年全国青少年足球特色学校	教育部
龙海市石码中心小学	2017 年全国青少年足球特色学校	教育部
龙海市东园中心小学	2017 年全国青少年足球特色学校	教育部
龙海市海澄镇珠浦小学	2017 年全国青少年足球特色学校	教育部
龙海市程溪中学	2017 年国防教育特色学校	教育部
龙海市程溪中心小学	2017 年国防教育特色学校	教育部
龙海市隆教中心小学	2017 年国防教育特色学校	教育部
龙海市紫泥中心小学获	第二批全国中小学中华优秀文化传承学校	教育部
南靖第一职业技术学校	2017 年国防教育特色学校	教育部
长泰县山重小学的“福建省漳州市长泰县红领巾志愿‘小信鸽’项目”	最佳志愿服务项目	中央宣传部、中央文明办等
漳州第一职业中专学校	2017 年大中专学生志愿者暑假“三下乡”全国优秀团队	中国共青团中央委员会
漳州一中	全国群众体育先进单位	国家文明办
云霄县老区建设促进会、县老区办	2017 年度老区宣传工作三等奖	中国老区建设促进会
云霄县民政局	荣获爱国援军模范单位	福建省委省政府、省军区

续表

获奖单位	奖励名称	颁发单位
长泰县人民政府	全国第一批农村垃圾分类处理和资源利用示范单位	住房和城乡建设部
长泰县人民政府	国家卫生县城	全国爱卫会
长泰县	第一批全国计划生育基层群众自治示范县名单	中国计划生育协会
长泰县台办	台胞权益保障工作机制创新及平台建设	国务院台湾事务办公室
长泰县婚姻登记服务中心	全国维护妇女儿童权益先进集体	中华全国妇女联合会
长泰县消防大队武安中队	全国执勤岗位练兵先进中队	公安部消防局
长泰县消防大队	十九大消防安保工作先进大队	公安部消防局
长泰县地方税务局	全国巾帼文明岗	中华全国妇女联合会
长泰县文化广电体育局	2013-2016 年度全国群众体育先进单位	国家体育总局
长泰县	双拥模范城（县）	中共福建省委、福建省人民政府、福建省军区
长泰县陈巷镇	爱国拥军模范单位	中共福建省委、福建省人民政府、福建省军区
长泰县人民政府	2017 年 1 月被授予“福建省标准贡献奖”二等奖	福建省人民政府
南靖县台办	“两刊”对台宣传工作先进单位	中共中央台湾工作办公室宣传局
南靖县人民法院土楼人民法庭	2015—2016 年度全国青年文明号	共青团中央等 22 个部委（局）
南靖县环境监察大队	2016 年环境执法大练兵表现突出集体	环境保护部办公厅
南靖县	双拥模范县	省委、省政府、省军区
书洋镇	中国特色小镇	住房和城乡建设部
书洋镇	中国美丽休闲乡村特色民居村	农业部
供销社	百强县级社	中华全国供销合作总社
林业局	全省造林绿化工作先进集体	福建省委省政府
南靖县环县旅游公路工程	省级绿色公路典型示范项目	交通部
县二实小	2017 年度国家防震减灾科普示范学校	国家地震局

2015—2017 年度全国文明城市、文明村镇、文明单位

（颁发单位：中央文明委）

全国文明城市：漳州市
全国文明城市提名城市：长泰县

全国文明单位（19 个）

漳州市国家税务局
漳州市人民检察院
漳州市中级人民法院
国网福建省电力有限公司东山县供电公司
中国人民银行漳州市中心支行
漳州市地方税务局
福建龙溪轴承（集团）股份有限公司
漳州农村商业银行股份有限公司
漳州市工商行政管理局
中国移动通信集团福建有限公司漳州分公司
漳州出入境检验检疫局
漳州市公安局特警支队直属大队
万利达集团有限公司（本部）
国网漳州供电公司
长泰县人民法院
漳州市气象局
福建省漳州市医院
漳州海关
中国农业银行福建漳州市分行

全国文明村镇（14 个）

平和县坂仔镇
华安县仙都镇先锋村
龙海市东园镇厚境村
长泰县岩溪镇珪后村
南靖县山城镇溪边村
东山县康美镇马銮村
长泰县武安镇
龙海市石码镇
东山县铜陵镇铜兴村

龙海市角美镇鸿渐村
长泰县岩溪镇
龙海市港尾镇卓岐村
东山县陈城镇澳角村
龙海市角美镇
全国文明社区（3个）
漳州市龙文区荣昌社区
漳州市芗城区南坑街道华元社区
漳州市芗城区南坑街道群裕社区
全国文明风景区（1个）
福建（南靖）土楼旅游风景区
全国文明校园（1所）
漳州市实验小学
全国文明家庭（1户）
谷豫东家庭　芗城区新桥街道悦港社区

2015—2017年度省级文明城市、文明村镇、文明单位

（颁发单位：中共福建省委、福建省人民政府）

文明城市（县城、城区）

县级市：龙海市
县城：东山县、云霄县
城区：芗城区

文明城市创建工作先进城市

县城：华安县、南靖县
城区：龙文区

全省文明单位（210个）

中共漳州市委办公室
漳州宾馆有限公司
中共漳州市委组织部
中共漳州市纪律检查委员会（监察委）
漳州天福茶业有限公司
漳州市烟草专卖局（公司）
中国建设银行股份有限公司漳州分行
漳州市公安局交通警察支队芗城大队
漳州市商务局
漳州市地方税务局直属税务分局
漳州市财政局
漳州市公路局
中共漳州市委漳州市人民政府信访局
中共漳州市委机构编制委员会办公室
中国邮政集团公司漳州市分公司
漳州市卫生和计划生育委员会
中共漳州市委精神文明建设办公室
漳州市建设工程质量监督站
漳州市国家安全局
漳州市妇女联合会
南昌铁路局漳州车务段
中国工商银行股份有限公司漳州分行
中共漳州市委政法委员会（市综治办、市610办）
漳州市农业局（市委农办）
漳州市海洋与渔业执法支队
漳州市人民政府办公室
漳州市交通运输局（市交战办、市高速办）
漳州市公安局
东山出入境检验检疫局
中国人民财产保险股份有限公司漳州市分公司
中共漳州市委党校
漳州市人民代表大会常务委员会机关
漳州市科学技术局
漳州市城市管理行政执法局
中国人民政治协商会议漳州市委员会机关
中国工商银行股份有限公司漳州龙江支行
漳州市总工会
漳州市文化广电新闻出版局
漳州片仔癀药业股份有限公司
福建省工业设备安装有限公司漳州分公司
漳州海事局
漳州市住房和城乡建设局
东山海关
漳州市城区烟草专卖局（分公司）
福建漳龙集团有限公司
漳州市人民政府国有资产监督管理委员会
漳州市质量技术监督局
漳州市公安局交通警察支队
中共漳州市委市直机关工作委员会
漳州市中心血站
漳州市残疾人联合会
国家统计局漳州调查队
漳州市行政服务中心管委会
共青团漳州市委员会
漳州市统计局
漳州市教育局（教育工委）
漳州市审计局
中国电信股份有限公司漳州分公司
漳州市司法局
中国联合网络通信有限公司漳州市分公司
福建省高速公路有限责任公司漳州管理分公司
漳州市民族与宗教事务局
漳州市人力资源和社会保障局
漳州市园林管理局
漳州市旅游发展委员会
漳州市环境卫生管理处
中国银行股份有限公司漳州分行
漳州市常山华侨经济开发区管委会
漳州市公安局台商投资区分局
芗城区委办公室
中共漳州市芗城区纪律检查委员会（区监察委）
中共漳州市芗城区委组织部
中共漳州市芗城区委宣传部
芗城区巷口街道办事处
芗城区地方税务局
芗城区市场监督管理局
芗城区妇幼保健院
芗城区国家税务局
中国农业银行股份有限公司漳州芗城支行
中国建设银行股份有限公司漳州芗城支行
中共漳州市芗城区委统一战线工作部
芗城区人民政府办公室
芗城区人民法院
漳州市公安局芗城分局
龙文区人民法院
中国农业银行股份有限公司漳州龙文支行
龙文区地方税务局
龙文区市场监督管理局
漳州市公安局龙文分局

龙文区人民检察院
漳州蓝田经济开发区管委会
龙海市地方税务局
国网福建龙海市供电有限公司
龙海市人民法院
龙海市人民检察院
龙海市国家税务局
龙海市卫生和计划生育局
中国农业银行股份有限公司龙海市支行
龙海市公安局
龙海市烟草专卖局
中国电信股份有限公司龙海分公司
中国移动通信集团福建有限公司龙海分公司
中共龙海市委办公室
龙海市市场监督管理局
龙海市水利局
漳浦县人民法院
漳浦县文化广电体育局
漳浦县人民检察院
漳浦县市场监督管理局
漳浦县烟草专卖局（分公司）
中国农业银行股份有限公司漳浦县支行
国网漳浦县供电公司
漳浦县气象局
漳州市公路局漳浦分局
漳浦县环境保护局
中国电信股份有限公司漳浦分公司
中国邮政集团公司福建省漳浦县分公司
漳浦县卫生和计划生育局
漳浦县地方税务局
云霄县烟草专卖局（分公司）
云霄县公安局
云霄县地方税务局
云霄县人民检察院
中国农业银行股份有限公司云霄县支行
云霄县人民法院
云霄县广播电视新闻中心
云霄县城乡规划建设局
云霄县市场监督管理局
中国电信股份有限公司云霄分公司
云霄县国家税务局
国网云霄县供电有限公司
中共云霄县委办公室
东山县地方税务局
东山县烟草专卖局（分公司）
东山县农村信用合作联社
中国农业银行股份有限公司东山县支行
东山县公安局交通警察大队
中国移动通信集团福建有限公司东山分公司
中国邮政集团公司福建省东山县分公司
东山县人民检察院
中国人民银行东山县支行
东山县人民法院
中共东山县纪律检查委员会（监察委）
东山县国家税务局
诏安县委组织部
诏安县市场监督管理局
国网福建诏安县供电有限公司
中国农业银行股份有限公司诏安支行
中国建设银行股份有限公司诏安支行
诏安县人民检察院
诏安县地方税务局
诏安县公安局
中国邮政集团公司福建省诏安县分公司
中国电信股份有限公司诏安分公司
诏安县国家税务局
诏安县交通运输局
诏安县烟草专卖局（分公司）
平和县国家税务局
平和县人民检察院
平和县交通运输局
国网福建平和县供电有限公司
中共平和县委组织部
平和县地方税务局
平和县审计局
中国移动通信集团福建有限公司平和分公司
中国农业银行平和县支行
平和县市场监督管理局
平和县人民法院
中共平和县纪律检查委员会（监察委）
平和县烟草专卖局
南靖县烟草专卖局（分公司）
南靖县国家税务局
中共南靖县纪律检查委员会（监察委）
中共南靖县委宣传部
中国农业银行股份有限公司南靖县支行
南靖县地方税务局
南靖县人民法院
南靖县市场监督管理局
南靖县人民检察院
中国邮政集团公司福建省南靖县分公司
福建闽星集团有限公司
中共南靖县委办公室
南靖县人民政府办公室
中共南靖县委组织部
福建长泰经济开发区管理委员会
长泰县地方税务局
中共长泰县纪律检查委员会（监察委）
国网福建长泰县供电有限公司
长泰县财政局
中国农业银行股份有限公司长泰县支行
长泰县环境保护局
长泰县人民检察院
长泰县公安局交通警察大队
长泰县国家税务局
长泰县市场监督管理局
长泰县公安局
长泰县马洋溪生态旅游区管理委员会
长泰县县城管理局
华安县烟草专卖局（分公司）
华安县国家（地方）税务局
华安县人民检察院
华电福新能源股份有限公司华安水力发电厂
中国电信股份有限公司华安分公司
中国农业银行股份有限公司华安县支行
国网福建华安县供电有限公司
华安县财政局
华安县卫生和计划生育局
华安县文化广电体育局
华安县市场监督管理局

中共华安县委宣传部

全省文明校园（56 所）

漳州第一中学
漳州市第二中学
漳州市第三中学
漳州第一职业中专学校
漳州第二职业中专学校
龙溪师范学校附属小学
漳州市机关幼儿园
漳州工业学校
漳州财贸学校
漳州市第三中学分校
漳州市第五中学
漳州市幼儿园
漳州市实验幼儿园
漳州市第八中学
厦门大学附属实验中学
漳州市芗城中学
漳州市芗城实验小学
漳州市通北中心小学
漳州市芝山中心小学
漳州市天宝中心小学
漳州市龙文区龙文中学
漳州市龙文区朝阳中学
龙海市第一中学
龙海市第二中学
龙海市实验小学
龙海市石码中心小学
龙海市程溪中学
龙海市职业技术学校
龙海市浮宫中心小学
漳浦第一中学
漳浦县实验幼儿园
漳浦县实验小学
漳浦第三中学
漳浦达志中学
云霄元光中学
云霄县实验小学
云霄县实验幼儿园
东山第一中学
东山县实验小学
东山县第二实验小学
东山县实验幼儿园
诏安县第一中学
诏安县四都中学
诏安县实验小学
平和第一中学
平和县育英小学
平和县新星幼儿园
南靖县第一中学
南靖县第二中学
南靖县实验小学
长泰县第二实验小学
长泰县第一中学
长泰县实验幼儿园
华安县第一中学
华安县实验小学
华安县第二实验幼儿园

全省文明社区（13 个）

芗城区新桥街道华港社区
芗城区通北街道和平里社区
芗城区巷口街道鑫荣社区
芗城区西桥街道西桥社区
芗城区巷口街道东园社区
芗城区通北街道延安北社区
龙文区步文镇锦绣社区
龙海市石码镇解放北社区
龙海市石码镇运辉花园小区
漳浦县绥安镇绥北社区
云霄县云陵镇汀洋社区
东山县铜陵镇桂花社区
长泰县武安镇外武社区

文明乡镇（36 个）

芗城区天宝镇
龙文区朝阳镇
龙文区蓝田镇
龙海市东园镇
漳浦县深土镇
漳浦县大南坂镇
漳浦县盘陀镇
漳浦县赤岭畲族乡
漳浦县佛昙镇
漳浦县马坪镇
云霄县莆美镇
云霄县云陵镇
云霄县列屿镇
东山县西埔镇
东山县康美镇
东山县铜陵镇
诏安县四都镇
诏安县霞葛镇
诏安县白洋乡
诏安县梅岭镇
平和县文峰镇
平和县小溪镇
平和县霞寨镇
平和县五寨乡
南靖县金山镇
南靖县龙山镇
南靖县和溪镇
南靖县梅林镇
南靖县船场镇
长泰县坂里乡
福建省国营古农农场
长泰县枋洋镇
长泰县陈巷镇
华安县华丰镇
华安县湖林乡

文明村（41 个）

龙海市角美镇龙田村
龙海市角美镇东山村
芗城区天宝镇过塘村
芗城区西桥街道南星村
芗城区天宝镇天宝村
芗城区芝山镇前山村
芗城区通北街道大同村
芗城区石亭镇乌石村
龙文区步文镇石仓村
龙文区蓝田镇梧桥村
龙海市浮宫镇浮宫村
龙海市紫泥镇巽玉村
龙海市海澄镇上寮村
龙海市九湖镇林下村
龙海市榜山镇北溪头村
龙海市港尾镇深沃村
漳浦县长桥镇东升村
漳浦县绥安镇大埔村
漳浦县湖西畲族乡赵家城村
云霄县莆美镇阳下村
云霄县列屿镇人家村
云霄县陈岱镇礁美村

东山县前楼镇岱南村
东山县西埔镇石埔村
东山县陈城镇陈城村
诏安县南诏镇五一村
诏安县梅岭镇田厝村
平和县山格镇新陂村
平和县霞寨镇钟腾村
平和县小溪镇联光村
南靖县山城镇坑尾村
南靖县金山镇荆美村
长泰县武安镇城关村
长泰县陈巷镇夫坊村
长泰县林墩工业区林溪村
长泰县岩溪镇珪前村
长泰县武安镇金里村
华安县华丰镇银和村
华安县仙都镇中圳村
华安县仙都镇大地村
华安县新圩镇新圩村

全省文明风景区（3个）

平和三平风景旅游区
东山县风动石风景旅游区
漳州东南花都风景旅游区

先进个人

【2017年先进个人名单】

2017先进个人情况表

表

姓名	任职单位	奖励名称	颁发单位
王科军	漳州市科学技术协会	全国优秀科技工作者	人力资源和社会保障部、中国科学技术协会
魏代余	漳州市科学技术协会	全国优秀科技工作者	人力资源和社会保障部、中国科学技术协会
李继闽	漳州市公安局禁毒支队	全国优秀人民警察	公安部
蔡亚桂	台商分局治安大队	全国优秀人民警察	公安部
戴春生	长泰县公安局	全国优秀人民警察	公安部
孙建辉	漳州市公安局信访办	金砖国家领导人第九次会晤期间信访工作先进个人	国家信访局
陈信红	龙海市公安局局副局长	厦门会晤服务保障工作先进个人	省委省政府
张智明	台商分局龙池检查站	厦门会晤服务保障工作先进个人	省委省政府
陈春竹	漳州市公安局督察支队	第三届世界互联网大会（乌镇峰会）安保工作先进个人	国家网信办、浙江省政府
刘如松	漳州市公安边防支队	公安边防部队优秀政治干部	公安部边防管理局
李洁华	漳州市公安边防支队	2017年度岗位技能练兵暨实战化训练先进个人	公安部边防管理局
傅树圣	漳州市公安边防支队镇海边防派出所	公安边防部队执法标兵	公安部边防管理局
叶灿强	漳州市公安边防支队佛潭边防派出所	二等功	公安部边防管理局
刘亚良	漳州市海洋与渔业局	全国农业先进工作者	人力资源社会保障部、农业部
张颖滨	漳州检验检疫局	“一带一路”高峰论坛服务保障工作先进个人	国家质量监督检验检疫总局
江晓宁	漳州检验检疫局	全国质检系统厦门会晤保障工作突出贡献个人	国家质量监督检验检疫总局
游建山	漳州市园林管理局	全国住房城乡建设系统先进工作者	人力资源社会保障部、住房城乡建设部
简志松	漳州市安晟物业服务有限公司	全国住房城乡建设系统劳动模范	人力资源社会保障部、住房城乡建设部
方阿树	中国移动华安分公司	最美扶贫人奖	中国社会科学院
林勇清	漳州市安监局	安全生产监管监察先进个人	国家安全监管总局、国家煤矿安监局

续表

姓 名	任职单位	奖励名称	颁发单位
林玉梅	漳州市美术馆	福建省第八届百花文艺奖二等奖	福建省人民政府
吴亦虞	漳州市美术馆	第四届丝绸之路国际艺术节“今日丝绸之路国际美术邀请展”优秀奖	中华人民共和国文化部，陕西省人民政府
陈美惠	漳州市游泳水上运动管理中心	2013-2016 年度全国群众体育先进个人	国家体育总局
王瑞坤	南靖县司法局	全国模范人民调解员	司法部
王国兴	南靖县法院	荣誉天平奖	最高人民法院
赖炎成	南靖县法院	荣誉天平奖	最高人民法院
庄传芳	南靖县法院	荣誉天平奖	最高人民法院
杨友华	南靖县法院	荣誉天平奖	最高人民法院
高火生	南靖县法院	荣誉天平奖	最高人民法院
陈森树	南靖县法院	荣誉天平奖	最高人民法院
王　渊	南靖县法院	荣誉天平奖	最高人民法院
叶建英	南靖县文广体局	全国优秀农家书屋管理员	国家新闻出版广电总局
杨建发	南靖县成发农业开发有限公司	全国农业劳动模范	人力资源社会保障部、农业部
黄镇平	中共南靖县委宣传部	金砖国家领导人第九次会晤筹备和服务保障工作优秀个人	福建省委、省政府

·技术人才·

【高级专业技术职务人员名单】

2017 年评审确认的正高级专业技术职务人员名单

姓 名	工作单位	专业技术职务
陈俊杰	漳州电视台	高级编辑
许新耀	漳州电视台	高级记者
林来金	云霄县植保植检站	农业技术推广研究员
钱卫华	福建龙溪轴承（集团）股份有限公司	高级工程师（正高）
邓建民	闽南师范大学	教授
代顺丽	闽南师范大学	教授
杨继光	闽南师范大学	教授
李艺玲	闽南师范大学	教授
李建喜	闽南师范大学	教授
林福财	闽南师范大学	教授

续表

姓 名	工 作 单 位	专业技术职务
陈建华	闽南师范大学	教授
娄　伟	闽南师范大学	教授
付达华	漳州卫生职业学院	教授
王小平	漳州卫生职业学院	教授
陈瑄瑄	漳州卫生职业学院	教授
陈建发	漳州职业技术学院	教授
张丽红	漳州职业技术学院	教授
康玉文	漳州职业技术学院	教授
唐耀红	漳州职业技术学院	教授
陈丹阳	漳州职业技术学院	教授
叶　凯	漳州职业技术学院	教授
蔡志明	福建省漳州市医院	主任医师
方艺聪	福建省漳州市医院	主任医师
郭银枞	福建省漳州市医院	主任医师
林文祥	福建省漳州市医院	主任医师
林　雅	福建省漳州市医院	主任医师
陆志红	福建省漳州市医院	主任医师
钟　嵘	福建省漳州市医院	主任医师
黄聪曦	福建省漳州市中医院	主任医师
张文文	漳州市人民医院	主任医师
张小琴	漳州市第三医院	主任医师
杨志强	龙海市第一医院	主任医师
林慧川	龙海市第二医院	主任医师
姚建有	漳浦县疾控中心	主任医师
蔡瑞旺	漳浦县医院	主任医师
林聪旭	东山县医院	主任医师
沈汉杰	诏安县疾病预防控制中心	主任医师
尤志山	福建省南靖县医院	主任医师
杭金玉	福建省漳州市中医院	主任医师
陈　晖	福建省漳州市中医院	主任医师
郭进财	福建省漳州市中医院	主任医师
李允辉	福建省漳州市妇幼保健院	主任医师
高天辉	龙海市第一医院	主任医师
张晨耀	云霄县中医院	主任医师

续表

姓 名	工 作 单 位	专业技术职务
游春木	福建省诏安县中医院	主任医师
庄沁红	福建省漳州市中医院	主任护师
李花英	漳州市人民医院	主任护师
陈琴妹	漳州市第三医院	主任医师
杨国强	龙海市浮宫中心卫生院	主任医师
杨跃潭	福建省漳浦县第二医院	主任医师
朱桂英	漳浦县妇幼保健院	主任医师
黄腾聪	云霄县医院	主任医师
赖德才	云霄县医院	主任医师
吴培强	福建省诏安县医院	主任医师
吴钦泉	福建省诏安县医院	主任医师
周晓淳	平和县医院	主任医师
曾振观	平和县医院	主任医师
林鸿城	平和县医院	主任医师
张荣桂	平和县医院	主任医师
孙忠良	漳浦县医院	主任医师
方克恒	漳浦县医院	主任医师
林勤武	福建省诏安县医院	主任医师
卢芬芳	平和县医院	主任护师

“人物”类撰稿人：
韩　莎
供稿单位：
市委统战部
福建龙溪轴承股份有限公司
市科协
漳州卫生职业学院
市公务员局
市文明办
各有关单位

·大事记·

【1月】

3日，中共漳州市委书记檀云坤到龙海市，检查上一年度落实党风廉政建设责任制情况。林叶萍领导一同参加。

同日，市委书记檀云坤主持召开市委常委民主生活会，与老干部进行座谈征求意见。沈金水、张琳光等领导参加。

市委、市政府召开工作通报会。向老干部通报上一年全市经济社会发展情况，以及2017年工作思路。

4日，市委书记檀云坤到挂钩贫困村平和县国强乡白叶村调研精准脱贫工作，并看望、慰问困难群众。张琳光领导参加。

同日，代市长刘远到芗城区，检查上一年度落实党风廉政建设责任制情况。

4—5日，省政协副主席陈义兴到挂钩帮扶的省级扶贫开发工作重点县—诏安县，进行调研和慰问。市领导檀云坤、张琳光、林俊山等分别陪同。

4—5日，市工商联（总商会）第十四次会员代表大会召开。杨龙辉当选新一届工商联（总商会）主席（会长）。

5日，省人大常委会副主任、省委副秘书长潘征，省政协副主席郭振家到挂钩帮扶的省级扶贫开发工作重点县—云霄县，进行调研、慰问。市领导檀云坤、张琳光、张翼腾等分别陪同。

同日，全市召开巡察工作推进会暨乡镇纪委书记培训会。市委书记檀云坤出席会议并讲话。

代市长刘远到挂钩贫困村诏安县官陂镇新径村，看望慰问困难群众。

6日，市委召开常委会会议。研究加强市委常委会自身建设工作，传达贯彻全省出席中共十九大代表选举工作会议、省农村工作会议精神，听取《政府工作报告》、《关于漳州市2016年国民经济和社会发展计划执行情况及2017年国民经济和社会发展计划草案的报告》、漳州市2017年财政收支计划、2017年为民办实事建议项目等情况汇报，集中观看《警钟－辽宁拉票贿选案警示录》。

同日，市委书记檀云坤到芗城区，调研西院湖生态园推进情况。

7日，市委召开县委书记抓基层党建工作述职评议会。市委书记檀云坤主持会议并讲话。

8—11日，市政协第十三届一次会议召开。会议通过政协第十三届漳州市委员会第一次会议决议，选举产生新一届领导班子，张祯锦当选市政协主席。

9日，市委、市政府举行2017年度党政领导综合治理（平安建设）、生态环境保护目标责任书签订（下达）仪式。

9—12日，市人大第十六届一次会议召开。会议通过《关于漳州市人民政府工作报告的决议》等6项报告决议，选举陈汉夫为市十六届人大常委会主任，刘远为市人民政府市长。

12日，市委书记檀云坤主持召开会议，围绕县级换届后新的党政领导班子建设，与各县（市、区）、开发区党政主要领导进行集体谈话。

13日，市委书记檀云坤主持召开市委常委班子上一年度民主生活会。

同日，全国人大常委会委员、台联会长汪毅夫到漳州，看望慰问全市老台胞。

14日，市委书记檀云坤、市长刘远率团走访驻漳某部、漳州军分区，看望慰问部队官兵。市领导陈汉夫、张祯锦、李小庆、张琳光、沈志平、周小华等参加。

15日，福州至漳州高铁客运专线先行工程在漳州台商投资区动工兴建，漳州境内线路长约25公里，投资约50亿元。省委常委、副省长张志南到现场，检查项目开工有关情况。市领导檀云坤、刘远、张琳光、刘加来、陈水树、柳建聪、周小华等参加。

同日，全省1月份重大投资项目月度协调会，在漳州召开。省委常委、副省长张志南出席会议并讲话。

全球首个城市级无人驾驶汽车社会实验室，落户招商局漳州开发区。

22日，市委书记檀云坤、市长刘远、市人大常委会主任陈汉夫带领市党政代表团，到福州市学习、考察。重点学习、考察福州一线考察干部，“马上就办、真抓实干”，开展百日攻坚行动，征地拆迁、环境整治等方面的经验做法。省委副书记、福州市委书记倪岳峰与代表团一行举行座谈交流。

23日，市委召开常委（扩大）会议。传达贯彻省人大第十二届五次会议、省政协第十一届五次会议精神。

同日，市委召开常委会会议。传达学习中央纪委十八届七次全会和省纪委十届二次全会精神，听取关于迎接省委上一年度全面从严治党主体责任落实情况检查准备工作的汇报。

市纪委召开第十一届二次全会。市委书记檀云坤出席会议并讲话。

市委书记檀云坤、市长刘远、市人大常委会主任陈汉夫走访闽南日报社、漳州电视台、漳州人民广播电台等市直新闻单位，看望、慰问市新闻工作者。阮开森、张琳光、周小华等领导参加。

市长刘远到芗城、龙文区检查节日安全生产工作和市场供应情况。刘加来、陈水树、吴卫红、周小华等领导参加。

23—24日，市委书记檀云坤、市长刘远分别带队，走访、慰问市区部分困难群众、困难职工。市领导张琳光、周小华等领导一同参加。

24日，市委书记檀云坤、市长刘远看望慰问市部分老领导和老红军，向他们致以新春问候。张琳光、周小华等领导参加。

同日，市委、市政府举行2017年春节团拜会。

26日，市委书记檀云坤到古雷开发区，看望、慰问炼化一体化项目填海工程的员工和中石化古雷项目部值班值守人员。张琳光、吴文团、吴卫红等领导参加。

同月，南靖县书洋镇塔下村、梅林镇坎下村，漳浦县佛昙镇轧内村，入选全国第四批美丽宜居村庄示范名单。

【2月】

1日，中国核工业集团公司董事长、党组书记王寿君到云霄县，调研漳州核电项目建设。市领导檀云坤、刘远、张琳光、张翼腾等陪同。

3日，市委、市政府召开推进“三抓三比、十项竞赛”暨工业首季“开门红”工作动员电视电话会议。市委书记檀云坤、市长刘远出席会议并讲话。

4日，市委召开常委会会议。研究《“三抓三比、十项竞赛”工作方案》、市生态环境保护督察迎检准备工作、加快推进西湖生态园建设有关事项和《漳州市进一步深化基层医药卫生体制综合改革的意见（试行）》，并传达贯彻全省党内法规工作会议精神。

同日，市委书记檀云坤主持召开2016年度市委领导班子成员述责、述廉会。

6日，市委书记檀云坤主持召开研究推进厦漳同城化工作专题会议。

10日，市委召开第十一届三次全会。会议听取市酝酿推荐福建省出席中共十九大代表候选人初步人选建议名单的有关情况介绍，经过表决，确定市推荐的代表候选人初步人选。

同日，市长刘远到龙文区大闽食品有限公司，调研节后企业生产情况。

13日，古雷开发区与上海碧科清洁能源技术有限公司签订甲醇制烯烃生产及物流项目框架协议。计划总投资100亿元，拟建设年产量180万吨甲醇制60万吨烯烃。建成后年产值可达200亿元、税收40亿元。

14日，市委书记檀云坤、市长刘远、市人大常委会主任陈汉夫、市政协主席张祯锦等领导带队，调研加快厦漳同城化暨整治提升城乡环境工作。

15日，市委召开常委会会议。研究《中共漳州市委2016年工作总结》《中共漳州市委2017年工作要点》《中共漳州市委巡察工作2017—2021年规划》《中共漳州市委组织部关于强化在一线考察干部工作的暂行办法》，传达贯彻全省协调管理社会组织参与国际非政府组织活动联席会议第一次全体会议和全省民族工作经验交流会暨全省民族宗教局长会议精神，听取2017年市重点项目安排情况和《2017年中心城区城市城建项目实施方案》等汇报。

同日，市委书记檀云坤、市长刘远会见招商局集团副总经理孙承铭一行。市领导梁伟新、张琳光、兰万安、周小华等参加。

市长刘远到信访局接访，协调解决群众反映有关房屋产权、土地出让、劳动社保等方面问题。陈水树领导参加。

16日，市长刘远到芗城区、龙文区、漳州高新区，就环境整治工作进行专项调研督察。沈志平、周小华等领导参加。

16—18日，市委书记檀云坤、市政协主席张祯锦到深圳市，开展招商、对接项目、洽谈合作，推动项目落户漳州。梁伟新、张琳光、吴卫红等领导一同参加。

19日，市委书记檀云坤到长泰县，开展工作调研。市领导张琳光参加。

21—22日，省人大常委会副主

任、省总工会主席张广敏到漳浦县、常山开发区，进行调研。阮开森、李珊珊等领导陪同。

22日，海峡生物科技股份有限公司在新三板挂牌，成为全市首家挂牌新三板的国有企业。

23日，省政协副主席、致公党省委主委、省教育厅副厅长薛卫民到漳州，调研大学生创业工作。副市长张翼腾陪同。

24日，古雷腾龙翔鹭整改修复动员大会召开。两岸企业家峰会副秘书长张金铸，中石化工程部主任李国清，省国资委副主任邱志向，腾龙翔鹭整改修复指挥部总指挥周国，福化古雷公司董事长吴宏，腾龙翔鹭整改总管理处总经理胡殿选，市领导檀云坤、刘远、张琳光、吴文团、周小华等到会参加。

同日，市委召开常委会会议。听取全省出席中共十九大代表候选人初步人选征求意见情况的汇报，传达学习贯彻省领导干部“学习贯彻十八届六中全会精神”专题研讨班精神，全省组织部长会议精神，中央、省委政法工作会议，省金砖安保维稳部全体成员会议，全省反恐工作会议，全省信访工作会议，省委防范和处理邪教问题领导小组扩大会议精神，以及全省对台工作会议精神，研究推荐上报2017年度全国城乡妇女岗位建功先进集体（个人）有关事项等。

闽南日报社入驻新华社“现场云”全国服务平台，为全国首批、福建省首家入驻机构。

28日，市委政法工作会议暨全市维稳“六大专项行动”部署会召开。市委书记檀云坤，市长刘远出席会议并讲话。

28日至3月1日，九三学社漳州市第五次代表大会召开。选举产生曹阳为九三学社漳州市第五届委员会主任委员。

同月，市旅游局更名为漳州市旅游发展委员会。

《漳州市“水城”规划－漳州中心城区水系综合保护与利用规划》荣获全国优秀城乡规划设计奖（城市规划类）二等奖。

漳州市获批成为全省首个国家工商总局商标局委托开展商标注册申请受理业务的地级市。

龙溪轴承（集团）股份有限公司主营关节轴承产品，被工业和信息化部、中国工业经济联合会评为第一批制造业单项冠军示范企业。

【3月】

1日，省长于伟国带领省委第三检查组到漳州，开展上一年度漳州市委落实全面从严治党主体责任情况专项检查。

同日，市委召开维稳工作会议。贯彻落实习近平总书记对维稳工作的重要指示和尤权书记在省委维稳工作会议上的讲话精神。市委书记檀云坤出席会议并讲话。

1—4日，市委书记檀云坤带队到北京，先后走访国家能源局、水利部、工信部、商务部、外交部等有关部委和中海油集团、万达集团、泰禾集团、敦煌网等企业，对接洽谈项目有关事宜。梁伟新、吴卫红等领导参加。

7日，市委召开常委会会议。传达贯彻省委全面从严治党检查集体约谈会精神，研究《漳州市党政机关国内公务接待管理办法》，传达贯彻全国、全省宣传部长会议和全国、全省统战部长会议、全省机关党的工作会议精神，研究《漳州市全面深化改革领导小组2017年工作要点及责任分工》《市委常委班子2016年度民主生活会查摆问题整改方案》《关于深化农业供给侧结构性改革加快培育农业农村发展新动能的实施意见》《漳州市全面推行河长制实施方案》和市纪委派驻监督全覆盖工作等。

8日，副省长李德金到漳州，调研商务、构建开放型经济新体制综合试点试验、外贸出口、台资发展等方面工作。市领导檀云坤、刘远、张琳光、吴卫红、周小华等分别陪同。

同日，宁德市委书记隋军、市政协主席兰斯琦带领宁德市党政代表团来漳州考察，详细了解全市在产业转型升级、生态文明建设、城市建设管理、美丽乡村建设等方面的做法和经验。市领导檀云坤、刘远、张祯锦等陪同考察。

9日，市委书记檀云坤、市长刘远到诏安县，对重点龙头企业猛狮科技开展调研，协调解决企业发展过程中遇到的具体问题，推动支持企业做大做强。林叶萍、张琳光、周小华等领导参加。

9—10日，省政协副主席陈义兴到漳州，就推动社区物业管理规范化、依法治省、法律进宗教场所3个专题开展调研。市领导檀云坤、张祯锦、兰万安、林俊山等分别陪同。

10日，漳州军分区党委第一书记任职大会召开。省军区司令员熊安东宣读任职命令并颁发任职通知书，市委书记檀云坤任漳州军分区党委委员、常委、第一书记。市领导刘远、李小庆、刘加来、沈志平等参加。

12日，市委书记檀云坤到古雷开发区，调研填海造地项目建设和腾龙翔鹭整改修复情况。吴文团领导一同参加。

13—15日，省人大常委会副主任潘征到平和、云霄、诏安3个省级扶贫开发重点县，开展脱贫攻坚“春季攻势”行动调研检查。市领导檀云坤、刘远、张琳光、刘加来、张翼腾等分别陪同。

16日，福建海顺德炼化有限公司重油深加工及75万吨/年高级润滑油项目签约仪式在漳州举行。项目总投资80亿元，拟建设年产360万吨重油深加工及75万吨高级润滑油项目，建成投产后产值可达150亿元，将成为国内高端润滑油产业的重要生产基地。两岸企业家峰会副秘书长张金铸，福建海顺德炼化有限公司董事长宣瑞国、副董事长罗术，福化古雷公司董事长吴宏，市领导檀云坤、刘远、张琳光、吴文团、吴卫红、周小华等参加。

17—19日，第32届福建省青少年科技创新大赛在漳州举行。

20日，市委召开常委会（扩大）会议。传达贯彻全国“两会”和省委常委会（扩大）会议精神。

同日，檀云坤、刘远、陈汉夫、张祯锦等市各套班子领导到芗城区西院湖生态园，参加主题为“加快城乡环境建设，共创漳州绿色家园”义务植树活动。

漳州市河长制办公室揭牌。市委书记檀云坤、市长刘远为市河长制办公室揭牌。张琳光、张翼腾、沈志平等领导参加。

22日，市委书记檀云坤主持召开市委理论学习中心组（扩大）学习会，专题学习《摆脱贫困》一书和习近平总书记关于脱贫攻坚的重要论述。

同日，市委召开常委会会议。听取全市“三抓三比、十项竞赛”进展情况和开展第一季度“三抓三比、十项竞赛”现场推进活动建议方案、古雷腾龙翔鹭整改修复和炼化一体化填海工程等重点项目推进情况的汇报，传达贯彻第十届省委新一轮巡视工作动员部署会和设区市巡察办主任座谈会、全省学习贯彻《领导干部报告个人有关事项规定》《领导干部有关事项报告查核结果处理办法》专题培训班精神等。

23—25日，省委常委、省纪委书记刘学新到长泰、龙文、龙海等地，调研指导基层党风廉政建设、脱贫攻坚、产业转型升级、重点项目建设、生态文明建设等工作。市领导檀云坤、林叶萍陪同调研。

25日，全省市县两级纪委派驻监督全覆盖及乡镇纪检组织建设工作推进会，在漳州召开。省委常委、省纪委书记刘学新出席会议并讲话。市领导檀云坤、林叶萍参加。

同日，市长刘远到漳州高新区、龙海市、漳州台商投资区、长泰县、龙文区，调研“三抓三比、十项竞赛”推进情况，协调解决具体问题，推动项目建设提速提效。张琳光领导一同参加。

27日，市领导干部“学习贯彻十八届六中全会精神”专题研讨班开班。市委书记檀云坤作主题报告。

同日，市委召开常委会会议。传达贯彻省委常委、省纪委书记刘学新到漳州调研的指示精神和全省市县两级纪委派驻监督全覆盖及乡镇纪检组织建设工作推进会精神，听取市委老干部局、市安监局增加副处级领导职数事项和《漳州市市属重点国有企业（开发区）派驻财务总监管理办法》修订情况的汇报。

29日，市召开市直派驻监督全覆盖暨落实“两个责任”工作会议。市委书记檀云坤出席会议并讲话。

31日，市委书记檀云坤、市长刘远前往芗城区、漳州高新区、龙海市、龙文区、长泰县等地，开展第一季度“三抓三比、十项竞赛”现场推进活动（活动时间至4月1日）。

同月，平和县获评第二批国家农产品质量安全县（市）创建试点单位。

【4月】

1日，全市维稳“六大专项行动”推进会召开。市委书记檀云坤出席会议并讲话。

5日，市委书记檀云坤、市长刘远到市博物馆、艺术馆、规划展示馆建设现场调研，协调解决项目建设问题。陈汉夫、张祯锦、阮开森、梁伟新、张琳光等领导参加。

6日，水利部副部长叶建春到漳州，检查防汛、备汛工作。

10日，市委召开常委会会议。听取《漳州市法治政府建设实施方案》《关于建立正向激励机制促进有效投资的若干措施》、2017年度市属重点国有企业投融资计划、全市安全生产工作情况汇报等。

10—12日，省政协副主席陈绍军带领省政协调研组到漳州，就“加强农业文化遗产保护助推城乡旅游业发展”课题进行调研。市领导张祯锦陪同。

11日，市委书记檀云坤到芗城区、龙文区、龙海市、长泰县、漳州台商投资区等地，调研城乡环境提升和企业发展工作。陈汉夫、张祯锦、梁伟新、张琳光、陈福州等领导参加。

12日，全国政协文史和学习委副主任叶小文到漳州，就“海上丝绸之路文化遗产保护和利用”开展专题调研。

14日，市委召开常委会会议。传达学习贯彻习近平总书记对廖俊波同志先进事迹的重要指示和省委《关于追授廖俊波同志“全省优秀共产党员”称号，并开展向廖俊波同志学习活动的决定》精神。

15日，市委书记檀云坤到市信访局接访，协调解决信访问题。阮开森领导一同参加。

19日，副省长黄琪玉到漳州，部署强降雨防御工作。

19—20日，省委书记尤权、省长于伟国带领省工作检查组到漳州，开展工作检查。省领导张志南、梁建勇、周联清、黄琪玉，市领导檀云坤、梁伟新、张琳光、黄华安等参加。

23日，市长刘远到古雷开发区现场办公，协调解决腾龙翔鹭整改修复过程中遇到的具体问题。吴文团领导参加。

24日，市委书记檀云坤、市长

刘远到南靖县，调研农业、农村工作。张琳光、张翼腾等领导参加。

同日，市委、市政府召开迎接中央环境保护督察工作动员会，市委书记檀云坤主持会议并讲话。

26日，省政协副主席张燮飞带领省政协调研组到漳州，就“引导社会资本参与养老服务业发展”课题进行调研。市领导张祯锦、王文刚、杨胜华等陪同。

27日，省委常委、副省长周联清到漳州，调研工业企业发展情况。市领导檀云坤、张琳光、沈志平等陪同。

同日，省政协副主席薛卫民带领省政协调研组到漳州，开展《关于我省从五个重点领域推进两岸产业合作的建议》重点提案督办调研。市领导王文刚、周小华等陪同。

28日，市委召开县委书记、乡镇党委书记学习廖俊波先进事迹座谈会。市委书记檀云坤、市长刘远出席会议并讲话。

同日，市委、市政府召开第一季度经济形势分析会。总结分析全市第一季度经济运行情况，研究部署下阶段经济工作。

“魅力漳州—全国中国画名家学术邀请展”在芗城区牛庄文创园开幕。省文联党组书记、副主席张作兴，中国画学会常务副会长孙克，市领导檀云坤、刘远、阮开森、张琳光、刘加来、兰万安等参加。

【5月】

2—3日，省人大常委会党组书记、副主任徐谦带领省人大调研组到漳州，专题调研农村饮水安全工作，督办省人大代表建议办理情况。市领导檀云坤、陈汉夫、刘加来、张翼腾、吴卫红等分别参加。

3日，太龙（福建）商业照明股份有限公司在深圳证券交易所创业板上市，成为全市首家在境内上市的民营企业。

4日，市委书记檀云坤、市长刘远到芗城区、龙文区，调研市生态环境保护工作，检查中央环保督察信访件落实情况。张琳光、沈志平等领导参加。

7日，市委书记檀云坤、市长刘远到龙文区，调研九十九湾湖建设情况。张琳光领导参加。

8日，市委书记檀云坤调研南山桥改造提升、南湖片区建设工作。陈汉夫、张祯锦、阮开森、梁伟新、张琳光、刘加来等领导参加。

9日，市委书记檀云坤主持召开专题会议，听取市博物馆、艺术馆、规划馆景观和龙江南路绿化设计方案汇报，并就进一步优化设计方案进行专题研究。陈汉夫、张祯锦、梁伟新、张琳光等领导参加。

12日，市委书记檀云坤、市长刘远到古雷开发区现场办公，协调解决古雷重点项目建设过程中遇到的困难和问题。张琳光、吴文团、沈志平、王文刚等领导参加。

14日，市委书记檀云坤到芗城区，调研西湖、西院湖和香蕉海建设情况。张琳光、王文刚等领导参加。

15日，市委召开常委（扩大）会议。传达贯彻省委、省政府工作检查总结会暨第一季度经济形势分析会精神。

16日，市委书记檀云坤随省长于伟国到北京，拜访中石化集团，协调推进古雷有关项目工作。

16—18日，市委书记檀云坤、市人大常委会主任陈汉夫、市政协主席张祯锦带领市代表团到大连、合肥考察，参观福佳集团大孤山石化产业园区、万达酒店群、万达城主题乐园等项目，洽谈推进企业来漳州投资具体事宜。

19日，市委转发省委决定：阮开森同志任中共漳州市委副书记，张慧德同志任中共漳州市委委员、常委，提名为漳州市人民政府副市长人选。

22日，市启动九龙江畔“百花齐放、百树成荫”绿化工程。檀云坤、刘远、陈汉夫、张祯锦等市各套班子领导，张全金、黄长茂、曹盛文、李天森、林殿阁等市老领导参加现场植树活动。

同日，市委召开常委会会议。传达贯彻中央、省委推进“两学一做”学习教育常态化制度化工作座谈会精神，以及《关于有序推进生态环境损害赔偿工作的实施意见》《加大脱贫攻坚力度支持革命老区开发建设的实施意见》等汇报。

23—25日，省政协副主席陈荣凯带领省委调研检查组一行到漳州，就市贯彻落实省委《关于加强人民政协协商民主建设的实施意见》情况，开展调研检查。市领导檀云坤、张祯锦等陪同。

24日，腾龙翔鹭工作对接会，在漳州召开。会议贯彻落实省政府与中石化主要领导会谈精神，部署加快腾龙翔鹭整改修复工作。省委常委、副省长张志南，中国石化集团公司副总经理凌逸群、总经济师雷典武、工程部主任李国清，腾龙翔鹭整改修复指挥部总指挥周国，省石化集团总经理徐建平，两岸企业家峰会副秘书长张金铸，市领导檀云坤、刘远、张琳光、吴文团、王文刚等参加。

25日，市首部地方性实体法规《漳州市市容和环境卫生“门前三包”责任区管理若干规定》获省人大常委会批准，将于9月1日起正式施行。

31日，“六一”国际儿童节前夕，市委书记檀云坤、市长刘远到芗城区实验小学、市机关幼儿园、龙师附小龙文分校等，看望慰问少年儿童。阮开森、张琳光、张慧德、兰万安等领导参加。

同月，省政府决定将30项省级经济管理权限下放漳州市实施，支持全市进一步加快构建开放型经济新体制综合试点试验工作。

【6月】

1日，市长刘远到古雷开发区现场办公，检查了解腾龙翔鹭工作对接会精神落实情况，协调解决整改修复和项目建设中遇到的困难和问题。

2日，市召开创建全国文明城市总评工作会议。市委书记檀云坤、市长刘远出席会议并讲话。

4日，市委书记檀云坤到漳州高新区，调研龙江南路绿化工程和南湖建设情况。张琳光领导参加。

4—8日，市长刘远带队到南京、苏州、上海等地，对接洽谈项目。吴卫红领导参加。

6日，市委书记檀云坤会见福建古雷石化有限公司董事长吴亦圭一行。吴文团、王文刚等领导参加。

7日，市委书记檀云坤会见凯纳营销策划集团董事长沈国梁一行。张琳光、沈志平等领导参加。

8日，市召开维稳综合治理工作会议。市委书记檀云坤主持会议并讲话。

9日，市委召开常委会会议。传达贯彻《中共中央办公厅、国务院办公厅关于甘肃祁连山国家级自然保护区生态环境问题督查处理情况及其教训的通报》精神，听取第九届海峡论坛漳州活动筹备工作情况汇报等。

同日，省人大常委会副主任刘群英到漳州，调研学前教育工作。

市委书记檀云坤会见方正集团副总裁、北大资源集团CEO曾刚一行。市领导兰万安参加。

10日，第九届海峡论坛·第二十六届海峡两岸（福建东山）关帝文化旅游节，在东山县开幕。文化旅游节期间，共落实签约项目21个（其中现场签约10个项目），总投资35.82亿元。

14日，市长刘远到古雷开发区现场办公，协调解决腾龙翔鹭整改修复工作遇到的困难和问题。

15日，第九届海峡论坛·海峡两岸（漳州）青年交流周启动仪式，在市人民剧场举行。海峡论坛组委会办公室副主任、省台办副主任宋志强，市领导阮开森、李珊珊、兰万安、吴卫红、杨胜华，台湾统一促进党副主席曾正星，中国国民党青工总会总会长陈重文、首席顾问叶林传出席等。

16日，第九届海峡论坛·第四届海峡（漳州）茶会开幕。全国政协港澳台侨委副主任梁绮萍，省人大常委会副主任刘群英，中国农业经济学会会长、农业部原党组副书记、常务副部长尹成杰，海茶会创会会长，省人大常委会原党组书记、常务副主任张家坤，海茶会高级顾问、省人大常委会原副主任林强、庄先，海茶会高级顾问、省政协原副主席陈家骅，台湾茶学会理事长陈右人，市领导檀云坤、刘远、陈汉夫、张祯锦等市各套班子领导出席。茶会期间，现场共签约项目40个，总投资232.5亿元。

同日，海峡两岸关系协会会长陈德铭到漳州，调研台资企业发展情况。市领导檀云坤、刘远、阮开森等分别陪同。

第四届“创青春”中国青年创新创业大赛（福建赛区）启动仪式暨海峡两岸（漳州）青年创业交流大会，在漳州台商投资区举行。

18日，第十五届中国·海峡项目成果交易会上，漳州市共落实成果对接535项、总投资183.42亿元，企业技术需求171项。

18—19日，民革漳州市第十次代表大会召开。会议选举戴鹏飞为民革漳州市第十届委员会主任委员。

19日，全国政协副主席李海峰带领全国政协提案委调研组一行到漳州，就“海洋工程装备建设及海洋资源开发”进行专题调研。省政协副主席杨根生，市领导檀云坤、张祯锦等陪同。

19—20日，中央政研室副主任张季带领中央改革办督察组，到漳州调研。副省长杨贤金，市领导檀云坤、刘远、张琳光等陪同。

20日，市委书记檀云坤到漳州高新区、龙文区，调研龙江南路和人民广场花海建设。张琳光、张慧德等领导参加。

同日，市委书记檀云坤、市长刘远会见中国人民大学法学院院长韩大元一行。市领导张琳光、兰万安等参加。

22日，漳州军分区召开师职干部宣布命令大会。省军区政治委员苏保成宣布中央军委国防动员部命令：张世永同志任漳州军分区司令员。市领导檀云坤、刘远、沈志平等参加。

26日，市第十六届人大常委会召开第三次会议。会议决定张慧德为市政府副市长。

同日，“辉煌史诗—庆祝建党96周年中国画名家作品展”在漳州牛庄文创园开幕。省美术家协会主席翁振新、中国水墨画院院长满维起、中国画学会常务副会长孙克，市领导阮开森、沈金水、黄华安等领导出席。

26—28日，省委常委、省纪委书记刘学新到漳州调研。市领导檀云坤、林叶萍等陪同。

27日，市长刘远到芗城区、龙文区、南靖县，调研检查防汛备汛工作。张慧德、张翼腾等领导参加。

28日，国家安监总局总工程师王浩水带领督导组到漳州，督查指导全市危险化学品安全综合治理工作。市领导刘远、吴文团、陈水树等陪同。

29—30日，省政协副主席刘可清带领省政协调研组到漳州，开展《关于创新机制推进我省农村污水治理的建议》重点提案督办调研。

市领导檀云坤、刘远、张祯锦、林俊山等分别陪同。

29日，市委召开常委会会议。传达贯彻省党代表会议精神，以及省委常委、省纪委书记刘学新到漳州调研的指示精神和省委常委、组织部长王宁对诏安县党建引领产业扶贫工作的批示精神，听取市第十六届人大常委会2017—2021年立法规划和2017年立法计划项目汇报等。

同日，市委网络安全和信息化领导小组召开全体会议。市委书记、市委网络安全和信息化领导小组组长檀云坤主持会议并讲话。

同月，市"白芽奇兰"品牌评估价值达18.82亿元，居全国203个茶叶区域公用品牌第13名。

平和县获评为"全国果菜茶有机肥替代化肥示范县"。

全市通过国家卫生城市第二次复审，再度荣膺"国家卫生城市"称号；东山县被命名为"国家卫生县城"，东山县铜陵镇被命名为"国家卫生乡镇"。

【7月】

3—4日，省人大常委会副主任潘征带队到挂钩帮扶的省级扶贫开发工作重点县云霄县，开展脱贫攻坚工作调研。市领导檀云坤、刘加来、张翼腾等分别陪同。

5—6日，省委书记尤权到诏安县，调研县域经济发展、脱贫攻坚工作。省委常委、秘书长梁建勇，市领导檀云坤、张琳光等参加。

6日，由省委主办的廖俊波先进事迹报告会，在市人民剧场举行。

7日，全市国有企业党的建设工作会议召开。学习贯彻全国、全省国有企业党的建设工作会议精神，研究部署全市国有企业党的建设工作。市委书记檀云坤出席会议并讲话。

同日，市委书记檀云坤到漳州高新区，调研龙江南路绿化工程和南湖、南山水岸项目建设情况。张琳光、张慧德等领导参加。

9日，市委书记檀云坤到芗城区、龙文区，调研城区内河整治工作。张琳光、张慧德等领导参加。

10日，市委召开常委会会议。传达贯彻尤权书记到漳调研的指示精神和构建开放型经济新体制综合试点试验中期汇报会议精神，审议《关于全面推行乡镇党委下派村级党风监督员制度的意见》。

11—12日，市委书记檀云坤、市长刘远带队到漳浦县、古雷开发区、云霄县、常山开发区、东山县、诏安县、芗城区、龙文区、漳州高新区等，开展第二季度"三抓三比、十项竞赛"现场推进活动。

省人大常委会副主任邓力平带领省人大执法检查组到漳州，开展《中华人民共和国农产品质量安全法》实施情况检查。市领导吴达金、张镇城、刘加来、张翼腾、王文刚等分别陪同。

11日，市委书记檀云坤在东山县主持召开会议，听取谷文昌干部学院规划建设和芗江酒店改造建设方案汇报。陈汉夫、张祯锦、阮开森、林叶萍、张琳光、张慧德、沈志平、吴卫红等领导参加。

同日，市扶贫开发协会成立。吴景辉当选漳州市扶贫开发协会第一届会长。

13—14日，市人大常委会组织市选举的省十二届人大代表到南靖县、漳州台商投资区，调研全市"三抓三比、十项竞赛"活动开展情况。省人大常委会副主任刘群英，市领导陈汉夫、吴达金、林俊山等参加。

副省长李德金到漳州，调研商务、旅游、开放型经济新体制综合试点试验等工作。市领导檀云坤、刘远、吴卫红等分别陪同。

13日，市召开《漳州市市容和环境卫生"门前三包"责任区管理若干规定》实施动员会。市委书记檀云坤、市长刘远出席会议并讲话。

17日，市委书记檀云坤、市长刘远带队到厦门，拜会某集团军。陈汉夫、张祯锦、阮开森、李小庆、张琳光、沈志平等领导参加。

同日，市委书记檀云坤主持召开规划汇报会，专题研究西湖生态园片区城市设计和博物馆、艺术馆、规划展示馆"三馆"绿化景观提升方案。刘远、陈汉夫、张祯锦等领导参加。

18日，副省长、省公安厅厅长王惠敏到漳州，调研督导重大活动安保工作。市领导檀云坤、刘远、黄华安等分别陪同。

19—21日，全国人大常委会副委员长张平率执法检查组到漳州，就市贯彻实施《中华人民共和国固体废物污染环境防治法》情况开展检查。全国人大环资委副主任委员王鸿举、黄小晶、孟伟，环保部副部长赵英民参加，省人大常委会副主任潘征，市领导檀云坤、刘远等陪同。

20日，全省农村精神文明建设工作经验交流会，在漳州召开。省委常委、宣传部长、省文明委常务副主任高翔出席会议并讲话，省政协副主席、省文明委副主任张燮飞主持会议。市领导檀云坤、阮开森、周小华等参加。

24日，市委召开第二季度"三抓三比、十项竞赛"现场推进点评会暨上半年经济形势分析会。传达贯彻省委上半年经济形势分析会精神，研究部署下半年工作。市委书记檀云坤、市长刘远出席会议并讲话。

同日，市委书记檀云坤主持召开全市维稳"六大专项行动"推进会。刘远、陈汉夫等市各套班子领导参加。

市委书记檀云坤主持召开电视专题片《将改革进行到底》专题学习讨论会。刘远、陈汉夫等市各套班子领导参加。

27日，市委召开常委会会议。

传达贯彻中央全面深化改革领导小组第三十七次会议和省全面深化改革专项工作小组联络员会议、全省城市基层党建工作推进会精神，审议《关于在深化国有企业改革中坚持党的领导加强党的建设的实施意见》、听取全市加快补齐社会事业短板有关工作情况、异地新建漳州一中高中部项目和建设漳州市职业教育园区的有关事项汇报等。

同日，市委书记、漳州军分区党委第一书记檀云坤主持召开市委常委议军会议。听取市国防动员和后备力量建设情况汇报，研究解决具体问题。

28日，市委书记檀云坤到东山县，调研谷文昌干部学院建设。

29日，全国政协常委、中国书法家协会主席苏士澍带领全国政协书画室考察团，到漳州考察。全国政协港澳台侨委员会副主任梁绮萍，市领导檀云坤、张祯锦、张琳光、吴芳华等陪同。

同日，市长刘远到龙海市、漳州开发区，实地检查防台风工作落实情况。

上旬，市委书记檀云坤和芗城区人民法院党组成员、正科级审判员、巷口法庭庭长黄志丽，当选中共十九大代表。

同月，万利达集团有限公司获评“2017年中国电子信息百强企业”。

【8月】

1日，市举行“八一”军政座谈会。

5日，市委书记檀云坤、市长刘远到漳州台商投资区、龙海市，调研厦漳同城化工作。张琳光、黄华安、陈水树、周小华等领导参加。

8—11日，在闽部分第十二届全国人大代表到漳州，开展“缩小居民收入差距”专题调研。省人大常委会副主任叶双瑜、邓力平，省高级人民法院院长马新岚，武警福建总队司令员曹勇参加。市领导檀云坤、刘远、陈汉夫、张琳光、张慧德、吴达金、谢毅泰等分别陪同。

8日，市长刘远到古雷开发区，召开腾龙翔鹭整改修复专题协调会。协调解决整改修复工作遇到的困难和问题。吴文团、陈水树等领导参加。

9日，漳州市—宁夏中卫市互学互助对口扶贫协作第一次联席会议，在漳州召开。市委书记檀云坤、宁夏回族自治区中卫市委书记何健出席会议并讲话，市长刘远、中卫市市长万新恒代表双方签订《深化东西部扶贫协作和对口支援工作协议书》。中卫市领导刘成孝、徐海宁，漳州市领导张琳光、王文刚等参加。

10日，全市河长制工作推进会召开。市总河长、市长刘远出席会议并讲话。

同日，澳门漳州同乡总会成立。

11日，市委召开常委（扩大）会议暨理论学习中心组学习会。传达学习习近平总书记在省部级主要领导干部专题研讨班上的重要讲话和省委《关于认真学习贯彻习近平总书记在省部级主要领导干部专题研讨班上重要讲话精神的通知》等。

12日，市委书记檀云坤到漳州高新区，调研南山文化生态园、南山水岸、龙江南路建设情况。张琳光、张慧德等领导参加。

15—16日，省委常委、组织部长胡昌升到漳州，调研“两学一做”学习教育工作。市领导檀云坤、刘远、沈金水、张琳光等分别陪同。

16日，市长刘远到芗城区、龙海市、漳州开发区，检查江河海漂垃圾治理工作。张翼腾领导参加。

17日，市委书记檀云坤、市长刘远到芗城区，调研中国女排漳州体训基地改造提升工作，研究确定体训基地全面改造提升事项。省体育局副局长陈忠和，市领导阮开森、张琳光等参加。

18日，市委召开常委会会议。学习贯彻新修改的《中国共产党巡视工作条例》精神等。

同日，漳州市红色文化教育研究会成立。

市长刘远主持召开专题会议，研究部署翔鹭石化恢复试生产相关工作。吴文团、陈水树等领导参加。

21日，诏安县、平和县成功入选国家级农村电子商务示范县名单。

22日，全市大干八、九月全面提升环境空气质量推进会召开。市长刘远出席会议并讲话。

24日，市委召开第十一届四次全会。会议深入贯彻习近平总书记以人民为中心的发展思想和新发展理念，认真落实省委第十届三次全会精神，重点研究部署全市教育、卫生与健康、养老、城乡民生基础设施等领域补短板工作，讨论教育、卫生与健康、养老、城乡民生基础设施等领域补短板相关配套文件，审议通过《关于加快社会事业发展补齐民生短板确保如期全面建成小康社会的决定》《中国共产党漳州市第十一届委员会第四次全体会议决议》等。

同日，市委书记檀云坤主持召开会议，研究部署安全维稳和环境整治提升工作。

26日，市委书记檀云坤、市长刘远到龙海市，调研安全维稳工作。阮开森、张琳光等领导参加。

同日，“和平发展，共圆梦想”全国中国画名家作品邀请展，在漳州台商投资区开幕。中国美术家协会分党组书记、驻会副主席、秘书长徐里，市委书记檀云坤，市长刘远，省文联副主席、书记处书记王来文，市领导阮开森、张琳光、李珊珊、兰万安、黄井南等出席。

27日，市委书记檀云坤到南靖县，调研旅游和安全稳定工作。张琳光、吴卫红、周小华等领导参加。

28日，市委书记檀云坤、市长刘远到龙海林下国有林场调研。陈汉夫、张琳光、张翼腾等领导参加。

29日，市委书记檀云坤、市长刘远到古雷开发区，调研腾龙翔鹭整改修复和古雷石化项目填海造地工程建设情况。

同日，“2017年中国品牌500强榜”发布，漳州片仔癀以品牌价值298.19亿位列第101位，TOP10医药行业排名第3位。

30日，市委书记檀云坤、市长刘远到芗城区、龙文区，调研城乡环境整治和安全稳定工作。张琳光、黄华安、沈志平等领导参加。

同日，漳州西院湖生态园正式开园。

【9月】

2日，国家防总防汛抗旱督查专员张家团带领国家防总工作组到漳州，检查指导防御第16号台风“玛娃”工作。市领导檀云坤、刘远、张琳光、张翼腾等陪同。

4日，敦煌网与芗城区人民政府在漳州宾馆签署项目合作协议，共同推动漳州跨境电商产业发展。市委书记檀云坤、市长刘远会见敦煌网创始人兼CEO王树彤一行，并共同见证项目签约。市领导张琳光、张慧德、吴卫红等参加。

8日，市庆祝2017年教师节大会召开。市委书记檀云坤、市长刘远出席会议并讲话。

同日，全市市属高校思想政治工作会议召开。深入学习贯彻全国、全省高校思想政治工作会议精神，研究部署下阶段市高校思想政治工作。市委书记檀云坤出席会议并讲话。

全市金融风险防控会议召开。学习贯彻习近平总书记关于金融工作的重要讲话精神和全国金融工作会议、省委常委会会议精神，分析当前全市金融运行形势，研究部署下阶段市金融风险防控工作。市委书记檀云坤主持会议并讲话，市长刘远作具体工作部署。

11日，省委常委、厦门市委书记裴金佳，厦门市市长庄稼汉、人大常委会主任陈家东、政协主席张健带领厦门市党政代表团，到漳州考察。厦门市领导陈秋雄、黄强、黄文辉、张毅恭，漳州市领导陈汉夫、张祯锦、张琳光、张慧德、沈志平等参加。

12日，市委书记檀云坤到漳州高新区，调研博物馆、艺术馆、规划展示馆“三馆”和南山文化生态园建设情况。张琳光、张慧德等领导参加。

13日，市委书记檀云坤、市长刘远带队到龙海林下国有林场调研，研究确定启动圆山林下生态园建设事项。陈汉夫、张祯锦、张慧德等领导参加。

同日，全市深化全国文明城市创建工作推进会召开，市委书记檀云坤、市长刘远出席会议并讲话。

14日，市委召开常委会会议。研究《关于支持整合财政扶贫资金建立扶贫长效机制的实施意见（试行）》《漳州市深入推进城市执法体制改革改进城市管理工作实施方案》等。

15日，腾龙翔鹭项目工作推进会，在漳州召开。省委常委、常务副省长张志南，中国石化集团公司副总经理凌逸群、工程部主任李国清，省石化集团董事长林金本、总经理徐建平，两岸企业家峰会副秘书长张金铸，市领导檀云坤、刘远、张琳光、吴文团、陈水树等参加。

16日，市委书记檀云坤到芗城区，调研西湖生态园建设，了解项目进展情况，看望慰问奋战在一线的干部群众。张琳光、王文刚等领导参加。

16—17日，海外华文媒体参访团，到漳州考察。市领导檀云坤、吴卫红、周小华等领导陪同。

18—22日，在2017厦门国际投资贸易洽谈会期间，漳州市共签约合同项目50个，总投资20.91亿美元，注册外资7.44亿美元。

18日，九龙江畔“百花齐放、百树成荫”绿化工程树木认植正式启动。

19—20日，省人大常委会党组副书记、副主任陈桦带领省调研检查组到漳州，就贯彻落实中央、省委关于加强县乡人大工作和建设有关文件情况开展专题调研。市领导檀云坤、陈汉夫、张琳光、吴文团、吴达金等分别陪同。

20日，市长刘远到古雷开发区，就腾龙翔鹭项目百日攻坚服务保障工作现场办公，协调解决具体问题。吴文团领导参加。

21日，漳州·福建永润文化旅游创意园，正式授牌为“福建省文化产业重点园区”。

25—28日，市长刘远随同福建代表团，到省对口支援的新疆昌吉州考察慰问。自2010年对口支援昌吉州木垒县以来，市先后选派3批共61名援疆干部人才，实施对口援疆项目46个，涉及牧民定居、富民安居、医疗卫生、基层组织、教育、产业发展、就业等多个领域，落实援疆资金2.35亿元。

26日，中共中央对外联络部与中共福建省委在北京联合举办“中国共产党的故事－福建省委的实践”专题宣介会。在“‘生态＋’发展模式”研讨会上，市委书记檀云坤与参会的外宾交流和分享漳州围绕“田园都市、生态之城”的城市定位，持续探索“生态＋”模式，延展“生态＋”效益的做法、成果和体会。

27—28日，全国人大常委会副委员长沈跃跃率执法检查组到漳州，就《中华人民共和国网络安全法》《全国人大常委会关于加强网络信息保护的决定》贯彻实施情况，开展执法检查。全国人大内司委副主任委员强卫、何晔晖等参加检查，省人大常委会党组副书记、副主任苏增添，市领导檀云坤、陈汉夫、张琳光、黄水木、张镇城、陈水树等陪同检查。

27日，市委书记檀云坤到漳州台商投资区，调研福厦漳高铁漳州段项目建设情况。张琳光、张慧德、谢毅泰、柳建聪等领导参加。

同日，由中国作家协会会员、漳州籍作者吴玉辉创作的长篇报告文学《谷文昌》，荣获第十四届精神文明建设“五个一工程”奖。

28日，漳州台商投资区泰禾国际医院项目签约仪式，在漳州宾馆举行。市领导檀云坤、张祯锦、张琳光、张慧德、兰万安、黄井南，泰禾集团董事长黄其森，美国联合医疗CEO汤姆·林等参加。泰禾国际医院总投资约25亿元，总用地面积约150亩，床位总数1000张，按照三级综合性医院标准建设。

30日，在全国第四个烈士纪念日，市各界人士代表到漳州烈士陵园向烈士敬献花篮，深切缅怀革命先烈。檀云坤、刘远、陈汉夫、张祯锦等市各套班子领导参加。

同日，市委书记檀云坤、市长刘远到南山文化生态园和博物馆、艺术馆、规划展示馆调研，察看项目进展情况，指导下一阶段工作。陈汉夫、张祯锦等领导参加。

市委书记檀云坤主持召开领导干部会议。传达《中共中央关于孙政才严重违纪案审查情况和处理决定的通报》。

市长刘远带队检查节日市场供应和安全生产工作。谢毅泰、陈水树等领导参加。

同月，福建龙溪轴承（集团）公司完成的“高端自润滑关节轴承研发及产业化”、漳州科华公司完成的“重大工程灾备电源关键技术及产业化”、解放军第一七五医院完成的“经后路全脊椎切除/次全切除治疗脊柱伤病的临床研究”等3项成果，荣获福建省2016年度科学技术进步奖一等奖。

【10月】

7日，市委召开常委会会议。研究腾龙翔鹭项目重组工作。

8日，市委书记檀云坤、市长刘远带队调研南山文化生态园、圆山林下生态园、香蕉海项目建设情况。张琳光、张慧德等领导参加。

11日，全市喜迎中共十九大文艺晚会，在人民剧场上演。市领导檀云坤、刘远、陈汉夫、张祯锦等出席。

12—13日，省检察院检察长何泽中到古雷开发区、云霄县，调研检察机关服务项目建设和脱贫攻坚情况。市领导刘远、阮开森、吴文团等分别陪同。

12日，市长刘远带队到古雷开发区现场办公。传达贯彻落实省委常委会议、省政府常务会议精神，并与在古雷督导检查的省安办督导组召开专题汇报会，听取翔鹭石化关于省安办有关文件的落实情况汇报。吴文团、陈水树等领导参加。

13日，由中国书法家协会、省文学艺术界联合会、市人民政府主办的全国第四届青年书法篆刻作品展，在漳州市美术馆（新馆）开幕。中国书协副主席宋华平，省文联党组书记、副主席张作兴，省文联书记处书记、副主席王来文，市领导檀云坤、刘远、陈汉夫、张祯锦、阮开森、张琳光、兰万安、杨胜华等出席。

同日，厦门金砖会晤服务保障工作漳州市总结会召开。市委书记檀云坤、市长刘远出席会议并讲话。

市委宣传部召开干部会议。市委书记檀云坤出席会议并讲话，会上宣读省委、市委有关决定：刘伟泽同志任中共漳州市委常委、宣传部部长，阮开森同志不再兼任市委宣传部部长。

市委召开常委会会议。传达贯彻省委常委会、省政府常务会研究腾龙翔鹭项目相关会议精神，研究市总工会、团市委、市妇联、市科协等4个改革方案。

14日，市检察院检察技术处正科级检察员、副主任法医师刘龙清，被中共福建省委宣传部授予“八闽楷模”荣誉称号。

15日，全市党的十九大代表—市委书记檀云坤和芗城区人民法院党组成员、巷口法庭庭长黄志丽，中共十九大列席人员—漳州市实验小学党委书记兰臻，前往北京参加中国共产党第十九次全国代表大会。

16日，厦门海关关长吴海平到漳州现场办公。与市长刘远召开座谈会，协调解决古雷翔鹭石化项目生产准备涉及的海腾码头海关监管场所验收等有关事项。市领导陈水树、吴卫红等参加。

17日，市长刘远带队到挂钩联系的市级扶贫开发工作重点村—平和县国强乡凤山村调研，走访慰问贫困群众，实地察看扶贫项目，现场办公解决具体问题。

18日，市各套班子在家领导，市直各单位干部职工，各县（市、区）、开发区（投资区）干部群众，分别集中收听收看中共十九大开幕式。

19日，全市“两违”综合治理现场会召开。会议总结三年来治理工作成效，部署推进新一轮“两违”综合治理工作。市长刘远出席会议并讲话。

同日，市长刘远带队调研国省干线互联互通等交通重点项目建设，现场办公协调解决具体问题。谢毅泰领导参加。

23日，全市脱贫攻坚推进会召开。市长刘远出席会议并讲话。

同日，市长刘远带队到芗城区、漳州台商投资区、漳州高新区，调研工业企业发展情况。并现场办公，协调、解决具体问题。

24日，市长刘远带队到南靖县、漳浦县、诏安县等，调研农业产业化工作。现场办公，协调、解决具体问题。阮开森、张翼腾等领导参加。

27 日，市委召开常委会（扩大）会议。传达学习中共十九大精神。

同日，市委书记檀云坤、市长刘远分别带队，走访、慰问市部分高龄老人。市领导陈汉夫、张祯锦、沈金水、张琳光等分别参加。

29 日，市委书记檀云坤带队到香蕉海和圆山林下生态园调研。张琳光领导参加。

30 日，市委书记檀云坤带队到龙海市、漳浦县、长泰县等调研，宣传、贯彻中共十九大精神。张琳光领导参加。

同日，市长刘远带队到华安县、古雷开发区调研，宣传、贯彻中共十九大精神。吴文团、陈水树等领导参加。

31 日，市委召开常委会会议。听取第九届海峡两岸现代农业博览会・第十九届海峡两岸花卉博览会筹备工作情况汇报，研究《漳州市生态文明建设示范市规划》等。

同日，全市第十三届运动会开幕式，在漳州体育场举行。市委书记檀云坤出席并宣布运动会开幕。省体育局局长王维川、市长刘远分别致辞。

【11 月】

1—2 日，市委书记檀云坤、市长刘远带队到南靖县、平和县、华安县、漳州台商投资区、漳州开发区、芗城区、龙文区、漳州高新区等，开展第三季度“三抓三比、十项竞赛”现场推进活动。

1 日，省委常委、常务副省长张志南到云霄县云平高速公路建设项目现场，宣传、贯彻中共十九大精神。市领导谢毅泰陪同。

3 日，市委、市政府召开第三季度“三抓三比、十项竞赛”现场推进点评会暨经济形势分析会。市委书记檀云坤、市长刘远出席会议并讲话。

6 日，省人大常委会副主任潘征到云霄县，向基层干部群众宣讲中共十九大精神，并调研扶贫开发工作。市领导檀云坤、张琳光、吴达金等分别陪同。

同日，市委书记檀云坤到挂钩联系的诏安县官陂镇吴坑村，调研脱贫攻坚工作，向干部群众面对面宣讲中共十九大精神。张琳光领导参加。

7 日，市委书记檀云坤会见荷兰农业与食品支柱联盟委员会主席阿洛托・戴克豪森一行，探讨 2018 年在福建省举办“第二届全球未来食品高峰论坛—植物绿色蛋白”会议，以及漳州市与荷兰在食品、农业、科技等领域交流合作相关事宜。阮开森、张琳光、兰万安等领导参加。

同日，省政府副省长李德金到漳州台商投资区，向台企台胞宣讲中共十九大精神。市领导檀云坤、陈水树等陪同。

9 日，市委书记檀云坤、市长刘远到东南花都花博园，检查第九届农博会・第十九届花博会筹备工作。阮开森、张琳光、张慧德、黄华安、张翼腾、吴卫红等领导参加。

同日，市委书记檀云坤到芗城区、漳州高新区、龙文区等，调研南山桥、南山水岸、龙江南路绿化景观、中心市区花海建设情况。张祯锦、张琳光、张慧德等领导参加。

人社部副部长、公务员局局长傅兴国到漳州，向人社系统党员干部宣讲中共十九大精神，并深入基层一线调研人社工作中存在的问题，听取意见建议。省人社厅副厅长、省公务员局局长胡忠昭，市领导刘远、谢毅泰等陪同。

10 日，市各套班子领导在漳州分会场，收听收看学习、贯彻中共十九大精神中央宣讲团报告会。

12 日，市委书记檀云坤到龙文区，调研上美湖、中心市区花海建设。张琳光、张慧德等领导参加。

13 日，市委召开常委会会议。研究《漳州市国有企业公务用车制度改革实施方案（草案）》《漳州市事业单位公务用车制度改革实施方案（草案）》等。

14 日，省委宣讲团中共十九大精神报告会，在漳州举行。省委宣讲团成员、省委宣传部常务副部长蔡小伟作宣讲报告。市委书记檀云坤主持报告会并讲话，陈汉夫、张祯锦等市各套班子领导参加。

同日，市入选中央文明办第五届全国文明城市名单，蝉联“全国文明城市”荣誉称号。

15 日，市召开全市领导干部会议。学习贯彻《中共中央政治局关于加强和维护党中央集中统一领导的若干规定》和《中共中央政治局贯彻落实中央八项规定的实施细则》等。

同日，市长、腾龙翔鹭整改修复协调领导小组组长刘远主持召开腾龙翔鹭整改修复协调领导小组第五次会议，听取翔鹭石化生产准备和腾龙翔鹭百日攻坚进展情况汇报，研究讨论相关问题。吴文团、陈水树等领导参加。

市长刘远到市信访局接访，协调、解决信访问题。

市长刘远到漳州高新区甲骨文（漳州）技术人才双创基地，察看第三届海峡两岸（漳州）工业设计创新大赛获奖作品。

16 日，金龙汽车龙海新能源产业基地开工。项目总规划占地面积约 333.33 公顷，规划固定资产总投资约 100 亿元。

17 日，全国精神文明建设表彰大会在北京举行。市委书记檀云坤参加会议并接受表彰，受到习近平总书记亲切接见。

同日，第十一届中国蘑菇节，在漳州开幕。

18 日，第九届海峡两岸现代农业博览会・第十九届海峡两岸花卉博览会，在东南花都开馆。全国政协港澳台侨委副主任、省政协原主席梁绮萍，副省长黄琪玉，中国科学院院士滕吉文，农业部发展计划司副司长赵哲，知名台商杨博仁，省人大常委会委员吴玉辉，市领导檀云坤、刘远、陈汉夫、张祯锦等出席。

同日，市委召开常委会会议。研究市委十一届五次全体会议事宜，研究《漳州市关心关爱基层干部十八条措施（讨论稿）》。

19日，市委书记檀云坤、市长刘远到漳州高新区、芗城区、龙文区，调研“五湖四海”建设，达达通绿道连通工程和市区环境整治提升工作。张慧德领导参加。

20日，市委召开十一届五次全会。会议深入学习、贯彻中共十九大精神，认真落实省委十届四次全会精神，审议通过《中国共产党漳州市第十一届委员会第五次全体会议决议》等。

21日，市委书记檀云坤、市长刘远到龙海市调研，现场办公推进漳州LNG接收站项目建设。省发改委副主任、省重点办主任许碧端，中海石油气电集团副总经理、漳州LNG董事长邱健勇，市领导张祯锦、阮开森、张琳光、张慧德、陈水树等参加。

同日，市与中国铁路南昌局集团公司举行座谈会，共同协调解决具体问题，商议合作发展大计。中国铁路南昌局集团公司党委书记、董事长王培，省发改委副主任、省重点办主任许碧瑞，市领导檀云坤、刘远、张琳光、张慧德、谢毅泰、柳建聪等参加。

22日，市红十字会召开第六次会员代表大会。

24日，第七届、八届全国人大常委会副委员长王汉斌，第九届全国人大常委会副委员长彭珮云，到龙海市视察正新（漳州）橡胶工业有限公司、新港热能有限公司。市领导刘远、张琳光、吴达金等陪同。

同日，以“全面深化改革，促进协同发展”为主题的闽粤赣十三市党政领导第二十一次联席会议，在漳州召开。厦门、漳州、泉州、龙岩、三明、汕头、潮州、揭阳、汕尾、梅州、赣州、鹰潭、抚州等13个市党政领导参加，学习、贯彻中共十九大精神，共商区域协作发展大计。

27日，市委召开理论学习中心组（扩大）学习会。厦门大学法学院教授、博士生导师朱福惠作“深入领会十九大报告精神，全面开创依法治国的新局面”专题的辅导报告。

28日，市委召开常委会会议。传达贯彻省第一期省管干部学习贯彻中共十九大精神专题研讨班及省委专题会议精神，学习贯彻中央和省委关于深化国家监察体制改革的重大部署、研究全市改革试点工作实施方案，听取召开市第十六届人大二次会议和市政协第十三届二次会议事宜等的汇报，研究划定中心城区重要生态空间保护范围、调整市委巡察机构设置。

同日，市委书记檀云坤、市长刘远到漳浦县、龙海市，就推进交通项目建设进行现场办公。陈汉夫、张祯锦、张琳光、张慧德、谢毅泰等领导参加。

29日，市委书记檀云坤、市长刘远到古雷开发区，调研腾龙翔鹭项目整改修复、恢复生产和填海造地工程建设工作。张琳光、吴文团等领导参加。

30日，全市领导干部学习贯彻中共十九大精神专题研讨班开班。市委书记檀云坤作主题报告。

上月，商务部等13个部门在全国复制推广构建开放型经济新体制综合试点经验。漳州市商务110商机对接与招商服务模式，推行国税、地税联合办税，“即报即放”出口食品检验检疫方式等3个经验做法入选。

【12月】

1—2日，市委书记檀云坤到诏安县、东山县、长泰县、南靖县、芗城区、漳州台商投资区等地，调研重点工业企业发展情况。张琳光、陈水树等领导参加。

5日，市委书记檀云坤到漳州高新区、芗城区，调研圆山林下生态园、圆山文化中心和香蕉海建设情况。张琳光领导参加。

6日，由福建日报报业集团与台湾旺旺中时媒体集团、台湾联合报系联合主办的第八届海峡媒体峰会，在漳州举行。省人大常委会副主任刘群英，中国记协书记处书记季星星，国务院台湾事务办公室新闻局局长马晓光，台湾联合报社长项国宁，旺旺中时媒体集团中国时报、旺报总编辑王绰中，市领导檀云坤、刘伟泽出席开幕式。

7日，市委书记檀云坤到华安县高车乡调研。刘伟泽领导参加。

同日，省政协教科文卫体委员会工作座谈会，在漳州召开。省政协副主席陈绍军，市领导兰万安、周小华等参加。

8日，市委书记檀云坤到芗城区、龙文区、漳州高新区，调研现代服务业发展情况。张琳光、张慧德等领导参加。

10日，市委书记檀云坤到芗城区，调研西院湖二期和西湖建设情况。张琳光、张慧德等领导参加。

12日，市长刘远主持召开市政府工作务虚会。深入学习、贯彻中共十九大精神，分析研判当前经济形势，谋划下一年政府工作的思路举措。

13日，市残疾人联合会召开第六次代表大会。

同日，市委召开常委会会议。传达全省社区治理工作现场推进会精神等。

18日，市委召开常委会会议。学习贯彻习近平总书记关于进一步纠正“四风”、加强作风建设的重要指示和《中共福建省委关于认真贯彻习近平总书记重要指示大力学习弘扬“红船精神”的通知》精神等。

18—19日，省委常委、副省长周联清到漳州，宣讲中共十九大精神。调研推进工业企业发展和扶贫开发工作。市领导张翼腾、陈水树分别陪同。

19日，中国旅行社协会第五届二次理事会暨全国百强旅行社走进漳州系列活动，在漳州举行。国家旅游局副局长王晓峰，中国旅行社协会会长张立军，省旅发委副主任苏庆赐，市领导刘远、阮开森、吴卫红、周小华等出席。

21—22日，中共中央政治局常委、中央纪委书记赵乐际到漳州，调研监察体制改革试点工作情况。并到东山县谷文昌纪念馆参观。中央纪委副书记李书磊、肖培参加，省委常委、省纪委书记刘学新，市领导檀云坤、林叶萍、张琳光等分别陪同。

23日，市委书记檀云坤主持召开会议。围绕学习贯彻落实中共十九大精神，落实全面从严治党主体责任，与各县（市、区）、开发区（投资区）党政主要领导进行集体谈话。

同日，市政府党组书记、市长刘远主持召开会议。就政府系统落实全面从严治党主体责任，与各县（市、区）政府、开发区（投资区）管委会主要领导进行集体谈话。

市委书记檀云坤到芗城区西湖生态园项目工地，宣讲中共十九大精神。

25日，第十届全国人大常委会副委员长、两岸企业家峰会副理事长盛华仁到漳州古雷开发区，调研腾龙翔鹭项目整改修复、恢复生产工作。中国石化集团公司总经理戴厚良、副总经理凌逸群，峰会能源石化装备产业合作推进小组大陆方面召集人傅成玉，峰会副秘书长王宪、张金铸，省人大常委会原副主任林强，省石化集团党委书记、董事长林金本，总经理徐建平，市领导刘远、阮开森、吴文团、陈水树等陪同。

26日，第十届全国人大常委会副委员长、两岸企业家峰会副理事长盛华仁，省委书记、省长于伟国，中国石化集团公司总经理戴厚良到漳州古雷炼化一体化项目建设现场，实地检查推进项目建设。省委常委、副省长张志南，两岸企业家峰会能源石化装备产业合作推进小组大陆方面召集人傅成玉、台湾方面召集人施颜祥，两岸企业家峰会台湾方面秘书长陈瑞隆，市领导檀云坤、刘远、张琳光、吴文团等参加。漳州古雷炼化一体化项目一期工程预计总投资278.8亿元，计划2020年6月30日建成投产。

27日，市委召开常委会会议。传达贯彻中共中央政治局常委、中央纪委书记赵乐际来闽考察重要讲话精神，省委书记、省长于伟国在漳州古雷炼化一体化项目建设现场的讲话精神等。

同日，共青团漳州市第十七次代表大会召开。市委书记檀云坤出席会议并讲话。

28日，市委书记檀云坤、市长刘远到漳州台商投资区，现场推进重点项目建设。陈汉夫、张祯锦、张琳光等领导参加。

同日，市委书记檀云坤到漳州高新区、龙文区，调研圆山林下生态园、人民广场花海建设情况。张琳光领导参加。

29日，市委召开第十一届六次全会。深入学习贯彻中共十九大精神和习近平新时代中国特色社会主义经济思想，全面落实中央经济工作会议和省委十届五次全会各项决策部署，总结2017年经济工作，部署全市下一年经济工作。

同日，全市社区治理工作会议召开。市委书记檀云坤出席会议并讲话。

30日，市委书记檀云坤到芗城区，调研天宝香蕉海建设情况。

同月，市11个县级监察委员会，全部组建完毕。实现纪委、监察委员会“一址办公”。

漳州片仔癀药业股份有限公司院士专家工作站、福建傲农生物科技集团股份有限公司院士专家工作站、福建思特电子有限公司院士专家工作站等，获评“2017年全国示范院士专家工作站”称号。

南靖县被中国林业产业联合会，评为“全国森林康养基地试点建设县”。

“大事记”供稿：
中共漳州市委办公室
漳州市政府办公室
各有关单位

索 引

说明

一、本索引采用主题词分析法，按主题词首字汉语拼音字母顺序排列。

二、栏目、分目标题用黑体字。“特载”“大事记”内容不作索引。

三、索引主题词后的数字表示页码。

D

G

H

J

K

L

M

N

P

Q

R

S

W

X

Y

Z